Précis De Droit Administratif

Paul Pradier-Fodéré

PRÉCIS

DE

DROIT ADMINISTRATIF

OUVRAGES DE M. P. PRADIER-FODÉRÉ.

ÉLÉMENTS DE DROIT PUBLIC ET D'ÉCONOMIE POLITIQUE. Deuxième édition. 1 volume. Maresq aîné, 1865.

PRÉCIS DE DROIT COMMERCIAL, contenant l'explication des articles du Code de commerce et des lois commerciales les plus récentes Deuxième édition. Guillaumin, 1872.

LOIS SUR LE RECRUTEMENT, recueil complet des lois, ordonnances, décrets, arrêts des cours d'appel et de la cour de cassation, décisions des conseils de révision; remplacements, substitutions, recherches médico-légales sur les motifs d'exemption pour infirmités physiques, avec un commentaire explicatif. Moquet, 1854.

LE DROIT DE LA GUERRE ET DE LA PAIX, par GROTIUS. Nouvelle traduction, précédée d'un Essai biographique et historique sur Grotius et son temps; accompagnée d'un choix de notes de Gronovius, Barbeyrac, etc.; complétée par des notes nouvelles; mise au courant des progrès du Droit public moderne et suivie d'une table analytique des matières, par M. P. Pradier-Fodéré. 3 volumes. Guillaumin, 1867.

LE DROIT DES GENS, OU PRINCIPES DE LA LOI NATURELLE APPLIQUÉS A LA CONDUITE ET AUX AFFAIRES DES NATIONS ET DES SOUVERAINS, par VATTEL, nouvelle édition, précédée d'un Essai et d'une dissertation de l'auteur; accompagnée des notes de Pinheiro-Ferreira et du baron de Chambrier d'Oleires; augmentée du Discours sur l'étude du Droit de la nature et des gens, par sir James Makintosh (traduction nouvelle); complétée par l'exposition des doctrines des publicistes contemporains; mise au courant des progrès du Droit public moderne, et suivie d'une table analytique des matières, par M. P. Pradier-Fodéré. 3 volumes, Guillaumin, 1863.

NOUVEAU DROIT INTERNATIONAL PUBLIC, *suivant les besoins de la civilisation moderne, par Pasquale Fiore*, traduction de l'italien, annotée, précédée d'une introduction historique, et suivie d'une table analytique et alphabétique des matières, par M. P. Pradier-Fodéré. 2 volumes, Auguste Durand et Pédone Lauriel, 1868.

PRINCIPES GÉNÉRAUX DE DROIT, DE POLITIQUE ET DE LÉGISLATION. Droit, Droit naturel, Droit positif, Législation, Droit civil, Droit commercial, Droit de procédure, Droit public, Droit politique ou constitutionnel, Législation politique comparée, Droit administratif, Droit administratif comparé, Droit criminel, Droit des gens. 1 fort volume in-8°, Guillaumin, 1869.

DOCUMENTS POUR L'HISTOIRE CONTEMPORAINE. Brochure in-8°, Ch. Noblet, 1871.

LA QUESTION DE L'ALABAMA ET LE DROIT DES GENS. Brochure in-8°, Amyot, 1872.

LES QUESTIONS MODERNES CHEZ LES ANCIENS. *Étude sur Polybe.* Brochure in-8°. Extrait de la *Revue de Droit international et de Législation comparée.*

EN PRÉPARATION :

DROIT INTERNATIONAL PRIVÉ, ou *Principes pour résoudre les conflits entre les législations diverses, en matière de Droit civil et commercial*, par Pasquale Fiore, professeur à l'Université de Pise; traduction de l'italien et annotations, par M. P. Pradier-Fodéré. Auguste Durand et Pédone Lauriel.

SAINT-DENIS — TYPOGRAPHIE DE Vᵉ A. MOULIN.

PRÉCIS

DE

DROIT ADMINISTRATIF

PAR

M. P. PRADIER-FODÉRÉ

AVOCAT, PROFESSEUR DE DROIT PUBLIC,

TRADUCTEUR ET ANNOTATEUR DE GROTIUS ET DE FIORF,

ANNOTATEUR DE VATTEL,

AUTEUR DES *Principes généraux de Droit, de Politique et de Législation*, ETC

Septième Édition

TENUE AU COURANT DE LA LÉGISLATION

PARIS

GUILLAUMIN ET Cie   A. DURAND ET PÉDONE LAURIEL
RUE RICHELIEU, 14   RUE CUJAS, 9

1872

AVANT-PROPOS.

Les dix premières feuilles de cette septième édition étaient tirées, lorsque la guerre et les événements désastreux de 1870 ont éclaté.

L'interruption du travail, commandée par nos catastrophes nationales et par les incertitudes de l'avenir, a duré jusqu'après la défaite de la Commune parisienne.

Notre édition nouvelle a donc été conçue à la veille des orages, sa gestation s'est développée pendant la tempête, et il y aurait beaucoup d'optimisme à soutenir qu'elle est née en temps serein.

Ce sont ces vicissitudes diverses qui expliquent comment, dans les premières feuilles, il a été quelquefois question de l'empereur, et, dans les autres, du président de la République. Les esprits tant soit peu philosophes s'en préoccuperont médiocrement; car, sérieusement attachés aux principes, ils resteront convaincus que roi, empereur ou président de république, ce sont toujours, dans les programmes politiques, les mêmes promesses, dans les personnes les mêmes passions, dans les gouvernements les mêmes abus.

Quoi qu'il en soit de ces diverses qualifications, nous ne nous sommes occupé que des principes administratifs, qui sont les mêmes, à peu de restrictions près, sous les gouvernements des empereurs, des rois ou des présidents de républiques.

On nous reprochera, peut-être, de n'avoir pas attendu, pour publier cette édition, que la France se soit donné une constitution définitive.

Des amis de notre livre, depuis longtemps épuisé, nous demandaient une nouvelle édition; nous ne pouvions, sans ironie, leur conseiller d'attendre que la France soit devenue constante en matière d'institutions politiques et administratives.

Nous avons préféré saisir au passage ce Protée, dans un de ses moments d'immobilité très-passagère, en nous réservant de tenir, pour l'avenir, notre livre au courant des innovations et des perfectionnements ou des amoindrissements, par des *Appendices* annuels.

En recueillant les modifications apportées à notre législation administrative depuis la sixième édition de ce *Précis*, nous avons été frappé et attristé par le nombre incommensurable des lois nouvelles qui sont venues abroger l'ordre légal antérieur. Eh quoi! nous sommes-nous dit, le tourbillon du progrès est donc bien entraînant, pour qu'une loi établie n'ait pas au moins, chez nous, une année assurée devant elle, afin de produire ses effets? Nos législateurs n'ont donc pas une maturité de jugement suffisante, qui leur permette de mesurer les besoins sociaux de manière à les satisfaire par des lois assez étudiées, pour pouvoir compter au moins sur le lendemain?

Nous ne voudrions point critiquer l'empire déchu; mais l'une des causes de la ruine du gouvernement impérial a été, certainement, cette manie innovatrice, qui ne

tenait nul compte des situations acquises, des attentes
légitimes, et qui jonglait avec les lois nouvelles, sans
écouter les murmures de la nation ahurie par ce prurit
législatif. Il est vrai que le régime politique sorti de l'attentat de lèse-nation du 4 septembre, n'a eu rien à envier
à l'empire, sur ce point ; et que la République provisoire,
issue du pacte de Bordeaux, s'est livrée avec abandon à
toutes les fantaisies des remaniements administratifs.
Mais au moins — et c'est ici une circonstance atté-
nuante — le gouvernement du 4 septembre et l'Assemblée nationale n'ont-ils point innové. Le premier nous a
ramenés à 1848 ; la seconde aux années qui ont suivi
1830.

Il serait superflu de rappeler les causes de ces changements à vue ; mais il est bon de dire que cette débauche
législative est une grave imprudence et une grande
faute. Elle jette le discrédit sur les législateurs ; elle
inspire la défiance pour les institutions ; elle habitue
à douter du mérite de la loi actuelle, puisque chaque
innovation est justifiée dans l'exposé des motifs du
projet qui la propose, par la critique de la disposition
légale qui l'a immédiatement précédée et qui, elle-
même, a été signalée comme une vérité, quelques mois
avant d'être condamnée comme une erreur.

De cette incertitude au mécontentement, du mécontentement au mépris, du mépris à la désaffection de la
patrie, il n'y a qu'un pas : c'est ce que nos innovateurs
n'ont jamais pris assez en considération.

Et cependant, quel plus impérieux devoir pour les gouvernements, que celui d'entretenir cette confiance, cette
ardeur patriotiques, qui sont la fierté du passé, la conso-
lation du présent et l'espérance de l'avenir !

Lorsque, en 1853, écrivant l'*Avant-Propos* de la première édition de ce livre, nous disions : « Vulgariser la science administrative, c'est donner à la société des administrateurs éclairés, des magistrats vigilants, des citoyens soumis aux lois de leur pays ; c'est aussi faire aimer la France, cette terre des grandes et fécondes institutions, » nous ne cédions point à une illusion de jeunesse, mais l'amour de notre admirable patrie nous apparaissait comme contenu en germe dans l'étude et dans la connaissance des principes de notre organisation nationale.

Les vingt ans qui, depuis, ont passé sur notre vie, ne nous ont enlevé aucune de nos convictions à cet égard. Les malheurs de la France et les ressources inouïes qu'elle a puisées en elle-même pour tenir tête à ses désastres, les ont, au contraire, fortifiées.

Qu'au lieu de poursuivre un idéal chimérique au moyen de réformes hâtives et peu méditées, la nation française s'applique à tirer parti de son présent en s'inspirant de son passé ! Les destinées de la France ne sont point dans l'utopie, mais elles dépendent de la sagesse de son évolution morale, politique et législative.

P. Pradier-Fodéré.

Paris, avril 1872.

PRÉCIS

DE

DROIT ADMINISTRATIF

PREMIÈRE PARTIE

CHAPITRE PREMIER

DE L'ADMINISTRATION EN GÉNÉRAL. — DE LA PLACE QU'ELLE OCCUPE
PARMI LES INSTITUTIONS DU PAYS. — DE SON TRIPLE CARACTÈRE
ET DE SES ORGANES.

L'État, le Gouvernement. — L'État est la personnification de la société, ayant une existence et des besoins qui lui
sont propres, et devant, à l'image de l'homme, veiller à sa
conservation et à son développement.

Pour se conserver et se développer, la société ainsi personnifiée a dû substituer à l'empire aveugle et désordonné
des forces individuelles, une force intelligente et suprême, la
puissance publique, chargée de satisfaire à l'intérêt commun,
après l'avoir reconnu et constaté.

LE GOUVERNEMENT est cette puissance qui a pour mission spéciale de diriger la société dans les voies de son développement, et de pourvoir sans cesse à sa conservation et à son bonheur.

Pris dans son sens primitif et le plus étendu, le *gouvernement* est l'exercice du pouvoir suprême dans l'État. C'est la forme extérieure du corps social. Cette forme dépend principalement des lois constitutives de la nature humaine, de l'intelligence et de la volonté de l'homme, des influences extérieures de la nature physique et du temps où elle se développe. On donne encore, mais à tort, une signification plus restreinte au mot *gouvernement*, et l'on en fait le synonyme de *pouvoir exécutif*. C'est dans ce sens que s'exprime l'article 51 de la constitution française de 1852, lorsqu'il dit que le Conseil d'État « *soutient au nom du* GOUVERNEMENT *la discussion des projets de loi devant le Sénat et le Corps législatif.* » Mais cette dernière signification est inexacte [1].

Les deux pouvoirs. — Pour fonctionner dans sa vaste sphère d'action, le gouvernement repose sur deux pouvoirs également nécessaires dans toute société organisée : celui qui ordonne et celui qui applique, le pouvoir législatif et le pouvoir exécutif.

L'existence de ces deux pouvoirs est puisée dans la nature des choses. Quelque idée que l'on se forme sur l'homme, on distinguera toujours en lui la volonté et l'action. La même observation s'appliquera à un peuple, qui n'est qu'un être

---

[1] Les publicistes de l'école libérale font remarquer, avec raison, que les *gouvernements* ne sont pas nécessairement les représentants de la *nation*. Ils voudraient qu'on séparât davantage la *nation* du *gouvernement*, et qu'on cessât d'attribuer à un peuple les fautes et les passions de ceux qui le gouvernent. Pour que la *nation*, en effet, fût solidaire des actes de son *gouvernement*, il faudrait qu'elle fût, par le fait, maîtresse de donner l'impulsion à ses gouvernants ou de les changer. — Voir, pour toutes les questions qui concernent le *gouvernement* et les formes diverses de gouvernements, mes *Principes généraux de droit, de politique et de législation*, chap. VIII, édition Guillaumin, 1869, p. 198 et suiv., 223 et suiv.

collectif. Les nations veulent et agissent comme les individus. La volonté de la majorité est considérée, faute d'un accord unanime, comme la volonté de la masse. Le pouvoir législatif *veut*, et le pouvoir exécutif *agit*.

La séparation et la distinction de ces deux pouvoirs sont les conditions premières de tout bon gouvernement. On conçoit que le pouvoir régulateur qui embrasse la société dans son ensemble, ne saurait être chargé de l'exécution des règles qu'il prescrit dans l'intérêt commun, sans être exposé à perdre dans les détails de la pratique un temps précieux pour le bien-être de tous.

D'un autre côté, il faut prendre garde d'établir dans le gouvernement de l'État un pouvoir trop puissant, qui ne soit pas tempéré ; car une nation n'est jamais si près du despotisme, que lorsque toutes les magistratures sociales se trouvent réunies dans les mêmes mains. Montesquieu a dit : « Lorsque dans la même personne, ou dans le même corps de magistrature, la puissance *législative* est réunie à la puissance *exécutrice*, il n'y a point de liberté, parce qu'on peut craindre que le même monarque ou le même sénat ne fasse des lois tyranniques pour les exécuter tyranniquement [1]. » Éclairée par cette maxime profonde, la science politique moderne a, depuis, adopté comme règle fondamentale la division des pouvoirs. Cet aphorisme politique, qui tient une si grande place dans l'histoire constitutionnelle des temps modernes, n'était point connu des anciens. Dans les républiques grecques, et à Rome, le peuple s'était réservé à lui-même l'exercice direct de la souveraineté, et il ne déléguait que certaines fonctions spéciales et déterminées. Dans les limites de cette délégation, chaque magistrat était souverain à l'égard du peuple qu'il représentait, et les citoyens ne trouvaient de garantie contre les excès de pouvoir, que dans le droit de *veto* réciproque dont les divers magistrats étaient investis les uns par rapport aux autres.

---

[1] *Esprit des lois*, liv. XI, chap. VI.

La division des pouvoirs se trouve inscrite au frontispice de toutes les chartes depuis près d'un siècle. Partout on proclame que la première condition de la liberté, c'est que le pouvoir exécutif, le pouvoir législatif et le pouvoir judicaire — qui n'est d'ailleurs qu'un élément du pouvoir exécutif — soient séparés. Les constitutions de la France expriment presque toutes ce principe; en Angleterre, en Amérique, c'est également un lieu commun. Montesquieu, dans son chapitre sur la constitution de l'Angleterre, est le premier français qui ait montré l'importance de cette distinction. Son observation avait été développée en Angleterre par Blackstone et par Paley, dans sa *Philosophie morale et politique*. Aux États-Unis cette doctrine était universellement reçue sans qu'on l'eût tirée de Montesquieu : c'était la tradition anglaise. Ce principe proclamé par toutes les constitutions libres, n'est plus contesté en théorie; mais en pratique on s'aperçoit que la question est loin d'être sans difficultés. Si l'on cherche, en effet, dans l'histoire un gouvernement où ces trois pouvoirs aient été nettement séparés sans jamais se mélanger plus ou moins les uns avec les autres, on ne le trouve nulle part. En Angleterre, par exemple, où Paley, Blackstone et Montesquieu contemplent le fameux principe de la division des pouvoirs, c'est une maxime constante que le parlement, l'ensemble du pouvoir législatif, est composé de trois éléments : le roi, la Chambre des lords et la Chambre des communes; que le roi est la tête, le principe et la fin du parlement. Les Chambres y exercent une action très-grande sur l'administration; la Chambre des communes peut accuser tous les hauts fonctionnaires et les renvoyer devant la Chambre des lords qui les juge : la justice a, de son côté, une part de l'autorité législative : les précédents des cours y font loi [1].

Mais que faut-il entendre par cette séparation des pouvoirs ? Suffit-il d'écrire sur un parchemin que le pouvoir

[1] Laboulaye, *Histoire des États-Unis*, p. 289 et suiv.

législatif se tiendra à sa place, le pouvoir exécutif à la sienne, et que le pouvoir judiciaire n'empiétera pas sur le domaine de la loi ? Quelles seront les garanties suffisantes pour maintenir ces pouvoirs à leur place ? Cette séparation sera-t-elle d'ailleurs absolue ? Le pouvoir exécutif ne devra-t-il jamais s'immiscer dans la confection des lois ? Les Chambres ne devront-elles jamais se mêler de l'administration ? Cette séparation absolue est impraticable, et si elle se réalisait elle. serait funeste à la liberté elle-même. La séparation absolue serait la guerre entre les pouvoirs ; son effet serait, non de maintenir l'équilibre, mais de donner à l'un des pouvoirs la prépondérance au détriment de l'autre. « Pour que les pouvoirs restent à jamais divisés, disait Mounier à l'Assemblée constituante, il ne faut pas qu'ils soient entièrement séparés. » La division des pouvoirs n'est donc qu'une simple vérité d'observation, qui se réduit à ceci, qu'il faut que les pouvoirs législatif, exécutif et judiciaire ne soient pas entièrement tous ensemble dans la même main : ce qui ne doit pas empêcher que le pouvoir exécutif ait une part de la législation, que le pouvoir législatif ait une influence sur l'administration, et que l'autorité judiciaire supplée, au besoin, à l'insuffisance des lois. Cette prétendue confusion est même tellement nécessaire, que là où l'on établit la séparation absolue, on arrive aux plus fâcheux résultats.

On peut citer comme exemples l'Assemblée constituante et l'Empire. La constitution de 1791 avait complétement isolé les pouvoirs : le roi n'avait qu'un *veto* suspensif ; l'Assemblée avait la pleine autorité législative. Cela lui suffit pour qu'elle fût souveraine et tyrannique. Sous l'Empire il y avait un pouvoir exécutif tout à fait indépendant du pouvoir législatif. On avait tout calculé pour que les Chambres ne pussent se mêler de rien autre chose que du vote des lois : or, le gouvernement impérial fut le type du gouvernement absolu [1].

---

[1] Laboulaye, *Hist. des États-Unis*, p. 290 et suiv.

La séparation des pouvoirs ne consiste pas seulement à multiplier les agents et à leur assigner des rôles divers. Elle implique encore leur indépendance. Or, les pouvoirs ne sont véritablement indépendants, que lorsque les agents de l'un ne peuvent attendre aucune faveur, ni aucune disgrâce des agents de l'autre. Mais l'*indépendance* n'est pas l'*irresponsabilité* [1].

Subdivision du pouvoir exécutif. — Le *pouvoir exécutif*, dont l'objet est l'application des lois, se compose de deux éléments : le *pouvoir administratif* et le *pouvoir judiciaire*. L'un a pour domaine l'intérêt public, l'autre règle les intérêts privés. Celui-ci ne statue que sur les contestations actuellement existantes, les procès qui naissent d'un droit en litige, ou d'un fait qui porte préjudice à un individu déterminé, et qui n'intéresse que secondairement la société par son influence indirecte sur l'ordre public ; celui-là, au contraire, se déployant dans une sphère d'action plus étendue, dispose, agit, sans être provoqué, et, ne se proposant pour but que l'utilité sociale, prend toutes les mesures qui intéressent l'universalité des citoyens.

On peut ajouter à ces caractères distinctifs du pouvoir administratif et du pouvoir judiciaire, que ce dernier pouvoir prononce toujours sur des droits positifs, et se fonde sur des titres, des témoignages authentiques, des règles écrites et absolues, tandis que l'administration, qui consulte l'utilité générale, se dirige d'après des considérations d'équité ou de simple convenance ; que l'autorité judiciaire est environnée de formes rigoureuses, lentes, solennelles, tandis que la marche de l'administration est ordinairement rapide, simple, et se modifie suivant les circonstances.

Ici se présente la question, fort discutée, de savoir si l'autorité judiciaire constitue un pouvoir distinct, ou si elle n'est pas plutôt une simple délégation du pouvoir exécutif, une des branches de l'administration publique.

---

[1] Voir mes *Principes généraux de droit, de politique et de législation*, p. 226.

Les partisans de l'opinion qui considère l'autorité judiciaire comme constituant un pouvoir distinct, font observer qu'il existe une différence nécessaire entre l'application matérielle de la loi dévolue au *pouvoir exécutif*, et l'interprétation contentieuse, exclusivement dévolue à l'autorité judiciaire. Les agents du *pouvoir exécutif*, disent-ils, doivent être essentiellement *amovibles* et *responsables* ; les *magistrats de l'ordre judiciaire*, sont *irresponsables*, et *inamovibles*. L'indépendance est essentielle à l'ordre judiciaire; la dépendance est de l'essence de l'administration. L'autorité judiciaire se rapproche beaucoup plus du *pouvoir législatif*, que du *pouvoir exécutif* : comme le premier de ces pouvoirs, elle rend des décisions qui doivent être exécutées à l'aide de la force publique. Le corps judiciaire ne dépend, en réalité, du *pouvoir exécutif*, qu'en ce que les magistrats rendant la justice sont nommés par le chef de l'État, et que c'est aussi au nom de ce chef que sont intitulés les jugements. Mais le chef de l'Etat ne pourrait pas empêcher l'exécution de leurs jugements, et le droit de rendre la justice leur est tellement propre, qu'un jugement rendu par le dépositaire du pouvoir exécutif, lui-même, serait sans aucune valeur. On cite enfin les paroles suivantes de Montesquieu : « Il n'y a point de liberté, si la puissance de juger n'est pas séparée de la puissance législative et de l'exécutrice. Si elle était jointe à la puissance législative, le pouvoir sur la vie et la liberté des citoyens serait arbitraire, car le juge serait législateur. Si elle était jointe à la puissance exécutrice, le juge pourrait avoir la force d'un oppresseur [1].

Dans l'opinion contraire, on considère l'autorité judiciaire comme une subdivision du *pouvoir exécutif*. Sous l'ancien régime ce point de vue était admis. « La fonction de rendre la justice, disait Henrion de Pansey, est si essentiellement inhérente à la royauté, que pour concilier l'obligation de la remplir

---

[1] *Esprit des Lois,* liv. XI, chap. VI. — Voir dans ce sens, Bélime, *Philosophie du Droit,* t. I, p. 361 et suiv.; — Berryer, *Commentaire sur la Charte,* p. 338 et suiv.; — Pailliet. *Droit public français,* p. 110, note.

avec la nécessité de la déléguer, la loi se prête à une fiction
fort remarquable. Elle identifie le juge avec la personne du
prince, et suppose que le prince lui-même parle par l'organe
des juges. Cette fiction, qui est une vérité légale, explique
l'usage de placer le nom du prince à la tête des jugements. »
Mais il n'est pas besoin de recourir à cette fiction, qui ne répond plus, d'ailleurs, aux principes du droit public actuel, pour
refuser à l'autorité judiciaire le caractère d'un pouvoir distinct.
La justice, comme la loi, n'émane que de la nation. Le corps
social doit la garantir à tous les membres qui le composent.
Mais la société ne peut pas plus rendre la justice par elle-
même, qu'elle ne peut faire la loi : elle doit donc déléguer ses
pouvoirs. Quel sera son mandataire ? Le *pouvoir exécutif*. Cette
délégation ne nuira pas nécessairement à l'impartialité des
juges. Rien n'empêchera le *pouvoir législatif* de tracer des
règles garantissant l'indépendance des agents chargés de rendre
la justice. On obtiendra cette indépendance au moyen du principe de l'inamovibilité [1]. En vain citera-t-on la célèbre division tripartite des pouvoirs donnée par Montesquieu : les pouvoirs *législatif*, *exécutif* et *judiciaire*. L'auteur de l'*Esprit des
lois*, en émettant cette division, avait plutôt eu en vue l'intérêt
des justiciables que la rigoureuse exactitude des principes.
Quant aux constitutions qui donnent à l'autorité judiciaire le
titre et le caractère de *pouvoir distinct*, elles la rattachent presque toujours au *pouvoir exécutif* par son origine, ou par son
mode d'institution [2].

---

[1] M. de Vaulabelle n'est pas de cet avis. « L'inamovibilité de la magistrature,
dit-il, n'est qu'un mot vide de sens, et qui ne garantit nullement l'indépendance
du juge. L'inamovibilité n'exclut, en effet, chez les magistrats, ni l'ambition, ni
l'esprit d'intrigue, ni le désir ou le besoin d'un traitement plus élevé; elle est une
garantie d'indépendance si peu sérieuse, que, sous l'ancien régime, comme sous
tous les gouvernements qui se sont succédé en France depuis 1789, la magistrature est le corps de l'État qui s'est constamment montré le plus docile et le plus
dévoué aux passions du pouvoir, quel qu'il fût. » (*Histoire des deux Restaura-
tions*, t. VI, p. 167 et 168.)

[2] Voir, dans ce sens : Foucart, article dans la *Revue de Législation et de Jurisprudence* (août 1845); Merlin, *Répertoire*, vº *Pouvoir judiciaire*; Dupin aîné,

Séparation de l'autorité administrative et de l'autorité judiciaire. — Le principe de la séparation entre les autorités *administrative* et *judiciaire* repose sur les conditions les plus graves et les plus intimement unies à l'intérêt public. Le règlement des affaires publiques ne saurait, en effet, être remis à un pouvoir qui résiste à toute influence, et qui met son honneur à appliquer en toute occasion la loi dans la même pensée et le même esprit. Si, d'autre part, l'administration se substituait à la justice, elle serait exposée à subordonner les droits privés à l'intérêt public, à méconnaître, en vue du salut de l'Etat, la propriété, la liberté, et à mettre l'arbitraire à la place du droit. Le jour où la justice tomberait entre les mains de l'administration, il n'y aurait plus pour les citoyens ni garanties, ni sécurité. C'est pourquoi, depuis 1789, toutes les constitutions de la France ont proclamé le principe de la séparation des pouvoirs et se sont attachées à le faire prévaloir [1].

Réquisitoires, IV, p. 439. La question se trouve traitée avec étendue dans mes annotations sur le *Droit des Gens* de Vattel, édit. 1863, t. I, p. 428 et suiv.

[1] « Les fonctions judiciaires sont distinctes, — dit la loi des 16-21 août 1790, sur l'organisation judiciaire, tit. II, art. 13, — et demeureront toujours séparées des fonctions administratives. Les juges ne pourront, à peine de forfaiture, troubler de quelque manière que ce soit les opérations des corps administratifs, ou citer devant eux les administrateurs à raison de leurs fonctions. » Suivant l'article 3, titre III, chap. v de la Constitution du 3 septembre 1791, « les tribunaux ne peuvent ni s'immiscer dans l'exercice du pouvoir législatif, ou suspendre l'exécution des lois, ni entreprendre sur les fonctions administratives, ou citer devant eux les administrateurs à raison de leurs fonctions. » Un décret de la Convention du 16 fructidor an III défend « aux tribunaux de connaître des actes d'administration de quelque espèce qu'ils soient, aux peines de droit. » — Si nous jetons les yeux sur les législations étrangères, nous rencontrons le même principe dans les lois et Constitutions suivantes. L'article 7 de la loi fondamentale autrichienne sur le pouvoir judiciaire porte que « l'appréciation de la force obligatoire due aux lois régulièrement publiées n'appartient pas aux tribunaux..... etc. » « Les questions de l'ordre judiciaire, — dit l'article 14, — sont séparées des questions de l'ordre administratif dans toutes les instances. » « Les membres des tribunaux sont indépendants dans les limites de leurs fonctions judiciaires et ne peuvent être renvoyés ou démis de leurs emplois avec perte de leurs appointements que par une sentence judiciaire » (art. 3, tit. VIII, *Constit. bavaroise* du 19 mai 1818). —

Cinq conséquences pratiques découlent de ce principe : 1° Les tribunaux de l'ordre judiciaire doivent s'abstenir de prescrire dans leurs arrêts et jugements aucune mesure du ressort de l'administration ; — 2° L'administration active et les tribunaux administratifs doivent, de leur côté, s'abstenir de juger les questions d'intérêt privé de la compétence des tribunaux judiciaires, telles que les questions de propriété et les questions d'état ; — 3° Les actes émanés de l'une des deux autorités doivent être respectés par l'autre, alors même qu'ils seraient entachés d'excès de pouvoir et d'incompétence ; ils ne peuvent être ni vérifiés par l'autre autorité ni entravés par elle dans leur exécution : l'annulation ne peut être prononcée que par les supérieurs hiérarchiques du même ordre ; — 4° L'autorité judiciaire est tenue non-seulement de respecter, mais encore

---

« Les contestations qui ont pour objet les droits civils sont *exclusivement* du ressort des tribunaux » (art. 92. *Constit. belge* du 7 février 1831). — « La justice sera séparée de l'administration d'après les règles qui seront établies par une loi » (art. 71, *Constit. danoise* des 7 nov. 1865, 28 juillet 1866). — « Les tribunaux exercent le pouvoir judiciaire (art. 36 de la *Constitution espagnole* de 1869). « Le pouvoir d'appliquer les lois dans les procès civils et criminels appartient aux tribunaux..... » (art. 91). « Les tribunaux n'appliqueront les règlements généraux et provinciaux qu'autant que ceux-ci seront d'accord avec les lois » (art. 92). « Le pouvoir judiciaire est exercé par les tribunaux... » (art. 28, *Constit. de la Grèce* des 16-28 novembre 1864). — Au pouvoir judiciaire appartient *exclusivement* la connaissance des procédures qui ont pour objet la propriété ou les droits qui en dérivent, les créances et tous autres droits civils..... » (art. 148, *Constit. des Pays-Bas*, de 1815, *modifiée en* 1840 *et* 1848). « Le pouvoir judiciaire est *exclusivement* exercé par les juges établis par la loi » (art. 149). — « ... La loi règle le jugement des conflits d'attribution qui pourraient s'élever entre les pouvoirs administratif et judiciaire » (art. 150). « Si dans des circonstances extraordinaires, l'autorité politique fait arrêter un habitant du royaume, celui par l'ordre de qui l'arrestation a été faite, sera tenu d'en donner immédiatement connaissance au juge local et de lui livrer, dans les trois jours, la personne arrêtée..... » (art. 152). — « L'indépendance du pouvoir judiciaire sera assurée. Aucune autorité ne pourra évoquer les causes pendantes, arrêter leur cours ou faire revivre des procédures éteintes » (art. 145, § 11, *Constit. du Portugal*, du 29 avril 1826, *modifiée le 5 juillet* 1852). — « Le pouvoir judiciaire est exercé au nom du roi par des tribunaux indépendants, qui ne sont soumis à aucune autre autorité que celle des lois... » (art. 86, titre VI, *Constit. de la Prusse*, du 31 *janvier* 1850), etc.

d'appliquer les actes émanés de l'autorité administrative, sans pouvoir apprécier ni leur justice, ni leur opportunité ; — 5° Les tribunaux de l'ordre judiciaire n'ont pas le droit *d'interpréter* les actes administratifs dont ils ont à faire *l'application*, lorsqu'il s'agit d'actes administratifs proprement dits, essentiellement individuels. Il n'appartient qu'à l'autorité dont ces actes émanent, de les interpréter, et le devoir des tribunaux de l'ordre judiciaire est de surseoir jusqu'à ce que l'interprétation administrative soit intervenue. Quant aux actes contractuels, dans lesquels l'administration figure comme partie contractante et non comme puissance publique, qui forment des actes de gestion et non des actes d'autorité ; quant aux règlements administratifs faits par les décrets impériaux, arrêtés préfectoraux ou arrêtés municipaux, le principe de l'indépendance des deux autorités ne s'oppose point à ce que l'autorité judiciaire les interprète [1].

La sanction directe du principe de la séparation se trouve dans l'article 127, § 2 du Code pénal et dans les articles 130 et 131 du même Code [2].

---

[1] *Cours de Droit administratif* de Th. Ducrocq, 3° *édition*, édit. *Thorin*, 1868. p. 268 et suiv.

[2] ART. 127, § 2 du *Code pénal.* Seront coupables de forfaiture, et punis de la dégradation civique .... Les juges, les procureurs généraux ou du roi, ou leurs substituts, les officiers de police judiciaire, qui auraient excédé leur pouvoir, en s'immisçant dans les matières attribuées aux autorités administratives, soit en faisant des règlements sur ces matières, soit en défendant d'exécuter les ordres émanés de l'administration, ou qui, ayant permis ou ordonné de citer des administrateurs pour raison de l'exercice de leurs fonctions, auraient persisté dans l'exécution de leurs jugements ou ordonnances, nonobstant l'annulation qui en aurait été prononcée ou le conflit qui leur aurait été notifié. — ART. 130. Les préfets, sous-préfets, maires et autres administrateurs qui se seront immiscés dans l'exercice du pouvoir législatif...., ou qui se seront ingérés de prendre des arrêtés généraux tendant à intimer des ordres ou des défenses quelconques à des cours ou tribunaux, seront punis de la dégradation civique. — ART. 131. Lorsque ces administrateurs entreprendront sur les fonctions judiciaires en s'ingérant de connaître de droits et d'intérêts privés du ressort des tribunaux, et qu'après la réclamation des parties ou de l'une d'elles, ils auront néanmoins décidé l'affaire avant que l'autorité supérieure ait prononcé, ils seront punis d'une amende de seize francs au moins, et de cent cinquante francs au plus.

L'Administration. — L'administration est le gouvernement du pays, moins la confection des lois, et l'action de la justice entre les particuliers.

L'autorité administrative est celle qui, par l'exécution des lois d'intérêt général, pourvoit à la sûreté de l'Etat, au maintien de l'ordre public, et à la satisfaction de tous les autres besoins de la société. Le domaine du pouvoir administratif proprement dit s'étend sur toutes les lois qui, n'étant pas la base du droit public, constitutionnel, ecclésiastique, international, ne sont pas comprises non plus dans le domaine du pouvoir judiciaire.

L'autorité administrative diffère de l'autorité législative, en ce que les prescriptions du législateur sont *générales* et *permanentes*, tandis que celles qui émanent de l'autorité administrative sont empreintes d'un caractère la plupart du temps *local* et *essentiellement variable*. Toutefois, ces deux pouvoirs ont cela de commun, que les actes qui émanent d'eux portent l'empreinte de l'autorité publique, et commandent également l'obéissance.

« Le législateur dispose, — dit M. Vivien, — et, dans les choses qui la concernent, l'administration applique : à l'un la déclaration des droits, à l'autre l'exécution. La loi n'est, selon l'expression de Cicéron, qu'un *prince muet*, et le prince ou l'administration est la *loi parlante*. L'administration est donc le serviteur de la loi ; elle est la force vive qui la rend active et sensible, l'instrument organisé qui lui donne une puissance extérieure et qui, en son nom, imprime le mouvement aux affaires publiques. Au législateur appartient une fonction plus élevée : il exerce une autorité plus absolue ; l'administration n'a qu'un rôle subordonné, mais elle embrasse des objets plus nombreux, elle se traduit en faits, elle touche aux réalités pratiques, et il suffit de se représenter le nombre des affaires qu'elle traite, la valeur des choses dont elle dispose, la grandeur des intérêts auxquels elle est chargée de pourvoir, pour reconnaître que, si secondaire qu'elle soit, elle forme un ressort considérable et nécessaire de l'organisation politique [1]. »

Lois administratives. — Science administrative. — Droit administratif. — Les *Lois administratives* sont celles dont l'objet est de régler différents points d'action ou d'organisation administratives, telles que la loi du 15 avril 1844 sur les patentes, les lois sur la chasse, sur l'organisation communale ou départementale. Elles déterminent la somme des sacrifices que l'intérêt général demande à l'intérêt privé. Comme toutes les lois, elles énoncent ou les choses que nous devons faire, ou celles dont nous devons nous abstenir, ou celles, enfin, que nous devons souffrir pour le bien commun de la société. Mais ce qui les distingue, c'est que les règles de conduite qu'elles nous prescrivent constituent généralement des modifications aux règles tracées par la loi naturelle ou par la loi civile, des restrictions aux facultés que celles-ci nous reconnaissent ou nous accordent. Les lois administratives ne sont que des éléments du droit administratif.

La *Science administrative* est celle du mécanisme et de l'agencement des services publics, de la hiérarchie, de l'organisation intérieure et des principes relatifs à l'organisation. Elle comprend de plus les sciences accessoires qui forment le véritable administrateur et le préparent aux vues d'amélioration.

Le *Droit administratif* est l'ensemble des règles par lesquelles sont régis les droits des particuliers dans leur rencontre avec l'action administrative ; il gouverne les droits respectifs et les obligations mutuelles de l'administration et des administrés [2].

---

[1] Vivien, *Études administratives*, édit. de 1852, t. Ier, p. 5 et suiv.

[2] Le *Droit administratif*, — dit M. Laferrière, — est celui qui règle l'action et la compétence de l'administration centrale, des administrations locales et de la juridiction administrative. Il a pour but l'exécution des lois, des ordonnances ou décrets, et des arrêtés qui ont été rendus dans l'intérêt général de l'État, dans l'intérêt local des centres partiels de population, ou dans l'intérêt collectif de l'agriculture, du commerce et de l'industrie. Cette exécution se fait ou par voie

La *Science administrative* tend à former des administrateurs; le *Droit administratif* a pour objet précis et limité d'éclairer les administrés sur leurs droits et leurs obligations envers l'autorité.

L'étude du Droit administratif comprend : 1° l'étude des lois administratives; 2° celle des autorités administratives. Le domaine de ce droit s'étend aussi sur toutes les lois sociales, à l'exception de celles qui servent de fondement à l'organisation constitutionnelle, ou qui rentrent dans le domaine judiciaire.

Sources du Droit administratif. — Les sources du Droit administratif sont : 1° les lois; 2° les décrets, arrêtés du gouvernement, ordonnances royales et règlements d'administration publique. Il est nécessaire de remarquer, à ce sujet, que les circulaires et instructions ministérielles ne sont pas obligatoires pour les particuliers, bien qu'elles le soient pour les

d'application générale, ou par voie d'application particulière aux individus qui ont opposé à l'action administrative leurs droits ou leurs intérêts préexistants (*Cours de droit public et administratif*, édit. de 1860, t. I, p. 334).

Traités généraux de Droit administratif. — Batbie, *Traité théorique et pratique de droit public et administratif.* — Bouchené-Lefer, *Droit public et administratif français.* — De Cormenin, *Droit administratif.*—De Gérando, *Institutes du Droit administratif français, ou Éléments du Code administratif.* — Dufour, *Traité général de Droit administratif appliqué*, etc. — Foucart, *Éléments de Droit public et administratif, ou Exposition méthodique des principes du Droit public positif.* — Havard, *Éléments du Droit public administratif de la Belgique.* — Laferrière (F.), *Cours de Droit public et administratif, mis en rapport avec la Constitution de 1852 et les lois organiques de l'Empire.* — Macarel, *Cours d'Administration et de Droit administratif.* — Serrigny, *Droit public et administratif romain.* — Solon, *Code administratif annoté.* — Trolley, *Traité de la hiérarchie administrative, ou de l'organisation et de la compétence des diverses autorités administratives.* — Dictionnaires : Blanche, *Dictionnaire général d'administration*, etc. — Block, *Dictionnaire de l'administration française.* — Cos-Gayon, *Dictionnaire manuel de Droit administratif espagnol* (en langue espagnole). — Crozet, *Procédure administrative, recueil contenant par ordre alphabétique des matières, l'indication des attributions des divers fonctionnaires administratifs.* — Lerat de Magnitot et Huard Delamarre, *Dictionnaire de Droit public et administratif.*

administrations publiques, et qu'aucun acte antérieur à la Révolution de 1789 n'est aujourd'hui en vigueur, à moins qu'il n'ait été formellement maintenu et ratifié par un acte postérieur à cette même Révolution.

A l'étude de ces sources, le jurisconsulte doit ajouter encore la connaissance des dispositions du droit civil et privé qui se réfèrent au Droit administratif, et des lois criminelles, dans leurs rapports avec ce droit. C'est ainsi que le Code Napoléon contient des règles qui renvoient à des lois spéciales, sur des matières dans lesquelles l'administration publique est appelée à intervenir d'une manière essentielle et habituelle ; qui consacrent le pouvoir conféré à l'administration de rendre des règlements généraux, particuliers et locaux ; qui fondent la tutelle du gouvernement sur les communes ou établissements publics, et exigent, pour certains cas, des autorisations émanant de l'administration ; qui chargent l'autorité administrative de pourvoir à la conservation du domaine public, etc., etc. En matière criminelle, nos Codes ont des sanctions pénales pour les infractions aux actes de l'autorité administrative ; ils garantissent l'indépendance de cette autorité et le respect qui lui est dû ; ils répriment les abus de pouvoir de la part de ses agents ; ils appellent, parfois, le concours de l'autorité administrative pour l'exécution des sentences judiciaires, et chargent même, dans certains cas, les fonctionnaires et agents de l'administration de fonctions relatives à la marche de l'instruction criminelle.

Deux sciences doivent servir d'auxiliaires à cette branche du droit : l'*Économie politique* et la *Statistique.*

L'*Économie politique* est la science qui étudie la physiologie de la société humaine, les maux qui affligent le corps social dans l'ordre du travail, leurs causes, les remèdes qu'on peut y apporter, les besoins particuliers et communs des hommes, et les moyens généraux de les satisfaire [1].

[1] Joseph Garnier, *Éléments de l'Économie politique*, p. 4. — Pradier-Fodéré, *Éléments de Droit public et d'Économie politique*, p. 12.

La *Statistique* enseigne les faits naturels, sociaux et politiques, exprimés par des termes numériques. Elle a pour objet la connaissance approfondie de la société considérée dans sa nature, ses éléments, son économie, sa situation et ses mouvements. Elle a pour langage celui des chiffres [1].

Division de l'administration : active, consultative, contentieuse. — Trois mots résument les fonctions des autorités administratives : *agir, consulter, délibérer;* d'où la division de l'administration en administration *active, consultative* et *contentieuse.*

L'administration est *active,* quand elle fournit l'exécution de la loi, ou prescrit une mesure d'utilité publique. Son principe est l'UNITÉ.

L'administration *consultative* est celle qui est placée auprès de chacun des degrés de l'administration active, pour l'éclairer de ses avis. C'est une sage mesure du législateur, de mettre à côté de l'*action* le *conseil.* Mais, en général, les décisions des corps consultatifs ne lient pas l'administration active, qui conserve toujours son indépendance. Il existe cependant quelques exceptions à cette règle : le conseil général, par exemple, fait définitivement la répartition des impôts entre les arrondissements, et les conseils d'arrondissement la font entre les communes. Le principe de l'administration consultative est la *collectivité.*

L'administration est *contentieuse* quand elle juge les questions d'intérêt privé qui se lient à son action. Elle s'occupe des rapports de droit entre les citoyens et l'Etat.

Objet de l'administration active. — L'administration active a deux objets : l'*exécution de la loi* et l'*utilité publique.*

Les constitutions qui ont régi la France depuis 1791, ont conféré au chef de l'Etat le droit de faire des règlements et décrets nécessaires pour l'exécution des lois. Les ministres prennent parfois des décisions et adressent des circulaires aux

[1] Moreau de Jonnès, *Éléments de statistique,* p. 1.

agents de leur département, dans le même but. Quant à l'utilité publique, elle se meut dans un cercle élastique qui s'étend ou se circonscrit indéfiniment.

L'administration active doit tenir compte des temps, des lieux et des circonstances, qui peuvent modifier à l'infini l'intensité des besoins et l'opportunité de la satisfaction. Son initiative doit être très-large. Il appartient, en effet, à la conscience des peuples, qui se trahit par les mœurs et par la législation, de jeter la base des principes généraux; mais les innombrables éventualités qui peuvent se présenter dans l'application de ces principes, doivent trouver, dans la puissance chargée de la mise en pratique, une complète indépendance d'action. Il faut laisser au droit civil les règles absolues. L'autorité administrative a tant de nuances d'intérêts à combiner avec le grand intérêt de la chose commune, qui doit toujours prévaloir, que nul ne saurait être admis à se plaindre de l'indépendance de l'administration.

Rapports de l'administration avec le pouvoir politique. — L'administration n'est pas seulement en rapports avec le pouvoir législatif et avec l'autorité judiciaire, rapports rigoureusement et nécessairement circonscrits : elle touche encore par plus d'un point le pouvoir politique, et il n'arrive que trop souvent qu'elle est absorbée par lui.

M. Vivien a tracé avec une rare sagacité les limites respectives de l'administration et du pouvoir politique. Il a montré comment étroitement liée à l'administration, la fonction de ce pouvoir est toute d'initiative, d'appréciation, de direction, de conseil, tandis qu'à l'administration est réservée l'action, c'est-à-dire l'exécution des lois et l'exercice matériel et pratique des pouvoirs confiés au gouvernement. Le pouvoir politique est la tête, l'administration est le bras.

C'est ainsi, — fait remarquer M. Vivien, — que chaque gouvernement se sert de l'administration pour faire prévaloir son système et donner aux services publics l'impulsion conforme à ses vues; c'est ainsi que l'Empire organisait la

2

France pour sa dictature militaire, que la Restauration ten-
tait un retour vers le passé, que le gouvernement de Juillet
fécondait les éléments de la prospérité matérielle. Le pouvoir
politique trace la voie et l'administration l'y suit. Dans toutes
les mesures générales l'administration doit obéir à la politique ; sa résistance ou son mauvais vouloir serait une source
de désordre. Mais s'il en est ainsi dans ce qui constitue la conduite générale, les deux pouvoirs doivent se séparer pour se
tenir dans leurs conditions respectives, lorsqu'il s'agit de
l'exécution des lois, des mesures de détail et des rapports
directs de la puissance publique avec les citoyens.

Il n'a pas échappé à M. Vivien que l'administration est
toujours exposée aux envahissements du pouvoir politique,
parce qu'il est confié aux mêmes mains qu'elle, et que leurs
dépositaires communs sont le plus souvent portés à méconnaître les différences qui les distinguent. Il est même des
hommes qui professent ouvertement la subordination de
l'administration à la politique. A leurs yeux, les droits conférés à l'administration ne sont que des moyens de gouvernement. Mais cette théorie peut justifier les plus grands
désordres. Qui ne voit les dangers de l'invasion de l'administration par la politique et les détestables tentations auxquelles
elle expose les dépositaires de l'autorité? Plus l'administration est puissante, plus ces dangers s'accroissent. Dans un
pays comme la France, où le domaine administratif est presque illimité, où une foule de droits, de facultés, de fonctions
dépendent du bon plaisir du gouvernement, la liberté publique
elle-même est en péril ; le pouvoir politique, sorti d'une source
empoisonnée, l'administration prostituée à des vues personnelles, sont frappés du même coup [1].

Quels préservatifs opposer à ces dangers? La théorie des
gouvernements parlementaires offre la *responsabilité*.

Réglements administratifs. — Nous examinerons dans

---

[1] *Études administratives*, édition citée, t. I, p. 29 et suiv.

un chapitre ultérieur les questions relatives aux *règlements admi-nistratifs*. Nous verrons que l'on nomme *règlement*, en matière d'administration, un acte impératif, prohibitif ou descriptif, émanant de l'administration supérieure ou d'une magistra-ture locale, et statuant par voie de disposition générale, en vue de l'exécution de la loi ou de l'utilité sociale. Le règle-ment, à la différence du jugement, qui ne peut profiter ou nuire qu'aux parties en procès, à la nature du *commune præ-ceptum*, caractère distinctif de la loi même ; mais n'étant qu'un acte de magistrature, il ne peut pas abroger les lois, qui sont des actes de souveraineté. Réciproquement, le pou-voir législatif ne peut statuer législativement sur une matière qui appartient, par sa nature, à l'administration, sans usurper l'autorité du pouvoir exécutif. Quant à l'administration, indé pendante dans sa marche et reposant sur l'intérêt public, source de la raison gouvernementale, elle est toujours maî-ṭresse de faire de nouveaux règlements, d'abolir ou de modi-fier les anciens. Elle ne saurait être liée par les actes d'une autorité antérieure ; ce qui n'empêche pas néanmoins les tiers de se prévaloir des droits acquis en vertu de la loi ou des règlements généraux d'administration supérieure.

Bases de l'administration en France. — La forme générale et fondamentale de l'administration publique en France, est la *centralisation* et l'*unité hiérarchique*. Sous cette double forme, l'administration exprime et représente la plus haute généralité des intérêts publics, leur subordonne tous les intérêts spéciaux et locaux, en les coordonnant tous dans un même système. L'administration comprend l'ensemble des services publics ; elle a des directions spéciales pour chacun, mais elle les ramène tous en une commune harmonie.

Centralisation. — La *centralisation* consiste dans la subordination des administrateurs *locaux* à l'autorité *centrale ;* laquelle autorité *centrale* étend ses bras sur les diverses frac-tions du pays, et soumet la nation à une direction unique, qui part du centre pour rayonner jusqu'aux extrémités les plus reculées [1]. « Il y a *centralisation*, dit M. Batbie, partout où s'établit un pouvoir prépondérant qui dispose, par les ordres émanés d'un point central, des forces disséminées sur la surface d'un Etat : c'est la *centralisation politique*. Il y a aussi *centralisation* lorsque l'autorité centrale, au lieu de laisser les fractions de l'Etat, telles que le département ou la commune, faire leurs affaires sur place, se substitue aux autorités locales et attire au centre les questions qui se produisent aux extrémités : c'est la *centralisation administrative*. De la *centralisation politique*, concourant avec la *centralisation administrative*, découle ordinairement une troisième espèce de centralisation qui peut être considérée comme la conséquence des deux autres : c'est la *centralisation morale*. La vie étant tout entière au centre, les personnes riches s'y transportent attirées par les plaisirs ; les hommes intelligents y viennent chercher un théâtre digne de leur ambition, et les ouvriers des salaires élevés [2]. »

La *centralisation politique* ou *gouvernementale* est généralement approuvée. Elle a été, en France, la source de grands biens. C'est elle qui a contribué à animer ce pays d'un seul esprit et d'une même pensée ; elle a fondé l'unité et assis sur des bases indestructibles le régime nouveau issu de 1789 [3].

On reproche à la *centralisation administrative* de tendre sans cesse à diminuer l'esprit de cité. « Elle parvient, il est vrai, — dit M. de Tocqueville, — à réunir à une époque donnée et dans un certain lieu toutes les forces disponibles de la nation ; mais elle nuit à la reproduction des forces. Elle la fait triompher le jour du combat et diminue à la longue sa puissance. Elle peut donc concourir admirablement à la grandeur passagère d'un homme, non point à la prospérité durable d'un

---

[1] Pradier-Fodéré, *Principes généraux de Droit, de Politique et de Législation*, édition 1869, p. 342.

[2] Batbie, *Traité historique et pratique de Droit public et administratif*, édit. 1863, t. IV, p. 422 et suiv.

[3] Vivien, *Études administratives*, édit. 1852, t. I, p 13 et suiv.

peuple [1]. » Par le régime de la *centralisation administrative*, l'autorité publique s'expose, de plus, à une responsabilité qui, en même temps qu'elle fait remonter jusqu'à elle les bénédictions des masses populaires, dans les jours heureux, la livre, aux époques de crise et de malaise, à toutes les plaintes, aux clameurs de ceux qui souffrent et aux attaques de ceux qui exploitent ces souffrances au profit des mauvaises passions. Détournés des affaires pratiques, les esprits se tournent exclusivement vers les théories spéculatives ; le gouvernement prend une si grande part à toutes choses, que les mécontents considèrent sa destruction comme le premier de tous les remèdes [2].

Quant à la *centralisation morale*, ceux qui la condamnent sont plus nombreux encore que les adversaires de la *centralisation administrative*. Sans contester la nécessité du contrôle administratif, ils déplorent cette absorption intellectuelle et morale qui amaigrit les extrémités, et sur un corps languissant pose une capitale exubérante, au risque toujours imminent d'exposer le pays à ces attaques apoplectiques qu'on appelle des révolutions [3].

Pour tracer le véritable domaine de la centralisation, il suffit de préciser quels sont les attributs nécessaires du pouvoir central et dans quelle mesure il doit en jouir, afin de concilier, autant que faire se peut, ses prérogatives avec les libertés publiques. Or, pour arriver à cette définition, il faut se rappeler que les gouvernements sont principalement institués dans le double but de la protection nationale et du maintien de l'ordre. Entretenir d'une part les relations bienveillantes avec l'étranger, prévenir les dissentiments, apaiser les rivalités, résister aux attaques, veiller avec un soin jaloux sur la grandeur et la sécurité de la patrie ; assurer, d'autre part, l'exécution des lois, punir ceux qui les violent, apaiser les troubles intérieurs, faire régner la paix, garantir à chacun la

[1] Tocqueville, *Démocratie en Amér.*, cité par Batbie. *lib. cit* t. IV, p. 423, 424.
[2] Vivien, *lib. cit.*, t. I, p. 43, 44.
[3] Batbie, *lib. cit.*. t. IV, p. 424.

liberté du foyer domestique : telle est leur mission, et tel est aussi le domaine véritable de la centralisation. Les pouvoirs qui se rattachent à cet ordre d'intérêts doivent appartenir à l'autorité centrale directement, absolument, sans intermédiaire ; mais à deux conditions indispensables : le gouvernement, qui n'est que le mandataire de la nation, lui rendra compte de tous ses actes ; une législation bien ordonnée assurera aux citoyens, considérés dans leur existence individuelle, la protection de règles tutélaires, et placera toujours en face des facultés conférées au gouvernement, les conditions qui en déterminent l'emploi et en préviennent ou en répriment l'abus. Mais, même dans ces limites rationnelles, la centralisation ne devra point être exagérée. Le gouvernement devra en simplifier les formes, supprimer tout ce qui retardera la décision sans l'éclairer, enfermer l'administration dans des délais de rigueur, ne lui remettre que ce qui appelle absolument son contrôle, n'adopter enfin qu'exceptionnellement et dans des cas graves le système des autorisations préalables [1].

Unité hiérarchique. — On désigne par le mot *hiérarchie* l'enchaînement des diverses autorités, descendant de l'autorité supérieure jusqu'aux autorités inférieures par une suite de degrés, et remontant des autorités inférieures à l'autorité supérieure. Au moyen de la *hiérarchie*, le mouvement se transmet de proche en proche, par une chaîne non-interrompue d'agents successifs, jusqu'aux extrémités les plus reculées du territoire. Il n'est pas un point, si éloigné, si petit qu'il soit, où le gouvernement n'ait un représentant avec lequel il peut communiquer. Par ce moyen les regards du gouvernement restent sans cesse tendus sur le pays entier.

La *subordination* est le complément nécessaire de la *hiérar-*

[1] Vivien, *libr. et cap. cit.*, t. I, p. 44 à 62 N'omettons point de signaler ici la mesure intelligente et libérale prise par le cabinet du 2 janvier 1870. La création d'une commission extra-parlementaire pour examiner à fond toutes les questions relatives à la décentralisation, permet d'espérer des résultats pratiques précieux pour le pays.

chic; mais elle n'entraîne pas chez les agents l'abnégation de la dignité morale. L'autorité supérieure, qui est le point de départ de l'impulsion, ne peut ordonner que dans les limites de la loi, et le subordonné placé entre son intérêt et sa conscience, conserve la liberté de choisir [1].

Division de l'administration active. — Chaque pays se composant de provinces ou départements, et chaque province ou département se fractionnant ordinairement en subdivisions diverses, *l'administration active* se divise logiquement en *administration* GÉNÉRALE et en *administration* LOCALE.

Agents administratifs. — Le principe de l'administration active étant, en France, *l'unité* pour chaque branche des services publics, à chaque degré de la hiérarchie administrative, *un seul agent* centralise la direction et la responsabilité. Il est assisté de plusieurs agents en sous-ordre.

Parmi les agents administratifs on distingue entre les AGENTS DIRECTS et les AGENTS INDIRECTS OU AUXILIAIRES.

Agents directs. — Les *agents directs* sont les véritables *fonctionnaires*. Ils sont tous placés sous l'autorité du chef de l'État, et sont rattachés entre eux par les liens d'une forte hiérarchie. Les *agents directs* sont officiellement connus du public pour avoir caractère et autorité vis-à-vis de toutes personnes ; ils servent d'intermédiaire obligé entre les administrés et l'autorité centrale.

L'empereur [2], roi, ou président de la République étant le chef de l'État, la série des *agents directs* comprend les fonctionnaires suivants :

[1] Vivien, *lib. et cap. cit.*, t. I, p. 44 à 62.
[2] Il a été dit déjà, dans l'*Avant-propos*, que cette partie de notre édition nouvelle a été commencée avant la révolution du 4 septembre 1870. Elle a donc vieilli ; mais si quelques agents *directs généraux* ou *locaux* et quelques agents *indirects* ont disparu, si surtout la désignation de leurs fonctions a changé, les principes sont restés les mêmes. Le lecteur trouvera, du reste, dans le cours de l'ouvrage, toutes les modifications qui sont survenues depuis et qui, en ce qui touche les matières contenues dans ce chapitre, peuvent se résumer ainsi : déchéance de l'empereur; proclamation de la République; suppression du ministère de la présidence du Conseil d'État; abolition du Sénat; abolition du serment politique;

1° Les *ministres* ; administration GÉNÉRALE ;

2° *les préfets* ;

3° Les *secrétaires généraux de préfecture* ; départements ;

4° Les *sous-préfets* ; arrondissements ;

5° Les *maires* et *adjoints* ; communes ;

6° Les *commissaires de police* ; cantons [1].

} administration LOCALE.

Les MINISTRES sont les subordonnés immédiats du chef de l'État, placés à la tête des grandes divisions de l'administration publique : divisions qui sont nommées des *départements ministériels*.

Les PRÉFETS sont les subordonnés immédiats des ministres ; ils occupent le premier rang de l'administration active locale. On peut les considérer sous deux points de vue : comme *chefs de l'administration active* dans chaque circonscription départementale ; et comme *représentants de leur département*, envisagé comme personne morale, et ayant des intérêts à lui.

Les SECRÉTAIRES GÉNÉRAUX DE PRÉFECTURE sont des préposés légaux à la réception et à la conservation des pièces, au contre-seing des ampliations des actes administratifs, et à la surveillance des employés.

Les SOUS-PRÉFETS sont les subordonnés immédiats des préfets, dans l'arrondissement ; leurs intermédiaires officiels avec les maires.

---

création d'une commission provisoire pour remplacer momentanément le Conseil d'État ; abolition de la Haute-Cour de justice ; suppression du ministère de la Maison de l'empereur. Déjà, avant la chute de l'empire, le gouvernement impérial, qui usait et abusait du droit de manier et de remanier les institutions, avait supprimé le ministère d'État ; rétabli le ministère de l'agriculture et du commerce ; placé dans les attributions du garde des sceaux certaines attributions de l'ancien ministre d'État ; séparé le ministère des Beaux-Arts du ministère de la Maison de l'empereur ; supprimé le ministère des Lettres, Sciences et Beaux-Arts, etc., etc. Ces différentes modifications et ces changements sont indiqués dans la seconde partie de cet ouvrage, *page 447 et suivantes*.

[1] Remarquer que le *canton* est supérieur à la *commune*, attendu qu'un canton se compose d'une *réunion de communes*. Mais, dans le tableau ci-dessus, il convenait, pour suivre l'ordre hiérarchique, de placer le *commissaire de police* après le *maire*.

Les **maires** sont les subordonnés immédiats des *sous-préfets*, les chefs de l'administration active dans chaque commune. Les **adjoints** sont les suppléants des *maires*.

Les **commissaires de police** sont les subordonnés des *maires* dans l'exercice de la police municipale. Leur juridiction est essentiellement cantonale, au lieu d'être seulement communale.

Agents indirects. — Les *agents indirects* ou *auxiliaires* de l'administration, sont des agents placés auprès des fonctionnaires ou agents directs, et sous leurs ordres, pour préparer et faciliter leur travail. A la différence des agents directs, qui ont un caractère public, une notoriété officielle, et qui sont responsables vis-à-vis du public, les *agents indirects* n'ont ni caractère officiel, ni responsabilité : ils ne sont que des instruments nécessaires, indispensables à la marche de l'administration. Comme leur rôle est de *concourir indirectement* à l'exercice des fonctions que remplissent les agents directs, et comme ils sont nécessairement subordonnés à ces agents directs dont ils sont les auxiliaires, on les désigne sous le nom *d'employés*.

Division des agents indirects ou auxiliaires. — Les agents *indirects* ou *auxiliaires* se divisent en :

1° Agents généraux ; — 2° Agents départementaux ; — 3° Agents communaux ; — 4° Agents coloniaux.

1° Agents auxiliaires généraux. — Les *agents auxiliaires généraux* sont ceux qui se trouvent attachés *aux agents directs de l'administration générale*. Ils font partie, soit des *administrations centrales des divers ministères* [1], soit des *diverses*

---

[1] Chaque administration centrale de ministère comprend habituellement un secrétaire général, des chefs de division, des chefs de bureau, des employés désignés, selon la nature de leur emploi, sous les divers noms de rédacteurs, commis principaux, commis d'ordre, expéditionnaires, surnuméraires. Dans certains ministères, les chefs de division prennent le nom de directeurs; dans d'autres il existe simultanément des directeurs et des chefs de division. Dans ce cas, les directeurs sont au-dessus des chefs de division. Les secrétaires généraux, directeurs et chefs de division sont les seuls employés qui travaillent directement avec leur ministre. Ils sont nommés directement par le chef de l'État. Tous les autres employés sont à la nomination et à la révocation des ministres. Dans certains ministères, indépendamment des surnuméraires, il y a des *attachés*,

administrations générales dont le centre est dans la capitale, et *qui sont représentées dans les départements.*

C'est ainsi que le ministère des finances possède dans son service, indépendamment de l'administration centrale de ses bureaux, les administrations financières suivantes :

1° *L'enregistrement, le timbre et les domaines ;* — 2° *Les contributions directes ;* — 3° *Les contributions indirectes et les douanes ;* — 4° *Les tabacs ;* — 5° *Les postes ;* — 6° *Les forêts ;* — 7° *La caisse d'amortissement et celle des dépôts et consignations.*

L'employé placé à la tête de chacune de ces administrations financières porte le titre de *directeur* ou de *directeur général.* L'organisation centrale de ces administrations est fondée sur les mêmes bases que l'organisation centrale des ministères. Indépendamment du service central, il y a un service départemental, dont les agents portent différents noms.

Les agents départementaux de l'administration générale des finances sont :

Dans chaque DÉPARTEMENT, *le trésorier-payeur général* [1].

Dans chaque ARRONDISSEMENT, *le receveur particulier des finances.*

Dans chaque RESSORT DE PERCEPTION, *le percepteur les contributions directes* [2].

L'enregistrement, le timbre et *les domaines,* les *contributions directes,* les *contributions indirectes* et les *douanes* ont, pour chacune de ces administrations financières, un directeur par département.

Chaque *manufacture nationale de tabacs* a un directeur. Il y a un directeur des postes par département ; et, pour les

c'est-à-dire des aspirants aux fonctions d'agent direct de l'administration. On peut consulter, sur les détails de cette organisation, l'excellent ouvrage de M. Cabantous, intitulé : *Répétitions écrites sur le Droit public et administratif,* édit. 1867. — Voir aussi le *Cours de Droit administratif* de M. Macarel, et les populaires *Études administratives* de M. Vivien.

[1] Auparavant appelé le *receveur général.*

[2] Ces agents départementaux exécutent les ordres de l'administration générale des finances, et correspondent avec elle. Voir Cabantous, *lib. citat.,* p. 160. Voir plus loin, dans l'APPENDICE, le décret du 1er février 1872, p. 761.

forêts un *conservateur pour chaque ressort de conservation* [1].

Les ministères de l'*instruction publique*, des *travaux publics*, de l'*intérieur*, de la *maison de l'Empereur*, de la *guerre*, de la *marine*, ont aussi, à côté de leur service central, un service départemental *général*.

1° Ministère de l'instruction publique. — Dans chaque *académie*, un *recteur*; chaque *faculté*, un *doyen*; chaque *école spéciale*, un *directeur*; chaque *lycée*, un *proviseur*; chaque *collége*, un *principal*.

2° Ministère des travaux publics. — *Ponts et chaussées.* Dans chaque *département*, un *ingénieur en chef*, avec plus ou moins d'*ingénieurs ordinaires*; des *conducteurs*, *piqueurs*, *cantonniers*.

Mines. Dans chaque arrondissement de mines, un *ingénieur en chef*, des *ingénieurs ordinaires*, et des *gardes-mines* [2].

3° Ministère de l'intérieur. — *Administration générale des lignes télégraphiques.* Direction générale, au ministère de l'intérieur. Dans les *départements*, il y a des *directeurs divisionnaires*, des *directeurs de station*, et des *employés secondaires* plus ou moins nombreux.

4° Ministère de la maison de l'empereur. — *Administration des haras.* Direction générale, au ministère de la maison de l'empereur. Des directeurs, dans les départements où il y a des dépôts d'étalons, avec un nombre plus ou moins grand d'employés secondaires [3].

5° Ministère de la guerre. — *Administration générale et*

---

[1] Toutes les administrations financières ont cela de commun, qu'à leur entrée se trouve placé un surnumérariat basé sur le concours, ou sur un examen préalable. Il y a une *école spéciale* pour l'administration des forêts.

[2] Les ingénieurs des ponts et chaussées et des mines se recrutent parmi les élèves sortis de l'École polytechnique. Il y a, de plus, une École des ponts et chaussés et une École des mines. Les agents secondaires se recrutent par voie d'examens préalables.

[3] Remarquez que, dans toutes ces administrations générales, les employés supérieurs sont à la nomination et à la révocation du chef de l'État, et que les employés secondaires sont nommés et révoqués par le ministre.

centrale de l'armée de terre, au ministère de la guerre. Dans *chaque division militaire*, un *intendant divisionnaire*, avec plus ou moins de *sous-intendants* et de *sous-intendants adjoints*.

Le corps de l'intendance a sous ses ordres les officiers des divers services administratifs de l'armée, tels que les vivres, les hôpitaux militaires, etc.

6° MINISTÈRE DE LA MARINE. — *Administration générale et centrale de l'armée de mer*, au ministère de la marine.

Dans chaque *arrondissement maritime*, un *préfet maritime*. Chaque *arrondissement* comprend plusieurs *sous-arrondissements*, et chaque *sous-arrondissement* plusieurs *quartiers*.

Les préfets maritimes ont sous leurs ordres un nombre plus ou moins grand de *commissaires de la marine*.

Le *commissariat de la marine* embrasse des *commissaires-généraux*, des *commissaires, commissaires-adjoints, sous-commissaires, aides-commissaires, élèves-commissaires*, des *commis de marine* et des *écrivains*.

1° AGENTS DE L'ADMINISTRATION GÉNÉRALE EN DEHORS DE L'ORDRE ADMINISTRATIF PROPREMENT DIT. — Indépendamment des agents *directs* et *indirects* ou auxiliaires de l'*administration générale*, il y a un certain nombre d'agents, se rattachant à divers ministères, qui n'appartiennent pas, par la nature de leurs attributions, à l'ordre administratif proprement dit : ce sont les membres du clergé des divers cultes (*ministère de la justice et des cultes*) ; les magistrats judiciaires (*id.*) ; les professeurs qui, dans les facultés, les écoles supérieures ou spéciales et les lycées, enseignent au nom, aux frais et sous la surveillance de l'Etat (*ministère de l'instruction publique*) ; les chefs de l'armée de terre et de mer (*ministères de la guerre et de la marine*) ; enfin les agents extérieurs du ministère des affaires étrangères, qui ont la haute mission de représenter la nation elle-même vis-à-vis des puissances étrangères près desquelles ils sont accrédités.

2° Agents *auxiliaires départementaux*. — Les agents auxiliaires départementaux sont principalement les *employés des bureaux de préfecture et de sous-préfecture*, qui sont nommés et révoqués par le préfet. Ils sont rétribués sur les frais d'administration alloués aux préfets et sous-préfets.

3° Agents *auxiliaires communaux*. — Quant aux *agents auxiliaires communaux*, ce sont, indépendamment des commis attachés aux bureaux des mairies, tous les employés. dont le caractère est *municipal*, et dont le traitement est payé sur les fonds communaux.

4° AGENTS AUXILIAIRES COLONIAUX. — Chaque colonie est régie par un *gouverneur* ayant près de lui un *ordonnateur* et un *directeur de l'intérieur* [1].

Il convient de résumer ces détails généraux et présentés comme un simple aperçu, dans un tableau synoptique.

ADMINISTRATION ACTIVE [2]

Dont l'objet est l'exécution de la loi et l'utilité publique.

UNITÉ. — CENTRALISATION. — HIÉRARCHIE.

ADMINISTRATION GÉNÉRALE.

Agents directs généraux.	Agents auxiliaires généraux.	
Fonctionaires. — Caractère o'ficiel. — Initiative. — Responsabilité.	*Employés.* *Pas d'initiative, pas de responsabilité.*	
	ADMINISTRATION CENTRALE.	DÉPARTEMENTS.
1° AFFAIRES ÉTRANGÈRES.	*Organisation intérieure des ministères.* (Secrétaire général, Directeurs, Chefs de division, Chefs de bureau, Sous-Chefs, Commis principaux, Commis d'ordre, Rédacteurs, Expéditionnaires, Surnuméraires attachés).	1° PAS d'agents départamentaux pour le ministère des affaires étrangères.
2° JUSTICE ET CULTES.		2° PAS d'agents départamentaux pour la Justice et les Cultes.
3° INTÉRIEUR.	3° Direction générale des lignes télégraphiques.	3° *Intérieur* : Directeurs divisionnaires ; Directeurs de station (lignes télégraphiques).

---

[1] Voir l'ouvrage cité de M. Cabantous, et celui de Macarel.

[2] Sont en dehors de l'ordre administratif proprement dit, les agents appartenant au clergé, à la magistrature, au professorat, les agents extérieurs du ministère des affaires étrangères.

4° FINANCES. — *Administrations financières* : 1° Enregistrement, timbre et domaines ; 2° Contributions directes ; 3° Contributions indirectes et Douanes ; 4° Tabacs ; 5° Postes ; 6° Forêts ; 7° Caisse d'amortissement ; dépôts et consignations.	4° Directions générales.	4° Directeurs locaux ou conservateurs. Trésoriers payeurs généraux, Receveurs particuliers, Percepteurs.
5° GUERRE.	5° Administration générale et centrale de l'armée de terre.	5° Intendants divisionnaires, dans chaque division militaire ; Sous-intendants ; Sous-intendants adjoints.
6° MARINE ET COLONIES.	6° Administration générale et centrale de l'armée de mer.	6° Dans chaque arrondissement maritime, un Préfet maritime. Des Commissaires généraux ; Commissaires ; Commissaires-adjoints ; Aides-commissaires ; Élèves-commissaires ; Commis de marine ; Écrivains.
7° INSTRUCTION PUBLIQUE.	7° Directions centrales.	7° Dans chaque Académie : un Recteur. — Facultés : Doyens. — Écoles spéciales : Directeurs. — Lycées : Proviseurs. — Collèges : Principaux.
8° TRAVAUX PUBLICS.	8° Ponts et Chaussées (direction générale).	8° Dans chaque département, un Ingénieur en chef ; des Ingénieurs ordinaires ; des Conducteurs, Piqueurs, Cantonniers.
9° AGRICULTURE.	9° Mines (direction générale).	9° Dans chaque arrondissement, un Ingénieur en chef ; des Ingénieurs ordinaires ; des Gardes-mines.
10° MAISON DE L'EMPEREUR (administre la liste civile et la dotation de la couronne; Haras).	10° Directions générales.	10° Pour les Haras, un Directeur dans chaque département où il y a un dépôt d'étalons.
11° BEAUX-ARTS (services des beaux-arts ; des monuments civils ; des musées ; des théâtres, etc.).	11° Directions générales.	

ADMINISTRATION LOCALE.

Agents directs locaux.	Agents auxiliaires locaux.
Fonctionnaires. — Caractère officiel. — Initiative. — Responsabilité.	*Employés.* *Pas d'initiative, pas de responsabilité.*
1° DÉPARTEMENTS. Préfets. — Secrétaires généraux de préfecture.	Les employés des bureaux de préfectures.
2° ARRONDISSEMENTS. Sous-Préfets.	Les employés des bureaux de sous-préfectures.
3° COMMUNES. Maires et Adjoints.	Les commis attachés aux bureaux des mairies, et tous les employés dont le caractère est municipal.
4° CANTONS. Commissaires de police.	Les secrétaires, commis et agents secondaires.
5° COLONIES. Gouverneurs. (Le gouverneur de la colonie a près de lui un *Ordonnateur* et un *Directeur de l'intérieur*.	Des employés de bureaux (Les bureaux sont analogues à ceux des préfectures... Chaque commune a des bureaux analogues à ceux des mairies métropolitaines).

Inspection administrative. — Mais il ne suffit pas que l'administration active ait des agents directs responsables, et des agents indirects ou auxiliaires. Pour que la *responsabilité* ne soit pas illusoire, il convient que l'administration active soit *surveillée*, et que des agents d'inspection et de surveillance soient répandus sur tout le territoire. Ces agents auxiliaires de surveillance et de contrôle ont la mission de se transporter *périodiquement* ou *accidentellement* sur tous les points du territoire soumis à leur vérification. Leur ensemble constitue le *corps de l'inspection administrative*, corps considérable par le nombre de ses agents, et dont les ramifications sont non moins étendues que celles des agents auxiliaires de l'administration active.

Voici un aperçu général des inspections diverses qui se rattachent à chacune des branches de l'administration active.

INSPECTIONS.

I. AFFAIRES ÉTRANGÈRES, pas d'inspections.

II. MINISTÈRE DE LA JUSTICE ET DES CULTES. — *Pour l'administration des cultes :* Inspecteurs généraux des travaux ordinaires ou extraordinaires aux édifices diocésains.

III. INTÉRIEUR. — *Prisons, Établissements de bienfaisance, Asiles d'aliénés :* Inspecteurs généraux. — *Lignes télégraphiques :* Inspecteurs généraux et locaux. — *Préfectures :* Conseillers d'État chargés de les inspecter.

IV. FINANCES. — Inspecteurs généraux et Inspecteurs de tous degrés, chargés de *vérifier tous les services financiers*, ainsi que la *gestion* et la *caisse des comptables...*

Chaque administration financière a, en outre, des corps d'inspection qui lui sont propres, et dont les membres portent le titre d'*inspecteurs, sous-inspecteurs, vérificateurs, contrôleurs...*

V. GUERRE. — *Services administratifs :* Inspecteurs généraux (Vivres, hôpitaux, etc...).

VI. MARINE. — *Services administratifs :* Inspecteurs de la marine. — *Constructions navales :* Inspecteurs généraux.

VII. INSTRUCTION PUBLIQUE — *Enseignement supérieur, Enseignement secondaire, Enseignement primaire :* Inspecteurs généraux, Inspecteurs d'académie.

VIII. AGRICULTURE ET COMMERCE. — *Agriculture, Écoles vétérinaires, Écoles d'arts et métiers :* Inspecteurs généraux.

IX. TRAVAUX PUBLICS. — *Ponts-et-chaussées, Mines :* Inspecteurs généraux, divisés en deux classes...

Chemins de fer (surveillance de l'exploitation commerciale, et contrôle de la gestion financière) : Inspecteurs généraux.

X. MAISON DE L'EMPEREUR. — *Haras :* Inspecteurs généraux.

XI. BEAUX-ARTS. — *Monuments historiques, Bâtiments civils :* Inspecteurs généraux.

Administration consultative. — L'*Administration consultative* est celle qui est placée auprès de chacun des degrés de l'administration *active*, pour l'éclairer de ses avis. C'est, en effet, une sage mesure, de mettre à côté de *l'action* le *conseil*. En France, c'est la loi du 28 pluviôse, an VIII, qui a, pour la première fois, séparé d'une manière nette et précise, la *délibération* de *l'action*. Elle a fondé *l'action* sur *l'unité* et la *délibération* sur le *nombre*. Ainsi donc, de même *qu'un seul* fonctionnaire dirige l'action à ses divers degrés, *un* ou *plusieurs corps*, parallèlement à lui, pourvoient à la délibération qui prépare, éclaire ou contrôle ses actes. Mais, en général, comme nous l'avons remarqué, les décisions des corps consultatifs ne lient pas l'administration active, qui conserve toujours son indépendance.

Par rapport aux *agents directs* auprès desquels ils sont placés, les conseils administratifs sont : *généraux, départementaux, communaux* et *coloniaux*.

Par rapport à la *nature de leurs attributions*, les conseils administratifs ou bien *ne sont chargés exclusivement que de donner des avis ;* ou bien *ont la gestion de certains intérêts ;* ou bien *ont la mission de répartir les charges publiques ou les frais communs ;* ou bien *prennent part au jugement du contentieux administratif.*

Le tableau suivant exposera l'ensemble de l'administration consultative, en France.

CONSEILS ADMINISTRATIFS.

COLLECTIVITÉ. — (Ils ne lient pas les agents de l'administration active.)

Auprès des Agents généraux.

I. EMPEREUR. — Conseil des ministres; Conseil privé; Conseil d'État; Conseil des maréchaux.

II. MINISTÈRE DE LA JUSTICE ET DES CULTES. — Conseil d'administration de la justice; Conseil du sceau des titres; Conseil d'administration des cultes.

III. MINISTÈRE DE L'INTÉRIEUR. — Conseil supérieur des directeurs généraux du ministère; Conseil des inspecteurs généraux des établissements de bienfaisance, des prisons et des asiles d'aliénés; Commission consultative de l'administration des lignes télégraphiques.

IV. MINISTÈRE DES FINANCES. — Les conseils d'administration des différentes régies financières; la Commission des monnaies.

V. MINISTÈRE DE LA GUERRE. — Le Comité central de tous les directeurs de l'administration centrale; les Comités spéciaux de l'infanterie, la cavalerie, l'artillerie, les fortifications, l'administration, l'état-major, la gendarmerie, le Conseil de santé.

VI. MINISTÈRE DE LA MARINE ET DES COLONIES. — Conseil d'amirauté; Conseils des travaux de la marine; Comité consultatif des colonies...

VII. MINISTÈRE DE L'INSTRUCTION PUBLIQUE. — Conseil impérial de l'instruction publique.

VIII. MINISTÈRE DE L'AGRICULTURE ET DU COMMERCE. — Conseil général de l'Agriculture; Conseil général des manufactures; Conseil général du commerce; Conseil supérieur du commerce, de l'agriculture et de l'industrie.

IX. MINISTÈRE DES TRAVAUX PUBLICS. — Conseil général des ponts et chaussées; Conseil général des mines; Comité consultatif des chemins de fer.

X. MINISTÈRE DE LA MAISON DE L'EMPEREUR. — Conseil supérieur des Haras; Conseil consultatif des Haras; Conseil de la maison de l'Empereur.

XI. Ministère des Beaux-Arts. — Conseil des bâtiments civils...

Indépendamment de tous ces corps consultatifs, les ministres peuvent consulter les Conseils placés auprès des agents locaux, et même les différents corps savants constitués, tels que l'Institut impérial de France, l'Académie de Médecine, les Facultés, les Conseils d'hygiène et de salubrité, etc., etc...

Auprès des Agents locaux.

Ressort d'Académie. — Recteur. — Conseil académique.

Département. — Préfet. — Conseil général [1]; Conseil de préfecture, Conseil de révision (pour le recrutement de l'armée)...; Conseil départemental de l'Instruction publique.

Arrondissement. — Sous-Préfet. — Conseil d'arrondissement [2]; Chambre d'Agriculture.

Circonscription commerciale ou industrielle. — Chambre de commerce; Chambre consultative des arts et manufactures.

Commune. — Maire. — Conseil municipal; Commission administrative des hospices; Bureau de bienfaisance; Conseils de fabrique ou d'administration des paroisses.

Colonies. — Gouverneur. — *Grandes colonies* : Conseils généraux; Conseils privés, ou d'administration (analogues aux Conseils de préfecture...); Conseils municipaux. — *Petites colonies* : Conseils privés, ou d'administration; Conseils municipaux.

Conseils exclusivement consultatifs. — Conseil des ministres; Conseil d'État; Conseil d'administration de la justice; Conseil d'administration des cultes; tous les conseils des ministères de l'intérieur, du commerce et de l'agriculture, des travaux publics; tous les comités de la guerre; tous les conseils du ministère de la marine; les conseils d'administration des régies financières; le conseil des bâtiments civils; les conseils des

---

[1] Il faut remarquer, cependant, que le *Conseil général* et le *Conseil d'arrondissement* ne sont les conseils ni du préfet, ni du sous-préfet. La mission du Conseil général est plutôt de délibérer sur les intérêts du département considéré comme personne morale; et celle du Conseil d'arrondissement, de répartir l'impôt direct entre les communes et de délibérer sur les délibérations des conseils municipaux en matière d'impôts.

[2] Voir la note précédente.

haras; les conseils de la maison de l'Empereur; les Chambres de commerce; les Chambres des arts et manufactures; les Chambres d'agriculture.

CONSEILS DE GESTION. — Commissions administratives des hospices; Bureaux de bienfaisance; Conseils de fabrique.

CONSEILS DE RÉPARTITION.—Conseils généraux de département; Conseils d'arrondissement; Conseils municipaux.

CONSEILS CONTENTIEUX. — Conseil d'État; Conseil impérial de l'instruction publique; Conseil du sceau des titres; Commission des monnaies; Conseils de préfecture; Conseils académiques; Conseils départementaux d'instruction publique; Conseils de révision pour le recrutement de l'armée; Conseils privés des colonies.

Ces différents conseils, désignés comme *Conseils contentieux*, se rattachent à l'*administration contentieuse*.

Administration contentieuse. — L'*Administration contentieuse* est celle qui juge les questions d'*intérêt privé* qui se lient à l'action de l'administration active. Le *contentieux administratif* se compose de toutes les réclamations fondées sur la violation des *obligations* imposées à l'administration par les lois et règlements qui la régissent, ou par les contrats qu'elle souscrit. Il naît de l'exercice du pouvoir exécutif touchant à un *droit acquis*. Que si l'acte administratif ne blessait que des *intérêts*, les réclamations étant purement administratives ne relèveraient pas de la juridiction contentieuse.

Cette dernière juridiction appartient tantôt à des conseils institués dans ce but, tantôt aux administrateurs eux-mêmes. On nomme *tribunaux administratifs*, les autorités *collectives* ou *individuelles* chargées par la loi de statuer sur le contentieux de l'administration. La juridiction administrative n'est point un démembrement de la juridiction judiciaire; elle a une origine, une existence et une nature parfaitement distinctes et indépendantes; elle présente une organisation complète, et exerce des attributions qui lui sont exclusivement propres.

Les tribunaux administratifs sont ou GÉNÉRAUX, c'est-à-dire

compétents pour connaître de matières très-nombreuses et très-variées ; ou SPÉCIAUX, c'est-à-dire qui ne connaissent que d'un ordre déterminé de matières. Sont juges GÉNÉRAUX du contentieux : le conseil d'État, les conseils de préfecture, les ministres, les préfets ; sont JUGES SPÉCIAUX : les conseils de révision, le Conseil impérial de l'instruction publique, la Cour des comptes, etc., etc.

Coup d'œil sur l'administration en Angleterre. — Rien ne ressemble moins à l'organisation de l'administration française que l'administration en Angleterre. Ce qui caractérise surtout cette administration, c'est l'absence presque absolue de centralisation, et l'initiative très-large laissée à l'action collective ou individuelle des citoyens. L'intervention des autorités publiques y est à peu près nulle, et les citoyens gèrent personnellement leurs intérêts communs. A l'exception de certains services financiers, les administrations publiques n'ont aucun agent dans les provinces. Aucune administration n'a de représentants locaux ; l'autorité gouvernementale est à peine représentée. La hiérarchie étant inconnue chez les Anglais, chaque agent est libre de faire ce que bon lui semble, mais en acceptant la responsabilité de tous ses actes ; enfin, les agents locaux ne reçoivent *en général* aucun traitement.

Ainsi donc, *pas de centralisation, pas de hiérarchie, pas de traitements ; initiative absolue* accordée à *l'action individuelle ou collective des citoyens ; intervention très-restreinte de l'autorité publique.*

Administration centrale. — L'administration CENTRALE, dont le siége est à Londres, se compose des administrations publiques suivantes :

1° La TRÉSORERIE ;

2° Les COMITÉS DU COMMERCE et de l'ÉDUCATION du Conseil privé ;

3° Le *département de* L'INTÉRIEUR ;

4° Le *département des* AFFAIRES ÉTRANGÈRES ;

5° Le *département des* COLONIES ;

6° Le *département de* LA GUERRE ;

7° Le *département de* L'INDE ;

8° L'AMIRAUTÉ ;

9° Le BUREAU DE LA LOI DES PAUVRES.

On peut ajouter à cette nomenclature quelques autres administrations secondaires plus ou moins rattachées à ces départements, et dirigées par des fonctionnaires spéciaux qui exercent, en fait, une autorité à peu près indépendante : *l'administration des postes*, par exemple ; la *commission des travaux publics* [1].

Administration locale. — L'étude de l'organisation de l'administration *locale* du Royaume-Uni justifiera la proposition, déjà formulée, que la Grande-Bretagne est le pays de la décentralisation.

Le royaume est divisé en *comtés*, en *paroisses* et en *bourgs*. Aucun lien n'existe, en fait, entre le pouvoir central et les pouvoirs locaux. S'il arrive parfois que les autorités locales doivent prendre l'avis d'un secrétaire d'État, elles n'en conservent pas moins leur complète indépendance d'action. Le Parlement lui-même évite d'intervenir directement dans les questions qui intéressent l'administration locale. Il se borne à signaler à l'attention des autorités des comtés, des paroisses ou des bourgs, les mesures qui lui paraissent utiles, mais il se garde presque toujours d'en imposer l'application uniforme. Les localités restent absolument maîtresses d'appliquer la mesure recommandée, ou de n'en tenir aucun compte ; et lorsqu'elles l'ont adoptée, elles peuvent toujours revenir sur cette adoption, lorsque les résultats ne leur ont pas semblé satisfaisants. Cette indépendance absolue des autorités locales trouve cependant une limite dans le droit réservé au Parlement de faire des enquêtes sur tous les sujets ; dans le droit

---

[1] Pour de plus grands développements et pour l'étude des détails, voir : Pradier-Fodéré, *Principes généraux de Droit, de Politique et de Législation*, chap. XII, p. 339 à 470.

de pétition aux Chambres ; dans la liberté de réunion ; dans la faculté laissée aux citoyens de ne pas réélire les fonctionnaires dont ils auraient à se plaindre ; dans la responsabilité complète de tous les agents, qui peuvent *toujours* être poursuivis, sans aucune autorisation préalable, à raison d'actes accomplis dans l'exercice de leurs fonctions ; et dans la liberté de la presse, qui permet de signaler tous les abus.

Dans le Royaume-Uni de la Grande-Bretagne, les institutions sont donc loin d'être soumises au régime de l'uniformité.

M. le baron de Bulow, ambassadeur de Prusse près la cour de Londres, disait un jour en parlant de l'Angleterre : « Après y avoir passé trois semaines, j'étais tout prêt à écrire un livre sur ce pays ; après trois mois j'ai pensé que la tâche serait difficile, et maintenant, que j'y ai vécu trois ans, je la trouve impossible. » En effet, dit M. de Franqueville, celui qui, se bornant au rôle de voyageur, traverse simplement l'Angleterre, ne voit que la surface du pays et ne peut comprendre l'originalité de ses mœurs. Un séjour plus long, une étude plus approfondie modifient singulièrement ses premières impressions. Il semble que l'on pénètre dans une forêt vierge du Nouveau Monde. On sent partout la lutte, le travail, l'activité indépendante et spontanée... Ce désordre apparent, c'est la vie d'un peuple libre. Il frappe et étonne ceux qui arrivent des pays où tout est arrangé, casé, étiqueté, selon les règles de cette fatigante uniformité et de cette minutieuse sollicitude de l'autorité, qui évite à l'honnête homme tout dérangement en le déchargeant de toute responsabilité, mais qui tue l'esprit de dévouement et de sacrifice, qui énerve la race des peuples modernes, et les condamne à une minorité perpétuelle [1].

La centralisation, qui n'existe point dans les mœurs

---

[1] De Franqueville, *Les Institutions politiques, judiciaires et administratives de l'Angleterre*, introduction.

anglaises, y est remplacée par l'autonomie des comtés et des villes. Le pouvoir central n'agit point sur les affaires locales ; et si le Parlement lui-même intervient dans l'administration, il ne le fait guère qu'indirectement par la responsabilité ministérielle et par le droit d'interpellation. Au reste, si l'Angleterre est un pays d'indépendance, elle est aussi un pays de responsabilité.

« Les fonctionnaires, dit M. Jules Simon, y dépendent bien moins de leurs chefs et bien plus du public, qui peut, à chaque instant, les actionner devant les tribunaux. Non-seulement l'administration anglaise ne souffre pas de la responsabilité individuelle de ses agents, mais elle y gagne d'avoir des agents plus scrupuleux ; et les agents eux-mêmes, loin d'être diminués par cette obligation de répondre de leurs actes, en tirent plus de force et de dignité [1]. » Sauf cette responsabilité vis-à-vis du public, les fonctionnaires anglais, une fois nommés, jouissent d'une situation pleine de sécurité. Ils sont protégés par une sorte d'inamovibilité de fait, qui rend leur position aussi solide que s'ils étaient irrévocables. La cause en est que leur choix est livré presque exclusivement aux influences de parti. Or, en Angleterre, il y a deux puissants partis qui se succèdent au pouvoir et dont l'importance est à peu près égale. Si l'un d'entre eux prenait, lorsqu'il arrive aux affaires, la résolution de destituer les agents nommés par ses adversaires, les représailles ne se feraient pas attendre, et les destitutions seraient rendues au parti qui entrerait dans cette voie. D'ailleurs les interpellations porteraient de suite la question aux Chambres ; de sorte que les ministres, pour éviter les ennuis de ces attaques, prennent le parti de respecter les positions acquises [2].

Après l'absence d'uniformité, l'absence de centralisation et l'autonomie locale, ce qui frappe le plus dans l'organisation de

---

[1] Jules Simon, *la Liberté*, t. II, p. 232.
[2] Bathie, *ouvrage cité*, t. IV, p. 113.

l'administration anglaise, c'est la prépondérance donnée à l'aristocratie. L'administration du comté et du bourg est entièrement aristocratique. Les magistrats sont généralement pris dans la portion la plus riche de la société ; ils nomment eux-mêmes la plus grande partie des fonctionnaires secondaires. Directement ou indirectement, l'autorité est donc aristocratique, ou procède de l'aristocratie. Il en résulte que ce qui peut se faire pour le peuple, ne se fait pas par lui. Et cependant le peuple n'en est pas jaloux. C'est que la classe prépondérante, celle dont l'esprit pénètre partout dans les institutions du pays, remplit gratuitement les fonctions qui lui sont dévolues.

Or, comme ces fonctions non seulement sont gratuites, mais qu'elles imposent des charges très-onéreuses, elles ne sont pas recherchées : à tel point que la loi a dû les déclarer obligatoires. Aussi nul n'a pensé à demander l'élection pour la nomination à des fonctions plus redoutées qu'ambitionnées. C'est ainsi que la gratuité de ces fonctions leur a donné un caractère aristocratique, qui a retenu leur exercice aux mains des classes riches, loin des attaques jalouses de la démocratie. C'est aussi ce qui permet de comprendre qu'il se trouve en Angleterre des assemblées ayant droit de voter des taxes, sans avoir été nommées par le suffrage des électeurs. Une autre anomalie non moins remarquable, c'est cette confusion qui existe entre la justice et l'administration, qui se trouvent réunies dans les mêmes mains. En Angleterre, en effet, les fonctions administratives ne sont pas distinctes des fonctions judiciaires, et les mêmes fonctionnaires sont chargés des unes et des autres [1].

---

[1] « En Angleterre, dit M. de Franqueville, tout le monde concourt à l'administration elle-même, et les affaires publiques du pays sont les affaires de chaque citoyens » (*Introduction*, p. 39). Un peu plus haut, le même écrivain avait fait la remarque que l'Anglais est peu disposé à devenir fonctionnaire, car il ne trouve pas une multitude d'emplois dont la séduction puisse l'attirer. Il sait, d'ailleurs, qu'un homme indépendant est aussi considéré qu'un employé du gouvernement.

Coup d'œil sur l'organisation administrative dans les États-Unis de l'Amérique du Nord. — Nous rencontrerons à peu près les mêmes principes, les mêmes caractères dans les États-Unis de l'Amérique du Nord. Tous disons *à peu près*, parce qu'à côté de traits complétement ressemblants, nous constaterons aussi quelques différences saillantes.

L'Union. — Les États de l'Union. — Les États-Unis sont une démocratie sans administration hiérarchique, sans gouvernement centralisé. Leur constitution est fédérale. La fédération réunit un certain nombre d'États. Ces États ne ressemblent en rien aux départements français : ce sont des États qui méritent vraiment ce nom ; ils ont remis à l'Union le soin des affaires communes ou extérieures, mais ils se sont réservé leur gouvernement intérieur ; ce sont en quelque sorte des provinces médiatisées. Chacun de ces États peut se donner une constitution. On n'exige rien d'eux qu'une seule chose, c'est que ce soient des républiques : on ne veut pas qu'une monarchie puisse s'établir sur le continent. Ces constitutions

---

La vie politique lui convient davantage ; elle est aussi d'un plus facile accès : le seul moyen d'y parvenir est l'indépendance. Il sera donc inutile de venir à Londres stationner pendant de longues heures dans les antichambres d'un ministre ou lasser d'importunes demandes la patience d'un souverain. La vie rurale pourra seule donner satisfaction à cette noble et légitime ambition. C'est en possédant une terre, c'est surtout en y résidant, que les citoyens obtiennent l'autorité sans perdre leur liberté ; c'est parmi les propriétaires fonciers qu'on choisit les véritables administrateurs du pays. Tandis qu'en France les fonctionnaires publics sont presque toujours étrangers au département qu'ils gouvernent, et que, possédés d'un insatiable besoin d'avancement, ils n'aspirent qu'à voir finir leur exil pour regagner Paris ; en Angleterre, les administrateurs sont les propriétaires locaux, et ils sont administrateurs uniquement parce qu'ils sont propriétaires. En France, il faut, pour parvenir, quitter le foyer paternel et résider dans la capitale ; en Angleterre, il faut rester dans le domaine de ses pères. La classe aisée acquiert ainsi une facile influence, encourage l'agriculture et exerce sur les populations rurales un véritable patronage Les propriétaires, imbus des besoins du pays, deviennent aptes à le représenter. Ils reçoivent un mandat d'électeurs dont ils sont parfaitement connus, et dont ils savent merveilleusement les besoins. Différence énorme au point de vue social, plus grande encore au point de vue politique : Paris est la France ; Londres est un bourg d'Angleterre. Voir l'*Introduction* du livre de M. de Franqueville, p. 35 et suiv.

peuvent être ce que le peuple voudra : il est permis d'avoir
une ou deux Chambres, un pouvoir judiciaire dépendant ou
indépendant, électif ou à vie ; il y a toute liberté de faire tous
les essais possibles. Par le fait, tous les États ont pris pour
modèle la constitution fédérale. Partout le gouvernement est
organisé de même, partout les libertés sont garanties de la
même façon ; mais quant aux institutions intérieures, on s'at-
tend bien à ne pas trouver d'uniformité. Toutefois, malgré les
différences d'organisation qu'on rencontre en changeant d'État,
il est possible de ramener à quelques caractères communs les
législations administratives des États-Unis.

**Caractères généraux de l'organisation administra-
tive aux États-Unis.** — Élection des fonctionnaires administratifs ;

Inamovibilité des fonctionnaires pendant l'intervalle des
élections ;

Absence complète de hiérarchie administrative ;

Emploi des moyens judiciaires pour remplacer en partie le
principe de la subordination hiérarchique ;

Décentralisation poussée jusqu'aux dernières limites du possible [1].

L'administration en Russie. — De l'Angleterre, des
États-Unis d'Amérique, à l'empire de toutes les Russies, la
transition est brusque. De la décentralisation la plus complète,
il faut passer à la plus extrême centralisation. « L'une des
plaies les plus graves de la Russie, dit le prince Pierre Dolgoroukow, c'est une centralisation immense, excessive, dont
on ne peut se faire une idée même dans celles des contrées de
l'Europe qui se plaignent le plus de ce mal. C'est l'arme de
guerre au moyen de laquelle la bureaucratie, d'un côté, a
étendu sur la Russie entière son funeste réseau, et, de l'autre,
paralyse les efforts de ceux d'entre les ministres qui voudraient

[1] Voir, pour les détails, Pradier-Fodéré, *Principes généraux de Droit, de
Politique et de Législation*, chap. XII, p. 385 et suiv.

opérer le bien, paralyse les bonnes intentions de l'empereur lui-même. En Russie, toute l'existence humaine, depuis le berceau jusqu'à la tombe, se trouve placée sous tutelle, soumise aux formalités bureaucratiques, enlacée par elles; l'initiative individuelle se trouve enchaînée. Il n'y a pas longtemps encore, sous le dernier règne, le gouvernement..... n'exigeait que l'obéissance la plus absolue, la plus servile. Cette manière de voir..... prévaut encore dans la plupart des hautes régions administratives, dans la plupart des ministères, dans la presque totalité des bureaux [1]..... » Le même auteur, suspect d'ailleurs de quelque exagération dans ses appréciations sur le gouvernement et l'organisation administrative de son pays, a défini ainsi l'empire des czars : « C'est un immense édifice à extérieur européen, orné d'un fronton européen, mais, à l'intérieur, meublé et administré à l'asiatique. La très-grande majorité des fonctionnaires russes, déguisés en costumes plus ou moins européens, procèdent dans l'exercice de leurs fonctions en vrais Tartares. Sur quelle base repose l'administration russe ? Est-ce les lois ? Non, certes; aucun pays n'est plus riche que la Russie en lois, ordonnances et règlements de toutes sortes ; le code russe est le plus volumineux de la terre; il contient quinze gros volumes de plus de mille pages chacun ; tous les ans apparaissent encore des suppléments. Mais ce code est une lettre morte pour le pays..... L'administration russe repose sur l'égalité de tous, non devant la loi, comme en Europe, mais devant le caprice du pouvoir et la vénalité de l'administration, comme en Asie [2]. ... » Dans une autre partie de son ouvrage, le prince Dolgoroukow a écrit que « l'administration, en, Russie a pour base l'arbitraire le plus absolu, revêtu parfois de l'apparence de formes légales, et parfois exercé sans détour, ni voile [3]. » Tels sont les fruits du pouvoir absolu.

[1] Dolgoroukow, *La vérité sur la Russie*, édit., 1860, p. 77.
[2] *Ibid.*, p. 5 et suiv.
[3] *Ibid.*, p. 61.

On retrouve à chaque pas,. en Russie, le principe d'auto-cratie qui domine dans l'empire des czars. La centralisation est l'élément organique des diverses classifications adminis-tratives et judiciaires de l'empire. Les mêmes autorités y sont souvent investies de 'pouvoirs tout à la fois administratifs et judiciaires ; chaque fonctionnaire relève d'un supé-sieur qui, lui-même, n'est que le *délégué* du pouvoir sou-verain. Ainsi donc, centralisation asiatique ; hiérarchie puissante ; amovibilité des fonctions, à tous les degrés ; bu-reaucratie tyrannique exerçant son pouvoir arbitraire en l'ab-sence de toute publicité, de toute discussion publique, de tout contrôle sérieux. « La Russie, a dit avec esprit le prince Dolgoroukow, est le pays où il y a le plus de conseillers, et où l'on demande le moins de conseils [1]. »

L'administration en Turquie. — La Turquie est, elle aussi, un pouvoir absolu et de centralisation ; mais la centra-lisation n'y est pas complète, et si l'autorité est, en principe, exercée par le sultan, mais, en réalité, entre les mains du grand vizir, des circonstances dépendant de l'organisation politique et sociale de l'empire ottoman, s'opposent à l'éta-blissement d'une vraie centralisation, source de l'unité na-tionale.

Les sujets du sultan ne forment pas, comme ceux de la plu-part des souverains occidentaux, une masse homogène ayant les mêmes intérêts et les mêmes passions, composée de groupes qui peuvent différer d'origine, de langue et de reli-gion, mais qui se mêlent et se pénètrent à chaque instant et de mille manières, qui se sentent tous profondément solidaires les uns des autres. Il n'y a pas en Turquie de nation propre-ment dite, mais autant de nations que de races, ou plutôt que de communions. juxtaposées et non fondues, ni en train de se fondre ; elles n'adhèrent l'une à l'autre, elles ne sont mainte-nues ensemble dans une apparente unité que par la supréma-

[1] Dolgoroukow, p. 85.

tie qu'une de ces races, la race turque, exerce sur toutes les
autres, et par l'autorité d'un pouvoir central auquel on paie
l'impôt, mais qui, d'ailleurs, ne s'ingère jamais dans les détails de la vie intérieure d'aucun de ces groupes.

Dans chaque ville, dans chaque village de Turquie, chacune
des communions qui s'y trouvent représentées d'une manière
permanente forme une communauté, qui a pour chef légal son
chef religieux ; elle a ses primats qui répartissent entre ses
membres la part d'impôt qui est à sa charge ; elle a ses registres séparés, où sont inscrits les actes de l'état civil concernant chacune des familles qui la composent ; elle a son tribunal, son droit coutumier, son code particulier ; elle se taxe
comme elle l'entend pour bâtir des églises où des écoles, rétri-
buer son clergé et ses instituteurs. En un mot, elle s'administre à sa guise et sans rendre de comptes à personne ; ses
obligations envers le pouvoir central une fois remplies par le
payement de l'impôt, elle jouit d'une pleine autonomie. C'est
ainsi que l'empire ottoman, offre le singulier spectacle d'un
État où les religions, où les races divisées, ennemies les unes
des autres, ne relèvent judiciairement, administrativement
même, que de leurs chefs spirituels ; où les étrangers ne relèvent que des lois de leur pays. En Turquie, en effet, toutes
les croyances ont la libre pratique de leur culte, et toutes les
législations fonctionnent parallèlement : confusion funeste,
qui rend impossible l'existence de l'unité nationale, et qui ne
pourrait être modifiée que par l'action d'un pouvoir central
suffisamment fort et considéré. Or, la Turquie n'a connu
jusqu'à ce jour que les vices et les abus de la centralisation.
Les pachas envoyés pour gouverner les provinces n'ayant
aucun lien avec des contrées où ils ne font que passer, et
n'étant, d'ailleurs, soumis par le gouvernement à aucune surveillance effective, à aucun contrôle sérieux, n'ont aucune
raison de s'intéresser à des populations auxquelles ne les
rattache aucune pensée d'avenir ; quelques-uns mêmes, con-
naissant l'insouciance du gouvernement, ne se font pas défaut

de pressurer leurs administrés. La centralisation n'a donc
racheté par aucun bienfait, en Turquie, la rupture des traditions et des associations naturelles et historiques; elle n'a
point donné aux provinces de ce vaste empire, comme aux
peuples qui entrèrent dans l'empire romain, ou aux groupes
divers que s'assimila la monarchie française, pour prix du
sacrifice de leur autonomie, l'ordre sévère sous une volonté
puissante, ni cet immense développement de prospérité matérielle qu'a produit ailleurs l'unité administrative substituée,
avec son action régulière et puissante, à la variété des souve-
rainetés locales [1].

L'administration dans les autres États de l'Europe.
—Le droit administratif belge, hollandais, espagnol, prussien,
italien, est gouverné par les mêmes principes, à peu d'exceptions près, que le droit administratif français. L'organisation
administrative de ces pays est à peu près calquée sur celle de
la France [2].

Quant à l'administration, en Autriche, elle est loin de présenter une organisation uniforme. Cet empire est, en effet,
composé de parties diverses qui ne se fondent point dans une
vaste unité. C'est ainsi que dans les provinces les plus étendues,
dans la haute et basse Autriche, par exemple, dans la Bohême,
la Moravie, la Styrie, la Dalmatie, il y a des *lieutenances*, avec
un *gouverneur* ou *lieutenant de l'empereur* à la tête de chacune
d'elles. Dans les contrées moins étendues, telles que la Ca-
rinthie, la Carniole, la Silésie, la Bukowine, il n'y a que des
autorités *provinciales*. En Galicie, il y a un gouverneur duquel
relèvent les autorités *provinciales* de Lemberg et de Cracovie.
Les provinces sont, elles-mêmes, subdivisées d'une manière
peu uniforme. Les unes sont divisées en *districts* seulement;

[1] Voir, pour les détails, Pradier-Fodéré, *Principes généraux de Droit, de
Politique et de Législation*, édition citée, p. 399 et suiv.

[2] Voir, pour les détails les plus circonstanciés sur l'organisation administrative
de ces différents pays, le même ouvrage de M Pradier-Fodéré, édition citée,
p. 127 à 453.

les autres, en *cercles* et en *districts :* le *cercle* comprenant plusieurs *districts.*

Les *districts* se composent d'un nombre plus ou moins considérable de *communes.* Mais, indépendamment des *communes,* certaines grandes propriétés peuvent être autorisées à se constituer *séparément,* à la charge de supporter toutes les obligations d'une commune. Dans la Hongrie, enfin, dont les institutions administratives diffèrent tant de celles de l'Autriche occidentale, on distingue quarante-six *comitats,* subdivisés en *districts (processus),* en dehors desquels on compte *trois* arrondissements appelés *districts libres,* et *seize villes libres.* [1].

Division des lois administratives. — Nous avons dit que les *lois administratives* sont celles dont l'objet est de régler différents points d'action ou d'organisation administratives, et qu'elles ne sont que les éléments du Droit administratif.

Les *lois administratives* peuvent être partagées en trois groupes : celles qui ont rapport à l'*industrie agricole;* celles qui sont relatives à l'*industrie manufacturière,* et celles qui concernent la *fortune publique.*

Lois relatives à l'industrie agricole. — Le groupe des lois administratives relatives à l'industrie agricole [2] se compose des lois sur l'alignement, sur la voirie, sur la chasse, le desséchement des marais, l'expropriation pour cause d'utilité publique, les mines, minières et carrières, la pêche, la police rurale, le régime des bois et forêts, le régime des eaux, etc., etc.

Lois relatives à l'industrie manufacturière. — Après l'industrie agricole qui fournit à l'homme les matières premières nécessaires à ses besoins, se place naturellement l'in-

---

[1] *Ibid.,* p. 427 à 453.

[2] On classe, en général, sous le titre d'*industrie agricole,* tous les travaux qui ont pour but de prendre dans la nature les matières premières, même celles qui ne supposent pas la culture du sol : telles sont les industries du chasseur, du pêcheur et du mineur.

dustrie manufacturière, qui transforme ces matières premières en une infinie variété de produits. Elle, aussi, doit être encouragée par l'administration, car de ses développements et de sa prospérité dépend le bien-être des peuples.

Le groupe des lois administratives relatives à l'industrie manufacturière se compose des dispositions sur l'apprentissage ; de certaines lois plus particulièrement destinées à protéger l'industrie manufacturière ; de lois apportant quelques restrictions à la liberté de cette industrie et de l'industrie commerciale ; des lois sur les brevets d'invention, les dessins et marques des fabricants, etc.

Lois concernant la fortune publique. — Le groupe des lois administratives qui concernent la fortune publique embrasse les différentes dispositions légales relatives au domaine de l'État, à l'impôt soit *direct*, soit *indirect*, aux douanes, à l'enregistrement, au timbre, aux octrois, et aux diverses charges de l'État, telles que la dette publique, les dettes courantes ou ordinaires de l'État, la dette flottante, les obligations du Trésor, la dette viagère, la rémunération des fonctions publiques ; enfin les lois qui régissent la comptabilité publique.

Un examen rapide de ces diverses lois sera l'objet des chapitres qui vont suivre. Il précédera l'étude des autorités administratives chargées de les appliquer. Nous analyserons succinctement les lois qui concernent l'*industrie agricole* ; celles qui se rapportent à l'*industrie manufacturière* ; celles enfin qui regardent la *fortune publique*.

CHAPITRE II.

§ 1. AGRICULTURE. — § 2. ALIGNEMENT.

§ 1. — Agriculture [1].

Principes généraux. — Chambres d'agriculture. — Conseil général d'agriculture. — Conseil supérieur du commerce, de l'agriculture et de l'industrie. — Enseignement professionnel.

Principes généraux. — L'agriculture est cette partie de l'industrie générale qui embrasse tous les travaux par lesquels l'homme contraint la terre à produire au gré de ses besoins. Bien que toutes les industries aient leur utilité, elle doit cependant occuper le premier rang, non pas seulement à cause du grand nombre de bras qu'elle occupe, mais surtout à cause du but auquel tendent ses efforts. C'est l'agriculture qui fournit aux populations les moyens de subsistance dont

[1] Loi sur l'organisation des comices agricoles, des chambres et du conseil général d'agriculture, 20 mars 1851. — Le ministre de l'agriculture et du commerce a déterminé la portée de cette loi en ce qui concerne les circonscriptions des associations agricoles; l'élection des membres de ces associations; les règlements constitutifs de chaque association, l'assimilation des sociétés d'agriculture aux comices agricoles; la convocation de ces comices; leurs sessions; leurs travaux et leurs attributions; l'élection des chambres d'agriculture; leur constitution, leurs attributions et leur budget; leur caractère d'établissements d'utilité publique; le choix des membres chargés de représenter les chambres d'agriculture au sein du

4

elles ne sauraient se passer, et la plupart des matières premières dont la mise en œuvre peut seule les préserver d'une
foule de souffrances à peine moins meurtrières que la faim.
Les sociétés ne florissent que dans la mesure même où elle se
prête à la satisfaction de leurs besoins [1].

Les économistes rangent encore dans l'industrie agricole
tous les travaux qui ont pour but de prendre à la nature les
matières premières, même celles qui ne supposent pas la

conseil général d'agriculture : *Circulaire* du 12 août 1851. — Décret du 9 avril
1851, portant que le conseil général de l'agriculture, des manufactures et du
commerce, établi par le décret du 1er février 1850, se divisera en trois conseils. — Décret du 25 mars 1852, sur l'organisation des chambres consultatives
et du conseil général d'agriculture. — Décret du 2 février 1853, qui établit
près du gouvernement un conseil supérieur du commerce, de l'agriculture et de
l'industrie.

Après avoir formé pendant longtemps un service distinct, les services de l'a-
griculture et du commerce avaient été réunis, en 1853, au département des travaux
publics. Un décret du 17 juillet 1869 a rétabli le ministère de l'agriculture et du
commerce avec ses attributions antérieures.

[1] H. Passy, article *Agriculture, Dict. de l'Économie politique.*
Le rôle du gouvernement, vis-à-vis de l'agriculture, doit être de protection et
d'encouragement. Il doit chercher à conserver aux cultivateurs, dans les richesses
qu'ils font naître, la plus grande part conciliable avec la continuation de leur
travail, pour répandre le plus de bonheur possible sur la classe la plus nombreuse
des citoyens ; il doit fixer dans les champs et occuper aux travaux agricoles le plus
grand nombre possible de citoyens, car, à égalité de revenus, le pauvre y jouira
de plus de santé et de plus de bonheur que dans les villes. Il doit développer leur
intelligence, autant qu'un travail assez rude peut le permettre ; enfin, et surtout,
il doit cultiver et affermir leur moralité. Dans ce but, il doit donner de la stabilité
à l'existence du cultivateur, favoriser tous les contrats qui lui donnent un droit
permanent sur la terre, repousser au contraire ceux qui rendent sa condition précaire et qui le laissent en doute sur son lendemain ; car la moralité est intimement
liée aux souvenirs et aux espérances ; elle se nourrit par la durée, elle est nulle
pour celui qui ne considère que le moment présent. Remarquons, toutefois, que le
gouvernement ne doit agir qu'indirectement, en dirigeant l'esprit public à l'aide
de récompenses, d'exhortations, d'encouragements. On peut cependant reconnaître au gouvernement le droit d'exercer son action, d'une manière directe,
dans certaines parties qui intéressent au plus haut point l'agriculture. C'est ainsi
qu'il doit garantir la sécurité de la possession et la liberté des transmissions, qu'il
doit favoriser la création d'institutions de crédit, enfin fonder des écoles destinées
à répandre dans les campagnes le goût des améliorations et l'enseignement professionnel.

culture du sol ; tels sont les produits du *chasseur*, du *pêcheur* et du *mineur*.

L'Assemblée constituante a jeté les bases sur lesquelles repose depuis plus d'un demi-siècle l'industrie agricole de la France, en inscrivant au frontispice de la loi du 6 octobre 1791 les deux principes salutaires de la liberté du cultivateur et de la liberté de la culture. Le territoire de la France, dans toute son étendue, est donc libre comme les personnes qui l'habitent. Les propriétaires, meilleurs juges que l'administration du genre de culture qui rapporte davantage, sont libres de varier à leur gré leurs récoltes, et de disposer de toutes les productions de leurs propriétés, en se conformant aux lois, et sans préjudicier aux droits d'autrui. Toutefois, cette liberté ne saurait suffire par elle seule au développement de l'industrie agricole. Les efforts isolés, individuels, des propriétaires et des cultivateurs ont besoin, pour devenir féconds, d'opérer sous l'influence d'une pensée commune, et d'être reliés au centre général d'activité qui constitue le gouvernement. Les chambres d'agriculture, le conseil général d'agriculture, le conseil supérieur du commerce, de l'agriculture et de l'industrie, sont destinés à servir de lien de communication entre le gouvernement et les actes partiels d'exploitation.

Chambres d'agriculture. — Il y a dans chaque arrondissement, et sous la présidence du sous-préfet, du préfet au chef-lieu, une chambre consultative d'agriculture, composée d'autant de membres qu'il y a de cantons dans l'arrondissement, sans que le nombre de ses membres puisse être inférieur à six. Le préfet désigne dans chaque canton, pour faire partie de la chambre d'agriculture, un agriculteur notable, ayant son domicile ou des propriétés dans le canton. Les membres sont nommés pour trois ans, et sont toujours rééligibles. Organes des intérêts locaux, les chambres consultatives d'agriculture présentent au gouvernement leurs vues sur les questions qui intéressent l'industrie agricole. Leur avis peut être demandé sur les changements à opérer dans la législation en ce qui touche l'agriculture, et notamment en ce qui concerne les contributions indirectes, les douanes, les octrois, la police et l'emploi des eaux. Elles peuvent aussi être consultées sur l'établissement des foires et marchés, sur la destination à donner aux subventions de l'Etat et du département, enfin sur l'établissement des écoles régionales et des fermes-écoles. Elles sont, de plus, chargées de la statistique agricole de l'arrondissement, correspondent directement avec les préfets et sous-préfets, et, par l'intermédiaire des préfets, avec le ministre. Reconnues comme établissements d'utilité publique, les chambres consultatives d'agriculture peuvent, en cette qualité, acquérir, recevoir, posséder et aliéner, après y avoir été dûment autorisées ; l'administration départementale doit leur fournir un local convenable pour la tenue des séances ; leur budget est visé et présenté par le préfet au conseil général pour faire partie des dépenses du département; enfin, un arrêté du préfet fixe chaque année l'époque de la session ordinaire des chambres d'agriculture du département, en détermine la durée, et arrête le programme des travaux; des sessions extraordinaires peuvent avoir lieu sur sa convocation.

Conseil général d'agriculture. — L'institution des chambres consultatives d'agriculture donne aux vœux de l'industrie agricole des organes spéciaux sur les points importants du pays, mais nécessairement peu dégagés des intérêts locaux et des vues particulières. Le décret du 25 mars — 6 avril 1852 a concentré dans le conseil général d'agriculture la lumière partie des différents points de la France, en faisant de ce conseil le résumé de tous les éléments antérieurs. Le conseil général d'agriculture, institué près du ministre de l'agriculture et du commerce, est composé de cent membres, dont 86 sont choisis parmi les membres des chambres d'agriculture, et 14 sont pris en dehors. Les membres sont nommés tous les ans par le ministre, mais sont toujours rééligibles ; les sessions sont annuelles et ne peuvent durer plus d'un mois. La présidence appartient de droit au ministre, qui nomme deux vice-présidents, les secrétaires, et charge des commissaires du gouvernement d'assister aux délibérations du conseil, de prendre part aux discussions et d'entrer dans le sein des commissions. Le conseil général d'agriculture est appelé, par son institution, à donner son avis sur toutes les questions d'intérêt général sur lesquelles les chambres d'agriculture ont été consultées, ainsi que sur toutes celles que le ministre lui soumet.

Conseil supérieur du commerce, de l'agriculture et de l'industrie. — Ce conseil, présidé par le ministre, est composé d'un vice-président, de trois membres du Sénat, de trois membres du Corps législatif, de trois conseillers d'État, de neuf notables choisis parmi les hommes les plus versés dans les matières agricoles, commerciales et industrielles, et de cinq chefs de services désignés par leurs fonctions et membres de droit. Il donne son avis sur toutes les questions que le gouvernement juge à propos de lui renvoyer [1].

Enseignement professionnel. — L'enseignement professionnel de l'agriculture se donne, en France, dans les fermes-écoles et les écoles impériales de Grignon, Grand-Jouan et la Saulsaie. Les fermes-écoles sont des exploitations rurales dans lesquelles des apprentis reçoivent gratuitement un enseignement agricole essentiellement pratique. Chaque année des primes sont accordées par le gouvernement pour être réparties sur la tête de chaque enfant, suivant son mérite, mais ne leur être remises qu'à la fin de l'apprentissage. Quant aux écoles impériales d'agriculture, elles sont consacrées à la théorie et à la pratique. Elles servent aussi de modèle pour la région à laquelle elles appartiennent, et comme telles,

---

[1] Décret du 18 novembre 1869. Le secrétaire général du ministère de l'agriculture et du commerce, et le directeur général des ponts et chaussées et des chemins de fer seront membres de droit de ce conseil. Un second décret de la même date porte que les membres du Conseil privé seront aussi membres de droit de ce conseil supérieur.

leurs résultats doivent recevoir la plus grande publicité [1].

Les chaires départementales d'agriculture et les colonies agricoles contribuent aussi pour une grande part à développer l'instruction agricole au sein des campagnes. La multiplication des chaires départementales se rattache au projet élaboré de concert entre le ministère de l'agriculture et du commerce et le ministère de l'instruction publique, et qui a pour but d'introduire des connaissances agricoles dans le programme de l'enseignement des écoles normales primaires et des écoles communales.

Cette idée, préconisée par les conseils généraux et les associations agricoles, remise à l'étude en vertu d'un décret impérial du 12 février 1867, a reçu un commencement d'exécution.

Les colonies agricoles sont des établissements charitables, ayant pour mission de recueillir les enfants orphelins, abandonnés ou appartenant à des familles pauvres, pour les faire entrer et les maintenir dans la voie du bien. La plupart sont fondées et dirigées par des ecclésiastiques ou des communautés religieuses, qui, en donnant à leurs pupilles une instruction élémentaire, les exercent en même temps aux travaux des champs et du jardinage, de manière à leur inspirer le goût de l'agriculture et à leur enseigner une profession qui les retienne plus tard à la campagne.

[1] Circulaire du ministre de l'agriculture et du commerce, portant que l'enseignement théorique et pratique de l'agriculture doit faire partie de l'enseignement primaire, 27 février 1848. — Autre circulaire du même ministre, qui détermine l'utilité et les tendances de cet enseignement, 6 juillet 1848. — Décret relatif à l'enseignement agricole, 3 octobre 1848 —Circulaire du ministre de l'agriculture et du commerce sur l'organisation des fermes-écoles, 28 octobre 1848. — L'article 13 de la Constitution du 4 novembre 1848 porte que la société favorise et encourage le développement du travail par... les institutions agricoles — Arrêté du 19 décembre 1848, portant désignation des parties du domaine national de Versailles, qui seront affectées à l'Institut national agronomique.—Décret du 17 septembre 1851, qui supprime l'Institut agronomique de Versailles. — Rapport à l'Empereur sur l'enseignement pratique de l'agriculture dans les écoles normales primaires, 15 février 1856.

C'est, du reste, une question controversée, que celle de savoir si l'agriculture peut et doit être officiellement enseignée. Pour certains publicistes la pratique est le seul enseignement solide, car l'agriculture est exclusivement fondée sur l'expérience et l'observation; elle n'est que l'application à la culture de la terre des principes scientifiques. Si l'on voulait avoir un enseignement complet, il faudrait donc exposer la plus grande partie des connaissances humaines. D'un autre côté, en agriculture, la matière mise en œuvre n'est nulle part identique à elle-même; ce qui est vrai pour une terre ne l'est pas pour une autre, et les principes ne sont pas infaillibles. L'enseignement agricole exigerait, de plus, de vastes terrains, une large exploitation et des années d'expérimentation. L'Angleterre, la Hollande, la Suisse, l'Italie, n'ont pas d'enseignement agricole officiel, et cependant ce sont des pays où l'agriculture est en plein état de prospérité. Cet enseignement règne surtout en Allemagne. Il ne date guère en France que de 1822, et est dû à Mathieu de Dombasle; encore n'est-il officiel, ainsi que nous venons de le voir, que depuis 1848.

Les dispositions de nos lois relatives à l'*alignement*, à la *chasse*, au *desséchement des marais*, à l'*expropriation pour cause d'utilité publique*, aux *servitudes militaires*, aux *mines, minières* et *carrières*, à la *pêche*, à la *police rurale*, au *régime des bois et forêts* et au *régime des eaux*, aux *voies de communication*, etc., peuvent être considérées comme des restrictions à la liberté de l'INDUSTRIE AGRICOLE.

§ 2. — L'Alignement [1].

Définition. — Plan général d'alignement. — Servitude de reculement. — Alignement partiel. — Ouverture des rues et places. — Rues de Paris.

Définition. — *L'alignement est la déclaration de la limite légale entre la voie publique et les propriétés qui la bordent.*

---

[1] Édits de décembre 1607 et 27 février 1765; loi 19 juillet 1791, tit. I, art. 29; loi 16 septembre 1807; circul. min. 17 août 1813; loi 21 mai 1836; circul. min.

Aucune construction joignant immédiatement la voie publique ne pouvant être entreprise qu'avec l'autorisation de l'autorité compétente, on appelle donc *prendre alignement*, demander à l'autorité administrative la détermination de la ligne suivant laquelle les travaux projetés pourront être effectués. L'autorité compétente pour délivrer les alignements varie suivant qu'il s'agit de grande ou de petite voirie.

Voirie. — Mais qu'entend-on par *voirie?* Le mot *voirie*, dans sa plus large acception, comprend tout ce qui concerne l'établissement, la conservation et la police des chemins, routes et cours d'eau. La voirie se divise en *grande voirie* et en *petite voirie* [1].

25 oct. 1837; avis Cons. d'État, 7 et 21 août 1839; décr. 25 mars 1852; instr. réglem. 21 juillet 1854; art. 281 et suiv. — Loi du 4 mai 1864.

Sur l'*alignement*, voir : Ancoc, *Voirie urbaine. Des alignements individuels délivrés par les maires en l'absence de plans généraux.* — Cotelle (fils), *Des alignements et permissions de voirie urbains.* — Davenne, *Recueil méthodique et raisonné des lois et règlements sur la voirie, les alignements et la police des constructions.*

[1] Les Romains divisaient la voirie en *Voirie rustique* et en *Voirie urbaine.* La première comprenait les routes et les chemins vicinaux; la deuxième embrassait les rues et places. Les édiles, à Rome, puis, plus tard, le préfet de la ville et les agents sous ses ordres, et, dans les provinces, les gouverneurs ainsi que les magistrats locaux placés sous leur autorité, étaient chargés de faire niveler les rues; d'empêcher les ravines d'eau de nuire aux maisons; de construire des ponts partout où cela était nécessaire; de faire réparer les édifices menaçant ruine, ou de condamner à l'amende les propriétaires qui s'y refusaient; de s'opposer aux dégradations et aux constructions qui empiétaient sur ou sous la voie publique. Les magistrats devaient contraindre chaque riverain à construire la voie publique au-devant de sa maison, et c'est de là que sont venus les usages, conservés chez nous dans plusieurs villes, de mettre les frais soit de la construction, soit de l'entretien du pavé, à la charge des riverains, usages consacrés par notre législation. Ils obligeaient les riverains à purger les acqueducs construits à ciel ouvert; ils veillaient à ce que les constructions n'entravassent pas la libre circulation des voitures. Si le propriétaire d'une maison n'exécutait pas les travaux à sa charge, le locataire en était tenu, sauf à imputer la dépense sur son loyer. Ils interdisaient de faire des saillies ou des dépôts sur la voie publique ou devant les boutiques, si ce n'est aux dégraisseurs pour faire sécher des vêtements, ou aux artisans pour y placer des chars, sans toutefois nuire au passage des voitures. Ils devaient enfin

La GRANDE VOIRIE comprend le classement, l'entretien, la plantation, la police et la propreté, tant des routes impériales et départementales, des rues faisant suite à de grandes routes dans l'intérieur des villes, bourgs ou villages, des chemins de fer construits ou concédés par l'Etat, que des canaux et rivières navigables, et généralement tout ce qui intéresse les grandes communications par terre et par eau. Elle embrasse aussi, par une conséquence naturelle, les moyens d'exécution et de conservation ; aussi s'applique-t-elle aux acquisitions de terrains, aux extractions de matériaux, aux perceptions de

empêcher, sur la voie publique, les rixes, les dépôts de fumier, de bêtes mortes ou de peaux d'animaux.

La loi des Douze Tables avait fixé l'espace à laisser entre les constructions à deux pieds et demi; mais cette prescription n'a pas toujours été observée. A la suite d'incendies récents qui avaient causé de grands ravages dans Constantinople, Arcadius ordonna de laisser un espace de quinze pieds entre les maisons particulières et les édifices publics. Quelques années après, Théodore-le-Jeune fixa à dix pieds l'espace à laisser vide entre les maisons des particuliers, en maintenant la disposition relative aux quinze pieds de distance des édifices publics. Les saillies ne devaient pas être rapprochées plus près que ces distances, le tout à peine de démolition des maisons construites en contravention à la loi.

Il y avait des règlements ou des usages qui fixaient la hauteur des maisons, au moins dans certaines villes. Pour Rome, la loi *Julia* en avait fixé le *maximum* à 70 pieds, et Trajan l'avait réduit à 60 pieds. En comparant cette hauteur avec celle des maisons de Paris, on voit que la différence n'est pas grande ; car, dans Paris, la plus grande élévation était, avant 1859, de 54 pieds, non compris le toit, dont la hauteur au-dessus de l'entablement ne pouvait pas excéder la moitié de la profondeur du bâtiment. Le décret du 27 août 1859 a voulu que ce même *maximum* pût s'élever jusqu'à 20 mètres pour certaines maisons, y compris les entablements et toutes les constructions à plomb du mur de face, mais non compris le faîtage du comble, qui ne peut excéder une hauteur égale à la moitié de la profondeur du bâtiment. Quant à Constantinople, la hauteur y était plus considérable qu'à Rome, car il y avait des maisons de cent pieds. Il faut remarquer, de plus, que tandis que chez nous les règlements qui fixent la hauteur des maisons sont des dispositions d'ordre public auxquelles les parties ne peuvent déroger, et que les contrevenants sont exposés à être condamnés à l'amende et à la démolition, sur les poursuites de l'administration, les particuliers pouvaient, d'après le Code Justinien, déroger par leurs conventions non-seulement aux dispositions de la loi sur la distance à observer pour les constructions et les fenêtres ou vues d'aspect, mais aussi à celles relatives à la hauteur des maisons. Voir l'ouvrage de M. Serrigny sur le *Droit public et administratif romain*, livre II, titre I, n°° 571 et suiv., édit., 1862, t. 1, p. 459 et suiv.

droits d'octroi, de navigation et de péage, ainsi qu'à la police du roulage. Les travaux de desséchement des marais et ceux des digues ont été assimilés aux objets de grande voirie. Le conseil de préfecture exerce une juridiction répressive, lorsqu'il prononce l'amende contre ceux qui ont commis des détériorations sur les grandes routes et sur toutes les voies faisant partie de la grande voirie. Il exerce une juridiction purement contentieuse, lorsqu'en cas d'anticipation sur la largeur légale des voies de communication, il prononce la réintégration définitive du sol sans toucher, toutefois, à la question de propriété.

La PETITE VOIRIE comprend toutes les voies de communication qui ne sont pas classées dans la grande voirie. Elle se subdivise en *voirie vicinale* (celle des chemins vicinaux); *voirie urbaine* (celle des chemins non classés, tels que rues, places, quais, promenades dans les villes, et pour les portions qui ne se confondent pas avec la traverse des grandes routes); *voirie rurale* (celle relative aux chemins de souffrance et d'exploitation).

Plan général d'alignement [1]. — La déclaration de la limite légale entre la voie publique et les propriétés qui la bordent

---

[1] Si l'alignement peut favoriser la régularité et l'embellissement des villes, son objet essentiel est de faciliter la circulation. En conséquence, il convient, dans l'exécution des plans d'alignement : 1° de ne pas s'attacher à établir un parallélisme rigoureux ; 2° d'éviter, autant que possible, de faire avancer les constructions sur la voie publique, ce qui réduirait sans utilité la largeur actuelle, et lorsqu'un redressement est indispensable, de combiner les alignements de manière que la circulation ne puisse jamais être entravée par l'exécution partielle du plan ; 3° de prendre l'élargissement du côté où le dommage doit être moindre pour les propriétaires riverains ; 4° de maintenir, autant que possible, les alignements résultant d'autorisations régulières ; 5° de conserver toutes les façades qui différeraient peu de l'alignement à suivre ; 6° de faire choix de repères fixes et bien déterminés, en évitant avec soin de briser la façade d'un bâtiment ; 7° de ne jamais proposer d'alignements curvilignes, mais d'y substituer des portions de polygones rectilignes, dont la forme est plus favorable aux constructions ; 8° enfin, de se borner, sur les places et promenades publiques, à tracer des lignes ponctuées indiquant les limites de la grande voirie. (Circulaire du ministre des travaux publics, 24 octobre 1845.)

est faite, *d'une manière générale*, par un règlement ou plan arrêté et homologué d'avance, qui sert de règle aux alignements individuels que les riverains *sont tenus* de demander quand ils veulent faire une construction le long des chemins publics.

D'après la loi du 16 septembre 1807, toutes les localités réputées villes, et les communes ayant une population agglomérée de 2,000 habitants et au-dessus, doivent être pourvues d'un *plan général d'alignement.*

Ce *plan général* est approuvé par *décret impérial* rendu dans la forme des règlements d'administration publique en matière de *grande voirie;* il est homologué par *le préfet*, en matière de *voirie urbaine;* et par *le préfet, sauf l'approbation du conseil général*, pour *la grande vicinalité.*

Le *plan général d'alignement* sert de base aux alignements individuels. Il a pour effet de soumettre les héritages privés aux retranchements nécessaires pour donner à la voie la largeur qu'il lui assigne. Ces retranchements peuvent être immédiats, s'il s'agit de terrains *non bâtis*. La jouissance en est attribuée au public, du moment que le préfet a fait, par un arrêté spécial, application des indications du plan à chaque héritage, et fait suivre l'alignement général d'un alignement partiel.

Servitude de reculement.—S'agit-il, au contraire, de *terrains bâtis?* Comme l'expropriation eût été trop onéreuse pour l'administration, le *plan général d'alignement* saisit les propriétés bâties dans l'état où elles se trouvent, emporte interdiction d'y faire désormais aucun changement de nature à prolonger la durée des constructions, et met le terrain sur lequel elles reposent à la disposition de l'administration, pour le jour où elles viendront à être démolies, ou à tomber de vétusté. C'est ce qu'on appelle la *servitude de reculement.*

Cette servitude implique, dans le présent, défense de réparer les constructions qui en sont frappées, et astreint, pour l'avenir, le propriétaire au délaissement de sa propriété. Le droit de l'administration va même jusqu'à profiter des accidents de nature à hâter le moment où, le bâtiment menaçant ruine, il sera nécessaire de le démolir.

Mais la durée de tout bâtiment dépendant essentiellement de la durée des fondations et du rez-de-chaussée, le propriétaire ne doit souffrir dans la jouissance que les restrictions indispensables à la garantie des droits de l'administration. Ainsi l'on permet les badigeons et peintures, parce qu'ils ne consolident pas les fondations; les réparations d'étage, tant que le mur de face dans la partie des fondations et du rez-de-chaussée est reconnu solide; les percements de portes et croisées, parce qu'ils ont d'ailleurs pour effet d'affaiblir les murs.

Lorsque le temps a accompli son action et que le moment de la démolition est arrivé, on ne paie au propriétaire que la valeur du sol réuni à la voie publique. Que si l'administration voulait, au contraire, faire immédiatement reculer les riverains, elle devrait recourir aux formalités de l'expropriation pour cause d'utilité publique, et payer une indemnité, non-seulement pour la valeur du terrain, mais encore pour celle de la construction.

Ces dispositions ne s'appliquent d'ailleurs qu'au *redressement* et à l'*élargissement* des rues *déjà* ouvertes; mais on ne pourrait *ouvrir* une nouvelle rue qu'en suivant les formes de l'expropriation pour cause d'utilité publique.

Alignement partiel. — L'*alignement partiel* ou *individuel* est celui qui est donné pour un héritage particulier. L'obligation de demander l'alignement partiel est imposée aux propriétaires, soit qu'il existe un plan général, soit qu'il n'y en ait pas. Tout propriétaire riverain de la voie publique est tenu de demander l'*alignement partiel*, soit qu'il veuille construire, soit qu'il veuille seulement faire des travaux à un mur de face.

En matière de GRANDE VOIRIE, l'*alignement partiel* était délivré par le *préfet*. Dans le cas d'existence d'un *plan général*, le préfet était lié par les indications de ce plan. Il n'avait d'autre mission que celle de pourvoir à l'application d'un titre. S'il s'en écartait, son arrêté était susceptible d'être déféré au Conseil d'État par la voie contentieuse. Mais en l'absence d'un plan général, le préfet statuait dans la plénitude du droit dont il était investi pour la conservation, le redressement et l'élargissement des voies publiques. L'alignement partiel donné par lui n'impliquait qu'une appréciation et une déclaration d'utilité publique de l'office de l'administrateur. Le recours ne pouvait, en conséquence, aller au-delà du ministre des travaux publics. La loi du 4 mai 1864, rendue dans une pensée de décentralisation, a fait passer ce droit aux sous-préfets, sur les routes impériales et départementales, partout où il existe un plan d'alignement régulièrement approuvé, et à la condition de délivrer les alignements conformément à ce plan.

En matière de VOIRIE URBAINE, l'*alignement partiel* est donné par le *maire*, qu'il y ait ou non un plan général. Dans le premier cas, le maire doit se conformer au plan général, sauf recours, par la voie administrative devant le Conseil d'État, après le recours préalable au préfet et au ministre ; dans le second cas, le maire délivre l'alignement d'après les besoins généraux de la circulation. Mais, dans ce cas, le maire ne peut que maintenir à la rue sa longueur existante ; il commet un excès de pouvoir si l'alignement qu'il délivre a pour effet de procurer l'élargissement ou le rétrécissement de la voie publique, en dehors d'un plan d'alignement régulièrement arrêté [1]. Il n'y a de recours ouvert contre l'arrêté d'alignement donné par le maire, que devant le préfet d'abord, et ensuite devant le ministre de l'intérieur, sauf le recours, même direct, au Conseil d'État, pour excès de pouvoir.

En matière de VOIRIE VICINALE, l'*alignement partiel* est déli-

[1] Arrêt du Conseil d'Etat, 5 avril 1862, affaire *Lebrun*.

vré par le *maire*, avec approbation du sous-préfet, pour les chemins de moyenne et de petite communication ; par le *préfet*, pour ceux de grande communication ; par le *sous-préfet*, partout où il existe un plan régulièrement approuvé, et conformément à ce plan [1].

Les infractions à l'obligation imposée aux propriétaires riverains de la voie publique de demander l'alignement partiel, soit pour construire, soit pour faire simplement des travaux à un mur de face, sont réprimées par le tribunal de simple police pour la voirie municipale et vicinale, et par le conseil de préfecture pour la grande voirie. Si le propriétaire construit conformément à l'alignement, quoique ne l'ayant pas demandé, il est condamné à l'amende ; s'il empiète sur la voie publique, il est condamné à l'amende et à la démolition ; s'il construit, enfin, en retraite de l'alignement, suivant la jurisprudence de la Cour de cassation il doit être condamné à l'amende et à la démolition, mais le Conseil d'Etat, moins rigoureux, ne le soumet à aucune sanction.

Lorsque l'alignement conduit à l'expropriation totale ou partielle, l'indemnité est réglée par le jury d'expropriation en matière de grande voirie et de voirie urbaine; par le juge de paix, sur rapport d'expert, en matière de chemins vicinaux. Dans le cas où, par les alignements arrêtés, un propriétaire pourrait recevoir la faculté de s'avancer sur la voie publique, il serait tenu de payer la valeur du terrain qui lui serait cédé ; et si le propriétaire ne voulait pas acquérir, l'administration publique serait autorisée à le déposséder de l'ensemble de sa propriété, en lui payant la valeur telle qu'elle était avant l'entreprise des travaux. On entend par *droit de préemption* le droit qu'a tout propriétaire, lorsque par suite d'alignements nouveaux les propriétés riveraines sont susceptibles d'avancer sur la voie publique, d'obtenir par préférence l'abandon

[1] Loi du 4 mai 1864, art. 2.

du terrain placé au-devant de sa propriété, à la charge d'en payer la valeur.

Ouvertures de rues et places [1]. — Comme les *rues* et *places* sont à la charge des communes, quant à l'acquisition des terrains nécessaires à leur formation, et quant aux dépenses d'entretien, l'ouverture de rues et places nouvelles devant aggraver les charges de la commune et étendre l'action de la police municipale, ne peut émaner que de l'initiative du conseil municipal, sous l'approbation de l'autorité supérieure. Les particuliers ne peuvent donc pas, même à leurs frais, ouvrir des rues sans l'autorisation de l'autorité municipale, qui leur prescrit les conditions d'établissement. L'ouverture des simples passages est subordonnée à l'autorisation du préfet de police, à Paris, et dans les autres villes à celle du maire.

Les frais d'éclairage et de pavage des rues nouvelles sont à la charge de la commune. Ils peuvent cependant être imposés aux riverains, en cas d'insuffisance des revenus ordinaires de la commune, et lorsqu'il y a conformité avec des usages antérieurs à l'an VII. On suit également les usages anciens en ce qui concerne l'établissement des trottoirs [2]. Les travaux de pavage sont exécutés ordinairement par l'administration, et l'autorité municipale dresse un rôle de répartition des frais, rendu exécutoire contre les propriétaires par arrêté préfectoral.

Rues de Paris. — Par une exception fondée sur l'organisation municipale de la ville de Paris, les rues de la capitale sont soumises au régime de la grande voirie.

Le décret du 26 mars 1852 soumet les propriétaires à une expropriation inévitable, toutes les fois que l'administration jugera, dans tout projet d'expropriation pour l'élargissement, le redressement ou la formation des rues de Paris, que les

---

[1] Loi du 16 septembre 1807. — Ordonnance, 22 août 1811.
[2] Conseil d'État. 17 juillet 1861 ; 8 septembre 1866.

parties restantes des immeubles ne sont pas d'une étendue ou
d'une forme qui permette d'y élever des constructions salubres; l'administration pourra pareillement comprendre
dans l'expropriation les immeubles en dehors des alignements, lorsque leur acquisition sera nécessaire pour la suppression d'anciennes voies publiques jugées inutiles. Les
parcelles de terrains acquises en dehors des alignements et
non susceptibles de recevoir des constructions salubres, seront réunies aux propriétés contiguës, soit à l'amiable, soit
par l'expropriation de ces propriétés, conformément à l'art. 53
de la loi du 16 septembre 1807. La fixation du prix de ces
terrains sera faite suivant les mêmes formes et devant la
même juridiction que celle des expropriations ordinaires. Un
décret du 27 décembre 1858 porte règlement d'administration
publique pour l'exécution du décret du 26 mars 1852, dont
l'application a été étendue aux principales villes de France
par divers règlements.

Le décret de 1852 pouvait être appliqué à toutes les villes
qui l'auraient demandé; il est devenu le droit commun en cette
matière.

Le décret de 1858 ne contient pas de disposition qui accorde
aux villes la même faculté. — Faudra-t-il un décret identique pour chaque ville? ou ce dernier décret pourra-t-il,
comme le premier, être rendu exécutoire ailleurs qu'à Paris
par une simple assimilation? M. Chauveau-Adolphe pense
que le décret de 1858 ne s'applique qu'à Paris, et se fonde sur
le titre donné à ce décret dans le bulletin des lois [1].

Tout constructeur de maison doit, avant de se mettre à
l'œuvre, demander au préfet de la Seine l'alignement et le
nivellement de la voie publique, et s'y conformer. Il doit
pareillement adresser à l'administration un plan des constructions qu'il projette, et se soumettre aux prescriptions qui
lui sont faites dans l'intérêt de la sûreté publique et de la sa-

---

[1] *Journal du Droit administratif*, année 1859, p. 106.

lubrité. Vingt jours après le dépôt de ces plans et coupes au secrétariat de la préfecture de la Seine, le constructeur peut commencer les travaux d'après son plan, s'il ne lui a été notifié aucune injonction. Il doit aussi remettre à la préfecture une coupe géologique des fouilles pour fondations de bâtiments. La façade des maisons doit constamment être tenue en bon état de propreté, et être grattée, repeinte ou badigeonnée, au moins une fois tous les dix ans, sur l'injonction faite au propriétaire par l'autorité municipale. Les constructions nouvelles dans les rues pourvues d'égouts seront disposées de manière à y conduire les eaux pluviales et ménagères ; la même disposition sera prise pour toute maison ancienne en cas de grosses réparations. Un décret du 27 juillet 1859, règle la hauteur des maisons, des combles et des lucarnes dans la ville de Paris [1].

[1] A Paris, la hauteur des façades des maisons bordant les voies publiques est déterminée par la largeur légale de ces voies. Cette hauteur est mesurée du trottoir ou du pavé, au pied des façades des bâtiments, et prise, dans tous les cas, au milieu de ces façades, elle ne peut excéder, y compris les entablements, attiques et toutes les constructions aplomb du mur de face, un nombre de mètres déterminé par le décret de 1859. Ce décret s'occupe, dans les trois sections de son titre Ier, de la hauteur des façades des bâtiments bordant les voies publiques, de la hauteur des bâtiments situés en dehors des voies publiques et de la hauteur des étages. Les deux sections du titre II traitent des combles au-dessus des façades élevées au *maximum* de la hauteur légale, et des combles au-dessus des façades élevées à une hauteur moindre que la hauteur légale. Le titre III est consacré aux dispositions transitoires, et il est dit dans le titre IV que les dispositions de ce décret ne sont point applicables aux édifices publics.

CHAPITRE III.

§ 1. LA CHASSE. — § 2. LE DESSÉCHEMENT DES MARAIS.

§ 1. — La Chasse [1].

Historique. — Ouverture et clôture de la chasse. — Délivrance des permis de chasse. — Modes exceptionnels de chasse. — Chasse des animaux malfaisants. — Échenillage.

Historique. — Les restrictions apportées au droit de la chasse sont fondées sur l'intérêt de l'agriculture, sur l'économie de l'alimentation publique, et sur l'ordre social. La poursuite des animaux sauvages pouvant entraîner le chasseur sur les récoltes et causer ainsi de graves préjudices aux cultivateurs, le temps pendant lequel la chasse est permise

[1] Décret 11 août 1789; arr. 10 pluv. an V; loi 10 messid. an V; loi 21 avril 1832; loi 3 mai 1844; ordonn. 5 mai 1845; décr. 13 avril 1861, art. 6.
Sur la *Chasse*, voir : Baudrillart, *Dictionnaire des chasses*, 1834, avec atlas. — Berriat-Saint-Prix. *Législation de la chasse et de la louveterie commentée*, 1845. — Camusat-Busserolles, *Code de la police de la chasse, annoté par Franck-Carré*, 1844. —Championnière, *Manuel du chasseur. Loi sur la chasse*, 1844. — Chardon (de Lyon), *Le Droit de chasse français*, 1845. — Cival, *Loi sur la police de la Chasse*, annotée, 1852. — Dufour (le baron), *La loi sur la chasse expliquée à l'aide de la jurisprudence*, 1863. — Duvergier, *Code de la chasse commenté*, 1814. — Gillon et Villepin, *Nouveau code des chasses*, 1851. — Gournay, *Formulaire des procès-verbaux en matière de délits de chasse,*

doit être calculé par l'administration, de manière à ne pas coïncider avec l'époque des moissons. De plus, la chasse étant un moyen d'alimentation publique, il convient à l'administration d'en distribuer l'exercice avec une salutaire économie. Enfin, le droit de chasser emportant celui de porter des armes qui, détournées de leur destination, pourraient troubler l'ordre public, l'administration doit n'accorder ce droit qu'à bon escient, et en surveiller l'exercice avec une attention toute particulière.

Avant 1789 le droit de la chasse était un attribut royal qui passait pour avoir été originairement communiqué, à titre d'inféodation, aux terres tenues en fief. La Révolution abolit le droit exclusif de la chasse et des garennes ouvertes, et rendit à tout propriétaire le droit de détruire et de faire détruire, seulement sur ses possessions, toute espèce de gibier, sauf à se conformer aux lois de police. Le droit de chasse devint donc inhérent à la propriété rurale, et fut successivement réglementé par une loi du 30 avril 1790, et un décret du 4 mars 1811. Mais depuis longtemps la loi du 30 avril ne suffisait plus à la répression des abus de l'exercice de la

---

1852. — Houel, *Code de la chasse*, 1844. — Petit, *Traité complet du droit de chasse*, 1838-1844. — René et Liersel, *Traité de la chasse*, 1865. — Rogron, *Le code de la chasse*, 1850. — Rousset, *De la loi sur la police de la chasse*, 1859. — Sorel, *Dommages aux champs causés par le gibier*, etc., 1861; *Chasse à tir et à courre, examen de la législation*, etc. 1862. — Viel, *La loi sur la chasse expliquée aux chasseurs*, etc., 1863. — Villequez, *Du droit du chasseur sur le gibier*, etc., 1864. — Perrève, *Traité des délits et des peines de chasse, dans les forêts de l'État*, etc. 1845. — Bonjean, *Code de la chasse (belge)*, etc. 1844.

Les règles adoptées par le droit romain sur la chasse et la pêche, tendaient à placer le gibier et les poissons au nombre des choses communes qui correspondent à l'entité appelée le genre humain, et qui sont susceptibles d'appropriation partielle. Ce qui prouve qu'avant cette appropriation facultative, le gibier et le poisson étaient regardés par les Romains comme des choses communes destinées aux besoins du genre humain, c'est qu'il était permis à toute personne de les appréhender, même sur le fond d'autrui, sauf au propriétaire à en défendre l'entrée. La législation française s'est écartée du droit romain, en faisant de la chasse et de la pêche un attribut du droit de propriété. Voir, Serrigny, *Droit public et administratif romain*, liv. II, tit. I, n° 533, édit. 1862, t. I, p. 430.

chasse, et le braconnage, certain de l'impunité, s'accroissait d'une manière effrayante. L'agriculture elle-même avait à se plaindre d'un tel état de choses, la sécurité des campagnes était compromise. L'opinion publique demandait que des mesures plus fortement répressives fussent prises contre le braconnage, . ce délit moins grave peut-être comme attentat à la propriété, que par la démoralisation des individus qui s'y livrent, et par les crimes auxquels il conduit fatalement. La loi du 3 mai 1844 a eu pour but de satisfaire à ce besoin. Elle se divise en quatre sections : la première renferme toutes les prescriptions relatives à l'exercice du droit de chasse; la seconde détermine les peines applicables aux diverses infractions qui y sont énumérées; la troisième est relative à la poursuite et au jugement; la quatrième, enfin, est consacrée aux dispositions générales. La loi du 3 mai 1844 répond, dans son ensemble, aux trois exigences dont nous avons parlé plus haut : l'intérêt de l'agriculture, l'économie de l'alimentation publique, et l'ordre social.

Ouverture et clôture de la chasse. — Nul ne peut chasser si la chasse n'est pas ouverte. La loi confie aux préfets le soin de déterminer, par des arrêtés publiés au moins dix jours à l'avance, l'époque de l'ouverture et celle de la clôture de la chasse dans chaque département. Pour cette détermination les préfets doivent surtout consulter l'intérêt de l'agriculture et l'état des récoltes, et peuvent, si des différences de sol et de température l'exigent, fixer des époques différentes pour les divers arrondissements de leurs départements. Mais ils doivent n'user de cette faculté qu'avec une extrême réserve, et en vue d'une nécessité réelle. Tout retard même dans l'ouverture de la chasse, conduirait aux plus fâcheux résultats, en donnant lieu à de nombreuses contraventions qu'on ne pourrait plus punir en se fondant sur les intérêts réels de l'agriculture.

L'intérêt de l'agriculture n'a pas été le seul objet que s'est proposé le législateur en confiant aux préfets le pouvoir

d'ouvrir et de clore la chasse. Il a encore eu en vue la conservation du gibier dont la reproduction est favorisée par la
clôture de la chasse. C'est encore pour répondre à cet intérêt de conservation que la loi de 1844 défend d'une manière
absolue de prendre ou de détruire sur le terrain d'autrui des
œufs ou des couvées de faisans, de perdrix et de cailles, et de
mettre en vente, vendre, acheter et colporter toute espèce de
gibier, quelle que soit son origine, pendant le temps où la
chasse n'est pas permise, sous peine d'amende, d'un emprisonnement facultatif, et, en tous cas, de confiscation du
gibier saisi au profit de l'établissement de bienfaisance le
plus voisin, en vertu d'une ordonnance du juge de paix, ou
d'une autorisation du maire. La recherche du gibier ne peut
être faite à domicile que chez les aubergistes, chez les marchands de comestibles, et dans les lieux ouverts au public. Il
suffit que la chasse soit interdite dans le département; les
détenteurs ne pourraient pas se prévaloir de ce qu'elle ne le
serait pas dans un département voisin.

Délivrance des permis de chasse.—Nul ne peut chasser,
même sur sa propriété, s'il ne lui a pas été délivré un permis
de chasse par l'autorité compétente. Une différence remarquable existe à ce sujet entre la législation ancienne et la loi
nouvelle, quant à l'intitulé du titre délivré par l'autorité pour
rendre licite l'exercice de la chasse. Le décret du 4 mai 1812
désignait ce titre sous le nom de *permis de port d'armes de
chasse*, et ne l'exigeait que pour la chasse au fusil, ce qui
laissait supposer qu'il était loisible de chasser sans permis,
de toute autre manière. Pour éviter toute équivoque, la loi
du 3 mai 1844 a employé les mots : *permis de chasse*, qui,
dans leur généralité, embrassent toute espèce de chasse, soit
à courre, soit à tir, soit même la chasse des oiseaux de passage. Le permis de chasse comprend donc le droit de port
d'armes. La demande doit être adressée au maire qui donne
son avis, et le transmet avec la demande au préfet, par l'intermédiaire du sous-préfet pour les arrondissements autres

que celui du chef-lieu. L'obtention des permis de chasse étant
pour tous les citoyens de droit commun, et les refus de permis
étant des exceptions faites à ce droit dans un intérêt public,
ce qui soumet l'autorité qui veut appliquer l'exception à prononcer le cas exceptionnel, les maires et sous-préfets doivent
joindre à la demande un avis circonstancié.

Avant le décret du 13 avril 1861, c'était le préfet qui accordait ou qui refusait le permis de chasse. Il pouvait le
refuser : 1° à tout individu majeur qui n'était pas personnellement inscrit au rôle des contributions ; 2° à tout individu qui, par une condamnation judiciaire, avait été privé
de l'un ou de plusieurs des droits énumérés dans l'art. 42 du
code pénal, autres que le droit de port d'armes ; 3° à tout
condamné à un emprisonnement de plus de six mois pour
rébellion ou violence envers les agents de l'autorité publique ; 4° à tout condamné pour délit d'association illicite, de
fabrication, débit, distribution de munitions de guerre, dé-
vastation d'arbres ou de récoltes sur pied ; 5° à ceux qui
auraient été condamnés pour vagabondage, mendicité, vol ou
abus de confiance. La faculté du refus aux condamnés était
restreinte dans la limite du délai de cinq ans après l'expiration de la peine. Les motifs de la détermination du préfet
pour accorder ou refuser devaient être tirés surtout des circonstances de la condamnation subie et des renseignements
particuliers obtenus sur la moralité des impétrants, sur les
inconvénients qu'il pourrait y avoir pour l'ordre public à
leur attribuer légalement le droit de chasser. Les impétrants
n'avaient pas à justifier qu'ils n'étaient dans aucune des positions énoncées dans l'art. 6 dont nous venons de rappeler les
dispositions.

Le préfet devait refuser le permis de chasse : 1° aux mineurs n'ayant pas seize ans accomplis ; 2° aux mineurs de
seize à vingt-un ans, à moins que le permis ne fût demandé
pour eux par leurs père, mère, tuteur ou curateur ; 3° aux
interdits ; 4° aux gardes champêtres et forestiers des com-

munes ou établissements publics, ainsi qu'aux garde-pêche de l'État (les gardes des particuliers ne sont pas compris dans cette exclusion); 5° à ceux qui, par suite de condamnations, sont privés du droit de port d'armes; 6° à ceux qui n'ont pas exécuté les condamnations prononcées *contre eux pour délit de chasse* (la remise de la peine équivaudrait à l'exécution de la condamnation); enfin, à tout condamné placé sous la surveillance de la haute police. Depuis le décret du 13 avril 1861, ce sont les sous-préfets qui délivrent les permis de chasse. Les permis accordés par erreur doivent être retirés. Le permis est personnel. Il n'est valable que pendant un an.

Mais il ne suffit pas, pour pouvoir exercer le droit de chasser, que la chasse soit ouverte, et que le permis ait été accordé. Il faut encore être propriétaire, ou, si on ne l'est pas, avoir l'autorisation du propriétaire sur le fond de qui l'on veut chasser, et se soumettre aux modes prescrits par la loi. Trois modes de chasse seulement sont déclarés licites : 1° la chasse à tir; 2° la chasse à courre; 3° l'emploi des furets et des bourses destinés à prendre le lapin. Tous autres moyens de chasse (filets, appeaux, chanterelles, lacets, collets, engins de chasse de nuit) sont formellement prohibés.

La difficulté de constater les contraventions au sein des propriétés closes, et la crainte de violer le domicile, ont introduit une faculté exceptionnelle en faveur du propriétaire ou possesseur de fonds attenant à une habitation, et entourés d'une clôture contiguë faisant obstacle à toute communication avec les héritages voisins. Ce propriétaire ou possesseur peut chasser ou faire chasser en tout temps, sans permis de chasse, dans ses possessions; mais il faut, non-seulement que la clôture soit telle qu'elle fasse obstacle à toute communication avec les héritages voisins, mais encore que les terrains sur lesquels le propriétaire chassera soient attenants à une habitation. Le propriétaire peut aussi chas-

ser de *nuit* dans son enclos, même en temps de neige, même
à l'aide d'engins prohibés [1].

Modes exceptionnels de chasse. — Il existe certains
modes exceptionnels de chasse consacrés par d'anciens usages,
qui ne sauraient être supprimés sans un préjudice réel pour
les localités où ils sont pratiqués. Nous parlons de la chasse
des oiseaux de passage qui, à des époques où quelquefois toutes les autres chasses sont closes, arrivent en nombre tel qu'ils
forment pour les habitants un moyen précieux d'alimentation et de commerce. Sur l'avis des conseils généraux, les
préfets peuvent déterminer par des arrêtés l'époque de la
chasse de ces oiseaux (autres que la caille), et les procédés à
employer, ainsi que le temps pendant lequel il sera permis
de chasser le gibier d'eau dans les marais, sur les étangs,
fleuves et rivières. Le préfet peut aussi prendre des arrêtés
(et, quoique la loi ne le dise pas, il agira sagement en demandant l'avis du conseil général qui représente l'intérêt local et
économique du département) pour prévenir la destruction
des petits oiseaux qui se nourrissent d'insectes, pour interdire
la chasse pendant les temps de neige (dans l'intérêt de la conservation du gibier) et pour autoriser l'emploi des chiens
levriers pour la destruction des animaux malfaisants ou nuisibles.

Les contraventions aux prescriptions de la loi sur la chasse
sont punies par des amendes dont le montant est attribué
aux communes, déduction faite des gratifications accordées
aux gardes et gendarmes. Dix francs sont également réservés
au profit de la commune sur le droit de 25 francs auquel
donne lieu la délivrance du permis de chasse. (Emprisonnement facultatif dans des cas déterminés, confiscation des
instruments du délit, privation facultative d'obtenir un permis de chasse, encourus par les contrevenants.) Le droit
de chasse dans les forêts de l'État est loué à son profit par

[1] Ce dernier point est toutefois très-controversé, du moins en ce qui concerne
la chasse de nuit.

adjudication publique, aux enchères ; à défaut d'offres suffisantes, l'administration peut délivrer des permissions à prix d'argent, sur soumissions cachetées, avec publicité et concurrence.

Chasse des animaux malfaisants. — On entend par *battues* des chasses générales dans les forêts de l'État et dans les campagnes, organisées par l'administration, et ayant pour but la destruction des animaux nuisibles. De tout temps les *battues* ont été provoquées par l'autorité dans l'intérêt de la sûreté des campagnes et du développement de l'industrie agricole. Des ordonnances de 1585, 1600 et 1601 prescrivaient aux agents forestiers de veiller à ce que la chasse des animaux nuisibles fût faite par les sergents louvetiers dans des intervalles assez rapprochés. Un arrêté du 19 pluviôse an V prescrit des chasses et battues générales dans les forêts de l'État et les campagnes tous les trois mois, plus souvent même, s'il est nécessaire. L'administration est juge de l'opportunité de ces battues. Requises par les agents forestiers ou par les administrations municipales, les battues sont ordonnées par les préfets, et exécutées sous la direction et le commandement de lieutenants de louveterie. Depuis le décret du 13 avril 1861, ce sont les sous-préfets qui autorisent les battues pour la destruction des animaux nuisibles dans les bois des communes et des établissements de bienfaisance. Les chasseurs, convoqués par l'autorité municipale, sont tenus d'obéir à cette réquisition, et deviennent passibles d'une amende dans le cas où ils quitteraient leur poste avant la fin de la battue. Toute personne justifiant d'une permission de l'autorité et d'un équipage nécessaire, peut faire partie de la battue. Indépendamment des battues qui sont provoquées par l'administration dans les forêts de l'État, les propriétaires sont toujours maîtres de détruire, en tout temps, les animaux nuisibles dans leurs propriétés particulières. De plus, les préfets accordent des primes aux habitants des campagnes qui ont détruit des animaux malfaisants.

La défense de chasser en temps prohibé, sanctionnée par

des peines sévères, n'a pas paru suffisante pour réprimer effi-
cement le braconnage. Aussi le législateur n'a pas voulu laisser aux braconniers le moyen de tirer parti de leur coupable
industrie, en tolérant en tout temps le commerce du gibier.
C'est dans le but de leur enlever cette ressource qu'a été
rédigé l'art. 4 de la loi du 3 mai 1844, portant que, dans chaque département, il est interdit de mettre en vente, de vendre, d'acheter, de transporter et de colporter du gibier, pendant le temps où la chasse n'est pas permise.

Cette interdiction est *absolue*. Elle s'applique à toute espèce
de gibier, quelle que soit son origine, sans même qu'il y ait
d'exception à la prohibition en faveur des propriétaires et
possesseurs de terrains clos et attenant à des habitations, à
qui l'art. 2 de la loi permet la chasse en tout temps ; ni en
faveur des propriétaires, possesseurs et fermiers, qui, d'après
l'art. 9, § 3, peuvent en tout temps aussi détruire sur leurs
terres les animaux déclarés nuisibles et malfaisants. Les animaux détruits dans une battue régulièrement ordonnée ne
peuvent être vendus, transportés ou colportés après la clôture de la chasse, et ceux de ces animaux qui ont le caractère
de gibier ne peuvent être consommés que sur place, par les
personnes qui auront pris part à la battue.

Échenillage. [1] — L'échenillage est la destruction des nids
et enveloppes qui renferment les nids de chenilles. Tous propriétaires, fermiers, locataires ou autres, faisant valoir leurs
propres héritages ou ceux d'autrui, sont tenus, chacun en ce
qui le concerne, de faire écheniller, chaque année, les arbres
existants sur leurs héritages, dans les dix jours de l'ordre
qui doit leur être donné par les maires, le 20 janvier.
Et comme, pour être salutaire, cette mesure doit être prise
généralement et avec ensemble, les préfets des départements sont tenus de faire écheniller, dans le même délai,
les arbres existants sur les domaines de l'État, non affermés.

[1] Loi du 26 ventôse an IV.

§ 2. — Le Desséchement des marais [1].

Historique.—Moyens d'exécution pour les desséchements. — Concessions. — Plus-value. — Commission spéciale. — Estimation. — Marais et terres incultes appartenant aux communes. — Associations syndicales.

Historique. — On entend par marais des terres abreuvées d'eau n'ayant pas d'écoulement. Quoique faisant partie de la propriété privée, les marais n'en sont pas moins soumis à l'action du gouvernement, dont le premier devoir est de veiller à tout ce qui peut augmenter les subsistances et, par conséquent, à ce que l'étendue du territoire soit mise en culture. Les marais sont, d'ailleurs, l'une des causes qui nuisent le plus à la santé des hommes et à la prospérité des végétaux. Leur destruction ou leur conservation doit donc appartenir à l'initiative du gouvernement. On ne comprend sous le nom de marais que ceux qui sont assez considérables pour que le public ait un intérêt réel à leur desséchement, et les dispositions de nos lois ne s'appliquent qu'à ceux dont l'étendue est assez importante pour qu'au jugement de l'administration l'opération intéresse immédiatement le bien général de la société.

Le territoire de la France était couvert d'un grand nombre de marais. Les efforts des rois tendirent constamment à en diminuer le nombre. Par un édit de 1599, Henri IV créa des compagnies industrielles pour les desséchements, et expropria

---

[1] Loi 11 sept. 1792; loi 16 sept. 1807; loi 3 mai 1841; loi 19 juin 1857; loi 28 juil. 1860; déc. 6 fév. 1861; rapport au Sénat, par M. Casabianca, sur le projet de Code rural; loi du 21 juin 1865, sur les associations syndicales.

Sur le *Desséchement des marais*, voir, Poteriet, *Code des desséchements, ou recueil des règlements rendus sur cette matière, depuis le règne d'Henri, jusqu'à nos jours*, 1817. — Dumont, *De l'organisation légale des cours d'eau, sous le triple point de vue de l'endiguement, de l'irrigation et du desséchement*, 1845.

les propriétaires en reconnaissant à l'État le droit de contraindre. La législation de 1791 consacra de nouveau le principe de l'expropriation préalable. Elle ordonnait le desséchement général des marais, et chargeait les administrations locales de le faire exécuter. Les propriétaires des marais renonçaient-ils au desséchement par eux-mêmes, les administrations locales l'effectuaient par voie d'adjudication à des entrepreneurs qui payaient aux propriétaires la valeur du sol, soit en argent, soit en terres desséchées. Mais on reprochait à cette législation de ne pas avoir respecté la propriété privée, d'avoir mis des frais considérables à la charge des entrepreneurs pour l'acquisition des terrains, au moment où ils avaient besoin de toutes leurs ressources pour l'exécution des travaux, enfin d'avoir trop laissé ignorer aux propriétaires que la possession des marais doit être assujettie à des règles particulières. La loi du 16 septembre 1807, modifiée par la loi du 21 juin 1865, est aujourd'hui la loi fondamentale sur le desséchement des marais.

Quel est l'esprit de la législation actuelle ? Elle concilie l'intérêt des propriétaires avec l'intérêt public, et ne chargeant plus les administrations locales d'effectuer les desséchements, elle développe l'esprit d'entreprise industrielle. De plus, elle fait connaître aux propriétaires quelle est la nature de leur propriété, l'existence des règles particulières, et la liberté dont jouit le gouvernement de pouvoir ordonner, nonobstant toute opposition, les desséchements qu'il croira utiles ou nécessaires.

Modes d'exécution pour les desséchements. — La loi de 1807 a prévu deux modes d'exécution pour le desséchement des marais : les desséchements seront exécutés par l'État ou par des concessionnaires [1]. Mais comme la législation actuelle respecte la propriété privée, le propriétaire du marais obtiendra toujours par préférence la concession du desséchement,

---

[1] Voir, plus loin, la loi du 21 juin 1865 sur les associations syndicales.

pourvu qu'il se soumette à l'exécuter dans les délais fixés, et conformément aux plans adoptés par le gouvernement. Ainsi donc la qualité de propriétaire ne constitue pas seulement un motif de préférence, mais elle donne droit à la concession, et le décret qui serait rendu au mépris de ce privilége, serait entaché d'excès de pouvoir. Lorsqu'un desséchement est décidé, les propriétaires en sont avertis par l'enquête *de commodo et incommodo*, et même, dans la pratique, par lettres du préfet leur indiquant les avantages promis aux concessionnaires, et ce n'est que sur leur refus, ou à défaut de réponse de leur part, que la concession est accordée à un tiers. Au reste le propriétaire chargé du desséchement n'en est pas moins un concessionnaire, et doit conséquemment justifier qu'il réunit toutes les conditions ordinairement exigées des concessionnaires ; mais il a droit à la préférence, lors même qu'il n'offrirait pas autant de garanties que les étrangers.

Que si le propriétaire du marais n'accomplissait pas les conditions, ou refusait de s'y soumettre ; si les copropriétaires du marais n'étaient pas tous réunis, ou si parmi eux il y avait une ou plusieurs communes, la concession du desséchement serait faite à des tiers concessionnaires dont la soumission serait jugée la plus avantageuse pour le gouvernement, et le propriétaire devrait souffrir l'établissement de ces tiers sur son terrain marécageux pour s'y livrer aux travaux de desséchement. La concession accordée à un tiers n'entraîne pas généralement comme conséquence l'expropriation du propriétaire du marais ; la jouissance du propriétaire est seulement restreinte, mais il conserve sa propriété. Il y a lieu cependant à expropriation : 1° dans le cas où le desséchement ne pourrait être opéré par les moyens organisés par la loi ; 2° dans le cas où des obstacles de la nature, ou bien les oppositions persévérantes des propriétaires empêcheraient le desséchement. Dans tous ces cas, expropriation sur estimation et cession à un tiers par règlement d'administration publique.

Concessions. — Les demandes en concession doivent être

adressées au préfet du département, et dans le cas où les marais se trouveraient situés dans plusieurs départements, au directeur général des ponts et chaussées. Les concessions sont faites par des décrets rendus en conseil d'État sur des plans levés ou sur des plans vérifiés et approuvés par les ingénieurs des ponts et chaussées, aux frais des entrepreneurs de dessé-chement. Au plan général comprenant tous les terrains qui profiteront du desséchement, doivent être joints les profils et nivellements nécessaires. Un mémoire explicatif doit en outre accompagner les plans et la demande en concession. L'entre-preneur s'engage, dans ce mémoire, à indemniser du dommage causé par les travaux les propriétaires de moulins et d'usines, lorsque ces établissements, ayant une existence légale, de-vront être nécessairement supprimés, déplacés ou modifiés. Les terrains nécessaires pour l'ouverture des canaux ou rigoles de desséchement, et autres travaux reconnus utiles, seront payés à leurs propriétaires, et à dire d'expert, d'après leur valeur avant l'entreprise des travaux, et sans nulle augmen-tation du prix de l'estimation.

La concession est un contrat qui lie les concessionnaires envers les propriétaires, et réciproquement. Il intervient aussi entre les concessionnaires et le gouvernement. Les conces-sionnaires sont tenus d'exécuter le desséchement dans le plus court délai possible; et de la manière la moins préjudiciable aux intérêts des propriétaires. Que si, dans des cas excep-tionnels, la propriété était détériorée, le propriétaire du ma-rais pourrait être fondé à demander la réparation du dom-mage. Quant au propriétaire, il doit partager la plus-value du terrain desséché avec le concessionnaire, qui mérite d'être récompensé pour avoir assaini la contrée et donné au sol une plus grande valeur. Il est aussi de toute justice que le conces-sionnaire soit remboursé des avances qu'il a faites. Lorsque l'État aura fait le desséchement, sa portion dans la plus-value sera fixée de manière à le rembourser de toutes ses dépenses; mais il ne retiendra aucune indemnité.

Plus-value. — Le concessionnaire ayant droit à une part dans la plus-value, à titre de récompense et à titre de remboursement, la portion à laquelle il peut prétendre ne saurait être uniformément établie : elle dépend de la difficulté et de l'étendue de l'opération, de l'importance des capitaux à engager, du temps et de l'habileté nécessaires pour la conduire à bonne fin. Cette proportion sera fixée par l'acte de concession.

Pour reconnaître et constater la plus-value, deux opérations sont nécessaires : l'examen du terrain avant le dessèchement, et l'appréciation de sa valeur après l'opération. La différence entre l'une et l'autre estimation forme la plus-value des terrains qui seront soumis au dessèchement, plus-value qui sera partagée entre le propriétaire et le concessionnaire. Pour procéder à une estimation exacte, le concessionnaire et le propriétaire nomment chacun un expert ; le préfet en nomme un troisième pour les départager. Dans le cas où le dessèchement serait fait par l'État, le ministre nommerait l'expert départiteur. Que si les marais appartenaient à plusieurs co-propriétaires, ces co-propriétaires désigneraient, parmi les plus imposés d'entre eux à raison des marais à dessécher, des syndics dont le nombre fixé par l'acte de concession n'excéderait pas neuf, et ne serait pas moindre de trois. Ces syndics, nommés par le préfet, seraient chargés de choisir les experts. La mission du syndicat est, d'ailleurs, de représenter les co-propriétaires des marais, et de défendre leurs intérêts dans les opérations diverses que comporte le dessèchement.

Avant de procéder à l'estimation, les terrains des marais sont divisés en plusieurs classes formées d'après les divers degrés d'inondation, et de manière à ce que toutes les terres de même valeur présumée soient dans la même classe. Le plan, approuvé par le préfet, demeure déposé pendant un mois à la préfecture. Les intéressés en sont prévenus par affiches.

Commission spéciale. — Sous l'empire de la loi de 1807, les oppositions qui pouvaient survenir étaient soumises à une commission spéciale créée pour l'opération elle-même, organisée par un règlement d'administration publique, et composée de sept membres nommés par le chef de l'État parmi les personnes qui étaient présumées avoir le plus de connaissances relatives, soit aux localités, soit aux divers objets sur lesquels elles auraient à prononcer. Généralement c'était dans le décret de concession qu'il était pourvu à la constitution de la commission, ainsi que du syndicat. Cette commission spéciale connaissait, comme véritable juge, de tout ce qui était relatif : 1° au classement des diverses propriétés avant ou après le desséchement des marais ; 2° à leur estimation ; 3° à la vérification de l'exactitude des plans cadastraux ; 4° à l'exécution des clauses des actes de concession relatifs à la jouissance par les concessionnaires d'une portion des produits ; 5° à la vérification et à la réception des travaux de desséchement ; 6° à la formation et à la vérification du rôle de la plus-value des terres après le desséchement. Elle donnait son avis sur l'organisation du mode d'entretien des travaux de desséchement, arrêtait les estimations en cas d'expropriation, mais elle n'était pas compétente pour juger les questions de propriété, qui appartiennent à la juridiction des tribunaux civils. Elle était appelée à connaître de toutes les contestations élevées contre les procès-verbaux de réception du desséchement. Elle statuait, sauf recours au conseil d'État, par la voie contentieuse, sans toutefois que ce recours fût suspensif. Ses fonctions devaient cesser aussitôt après l'entier accomplissement des opérations précédemment indiquées. L'article 26 de la loi du 21 juin 1865 sur les associations syndicales a supprimé la commission spéciale et rendu ses attributions au conseil de préfecture.

Estimations. — Après que les plans ont été ainsi définitivement arrêtés, l'estimation se fait par les experts qui apprécient chacune des classes composant le marais, eu égard à sa

valeur réelle au moment de l'estimation considérée dans son
état de marais, et sans s'occuper d'une estimation détaillée
par propriété. Dépôt du procès-verbal d'estimation, pendant
un mois, à la préfecture ; affiches appelant les réclamations
des intéressés ; compétence du conseil de préfecture pour
juger ces réclamations ; homologation de l'appréciation par le
conseil de préfecture, qui peut décider outre et contre l'avis
des experts, quand bien même ils seraient unanimes. Les
travaux de desséchement ne pourront commencer que lorsque
l'estimation préalable aura définitivement été arrêtée.

Une seconde estimation est nécessaire pour établir la plus-
value. Cette seconde estimation doit avoir lieu après le desséchement des marais, pour constater l'augmentation de valeur
dont le terrain desséché a été l'objet. Lorsque les travaux
prescrits par l'Etat ou par l'acte de concession seront terminés,
il sera procédé à leur vérification et à leur réception. Les
experts procéderont ensuite, de concert avec les ingénieurs, à
une classification des fonds desséchés, suivant leur valeur
nouvelle et l'espèce de culture dont ils seront devenus susceptibles. Cette classification nouvelle sera vérifiée, arrêtée et
suivie d'une estimation, comme celle qui a précédé le desséchement. Dès que l'estimation des fonds desséchés aura été
arrêtée, les entrepreneurs présenteront au conseil de préfecture un rôle contenant : le nom des propriétaires et l'étendue
de leurs propriétés ; les classes dans lesquelles ces propriétés
se trouvent placées ; l'énonciation de la première estimation ;
le montant de la valeur nouvelle de la propriété depuis le
desséchement, réglée par la seconde estimation et le second
classement ; enfin la différence entre les deux estimations. Le
conseil vérifie et arrête la part qui sera dévolue aux concessionnaires.

La loi donne aux propriétaires la faculté de se libérer de
l'indemnité par eux due aux concessionnaires, en délaissant
une portion relative de fonds, calculée sur le pied de la dernière estimation ; ou, s'ils ne veulent pas délaisser des fonds

en nature, en constituant une rente sur le pied de quatre
pour cent sans retenue, le capital de cette rente étant toujours remboursable même par portions (limitées pourtant).
Pour garantir le paiement dû par les propriétaires, la loi a
voulu que les indemnités à raison de la plus-value résultant
des desséchements aient privilége sur toute ladite plus-
value, à la charge seulement de faire transcrire l'acte de concession ou le décret ordonnant le desséchement au compte de
l'État, dans le bureau des hypothèques de l'arrondissement
des marais desséchés. Quant aux entrepreneurs, pour que le
propriétaire ne s'enrichisse pas à leurs dépens, en profitant
seul des améliorations partielles du sol, lorsque, d'après l'é-
tendue des marais ou la difficulté des travaux, le desséchement ne pourra être opéré dans trois ans, l'acte de concession
pourra leur attribuer une portion en deniers du produit des
fonds qui auront les premiers profité des travaux de desséchement.

Il faut remarquer que le desséchement effectué, le partage
de la plus-value et le retour des différents propriétaires en
possession de leurs propriétés respectives, ne désintéressent
pas l'administration, qui demeure toujours surveillante de
la conservation et du bon entretien des travaux de desséchement. Cet entretien est à la charge des propriétaires, qui sont
soumis à une contribution proportionnée à leur part de propriété pour la garde des travaux effectués. Toutes les réparations et les dommages sont poursuivis par voie administrative, comme pour les objets de grande voirie. Les délits sont
poursuivis par les voies ordinaires, soit devant les tribunaux
de police correctionnelle, soit, en raison des cas, devant les
cours criminelles.

Associations syndicales. — La loi du 21 juin 1865 qui a
substitué le conseil de préfecture à la commission spéciale
instituée par la loi de 1807, a consacré une autre dérogation à
cette dernière loi. Elle a permis aux propriétaires intéressés
au desséchement d'un marais, de se constituer en *association*

syndicale. Ce n'est que dans le cas où ils ne le font point, qu'il est procédé conformément à la loi de 1807.

Les *associations syndicales* sont des associations formées entre les propriétaires intéressés aux *entreprises collectives d'amélioration agricole*, et ayant pour objet l'exécution et l'entretien des travaux que peuvent nécessiter ces entreprises. On les appelle *syndicales*, parce que leurs administrateurs portent le nom de *syndics*, et la réunion de ces administrateurs, celui de *syndicat* [1].

L'article premier de la loi du 21 juin 1865 a énuméré, mais *non limitativement*, les travaux dont l'exécution et l'entretien peuvent être l'objet d'une association syndicale. Ce sont ceux, par exemple, d'endiguement, de curage, de desséchement des marais, d'assainissement des terres humides et insalubres, d'irrigation, de drainage, de chemins d'exploitation et de *toutes autres améliorations agricoles* ayant un caractère *d'intérêt collectif.*

Les *associations syndicales* sont *libres* ou *autorisées.*

Les *associations syndicales libres* sont ainsi nommées parce qu'elles sont affranchies de toute entrave administrative, et qu'elles se forment, sans l'intervention de l'administration, par le consentement unanime des associés, moyennant l'accomplissement de certaines conditions et formalités, destinées à assurer la sincérité du contrat et à en porter la connaissance au public. Le consentement unanime des associés doit être

---

[1] Loi du 21 juin 1861. — Cette loi n'a pas eu seulement pour but de réunir et de reviser les règles éparses dans les divers décrets d'autorisation des *associations syndicales* formées sous l'empire des lois du 14 floréal an XI et du 16 septembre 1807. Elle a été surtout rendue pour étendre le cercle d'action de ces associations, pour en faciliter l'organisation en dehors de toute intervention administrative, pour encourager et féconder l'initiative individuelle. Elle a maintenu les *associations syndicales* autorisées et les a réglementées avec le plus grand soin; mais à côté de celles-là elle en a reconnu d'autres, entièrement indépendantes de l'autorité administrative, et n'en ayant pas moins une existence régulière et légale. (Cabantous, *Répétitions écrites sur le Droit public et administratif*, 4° édit., 1867, p. 434, 435 et suiv.)

coustaté par écrit ; il doit être dressé un acte d'association, sous seings privés ou devant notaires, spécifiant le but de l'entreprise, réglant le mode d'administration de la société et fixant les limites du mandat confié aux administrateurs ou syndics ; un extrait de l'acte d'association doit être, dans le mois de sa date, inséré dans un journal du département. Les *associations syndicales libres* peuvent être converties en associations *autorisées* par *arrêté préfectoral*, à la condition que l'acte d'association ne contienne, explicitement ou implicitement, aucune disposition contraire, et qu'il y ait eu, dans ce but, délibération prise par l'assemblée générale, avec vote de la majorité légale, en nombre et en intérêts, telle que la loi l'exige pour la formation directe des associations autorisées.

Les *associations syndicales autorisées* qui, ainsi que leur dénomination l'indique, sont soumises à une autorisation administrative préalable, se constituent par arrêté préfectoral rendu après enquête administrative. Le consentement unanime des associés n'est pas nécessaire ; il suffit d'avoir l'adhésion de la majorité, calculée d'après les deux éléments combinés du nombre et de l'intérêt territorial. L'arrêté préfectoral portant autorisation ou refus d'autorisation peut être déféré, par les propriétaires intéressés et par les tiers, au chef de l'État en Conseil d'État. Ce recours, qui doit être formé dans le délai d'un mois à partir de l'affiche de l'arrêté dans les communes de la situation des lieux, est instruit et jugé par voie administrative non contentieuse. Les règles suivant lesquelles doivent être administrées les *associations syndicales autorisées*, sont relatives à la représentation de la propriété dans les assemblées générales, à la nomination et aux attributions des syndics. En ce qui concerne la représentation de la propriété dans les assemblées générales, le législateur a adopté les deux principes que l'intérêt dans l'association dérive de la propriété, et que la représentation de la propriété doit être proportionnée à l'intérêt. Le choix des syndics doit régulièrement appartenir à l'assemblée générale des intéressés, parmi lesquels ils doivent être élus. Ils ne sont nommés par le préfet que dans le cas où l'assemblée générale, après deux convocations, ne se serait pas réunie, ou n'aurait pas procédé à l'élection. Le préfet a, de plus, le droit absolu et direct de nommer un certain nombre de syndics, dans le cas où, sur la demande du syndicat, il aurait été accordé une subvention par l'État, par le département ou par une commune. Quant aux attributions des syndics, le principe est que leur action doit être libre, sans autres restrictions que celles prescrites par l'intérêt public.

Les comptes de l'association doivent être réglés et apurés de la même manière que les comptes des receveurs municipaux.

.Les *associations syndicales autorisées* jouissent de divers privilèges. C'est ainsi que les taxes ou cotisations sont recouvrées sur des rôles dressés par le syndicat, approuvés, s'il y a lieu, et rendus exécutoires par le préfet. Le recouvrement des rôles est fait comme en matière de contributions directes. Les contestations auxquelles peut donner lieu l'établissement des servitudes au profit de l'association, sont jugées plus sommairement que d'après le droit commun. Toutes les contestations relatives à la fixation du périmètre des terrains compris dans l'association, à la division des terrains en différentes classes, au classement des propriétés, à la répartition et à la perception des taxes, à l'exécution des travaux, sont jugées par le conseil de préfecture. Dans le cas où l'exécution des travaux exige l'expropriation de terrains, il y est procédé d'une manière plus sommaire que suivant le droit commun, après déclaration d'utilité publique, par décret rendu en conseil d'État et conformément à l'article 16 de la loi du 21 mai 1836.

Libres ou *autorisées*, les associations syndicales ont le caractère de personnes civiles ; elles peuvent ester en justice par leurs syndics, acquérir, vendre, échanger, transiger, emprunter et hypothéquer.

Dans le cas où l'intérêt public exigerait impérieusement l'exécution de certains travaux d'amélioration agricole, l'ad-

ministration aurait le droit de se substituer aux associations
syndicales, à défaut de l'initiative individuelle. C'est ainsi que
dans les cas d'endiguement, de curage des petits cours d'eau,
de desséchement des marais comme dans ceux d'exploitation
des marais salants, d'assainissement des terres humides et insalubres, si les propriétaires intéressés ne se réunissaient point
en *associations syndicales libres*, le préfet pourrait d'abord provoquer la formation d'une *association syndicale autorisée*. L'administration pourrait, enfin, dans les trois premiers cas, dont
l'émunération est limitative, faire contribuer à la dépense des
travaux les propriétaires intéressés, encore bien que la majorité ou même l'unanimité d'entre eux fussent opposées à
l'œuvre projetée. Il serait formé alors un syndicat, — *syndicat forcé*, — dont les membres, au nombre de trois au moins,
et de neuf au plus, seraient nommés par le préfet et choisis
par lui, parmi les propriétaires les plus imposés.

Les *associations syndicales libres* étant régies exclusivement
par les principes du droit commun, les contestations auxquelles elles peuvent donner lieu sont de la compétence des tribunaux de l'ordre judiciaire. Il appartient également à ces tribunaux de prononcer, s'il y a lieu, en matière *d'associations
syndicales autorisées* et de *syndicats forcés*, l'expropriation des
terrains nécessaires à l'exécution des travaux ; et, aux juges
de paix, de statuer, sauf appel, sur toutes les contestations
auxquelles pourraient donner lieu l'établissement et l'exercice
des servitudes légalement imposées dans l'intérêt des travaux.

Quant aux conseils de préfecture, ils sont compétents, en
ce qui concerne les *associations syndicales autorisées* et les *syndicats forcés*, pour prononcer sur les contestations relatives à
la fixation du périmètre, à la division des terrains en différentes classes, au classement des propriétés en raison de leur
intérêt aux travaux, et à la répartition des taxes ; sur les contestations ayant rapport à la perception et au recouvrement
des taxes ou cotisations ; sur les différends concernant l'exécution des travaux.

Marais et terres incultes appartenant aux communes. — La loi du 28 juillet 1860, complétée par un décret portant règlement d'administration publique du 6 février 1861, impose aux communes propriétaires l'obligation de dessécher, assainir et mettre en valeur leurs terrains, et permet à l'État de le faire, à leur défaut, en se remboursant de ses avances au moyen de la vente publique d'une partie des terrains améliorés.

Le préfet, après avoir reconnu l'utilité de mettre en valeur les marais ou terres incultes d'une commune, invitera le conseil municipal à délibérer : 1° sur la partie des biens à laisser à l'état de jouissance commune ; 2° sur le mode de la mise en valeur du surplus ; 3° sur la question de savoir si la commune entend pourvoir par elle-même à cette mise en valeur. L'abandon de la moitié des terrains desséchés par l'État, à défaut des communes, devra, sous peine de déchéance, être fait dans l'année qui suivra l'achèvement des travaux. Ce délai passé, les communes ne pourraient se libérer qu'en remboursant les dépenses faites par l'État.

Mais cette loi, applicable à la propriété communale, ne l'est pas à la propriété privée.

CHAPITRE IV.

§ 1. L'EXPROPRIATION POUR CAUSE D'UTILITÉ PUBLIQUE.
§ 2. LES SERVITUDES MILITAIRES.

§ 1. — L'Expropriation pour cause d'utilité publique [1].

Historique. — Ire période : Enquête. — IIe période : Déclaration de l'utilité publique. — IIIe période : Désignation. — IVe période : Expropriation. — Fixation de l'indemnité. — Prise de possession. — Mesures exceptionnelles en cas d'urgence. — Rétrocession. — Application de la législation sur l'expropriation.

Historique. — On entend par *expropriation pour cause d'utilité publique* l'aliénation forcée d'un immeuble destiné à des entreprises d'utilité générale. Le législateur a dû ne pas abandonner aux caprices de l'administration l'appréciation et la déclaration de l'utilité publique, ainsi que l'expropriation des propriétaires. S'il est, en effet, des institutions qui méri-

[1] *Déclaration des droits de l'homme*, 1789, art. 17; art. 545, Code Nap.; ordon. 18 févr. 1834, 15 févr. 1835; 23 août 1835; loi 3 mai 1841; loi 10 sept. 1850; constitution 14 janvier 1852, art. 1 et 56; décr. 25 et 26 mars 1852; sénat. cons. 25 déc. 1852; loi 10 juin 1854; loi 22 juin 1854; loi 27 déc. 1858.
On a beaucoup discuté le point de savoir si les Romains, qui ont exécuté tant de routes et d'autres travaux, ont connu l'expropriation pour cause d'utilité publique. M. Serrigny a examiné cette question dans son savant ouvrage sur le *Droit public et administratif romain*. Il conclut en admettant comme un point incontestable, que le principe de l'expropriation pour cause d'utilité existait dans le droit romain.

tent la protection de la loi, au premier rang doit se placer la propriété, base matérielle de la famille. L'aliénation forcée est une restriction apportée au droit accordé par nos lois au propriétaire de jouir et disposer de sa chose de la manière la plus absolue, pouvu qu'il n'en fasse pas un usage prohibé par les lois et par les règlements; mais c'est une restriction commandée par l'intérêt social qui, dans une société bien organisée, exige impérieusement le sacrifice de tous les intérêts privés. La rigueur du sacrifice a même été tempérée par le législateur en faveur de la propriété, puisqu'il place à côté de l'expropriation l'indemnité préalable. Ainsi donc, la protection due à la propriété soumettait l'aliénation forcée à des formalités nécessaires. Il fallait, en effet, constater l'utilité, il fallait dédommager le propriétaire.

L'Assemblée nationale traduisit ainsi ce principe dans l'art. 17 de la Déclaration des droits de l'homme et du citoyen : « La propriété étant un droit inviolable et sacré, nul ne peut en être privé, si ce n'est lorsque la nécessité publique, légalement constatée, l'exige évidemment, et sous la condition d'une juste et préalable indemnité. » L'art. 545 du code Napoléon, les chartes de 1814 et de 1830, la constitution de 1848, le formulèrent ainsi : « Nul ne peut être contraint de céder sa propriété, si ce n'est pour cause d'utilité publique, et moyennant une juste et préalable indemnité. » « L'Etat peut exiger le sacrifice d'une propriété pour cause d'*intérêt public* légalement constaté, mais avec une indemnité préalable. » « Toutes les

---

Mais il pense en même temps que ce principe, non réglé par la constitution et les lois, s'exerçait arbitrairement, discrétionnairement, le plus souvent avec indemnité dans les grandes villes, comme à Rome et à Constantinople. Il ne lui semble pas certain qu'il en fût de même dans les provinces. Il croit enfin qu'en aucun cas il n'y avait de procès sur la fixation et le montant de l'indemnité, et que la nécessité du paiement préalable était chose complétement inconnue aux temps des empereurs romains. Voir liv. II, titre III, chap. III, n° 944 et suiv., 6dit., 1862, t. II, p. 247 et suiv. — On peut consulter aussi une brochure de M. de Fresquet, publiée en 1860, et intitulée : *Principes de l'expropriation pour cause d'utilité publique, à Rome et à Constantinople, jusqu'à l'époque de Justinien.*

propriétés sont inviolables; néanmoins l'Etat peut exiger le sacrifice d'une propriété pour cause d'utilité publique légalement constatée, et moyennant une juste et préalable indemnité. » Ces différents textes législatifs s'accordent donc pour constater la restriction, mais pour exiger aussi le besoin de l'utilité publique et l'indemnité préalable.

L'Assemblée nationale s'était contentée de poser le principe sans le développer, et les orages politiques avaient détourné l'attention du législateur. La première loi qui s'est occupée de l'expropriation est celle du 16 septembre 1807. Elle abandonnait à l'administration le soin de déclarer l'utilité, d'entrer en possession et de régler l'indemnité. Dès que le projet d'un ouvrage d'utilité publique était approuvé, son adoption dessaisissait les propriétaires des terrains et bâtiments compris dans le périmètre des plans, et ne leur laissait en dédommagement qu'une créance contre l'Etat. La loi du 8 mars 1810 corrigea ce que la loi de 1807 avait de peu rassurant pour les propriétaires, en enlevant à l'administration le droit de fixer l'indemnité pour le transporter à l'autorité judiciaire. La charte de 1814 abolit la possession préalable qu'avait maintenue la loi de 1810, et conserva au pouvoir judiciaire la détermination de l'indemnité. Mais comme elle n'avait fixé aucun délai pour l'évaluation de l'indemnité, la propriété se trouvait parfois frappée d'interdit pendant de longues années de procédure. Les abus de toutes ces lois ont été corrigés par la loi du 7 juillet 1833 qui a servi de base à celle du 3 mai 1841. Cette dernière loi a eu pour objet d'augmenter les garanties dues aux propriétaires, en entourant la déclaration d'utilité publique de formes solennelles et de sérieuses appréciations. Elle a restreint les délais de procédure, et soumis à des formes exceptionnelles la prise de possession en cas d'urgence. Voici quels sont les principes qu'ont proclamés les lois de 1833 et de 1841 : 1° L'expropriation pour cause d'utilité publique s'opère par autorité de justice; 2° les tribunaux ne peuvent prononcer l'expropriation qu'autant que l'utilité en a été constatée et déclarée dans les formes prescrites par la loi ; 3° la fixation de l'indemnité est confiée à un jury spécial.

L'expropriation pour cause d'utilité publique se divise en quatre périodes : 1° l'enquête pour constater l'utilité ; 2° la déclaration de cette utilité; 3° la désignation des localités ou territoires sur lesquels les travaux doivent avoir lieu, la détermination des propriétés particulières auxquelles l'expropriation est applicable; 4° l'expropriation, la fixation de l'indemnité et la mise en possession [1].

[1] Sur l'*Expropriation pour caute d'utilité publique*, voir : Arnaud, *Manuel du directeur du jury d'expropriation pour cause d'utilité publique*, 1865. — Blanche, *Expropriation pour cause d'utilité publique*, etc., 1853. — De Caudaveine et Théry, *Traité de l'expropriation pour cause d'utilité publique*, 1839. — Daffry de La Monnoye, *Les lois de l'expropriation pour cause d'utilité publique expliquées par la jurisprudence*, 1857. — Debray, *Manuel de l'expropriation pour cause d'utilité publique*, 1845. — Delalleau, *Traité de l'expropriation pour cause d'utilité publique*, 5° édition, 1858. — Demilly, *Analyse des exposés des motifs et de la discussion de la loi du 3 mai 1841, sur l'expropriation pour cause d'utilité publique*, 1842. — Desprez-Rouveau, *Guide des expropriés pour cause d'utilité publique, ou Code de l'expropriation*, etc., 1854. — Dufour, *De l'expropriation et des dommages causés à la propriété*, 1858. — Gand, *Traité général de l'expropriation pour cause d'utilité publique*, 1842. — Gillon et Stourm, *Loi sur l'expropriation pour cause d'utilité publique*, 1841.—Guérin, *Commentaire théorique et pratique de l'ordonnance du 1er octobre 1864, sur l'expropriation et l'occupation temporaire pour cause d'utilité publique*, etc., 1865. — Herson, *De l'expropriation pour cause d'utilité publique*, 1843. — Homberg, *Traité de l'expropriation pour cause d'utilité publique*, 1841. — Jousselin, *Traité des servitudes d'utilité publique, ou des modifications apportées par les lois et par les règlements à la propriété en faveur de l'utilité publique*, 1850. — Lachaize, *Traité de la vente des immeubles par expropriation forcée*, 1829. — Lejeune, *Guide de l'expropriation*, 1860. — Locré, *Législation sur les mines et sur les expropriations pour cause d'utilité publique*, 1828. — Malapert et Protat, *Code complet de l'expropriation pour cause d'utilité publique.*— Mathieu (A.), *L'expropriation pour cause d'utilité publique et les eaux de la Somme-Soude*, etc., 1862, brochure. — Maulde, *Guide de l'expropriation pour cause d'utilité publique*, 1864. — Paparigopoulo, *Principes de l'expropriation pour cause d'utilité publique dans le droit romain et dans le droit français* (thèse pour le doctorat), 1863. — Peyronny et Delamarre, *Commentaire théorique et pratique des lois d'expropriation pour cause d'utilité publique*, 1859. — Rousset, *Dictionnaire de la voirie des villes, ou traité de la grande voirie, de la voirie urbaine......* *de l'expropriation pour cause d'utilité publique*, etc., 1861. — Sabattier,

Dans l'état actuel de la législation il y a trois classes d'expropriants : 1° l'Etat, les départements et les communes ; 2° les compagnies ou les simples particuliers concessionnaires de travaux publics ; 3° les associations syndicales autorisées.

Iʳᵉ PÉRIODE. **Enquête**. — Au premier rang des formalités qui précèdent l'expropriation pour cause d'utilité publique, se place l'enquête administrative destinée à constater l'existence de cette utilité. Un avant-projet émanant de l'administration, indiquant le tracé général de la ligne des travaux, les dispositions principales des plus importants ouvrages et l'appréciation sommaire des dépenses, est déposé pendant un mois au moins et quatre mois au plus, avec un mémoire descriptif indiquant le but de l'entreprise et les avantages qu'on peut s'en promettre, au chef-lieu de chaque département et de chaque arrondissement que la ligne des travaux doit traverser. Il est formé au chef-lieu de chacun de ces départements une commission composée de chefs d'établissements industriels, de négociants et des principaux propriétaires de terres, de bois et de mines, désignés par le préfet. En même temps que le dépôt des pièces, un registre est ouvert au chef-lieu de chacun des départements et arrondissements, pour y consigner, pendant un délai déterminé par l'autorité supérieure, les renseignements qui pourront être donnés sur l'utilité des travaux. L'enquête n'étant destinée qu'à éclairer la question d'utilité, les réclamations qui seraient formulées au nom de droits privés ne sauraient être admises,

---

Traité de l'expropriation pour cause d'utilité publique, 1859. — Solon, *De l'expropriation pour cause d'utilité publique*, 1850. — Garbouleau, *Du domaine public en droit romain et en droit français, avec une dissertation sur l'expropriation pour cause d'utilité publique en droit romain*, 1859. — Del Marmol (le baron Ch.), *De l'expropriation pour cause d'utilité publique en Belgique*, 1858. — Laveleye, *Expropriation par zônes, pour cause d'utilité publique*, 1863. — Martou, *De l'expropriation forcée*, etc., Bruxelles, 1860. — Madrazo, *Manuel de l'expropriation forcée pour cause d'utilité publique, ou application de la loi du 17 juillet 1836 (Espagne), et des dispositions royales postérieures*, Madrid, 1861.

et seraient dénuées de tout effet. Si la ligne des travaux doit s'étendre sur le territoire de plus de deux départements, les pièces de l'avant-projet servant de base à l'enquête ne sont déposées qu'au chef-lieu de chaque département traversé. Les délais expirés, la commission organisée se réunit, reçoit les indications des ingénieurs, examine les déclarations consignées aux registres, recueille les avis des personnes les plus compétentes qu'elle peut mander auprès d'elle, et, sur tous ces documents, donne aussi son avis motivé tant sur l'utilité de l'entreprise, que sur les différentes questions qui ont été posées par l'administration. Dans le même temps, les chambres de commerce et les chambres consultatives des arts et manufactures des différents départements intéressés formulent leur opinion sur la même question d'opportunité et d'utilité. Les procès-verbaux de ces diverses délibérations, ainsi que les registres et autres documents, sont remis au préfet qui les transmet lui-même à l'administration supérieure. C'est l'autorité administrative qui est seule chargée de veiller à l'observation des formes prescrites et d'assurer la régularité de l'enquête ; l'office des tribunaux se borne, à cet égard, à exiger la constatation du fait de cette opération. L'omission de l'enquête donnerait lieu à un recours au Conseil d'État, pour excès de pouvoir.

IIe PÉRIODE. **Déclaration de l'utilité publique.** — L'enquête administrative faite dans chaque département par une commission qui représente l'intérêt local, a eu pour objet de constater l'utilité des travaux projetés ; mais elle ne saurait suffire pour l'ouverture de ces travaux. En matière d'expropriation, plus les formes sont solennelles, et plus les propriétés particulières sont à l'abri des caprices que l'on pourrait décorer du nom imposant d'utilité publique. Il faut donc que l'utilité, après avoir été constatée, soit déclarée. Cette déclaration sera faite par une loi. Depuis 1870, tous grands travaux publics, routes nationales, canaux, chemins de fer, canalisation des rivières, bassins et docks entrepris par l'État ou par com-

pagnies particulières, avec ou sans péage, avec ou sans subsides du Trésor, avec ou sans aliénation du domaine public,
ne peuvent être autorisés que par une loi rendue après une
enquête administrative. (Loi 27 juillet-3 août 1870, art 1er.)
Un décret rendu en la forme des règlements d'administration publique et également précédé d'une enquête, peut autoriser l'exécution des canaux et chemins de fer d'embran-
chement de moins de 20 kilomètres de longueur, des lacunes
et rectifications de routes nationales, des ponts et de tous
autres travaux de moindre importance. En aucun cas les
travaux dont la dépense devra être supportée par le Trésor ne
pourront être exécutés qu'en vertu de la loi qui crée les voies
ou moyens, ou d'un crédit préalablement inscrit à un des chapitres du budget. (*Art.* 1er.) La loi de 1870 n'a pas innové en
ce qui touche l'autorisation et la déclaration d'utilité des
travaux publics à la charge des départements et des communes. (*Art.* 2.)

IIIe PÉRIODE. **Désignation.** — La troisième période comprend la désignation des localités, des territoires sur lesquels
les travaux doivent avoir lieu; la détermination des propriétés particulières auxquelles l'expropriation sera applicable.
L'utilité des travaux a été constatée par l'enquête administrative, et déclarée par le décret qui a autorisé l'entreprise ; il
n'est plus question que d'exécuter. Deux arrêtés préfectoraux indiqueront successivement les territoires sur lesquels
auront lieu les travaux, et les propriétés qui seront exposées
à l'expropriation. Ici se placent de nouvelles formalités, une
nouvelle enquête, de nouvelles garanties accordées aux propriétaires.

Dans la plupart des cas, la désignation des territoires soumis aux travaux autorisés sera faite par le décret qui autorisera, et ce ne sera qu'à defaut de cette désignation par le
décret qu'interviendra l'arrêté préfectoral. La désignation
des propriétés particulières auxquelles l'expropriation sera
applicable, est nécessaire pour mettre les intérêts des proprié-

taires en demeure de se produire. Elle sera toujours faite par un arrêté du préfet. Les enquêtes et autres formalités qui font partie de cette troisième période ont pour objet de répondre à la question suivante : quelles sont les propriétés particulières qui seront atteintes par l'expropriation ?

Voici quelles sont les premières opérations qui suivent la désignation des territoires sur lesquels auront lieu les travaux, et qui, nous le répétons, ont pour objet de préparer la désignation des propriétés particulières auxquelles l'expropriation pourra être applicable. Les ingénieurs ou autres gens de l'art chargés de l'exécution des travaux lèvent, pour la partie qui s'étend sur chaque commune, le plan parcellaire des terrains ou des édifices dont la cession leur paraît nécessaire. Ce plan indicatif des noms de chaque propriétaire, tels qu'ils sont inscrits sur la matrice des rôles, reste déposé pendant huit jours à la mairie de la commune où les propriétés sont situées, afin que chacun puisse en prendre connaissance. Avertissement est donné de ce dépôt par publications et affiches. Le maire ouvre un procès-verbal, y mentionne les déclarations et réclamations qui lui ont été faites verbalement, et y annexe celles qui lui sont transmises par écrit, le tout dans le délai de huitaine à partir de l'avertissement. Une commission d'arrondissement, présidée par le sous-préfet, et composée de quatre membres du conseil général nommés par le préfet, du maire et de l'un des ingénieurs chargés de l'exécution des travaux, est organisée pour recevoir pendant huit jours les observations des propriétaires, provoquer leurs dires, et donner dans le délai de deux jours son avis non sur l'entreprise en elle-même, dont l'utilité a été constatée et déclarée, mais sur les détails de l'exécution des travaux. Que si, dans le délai de deux jours, la commission n'avait pas formulé son avis, comme il importe que les propriétés ne soient pas longtemps frappées d'interdiction, le sous-préfet devrait transmettre au préfet son procès-verbal et les documents recueillis. Il agit de même lorsque les opérations de la commission ont été conduites à bonne fin. Le but de cette seconde enquête étant de déterminer quelles seront les propriétés expropriées, le préfet, sur le vu du procès-verbal et des documents y annexés, déclare par un arrêté motivé quelles seront les propriétés qui devront être cédées, et indique l'époque à laquelle il sera nécessaire d'en prendre possession. Dans le cas où la commission proposerait un changement au tracé indiqué par les ingénieurs, l'avis en serait donné aux intéressés, dépôt des pièces serait effectué à la sous-préfecture pendant huit jours, les intéressés seraient admis à fournir leurs observations par écrit, et le tout serait transmis dans les trois jours suivants par le sous-préfet au préfet. Dans le cas où la commission ne serait pas favorable au tracé des travaux ordonnés, le préfet devrait surseoir et en référer à l'autorité supérieure qui pourrait, suivant les circonstances, statuer définitivement, ou ordonner qu'il soit procédé de nouveau à tout ou partie des formalités prescrites pour les opérations des premières périodes. La commission n'étant appelée qu'à donner un avis, sa délibération ne serait en rien susceptible de recours.

Lorsqu'il s'agit de travaux d'intérêt communal, ou d'ouverture et de redressement des chemins vicinaux, le maire soumet au conseil municipal le procès-verbal sur lequel les observations ont été mentionnées. Il n'y a donc pas lieu de recourir à une commission. Transmission du dossier au sous-préfet, qui l'adresse, en y joignant son avis, au préfet. Ce fonctionnaire n'en réfère pas au ministre, mais statue en conseil de préfecture. Son arrêté est soumis à l'approbation de l'administration supérieure.

L'arrêté du préfet, qui termine la troisième période, ne saurait suffire pour opérer la transmission de propriété. L'expropriation pour cause d'utilité publique ne s'opère que *par autorité de justice*. L'expropriation n'est cependant pas nécessaire lorsque les propriétaires consentent à l'aliénation de leur propriété, après l'arrêté préfectoral. Il s'opère alors un contrat de vente entre les propriétaires, vendeurs, et l'État, acheteur. Dans le cas où les propriétaires à exproprier consentiront à la cession, mais où il n'y aura pas accord sur le prix, le tribunal donnera acte du consentement, et désignera le magistrat directeur du jury, sans qu'il soit besoin de rendre le jugement d'expropriation. Mais le traité qui autoriserait simplement la prise de possession, n'empêcherait pas l'accomplissement des formalités de la loi : jugement d'expropriation, convocation d'un jury spécial pour fixer l'indemnité. L'administration y trouverait seulement cet avantage de pouvoir se mettre provisoirement en possession, en servant aux propriétaires les intérêts du prix ultérieurement fixé par le jury, à partir du jour de l'entrée en jouissance. La cession peut encore avoir le caractère d'une donation, sans toutefois qu'on lui en donne la forme, lorsque les propriétaires renoncent à l'indemnité, parce qu'ils trouvent dans les avantages que leur promet l'exécution des travaux une compensation au sacrifice qu'ils font.

Les propriétaires sont-ils capables d'aliéner ? Application des règles communes aux contractants ordinaires, vente parfaite par le consentement réciproque des parties; dépôt des minutes au secrétariat de la préfecture; expédition transmise à l'administration des domaines. Les propriétaires sont-ils, au contraire, incapables, ou s'agit-il de personnes morales telles que l'État, les départements, les établissements publics ou les communes ? Les tuteurs, maris, envoyés en possession, des mineurs, interdits, femmes communes en biens, absents, seront admis à consentir l'aliénation, avec l'autorisation du tribunal donnée sur simple requête, qui ordonnera les mesures de conservation ou de remploi qu'il jugera nécessaires. La loi favorise la cession amiable en autorisant la passation des contrats dans la forme administrative. Elle prescrit leur visa pour timbre ainsi que leur enregistrement gratis, et dispense de tous droits pour leur transcription au bureau des hypothèques. Ce n'est que dans le cas de refus de toute aliénation amiable qu'il y a lieu à l'*expropriation*.

Les immeubles qui passent dans les mains de l'administration par suite de traités amiables, doivent être purgés de tous priviléges et hypothèques, et affranchis de toute action réelle.

Les contrats de vente, quittances et autres actes relatifs à l'acquisition des terrains, peuvent être passés dans la forme des actes administratifs. La minute restera déposée au secrétariat de la préfecture : expédition en sera transmise à l'administration des domaines (visa pour timbre, enregistrement gratis). Contrats du droit commun, l'autorité judiciaire connaît de leur interprétation et de leur exécution.

IV° PÉRIODE. **Expropriation.** — En abandonnant le prononcé de l'expropriation au pouvoir judiciaire, le législateur n'a pas voulu soumettre l'administration au contrôle de ce pouvoir. La vérification imposée aux tribunaux n'est pas une vérification de fond, mais de forme. Le juge ne peut pas changer, modifier les arrêtés du préfet ; il peut dire seulement : telle prescription légale n'a pas été observée. Son rôle est passif ; il n'administre pas. Le juge examinera donc si toutes les formalités prévues par la loi ont été accomplies. Dans le cas où elles ne l'auraient pas été, il refusera la dépossession ; mais, dans le cas contraire, l'expropriation devra nécessairement être prononcée. Remise par le préfet au procureur impérial du décret ordonnant l'entreprise, de la décision préfectorale, et de toutes les pièces constatant l'accomplissement des formalités requises. Prononcé de l'expropriation dans les trois jours, sur la réquisition du ministère public. Afin d'éviter des lenteurs et des frais, la loi n'exige pas la comparution des parties qui peuvent, d'ailleurs, renseigner le tribunal par des notes et autres documents sur les irrégularités et les vices de l'instruction administrative. Quant au réquisitoire du ministère public, il doit être écrit. Mais il faut remarquer qu'agent obligé du préfet, quand il présente et rédige ce réquisitoire, le procureur impérial reprend son rôle à l'audience, et pourrait, dans des conclusions verbales, faire ressortir les irrégularités de la procédure, et s'opposer à l'expropriation.

Le jugement doit contenir les énonciations suivantes : 1° la désignation par nature et contenance des terrains expropriés ; 2° les noms des propriétaires ; 3° l'indication de l'époque à laquelle les expropriés seront dépossédés ; 4° la nomination d'un des membres du tribunal pour remplir les fonctions de magistrat directeur du jury. Que si l'administration ne poursuivait pas l'expropriation dans le délai d'une année à partir de l'arrêté préfectoral, requête adressée au tribunal par les intéressés, communication au préfet qui devrait envoyer les pièces et saisir le tribunal dans le plus bref délai ; sinon, indemnité prononcée en faveur des intéressés contre l'administration.

Le jugement qui prononce l'expropriation est rendu public : 1° par voie d'affiches et de publications dans la commune de la situation des biens, et par l'insertion dans l'un des journaux publiés dans l'arrondissement, ou, s'il n'en existe aucun, dans l'un de ceux du département ; 2° par la notification au domicile élu, et, à défaut, au maire de la commune, aux fermiers ou locataires ; 3° par la transcription du jugement d'expropriation au bureau de la conservation des hypothèques de l'arrondissement.

Quant aux voies de recours, l'opposition et l'appel n'existent point en matière d'expropriation ; le jugement ne peut être attaqué que devant la cour de cassation pour vice de formes du jugement, incompétence ou excès de pouvoir. La chambre civile de la cour est saisie directement, sans qu'il y ait lieu à ce que le pourvoi soit soumis préalablement à la chambre des requêtes. Au reste, comme il y a besoin de célérité, assimilation aux pourvois en matière criminelle. La ressource du pourvoi en cassation appartient à toutes les personnes qui pourraient réclamer sur l'immeuble des droits réels, ou qui auraient à exercer des actions en résolution, en revendication, etc.

Le jugement qui prononce l'expropriation enlève la propriété et tous les droits qui en résultent au propriétaire exproprié, mais lui conserve la détention de l'immeuble comme
garantie du paiement, jusqu'à l'acquittement de l'indemnité.
Cette possession donne à l'exproprié le droit de percevoir les
fruits naturels, civils et industriels, et d'exercer les actions
possessoires. Elle est essentiellement transmissible. Quant
aux actions en résolution, revendication, et aux autres actions
réelles qui pourraient exister sur l'immeuble, elles sont
éteintes par le jugement d'expropriation; les réclamants ne
peuvent exercer de droits que sur le prix. Pour les tiers qui
pourraient avoir des droits sur l'immeuble acquis à l'État, ils
subissent les effets de l'expropriation, et ont droit à une indemnité distincte de celle du propriétaire, ou qui se confond
avec elle, suivant les cas.

Fixation de l'indemnité. — Le jugement qui prononce
l'expropriation ne place nullement l'administration dans une
position hostile vis-à-vis des propriétaires. Une nouvelle tentative de transaction devra précéder la fixation définitive de
l'indemnité par un jury spécial. Dans la huitaine de la notification du jugement, le propriétaire fera connaître à l'administration les fermiers et locataires, ceux qui ont des droits
d'usufruit, d'habitation ou d'usage, ainsi que ceux qui
peuvent réclamer des servitudes résultant des titres même du
propriétaire, ou d'autres actes dans lesquels il serait intervenu; l'administration notifiera à ces propriétaires et intéressés, les sommes qu'elle offre pour indemnité.

L'obligation imposée au propriétaire de faire connaître ces
différents intéressés (acte d'huissier ou simple lettre), est
sanctionnée par une responsabilité : en cas de négligence de
sa part, et s'il n'avait pu raisonnablement ignorer l'existence
de l'indemnitaire, il demeurerait seul chargé des réclamations
que les intéressés seraient en droit de former. Pour les usagers, les personnes investies de servitudes résultant de titres
étrangers au possesseur actuel, les créanciers hypothécaires,

les sous-locataires que le propriétaire ne connaîtrait pas, ceux qui ont sur l'immeuble des actions en résolution ou en revendication, ils sont tenus de se faire connaître eux-mêmes à l'administration, dans le délai de huitaine à partir de la notification, sous peine de la déchéance de tout droit à l'indemnité. Les mêmes obligations sont imposées à l'usu-fruitier.

Les offres doivent être distinctes et séparées, afin que chacun puisse stipuler librement pour son propre compte. Outre la notification, elles doivent être affichées et publiées.

Dans la quinzaine suivante, les propriétaires et autres intéressés devront déclarer leur acceptation, ou indiquer le montant de leurs prétentions. Les incapables et les personnes morales dont nous avons parlé plus haut accepteront les offres d'indemnité par leurs représentants (pour les incapables, délai d'un mois); enfin lorsque, les délais expirés, les offres de l'administration n'auront pas été agréées, les propriétaires et autres intéressés seront cités devant un jury spécial, pour qu'il soit procédé au règlement des indemnités.

Le jury spécial chargé de régler les indemnités est composé de douze membres choisis par la cour impériale siégeant dans le département, ou, à défaut, par le tribunal civil du chef-lieu judiciaire, sur une liste de 36 personnes au moins et 72 au plus, dressée annuellement pour chaque arrondissement de sous-préfecture par le conseil général du département.

La cour impériale, ou le tribunal du chef-lieu judiciaire, choisissent sur la liste dressée pour l'arrondissement seize personnes qui formeront le jury spécial, et quatre jurés supplémentaires. Les seize jurés sont réduits à douze par l'exercice du droit de récusation, qui appartient à l'administration et à la partie intéressée. S'il n'y a pas eu de récusation, le magistrat directeur réduit lui-même, en retranchant les derniers noms inscrits sur la liste. A Lyon la liste contient deux cents noms, et à Paris six cents. Les intéressés ne peuvent pas faire partie du jury. Ce jury spécial convoqué par le sous-préfet, huit jours au moins avant celui de la réunion, pro-cède, sous la direction de l'un des membres de l'autorité judiciaire, à l'appréciation de l'indemnité. Le magistrat direc-teur lui présente le tableau des offres et demandes, les plans parcellaires et les titres ou autres documents produits par les parties à l'appui de leurs offres et demandes.

Le magistrat qui dirige et surveille les opérations, est néces-saire pour que les décisions soient convenablement préparées et rendues. C'est lui qui, avant la session, vérifiera si tous les documents propres à éclairer le jury sont réunis; c'est lui qui, au jour fixé pour la réunion, surveillera l'instruction, écartera les difficultés de procédure et imprimera au débat une marche plus prompte... Le magistrat ainsi délégué pro-noncera l'amende contre le juré qui se sera refusé à remplir ses fonctions dans toute leur étendue; il statuera sur l'opposi-tion que le juré condamné aura formée à la décision rendue contre lui; il taxera les dépens; enfin il déclarera exécutoire la sentence du jury, et enverra l'administration en possession de la propriété.

Juge de la sincérité et de l'effet des actes qui seraient de nature à modifier l'évaluation de l'indemnité, le jury peut se transporter sur les lieux, ou déléguer à cet effet un ou plusieurs de ses membres, et entendre toutes les personnes qu'il croira pouvoir l'éclairer. La discussion est publique; les parties ou leurs fondés de pouvoir peuvent présenter sommairement leurs observations. Après la clôture de l'instruction prononcée par le magistrat directeur, le jury délibère sans désemparer sous la présidence de l'un de ses membres (voix prépondé-rante), et fixe par sa décision le montant de l'indemnité. Il peut, comme nous l'avons dit, prononcer des indemnités distinctes en faveur des parties qui les réclament à des titres différents (comme propriétaires, fermiers, locataires, usa-gers, etc.). Mais l'indemnité allouée par le jury ne peut, en aucun cas, être inférieure aux offres de l'administration, ni supérieure à la demande de la partie intéressée. Que si l'indemnité réglée par le jury ne dépasse pas l'offre de l'administration, les propriétaires ou autres intéressés ayant succombé dans leurs prétentions, puisqu'ils ont refusé les offres que le jury a déclarées suffisantes, seront condamnés aux dépens. Dans le cas où l'indemnité réglée par le jury sera égale à la demande des parties, comme ce sera l'administration qui aura succombé sur quelques chefs, on suivra les règles de la procédure : il y aura compensation. Les dépens sont à la charge de l'indemnitaire qui n'a pas fait connaître le montant de ses prétentions, à défaut d'acceptation des offres, quelle que soit l'estimation ultérieure du jury. Que s'il s'élevait des difficultés étrangères à la fixation du montant de l'indemnité, le jury règlerait néanmoins cette indemnité indépendamment de ces litiges et difficultés, sur lesquels les parties seraient renvoyées à se pourvoir devant qui de droit.

Constamment l'administration a contesté l'étendue et la définition du mot indemnité. Elle a soutenu devant les tribunaux que l'indemnité qui était due n'était que de la valeur vénale du sol, et non de la dépréciation du sol restant. Mais le mot indemnité ne veut pas dire seulement prix vénal de l'immeuble, il veut dire aussi : le dédommagement dû aux propriétaires par suite de la dépossession. L'importance de l'indemnité devra toujours être déterminée en raison composée de la valeur des objets expropriés et du préjudice que le citoyen dépossédé peut éprouver, soit par la dépréciation de la portion de propriété laissée dans ses mains, soit par la dépense qu'il sera obligé de faire pour coordonner cette propriété avec la disposition ultérieure des lieux. Mais le jury n'a point à se préoccuper du dommage que les travaux pris en général sont susceptibles de causer au propriétaire dans l'ensemble de ses intérêts, ni de la possibilité d'un dommage futur à naître d'un événement ultérieur et incertain.

La décision du jury ne tire pas sa force d'elle-même. Cette décision (signée des membres qui y ont concouru) doit être remise par le président au magistrat directeur qui la déclare exécutoire, statue sur les dépens, et envoie l'administration en possession de la propriété, sous la condition du payement préalable. On ne peut attaquer la décision du jury et l'ordonnance du magistrat directeur, que par la voie du recours en cassation, et seulement pour violation de la loi, relativement au choix des jurés, à la convocation du jury et des intéressés, et aux autres formes de procédure. Le pourvoi ne peut être formé que par les parties qui ont figuré dans l'instance, ou par leur mandataire. Il devra être formé dans les quinze jours de la décision, par déclaration au greffe du tribunal auprès duquel le jury a siégé. Notification à la partie adverse dans les huit jours de la déclaration. Pas d'effet suspensif. Chambre civile directement saisie. En cas de cassation, l'affaire sera renvoyée devant un nouveau jury, choisi dans le même arrondissement et composé d'autres jurés. Le nouveau jury sera dirigé par un autre magistrat. Possibilité pour la cour de cassation de renvoyer, suivant les circonstances, l'appréciation de l'indemnité à un jury choisi dans un des arrondissements voisins.

Prise de possession. — La prise de possession par l'État est soumise à l'acquittement préalable des indemnités réglées par le jury entre les mains des ayant-droit. Que si ces derniers se refusaient à les recevoir, la prise de possession aurait lieu après offres réelles et consignation. Pour ne pas retarder la prise de possession, il n'est pas nécessaire de faire suivre la consignation d'un jugement de validité des offres. La consignation a lieu sans offres réelles, lorsqu'il existe des inscriptions sur l'immeuble exproprié ou d'autres obstacles au versement des deniers entre les mains des ayant-droit; et lorsqu'il s'agit de travaux exécutés par l'État ou les départements, les offres réelles (sans qu'il soit besoin de les faire en espèces) peuvent s'effectuer au moyen d'un mandat égal au montant de l'indemnité réglée par le jury. Ce mandat délivré par l'ordonnateur compétent, visé par le payeur, est payé sur la caisse publique qui s'y trouve désignée ; en cas de refus du mandat, consignation en espèces.

Si, dans les six mois du jugement d'expropriation, l'administration ne poursuivait pas la fixation de l'indemnité, les parties pourraient exiger qu'il fût procédé à ladite fixation ; que si l'indemnité réglée n'était ni acquittée, ni consignée dans les six mois de la décision du jury, les intérêts courraient de plein droit à l'expiration de ce délai.

Les bâtiments dont il est nécessaire d'acquérir une portion pour cause d'utilité publique seront achetés en entier, si les propriétaires le requièrent par une déclaration formelle adressée au magistrat directeur du jury (délai de quinzaine pour les capables, et d'un mois pour les incapables et personnes morales, à partir de la notification). Il en sera de même de toute parcelle de terrain qui, par suite du morcellement, se trouvera réduite au quart de la contenance totale, si toutefois le propriétaire ne possède aucun terrain immédiatement contigu, et si la parcelle ainsi réduite est inférieure à dix ares.

Mesures exceptionnelles en cas d'urgence. — Souvent il peut être urgent pour l'administration d'entrer en possession d'un terrain acquis par l'expropriation. Les retards nécessaires exigés par la loi pour les formalités relatives au règlement des indemnités, seraient préjudiciables à l'intérêt public. Dans ces circonstances tout exceptionnelles, la loi permet à l'administration d'entrer en possession, mais à la charge pourtant de consigner une somme qui représentera provisoirement l'indemnité ultérieurement fixée. L'exercice de ce droit accordé à l'administration est subordonné aux trois conditions suivantes : qu'il y ait urgence de prendre possession des terrains, qu'il s'agisse de terrains non bâtis, et que cette urgence soit spécialement déclarée par un décret. Le jugement d'expropriation et le décret qui déclare ultérieurement l'urgence, seront notifiés aux intéressés avec assignation à trois jours, au moins, devant le tribunal civil. Au jour fixé, les intéressés déclareront la somme dont ils demandent la consignation avant l'envoi en possession. Faute par eux de comparaître, il sera procédé en leur absence. Le tribunal pourra fixer sur-le-champ le montant de la somme à consigner, et qui comprendra, outre le principal, la somme nécessaire pour assurer pendant deux ans le paiement des intérêts. Il pourra aussi ordonner une descente sur les lieux pour vérifier et recueillir les renseignements nécessaires. Sur le vu du procès-verbal de consignation, et sur une nouvelle assignation (à deux jours au moins) devant le président du tribunal, ce magistrat ordonnera la prise de possession. Le jugement du tribunal (déterminant la somme provisoire à consigner), et l'ordonnance du président (ordonnant la prise de possession), seront exécutoires sur minute, non attaquables par opposition, ni par appel, mais par voie de cassation (non suspensive) pour incompétence, vice de formes du jugement et de l'ordonnance, excès de pouvoir. L'indemnité consignée n'étant que provisoire, il sera, après la prise de possession, et à la poursuite de la partie la plus diligente, procédé à la fixation définitive de l'indemnité, dans les formes dont nous avons parlé plus haut. Si cette fixation est supérieure à la somme qui a été déterminée par le tribunal, le supplément doit être consigné dans la quinzaine de la notification de la décision du jury, et, à défaut, le propriétaire peut s'opposer à la continuation des travaux.

Rétrocession. — Si les terrains acquis pour des travaux d'utilité publique ne reçoivent pas cette destination, ou s'il reste, après l'exécution des travaux, partie de terrains non employés, les anciens propriétaires ou leurs ayant-droit peuvent en demander la remise.

Il appartient exclusivement à l'administration d'apprécier si les terrains sont devenus inutiles au service public. Mais en cas de contestation entre diverses personnes qui prétendraient user, chacune à son profit, du droit d'obtenir la rétrocession, l'autorité administrative serait incompétente pour décider à qui il appartiendrait de l'exercer (compétence des tribunaux civils).

Le prix des terrains rétrocédés est fixé à l'amiable, et, s'il n'y a pas accord, par le jury, dans les formes que nous avons indiquées. La fixation par le jury ne peut, en aucun cas, excéder la somme moyennant laquelle les terrains ont été acquis. La rétrocession n'est pas admise pour les terrains que l'État a acquis sur la réquisition formelle du propriétaire, et qui restent disponibles après l'exécution des travaux. Un avis publié fait connaître les terrains que l'administration est dans le cas de revendre. Dans les trois mois de cette publication, les anciens propriétaires qui veulent réacquérir la propriété desdits terrains sont tenus de le déclarer, et dans le mois de la fixation du prix, soit amiable, soit judiciaire, ils doivent passer le contrat de rachat et payer le prix, le tout à peine de déchéance du privilége de rétrocession. Ce privilége n'a pas lieu dans le cas d'expropriation pour assainissement de quartiers insalubres.

Application de la législation sur l'expropriation. — Le droit d'expropriation pour cause d'utilité publique n'appartient qu'à l'État. Il existe cependant aussi, comme nous l'avons dit, au profit des départements, des communes ou des associations syndicales. Les communes ont la faculté d'y recourir, soit pour elles-mêmes, soit dans l'intérêt des établissements publics communaux. Par exception, la loi du 10 juin 1854 a autorisé l'expropriation par les associations syndicales constituées en vertu d'arrêtés préfectoraux, pour les opérations du drainage.

Les règles sur les expropriations auxquelles donnent lieu les chemins vicinaux, diffèrent sur six points de celles de la loi de 1841 : 1° l'utilité publique est déclarée et les travaux d'ouverture et de redressement des chemins vicinaux sont autorisés par arrêté préfectoral; 2° l'indemnité est fixée par quatre jurés; 3° l'administration et l'exproprié n'ont chacun qu'une récusation à exercer; 4° les jurés sont toujours choisis par le tribunal de l'arrondissement, sur la liste dressée par le conseil général, et sont désignés dans le jugement d'expropriation ; 5° le magistrat directeur assiste à leur délibération, et a lui-même voix délibérative en cas de partage ; 6° ce magistrat peut être non-seulement un des juges du tribunal, mais aussi le juge de paix du canton de la situation des immeubles.

Exception aux principes fondamentaux des lois civiles, l'expropriation pour cause d'utilité publique n'est pas applicable à la propriété mobilière ; elle ne peut être étendue au-delà des cas rigoureusement déterminés. La charte de 1814 et la constitution de 1852 ont aboli les anciennes réquisitions de la Révolution et de l'invasion, qui constituaient des expropriations d'objets mobiliers.

Certaines lois particulières ont fait cependant aux meubles application du droit d'expropriation [1].

[1] Loi 22 août 1791, tit. II, art. 23 ; — décret 19 brum. an III ; — décret 15 déc. 1813 ; — loi 3 mars 1822, art. 5 ; — règl. 1er sept. 1827, etc.

En Angleterre, l'expropriation pour cause d'utilité publique n'a été légalement établie que par une loi de 1845, pour l'exécution des chemins de fer et des travaux publics. C'est le pouvoir législatif qui seul peut autoriser l'expropriation et accorder le droit de faire les travaux dont l'expropriation forme le préliminaire ordinaire. Une loi étant nécessaire pour faire des travaux publics et pour exproprier, la demande présentée à la législature anglaise prend la forme d'un projet de *bill d'intérêt privé*, qu'il s'agisse d'un simple individu, d'une compagnie, d'une corporation, d'une paroisse, d'une ville ou d'un comté. Il n'y a, en effet, que les actes qui intéressent la nation tout entière, qui soient considérés comme étant d'intérêt public. Incompétence absolue du pouvoir judiciaire. C'est le parlement seul qui vérifie si les formalités prescrites ont été accomplies ; mais il ne prononce pas l'expropriation, il ne donne que le pouvoir d'exproprier. L'indemnité préalable est fixée par un jury, ou, lorsqu'il s'agit de valeurs de peu d'importance, par un arbitrage. (Voir, Batbie, *Traité théorique et pratique de droit public et administratif*, 1868. t. VII, p. 285 et suiv.). — L'article 438 du code civil italien porte que « nul ne peut être contraint de céder sa propriété ou de permettre que d'autres en fassent usage, si ce n'est pour cause d'utilité publique légalement reconnue et déclarée, et moyennant le payement préalable d'une juste indemnité. Les règles relatives à l'expropriation pour cause d'utilité publique sont déterminées par des lois spéciales. » Voir l'art. 29 du statut fondamental et l'édit royal du 6 avril 1839, avec les modifications spéciales résultant des lois des 20 novembre 1859 et 20 mars 1865, sur le contentieux administratif et les travaux publics. Se

§ 2. — Les Servitudes militaires.

Servitudes et terrains militaires. — Rayon de défense. — Mode de déterminer ces limites. — Compétence. — Expropriation.

Servitudes et terrains militaires. — Rayon de défense.
— On donne le nom de servitudes militaires aux charges imposées à la propriété foncière dans l'intérêt de la défense des places fortes. Il ne faut pas comprendre dans cette qualification l'obligation imposée aux habitants de loger les troupes et les gens de guerre, ni les charges imposées aux communes pour le casernement. La loi du 10 juillet 1851 a

rapporter à la *Traduction du code civil du royaume d'Italie*, par M. Orsier, traduction qui forme le second volume du bel ouvrage de M. Huc, intitulé : *Le Code civil italien et le code Napoléon*, édit. 1868, t. II, p. 102. — « La propriété est inviolable, dit l'article 5 de la loi fondamentale de l'empire d'Autriche, du 21 décembre 1867. — Une expropriation contre la volonté du propriétaire ne peut avoir lieu que dans les cas et suivant les règles déterminés par la loi. » — D'après la constitution bavaroise du 19 mai 1818, tit. IV, art. 8, « personne ne peut être forcé de céder sa propriété privée, même dans un but d'utilité publique, qu'après une décision formelle du conseil d'Etat assemblé, et le payement d'une indemnité, ainsi qu'il a été établi dans l'ordonnance du 14 août 1815. » — L'article 11 de la Constitution de Belgique du 7 février 1831, porte que « nul ne peut être privé de sa propriété que pour cause d'utilité publique, dans les cas et de la manière établis par la loi, et moyennant une juste et préalable indemnité. » — L'article 82 de la loi fondamentale de Danemark, des 7 novembre 1865 et 28 juillet 1866, déclare que « le droit de propriété est inviolable. Nul n'est tenu de céder sa propriété, à moins que ce ne soit pour cause d'utilité publique, et cela ne peut se faire qu'en vertu d'une loi, et moyennant une indemnité complète. » — Aux termes de l'article 14 de la nouvelle Constitution espagnole de 1869, « personne ne pourra être exproprié que pour cause d'utilité commune, et en vertu d'une ordonnance judiciaire, laquelle ne sera exécutoire qu'après indemnité fixée par le juge, de concert avec l'exproprié. » — La Constitution de Grèce, des 16-28 nov. 1864, dispose (art. 17), que « nul ne peut être privé de sa propriété que pour cause d'utilité publique dûment constatée, dans les cas et de la manière établis par la loi, et moyennant une indemnité préalable. — « D'après l'article 105 de la loi fondamentale de Norwége, des 17 mai-4 nov. 1814, « Si l'intérêt de l'Etat exige que

remplacé par une division en deux séries la première division des places de guerre en trois classes ; le décret du 10 août 1853 a abrogé expressément l'ordonnance du 1ᵉʳ août 1821, mais en a reproduit toutes les dispositions essentielles, sans autre changement fondamental que la substitution de la division en deux séries à celle en trois classes ; il a également établi d'une manière expresse la compétence du jury d'expropriation en matière d'indemnité.

On entend par terrains militaires les fortifications et terrains accessoires, tant à l'intérieur qu'à l'extérieur des forteresses, et qui forment une dépendance du domaine public affecté à la défense du territoire. Cette dépendance est imprescriptible et inaliénable, tant qu'elle conserve sa destination. Le terrain militaire se compose donc du terrain des fortifications, et d'un espace libre dans l'intérieur et à l'extérieur de la place. L'espace intérieur est nommé *rue du rempart* ; on appelle *esplanade* l'espace libre intérieur qui doit exister entre toute citadelle et la ville qu'elle défend. La délimitation du terrain militaire doit être marquée par des bornes, et comprend à l'extérieur un espace plus ou moins

---

quelqu'un soit exproprié de ses biens, meubles ou immeubles, pour un besoin public, il en sera pleinement indemnisé par le Trésor. » — L'article 147 de la loi fondamentale des Pays-Bas promulguée en 1815, modifiée en 1840 et en 1848, dispose que « nul ne peut être privé de sa propriété que pour cause d'utilité publique et moyennant une indemnité préalable. La loi déclare préalablement que l'utilité publique exige l'expropriation. Une loi générale détermine les cas où, pour l'établissement des fortifications, la construction, la réparation ou l'entretien des digues, ainsi qu'en cas de maladies épidémiques ou d'autres circonstances urgentes, la délibération susdite ne sera pas nécessaire. Ni la déclaration d'utilité publique, ni l'indemnité préalable ne peuvent être invoquées, lorsqu'en cas de guerre, d'incendie ou d'inondation, il y a urgence de prise de possession immédiate. Néanmoins, le droit de l'exproprié à l'indemnité ne souffrira aucune atteinte. — Le § 21 de l'article 145 de la charte constitutionnelle du Portugal, du 29 avril 1828, modifiée en 1869, proclame que « le droit de propriété est garanti dans toute sa plénitude. Si l'utilité publique légalement constatée exige l'usage ou l'emploi de la propriété d'un citoyen, celui-ci sera préalablement indemnisé de sa valeur. La loi marquera les cas où il y aura lieu à cette unique exception et établira les règles pour la fixation de l'indemnité. » — L'article 19 de la Constitution des Principautés-Unies, du 30 juin 1866, est très-explicite. « La

grand, suivant l'importance des fortifications, à partir du
parement des murs de clôture. Cette délimitation est nécessaire, car c'est à partir de la limite du terrain militaire que
commence le rayon de défense.

C'était peu d'enlever à l'agriculture et au commerce certaines portions du territoire, dans l'intérêt de la défense nationale, pour le couvrir de fortifications et en faire une dépendance du domaine public ; il fallait encore pourvoir à ce que
les ouvrages d'art qui protégent les places de guerre ne fussent pas gênés par les entreprises de la propriété privée. Le
terrain qui s'étend devant les forteresses, doit, en effet, être
à découvert jusqu'à une certaine distance de la place, pour
que rien ne puisse servir à cacher ou à défendre les dispositions de l'ennemi, et que les sorties des assiégés ne rencon-
trent point d'obstacles. On entend par rayon de défense
cette étendue de terrains appartenant à des particuliers et
qui, à partir de l'extrémité du terrain militaire jusqu'à certaines limites, variant suivant l'importance de la place, est
grevée de servitude dans l'intérêt du libre jeu des fortifications. Il n'y a que les terrains compris dans le rayon

propriété de toute nature, — y est-il dit, — est sacrée et inviolable, de même que
les créances sur l'Etat. Nul ne peut être exproprié que pour cause d'utilité publique légalement constatée, et après une juste et préalable indemnité. Pour cause
d'utilité publique il faut entendre uniquement la voirie, la salubrité publique,
ainsi que les travaux de défense du pays. Les lois existantes concernant l'alignement et l'élargissement des voies publiques dans les communes, comme aussi les
berges des cours d'eau qui les traversent ou les longent restent en vigueur. Des
lois spéciales règleront la procédure et le mode d'expropriation. L'usage libre et
sans obstacle des rivières navigables et flottables, des chaussées et autres voies de
communication, est de domaine public. » — « La propriété est inviolable, — dit
la Constitution prussienne du 30 janvier 1850. L'expropriation totale ou partielle ne peut avoir lieu que pour cause d'utilité publique légalement constatée
et moyennant le payement préalable d'une indemnité, ou tout au moins l'évaluation de cette indemnité dans les cas d'urgence. » — La Constitution de la république et canton de Genève, du 24 mai 1847, dispose, dans son article 6, que « la
propriété est inviolable. Toutefois la loi peut exiger, dans l'intérêt de l'Etat ou
d'une commune, l'aliénation d'une propriété immobilière moyennant une juste et
préalable indemnité. Dans ce cas, l'utilité publique ou communale est déclarée par
le pouvoir législatif, et l'indemnité fixée par les tribunaux. »

de défense qui soient soumis aux servitudes militaires[1].

Le rayon de défense est divisé en trois zones ou lignes parallèles, dont les terrains qui s'étendent entre chacune sont grevés de servitudes plus ou moins graves, suivant que les zones sont plus ou moins rapprochées du terrain militaire. C'est la limite de ce terrain militaire qui sert de point de départ commun aux trois zones du rayon de défense. La première zone est à 250 mètres. Elle est déterminée d'un côté par les limites du terrain militaire, et de l'autre par la ligne parallèle tracée à 250 mètres. Dans ces limites il ne peut être élevé aucune construction ; les propriétaires ne peuvent faire que des clôtures en haies sèches ou en planches à claire-voie, sans pans de bois ni maçonnerie. La deuxième zone est à 487 mètres. Elle est déterminée d'un côté par les limites du terrain militaire, et de l'autre par la ligne parallèle tracée à 487 mètres. Dans cette zone, au-delà des limites de la première, les propriétaires ne peuvent élever que des constructions et des clôtures en bois et en terre, nues ou crépies seulement en chaux ou en plâtre, mais avec la condition de les démolir immédiatement, et d'enlever les décombres et matériaux, sans indemnité, à la première réquisition de l'autorité militaire, dans le cas où la place déclarée en état de guerre serait menacée d'hostilités. La troisième zone est à 974 mètres. Elle est déterminée d'un côté par les limites du terrain militaire, et de l'autre par la ligne parallèle tracée à 974 mètres. Dans l'étendue de cette troisième zone les propriétaires peuvent élever toute espèce de constructions et de clôtures ; mais il leur est interdit de faire des chemins, chaussées ou levées, ou de creuser des fossés sans que leur position et leur alignement aient été concertés avec l'autorité militaire, et soumis à la décision de l'Empereur.

---

[1] Loi 10 juillet 1851 ; — décret 10 août 1853 ; — loi 22 juin 1854. — Sur les *Servitudes militaires*, voir : Delalleau, *Traité des servitudes établies pour la défense des places de guerre, et de la zone, des frontières*. — Cet ouvrage date toutefois, de 1836.

On ne peut faire aucun dépôt de décombres que dans les lieux indiqués par les officiers du génie, à l'exception de ceux qui peuvent servir d'engrais, pourvu qu'on évite de les entasser. Défense d'exécuter aucune opération de topographie, sans le consentement de l'autorité militaire, qui ne pourra s'y opposer lorsqu'il ne s'agira que d'opérations relatives à l'arpentage des propriétés. Les places de la première série (anciennes places de 1re et de 2e classe) ont droit à l'étendue des trois zones pour leur rayon de défense. Les places de la deuxième série (anciennes places de 3e classe et postes militaires) ont droit à la première et à la troisième zones.

Il existe deux exceptions à ces servitudes légales : 1° Lorsque les constructions existaient antérieurement à la fixation du rayon militaire; elles sont, dans ce cas, provisoirement conservées, et si plus tard elles sont détruites, les propriétaires ont droit à une indemnité. 2° On peut établir des moulins et des usines avec l'autorisation du génie; mais la démolition peut en être ordonnée en cas de guerre sans qu'il y ait lieu à aucune indemnité.

Mode de déterminer ces limites. — Les différentes limites dont nous venons de parler sont déterminées par des bornes plantées aux frais de l'État, contradictoirement avec les propriétaires.

1° Plan de circonscription et état descriptif dressé par l'autorité militaire; 2° dépôt de ces deux pièces fait à la préfecture, et publication de l'autorité civile avertissant les personnes intéressées du dépôt et du jour où la vérification du plan aura lieu; 3° vérification avec chaque propriétaire en présence du maire, procès-verbal des déclarations des parties; 4° notification aux parties intéressées de la portion du plan et de l'état descriptif qui les concernent; 5° délai de trois mois pour élever des réclamations : c'est au conseil de préfecture qu'il appartient de statuer sur les réclamations formées par les propriétaires intéressés contre l'application des limites légales au terrain militaire et aux zones de servitudes défensives;

8

6° bornage effectué contradictoirement ; 7° homologation par un décret qui rend exécutoire.

Compétence. — Les contraventions aux servitudes militaires sont constatées par les procès-verbaux des gardes du génie, et réprimées conformément à la loi relative aux contraventions en matière de grande voirie. Ce sont les conseils de préfecture qui sont donc seuls compétents pour connaître de ces contraventions, et peuvent ordonner la démolition de ce qui aurait été construit sur les terrains militaires ou dans les rayons de défense. Les procès-verbaux des gardes du génie font foi, en cette matière, jusqu'à inscription de faux. Quant aux contestations sur les questions de propriété et d'indemnité, elles sont de la compétence des tribunaux civils. Il peut y avoir lieu à indemnité, soit pour cause de dépossession, soit pour cause de démolition d'édifices, soit pour cause de privation de jouissance.

Dépossession : lorsque l'intérêt du service des places de guerre force le domaine militaire d'exiger la cession des propriétés particulières ; c'est un cas d'expropriation.

Démolition d'édifices. Il faut qu'il soit établi par titres que ces édifices existaient antérieurement à la fixation du rayon militaire. Si les constructions ne sont que l'accessoire d'une propriété territoriale, l'indemnité ne se réglera que sur la valeur des constructions, sans y comprendre la valeur du sol ; mais elle pourra comprendre la valeur du sol, dans le cas contraire, et lorsque le sol tout entier sera couvert par les constructions, ou sera employé pour leur service. C'est encore un cas d'expropriation.

Privation de jouissance : occupation temporaire d'une propriété privée, qui peut endommager cette propriété ou en diminuer les produits. Il n'y a pas là expropriation, mais certainement un tort causé au propriétaire.

A défaut d'acceptation des offres de l'administration, c'est le jury d'expropriation qui est compétent pour régler définitivement les indemnités. Toutefois la décision du jury ne tire pas sa force d'elle-même ; il faut qu'elle soit déclarée exécutoire par le magistrat directeur, qui appartient au tribunal civil.

Est-il dû une indemnité aux propriétaires de terrains compris dans les zones tracées autour d'une place de guerre nouvellement créée? Cette question est importante. Tout ce qui a été dit, en effet, relativement à l'indemnité, s'appliquait aux constructions et non aux terrains bâtis. L'opinion la plus généralement admise est qu'il n'est dû aucune indemnité. Le silence de la législation ne saurait être réputé involontaire. L'indemnité n'est due que pour expropriation ; dans l'espèce proposée, il n'y a pas d'expropriation, le propriétaire n'est pas expulsé, on ne lui enlève pas sa propriété, il est seulement gêné pour l'avenir dans la faculté qu'il pouvait exercer ou ne pas exercer de faire un jour des constructions. Pour qu'il y ait lieu à indemnité, il faudrait une loi positive : or la législation se tait ; donc l'indemnité n'est pas due. M. Foucart est d'un autre avis. Il reconnaît bien que la législation, par son silence, semble méconnaître les droits des propriétaires, mais il considère l'indemnité, dans ce cas, comme une conséquence des principes sur lesquels repose la législation relative à la dépossession pour cause d'utilité publique. Quoique l'expropriation ne soit pas complète, il y a néanmoins diminution des droits du propriétaire, et il est juste d'en dédommager ce dernier.

Expropriation. — Lorsqu'il y aura lieu d'occuper tout ou partie d'une ou plusieurs propriétés particulières pour y faire des travaux de fortification dont l'urgence ne permettra pas d'accomplir les formalités imposées par la loi, il sera procédé de la manière suivante : 1° décret autorisant les travaux, déclarant l'utilité publique et l'urgence ; 2° transmission de ce décret par le préfet, au procureur impérial près le tribunal de l'arrondissement des propriétés, et au maire de la commune ; 3° à la requête du ministère public, nomination par le tribunal d'un juge-commissaire et d'un expert ; descente sur

les lieux ordonnée par les soins du maire, affiche et publication du décret; 4° ordonnance du juge-commissaire fixant le
jour et l'heure de la descente sur les lieux, signifiée au maire
et à l'expert; convocation par le maire des intéressés, pour le
jour et l'heure de la descente sur les lieux; 5° au jour indiqué,
réunion sur les lieux des personnes ci-dessus mentionnées,
plus un agent de l'administration des domaines, un expert
(nommés tous deux par le préfet), le maire et l'agent militaire. Ce dernier déterminera, en présence de tous, par des
pieux et piquets, le périmètre du terrain dont l'exécution des
travaux nécessitera l'occupation; 6° levée du plan parcellaire
par l'expert qu'a désigné le préfet. Procès-verbal de désignation des lieux, cultures, etc., de description et d'estimation
par l'expert nommé par le tribunal, contradictoirement avec
l'expert et l'agent de l'administration des domaines, désignés
par le préfet, et avec les intéressés; 7° si les propriétaires ne
consentent pas à la cession amiable, aux conditions offertes
par l'administration: jugement (comme en matière sommaire)
déterminant l'indemnité de déménagement à payer aux
détenteurs, avant l'acceptation, et l'indemnité approximative
et provisionnelle de possession qui devra être consignée, sauf
règlement ultérieur et définitif, préalablement à la prise de
possession. Le même jugement autorisera le préfet à se
mettre en possession, à la charge de payer sans délai l'indemnité de déménagement soit au propriétaire, soit au locataire, et de signifier avec le jugement l'acte de consignation
de l'indemnité provisionnelle de dépossession. Il déterminera
aussi le délai dans lequel, à compter de l'accomplissement de
ces formalités, les détenteurs seront tenus d'abandonner les
lieux, et sera exécutoire nonobstant appel ou opposition.

On ne saurait trop faire remarquer que cette procédure si
rapide n'est que provisoire. Commandée par le danger social,
elle doit ses formes exceptionnelles à la nécessité de la défense
immédiate. Mais la législation protectrices de intérêts privés
ne tardera pas à reprendre son empire, et pour ce qui concerne

la fixation de l'indemnité, ce sera la loi de 1841 qui sera appliquée. L'acceptation de l'indemnité approximative et provisionnelle de dépossession ne fera aucun préjudice à la fixation de l'indemnité définitive.

Une loi du 22 juin 1854 a établi des servitudes analogues autour des magasins à poudre de la guerre et de la marine [1].

[1] Une décision impériale du 23 mai 1866, dans une pensée d'abandon ou de déclassement d'un certain nombre de places fortes, a décidé en principe que la situation de 98 places, postes et ouvrages, serait modifiée, savoir : 18 par abandon et aliénation du terrain militaire, 11 par déclassement, 39 par suppression des servitudes, 34 par réduction des zones de servitudes. Un décret du 26 juin 1867 a mis cette mesure à exécution pour les places et ouvrages des trois premières catégories, en disposant que le produit de la vente des terrains, bâtiments militaires et matériel des points de la première catégorie sera réservé pour faire face, concurremment avec les autres crédits demandés annuellement au Corps législatif, aux travaux d'amélioration à exécuter dans les principales places de l'Empire. Quant aux places et postes de la quatrième catégorie, pour lesquels il s'agit seulement de modifier l'ancienne délimitation des zones de servitudes, c'était, d'après le rapport du ministre de la guerre, qui précédait le décret de 1867, un travail déjà entrepris, qui continuera de s'opérer au fur et à mesure de l'approbation des projets présentés à cet effet et de l'accomplissement de quelques formalités réglementaires. Voir : Ducrocq, *Cours de Droit administratif*, 1868, p. 175 et suiv.

CHAPITRE V.

§ 1. LES MINES. — § 2. LES MINIÈRES. — § 3. LES CARRIÈRES.

§ 1. — Les mines [1].

Principes généraux. — Mines. — Recherche des mines. — Concessions. — Effets de la concession. — Exploitation des mines.

Principes généraux. — Les progrès de la civilisation et les besoins sans cesse renaissants qu'elle fait naître, donnent à l'exploitation des mines une importance bien digne d'attirer l'attention des gouvernements. Si l'on considère que la bonne ou la mauvaise exploitation des mines intéresse la richesse des nations, on comprendra facilement que ces vastes magasins où la nature a préparé et mis en dépôt tant de richesses souterraines, ne soient pas abandonnés aux caprices de l'inté-

---

[1] Arrêt 14 janv. 1744; règlem. 19 mars 1783; loi 12-28 juil., 1791; loi 28 pluv. an VIII; art. 552, Code Nap ; loi 21 avril 1810; décr. 22 avril 1810; décr. 3 janvier 1813; loi 27 avril 1838; loi 17 juin 1840; ordon. 18 avril 1842; ordon. 26 mars 1843; décr. 23 oct. 1852 ; loi 9 mai 1866; loi 27 juin 1866. — Sur les *Mines,* voir : Dupont (El.), *Traité pratique de la jurisprudence des mines, minières, forges et carrières.* — Barrier, *Code des mines, ou Recueil des lois, décrets, ordonnances, etc., concernant les mines, minières, etc.* — Lamé-Fleury (E.), *De la législation minérale sous l'ancienne monarchie, etc.* — Ravinet, *Code des ponts et chaussées et des mines,* 1829-1840. — Regnard,

rêt personnel. Dans notre ancien droit les mines étaient domaniales. Le droit de concéder et d'exploiter était régalien. L'Assemblée Nationale décréta que les mines étaient à la disposition de la nation qui, seule, avait le droit de concéder et de surveiller. Quant au droit de propriété, la loi du 28 juillet 1791 proclama le principe de droit commun que « la propriété du dessus emporte la propriété du dessous. » Les droits du propriétaire de la surface étant ainsi consacrés, le morcellement de la propriété foncière que la législation nouvelle tendait à favoriser, entraîna celui du très-fonds ; et comme les couches souterraines n'avaient dans leur distribution aucun rapport avec la surface, il en résulta le gaspillage des mines par le nombre infini des exploitations, des frais immenses

Examen du droit des seigneurs haut-justiciers du Hainaut, sur les mines de charbon avant et après la réunion d'une partie de cette province à la France, 1844. — Bayon, *Observations sur l'interprétation donnée par la jurisprudence de la cour de cassation à l'article 11 de la loi du 21 avril 1810, concernant les mines, les minières et les carrières*, 1852. — Brixhe, *Essai d'un répertoire résumé de législation et de jurisprudence en matière de mines, minières, tourbières, carrières*, etc., 1833. — Delebecque. *Traité sur la législation des mines, minières et carrières en France et en Belgique*, 1838. — Dufour, *Les lois des mines, traité pratique à l'usage des concessionnaires de mines*, 1857. — Dupont (Et.), *Traité pratique de la jurisprudence des mines, minières, forges, et carrières*, 2ᵉ édit., 1862. — Fooz, *Points fondamentaux de la législation des mines, minières et carrières*, 1858. — Locré, *Législation sur les mines*, etc. — Peyret-Lallier, *Traité sur la législation des mines*, etc., 1844. — Rey, *Du Droit des servitudes des mines sur la surface*, 1862 ; — *De la propriété des mines et de ses conséquences*, 1855. — Richard (A.), *Législation française sur les mines*, 1838. — Bury, *Traité de la législation des mines, des minières, des usines et des carrières en Belgique et en France*, 1860. — Chicora, *Jurisprudence du Conseil des mines de Belgique, recueillie et mise en ordre*, 1837 à 1850 ; — *Discussion de la loi du 2 mai 1837 sur les mines*, 1858. — Dalloz (Ed.) et Gouiffes, *De la propriété des mines et de son organisation légale en France et en Belgique*, 1862. — Blavier, *Jurisprudence des mines en Allemagne, traduit par Cancrin*, 1825 ; —*Nouveau code des mines* (c'est le tome III du précédent ouvrage de Blavier. Il contient la législation française). — Nous citerons aussi les *Annales des mines*. Ces *Annales* sont la continuation du recueil périodique qui, sous le nom de *Journal des Mines*, a été publié sans interruption depuis 1795 jusqu'en 1815, sous les auspices de l'administration des mines de France.

sans utilité et l'impossibilité des aménagements convenables, lesquels ne pouvaient s'établir dans des espaces aussi restreints. La loi du 21 avril 1810 réforma cet ordre de choses. Déjà le code Napoléon, en permettant au propriétaire de faire au-dessous toutes les constructions et fouilles qu'il jugerait à propos, et de tirer de ces fouilles tous les produits qu'elles peuvent fournir, sauf les modifications résultant des lois et règlements relatifs aux mines, avait fait pressentir la nécessité de lois spéciales pour cette branche importante de la richesse nationale. La loi du 22 avril 1810 a fait des mines des propriétés particulières, et s'est fondée sur les principes suivants : les mines ne doivent pas être déclarées domaniales, car ce serait porter atteinte aux principes du droit civil et à la constitution du pays, qui garantit l'inviolabilité des propriétés ; les mines ne doivent pas être attribuées au propriétaire du sol, car le droit d'user ou d'abuser qu'entraînerait sa qualité de propriétaire, en soumettant au caprice d'un seul toutes les propriétés environnantes de nature semblable, anéantirait tout moyen d'exploitation utile, productif, étendu, et frapperait de stérilité toutes les parties de mines qui seraient dans son voisinage. Pour que les mines soient bien exploitées, pour qu'elles soient l'objet des soins assidus de celui qui doit les occuper, il faut qu'elles cessent d'être des propriétés précaires, incertaines, non définies, changeant de mains au gré d'une législation équivoque, d'une administration abusive, et de l'inquiétude habituelle de leurs possesseurs. Il faut enfin que les mines, au lieu de rester divisées comme la superficie, deviennent, par l'intervention du gouvernement, et en vertu d'un acte solennel, un ensemble distinct du sol, dont l'étendue soit réglée, et qui soit, en quelque sorte, une création particulière.

Une bonne législation doit : 1° encourager la découverte des mines, en assurant à celui qui les a découvertes soit la propriété du gîte, soit, dans le cas où un autre en profiterait, un dédommagement suffisant de ses dépenses ; 2° indemniser le propriétaire du sol, pour qu'il n'entrave pas les recherches ; 3° concéder à celui qui a obtenu l'exploitation une étendue souterraine suffisante et nettement déterminée, pour que les travaux puissent prendre tout le développement nécessaire ; 4° n'accorder la concession qu'à ceux qui semblent pouvoir exercer utilement le droit d'exploiter la mine ; 5° garantir pour longtemps les droits de l'exploitant, et empêcher, par l'organisation d'une surveillance active de la part du gouvernement, les travaux qui pourraient compromettre l'avenir des mines ou la sûreté des hommes qui les exploitent [1].

[1] Le mot *metalla* avait à peu près la même signification que le mot *mines*, pris *lato sensu* dans la loi française du 21 avril 1810. Il embrassait dans sa généralité les diverses substances enfouies dans le sein de la terre, telles que l'or, l'argent, le fer, les carrières de pierres, de marbre, etc. Les mines se divisaient en *publiques* ou *fiscales*, et en *privées*, c'est-à-dire, appartenant soit à l'État, soit à des particuliers. Les mines d'or appartenant à l'État ou au *fisc* étaient exploitées par des *metallarii*, des mineurs, affectés à ce genre de travail, eux et leur postérité, sans qu'ils fussent libres d'abandonner cette profession. Il était permis à toute personne d'exercer la profession d'*aurilegulus*, de chercheur d'or, à la double condition de payer chaque année au fisc une quantité déterminée d'or brut, et de lui livrer tout l'or trouvé, moyennant un prix réglé. Cette dernière obligation donnait donc au fisc un droit de préemption et un monopole sur l'or ainsi découvert. Quant aux substances minérales *privées*, les particuliers pouvaient les posséder et en disposer, soit en propriété, soit en usufruit, comme des autres biens, quelle que fût la nature des métaux ou minéraux, or, argent, cuivre et marbre, ou toute autre matière. — Rien n'indique que, pour exploiter les mines qui se trouvaient dans son fonds, le propriétaire ou l'usufruitier eût besoin d'une autorisation du gouvernement. Les travaux des mines étaient considérés comme très-pénibles ; la condamnation aux mines à perpétuité emportait la perte des droits de cité. A juger de la fréquence de cette peine par les textes qui en font mention, on peut conjecturer qu'une partie notable de ces travaux étaient faits par les condamnés.

Il résulte de ces détails empruntés au bel ouvrage de M. Serrigny (*Droit public et administratif romain*), que la législation romaine ne connaissait pas le système de concession exercé en France par le gouvernement pour chaque mine particulière. Le régime suivi chez les Romains était plus libéral que le nôtre, parce qu'il était permis à toute personne d'exercer la profession de chercheur d'or sans une permission spéciale ; parce que tout propriétaire pouvait exploiter les substances minérales qui se trouvaient dans son fonds, sans avoir besoin d'une autorisation préalable (*Libr. cit.*, édit. 1862, n°° 874 à 884, liv. II, tit. II. tome II, p. 193 et suiv.).

Mines. — On entend par mines ces endroits profonds de la terre, connus pour contenir en filons, ou en couches, ou en amas, de l'or, de l'argent, du platine, du mercure, du plomb, du fer en filons ou en couches, du cuivre, de l'étain, du zinc, de la calamine, du bismuth ou autres matières métalliques, du soufre, du charbon de terre ou de pierre, du bois fossile, des bitumes, de l'alun et des sulfates à bases métalliques, des masses de sel marin, des sources ou puits d'eau salée naturellement ou artificiellement. Cette énumération n'a, d'ailleurs, rien de limitatif. Certains publicistes la considèrent cependant comme *exclusive*, parce que c'est une création artificielle de la loi. Il faut remarquer, de plus, que la classification d'une substance parmi les mines est indépendante de son gisement superficiel ou souterrain. Le législateur a établi la classification qui vient d'être énoncée, pour les substances enfermées dans le sein de la terre ou existantes à la surface, sans avoir égard à la forme, aux difficultés et aux dangers de l'exploitation ; comme il a compris toute une autre classe de substances sous la dénomination de carrières, soit qu'elles soient exploitées à ciel ouvert, ou avec des galeries souterraines.

Recherche des Mines. — La législation de 1841 a permis aux propriétaires de faire, sans formalité préalable, toutes recherches de mines dans leurs propriétés (non déjà concédées). Elle a accordé le même droit à ceux qui, du consentement des propriétaires, voudraient faire des recherches sur les fonds d'autrui, et, à défaut de ce consentement, elle a même accordé au gouvernement le droit d'autoriser ces recherches, sur l'avis de l'administration des mines, à la charge d'une préalable indemnité envers le propriétaire, et après qu'il aura été entendu. Elle a toutefois protégé la propriété privée, en subordonnant au consentement formel du propriétaire de la surface le droit de faire des sondes, d'ouvrir des puits ou galeries, et d'établir des machines ou magasins dans les enclos murés et dans les terrains attenants

aux habitations ou clôtures murées, dans la distance de cent
mètres.

Celui qui veut faire des recherches sur un terrain appartenant à autrui doit, s'il n'a pas traité à l'amiable avec le propriétaire, adresser sa demande au préfet, qui consulte l'ingénieur des mines sur la nature du terrain, la probabilité du
succès, et la meilleure direction à donner aux travaux. Communication au propriétaire, pour qu'il fournisse ses observations. Avis du maire. Arrêté qui rejette ou accueille la
demande. Transmission des pièces ou de l'arrêté au ministre
des travaux publics. Avis du conseil des mines. Observations
des parties. Projet de décret. Avis de la section des travaux
publics du Conseil d'État. Projet de décret définitif. Discussion
en assemblée générale du Conseil. — Le demandeur, en cas
de refus, ne peut exercer aucun recours contentieux; le propriétaire qui n'aurait pas été appelé pourrait se pourvoir par
la voie de l'opposition.

Quels seront les droits de l'explorateur sur les produits
extraits à l'occasion et par suite des travaux de recherches,
dans le cas où le décret d'autorisation ne contiendrait aucune
clause à cet égard? Les auteurs, se fondant sur ce que ces
produits n'appartiennent ni au gouvernement, ni au propriétaire du sol, les abandonnent à la disposition de l'explorateur. M. Dufour, au contraire, ne croit pas que la permission
emporte le droit de livrer au commerce les produits de l'exploration. C'est à l'administration seule qu'il est permis d'en disposer. Les substances minérales sont à la disposition de la
nation; nul au monde n'a de droit sur ce genre de biens,
qu'en vertu et dans la mesure de l'attribution qu'il tient du
gouvernement. L'explorateur devra donc s'adresser à l'administration pour obtenir d'elle le droit de vendre les produits
des recherches par lui pratiquées. Dans ce cas le propriétaire
devra y participer[1].

_____

[1] Delebecque, *Législation des mines*, t. II, p. 107; Gabriel Dufour, *Traité
général de Droit administratif appliqué*, t. VI, p 194.

Concessions. — La découverte d'une mine ne saurait suffire pour donner le droit de l'exploiter. La loi de 1810 déclare, en effet, que les mines ne peuvent être exploitées qu'en vertu d'un acte délibéré en Conseil d'Etat; cette concession ne sera nécessairement accordée qu'à ceux des concurrents qui seront jugés offrir le plus de moyens d'en tirer parti. Tout Français, ou tout étranger, agissant isolément ou en société, a le droit de demander, et peut obtenir, s'il y a lieu, une concession de mines, pourvu qu'il justifie des facultés nécessaires pour entreprendre et conduire les travaux, des moyens de satisfaire aux redevances, indemnités, qui lui seront imposées par l'acte de concession, et que le cas arrivant de travaux à faire sous des maisons ou lieux d'habitation, sous d'autres exploitations ou dans leur voisinage immédiat, il donne caution de payer toute indemnité en cas d'accident. Le gouvernement est juge des motifs de préférence. La priorité des demandes, la possession du sol, l'invention, sont des titres habituellement invoqués à l'appui des demandes en concession ; mais le gouvernement est plus favorable à la dépense déjà faite, à la priorité et à l'importance des travaux déjà accomplis. Les principaux motifs qui déterminent à accéder à une demande en concession sont généralement : 1° l'existence reconnue d'un minéral utilement exploitable ; 2° la certitude de moyens d'exploitation offerte par les localités, sans anéantir des établissements antérieurement en activité ; 3° la faculté d'asseoir l'exploitation sur une étendue de terrain suffisante, pour qu'elle soit suivie par les moyens les plus économiques ; 4° la connaissance des débouchés qui doivent assurer la prospérité de l'entreprise ; 5° une intelligence active de la part des demandeurs, et la justification des moyens nécessaires pour satisfaire aux dépenses de l'entreprise.

Dans le cas où l'inventeur n'obtiendrait pas la concession d'une mine, il aurait droit à une indemnité de la part du concessionnaire : cette indemnité serait réglée par l'acte de concession.

La demande en concession, adressée au préfet, sera affichée pendant quatre mois dans le chef-lieu du département, dans celui de l'arrondissement où la mine est située, dans le lieu du domicile du demandeur, et dans toutes les communes dans le territoire desquelles la concession peut s'étendre. Insertion dans les journaux du département. Les demandes en concurrence, et les oppositions qui y seront formées, seront admises devant le préfet jusqu'au dernier jour du quatrième mois, à compter de la date de l'affiche. Les oppositions auront lieu par actes extra-judiciaires signifiés à la préfecture et transcrits sur le registre qui a reçu la demande; elles seront notifiées également par acte extra-judiciaire aux parties intéressées.

Si les oppositions étaient motivées sur la propriété de la mine acquise par concession ou autrement, les parties seraient renvoyées par le ministre devant les tribunaux ordinaires. Il en serait de même si le propriétaire soutenait que la substance ne rentre point dans la classe des substances concessibles. Les tribunaux pourraient même être saisis par action directe et principale, ce qui ne compromettrait en rien la liberté d'action de l'autorité administrative.

Dans le mois qui suivra l'expiration du délai des affiches et publications, le préfet du département, sur l'avis de l'ingénieur des mines, et après avoir pris des informations sur les droits et les facultés des demandeurs, donnera son avis et le transmettra au ministre des travaux publics. Il sera définitivement statué sur les demandes en concession de mines par un décret de l'Empereur délibéré en Conseil d'Etat. Jusqu'à l'émission du décret, toute opposition sera admissible devant le Conseil d'Etat. Dans ce dernier cas, elle aura lieu par requête signée et présentée par un avocat au Conseil. Notification aux parties intéressées.

Les concessions étant des actes de haute administration, des actes de l'autorité publique, ne donnent lieu à aucun recours par la voie contentieuse, si ce n'est en cas de défaut d'accomplissement des formalités voulues : lorsque, par exemple, des tiers n'ayant pas été entendus prouvent qu'ils n'ont pas été avertis et appelés dans les formes que la loi exige (opposition, tierce-opposition), ou lorsqu'il n'y pas eu délibération en Conseil d'Etat. Enfin, dans le cas d'erreur flagrante, il est permis d'en appeler au chef de l'Etat mieux informé. L'inventeur de la mine, le propriétaire du sol peuvent être comptés au nombre des tiers, mais non les demandeurs en concurrence.

Quant aux demandes en concurrence, elles doivent être présentées dans le même délai et dans les mêmes formes que les oppositions; elles sont également admissibles jusqu'à l'institution de la concession. Le conseil des mines a reconnu que l'inscription sur le registre de la préfecture des demandes en concurrence formées dans le délai de quatre mois, et que leur notification aux premiers demandeurs suffisent pour la publicité; que les demandes en concurrence présentées après les quatre mois ne doivent pas faire partie de l'instruction locale, et que, par cela même, si plus tard on juge qu'elles méritent d'être prises en considération, il est indispensable de procéder, à leur égard, à une instruction spéciale, puisque le public n'en a eu connaissance ni par les affiches, ni par l'inscription au registre. Que si la demande en concurrence s'appliquait à la fois au même périmètre et à un autre gîte minéral, elle devrait, pour cette dernière partie, être instruite séparément.

Effets de la concession. — L'acte de concession fait après l'accomplissement des formalités prescrites, purge, en faveur du concessionnaire, tous les droits du propriétaire de la surface et des inventeurs ou de leurs ayants-droit. Du moment où la mine est accordée, même au propriétaire de la surface, cette propriété devient distincte de celle de la surface, et est désormais considérée comme propriété nouvelle, sur laquelle de nouvelles hypothèques pourront être assises, sans préjudice de celles qui auraient été ou seraient prises sur la surface et la redevance. L'acte de concession donne la propriété perpétuelle de la mine qui, dès lors, est disponible et transmissible comme tous les autres biens. Toutefois une mine ne peut être vendue par lots, ou partagée, sans une autorisation préalable du gouvernement donnée dans les mêmes formes que la concession. L'unité dans les concessions est, en effet, la condition première du bon aménagement des substances minérales. On peut dire qu'elle forme véritablement la base de la législation des mines. Les gîtes que la terre renferme doivent être exploités avec ensemble ; ils exigent des travaux convenablement coordonnés pour en poursuivre sous le sol les ramifications, prévenir les envahissements des eaux souterraines, les gaz délétères, les éboulements. C'est afin de les soustraire aux morcellements qui ont lieu à la surface par la division des propriétés, qu'on en fait une classe de biens distincts, dont l'acte de concession circonscrit les limites. Dans l'intérêt des concessionnaires, les mines ont été rangées parmi les biens immeubles, ainsi que les bâtiments, machines et autres travaux établis à demeure, les chevaux, agrès, outils et ustensiles servant à l'exploitation. Néanmoins, les actions ou intérêts dans une société ou entreprise pour l'exploitation des mines sont réputés meubles. L'exploitation des mines n'est pas considérée comme un commerce, et n'est pas sujette à patente.

L'étendue de la concession est déterminée par l'acte de concession ; elle est limitée par des points fixes pris à la surface du sol, et passant par des points verticaux menés de cette surface dans l'intérieur de la terre, à une profondeur indéfinie, à moins que les circonstances et les localités ne nécessitent un autre mode de limitation. Plusieurs concessions peuvent être réunies entre les mains du même concessionnaire, soit comme individu, soit comme représentant une compagnie ; mais à la charge de tenir en activité l'exploitation de chaque concession.

L'acte de concession règle à une somme déterminée les droits des propriétaires de la surface sur le produit des mines concédées. Quant aux indemnités que le propriétaire des mines peut devoir au propriétaire de la surface pour dommages causés par les travaux, elles varient suivant que le terrain a été plus ou moins endommagé, plus ou moins rendu impropre à la culture. Que si l'occupation des terrains pour la recherche ou les travaux des mines privait les propriétaires du sol de la jouissance des revenus au-delà du temps d'une année, ou si, les travaux terminés, les terrains n'étaient plus propres à la culture, le propriétaire de la surface pourrait exiger des propriétaires des mines l'acquisition en totalité du terrain endommagé. Lorsque des mines étant voisines, l'exploitation de l'une est gênée par l'exploitation de l'autre, il y a lieu à indemnité, réglée par experts, d'une mine en faveur de l'autre.

Parmi les personnes qui peuvent avoir droit à une indemnité, il faut encore placer l'inventeur. L'indemnité qui lui est due comme récompense du service qu'il a rendu à l'Etat est fixée par l'acte de concession. Dans le cas où les travaux des recherches restées infructueuses seraient reconnus utiles, le concessionnaire devrait également indemniser l'explorateur, car nul ne doit s'enrichir aux dépens d'autrui. Pour l'indemnité que la loi attribue au propriétaire de la surface, en matière de transaction, elle consiste dans une redevance qui peut être, au choix de l'administration, ou d'une portion des produits de la mine, ou d'une somme en argent. L'administration se décide généralement d'après l'usage des lieux. En échange de cette indemnité, le propriétaire du fonds doit supporter les travaux commandés par l'exploitation, et fournir les passages nécessaires. Relativement au droit de passage, il n'est pas indispensable que l'enclave soit absolue. Pour qu'il n'y ait pas d'interruption dans l'exploitation, et que l'action administrative ne soit pas paralysée, l'appréciation de la nécessité du passage appartient au préfet, sauf recours au ministre des travaux publics.

Si les travaux entrepris par les explorateurs ou les propriétaires des mines ne sont que passagers, ou si le sol où ils ont été faits peut être mis en culture au bout d'un an, comme il était auparavant, l'indemnité sera réglée au double de ce qu'aurait produit net le terrain endommagé.

L'État exerce, dans l'intérêt général et dans l'intérêt privé, une surveillance nécessaire sur l'exploitation des mines; aussi les propriétaires des mines sont-ils tenus de lui payer une redevance fixe annuelle, et une redevance proportionnée au produit de l'extraction. Cette redevance, assise sur les produits de la mine, est réglée chaque année par le budget de l'État, imposée et perçue comme la contribution foncière. Il pourra être fait un abonnement pour ceux des propriétaires de mines qui le demanderont. Le décret du 6 mai 1811, relatif à l'assiette des redevances sur les mines, a organisé l'abonnement sur des bases successivement modifiées par un premier règlement du 30 juin 1860, puis par un second règlement du 27 juin 1866 destiné à remédier aux inconvénients, aux abus et aux fausses applications auxquels le précédent avait donné lieu [1].

Les réclamations à fin de dégrèvement ou de rappel à l'égalité proportionnelle sont jugées par les Conseils de préfecture.

Le gouvernement accorde, s'il y a lieu, pour les exploitations qu'il en juge susceptibles, par un article de l'acte de concession, ou par un décret spécial délibéré en Conseil d'État pour les mines déjà concédées, la remise en tout ou partie du payement de la redevance proportionnelle, pour le temps qui sera jugé convenable. Cette remise peut être accordée comme dédommagement en cas d'accident de force majeure qui surviendrait pendant l'exploitation. Un fonds de non-valeur auquel contribuent aussi les propriétaires des mines, est à la disposition du ministre de l'intérieur, pour dégrever également les propriétaires des mines qui auraient éprouvé des pertes ou des accidents.

[1] Circulaire ministérielle du 5 août 1867.

Exploitation des mines. — Les ingénieurs des mines exercent, sous les ordres du ministre de l'intérieur et des préfets, une surveillance de police pour la conservation des édifices et la sûreté du sol. Ils observent la manière dont l'exploitation est faite, soit pour éclairer les propriétaires sur ses inconvénients ou son amélioration, soit pour avertir l'administration des vices, abus ou dangers qui s'y trouveraient. La surveillance de l'administration, loin d'être restrictive, ce qui paralyserait le développement des travaux, abandonne donc à l'exploitation une liberté d'action que l'intérêt privé dirigera vers les meilleurs résultats : mais elle est toujours présente pour garantir la vie des ouvriers [1]. Lors donc que la sûreté des exploitations ou celle des ouvriers pourra être compromise par quelque cause que ce soit, les propriétaires seront tenus d'avertir l'autorité locale, et l'ingénieur des mines proposera dans un rapport la mesure qu'il croira propre à faire cesser le danger. L'arrêté que prendra le préfet sera soumis à l'autorité supérieure. En cas d'urgence, il sera provisoirement exécuté.

L'obligation d'une exploitation non interrompue, au bénéfice des consommateurs, étant le prix de l'acquisition de la mine, constitue une rente à servir perpétuellement au public, sous peine de perdre la propriété, car le concessionnaire ne peut prétendre à garder la chose sans en acquitter le prix. Si donc l'exploitation est restreinte ou suspendue de manière à inquiéter la sûreté publique ou les besoins des consommateurs, le préfet, après avoir entendu les propriétaires, en rendra compte au ministre qui, sauf recours au Conseil d'État, pourra considérer le contrat comme rompu et retirer la conces-

---

[1] Un décret des 7 décembre 1868, — 5 janvier 1870, a chargé les ingénieurs des mines de remplir, chacun dans la circonscription minéralogique à laquelle il est attaché, les fonctions d'inspecteurs du travail des enfants dans les manufactures. — Voir aussi un décret du 14 août 1869, portant que le service des mines reste chargé, sous la direction du ministre des travaux publics, de la police et de la surveillance des établissements thermaux, en ce qui concerne la recherche, le captage et l'aménagement des sources minérales.

sion. A l'expiration du délai de recours, nouvelle adjudication de la mine abandonnée; le prix de l'adjudication sera dévolu au concessionnaire déchu, ou à ses ayant-droit; faculté pour le concessionnaire déchu de poursuivre les travaux, après avoir payé les taxes arriérées et conservé la somme fixée par l'administration; en cas de dépossession, droit qu'a le concessionnaire déchu de reprendre les objets considérés comme immeubles par destination, qui peuvent être séparés sans préjudice pour la mine, à condition de payer les taxes dues.

La loi du 27 avril 1838 a pourvu à la conservation des mines en contraignant les concessionnaires à s'associer, et en formant un syndicat chargé de répartir les dépenses d'asséchement entre tous les intéressés, et d'appeler dans un danger commun une résistance commune. Lorsque plusieurs mines situées dans des concessions différentes, dit la loi de 1838, seront atteintes ou menacées d'une inondation commune qui sera de nature à compromettre leur existence, la sûreté publique, ou les besoins des consommateurs, le gouvernement pourra obliger les concessionnaires de ces mines à exécuter, en commun et à leurs frais, les travaux nécessaires, soit pour assécher tout ou partie des mines inondées, soit pour arrêter les progrès de l'inondation. L'application de cette mesure sera précédée d'une enquête administrative, à laquelle tous les intéressés seront appelés, et dont les formes seront déterminées par un règlement d'administration publique. Le ministre décidera, d'après l'enquête, quelles sont les concessions inondées ou menacées d'inondation qui doivent opérer, à frais communs, les travaux d'asséchement. Cette décision sera notifiée administrativement aux concessionnaires intéressés. Le recours contre cette décision ne sera pas suspensif. Convocation des concessionnaires en assemblée générale, pour nommer les syndics. Le préfet, qui règle le mode de convocation et de délibération de l'assemblée, prononce sur la validité de la délibération. Recours au ministre; recours au Conseil d'État. Les propriétaires qui refuseraient de concourir aux frais d'asséchement pourraient être dépossédés ; le ministre a le droit de remplacer les syndics inactifs par des commissaires qu'il aura choisis.

Les Conseils de préfecture sont compétents, outre les demandes en décharge ou en réduction, pour connaître de toutes les questions d'indemnités à payer par les propriétaires des mines, à raison des recherches ou travaux antérieurs à l'acte de concession, et des indemnités dues au propriétaire de la surface sur le terrain duquel les propriétaires de mines établissent leurs travaux. — Les tribunaux judiciaires sont compétents pour statuer sur les indemnités qui peuvent être dues par une mine à une autre mine, à raison des dommages provenant de l'exploitation, et sur les autres indemnités non expressément réservées aux Conseils de préfecture. Compétence des tribunaux correctionnels pour la répression des contraventions aux lois et règlements en matière de mines, minières et carrières, lorsque la peine est supérieure à celle de simple police. Dans le cas contraire, compétence des tribunaux de simple police [1].

[1] Les propriétaires qui veulent exploiter les richesses minérales que renferment leurs fonds n'ont besoin, en Angleterre, d'obtenir aucune concession. Ils peuvent gaspiller leur mine et même en négliger complétement l'exploitation, sans que le gouvernement intervienne pour s'y opposer. Le plus souvent les propriétaires traitent avec des compagnies pour une durée plus ou moins longue, et ce n'est que par exception qu'ils exploitent eux-mêmes. Les clauses du bail sont, jusqu'à l'expiration, la règle des parties et la véritable loi de la matière. La redevance payée au propriétaire par les preneurs est ordinairement élevée, et leur droit étant temporaire, s'ils veulent renouveler, à l'expiration du bail, ils sont soumis aux exigences du propriétaire. Jusqu'en 1842, l'État s'était abstenu d'intervenir même pour les mesures à prendre dans l'intérêt des ouvriers. A cette époque, un acte du 18 août prescrivit quelques précautions à prendre pour protéger les personnes employées dans les travaux des mines. Deux autres actes, des 14 août 1850 et 1855, ont organisé l'inspection des mines par des inspecteurs spéciaux, dont la mission est toute de constatation et qui n'ont pas, même en cas de péril imminent, le droit d'agir pour empêcher les accidents.

C'est la loi française de 1810 qui est la base de la législation minière en Belgique. La loi du 2 mai 1837 l'a modifiée sur quelques points importants et a organisé le *Conseil des mines*. Les concessions sont accordées par ordonnance royale, sur l'avis de ce conseil, avis qui est obligatoire pour le roi, quand il est négatif. Le

§ 2. — Les Minières.

Principes généraux. — Législation de 1810. — Règles spéciales.

Principes généraux. — On donne le nom de *minières* à ces endroits voisins de la surface de la terre, d'où l'on tire les minerais de fer dit d'alluvion, les terres pyriteuses propres à être converties en sulfate de fer, les terres alumineuses

propriétaire de la surface a droit à la préférence, lorsqu'il concourt, soit avec l'inventeur, soit avec un demandeur en extension. Les concessionnaires ont le droit de construire en dehors, comme dans l'intérieur du périmètre de la mine, et malgré l'opposition du propriétaire de la surface, des voies de communication dans l'intérêt de l'exploitation ; à la condition, toutefois, d'avoir obtenu du gouvernement une déclaration d'utilité publique, qui est délivrée sur la proposition du conseil des mines. — Dans les provinces rhénanes prussiennes les mines sont restées soumises à la législation française ; dans les autres parties de la Prusse le droit régalien absolu est en vigueur, et s'applique à tous les gisements dont on peut extraire des métaux et demi-métaux, à toutes les pierres précieuses non exceptées par la loi, à toutes les espèces de sels, aux combustibles tels que la mine de plomb, le soufre, la gomme terrestre, les charbons de terre et le bois fossile. Ces gisements étant censés appartenir à l'État, il les exploite directement par des agents sous ses ordres ou les concède à des entrepreneurs. Quant aux autres gisements, comme ils sont en dehors du droit régalien, les propriétaires sont libres d'en disposer. Lorsque l'État n'exploite pas lui-même, la propriété de la surface n'est point un titre de préférence à l'obtention de la concession. Il n'y a de préférence qu'au profit de l'inventeur, s'il a obtenu de la commission des mines un certificat qui équivaut à une espèce de concession temporaire, et qui lui confère le droit d'ouvrir des puits, à l'exclusion de toute autre personne. Le gouvernement, en Russie, puise dans son droit régalien le pouvoir d'autoriser des recherches sur une propriété privée, pourvu qu'il ne s'y trouve point d'habitation ou des édifices servant à l'exploitation rurale, à moins de permission expresse, à charge d'indemnité. La loi prussienne associe le propriétaire à l'exploitation en lui attribuant ce qu'on désigne par la qualification de *part héréditaire.* Cette portion ne peut être séparée du fonds et terrain où s'exploite la mine, ni être aliénée séparément. Nous trouvons encore le droit régalien très-vivace dans d'autres parties de l'Allemagne, en Bavière, par exemple, en Saxe, dans le Wurtemberg. — Une loi du 22 mai 1854 a substitué, en Autriche, une législation uniforme aux règlements divers qui s'y trouvaient en vigueur. Elle a consacré le droit régalien. Le souverain a un droit exclusif sur les matières minérales *réservées.* Il peut, ou exploiter par

et les tourbes. Les minières [1] ne sont pas, comme les mines, une propriété particulière; la loi ne les a pas détachées de la propriété du sol, et le principe que la propriété du dessus emporte celle du dessous, leur est applicable. La loi les a considérées comme dépendantes de la superficie, parce que, placées sur la surface du sol, elles peuvent être exploitées sans de grands travaux et sans compromettre en rien les ressources de l'avenir. La loi du 9 mai 1866 a supprimé en partie les limitations imposées à la liberté de jouissance des propriétaires de minières par la loi de 1810.

Législation de 1810. — Règles spéciales. — Le besoin

des agents sous ses ordres, ou concéder à un tiers. Le propriétaire n'a aucun droit à obtenir la préférence, et il ne lui est dû, lorsque la concession est faite à un étranger, aucune indemnité autre que la réparation du préjudice causé par l'occupation de la surface Il n'a pas même le droit de faire des recherches sur son propre fonds, sans avoir obtenu l'autorisation préalable. Depuis ces dernières années, cependant, des lois sur les mines beaucoup plus libérales ont été proposées aux parlements autrichien et allemands. Il est vraisemblable que le droit régalien disparaîtra, dans un délai plus ou moins rapproché, des législations de l'Allemagne. En Autriche, la concession a pour effet de constituer une propriété perpétuelle, transmissible et disponible; sa nature est immobilière.

Comme la plus grande partie des mines de Russie sont situées dans les propriétés de la couronne, le domaine les fait exploiter directement ou les concède, non en vertu du droit régalien proprement dit, mais comme conséquence du droit de propriété. Afin d'encourager les travaux d'exploration, le particulier qui a été autorisé à faire des recherches sur les terres de la couronne, a un droit à obtenir de préférence la concession définitive. Cette concession ne lui confère point un droit de propriété perpétuel et transmissible, mais seulement un droit d'exploiter ordinairement illimité. Quant aux mines découvertes dans les propriétés des particuliers, le propriétaire du sol a le droit de les exploiter à son gré, soit directement, soit par amodiation.

Nous avons emprunté ces renseignements à l'excellent ouvrage de M. Batbie, intitulé : *Traité théorique et pratique du Droit public et administratif,* édit. 1867, t. V, p. 553 et suiv. M. Batbie a aussi, dans cette partie de son livre, analysé les lois espagnole et portugaise sur les mines, mais nous n'avons point résumé sa substantielle analyse, parce que cette double législation est en voie de se transformer encore. — Sur la législation des mines dans l'Empire ottoman, on peut consulter, dans le livre de M. Collas, ayant pour titre : *La Turquie en* 1864, édité par Dentu, le nouveau règlement sur les mines de l'Empire ottoman, du 17 juillet 1861, p. 463 et suiv.

[1] Sur les *minières,* voir, plus haut, les renvois aux ouvrages sur les *mines.*

de ménager les matières premières produites par les minières, et de ne pas laisser dissiper les richesses qu'elles contiennent, a fait assujettir par le législateur de 1810 leur exploitation à des règles spéciales. C'est ainsi qu'aux termes de cette législation, l'exploitation des minières ne peut avoir lieu sans permission de l'autorité administrative (du préfet). Cette permission détermine les limites de l'exploitation, les règles auxquelles doit se soumettre l'exploitant sous les rapports de la sûreté et de la salubrité publiques, le délai dans lequel le propriétaire sera tenu de faire usage de l'autorisation accordée, et la limitation de la durée de la permission, lorsque l'intérêt public exige qu'elle soit limitée. En cas de silence de la permission à cet égard, elle aura une durée indéfinie. Celui qui veut obtenir la permission d'exploiter doit énoncer ses nom, qualité et domicile, la situation et les limites du terrain, le mode d'exploitation qu'il adopte. Toute personne aux droits du propriétaire peut adresser la même demande et obtenir la permission. Elle doit justifier de ses droits et motifs. En cas de contravention, la permission pourra être révoquée par les tribunaux civils (anomalie); mais si la contravention compromettait la solidité des routes impériales ou départementales, elle serait réprimée par les tribunaux administratifs.

Les propriétaires du minerai d'alluvion sont même soumis à des obligations spéciales, que leur impose la loi dans le but de favoriser les fourneaux et les forges destinés au traitement du fer. Le propriétaire du fonds sur lequel il y a du minerai de fer d'alluvion est tenu d'exploiter en quantité suffisante pour fournir, autant que possible, aux besoins des usines établies légalement dans le voisinage. Ce qui n'exclut pas le propriétaire de vendre du minerai aux usines plus éloignées, si son gîte produit au-delà des besoins des usines du voisinage.

Que si le propriétaire n'exploite pas, ou n'exploite pas en quantité suffisante, ou suspend ses travaux d'extraction pendant plus d'un mois sans cause légitime, les maîtres de

forges auront la faculté d'exploiter à sa place, à la charge
d'en prévenir le propriétaire qui, dans un mois à compter de
la notification, pourra déclarer qu'il pourra exploiter lui-
même, et d'obtenir du préfet la permission, sur l'avis de
l'ingénieur des mines, après avoir entendu le propriétaire.
La permission accordée au maître de forges sera regardée
comme non avenue, s'il laisse écouler un mois sans en faire
usage, et le propriétaire rentrera dans tous ses droits. Quand
un maître de forges cesse d'exploiter un terrain, il est tenu
de le rendre propre à la culture, ou d'indemniser le propriétaire. Dans le cas de concurrence entre plusieurs maîtres de
forges pour l'exploitation dans un même fonds, et pour
l'achat du minerai, il appartiendra au préfet, sur l'avis de
l'ingénieur des mines, de déterminer les proportions dans
lesquelles chacun d'eux pourra exploiter, et celles dans lesquelles l'achat sera fait. Recours au Conseil d'État. Le prix
du minerai sera réglé entre les maîtres de forges et le propriétaire exploitant, de gré à gré, ou par experts qui auront
égard à la situation des lieux, aux frais d'extraction et aux
dégâts occasionnés. Lorsque les maîtres de forges auront
fait extraire le minerai, il sera payé au propriétaire du fonds,
avant l'enlèvement du minerai, une indemnité qui sera aussi
réglée par experts, lesquels auront égard à la situation des
lieux, aux dommages causés et à la valeur du minerai.

Il pourrait arriver que, pour la continuation des travaux,
il fût nécessaire de former des galeries souterraines. Dans ce
cas, il faudrait obtenir une concession qui ne pourrait être
accordée que si : 1° l'exploitation à ciel ouvert cessait d'être
possible, et si l'établissement de puits, galeries et travaux
d'art était nécessaire ; 2° si l'exploitation, quoique possible
encore, devait durer peu d'années, et rendre ensuite impossible l'exploitation avec puits et galeries. Le concessionnaire
serait forcé de fournir aux usines qui s'approvisionnaient de
minerai sur les lieux compris dans la concession, la quantité
nécessaire à leur exploitation, au prix fixé par l'administra-

tion, et d'indemniser les propriétaires au profit desquels l'exploitation avait lieu, dans la proportion du revenu qu'ils en tiraient.

Législation de 1866. — L'article 3 de la loi des 9-17 mai 1866 modifie ainsi qu'il suit la loi du 21 avril 1810.

Si l'exploitation des minières doit avoir lieu à ciel ouvert, le propriétaire est tenu, avant de commencer à exploiter, d'en faire la déclaration au préfet. Le préfet donne acte de cette déclaration, et l'exploitation a lieu sans autre formalité. Si l'exploitation doit être souterraine, elle ne peut avoir lieu qu'avec une permission du préfet. La permission détermine les conditions spéciales auxquelles l'exploitant est tenu, en ce cas, de se conformer.

Dans ces deux cas l'exploitant doit observer les règlements généraux ou locaux concernant la sûreté et la salubrité publiques auxquels est assujettie l'exploitation des minières.

L'article 1er abroge les art. 73 à 78 de la loi de 1810, ayant pour objet de soumettre à l'obtention d'une permission préalable l'établissement des fourneaux, forges et usines. L'article 2 abroge également, à partir de 1876, la disposition qui oblige le concessionnaire à fournir à certaines usines la quantité de minerai nécessaire à leur exploitation.

Ainsi donc les dispositions de la loi de 1810, sur les minières, ne sont plus applicables depuis la loi de 1866, que dans l'intérêt des usines métallurgiques du voisinage régulièrement autorisées, et jusqu'au 1er janvier 1876. A défaut d'usines de ce genre, les propriétaires sont libres d'exploiter ou de ne pas exploiter le minerai de fer d'alluvion qui peut se trouver sur leurs fonds. S'ils veulent l'exploiter, ils doivent en faire au préfet une déclaration préalable dont il leur est donné acte, et qui équivaut à une permission. Les usines métallurgiques sont affranchies de toute réglementation spéciale, et ne sont plus assujetties à la nécessité d'une autorisation administrative préalable, qu'autant qu'elles rentrent dans quelqu'une des classes d'établissements dangereux, insalubres ou incommodes. Quant à l'exploitation des minières, la permission du préfet n'est plus nécessaire que si l'exploitation doit être souterraine. Si à ciel ouvert, une simple déclaration faite au préfet suffit.

§ 3. — Les Carrières [1].

Principes généraux. — Tourbières.

Principes généraux. — On nomme *carrières* ces endroits profonds de la terre qui renferment les ardoises, les grès, pierres à bâtir et autres, marbres, granits, pierres à chaux et à plâtre, pozzonales, strass, basaltes, laves, marnes, craies, pierres à fusil, sables, argiles, kaolin, terres à foulon et à poteries, substances terreuses, les cailloux de toute nature et les terres pyriteuses regardées comme engrais. Les carrières peuvent être exploitées à ciel ouvert, ou avec des galeries souterraines. L'exploitation des carrières est libre ; le propriétaire de la surface reste le maître de disposer des substances comprises sous le titre de carrières [2].

Une ordonnance du 3 avril 1836 a prescrit certaines distances et précautions que les entrepreneurs doivent observer dans l'exploitation des carrières à ciel ouvert, à l'égard des bâtiments voisins.

L'administration ne doit pas, néanmoins, demeurer indifférente à l'exploitation des carrières ; elle doit toujours exercer son droit de surveillance. La surveillance s'exercera différemment, suivant que l'exploitation aura lieu à ciel ouvert ou avec des galeries souterraines. L'exploitation des carrières à ciel ouvert aura lieu (sans permission) sous la simple sur-

---

[1] Sur les *carrières*, voir plus haut les renvois aux ouvrages sur les *mines*.

[2] Il faut faire une réserve au profit des entrepreneurs de travaux publics qui, en vertu d'une subrogation aux droits de l'État, peuvent prendre des matériaux sur les propriétés voisines des travaux.

veillance de la police, et avec l'observation des lois et des règlements généraux ou locaux. Cette surveillance de la police sera exercée concurremment avec les ingénieurs. Quand l'exploitation aura lieu par galeries souterraines, elle sera soumise à la surveillance de l'administration, surveillance plus active : visites fréquentes des ingénieurs, dépôt des plans et coupes des travaux au bureau de l'ingénieur des mines.

Dans le courant de 1869 une modification importante a été apportée à la réglementation qui régit l'exploitation des carrières. Jusqu'ici, dans tous les règlements de carrières, les propriétaires qui voulaient exploiter des carrières à ciel ouvert étaient tenus d'en faire la déclaration à l'autorité, aussi bien que ceux qui se proposaient d'ouvrir des carrières souterraines. La loi du 21 avril 1810 avait cependant, — comme nous venons de le voir, — établi des règles différentes pour les carrières à ciel ouvert et pour les carrières souterraines. Tandis qu'elle dispensait expressément les premières de la formalité de la permission, elle appliquait aux secondes toute une partie de la législation spéciale aux mines. Le Conseil général des mines et, avec lui, le Conseil d'État ont pensé qu'on pouvait sans inconvénient affranchir l'exploitation des carrières à ciel ouvert de la déclaration préalable, et que la surveillance de l'autorité locale suffirait pour prévenir les conséquences de cette liberté nouvelle donnée aux propriétaires qui ont des carrières à exploiter.

Tourbières. — L'exploitation des tourbières ne peut être faite que par le propriétaire ou de son consentement, après déclaration à la sous-préfecture et après en avoir obtenu l'autorisation. L'exploitation des tourbes étant insalubre, l'administration détermine la direction générale des travaux d'extraction, celle des rigoles de desséchement, et toutes les mesures propres à faciliter l'écoulement des eaux dans les vallées, et l'atterrissement des entailles tourbées. Les exploitants sont tenus de s'y conformer, à peine d'être contraints à cesser leurs travaux.

CHAPITRE VI.

§ 1. LA PÊCHE. — § 2. LA POLICE RURALE.

§ 1. — La pêche [1].

Principes généraux. — Législation antérieure à 1865. — Pêche fluviale. — Décret du 29 avril 1862. — Loi du 31 mai 1865. — Décret du 25 janvier 1868. — Pêche maritime.

Principes généraux. — La pêche étant un moyen précieux d'alimentation, le gouvernement qui doit favoriser tout ce qui peut servir au développement des subsistances publi-

---

[1] Loi 15 avril 1829; ordon. 15 nov. 1830; loi 6 juin 1840; ordon. 28 oct. 1840; ordon. 28 fév. 1842; décr. 9 janv. 1852; décr. 21 fév. 1852. — Décis. min. 17 avril, 4 juin, 18 juil., 7 oct. 1861; décis. min. 8 fév. et 10 mars 1862.—Décr. 29 avril 1862; décr. 10 mai 1862; décr. 25 mars 1863; décr. 24 sept. 1864 et 23 juin 1866, sur la pêche du hareng et du maquereau; loi 31 mai 1865; décret 25 janvier 1868; décr. 20 sept. 1868. décr. 17 mars 1869; 17 juil. 1869.—Sur la pêche, voir: Baudrillart, *Code de la pêche fluviale*, etc., 1829. — Brousse, *Code de la pêche fluviale, avec l'exposé des motifs, la discussion des deux Chambres et des observations*, 1829. — *Les Codes de la législation forestière*, publiés par Ch. Jacquot, 1865 — Dupin, *Extraits du Bulletin des lois et de la collection du Louvre*; *Lois forestières sur la chasse et la pêche*, 1822. — Hautefeuille, *Code de la pêche maritime*, 1844.—Voir aussi l'ouvrage intitulé : *Lois, décrets, règlements et décisions sur l'inscription maritime, les écoles de la marine, les pêches, etc., janvier 1861 d avril 1864.*

ques, a le devoir d'empêcher dans de certaines limites le désempoissonnement des côtes maritimes et surtout des rivières. Ces restrictions ne doivent pas s'étendre à toutes les pêches : la pêche en pleine mer et celle qui s'exerce dans les étangs présentent, en effet, trop peu d'inconvénients sociaux pour être réglementées par l'administration. La législation sur la pêche ne porte que sur la pêche fluviale et la pêche maritime côtière.

Législation antérieure à 1865. — Pêche fluviale. — La pêche fluviale comprend la pêche dans les rivières non navigables ni flottables, et la pêche dans les fleuves et rivières navigables et flottables.

Le droit de pêche dans les rivières non navigables ni flottables appartient aux propriétaires riverains [1] qui ont, chacun de son côté, le droit de pêche jusqu'au milieu du cours d'eau, sans préjudice des droits contraires établis par possession ou titres. Dans le cas où des cours d'eau seraient rendus ou déclarés navigables ou flottables, les propriétaires privés du droit de pêche auraient droit à une indemnité préalable, compensation faite des avantages qu'ils pourraient retirer de la disposition du gouvernement. La question préjudicielle de navigabilité ou non-navigabilité antérieure, soulevée dans les instances en réclamation d'indemnités, appartient, d'après la jurisprudence du Conseil d'État, à l'autorité administrative contentieuse.

Le droit de pêche est exercé au profit de l'État : 1° dans

---

[1] De ce que, chez les Romains, la rivière était *chose* publique, M. Serrigny tire, avec raison, la conséquence que le droit de pêche appartenait au public. « Cela est, dit-il, conforme au régime républicain, sous lequel, tous les citoyens représentant le souverain, chacun des membres de cette association use des droits appartenant à la grande communauté nationale. Ce vestige s'était conservé dans la législation, sous l'empire romain. En 1793, sous le régime démocratique qui régissait la France, on avait admis une conséquence semblable du principe politique alors en vigueur ; conséquence qui a disparu avec ce régime. » (*Droit public et administratif romain*, n° 590, liv. II, titre I, n° 590, édit. 1862, t. I, p. 477.) — Voir plus haut, chap. III, la note sur la *Chasse*.

tous les fleuves, rivières, canaux et contre-fossés navigables ou flottables avec bateaux, trains ou radeaux, et dont l'entretien est à la charge de l'État ou de ses ayants-cause ; 2° dans les bras, noues, boires et fossés qui tirent leurs eaux des fleuves et rivières navigables et flottables, dans lesquels on peut en tout temps passer et pénétrer librement en bateau de pêcheur, et dont l'entretien est également à la charge de l'État. La pêche au profit de l'État est exploitée, soit par voie d'adjudication publique, soit par concession de licences à prix d'argent. Le mode de concession par licences n'est employé que lorsque l'adjudication a été tentée sans succès. L'adjudication publique doit être annoncée au moins quinze jours à l'avance par des affiches apposées dans le chef-lieu du département, dans les communes riveraines du cantonnement, et dans les communes environnantes, à peine de nullité. Ne peuvent pas prendre part à l'adjudication : 1° les agents et gardes forestiers, et les gardes-pêche dans toute la France ; 2° les fonctionnaires chargés de présider ou de concourir aux adjudications et les receveurs du produit de la pêche, dans toute l'étendue du territoire où ils exercent leurs fonctions ; 3° les parents et alliés en ligne directe, les frères et beaux-frères, oncles et neveux des agents forestiers, dans toute l'étendue du territoire pour lequel ces agents sont commisionnés ; 4° les conseillers de préfecture, les juges, les officiers du ministère public et les greffiers des tribunaux de première instance, dans tout l'arrondissement de leur ressort, à peine de nullité de l'adjudication. On conçoit pour quelles raisons le législateur a formulé ces prohibitions.

Pour assurer la sincérité des adjudications, la loi défend toute association secrète, toute manœuvre entre les pêcheurs ou autres, tendant à nuire aux adjudications, à les troubler, ou à obtenir les cantonnements de pêche à bas prix. En cas de contravention, applications pénales, dommages-intérêts, nullité de l'adjudication. Les adjudications ont toujours lieu avec publicité et concurrence. S'il s'élevait quelques contestations pendant le cours des opérations, elles seraient immédiatement décidées par le fonctionnaire qui présiderait la séance. Les droits de l'État et des propriétaires riverains sont garantis par l'application d'une amende, indépendamment des dommages-intérêts, par la restitution du poisson péché en délit et la confiscation facultative des filets et engins de pêche, prononcées contre ceux qui auraient péché sur les fleuves et rivières navigables ou flottables, canaux, ruisseaux, ou cours d'eau quelconques, sans la permission de celui à qui le droit de pêcher appartient. Il est néanmoins permis à tout individu de pêcher à la ligne flottante tenue à la main, dans les fleuves, rivières et canaux navigables, le temps du frai excepté. Le chemin de halage étant une servitude qui n'existe que pour le tirage des bateaux, et qui ne peut être rendue plus onéreuse pour le propriétaire, les pêcheurs ne doivent se servir de ce chemin que pour leurs barques ou leurs filets et ne peuvent en user que pour tirer leurs filets hors de l'eau et les sécher. Pour ces opérations ils doivent traiter avec les riverains de la jouissance des terrains dont ils ont besoin.

Dans l'intérêt de la conservation du poisson, la loi défend de placer dans les rivières navigables ou flottables, les canaux et ruisseaux, aucun barrage, appareil ou établissement quelconque de pêcherie, ayant pour objet d'empêcher entièrement le passage du poisson (amende, dommages-intérêts, destruction des appareils), et de jeter dans les eaux des appâts ou drogues de nature à enivrer le poisson ou à le détruire (amende, emprisonnement); enfin elle abandonne à l'administration, plus apte à entrer dans ces détails, le soin de déterminer : 1° les temps, saisons et heures pendant lesquels la pêche sera interdite dans les rivières et cours d'eau quelconques ; 2° les procédés et modes de pêche qui, étant de nature à nuire au repeuplement des rivières, devront être prohibés ; 3° les filets, engins et instruments de pêche qui seront défendus comme étant aussi de nature à nuire au repeuplement des rivières ; 4° les dimensions de ceux dont l'usage sera permis dans les divers départements pour la pêche des différentes espèces de poissons ; 5° les dimensions au-dessous desquelles les poissons de certaines espèces qui seront désignés ne pourront être pêchés et devront être rejetés en rivière ; 6° les espèces de poissons avec lesquelles il sera défendu d'appâter les hameçons, nasses, filets ou autres engins. L'exercice du droit de pêche sera subordonné à l'observation de ces dispositions, et tous pêcheurs, fermiers ou porteurs de licences, seront tenus d'amener leurs bateaux et de faire l'ouverture de leurs loges et réservoirs, sur leurs cantonnements, à toute réquisition des agents et préposés de l'administration de la pêche (amende en cas de refus). Ces différentes questions de détail, abandonnées par le législateur à l'administration, peuvent varier de département à département, suivant les besoins des lieux. Compétence des préfets, qui doivent, néanmoins, s'entourer des lumières d'agents spéciaux, et prendre l'avis du Conseil général.

Quant au poisson saisi pour cause de délit, il sera vendu sans délai dans la commune la plus voisine du lieu de la saisie, aux enchères publiques, en vertu de l'ordonnance du juge de paix ou de ses suppléants, si la vente a lieu dans un chef-lieu de canton, ou, dans le cas contraire, d'après l'autorisation du maire de la commune. Ces autorisations seront délivrées sur la requête des agents ou gardes qui auront opéré la saisie, et sur la présentation du procès-verbal régulièrement dressé et affirmé par eux.

Décret du 29 avril 1862. — L'article 1er de la loi du 29 avril 1862 a placé la surveillance, la police et l'exploitation de la pêche dans les fleuves, rivières et canaux navigables et flottables, non compris dans les limites de la pêche maritime, ainsi que la surveillance et la police des canaux, rivières, ruisseaux et cours d'eau quelconques, non navigables ni flottables, dans les attributions du ministre de l'agriculture, du commerce et des travaux publics, et les a confiées à l'administration des ponts et chaussées. Depuis 1869, cette double surveillance a été attribuée au ministère des travaux publics qui, pour le moment, et jusqu'à nouvel ordre, est séparé du ministère de l'agriculture et du commerce.

Loi des 31 mai-8 juin 1865. — Suivant l'article 1er de cette loi, des décrets rendus en Conseil d'État, après avis des conseils généraux de département, doivent déterminer les parties des fleuves, rivières, canaux et cours d'eau réservées pour la reproduction, et dans lesquelles la pêche des diverses espèces de poissons sera absolument interdite pendant l'année entière [1]; les parties des fleuves, rivières, canaux et cours d'eau dans les barrages desquelles il pourra être établi, après enquête, un barrage appelé *echelle*, destiné à assurer la libre circulation du poisson. L'interdiction de la pêche pendant l'année entière ne peut être prononcée pour une période de plus de cinq ans; mais elle peut être renouvelée. C'est le Conseil de préfecture qui règle, après expertise, les indemnités auxquelles peuvent avoir droit les propriétaires riverains qui sont privés du droit de pêche, ou qui sont lésés par l'établissement d'échelles dans les barrages existants. (*Art.* 2 et 3.)

Des décrets rendus sur la proposition des ministres de la marine et des travaux publics, règlent d'une manière uniforme, pour la pêche fluviale et pour la pêche maritime dans les fleuves, rivières, canaux affluant à la mer : les époques pendant lesquelles la pêche des diverses espèces de poissons sera interdite; les dimensions au-dessous desquelles certaines espèces ne pourront être pêchées. (*Art.* 4). Il est interdit dans chaque département de mettre en vente, de vendre, d'acheter, de transporter, de colporter, d'exporter et d'importer les diverses espèces de poissons pendant le temps où la pêche est interdite, en exécution de la loi du 15 avril 1829. Mais cette disposition n'est point applicable aux poissons provenant des

---

[1] Voir les décrets des 25 janvier 1868, 29 septembre de la même année, 30 janvier 1869, 17 mars 1869, etc., qui désignent les parties des fleuves, rivières et canaux réservées pour la reproduction du poisson dans différents départements.

étangs ou réservoirs. (*Art.* 5.) L'administration peut, d'ailleurs, donner l'autorisation de prendre et de transporter, pendant le temps de la prohibition, le poisson destiné à la reproduction. (*Art.* 6). Ces diverses dispositions sont sanctionnées par les peines portées par la loi de 1829 : la saisie et la vente du poisson, un emprisonnement même de 10 jours à un mois, suivant les cas. La recherche du poisson pourra être faite, en temps prohibé, à domicile, chez les aubergistes, chez les marchands de denrées comestibles et dans les lieux ouverts au public. (*Art.* 7.) Les dispositions relatives à la pêche et au transport des poissons s'appliquent au frai de poisson et à l'alevin. (*Art.* 8).

L'article 9 de la loi de 1865 abroge l'art. 32 de la loi de 1829 en ce qui concerne la marque ou le plombage des filets. Des décrets déterminent le mode de vérification de la dimension des mailles des filets autorisés pour la pêche de chaque espèce de poisson.

Les infractions concernant la pêche, la vente, l'achat, le transport, le colportage, l'exportation et l'importation du poisson sont recherchées et constatées par les agents des douanes, les employés des contributions indirectes et des octrois, ainsi que les autres agents autorisés par la loi de 1829 et par le décret du 9 janvier 1852. La gratification accordée aux rédacteurs des procès-verbaux est déterminée par décret et prélevée sur le produit des amendes. La poursuite des délits et contraventions et l'exécution des jugements, ont lieu conformément à la loi de 1829 et au décret du 9 janvier 1852.

Décret des 25 janvier-27 février 1868. — L'article 1ᵉʳ de ce décret fixe les époques pendant lesquelles la pêche est interdite, en vue de protéger la reproduction du poisson. Les interdictions qu'il formule s'appliquent à tous les procédés de pêche, même à la pêche à la ligne flottante tenue à la main. L'article 2 confère aux préfets le droit d'interdire exceptionnellement, chaque année, par des arrêtés spéciaux, après avoir pris l'avis des Conseils généraux, la pêche de toutes les espèces de poissons, lorsque cette interdiction sera nécessaire pour protéger l'espèce prédominante. Ces arrêtés seront soumis à l'approbation du ministre compétent. — Dans la semaine qui précède chaque période d'interdiction de la pêche, des publications doivent être faites dans les communes pour rappeler les dates du commencement et de la fin de ces périodes. (*Art.* 3.) — Quiconque, pendant la période d'interdiction de la pêche, transporte ou débite des poissons provenant des étangs ou réservoirs, est tenu de justifier de l'origine de ces poissons. (*Art.* 4.) — En général, — sauf exception pour la pêche de l'écrevisse et de l'anguille, — la pêche n'est permise que depuis le lever jusqu'au coucher du soleil. (*Art.* 6.) — Les articles 8 à 11 concernent les dimensions réglementaires et la manière de se servir des engins de pêche. — L'article 12 prohibe tous les filets traînants, à l'exception du petit épervier jeté à la main et manœuvré par un seul homme ; il interdit pareillement l'emploi des lacets ou collets. — L'article 13 défend d'établir dans les cours d'eau les appareils ayant pour objet de rassembler le poisson dans des noues, fossés ou mares dont il ne pourrait plus sortir, ou de le contraindre à passer par une issue garnie de piéges ; d'accrocher aux écluses, barrages, etc., des nasses, paniers et filets à demeure ; de pêcher, avec tout autre engin que la ligne flottante tenue à la main, dans l'intérieur des écluses, barrages, etc., ainsi qu'à une distance moindre de trente mètres en amont et en aval de ces ouvrages ; de pêcher dans les parties des rivières, canaux ou cours d'eau dont le niveau serait accidentellement abaissé. — Sur la demande des adjudicataires de la pêche des cours d'eau et canaux navigables et flottables, et sur la demande des propriétaires de la pêche des autres cours d'eau et canaux, les préfets peuvent autoriser, dans des emplacements et à des époques déterminés, des manœuvres d'eau et des pêches extraordinaires, pour détruire certaines espèces, dans le but d'en propager d'autres plus précieuses. (*Art.* 14.) — Des arrêtés préfectoraux, rendus sur les avis des ingénieurs et des conseils de salubrité, déterminent la durée du rouissage du lin et du chanvre dans les cours d'eau où cette opération pourra être pratiquée avec le moins d'inconvénients pour le poisson ; les mesures à observer pour l'évacuation dans les cours d'eau des matières et résidus susceptibles de nuire au poisson et provenant des fabriques et établissements industriels quelconques. (*Art.* 15).

Pêche maritime. — On appelle pêche maritime celle qui se fait à la mer ou sur les côtes et grèves de la mer, ou dans les rivières et fleuves affluents, jusqu'au point où les eaux cessent d'être salées. Des décrets insérés au Bulletin des lois, et rendus sur la proposition du ministre de la marine, déterminent, dans ces fleuves et rivières, les limites de l'inscription maritime, et les points de cessation de la salure des eaux.

Les pêches maritimes sont dites grandes pêches ou pêches de côtes, ou pêches sédentaires, suivant qu'elles ont lieu en pleine mer, sur les côtes, ou à l'aide d'établissements fixes, tels que parcs, pêcheries, madragues, etc. L'exercice de la pêche côtière, ou pêche du poisson et du coquillage, tant à la mer, le long des côtes, que dans la partie des fleuves, rivières, étangs et canaux où les eaux sont salées, est soumis à la condition d'être autorisé par l'administration. Ainsi donc, aucun établissement de pêcherie, de quelque nature qu'il soit, aucun parc, aucun dépôt de coquillages, ne peuvent être formés sur le rivage de la mer, le long des côtes, ni dans la partie des fleuves, rivières, étangs et canaux où les eaux sont salées, sans autorisation spéciale et irrévocable délivrée par le ministre de la marine. Toutes les autres mesures d'ordre et de précaution propres à assurer la conservation de la pêche, et d'en régler l'exercice, sont abandonnées à l'initiative de l'administration, et déterminées par des décrets. Les gouvernements qui se sont succédé en France, depuis le commencement du siècle, ont eu à cœur de remédier aux abus qui ruinent la pêche côtière et s'opposent aux rapides développements auxquels cette grande industrie est plus que jamais appelée. Dès 1806, l'Empereur prescrivit au ministre de la marine de préparer une refonte complète de la législation sur la matière, et la continuation de la guerre maritime mit seule obstacle à ce que les travaux effectués à cette époque fussent revêtus du caractère légal. En 1816, de nouvelles et sérieuses études furent faites dans le même but. Reprises en 1822, elles demeurèrent sans résultat, parce que le projet de réglementation rédigé à cette époque avait pour base la création d'une juridiction exceptionnelle, tout à fait incompatible avec les lois fondamentales du pays. L'empereur Napoléon III comprenant que la législation qui régissait la pêche côtière exigeait une refonte dans sa partie réglementaire aussi bien que dans sa partie pénale, a voulu réviser ces dispositions éparses et souvent contradictoires, élaguer celles qui n'étaient plus applicables et formuler une série de mesures nettes et précises, au moyen desquelles les infractions les plus nuisibles à l'intérêt général des pêches, tout comme à l'intérêt particulier des pêcheurs, seraient prévenues ou punies. Tel a été l'objet de la loi du 9 janvier 1852, qui a laissé à des décrets le pouvoir d'édicter, pour chaque arrondissement maritime, les prescriptions réglementaires destinées à compléter cette loi.

Un décret du 10 mai 1862 laisse une entière liberté aux pêcheurs. Au-delà de certaines limites que dans l'intérêt de la conservation des espèces il a paru nécessaire d'assigner, il leur est permis de se livrer à leur industrie comme bon leur semblera. En dedans de ces limites toutes facilités sont encore données à différents genres de pêche; des règles uniformes sont établies pour les engins à employer, enfin on n'a prescrit pour la maille des filets que des dimensions au-dessous desquelles la pêche détruirait bien des richesses de l'avenir. Mais, comme il pourrait être nécessaire d'interdire parfois, sur quelques parties du littoral, l'exercice de la pêche, afin de préserver la reproduction du fretin, l'administration se réserve le droit de prononcer des interdictions temporaires. Il appartient aux préfets maritimes de prescrire par des arrêtés spéciaux les mesures de police et d'ordre propres à empêcher les accidents, les collisions, et à garantir aux marins le libre exercice de leur industrie [1].

§ 2. — La police rurale [2].

Principes généraux. — Exercice des droits de parcours et de vaine pâture. — Le Code rural.

Principes généraux. — Nous devons à la loi du 28 septembre 1791, connue sous le nom de Code rural, les règles relatives à la police des campagnes, et la consécration des deux principes fondamentaux sur lesquels est assise, depuis 1791, l'industrie agricole en France : la liberté du sol, la liberté du

[1] La législation sur les grandes pêches se compose de l'ordonnance du 23 juin 1846 qui prescrit la publication de la déclaration portant règlement général des pêcheries entre la France et la Grande-Bretagne; de la loi du 22 juillet 1851 et de la loi du 28 juillet 1860. Une loi du 3 août 1870 porte que les dispositions combinées des lois du 22 juillet 1851 et de l'article 1er de la loi du 28 juillet 1860, relatives aux encouragements accordés aux grandes pêches maritimes, continueront d'être exécutées jusqu'au 30 juin 1881.

[2] Sur la *Police rurale*, voir : Guichard, *Cours de Droit rural*, 1826; — *Manuel de la police rurale et forestière*, 1829. — Miroir et Brissot-Warville, *Traité de police municipale et rurale*, 2e édition, 1846. — Tricot, *Bibliothèque des commissaires de police, ou Manuel de police judiciaire, administrative, municipale rurale*, 1862. — Ysabeau, *Les bons conseils de M. le maire sur la police rurale, le droit usuel et les rapports des habitants des campagnes entre eux et avec l'autorité*, 1865. — Biret, *Code rural, ou analyse raisonnée des lois, décrets et ordonnances rendues en matière rurale*, 1827. — Bourguignat, *Traité complet de Droit rural appliqué*, 1854. — Bouthors, *Les sources du Droit rural cherchées dans l'histoire des communaux et des communes*, 1865. — Cappeau, *De la législation rurale et forestière*, 1824. — Fournel, *Les lois rurales de la France*, 1846. — Neveu-Derotrie, *Commentaire sur les lois rurales de la France, suivi d'un essai sur les usages locaux*, 1845. — Rondonneau, *Manuel rural et forestier*, 1812. — Rouillier, *Manuel pratique du Droit rural*, 1861.—Valserres, *Manuel de Droit rural et d'économie agricole*, 1846. — Vaudoré, *Bibliothèque de législation et de jurisprudence pratique et urbaine*. — Vitard, *Jurisprudence rurale*, 1869.—Moll, *Étude sur le projet de code rural*, 1870.

cultivateur et de la culture, dans les limites du respect dû aux droits d'autrui et des prescriptions de la loi.

La police rurale a pour objet principal la protection des récoltes et la sûreté des campagnes. Elle est un démembrement de la police municipale. C'est ainsi qu'il appartient au maire d'ordonner la fermeture des pigeonniers à certaines époques et durant un certain temps ; de régler par un ban le commencement des vendanges, de la fauchaison ou de la moisson (pour les récoltes autres que celle du raisin, ce droit n'appartient au maire que dans les contrées où l'usage veut qu'il en soit ainsi) ; de prendre des mesures pour l'échenillage, ou pour prévenir les épizooties et en diminuer les ravages ; de prendre des arrêtés pour réglementer le glanage, le grapillage et les droits de même nature, dont l'exercice peut donner naissance à des conflits entre les propriétaires et les habitants pauvres de la commune, ou entre les glaneurs et les grapilleurs eux-mêmes. Le maire doit prendre les mesures nécessaires pour conserver le glanage aux pauvres, en faveur desquels ce privilége appartient exclusivement. Parmi les prohibitions qui émanent de la police rurale, nous citerons la défense de mener sur le terrain d'autrui des bestiaux d'aucune espèce, et, en aucun temps, dans les prairies artificielles, les vignes, oseraies, plants ou pépinières d'arbres fruitiers ou autres, faits de main d'homme, ce qui constitue le délit de dépaissance sur le terrain d'autrui, etc. Interdiction du maraudage, etc.

Parmi les nombreuses matières qui font l'objet des dispositions de la loi de 1791, nous nous bornerons à n'examiner que ce qui a rapport au parcours et à la vaine pâture.

On entend par *parcours* le droit réciproque qu'ont des communes voisines d'envoyer paître leurs bestiaux sur le territoire l'une de l'autre, en temps de vaine pâture. La *vaine pâture* est le droit de mener paître les bestiaux dans les terres incultes, et dans celles où il n'y a plus ni semences ni fruits. Le parcours s'exerce sur une ou plusieurs communes ; la

vaine pâture ne s'exerce que dans les limites de la commune.
Mais ces deux droits sont de véritables servitudes, — quoiqu'il
n'y ait pas de fonds dominant, — en vue de l'utilité des habitants. Ils diffèrent encore en ce que le droit de parcours peut être
établi avec ou sans réciprocité. Dans le cas de non-réciprocité,
c'est une servitude constituée sur une commune au profit de
toutes les propriétés d'une autre commune ; tandis que le droit
de vaine pâture doit être réciproque entre les propriétaires, et
résulte d'une association entre eux, constatée tantôt par un
titre, tantôt par la loi, tantôt par un usage immémorial [1].

[1] Les jurisconsultes ont distingué, de tout temps, les pâtures grasses ou vives
des vaines pâtures. Les pâtures grasses, disaient les vieux jurisconsultes, sont les
landes, les marais, pâtis et bruyères qui appartiennent à des communautés d'habitants où sont asservis envers elle à un droit d'usage, de manière qu'elles seules
peuvent y faire pâturer leurs bestiaux.

Les vaines pâtures, au contraire, sont les grands chemins, les prés après la
fauchaison, les guérets ou terres en friches, et généralement tous les héritages
où il n'y a ni semence, ni fruit, et qui, par la loi ou l'usage du pays, ne sont pas en
défends. La vaine pâture, nous l'avons dit, est le droit que les habitants d'une
commune ont de conduire leurs troupeaux sur les champs non clos des particuliers, après que les récoltes ont été enlevées ou sur les prairies naturelles, après
que la première herbe a été fauchée ou consommée. Les prairies artificielles ne
sont pas assujetties à cette servitude.

La vaine pâture était ainsi nommée lorsque le droit était renfermé dans les limites de la paroisse. Elle prenait le nom de *parcours* lorsqu'elle existait de paroisse
à paroisse, à titre de servitude réciproque. La loi de 1791 a maintenu cette distinction, qui semble n'avoir pas existé dans les temps anciens. C'est du moins ce
que l'on peut induire de cette ancienne règle coutumière contenue dans les *Institutes* de Loisel : « Vaines pâtures ont lieu de clocher à clocher ; mais les grasses
n'appartiennent qu'aux communiers de la paroisse. »

Personne aujourd'hui ne fait cette confusion. La vaine pâture proprement dite
n'appartient qu'aux habitants de la commune ; le parcours est la vaine pâture
étendue par réciprocité d'une commune à une autre.

Quelle est l'origine du parcours et de la vaine pâture? Dans les temps reculés
les bras manquaient, et une partie seulement du sol était cultivée; le reste
demeurait en quelque sorte en commun et servait au pâturage de tous les troupeaux des habitants.

Les cultures étaient intermittentes, reprises tour à tour et abandonnées. Tant
qu'elles étaient en état de production, on les respectait, on les protégeait contre la
dent des animaux ; elles étaient réputées en *défends* ; souvent la défense était
manifestée par des clôtures plus ou moins complètes, souvent par de simples indications, des piquets, des brandons, des tas de pierres appelés « *montjoie* » et

Les droits de parcours et de vaine pâture ne peuvent, en aucun cas, empêcher les propriétaires de clore leurs héritages, et tout propriétaire est libre d'avoir chez lui telle quantité et telle espèce de troupeaux qu'il croit utiles à la culture et à l'exploitation de ses terres, et de les y faire pâturer exclusivement.

Exercice des droits de parcours et de vaine pâture. — Le droit de vaine pâture est utile aux petits propriétaires, mais produirait les plus fâcheux résultats s'il était illimité. Les progrès de l'industrie agricole ont nécessité des restrictions, au nombre desquelles se place la limitation des bestiaux qui prendront part à la vaine pâture. L'administration locale suivra, et, en cas de contestation, les tribunaux appliqueront

autres signes conventionnels, annonçant que la terre avait été cultivée et ensemencée. Mais, la récolte enlevée, les bestiaux conduits sur les terres restées incultes pâturaient aussi tout naturellement sur les terres cultivées après qu'elles avaient été dépouillées de leurs produits. Tout le monde, — riches et pauvres, — profitait de cette vaine pâture, et les misérables cultures de cette époque n'en souffraient en aucune façon. Dunod et Henrion de Pansey ont pu dire de la vaine pâture : « C'est un reste de l'ancienne communion des biens, d'ailleurs fondé sur l'humanité et sur l'avantage de la société des hommes. »

On a prétendu que la féodalité avait eu sa part dans les origines de la vaine pâture, et il est vraisemblable que sa puissance se sera fait sentir en ce point comme en tout. Mais ses effets ont varié suivant les circonstances. Les anciens seigneurs concédaient souvent d'importants usages aux habitants qu'ils voulaient attirer sur leurs terres ; le droit de vaine pâture et la réunion d'un troupeau commun ont été un moyen de défense contre les exactions féodales ou contre les attaques des compagnies de pillards qui dévastaient si souvent les campagnes. De nos jours, les raisons qui avaient fait établir le parcours ou la vaine pâture de paroisse à paroisse n'existent plus. Les limites des communes sont bien déterminées ; leurs territoires ne sont plus enclavés les uns dans les autres ; il n'y a plus d'entraves à la circulation et le lien féodal a disparu. Aussi le droit de parcours tend-il à disparaître ; il n'existe plus que dans un petit nombre de départements. La loi de 1791 l'avait maintenu *provisoirement*. L'article 34 du projet de code rural l'abolit expressément.

Le projet n'est pas aussi absolu quant au droit de vaine pâture, bien que l'opinion publique soit généralement, en France, peu favorable à ce droit ; mais le vœu des campagnes n'est pas unanime. On invoque pour son maintien, des raisons dont quelques-unes méritent un sérieux examen ; les motifs déterminants peuvent varier suivant la nature des pays ; ils ne seraient pas les mêmes dans les territoires morcelés et dans les contrées de grande culture, dans les montagnes, dans les

les règlements et usages locaux. Il y sera pourvu par le conseil municipal. La répartition aura lieu entre chaque propriétaire, selon son apport dans l'association du pâturage, c'est-à-dire en proportion du nombre d'arpents livrés par lui à la vaine pâture. Cependant une pensée généreuse a admis tout chef de famille domicilié, qui ne sera ni propriétaire, ni fermier d'aucun des terrains sujets au parcours et à la vaine pâture, ainsi que tout propriétaire ou fermier dont l'exploitation serait très-modique, à mettre sur lesdits terrains, soit par troupeau séparé, soit en troupeau en commun, un certain nombre limité de bestiaux. Dans aucun temps les droits de parcours et de vaine pâture ne pourront s'exercer sur les prairies artificielles, et ne pourront avoir lieu sur aucune terre

vallées herbeuses, dans les landes, dans les plaines cultivées en céréales. Les auteurs du projet ont donc jugé prudent de ne point adopter de système absolu, de réglementer d'abord la vaine pâture, afin qu'elle produise le plus de bien et le moins de mal possible, en s'aidant pour cela des dispositions adoptées par l'Assemblée Constituante. Puis, au lieu de procéder avec brusquerie et d'abolir subitement un usage aussi ancien, de mettre chaque département, chaque commune en mesure de faire eux-mêmes leurs affaires, de consulter leurs besoins, leurs convenances; et, suivant leur intérêt, de conserver ou de faire disparaître le droit de vaine pâture.

Il est toutefois intéressant de remarquer que le Sénat s'est prononcé, dans son rapport à l'Empereur, pour l'abolition de la vaine pâture, par les considérations suivantes.

Cette abolition n'apporterait aucun changement au mode de jouissance des biens communaux, et ne s'appliquerait pas aux bois domaniaux ou particuliers. Elle ne formerait point non plus obstacle à la convention que feraient entre eux plusieurs propriétaires de laisser paître leurs troupeaux sur leurs propriétés respectives. Elle enlèverait, il est vrai, au pauvre, à celui qui n'est ni propriétaire, ni fermier, la faculté que lui concède la loi de 1791 de nourrir, pendant quelques mois, dans les champs une vache et six moutons. Mais cette faculté, est-ce un bien pour celui-là même qui l'exerce? Elle ne lui offre qu'une ressource temporaire, insuffisante; elle l'oblige pendant toutes les saisons où la vaine pâture est interdite, à entretenir ses quelques têtes de bétail aux dépens d'autrui. Elle l'excite donc au maraudage. Que la vaine pâture cesse, il prendra une terre à ferme; il accroîtra, il améliorera ses troupeaux; il les gardera à l'étable; il engraissera le champ qu'il aura pris à bail; il contractera des habitudes de travail, et ne traînera plus une existence nomade et misérable.

Quant aux propriétaires, il est évident que cette servitude leur est plus nuisible qu'avantageuse. C'est un obstacle à la liberté des assolements, à la suppression

ensemencée ou couverte de quelles que productions que ce soit,
qu'après la récolte. Partout où les prairies naturelles sont su-
jettes au parcours ou à la vaine pâture, ces droits ne seront
exercés provisoirement que dans le temps autorisé par les
lois et coutumes, et jamais tant que la première herbe ne sera
pas récoltée. Dans les lieux de parcours ou de vaine pâture,
et comme dans ceux où ces usages ne sont point établis, les
pâtres et les bergers ne pourront mener les troupeaux d'aucune espèce dans les champs moissonnés, que deux jours
après la récolte entièrement achevée (amende).

Le code rural [1]. — L'idée de grouper dans un *Code*

des jachères, au développement des prairies artificielles, aux plantations. Elle
empêche dans les prairies naturelles d'utiliser les regains, même dans les années
où la sécheresse rend presque nulle la coupe du foin. Elle perd, en la foulant aux
pieds, plus d'herbe qu'il n'en faudrait pour entretenir le même troupeau dans la
ferme pendant une partie de l'année. Elle diminue les fumiers, conséquemment la
fertilité du sol. C'est aussi l'une des principales causes des épizooties ; un seul ani-
mal atteint d'une maladie contagieuse la communique à tous les troupeaux de la
commune. La vaine pâture pervertit les populations des campagnes, les accou-
tume à la fainéantise, au vol, déprave leurs mœurs par le mélange de ces jeunes
bergers des deux sexes, abandonnés à eux-mêmes loin des chefs de famille, que
retiennent ailleurs les occupations des labours et des récoltes.

Le parcours et la vaine pâture ont pris naissance, et se sont établis dans toute
l'Europe, à l'époque où la plus grande partie du sol était en friche. Les nations
qui nous avoisinent ont eu la sagesse de s'en affranchir aussitôt que la culture
s'est étendue. Nous citerons l'Angleterre, la Belgique, la Prusse, la Hollande,
c'est-à-dire les contrées où l'élève des bestiaux et les progrès de l'agriculture ont
acquis les plus rapides et les plus vastes développements.

En France même, dans plusieurs provinces, en Lorraine, en Bourgogne, en
Champagne, en Flandre, dans le Roussillon, dans le Béarn, de nombreux édits
avaient, longtemps avant la Révolution, restreint l'exercice de ces deux servitudes, ou libéré définitivement la propriété. La France contemporaine pourrait-
elle différer plus longtemps à suivre la voie de liberté et de progrès tracée par
les autres nations, qui en recueillent de si grands avantages ? Il est à remarquer
que, partout où la vaine pâture a été abolie, nul n'en a jamais réclamé le rétablissement. (Voir l'exposé des motifs du projet de *Code rural*.)

[1] Tous les peuples ont cultivé la terre ; ils ont eu des animaux de labour, ils
ont arrosé leurs cultures et veillé à la conservation de leurs récoltes. Tous, par conséquent, ont eu des lois rurales. On en retrouve les traces en Égypte. Pastoret,
dans son *Histoire de la Législation*, signale chez les Israélites des règlements sur
les puits et les fontaines, sur la police des chemins et des subsistances, sur la

rural les diverses lois qui constituent la législation des campagnes date, en France, de 1789. A soixante-dix-neuf ans de distance, un décret du 10 juillet 1868, a envoyé devant

chasse et la pêche et sur plusieurs autres points de la police rurale. D'après le même auteur, Athènes avait des lois analogues. On sait combien est grande la part que tient le régime agricole dans le corps du droit romain ; elle n'était pas moins grande dans l'ancienne France. Sur environ trois cent soixante coutumes qui régissaient notre territoire, un grand nombre ne renfermaient rien de plus que quelques dispositions relatives à l'agriculture.

Les plus grands de nos rois et leurs meilleurs ministres ont travaillé à l'amélioration de la législation rurale

Saint Louis, dans ses *Établissements*, traite de la pêche, du glanage, de la jouissance des biens communaux et même des abeilles ; Charles V défendit la saisie des instruments et des animaux attachés à la culture, il protégea le laboureur contre l'emprisonnement pour dette ; Charles VI institua les gardes champêtres, s'occupa des cours d'eau, de l'emphythéose, et, portant aux droits féodaux une atteinte qui, à raison de l'époque, doit être considérée comme très-remarquable, il autorisa les cultivateurs à avoir des chiens pour donner la chasse aux bêtes fauves. Henri IV, secondé par Sully, ordonna le desséchement des marais et la destruction des animaux nuisibles ; Colbert, sous Louis XIV, établit les haras, donna le droit de clore les champs pour les affranchir de la vaine pâture et fit rendre l'ordonnance des eaux et forêts. Une impulsion plus grande encore fut donnée, sous le règne de Louis XVI, par Malesherbes et Turgot. Plusieurs arrêts du Conseil ordonnèrent le partage des biens communaux ; le cantonnement des usages dans les bois remplaça les anciens triages ; l'échenillage devint obligatoire ; la servitude personnelle fut abolie ; la corvée fut supprimée ; on restreignit les droits de colombier, de garenne ; l'éducation du bétail fut encouragée. A la même époque un jurisconsulte, M. Boucher d'Argis, introduisit un mot nouveau dans le langage législatif, en donnant le tite de *Code rural* à un recueil de maximes et de règlements concernant les biens des campagnes (a).

Le droit rural avait alors une importance exceptionnelle ; il touchait par bien des points à la féodalité, qui, en plus d'une circonstance, entravait l'agriculture. La législation rurale était surchargée, d'ailleurs, de règlements beaucoup trop nombreux et qui n'étaient pas toujours très-raisonnables. Aussi, lorsque l'Assemblée nationale fut convoquée, les cultivateurs protestèrent avec une égale force contre la servitude féodale et contre la servitude légale ; on voulait la liberté en agriculture, comme on la voulait en toutes choses.

La première loi en faveur de l'agriculture que rendit l'Assemblée Constituante, fut son célèbre décret du 4 août 1789. Il détruisait le régime féodal (art. 1er), abolissait le droit exclusif des fuies et colombiers, ainsi que le droit de la chasse et des garennes ouvertes (art. 3). Par ces dispositions les campagnes étaient

(a) Deux volumes in-12, publiés en 1749, réimprimés en trois volumes, en 1774. Plus récemment on a publié, sous le titre de *Code rural*, un petit volume in-18 contenant la loi de 1791 et les autres lois et réglements relatifs à l'agriculture et à la police rurale.

le Corps législatif le livre 1er d'un projet de code rural. L'utilité d'un pareil code a été souvent contestée. L'auteur du livre sur les *lois rurales de la France*, M. Fournel, écrivait

affranchies d'un double fléau. Dès le 2 septembre l'Assemblée constituait un comité d'agriculture et de commerce. Ses décrets sur les terres vaines et vagues, sur les chemins vicinaux, furent de nouveaux progrès. Elle voulut aller plus loin et ordonna la préparation d'un Code rural. Pour cela elle réunit ses huit comités d'*Agriculture et de Commerce, de la Constitution, de la Féodalité, des Domaines, de Mendicité, de Législation criminelle, des impositions*, et d'*aliénation*. Le rapporteur de cette grande commission présenta son travail le 5 juin 1791. L'Assemblée réduisit le projet, et le 28 septembre de la même année fut adopté le décret concernant les biens et usages ruraux et la police rurale. Ce fut un des derniers travaux de l'Assemblée Constituante. Il est divisé en deux titres. Le premier, intitulé : Des *biens et usages ruraux*, est distribué en sept sections qui traitent : 1° des principes généraux sur la propriété nationale ; 2° des baux des biens de campagne ; 3° des diverses propriétés rurales ; 4° des troupeaux, des clôtures, du *parcours*, de la *vaine pâture* ; 5° des récoltes ; 6° des chemins ; 7° des gardes champêtres. Le titre II est consacré, sans aucune division, à la police rurale. Il y a, en tout, quatre-vingt-douze articles, dont quarante-cinq sont relatifs à la police.

Si incomplète qu'elle fût, la loi du 28 septembre 1791 rendit un immense service : elle établit la liberté du sol, la liberté de la culture et l'égalité des charges. En 1791, la proclamation de ces principes était une véritable révolution.

En 1792, et pendant les années suivantes, la législation rurale fut négligée ; car on ne peut attacher une grande importance, ni à la loi du 23 thermidor an IV, dont les deux premiers articles sont relatifs aux procès-verbaux des gardes champêtres et aux délits ruraux ; ni à l'article 11 de la loi du 25 frimaire an VIII, qui punit tout vol de charrues et instruments aratoires ; ni à l'avis du Conseil d'État, du 30 frimaire an XII, sur le droit de vaine pâture et de parcours réclamé par les bouchers de Paris. Les assemblées qui succédèrent à l'Assemblée de 1789 avaient négligé de répondre à son appel.

Dès que le gouvernement consulaire eût commencé ses grands travaux de codification, l'attention se porta de nouveau sur cette importante matière. Bientôt, en effet, une commission fut nommée par Chaptal, ministre de l'intérieur, pour préparer un projet de Code rural. Ce ministre avait adressé aux préfets une série de questions dont la solution devait servir de base aux commissaires. Aidés de ces documents, ils rédigèrent un projet de Code rural en 280 articles.

Communiqué à M. de Verneilh, ex-préfet de la Corrèze et du Mont-Blanc, renvoyé à des commissions consultatives organisées dans chaque département, remanié par le même ancien préfot, M. de Verneilh, d'après les observations des commissions consultatives, ce projet devint un code composé de 960 articles, beaucoup trop long, beaucoup trop compliqué pour qu'il fût possible à la Chambre des députés ou à la Chambre des pairs de le discuter utilement, et de le voter au milieu des agitations politiques qui troublèrent si souvent le gouvernement de

dans son discours préliminaire : « Un code rural ne serait à faire que dans un pays tout récemment habité et civilisé ; mais chez une vieille nation qui a toujours tenu l'agriculture en

la Restauration. Cependant le projet de codification ne fut pas immédiatement abandonné. Le 15 août 1814, un député fit la proposition de reprendre les travaux du Code rural ; de son côté, M. de Verneilb proposa la rédaction officielle d'un *Manuel du cultivateur*, d'un *Manuel d'économie rustique*. Cette proposition fut prise en considération ; mais le vote de la Chambre des députés n'eut pas de suite. Le 5 janvier 1818, M. le baron Brun de Villeret soumit une nouvelle proposition à la Chambre des députés, qui la discuta dans ses bureaux et nomma une commission dont M. de Verneilh fut le rapporteur. Dans le système de M. de Villeret, le Code rural ne devait contenir que des dispositions générales ; les usages locaux convertis en règlements, rédigés dans les chefs-lieux de départements, devaient être soumis séparément à l'approbation royale. Sur cette proposition, le rapport de M. de Verneilh concluait à ce que le roi fût sollicité d'ordonner la préparation d'un projet définitif de code. La proposition et le rapport firent naître des difficultés de règlement, et la proposition de M. de Villeret fut rejetée. Même tentative restée sans effet en 1834. C'est des délibérations de la commission créée à cette époque que sortit le projet sur les vices rédhibitoires, devenu la loi du 20 mai 1838. On faisait ainsi le Code rural en détail.

Après la révolution de 1848, il ne fut plus question d'aborder dans son ensemble la législation rurale. Plusieurs lois particulières furent toutefois proposées, notamment sur le colonage partiaire, la destruction des animaux nuisibles et la vaine pâture. En 1854, le projet dont on s'occupait depuis tant d'années fut de nouveau mis en discussion. M. le sénateur de Ladoucette proposa au Sénat d'user du droit que donnait à cette assemblée l'article 30 de la Constitution de 1852, et de poser les bases d'un code rural. Une commission fut nommée. A la suite d'une discussion générale, une sous-commission se livra aux travaux les plus assidus, et son travail, achevé en 1856, fut débattu devant la commission, qui consacra à cet examen de nombreuses séances. Comme aux termes de l'article 30 de la Constitution, c'était dans un rapport adressé à l'Empereur que le Sénat posait les bases des projets de lois d'un grand intérêt national, cette forme a été suivie ; mais la commission ayant pensé que le code rural devait être divisé en trois livres distincts, le rapporteur présenta au Sénat trois rapports à l'Empereur qui furent votés sans modification.

Le premier, lu le 9 avril 1856, est relatif au *régime du sol* ; le second, voté le 4 juin 1827, est consacré au *régime des eaux* ; le troisième, adopté par le Sénat le 7 mai 1858, a trait à *la police rurale*.

Après ce rapport qui le saisissait de nouveau d'une question si grave et depuis si longtemps débattue, le gouvernement a réuni tous les documents utiles dont il pouvait disposer. Ces documents et le rapport adressé par le Sénat à l'Empereur ont été transmis au Conseil d'État. (Analyse de l'exposé du projet de Code rural. Livre Ier, Régime du sol, présenté au Corps législatif, en vertu du décret du 10 juillet 1868.) Le Corps législatif en est actuellement saisi.

honneur, la législation rurale doit être faite depuis longtemps.
La matière ne manque pas, il ne manque que sa distribution;
le code rural ne peut être autre chose que la recherche et la
réunion de tous les fragments qui existent déjà sur la ruralité[1]. » Pour être éparse, — a-t-on fait observer, — la législation
rurale n'en est pas moins complète. La plupart des dispositions à introduire dans un code rural ne devant être qu'une
reproduction d'une partie des articles du code Napoléon, du
code de procédure civile, du code pénal, du code d'instruction criminelle et des lois forestières, tout ce qui pourrait y
être ajouté rentrerait dans le domaine de la réglementation,
ou descendrait dans des particularités minutieuses et accidentelles, qui ne peuvent prendre place dans un code. Les progrès de l'agriculture exigent, de plus, de fréquentes modifications à la législation, auxquelles la forme d'un code se prête
peu. Il est donc préférable de réviser les actes législatifs concernant la ruralité, lorsque ces actes ne répondent plus aux besoins nouveaux, de les compléter ou de les modifier suivant qu'il
y a lieu, comme aussi de faire toutes les lois nouvelles jugées
nécessaires, au fur et à mesure que cette nécessité appa-
raîtra.

On répond à ces objections qu'avec des fragments il est
bien difficile de former un ensemble, et que les classifications,
les coordinations faites après coup, sont rarement satisfai-
santes. Des lois votées séparément, et quelquefois à de longs
intervalles l'une de l'autre, concordent rarement entre elles.
Des différences de rédaction, et même de véritables contra-
dictions troublent les jurisconsultes et rendent les magistrats
incertains. Pour bien faire, dans ce système, il faudrait rédiger en même temps toutes les lois spéciales; alors elles seraient concordantes et bien liées entre elles; mais ce serait
rédiger un véritable code rural pour le couper ensuite en
morceaux : mieux vaut le faire entier et le conserver dans
son ensemble.

[1] Tome I, p. 21.

Sans doute un code général se prête moins à la révision qu'une série de lois distinctes, mais cet inconvénient est loin d'être absolu, ainsi qu'on l'a éprouvé déjà quand on a révisé le plus grand nombre de nos codes. Il est compensé, d'ailleurs, par de grands avantages. Un code se prête mieux à l'étude ; rédigé d'une manière uniforme, il est plus facilement compris ; classé dans un volume portatif, à la suite du code pénal et du code forestier, il sera sous la main de tous ; on n'aura plus besoin d'aller rechercher ses diverses dispositions soit dans la volumineuse collection du *Bulletin des lois*, soit dans les compléments chronologiques de nos codes usuels, où les lois, souvent éparses à raison de la diversité des dates, sont aussi quelquefois mutilées.

Le Sénat du second Empire a donc pensé avec raison que la rédaction d'un code rural donnerait à l'opinion publique une satisfaction plus complète ; il a indiqué un moyen facile d'écarter les principales objections en divisant le code rural en trois parties distinctes : l'une, le premier livre, consacrée au *Régime du sol* ; l'autre, le second livre, relative au *Régime des eaux* ; la troisième, le troisième livre, concernant la *Police rurale*.

Le *code rural* soumis aux délibérations du Corps législatif commence, comme le code Napoléon, par quelques dispositions générales qui s'appliquent à ses trois livres.

L'article 1er caractérise le système ; il constate que l'on a voulu compléter la législation en vigueur et non pas la bouleverser ; qu'on a tenu surtout à laisser intacte la grande autorité du code Napoléon. Il déclare, en conséquence, que les biens ruraux restent placés sous l'empire des lois qui régissent la propriété et spécialement sous l'empire du code civil. Aucune atteinte ne sera portée aux règles générales du droit commun ; il n'y aura en faveur de la propriété rurale ni exceptions, ni priviléges ; surtout il n'y aura aucune entrave. Le code Napoléon, à l'exemple de la loi de 1791, repose tout entier sur des principes de justice et de liberté. Ce sont les bases fondamentales de notre législation ; ce sera la base du code rural.

L'article 2 abroge toutes les coutumes générales ou locales, tous les usages particuliers encore existants qui seraient contraires aux dispositions du nouveau code.

On aurait voulu pouvoir faire disparaître tous les usages anciens. Incertains, équivoques ou surannés, ils sont bien souvent des sources de procès. Mais, à raison de la diversité des cultures et à raison aussi de la diversité des climats, les habitudes agricoles ne peuvent pas être les mêmes dans toute la France ; il y a des différences considérables entre le midi et le nord, entre les landes et les montagnes, entre les pays d'élevage et les régions vinicoles. De là des diversités qui, dans certains cas, doivent être fatalement abandonnées à l'usage ; lui seul peut régler certaines difficultés relatives aux baux des biens ruraux et à l'époque des congés. Comme ces règles sont nécessaires et d'application fréquente, la formule en est claire et connue de tous [1].

---

[1] Mentionnons pour mémoire, et parce qu'elle se rattache, indirectement, il est vrai, à la matière de ce chapitre, la loi du 3 août 1870, qui abroge celle du 6 décembre 1850, sur la procédure relative au partage des terres vaines et vagues dans les cinq départements composant l'ancienne province de Bretagne.

CHAPITRE VII.

§ 1. LE RÉGIME DES BOIS ET FORÊTS. — § 2. LE RÉGIME
DES EAUX.

§ 1. — Le régime des bois et forêts [1].

Principes généraux. — Régime forestier. — Défrichement. — Reboisement des montagnes. — Droits d'usage. — Cantonnement. — Rachat. — Affouage. — Règles spéciales aux forêts de l'État. — Dunes. — Administration forestière.

Principes généraux. — Les bois et forêts sont une ressource importante de la richesse publique. L'agriculture, l'architecture, la marine, presque toutes les industries, y cherchent des aliments et des ressources que rien ne pourrait remplacer. Nécessaires aux individus, les forêts ne le sont pas moins aux États : c'est dans leur sein que le commerce

[1] Loi 21 mai 1827; ordon. 1er août 1827; ordon. 10 mars 1831, 5 mai 1834; lois 4 mai 1837, 18 juil. 1837; ordon. 31 oct. 1838, 21 décembre 1840, 25 juil., 4 et 17 déc. 1844; décr. 12 avr. 1854; décr. 10, 19 mai 1857; décr. 16 oct. 1858; loi 18 juin 1859; décr. 22 nov. 1859; circul. 26 nov. 1859; décr. 21 déc. 1859; 28 juil. 1860; règl. 27 avril 1861; instruction générale du 1er juin 1861; loi 8 juin 1864.

Sur la *Législation forestière*, voir : Baudrillart, *Code forestier;* — Biret, *Vocabulaire du Code forestier, divisé en deux parties,* 1828; — Brousse, *Code forestier, avec l'exposé des motifs, la discussion des deux Chambres,* 1827; — Chauveau-Adolphe, *Code forestier expliqué par les motifs,* 1827; — (sans nom d'auteur), *Code forestier, suivi de l'ordonnance réglementaire, etc., avec les changements survenus dans la législation et la corrélation des articles entre*

trouve ses moyens de transport et d'échange; c'est à elles que le gouvernement demande des éléments de protection, de sûreté et de gloire.

Les législateurs de tous les âges ont fait de la conservation des forêts l'objet de leur sollicitude particulière; et, en effet, l'existence des forêts est un bienfait inappréciable pour les pays qui les possèdent, soit qu'elles protégent et qu'elles alimentent les sources et les rivières, soit qu'elles soutiennent et raffermissent le sol des montagnes, soit qu'elles exercent

eux, publié par les soins de la direction générale des forêts, 1860; — Ch. Jacquot, *Les Codes de la législation forestière*, etc., 1865; — Coin-Delisle et Frédérich, *Commentaire sur le code forestier*, 1827; — Curasson, *Code forestier conféré et mis en rapport avec la législation qui régit les propriétaires et usagers dans les bois*, 1828; — Dalloz (aîné) et Dalloz (A.), *Explication de la loi modificative du Code forestier, sanctionnée le 18 juin 1859 et promulguée le 19 novembre, même année*, publiée avec la collaboration de M. Meaume, 1860; —De Vaulx et Fœlix, *Code forestier annoté*, 1827;—Dupin, *Extraits du Bulletin des lois et de la collection du Louvre*, etc.; *Lois forestières*, 1822; — Gagneraux, *Code forestier conféré avec la législation et la jurisprudence relatives aux forêts*, etc., 1827; — Garnier et Chanoine, *Commentaire sur le Code forestier*, 1828; — Meaume (E.), *Commentaire du Code forestier*, 1844; — *Programme du cours élémentaire de législation et de jurisprudence professé à l'école forestière de Nancy*, 1846 (Extrait du précédent ouvrage). — *Des Droits d'usage dans les forêts, de l'administration des bois communaux et de l'affouage*, 1851; — Rogron, *Code forestier expliqué*, 1850; — Ardant, *Projet de code rural et de code forestier*, 1819; — Moreau, *Code du commerce des bois carrés et à ouvrer*, 1840-1847; — Le Gentil, *Traité historique, théorique et pratique de la législation des portions communales ou ménagères*, etc., 1854; — *Examen et solution de quatre des principales questions soulevées par les législations des portions communales*, 1857; — Legrand, *Législation des portions ménagères*, 1850; — *Question de compétence à propos de l'aptitude personnelle à la jouissance de certains biens communaux, affouages*, 1851; — Migneret, *Traité de l'affouage dans les bois communaux*, 1844; — D'Avannes, *Des droits d'usages dans les bois de l'État et dans ceux des particuliers*, 1837; — Bazelaire, *Manuel du cantonnement des droits d'usage*, etc., 1858; — Proudhon, *Traité des droits d'usufruit, d'usage personnel et d'habitation*, 1836. — Suton, *Du régime des forêts communales de nouvelle origine*, 1861 (brochure); — Féraud-Giraud, *Police des bois, défrichements et reboisements, commentaire pratique sur les lois promulguées en 1859 et 1860* (1861). — Guichard, *Manuel de la police rurale et forestière*, 1829; — Dralet, *Traité des délits, des peines et des procédures, en matière d'eaux et forêts*, 1833; — Clavé, *Études sur l'économie forestière*, 1862.

sur l'atmosphère une heureuse influence. Aussi les ordonnances de nos rois ont-elles, pendant plusieurs siècles, subordonné l'intérêt privé à l'intérêt public, en restreignant les droits des propriétaires de forêts. Une réaction non moins funeste à cette partie importante de la richesse nationale suivit la législation de 1791, qui rendait aux propriétaires la libre et absolue disposition de leurs bois. La législation actuelle s'est placée entre les restrictions arbitraires de l'ancienne monarchie, et la liberté absolue de la législation de 1791, pour concilier l'intérêt public qui demande la conservation des bois, si utile pour les besoins des usines et des constructions de tout genre, avec le droit de la propriété privée qui réclame son libre exercice.

Les forêts peuvent appartenir à l'État, aux communes, à des sections de communes, à des établissements publics et à des particuliers. La législation forestière est donc nécessairement complexe. Toutefois les forêts de l'État sont soumises à des règles qui leur sont particulières, et à des règles communes à tout l'ensemble du régime forestier. La législation forestière comprend donc deux sortes de dispositions : celles communes à tous propriétaires, et celles spéciales pour l'administration des forêts de l'État.

Régime forestier. — On entend par *régime forestier, l'ensemble des règles de gestion et d'administration déterminées par la législation forestière.* Sont soumis au régime forestier : les bois et forêts qui font partie du domaine de l'État, ceux qui appartiennent à des communes, des sections de communes, des établissements publics, enfin ceux dans lesquels l'État, les communes et les établissements publics ont des droits de propriété indivis avec des particuliers. Quant aux forêts qui appartiennent à des particuliers, elles ne sont pas soumises au régime forestier; les propriétaires, sous la surveillance toute protectrice de l'administration, exercent sur leurs bois tous les droits résultant de la propriété, et conformes à la loi.

Les dispositions communes à tous les propriétaires se rapportent : aux *défrichements*, aux *droits d'usage*, à *certaines mesures de conservation et de sûreté*, à la *servitude légale concernant les arbres de lisières*, et aux *affectations établies pour le service de la marine* [1].

Défrichement. — La question du défrichement a son importance; le défrichement, en effet, est presque une aliénation, et, de plus, c'est une aliénation qui ne se répare que par des siècles de privations et de persévérance. La destruction des forêts, indépendamment des intérêts hygiéniques et des besoins de l'industrie, exerce la plus fâcheuse influence sur l'agriculture, en accroissant la durée des sécheresses, en ouvrant libre carrière aux grands vents qui égrènent et fatiguent les plantes, et en rendant les inondations plus fréquentes. La législation forestière a donc restreint les défrichements par les dispositions suivantes : 1° tous les bois et forêts du domaine de l'État sont assujettis à un *aménagement* réglé par des décrets de l'empereur; on entend par *aménagement* le règlement de l'ordre que l'on suivra dans les coupes; 2° les communes et les établissements publics ne peuvent faire aucun défrichement de leurs bois, sans une autorisation expresse et spéciale du gouvernement. Quant aux bois des particuliers, nul propriétaire ne peut arracher ou défricher ses bois, qu'après en avoir fait la déclaration à la sous-préfecture, au moins quatre mois d'avance, durant lesquels l'administration peut faire signifier au propriétaire son opposition au défrichement. Le préfet, en Conseil de préfecture, donne son avis sur cette opposition. Le dossier est transmis au ministre des finances, qui prononce administrativement. Si, dans les six mois de la signification de l'opposition, la décision du ministre n'est pas rendue, le défrichement peut être effectué. L'opposition au défrichement ne peut être formée que pour les bois dont la conservation est reconnue nécessaire : 1° au maintien des

[1] Décr. 2 mai 1848; loi 22 juil. 1850; loi 23 juil. 1851; loi 7 juin 1853; loi 21 juil. 1856; loi 18 juin 1859; décr. 22 nov., même année.

terres sur les montagnes et sur les pentes; 2° à la défense du
sol contre les envahissements des fleuves, rivières et torrents;
3° à l'existence des sources et cours d'eau; 4° à la protection
des dunes et des côtes contre les érosions de la mer et l'envahissement des sables; 5° à la défense du territoire dans la
partie de la zone frontière déterminée par un règlement d'administration publique; 6° à la salubrité publique. En cas de
contravention : amende, et condamnation à rétablir les lieux
défrichés en nature de bois dans un délai fixé par le jugement,
et qui ne peut excéder trois années; passé lequel délai sans
qu'il y ait eu exécution : plantation et semis par l'administration forestière, aux frais du propriétaire.

Cette restriction n'est pas applicable aux jeunes bois pendant les vingt premières années après leur semis ou plantation, aux parcs et jardins clos et attenant aux habitations,
aux bois non clos, d'une étendue au-dessous de dix hectares,
ne faisant pas partie d'un autre bois qui compléterait une
contenance de dix hectares, ou n'étant pas situés sur le sommet ou la pente d'une montagne. Les semis et plantations de
bois sur le sommet et le penchant des montagnes, sur les
dunes et dans les landes, sont exempts de tout impôt pendant
trente ans.

Reboisement des montagnes [1]. — Des subventions,
soit en graines ou plants, soit en primes d'argent, peuvent être
accordées aux communes, aux établissements publics et aux
particuliers pour le reboisement des terrains situés sur le
sommet ou la pente des montagnes. Dans le cas, de plus, où
l'intérêt public exige que des travaux de reboisement soient
rendus obligatoires, un décret en Conseil d'État déclare l'utilité publique [2], fixe le périmètre des terrains à reboiser, et

---

[1] Loi 28 juillet 1860; — Décret 27 avril 1861.

[2] Rappelons, à ce propos, que par une de ces inconstances législatives dont le
second Empire a donné tant de preuves, on en est revenu à la législation antérieure à 1852, en matière de *déclaration de l'utilité publique*, et qu'en 1870 il
faut *une loi* pour déclarer *l'utilité*.

règle les délais d'exécution. Les terrains indiqués appartiennent-ils à des particuliers? ceux-ci doivent déclarer s'ils entendent effectuer eux-mêmes le reboisement, et, dans ce cas, ils sont tenus d'exécuter les travaux dans les délais fixés par le décret. En cas de refus ou d'inexécution, il peut être procédé à l'expropriation pour cause d'utilité publique; mais le propriétaire exproprié a le droit d'obtenir sa réintégration après le reboisement, en restituant l'indemnité d'expropriation et le prix des travaux, en principal et intérêts. Sa déclaration à cet égard doit être faite par lui à la sous-préfecture, dans les cinq années de la notification de l'achèvement des travaux. Si les communes ou établissements publics refusent d'exécuter les travaux sur les terrains qui leur appartiennent, ou sont dans l'impossibilité de les exécuter, l'État peut soit acquérir ces terrains à l'amiable, soit prendre tous les travaux à sa charge, et, dans ce dernier cas, il conserve l'administration et la jouissance des terrains reboisés, jusqu'au remboursement de ses avances, en principal et intérêts. Les communes et établissements publics peuvent, dans tous les cas, s'exonérer de toute répétition de l'État en abandonnant la propriété de la moitié des terrains reboisés.

Gazonnement des montagnes. — La loi du 8 juin 1864 a complété l'œuvre de la loi du 28 juillet 1860 et du décret du 27 avril 1861. Pour prévenir ou diminuer les dangers des inondations, elle a joint le *gazonnement* au *reboisement* des montagnes. Aux termes de cette loi, les terrains situés en montagne et dont la consolidation est reconnue nécessaire par suite de l'état du sol et des dangers qui en résultent pour les terrains inférieurs, peuvent être, suivant les besoins de l'intérêt public, ou gazonnés sur toute leur étendue, ou en partie gazonnés et en partie reboisés, ou reboisés en totalité. L'administration des forêts est autorisée, après avis conforme du conseil municipal des communes intéressées, — lorsqu'il s'agit de terrains compris dans des périmètres de reboisement obligatoire antérieurement à la promulgation de la loi de

1864, — à substituer des travaux de gazonnement aux travaux de reboisement, dans la mesure jugée par elle convenable. Les communes, les établissements publics et les particuliers peuvent provoquer cette substitution. En cas de refus de la part de l'administration des forêts, il est statué par le préfet en Conseil de préfecture. La décision préfectorale peut être déférée au ministre des finances, qui prendra l'avis de la section des finances du Conseil d'État.

Les communes et les établissements publics peuvent, dans tous les cas, s'exonérer de toute répétition de l'État, en abandonnant la jouissance de moitié au plus des terrains gazonnés, pendant tout le temps nécessaire pour couvrir l'État, en principal et en intérêts, des avances qu'il aura faites pour travaux utiles, ou, à leur choix, par l'abandon de la propriété d'une partie de ces terrains, laquelle ne pourra jamais en excéder le quart; le tout à dire d'experts. Le propriétaire exproprié a le droit d'obtenir sa réintégration dans sa propriété, après le gazonnement, à la charge de restituer l'indemnité d'expropriation et le prix des travaux en principal et intérêts. Il peut s'exonérer du remboursement du prix des travaux, en abandonnant le quart de sa propriété.

Droits d'usage. — Les droits d'usage, qui doivent leur origine aux concessions que les rois, les seigneurs féodaux ou ecclésiastiques et les monastères avaient faites à des communautés d'habitants ou à des familles de tenanciers, à raison de l'habitation des tenanciers sur les lieux, et en vue des terres qui relevaient du roi, des seigneurs, des abbayes, consistent soit dans la faculté de se faire délivrer, à des époques déterminées, du bois de chauffage, du bois d'œuvre pour les constructions, et du bois pour la fabrication des instruments aratoires, soit dans la faculté de ramasser les bois morts ou de faire paître les herbes par des troupeaux, ou de les nourrir dans leur parcours avec les fruits tombés des arbres. Les bois des communes, des établissements publics, des particuliers, mais surtout ceux de l'État sont soumis à ces droits. La législation forestière ne leur est, toutefois, pas favorable ; aussi prohibe-t-elle dans l'avenir toute concession de droit d'usage, de quelque nature et sous quelque prétexte que ce puisse être, et n'admet-elle à exercer un droit d'usage quelconque dans les bois de l'État, que ceux dont les droits étaient constatés et reconnus au moment de la promulgation du Code forestier. Les usages, dont plusieurs existent encore, sont de deux espèces : ou bien ils constituent un droit au produit en bois, ou bien un droit sur la superficie, tel que le droit de pâturage. Les droits qui consistent à se faire délivrer du bois peuvent être *cantonnés*; les droits sur la superficie peuvent être *rachetés* moyennant une indemnité.

Cantonnement. — Le *cantonnement*, dont l'objet est de remédier aux désordres que l'exercice ordinaire des droits d'usage occasionnait dans les bois, est un arrangement en vertu duquel des ayants-droit à l'usage sur des bois dont ils ne sont pas propriétaires, échangent le droit d'exercer cet usage sur la totalité des terrains qui y étaient soumis, contre la propriété pure et simple d'une portion de ces biens. Les propriétaires étant seuls maîtres de décider s'ils affranchiront leurs bois des droits d'usage, l'action en affranchissement d'usage par voie de cantonnement n'appartiendra qu'au gouvernement pour les forêts de l'État, qu'aux communes, aux établissements publics et aux particuliers, pour les bois qui leur appartiennent, mais non aux usagers. Le cantonnement est réglé de gré à gré. En cas de contestation entre le propriétaire et l'usager, il est jugé par les tribunaux.

Lorsqu'il y a lieu d'affranchir les forêts de l'État de droits d'usage en bois, au moyen d'un cantonnement, le directeur général en adresse la proposition au ministre des finances, qui statue sur l'opportunité, après avoir pris l'avis de l'administration des domaines. Si cette opportunité est reconnue, il est procédé par deux agents forestiers aux études nécessaires pour déterminer les offres à faire à l'usager. Ces offres sont soumises par l'administration des forêts au ministre des finances, qui, après avoir pris l'avis de la direction générale des domaines, prescrit, s'il y a lieu, au préfet de les signifier à l'usager. Ce dernier accepte-t-il les offres? il est passé entre le préfet et lui, dans la forme administrative, un acte constatant son engagement, sous réserve de l'homologation du chef de l'État. L'usager propose-t-il, au contraire, des modifications, ou refuse-t-il d'adhérer au projet qui lui a été signifié? rapport au ministre des finances, qui statue et ordonne, s'il y a lieu, au préfet d'intenter l'action en cantonnement. Lorsqu'il y a lieu d'effectuer le rachat d'un droit d'usage quelconque, autre que l'usage en bois, suivant la faculté accordée au gouvernement par l'art. 64 du Code forestier : décision par le ministre des finances. Le préfet est préalablement appelé à donner son avis motivé sur l'absolue nécessité de l'usage pour les habitants, si le droit d'usage appartient à une commune. Après la déclaration de l'opportunité par le ministre des finances, notification de la décision par le préfet au maire de la commune usagère, et délibération du Conseil municipal sur le pourvoi à exercer.

L'exercice des droits d'usage dans les forêts domaniales ne forme pas seulement obstacle aux améliorations que réclame cette portion si importante du domaine de l'État; il est aussi de nature à provoquer entre l'administration et les populations des difficultés irritantes. Déjà le décret du 12 avril 1854 avait tracé des règles relativement au mode de déclaration de l'opportunité du cantonnement et de la détermination des offres à faire à l'usager; mais il ne semblait point suffisant pour prévenir les difficultés que l'exercice des droits d'usage, dans les forêts domaniales, est de nature à provoquer entre l'administration et les populations usagères. Le gouvernement a reconnu la nécessité d'imprimer aux opérations de cantonnement la plus grande célérité possible, et, en même temps, de les diriger dans un esprit de conciliation. Des commissions de cantonnement ont été créées, et, pour tracer à leurs opérations une marche uniforme, le décret du 19 mai 1857 a réglé le mode de détermination des offres à faire aux usagers dans les forêts de l'État. La première disposition de ce décret se rapporte à la déclaration d'opportunité du cantonnement, et prescrit pour l'instruction préalable à cette déclaration la marche suivie pour toutes les affaires domaniales ; les autres dispositions sont relatives à la formation des offres, et comprennent deux parties : l'évaluation de l'émolument usager et la formation du cantonnement. La première condition de l'évaluation de l'émolument usager est de bien distinguer entre eux les divers droits à servir : — évaluation séparée de chacun de ces droits. — Parmi ces droits, les plus importants sont ceux de *marronnage* et d'*affouage*. En général, pour évaluer l'émolument annuel en bois de *marronnage*, on déterminera le volume total des bois des espèces dues que comporte l'ensemble des bâtiments usagers, et on divisera ce volume par le nombre d'années formant la durée moyenne desdits bois, eu égard aux essences employées, à l'âge des bois, à leurs dimensions et aux circonstances locales. La quotité annuelle de l'*affouage*, toutes les fois qu'elle ne consistera pas en une délivrance fixe, et l'émolument annuel de tous droits d'usage en bois, autres que le marronnage, seront déterminés par des moyennes calculées sur le plus grand nombre d'années possible. La valeur en argent des délivrances annuelles sera fixée d'après le prix courant des marchandises dans la localité. Il sera défalqué de la somme représentant la valeur annuelle des délivrances : les redevances payées ou dues par les usagers, en vertu des titres ; la part des frais de garde payés annuellement par eux ; les frais d'exploitation des bois délivrés, si ces frais ne se trouvent pas défalqués dans l'évaluation des délivrances ; la valeur, s'il y a lieu, des travaux mis en charge sur les coupes usagères. Il ne sera fait aucune déduction à raison de la contribution foncière, à moins que le paiement n'en ait été mis à la charge des usagers par une stipulation expresse du titre ; il n'y aura pas non plus de défalcation des frais de timbre des actes relatifs aux délivrances. Le cantonnement sera assis, autant que possible, à la convenance des usagers. La superficie entière du cantonnement sera estimée à sa valeur vénale actuelle. Le sol sera estimé d'après la valeur des sols boisés similaires dans la localité, valeur déterminée au moyen des transactions connues, et, à défaut de transactions connues, par une estimation basée sur le produit net.

Quant aux communes et établissements publics qui veulent affranchir leurs bois des droits d'usage quelconques, par voie de cantonnement ou de rachat, ils doivent en adresser la demande au préfet, qui statue sur l'opportunité, après avoir pris l'avis des agents forestiers. Sur la demande de la commune ou de l'établissement propriétaire, il est adjoint aux deux agents forestiers chargés des études nécessaires pour la détermination des offres, un troisième expert, dont la désignation appartient à la commune ou à l'établissement. La commune ou l'établissement propriétaires sont appelés par le préfet à déclarer s'ils entendent donner suite aux offres de cantonnement ou de rachat. Sur leur déclaration affirmative, les offres sont soumises au ministre de l'intérieur; en cas d'avis favorable, le ministre des finances statue sur la convenance et l'opportunité des offres. Toutefois les modifications qui seraient proposées par l'usager doivent être acceptées par la commune ou l'établissement propriétaires, et approuvées par le ministre de l'intérieur, avant d'être soumises à l'homologation du chef de l'État par le ministre des finances. En cas de refus de l'usager, l'action devant les tribunaux ne peut être intentée que par le maire ou les administrateurs, suivant les formes prescrites par les lois.

Rachat. — Le droit de *rachat* est le moyen d'affranchir les forêts en tout ou en partie des droits de pâture, panage et glandée, moyennant des indemnités qui sont réglées également de gré à gré, ou, en cas de contestation, par les tribunaux. Ces droits généraux n'étant pas susceptibles d'être remplacés par une propriété déterminée et fixe, ne peuvent être convertis en cantonnement. Néanmoins l'administration ne peut requérir le rachat dans les lieux où l'exercice du droit de pâturage est devenu d'une absolue nécessité pour les habitants d'une ou de plusieurs communes. La question de nécessité [1], en cas de contestation par l'administration forestière, est jugée par le Conseil de préfecture après une enquête *de commodo et incommodo*, sauf le recours au Conseil d'État. Les usagers ne peuvent jouir de leurs droits de pâturage et de panage, que pour les bestiaux qui servent à leur propre usage, et non pour ceux dont ils font commerce.

Les bois des communes et des établissements publics, ainsi que ceux appartenant à des particuliers, sont soumis aux mêmes règles que les bois de l'État pour les droits d'usage. Ainsi, pour tous ces bois, l'exercice du droit d'usage en bois est subordonné à la condition d'actes de délivrance émanant des agents forestiers ou des propriétaires, et l'exercice des droits de pâturage et de panage, à la condition que les bois auront été déclarés défensables par l'administration forestière. Les bois déclarés défensables sont ceux qui sont reconnus assez forts et assez élevés pour n'avoir rien à craindre de la dent des bestiaux.

Dans toutes les forêts de l'État, des communes ou des établissements publics, qui ne sont point affranchis au moyen du cantonnement ou de l'indemnité, l'administration peut réduire l'exercice des droits d'usage suivant l'état et la possibilité des forêts, *quel que soit l'objet de ces droits*. Pour les bois

---

[1] C'est au Conseil de préfecture, et non aux tribunaux judiciaires, qu'il appartient de prononcer sur la question de savoir si les droits d'usage appartenant à une commune sur les bois d'un particulier, sont ou non d'une nécessité absolue pour la commune, afin d'arriver à décider ensuite s'ils sont rachetables par le propriétaire ; il en est de ce cas comme de celui où il s'agit de droits d'usage dans les forêts de l'État. Mais si le Conseil de préfecture, saisi de cette question par le renvoi du tribunal, la tranche contre la commune, il doit mettre immédiatement à la charge de celle-ci les frais de l'instance spéciale poursuivie devant lui, et non les réserver pour être joints au fond. (Décret du C. d'État, 4 juillet 1862, cité par M. Ducrocq, *Cours de Droit administratif*, Édit. 1868, p. 180 et suiv.)

des particuliers, il n'y a que les droits de pâturage, parcours, panage et glandée qui puissent être réduits suivant l'état et la possibilité des forêts.

Affouage. — On donne le nom d'*affouage* au droit accordé aux habitants d'une commune de participer au produit d'une forêt communale, chacun pour son usage et celui de sa maison. C'est, suivant M. Magnitot, le bois qui, dans les communes propriétaires de forêts, se distribue en nature aux habitants, pour servir soit au chauffage, soit à des constructions qui intéressent la commune. Les Conseils municipaux *règlent* par leurs délibérations les affouages, en se conformant aux lois forestières.

Délivrance dans le mois de septembre, ou dans la première quinzaine d'octobre, au plus tard, après permis d'exploiter remis au maire par l'administration forestière. Répartition par feux, c'est-à-dire par chefs de famille ayant domicile réel dans la commune [1]. Lorsque les ressources de la commune sont insuffisantes pour s'acquitter des charges qui lui sont imposées, la coupe affouagère peut être vendue, sur le vœu du Conseil municipal, et avec l'autorisation du préfet. Vente par adjudication au lieu indiqué par le préfet. Les difficultés sur la répartition d'affouage sont portées devant le Conseil de préfecture, qui peut nommer un expert pour procéder, en présence du maire et des réclamants, au règlement de l'affouage. Règlement définitif, après approbation du Conseil. Le Conseil d'État décide actuellement que les questions d'*aptitude légale* doivent être jugées par les tribunaux judiciaires, tandis que le Conseil de préfecture doit *constater l'existence des usages locaux*,

---

[1] L'étranger, chef de famille ayant feu dans une commune, a-t-il droit à l'affouage communal? D'anciens arrêts du Conseil et quelques cours impériales refusent absolument aux étrangers, même à ceux admis à établir leur domicile en France, le droit aux jouissances affouagères. Quelques arrêts de la Chambre des requêtes, accordent à l'étranger le droit de participer à la jouissance des biens communaux, toutes les fois qu'en fait il a feu et domicile réel et fixe dans la commune. Voir le *Cours de Droit administratif* de M. Ducrocq, édit. 1868, p. 180.

prononcer sur la répartition, la quotité des parts individuelles et, en général, sur tout ce qui touche au mode de partage.

Quel est le caractère du droit d'affouage? M. Proudhon le considère comme un droit d'usage, une servitude réelle, appartenant à l'habitant, comme celui qui appartient à un particulier pour son chauffage et l'entretien de sa maison sur le bois d'un autre particulier, ou à raison de sa résidence et de sa culture. Suivant M. Migneret, l'affouage ne serait pas un droit d'usage, mais un partage de fruits communs entre des co-intéressés [1].

Les forêts sont une des parties les plus importantes de la richesse nationale; aussi le législateur a-t-il dû prendre certaines mesures de conserva'ion et de sûreté pour les protéger contre les accidents calamiteux, ou contre les entreprises des particuliers. C'est ainsi que, dans l'intérêt de la conserva-des bois et forêts soumis au régime forestier, la législation a défendu l'établissement d'aucun four à chaux ou à plâtre, d'aucune briqueterie ou tuilerie, à moins d'un kilomètre de distance des forêts; d'aucune construction de maisons ou fermes, à moins de 500 mètres des forêts, et, dans ces constructions, d'aucun atelier à façonner les bois, sans l'autorisation du préfet. La servitude légale concernant les arbres de lisières est encore une règle commune aux bois des particuliers, des établissements publics, des communes et de l'État. Elle consiste à défendre aux propriétaires riverains des bois et forêts de se prévaloir de l'article 672 du Code Napoléon, qui donne au propriétaire voisin le droit de couper les branches avançant sur son fonds pour l'élagage des lisières desdits bois, si ces arbres de lisières ont plus de trente ans.

La servitude établie par le Code forestier est une transaction entre la disposition de l'ordonnance de 1669, qui prohibait d'une manière absolue l'élagage des arbres de lisières, et

[1] Proudhon, *Traité de l'usufruit*, n° 3242; Migneret, *Traité de l'affouage dans les bois communaux*, p. 9; Gabriel Dufour, *Traité général de droit administratif appliqué*, t. III, p. 104; Batbie, *Intr. gén.*, p. 223.

l'article 672 du Code Napoléon. Enfin, l'ordonnance de 1669 avait soumis les bois des particuliers au droit de choix et de martelage, dans l'intérêt des constructions navales ; mais la législation forestière n'a vu dans ce droit qu'une atteinte à la propriété privée, et n'a donné au département de la marine le droit de faire choisir et marteler les arbres propres aux constructions navales, que dans les bois soumis au régime forestier.

Les propriétaires des bords du Rhin sont, toutefois, soumis à des dispositions spéciales concernant la fourniture des bois ou oseraies nécessaires aux travaux d'endigage ou de fascinage sur ce fleuve, en cas d'insuffisance des bois de l'État et de ceux des communes. — Obligation pour les propriétaires riverains, dans un rayon de 5 kilomètres, d'avertir trois mois d'avance l'administration des coupes projetées.

Règles spéciales aux forêts de l'État. — Les règles spéciales aux forêts de l'État concernent l'aménagement, la délimitation et le bornage, les adjudications, les exploitations de coupes et le réarpentage.

L'*aménagement* est, nous l'avons dit, le règlement de l'ordre que l'on suivra dans les coupes. Il est réglé par des décrets du chef de l'État, et sert de base aux mises en vente des coupes ordinaires. Il ne peut être fait dans les bois de l'État aucune coupe extraordinaire, ni aucune coupe de quarts en réserve, sans un décret inséré au Bulletin des lois, à peine de nullité des ventes.

La *délimitation* est la séparation entre les bois et forêts de l'État et les propriétés riveraines. Elle consiste dans la reconnaissance et la fixation, à l'aide d'un plan topographique, de la ligne séparative entre deux ou plusieurs immeubles. Il faut la distinguer du *bornage*, qui n'est que l'opération ayant pour objet de constater par des signes matériels extérieurs, appelés *bornes*, placés sur la ligne séparative, l'accomplissement et le résultat de la délimitation. Elle peut être requise par l'administration forestière ou par les propriétaires riverains. Lorsque cette séparation ou délimitation sera effectuée par un simple bornage, elle sera faite à frais communs. Lorsqu'elle sera effectuée par des fossés de clôture, les travaux seront exécutés aux frais de la partie requérante, et entrepris entièrement sur son terrain. La délimitation est partielle ou générale. Partielle, elle peut avoir lieu à l'amiable ou judiciairement. Générale, elle est exécutée par les agents forestiers, après publication et affiches dans les communes limitrophes. Les parties intéressées ont un an pour former opposition. Décret déclarant si le procès-verbal est ou non approuvé. Dans le premier cas, l'opération est définitive à défaut de réclamation de la part des propriétaires riverains dans le délai fixé. Bornage par les agents forestiers. Dans le second cas, les parties rentrent dans le droit commun, et chaque propriétaire peut poursuivre le bornage devant les tribunaux.

Aucune vente, ordinaire ou extraordinaire, ne pourra avoir lieu dans les bois de l'État, à peine d'être déclarée nulle comme vente clandestine, que par voie d'*adjudication publique* annoncée par des affiches au moins quinze jours d'avance. Les contestations qui peuvent s'élever pendant les opérations d'adjudication, sont immédiatement décidées par le fonctionnaire présidant la séance. Les agents forestiers, leurs parents et alliés en ligne directe, leurs frères et beaux-frères, oncles et neveux, les conseillers de préfecture, juges et officiers du ministère public, ainsi que les greffiers des tribunaux de première instance, dans toute l'étendue de leur ressort, ne peuvent prendre part à ces ventes, ni par eux-mêmes, ni par personnes interposées, ni comme parties principales, ni comme associés ou cautions. Les adjudications sont publiques et avec libre concurrence.

Quant à *l'exploitation* des coupes, les adjudicataires sont soumis à certaines conditions. C'est ainsi qu'ils ne peuvent commencer l'exploitation de leurs coupes avant d'avoir obtenu par écrit, de l'agent forestier local, le permis d'exploiter, à peine d'être punis comme délinquants pour les bois coupés.

C'est ainsi qu'ils sont encore tenus d'avoir un facteur ou garde-vente assermenté devant le juge de paix; de déposer chez l'agent forestier local et au greffe du tribunal d'arrondissement l'empreinte du marteau destiné à marquer les arbres et bois de leur vente; de respecter tous les arbres marqués pour demeurer en réserve; de n'effectuer aucune coupe, ni enlever de bois, avant le lever et après le coucher du soleil; de ne peler ou écorcer sur pied aucun des bois de leur vente, à moins d'autorisation expresse; de ne point allumer de feu dans leur loge ou atelier. Ils sont, d'ailleurs, à partir du permis d'exploiter, et jusqu'à ce qu'ils aient obtenu leur décharge, responsables de tout délit forestier commis dans leur s ventes et à la distance de 250 mètres à partir des limites de la coupe (ouïe de la cognée), si leurs facteurs ou gardes-ventes n'ont pas fait leur rapport et ne l'ont pas remis à l'agent forestier, dans le délai de cinq jours. L'adjudicataire, pour dégager sa responsabilité envers l'administration forestière, a besoin d'une décharge émanée du préfet, et qui ne peut être accordée qu'après la confection d'un procès-verbal de réarpentage et de récolement auquel l'adjudicataire est tenu d'assister. En matière forestière, le *récolement* est la revue faite par les agents forestiers d'une coupe de bois, pour reconnaître si les clauses du cahier des charges ont été exécutées par l'adjudicataire, et si l'exploitation a eu lieu conformément à la loi. Le *réarpentage* a pour objet de constater définitivement l'étendue de la coupe. Si, dans le mois après la signification de la mise en demeure de l'administration, il n'avait pas été procédé au réarpentage et au récolement, l'adjudicataire serait libéré [1].

[1] L'article 4 de la loi des 24-29 juillet 1867 sur les conseils municipaux, statue que désormais les forêts et les bois de l'État acquitteront les centimes additionnels ordinaires et extraordinaires affectés aux dépenses des communes, dans la proportion de la moitié de la valeur imposable, sans préjudice de l'article 13 de la loi du 21 mai 1836 sur les chemins vicinaux, et de l'article 3 de la loi du 12 juillet 1865 sur les chemins de fer d'intérêt local. La loi du 19 ventôse an IX, portant que les bois et forêts nationaux ne payeront point de contributions, se trouve abrogée par cette disposition, et le principe contraire, quoique encore

Les forêts de l'État diffèrent des autres biens appartenant à l'État, en ce qu'elles ne peuvent pas être affermées. Elles ne peuvent pas l'être, parce que l'unité d'exploitation est nécessaire à leur conservation et à leur propriété. Le code forestier déclare qu'à l'avenir il ne sera fait aucune concession à titre particulier dans les bois de l'État. Quant aux affectations de cette nature encore existantes, le gouvernement, dans le cas où leur titre serait reconnu valable par les tribunaux, aura la faculté d'en affranchir les forêts de l'État, moyennant un cantonnement, qui sera réglé de gré à gré, et, lorsqu'il y aura contestation, par les tribunaux, pour tout le temps que devait durer la concession. L'action en cantonnement ne pourra être exercée par les concessionnaires. Les affectations pour le service d'une usine cesseront en entier, de plein droit et sans retour, si le roulement de l'usine est arrêté pendant deux années consécutives, sauf le cas d'une force majeure dûment constatée.

Les forêts de l'État ne peuvent être aliénées en vertu des règles ordinaires des biens domaniaux. Leur aliénation n'a lieu qu'en vertu de règles spéciales.

Les forêts nationales ont été considérées de tout temps comme une propriété d'une nature particulière, en raison de leur nature propre et de l'immense intérêt qui s'attache à leur conservation ; aussi l'Assemblée constituante a-t-elle excepté des ventes domaniales prescrites par la législation de 1790 les grandes masses de bois et forêts, définies à nouveau par la loi du 2 nivôse an IV. Aucune portion du domaine forestier ne peut donc être aliénée qu'en vertu d'une loi, conformément au principe de l'article 8 de la loi des 22 novembre — 1er décembre 1790. La loi de finances du 25 mars 1817 a affecté tous les bois de l'État, grandes et petites masses, à la caisse d'amortissement, et a décidé qu'ils ne pourraient être vendus

restreint dans son application, reste acquis aux communes comme aux départements (a).

(a) Rapport de M. Seneca.

qu'en vertu d'une loi. C'est à cette législation spéciale que s'est
référée, pour la maintenir, relativement aux bois et forêts de
l'État, la loi du 1er juin 1864, inapplicable à cette portion du
domaine, et dont l'article 1er est ainsi conçu : Continueront à
être vendus aux enchères publiques, dans les formes déterminées par les lois des 15 et 16 floréal an X, 5 ventôse an XII et
18 mai 1850, les immeubles domaniaux autres que ceux dont
l'aliénation est régie par des lois spéciales. Toutefois, l'immeuble qui, en totalité, est d'une valeur estimative supérieure à un
million, ne pourra être aliéné, même partiellement ou par lots,
qu'en vertu d'une loi. La loi du 11 juillet 1866 sur l'amortissement a confirmé encore cette situation, en renouvelant l'affectation des bois de l'État à la caisse d'amortissement, en pla-
çant les produits des coupes ordinaires et les produits accessoires des forêts dans la dotation annuelle de cette caisse, et en
ajoutant à cette dotation le produit des coupes extraordinaires
et *aliénations de forêts qui pourront être autorisées par les lois* [1].

Dunes. — Le décret du 14 décembre 1810 accorde à l'État
le droit d'opérer d'office le reboisement des dunes mobiles,
afin de les fixer et de les empêcher d'envahir le pays. Les
propriétés particulières sont, elles-mêmes, soumises à ce droit,
fondé sur une raison d'intérêt public. L'État est, en effet,
autorisé par l'article 5 du décret de 1810 à faire par lui-même
les travaux d'ensemencement, en cas de refus ou d'impuissance de les exécuter de la part des propriétaires. Sans être
assujetti au payement d'aucune indemnité, il conserve l'administration et la jouissance des terrains, jusqu'au complet recouvrement de ses avances en principal et intérêts. Le propriétaire rentre alors en possession de son fonds, à la charge
d'entretenir convenablement les plantations existantes. En
vue d'établir l'unité de direction dans les services qui se rattachent au service forestier, l'article 2 du décret des 29 avril —
16 mai 1862, a placé dans les attributions du ministre des

[1] Voir le *Cours de Droit administratif* de M. Ducrocq. édition 1868, p. 454
et suiv.

finances, et confié à l'administration des forêts, les travaux de
fixation, d'entretien, de conservation et d'exploitation des
dunes sur le littoral maritime. Les travaux de fixation des
dunes du littoral maritime ont compris, en 1869, une étendue
de 2,450 hectares, et l'établissement de 29 kilomètres de palis-
sades de défense contre l'invasion des sables.

Administration forestière. — La première condition
pour la conservation de la propriété forestière, est l'institution d'une administration spéciale chargée d'exercer une
surveillance incessante sur toutes les parties du sol forestier,
et d'y agir soit pour l'amélioration du sol des forêts, soit pour
assurer la répression des délits qui pourraient y être commis.
L'administration forestière se compose d'une direction générale, et d'un service local. La direction générale est confiée à
un directeur, assisté de sous-directeurs dirigeant et surveil-
lant le service, et rendant compte au ministre des finances.
Le service local se divise en conservations, subdivisées elles-
mêmes en inspections et sous-inspections. La direction a, de
plus, sous ses ordres, des agents sous les dénominations de
gardes généraux, d'arpenteurs, de gardes à cheval et de gardes
à pied. Une école forestière est établie à Nancy [1].

---

[1] L'administration des forêts est placée dans les attributions du ministre des
finances. Elle comprend un nombre déterminé de conservations forestières, entre lesquelles sont répartis les divers éléments du domaine forestier.

L'administration forestière est chargée, tant dans l'intérêt de l'État que dans
celui des autres propriétaires de bois et forêts soumis au régime forestier, des
poursuites en réparation de tous délits et contraventions commis dans ces bois et
forêts. Les actions et poursuites seront exercées, par les agents forestiers, au nom
de l'administration forestière, sans préjudice du droit qui appartient au ministère
public. L'administration des forêts est autorisée à transiger, avant jugement définitif, sur la poursuite des délits et des contraventions, en matière forestière, commis
dans les bois soumis au régime forestier. Après jugement définitif, la transaction
ne peut porter que sur les peines et réparations pécuniaires (art. 159 du *Code
forestier*, modifié par la loi du 18 juin 1859). Le décret des 21-28 décembre 1859
porte que les transactions sur la poursuite des délits et contraventions commis par
les adjudicataires des coupes dans les bois soumis au régime forestier, deviennent
définitives : 1° par l'approbation du directeur général, lorsque, sur les procès-
verbaux constatant les délits ou contraventions, les amendes, dommages-intérêts
ou restitutions encourus ne s'élèvent pas au-dessus de mille francs, ou lorsque

§ 2. — Le régime des eaux [1].

Principes généraux. — Droit de police de l'administration. — Cours d'eau navigables et flottables. — Cours d'eau non navigables ni flottables. — Travaux destinés à mettre les villes à l'abri des inondations. — Canaux de navigation. — Canaux artificiels. — Associations d'arrosants. — Drainage. — Étangs. — Chemin de halage. — Eaux minérales.

Principes généraux. — Le régime des eaux embrasse les rivières et canaux navigables ou flottables, les rivières non navigables ni flottables, les canaux artificiels non navigables. Quant aux sources, aux eaux pluviales et souterraines, aux lacs particuliers et aux fossés, ils sont réglés par le droit civil ou par les règlements locaux.

Deux principes dominent l'action administrative par rapport aux eaux courantes : l'administration est chargée de la conservation des rivières et de la direction des canaux. Elle doit chercher et indiquer les moyens de procurer le libre

les condamnations prononcées n'excèdent pas cette somme; 2° par l'approbation du ministre des finances, lorsque le montant des condamnations encourues ou prononcées dépasse mille francs (art. 1er). — Les transactions sur la poursuite de tous autres délits ou contraventions constatés à la diligence de l'administration forestière, deviennent définitives : 1° par l'approbation du conservateur, lorsque, sur les procès-verbaux constatant les délits ou contraventions, les amendes, dommages-intérêts, restitutions encourus ne s'élèvent pas au-dessus de cinq cents francs, ou lorsque les condamnations prononcées n'excèdent pas cette somme; 2° par l'approbation du directeur général, lorsque les condamnations encourues ou prononcées ne dépassent pas mille francs; 3° par l'approbation du ministre des finances dans les autres cas (art. 2).

[1] Loi 22 déc. 1789; loi 12 août 1790; loi 21 sept. 1791. Tit. II; arrêté direct. 19 vent. an VI; loi 14 flor. an XII; Code pénal, art. 471, § 15; loi 16 juil. 1840; circul. min. trav. publ. 21 oct. 1851; décr. 25 mars 1852; loi 28 mai 1858; règl. 15 août 1858; arrêt Cons. d'État, 13 juin 1860; décr. 8 mai 1861.

Sur les *Cours d'eau*, voir : Benoît-Rathier, *Traité des cours d'eau navigables ou flottables en train*, 1847. — Bordeaux, *De la législation des cours d'eau dans le droit français ancien et dans le droit moderne.* — Carathéodory (Et.), *Du Droit international concernant les grands cours d'eau; étude historique et pratique sur la liberté de la navigation fluviale*, 1861. — Colas de La Noue (Ed.), *De la Propriété des sources*, 1865 (brochure). — Daviel, *Traité de la*

cours des eaux, d'empêcher que les prairies ne soient submergées par la trop grande élévation des écluses des moulins et par les autres ouvrages d'art établis sur les rivières; diriger, enfin, autant qu'il sera possible, toutes les eaux du territoire vers un but d'utilité générale, d'après les principes de l'irrigation. Si l'on considère que par la navigation et le flottage les eaux courantes servent de moyens de communication et de transport, et que par leur pente et leur volume elles fournissent des moteurs à l'industrie, que par leur étendue elles abritent et alimentent le poisson et préparent ainsi des moyens de subsistance, qu'enfin par leurs principes fécondants elles favorisent l'agriculture, on comprendra que le législateur ait donné toute son attention à cet élément de la prospérité publique.

On entend par rivière *navigable* ou *flottable* un assemblage d'eau coulant dans un lit d'une étendue considérable, et servant au transport des personnes et des marchandises,

---

législation et de la pratique des cours d'eau. — Denizot, *De la législation et de la compétence en matière de cours d'eau et de leur application à la dérivation de la Somme-Soude.* — Dufour (Gab.), *Police des eaux; traité pratique à l'usage des maîtres d'usines, des riverains de la mer et des cours d'eau navigables et non navigables, et des concessionnaires ou propriétaires de marais, avec un commentaire spécial des lois sur l'irrigation et le drainage.* — Dumont, *De l'organisation légale des cours d'eau sous le triple point de vue de l'endiguement, de l'irrigation et du desséchement;* — Du Plessy, *De la législation des cours d'eau en droit français* (thèse pour le doctorat). — Eydoux, *De la nécessité d'une réforme dans la législation des cours d'eau non navigables ni flottables.* — Garnier, *Régime ou traité des rivières et cours d'eau de toute espèce.* — Le même, *Commentaire sur la loi du 24 juin 1854, sur le drainage.* — Hardouin, *Aperçu du régime des eaux non navigables, suivi d'un examen du projet de loi sur les associations syndicales.* — Regnard (N.), *De l'usage des cours d'eau non navigables ni flottables, suivant l'ancien et le nouveau droit* (brochure). — Rives, *De la propriété du cours et du lit des rivières non navigables et non flottables.* — Voir aussi le *Dictionnaire de la voirie*, etc., de Rousset. — Sauveur, *Mémoire sur la révision de la législation des cours d'eau non navigables ni flottables* (Droit belge). — Lagénardière, *Commentaire des lois de 1790 et 1791, en vertu desquelles l'autorité administrative s'attribue un pouvoir discrétionnaire sur les cours d'eau non navigables.* — Chauveau-Adolphe, *Essai sur le régime des eaux navigables et non navigables,*

soit par bateaux, soit sur trains ou radeaux, soit à bûches
perdues.

On appelle *canal* tout cours d'eau creusé de la main des
hommes, pour recevoir les eaux de la mer, des fleuves,
rivières, ruisseaux, et les conduire d'un lieu dans un autre.
On divise les canaux en canaux navigables ou flottables, et
en canaux artificiels. Il y a plusieurs espèces de canaux artificiels : les canaux de navigation, les canaux de dérivation
pour les usines, et les canaux de desséchement. Les canaux
d'irrigation ont pour but spécial d'amener des eaux pour être
répandues sur des terrains dont on veut corriger l'aridité, en
les humectant et en y déposant des terrains fertiles. Les canaux de dérivation pour les usines servent à augmenter le
volume des eaux. Les canaux de desséchement sont des canaux
artificiels qui servent à faire écouler les eaux des prairies ou
des marais, et à procurer ainsi leur desséchement.

Pour savoir quels sont les droits de l'administration sur

sous le double point de vue théorique et pratique. — Dubreuil, *Analyse raisonnée de la législation des eaux.* — Giovanetti, *Du régime des eaux, et particulièrement de celles qui servent aux irrigations.* — Championnière, *Du
droit des riverains à la propriété des eaux courantes, sous l'ancien et le nouveau régime.* — Decamps, *Manuel des propriétaires riverains, dans lequel se
trouvent traités les lacs et les étangs.* — Dralet, *Traité des délits, des peines et
des procédures, en matière d'eaux et forêts.* — Séguin, *Du régime des eaux en
Provence, avant et après 1790, d'après les lois, décrets, règlements, arrêts et
usages locaux.* — Franquet y Bertran, *Essai sur l'origine, l'esprit et les progrès de la législation des eaux* (Droit espagnol). — Nadault de Buffon, *Des
canaux d'irrigation en Italie.* — Du même, *Des Usines sur les cours d'eau.*
— Bourguignat, *Législation appliquée des établissements industriels, notamment des usines hydrauliques ou à vapeur, des manufactures,* etc. — Vio-
let, *Essai pratique sur l'établissement et le contentieux des usines hydrauliques.* — Baudrillart, *Dictionnaire général et raisonné des eaux et forêts.* —
Bertin, *Code des irrigations,* etc. — Mauny de Mornay, *La pratique et la législation des irrigations dans l'Italie supérieure et dans quelques États de
l'Allemagne.* — Bourguignat, plus haut nommé, *Traité complet de droit rural
appliqué; guide légal, théorique et pratique du draineur.* — Tripier, *Commentaire de la loi des 17-23 juillet 1856 sur le drainage, suivi de la législation des irrigations, et sur le libre écoulement des eaux.* — Chardon, *Traité
du droit d'alluvion,* etc.

les cours d'eau, il faut distinguer entre les cours d'eau navigables et flottables, les cours d'eau non navigables ni flottables, et les canaux artificiels. L'administration a un *droit d'administration* et de police sur les cours d'eau navigables et flottables, et sur les cours d'eau non navigables ni flottables. Elle n'a qu'un *droit de surveillance* sur les canaux artificiels.

Quant aux rivages de la mer, dans l'intérêt de la sûreté des côtes et de la liberté de leur accès, ils sont attribués au domaine public. L'autorité administrative a le droit et le devoir d'empêcher que des entreprises particulières ne les détournent de leur destination et ne nuisent à l'avantage que chacun a le droit d'en retirer. Interdiction de toute entreprise sur le rivage de la mer, de tous ouvrages qui puissent porter préjudice à la navigation, sous peine d'amendes prononcées par les tribunaux administratifs (délits de grande voirie). Autorisation préalable du gouvernement pour la construction de digues de défense. Les limites de la mer sont déterminées par décrets du chef de l'État rendus sous forme de règlements d'administration publique, tous les droits des tiers réservés [1].

---

[1] Est réputé *rivage* et bord de la mer tout ce qu'elle couvre et découvre pendant les nouvelles et pleines lunes, jusqu'où le grand flot de mars peut s'étendre sur les grèves. On appelle *lais* de la mer les alluvions qu'elle forme au rivage ainsi défini ; *relais* de la mer, les terrains qu'elle abandonne insensiblement en se retirant du rivage (a). Le décret de délimitation du rivage n'est que la constatation du fait naturel de l'action du flot ; aussi M. Ducrocq enseigne-t-il avec raison, en se fondant sur la jurisprudence du Conseil d'État (Arr. 27 mai 1863 ; 15 déc. 1866), que tout acte qui prétendrait comprendre arbitrairement dans les rivages de la mer des terrains qui n'en présenteraient pas les caractères naturels, devrait être annulé pour excès de pouvoir. A plus forte raison l'administration qui reconnaîtrait avoir fait une délimitation inexacte, pourrait-elle rectifier cette délimitation ou rapporter volontairement son acte (b).

Chacun peut exercer, sur les rivages de la mer, les facultés qui n'ont rien d'incompatible avec le double intérêt de la sûreté des côtes et de leur libre accès ; mais il est interdit à toute personne d'y bâtir, d'y planter aucun pieu, d'y faire aucun ouvrage qui puisse porter préjudice à la navigation. A la différence des rivages de

(a) Cabantous, *Répétitions écrites de Droit public et administratif*, édit. 1867, p. 420.
(b) Ducrocq, *Cours de Droit administratif*, édit., 1868, p. 412.

Droit de police de l'administration. — Le droit de police de l'administration sur les cours d'eau se manifeste de deux manières : 1° par des *mesures individuelles* émanant tantôt de l'administration centrale, tantôt des préfets ; 2° par des *mesures générales* et *collectives*, ou *règlements d'eau.*

Les *mesures individuelles*, relatives pour la plupart à des concessions de prises d'eau, ont un caractère discrétionnaire ne donnant lieu qu'à un recours par la voie gracieuse, mais n'empêchant pas le tiers de porter devant les tribunaux ordinaires leurs demandes en dommages-intérêts contre les concessionnaires. Quant aux *règlements d'eau*, que les préfets seuls ont le droit de prendre, et qui sont protégés par la sanction pénale de l'article 471, § 15, du Code pénal, ils peuvent ou contenir des prescriptions de police, ou régler les rapports des concessionnaires de prises d'eau entre eux ; mais leur limite est l'intérêt général, et les préfets ne pourraient, sans excès de pouvoir, trancher par des arrêtés de cette nature des discussions privées. Le droit de réglementation est purement discrétionnaire ; les parties intéressées ne peuvent recourir que par la voie gracieuse.

Cours d'eau navigables et flottables [1]. — Les *règlements d'eau*, que les préfets seuls ont le droit de prendre, —

---

la mer, ses lais et relais ne sont, ni par leur nature ni par leur destination, non susceptibles de propriété exclusive et privée ; ils ne font pas partie du domaine public, mais du domaine de l'État. Ils sont donc aliénables, prescriptibles et peuvent être concédés à perpétuité (a).

[1] La *navigabilité* est l'aptitude physique et matérielle d'un cours d'eau à la navigation, que cette aptitude soit naturelle ou artificielle, que ce cours d'eau soit fréquenté ou ne le soit pas. Les *déclarations de navigabilité* faites par l'autorité administrative, ne créent point la domanialité publique. Elles constatent seulement le fait matériel générateur de cette domanialité, c'est-à-dire l'aptitude du cours d'eau à pouvoir, d'amont en aval, soit dans la totalité, soit seulement dans une partie de son cours, servir de moyen de transport. L'article 538 du Code civil assimile à la navigabilité le *flottage par trains ou radeaux*, affecté comme la navigation au transport des marchandises, mais non le *flottage à bûches perdues.*

(a) Cabantous, *Ibid.*

ceux qui émaneraient des maires seraient entachés d'illégalité, — peuvent contenir deux sortes de dispositions : les unes
ayant pour but de satisfaire aux exigences de l'intérêt public,
les autres qui règlent les rapports des usiniers ou concessionnaires de prises d'eau entre eux. L'administration n'a, du
reste, le droit de régler les eaux que dans l'intérêt général.
Les cours d'eau navigables et flottables sont soumis au régime de la grande voirie, et à la juridiction des conseils de
préfecture; leur voisinage entraîne à la charge des riverains
des servitudes de halage et de marchepied; le droit d'y pêcher
appartient à l'État; les îles, îlots, atterrissements qui se forment dans leur lit font partie du domaine privé de l'État; c'est
l'État qui est chargé de leur curage et de l'entretien des ouvrages qui y sont établis dans l'intérêt de la navigation; les
communes ou particuliers ne peuvent être appelés à y contribuer que si leurs établissements ont rendu le curage nécessaire. Le préfet a le droit de fixer la largeur des cours d'eau
navigables et flottables, par des *arrêtés de délimitation* qui, en
ordonnant leur élargissement ou leur redressement, déclarent
les véritables limites de la domanialité, sans aucune indemnité pour les riverains.

Au point de vue des concessions et autorisations pour
l'usage des eaux, l'administration a le droit de stipuler au
profit de l'État une redevance proportionnelle à la valeur de
la force motrice. Les concessions et autorisations d'établissements de nature à exercer quelque influence sur le régime
des eaux, sont accordées par décret dans la forme des règlements d'administration publique pour les établissements *permanents*; par arrêté préfectoral, pour les établissements *temporaires*, et pour une année. Les concessions peuvent être
supprimées par l'autorité qui les a accordées, ou suspendues,
sans indemnité pour les concessionnaires; les concessions et
autorisations de prises d'eau pour l'*irrigation* doivent émaner
du chef de l'État, si elles doivent avoir pour effet d'altérer
sensiblement le régime de l'eau; elles émanent du préfet, dans

le cas contraire. Les riverains n'ont aucun droit privatif à
l'usage des eaux navigables et flottables; ces cours d'eau appartiennent au domaine public.

Cours d'eau non navigables ni flottables. — Les contraventions à la police de ces cours d'eau sont jugées par les
tribunaux de simple police, et la poursuite n'est possible que
s'il existe un règlement d'eau; pas de servitudes de halage ou
de marchepied; le droit de pêche appartient aux riverains, qui
deviennent également propriétaires des îles, îlots et atterrissements formés dans le lit, et sont chargés du curage ainsi
que de l'entretien. Le curage est ordonné par un arrêté réglementaire du préfet. Il peut être exécuté de plusieurs manières :
ou par l'action individuelle de chaque riverain au long de son
héritage, ou par l'administration aux frais des riverains par
voie de contribution personnelle, ou par l'action des propriétaires riverains réunis en association syndicale. Aux termes
de la loi du 21 juin 1865, les propriétaires riverains des cours
d'eau ni navigables ni flottables, peuvent se constituer en
associations syndicales. S'il ne le font pas, un *syndicat forcé*
peut être établi, par des motifs analogues à ceux qui ont déterminé le législateur à autoriser la formation d'un syndicat
de ce genre pour les endiguements. En vertu d'un décret du
8 mai 1861, la police, le curage et l'amélioration des cours
d'eau non navigables ni flottables ont été placés exclusivement
dans les attributions du ministre des travaux publics.

Le préfet ne peut ordonner l'élargissement ou le redressement des cours d'eau non navigables ni flottables, que moyennant indemnité pour les riverains, et en suivant les formalités de l'expropriation pour cause d'utilité publique, à défaut
de cession amiable [1]; mais le préfet et le ministre sont seuls
compétents, sauf recours contentieux au Conseil d'État, pour
connaître des contestations sur le point de savoir si le curage

---

[1] Arrêts du Conseil d'État, 31 janvier 1853; 16 février 1854; 2 déc. 1858;
22 déc. 1859.

a lieu d'après les limites naturelles, ou s'il entame la propriété des riverains [1].

Gratuité des concessions et autorisations [2]. Octroi des concessions et autorisations par le préfet, sauf recours au ministre, que les établissements soient permanents ou temporaires. En cas de suppression de la concession : indemnité due au propriétaire dont l'établissement a une existence légale. Les concessions de prises d'eau pour l'irrigation n'émanent jamais que du préfet. Droit privatif pour les riverains, consacré par les articles 644 et 645 du Code civil, mais altéré, il est vrai, par la *servitude d'aqueduc* (loi du 29 avril 1845) et le *droit d'appui* (loi du 11 juillet 1847).

La question de savoir si les cours d'eau non navigables ni flottables font partie ou non du domaine privé est fort controversée. La loi se tait à cet égard, et ne fait que consacrer deux règles relatives aux droits des propriétaires riverains. Ces deux règles consistent dans le droit accordé à tout propriétaire riverain de se servir ou d'user des eaux, à leur passage, pour l'irrigation de ses propriétés, et dans celui de l'administration de régler cet usage dans chaque localité.

C'est ainsi que celui dont la propriété borde une eau courante, ni navigable ni flottable, peut s'en servir à son passage pour l'irrigation de ses propriétés, et que celui dont cette eau traverse l'héritage, peut même en user dans l'espace qu'elle y parcourt, mais à charge de la rendre, à la sortie de ses fonds, à son cours ordinaire. S'il s'élevait une contestation entre les propriétaires auxquels ces eaux peuvent être utiles, les tribunaux, en prononçant, devraient concilier l'intérêt de l'agriculture avec le respect dû à la propriété, et, dans tous les cas, les règlements particuliers et locaux sur le cours et l'usage des eaux devraient être observés.

Des dispositions que nous venons d'énumérer il résulte

[1] Arrêts du Conseil d'État, 16 févr. 1854, 8 avril 1858.
[2] Arrêt 13 juin 1860

que, puisque le droit des riverains est loin d'être exclusif et absolu, ils ne sont pas propriétaires de l'eau courante qui n'est ni navigable ni flottable, et qu'ils n'ont sur cette eau qu'un droit d'usage. Qui en sera le propriétaire? Elle appartiendra au domaine public. Quant au lit de ces rivières, le silence de la loi sur la propriété des cours d'eau non navigables ni flottables, a donné lieu à des dissidences sur la question de savoir à qui il appartient. Les uns sont d'avis que de même que les îles se formant dans le lit des fleuves et rivières navigables et flottables appartiennent à l'État, comme accessoires du lit du fleuve qui fait partie du domaine public, de même le lit des rivières non navigables ni flottables, doit appartenir aux propriétaires riverains, puisque l'art. 561 du Code civil, inscrit sous la rubrique de l'accession, attribue les îles et atterrissements qui se forment dans les rivières non navigables et non flottables aux propriétaires riverains du côté où l'île s'est formée. D'autres, au contraire, ne prenant pas pour base de leur raisonnement *accessorium sequitur principale*, pensent qu'il faut s'attacher à la nature des choses; que l'eau courante, étant chose commune, est placée dans le domaine public, et que, par conséquent, le lit creusé naturellement par son passage doit donc aussi faire partie de ce domaine ; que le droit romain ne faisait aucune distinction des rivières navigables et non navigables, pour les considérer comme publiques ; qu'enfin l'art. 563 du Code civil semble avoir implicitement résolu cette question, lorsque, prévoyant qu'un cours d'eau, même non navigable, pourrait abandonner son lit, le législateur dispose que le propriétaire du fonds nouvellement occupé par le cours d'eau prendra l'ancien lit abandonné, à titre d'indemnité [1].

D'après la jurisprudence du Conseil d'État, et celle de la

[1] Gabriel Dufour, *Traité de Droit administratif appliqué*, t. IV, p. 478; Championnière, *Traité sur la propriété des eaux courantes*; Proudhon, *Du Domaine public*, t. III, n° 1, 933 et suiv.; Foucart, *Revue de législation*, année 1836, t. IV, p. 194; Cormenin, *Droit administratif*, v. *Cours d'eau*, § 3.

Cour de cassation, les cours d'eau non navigables ni flottables sont des *choses communes* qui ne peuvent être l'objet d'une appropriation privée [1]. Il résulte de cette doctrine que les propriétaires n'ont pas droit à indemnité pour expropriation du lit du fleuve non navigable ; et que, dans le cas de la suppression de la force motrice d'une usine, les propriétaires ne peuvent que se faire indemniser pour atteinte portée à leur *droit d'usage* [2].

Travaux destinés à mettre les villes à l'abri des

---

[1] Arrêts du Conseil d'État, 17 déc. 1847 et 23 août 1851 ; Cour de cassation, 10 juin 1846 et 17 juin 1850.

[2] Plusieurs différences existent donc entre les cours d'eau navigables et flottables et ceux qui ne le sont pas. En voici le résumé synoptique.

COURS D'EAU NAVIGABLES ET FLOTTABLES.	COURS D'EAU NI NAVIGABLES NI FLOTTABLES.
1° Soumis au régime de la grande voirie et à la juridiction des conseils de préfecture.	1° N'y sont pas soumis et ne peuvent être jugés que par l'autorité judiciaire. La poursuite n'est même possible que s'il existe un règlement ou un arrêté spécial stipulant des obligations d'ordre public.
2° Le droit de pêche appartient à l'État, qui l'afferme.	2° Il appartient aux riverains, chacun de son côté.
3° Les îles, îlots et atterrissements qui s'y forment font partie du domaine privé de l'État.	3° Ils appartiennent aux riverains.
4° Le voisinage de ces cours d'eau produit les servitudes de halage, de marchepied et autres.	4° Le voisinage de ces cours d'eau ne produit pas ces servitudes.
5° Leur curage est à la charge de l'État.	5° Leur curage est l'obligation commune de tous les propriétaires riverains.
6° L'administration a le droit, dans les décrets de prise d'eau, ou dans les arrêtés portant concession ou autorisation, de stipuler, au profit de l'État, une redevance proportionnelle à la valeur de la force motrice.	6° Les concessions ou autorisations doivent être gratuites.
7° Les autorisations et concessions nécessaires pour établir des usines et pour y faire des modifications de nature à exercer quelque influence sur le régime des eaux, sont accordées par décret rendu dans la forme des règlements d'administration publique, pour les établissements *permanents*; par arrêté préfectoral pour les établissements *temporaires*, et pour une année ; et, dans l'un et l'autre cas, par arrêté préfectoral lorsque la prise d'eau, faite au moyen de machines, n'a pas, eu égard au volume du cours d'eau, pour effet d'en altérer sensiblement le régime.	7° Les autorisations et concessions émanent toujours de l'autorité préfectorale, pour les établissements *permanents*, comme pour les *temporaires*, sauf le recours de droit au ministre.
8° Lorsque ces concessions sont suppri-	8° Dans le même cas, une indemnité est

inondations. — La loi du 28 mai 1858 et le règlement du 15 août de la même année ont autorisé l'administration à ordonner, par décrets en Conseil d'État, des travaux de construction, d'entretien ou de réparation, dont le paiement serait imposé par voie de répartition entre l'État, les départements, les communes et les propriétaires, dans la proportion de leur intérêt respectif. Les mesures exceptionnelles autorisées par cette loi ont été déclarées applicables sans distinction à tous les cours d'eau.

Il en est de même des dispositions de la loi du 21 juin 1865 sur les associations syndicales, dont l'article 1er est ainsi conçu : «... Peuvent être l'objet d'associations syndicales entre propriétaires intéressés, l'exécution et l'entretien des travaux : 1° de défense contre la mer, les fleuves, les torrents et rivières navigables ou non navigables... » Mais la loi de 1865 différait de celle de 1858, en ce que cette dernière s'appliquait exclusivement aux travaux de défense des villes, tandis que celle de 1865 comprenait également ceux des campagnes et ceux des villes.

Canaux de navigation. — Qu'ils soient administrés par l'État ou par des compagnies concessionnaires, les canaux de navigation font partie du domaine public national. Ils sont, en effet, affectés, comme les routes de terre et les fleuves et rivières navigables et flottables, à la circulation et au transport des personnes et des choses, ils constituent comme eux des voies

---

mées ou modifiées comme mesure d'ordre public par l'autorité qui les a accordées, le concessionnaire n'a droit de réclamer aucune indemnité.

9° Les concessions et autorisations de prises d'eau pour l'irrigation doivent émaner du chef de l'État, si elles doivent avoir pour effet d'altérer sensiblement le régime de l'eau; elles émanent du préfet, dans le cas contraire.

10° Nul n'a de droit privatif à l'usage de ces eaux.

11° Ces eaux font partie du domaine public.

due au propriétaire dont l'usine a une existence légale.

9° C'est toujours le préfet qui statue.

10° Les riverains ont un droit privatif, qui leur est attribué et garanti par le Code civil.

11° Ils ne font point partie du domaine public, mais la doctrine est divisée sur la question de savoir si les riverains en ont la propriété.

de communication et participent des mêmes caractères légaux. La loi du 29 floréal an X étend le régime de la grande voirie à toutes les contraventions commises sur les *canaux*, fleuves et rivières navigables.

Canaux artificiels. — Les canaux artificiels créés dans l'intérêt de l'industrie ou de l'agriculture, sont des objets de propriété privée et, comme tels, imposables à la contribution foncière. Toutefois la présomption de propriété n'existe qu'autant qu'il s'agit d'un canal artificiel, c'est-à-dire creusé de main d'homme. A défaut de toute preuve écrite de sa construction, l'on reconnaît qu'un canal a été fait de main d'homme : à la pêche, au paiement de la contribution foncière, à l'administration et au curage, à l'aspect des lieux.

On entend par *avoir ses francs bords*, avoir la jouissance du libre passage pour surveiller les cours d'eau, et empêcher toute entreprise nuisible à leur établissement, sans que les propriétaires des terres riveraines puissent s'y opposer par barrages. Les francs bords appartiennent au propriétaire du canal, comme accessoire du canal artificiel; toutefois, la présomption de propriété des francs bords cède, aussi bien que celle de propriété du canal, à la preuve contraire quand elle est établie. Il faut remarquer que la jouissance des francs bords concourant nécessairement avec celle du propriétaire de l'usine, et n'ayant plus le caractère d'une possession réelle et exclusive, les propriétaires riverains d'un canal ne peuvent pas en acquérir la propriété par la prescription.

L'administration exerce sur les canaux artificiels un droit de surveillance et de police. C'est à elle qu'il appartient de régler l'usage général des cours d'eau, de prescrire le curage et de répartir les frais de répartition. Si elle dispose du canal artificiel pour satisfaire l'intérêt public, elle doit une indemnité au propriétaire, et dans le cas où l'usine établie sur le canal donnerait lieu à des inondations, elle peut la faire démolir.

Associations d'arrosants. — On entend par *associations*

d'arrosants, ces sociétés civiles formées dans quelques départements par les propriétaires riverains ou voisins d'un cours
d'eau qui intéresse l'agriculture ou l'industrie. Ces associations
ont pour objet de prévenir les débats entre les propriétaires,
en réglant l'époque et le mode des irrigations, ainsi que la répartition des dépenses communes. Pour faciliter la direction
des opérations communes, les propriétaires membres de l'association confient la surveillance et l'exécution des travaux à
des syndics ou industriels choisis par l'administration et parmi
les propriétaires réunis. La réunion de ces syndics forme ce
qu'on appelle le *Syndicat des rivières.* Le décret du 25 mars
1852 confie aux préfets, sur l'avis des ingénieurs en chef, et
conformément aux règlements ou instructions ministérielles,
la constitution en associations syndicales des propriétaires intéressés à l'exécution ou à l'entretien des travaux d'endiguement contre la mer, les fleuves, les rivières, les torrents navigables ou non navigables, des canaux d'arrosage ou des canaux de desséchement, lorsque ces propriétaires, d'accord
pour l'exécution desdits travaux et la répartition desdites dépenses, ont dressé les conventions ou statuts de leur association et les ont soumis préalablement à l'avis de l'autorité locale. Mandataires des membres de l'association, les syndics
pourvoient à l'aménagement et à l'entretien des eaux, ainsi qu'à
leur surveillance, par le moyen de gardes-rivières, investis par
l'administration du pouvoir de constater par des procès-verbaux
les différentes contraventions. Ces gardes sont payés, et tous les
frais d'entretien sont acquittés, au moyen d'une taxe répartie
volontairement entre tous les propriétaires intéressés. Le préfet en constituant l'association rend exécutoire la taxe, dont
le recouvrement s'opère comme celui des contributions
publiques, sans toutefois être assimilée à un impôt ; car
elle ne profite ni directement ni indirectement aux caisses
de l'État ou des établissements publics. L'institution de
ces associations et l'autorisation de cette taxe, répondent à
l'esprit du décret du 22 décembre 1789, qui confiait à l'au-

torité réglementaire du pouvoir exécutif la conservation des rivières.

Il ne sera peut-être pas inopportun de reproduire ici l'article 1er de la loi des 21-26 juin 1865, sur les associations syndicales : « Peuvent être l'objet d'une association syndicale, entre propriétaires intéressés, l'exécution et l'entretien des travaux : 1° de défense contre la mer, les fleuves, les torrents et les rivières navigables ; — 2° de curage, approfondissement, redressement et régularisation des canaux et cours d'eau non navigables ni flottables et des canaux de desséchement et d'irrigation ; — 5° d'assainissement des terres humides et insalubres ; — 6° d'irrigation et de colmatage ; — 7° de drainage ; » etc...

Drainage [1]. — Le *Drainage*, dans l'acception la plus générale de ce mot, comprend les opérations qui ont pour but de procurer un écoulement souterrain aux eaux qui ravineraient la surface, ou dont le séjour prolongé dans le sol nuirait à la végétation des plantes utiles ; mais nous donnons, en France, une signification plus restreinte à ce mot, et nous entendons par *drainage* une méthode particulière de desséchement du sol, consistant à creuser dans les champs humides, à sous-sol imperméable, un ensemble de tranchées étroites, plus ou moins profondes, que l'on remblaie ensuite après en avoir garni la partie inférieure de tuyaux, tuiles courbes, pierres ou autres substances destinées à donner un libre passage aux eaux contenues dans le terrain, et à les conduire, à l'aide d'une pente convenable, dans des fossés d'écoulement. En formulant une loi sur le libre écoulement des eaux provenant du drainage, le législateur a eu pour objet de seconder l'initiative et les efforts de la propriété privée dans la pratique de ce mode de desséchement ; il a écarté les obstacles qui naissent de la législation, et favorisé l'esprit d'association par l'organisation des sociétés syndicales.

[1] Loi du 10 juin 1854 ; — Loi du 17 juillet 1856 ; — Loi du 28 mai 1858 ; — Décret du 23 septembre 1858.

La loi de 1854 sur le drainage a produit les meilleurs effets. Une loi du 17 juillet 1856 a complété l'œuvre du gouvernement, en cherchant à résoudre le double problème de fournir à l'agriculture une première mise de fonds, assez large pour qu'on puisse exécuter des travaux de drainage sérieux et répandus sur tout le territoire, et d'attirer les capitaux privés vers ce genre d'amélioration, par des garanties de remboursement propres à leur inspirer confiance et à leur donner sécurité. Encouragements donnés par l'État. Prêts destinés à faciliter les opérations du drainage, et remboursables en vingt-cinq ans par annuités comprenant l'amortissement du capital et l'intérêt calculé à 4 p. 100. La loi du 28 mai 1856 a substitué à l'État la société du Crédit foncier, pour les prêts à faire aux propriétaires qui veulent drainer.

La loi de 1854 consacre le principe que l'asséchement est d'intérêt général, et que, dans certaines circonstances, il peut devenir d'utilité publique. Il résulte de ce principe que le propriétaire d'un fonds supérieur peut émettre ses eaux nuisibles sur le fond inférieur, que des travaux d'ensemble peuvent être entrepris par des associations ayant la faculté de se faire constituer en syndicats autorisés et jouissant de certains droits reconnus par la loi, et que, lorsque des associations syndicales, des communes, des départements, exécutent de grands travaux généraux, ils jouissent du bénéfice de la loi sur l'expropriation pour cause d'utilité publique.

Tout propriétaire qui veut assainir son fonds par le drainage, ou un autre mode d'asséchement, peut, moyennant une juste et préalable indemnité, en conduire les eaux souterrainement ou à ciel ouvert, à travers les propriétés qui séparent ce fonds d'un cours d'eau ou de toute autre voie d'écoulement. Cette disposition met l'art. 640 du Code civil en harmonie avec les besoins constatés de l'industrie agricole; mais la servitude d'aqueduc qu'établit la loi de 1854, reproduisant le principe de la loi du 29 avril 1845, s'arrête au seuil de l'habitation : les maisons, cours, jardins, parcs et

enclos attenant aux habitations en sont affranchis. Lorsque le
propriétaire du fonds inférieur voudra se servir des travaux
faits sur lui, travaux pour lesquels il a été indemnisé, il sera
de toute justice qu'il paie au propriétaire du fonds supérieur
une part proportionnelle dans les dépenses faites : il supportera donc une part proportionnelle dans la valeur des travaux
dont il profitera, les dépenses résultant des modifications que
l'exercice de son droit pourra rendre nécessaires, et, pour l'a-
venir, une part contributive dans l'entretien des travaux devenus communs. Mais il peut arriver que la constitution du sol
ou la division des parcelles ne permettent pas à un propriétaire
de faire sur lui seul des travaux de drainage ou d'asséchement ;
il se formera alors des associations qui opéreront dans
les mêmes données que si la totalité de ces parcelles appartenait à un seul et même propriétaire Non-seulement la législa-
lation antérieure à la loi du 21 juin 1865, sur les associations
syndicales, favorisait, mais encore elle en stimulait la création
et les autorisait à être constituées, sur leur demande, par
arrêtés préfectoraux, en syndicats auxquels étaient applicables
les articles 3 et 4 de la loi du 14 floréal an XI. Il faut remarquer que les associations syndicales devaient rester facultatives, et que le propriétaire enclavé demeurait libre de s'associer ou de ne pas s'associer, nul ne pouvant être contraint à
l'amélioration de son héritage. Que si les travaux d'asséchement prenaient par leur importance et par leur étendue les
proportions d'une œuvre d'utilité publique, il pouvait être
nécessaire de recourir à l'expropriation, après déclaration de
l'utilité par un décret [1] ; mais ce cas ne pouvait se présenter que
pour les travaux exécutés par des personnes morales, telles
que les associations syndicales, les communes ou les départements. Le règlement des indemnités devait être fait par le

---

[1] Aux termes de la loi des 27 juillet-3 août 1870, tous grands travaux
publics, avec ou sans subside du trésor, avec ou sans aliénation du domaine
public, ne pourront désormais être autorisés que par une loi rendue après
une enquête administrative.

jury institué, et dans les formes détermnées par la loi du 31 mai 1836 sur les chemins vicinaux.

La loi du 21 juin 1865 sur les associations syndicales a généralisé l'exception introduite par la loi du 10 juin 1854, aux principes de la loi du 3 mai 1841 sur l'expropriation, en autorisant par son article 18 les associations syndicales à poursuivre l'expropriation pour cause d'utilité publique ; mais elle l'a restreinte en ne l'accordant qu'aux associations autorisées. Comme, en agriculture, il faut surtout que l'on puisse opérer promptement et économiquement, les contestations auxquelles peuvent donner lieu l'établissement et l'exercice de la servitude, la fixation du parcours des eaux, l'exécution des travaux de drainage ou d'asséchement, les indemnités ou les frais d'entretien, sont portées en premier ressort devant le juge de paix du canton, qui, en prononçant, doit concilier les intérêts de l'opération avec le respect dû à la propriété. Ce magistrat peut se faire assister d'un expert pour l'éclairer sur les questions techniques qu'il pourrait ignorer. En appel, le tribunal de première instance jugera comme en matière sommaire, et pourra aussi se faire assister d'un expert. La destruction totale ou partielle des conduits d'eau ou fossés évacuateurs est punie des peines portées par l'art. 456 du Code pénal ; tout obstacle apporté volontairement au libre écoulement des eaux est puni des peines portées par l'art. 457 du même code.

Étangs. — On appelle *étang* un amas d'eaux qui auraient leur écoulement, ou qui s'étendraient de manière à ne former que des marais, si elles n'étaient retenues ou resserrées par quelques travaux. A la différence des lacs, qui sont plus généralement l'ouvrage de la nature, l'étang est le résultat de travaux de main d'homme. On le forme dans un terrain en pente, dont la partie inférieure est fermée par une digue ou chaussée. Une ou plusieurs ouvertures qu'on appelle bondes, faites ordinairement dans le point le plus bas, servent à mettre l'étang à sec, soit pour le curer, soit pour le consacrer à la culture. Un déversoir, dont la hauteur est calculée sur l'étendue du terrain que l'eau doit couvrir, est destiné à garantir les propriétés voisines des inondations. Chacun est libre d'établir un étang sur son fonds. Cependant l'autorité administrative a le droit d'ordonner la destruction des étangs que les réclamations des communes, les avis et procès-verbaux des gens de l'art, désigneraient comme pouvant occasionner des maladies épidémiques, ou même de ceux qui, par leur position, inonderaient les propriétés inférieures. Le droit de déterminer la hauteur du déversoir appartient à l'autorité administrative.

Chemin de halage [1]. — On donne le nom de *chemin de halage* au chemin que doivent laisser les propriétaires riverains le long des fleuves et rivières navigables ou flottables, et qui est exclusivement réservé aux chevaux qui tirent les bateaux. Le *marchepied* est aussi un passage public sur la propriété des riverains, dans l'intérêt de la navigation, mais moins étendu que le chemin de halage, et ne servant qu'au passage des gens à pied. Le plus ordinairement le chemin de halage est établi sur l'une des deux rives, et le marchepied sur l'autre ; mais l'administration, qui est appréciatrice des circonstances, peut varier la position de ces passages suivant les besoins, et même établir le chemin de halage sur les deux rives.

Le chemin de halage et le marchepied sont des servitudes imposées au sol en vue de l'intérêt général ; le Code civil les range au nombre des servitudes établies pour l'utilité publique. Mais ce qu'il faut remarquer, c'est que les propriétaires sur le terrain desquels est établie cette servitude ne sont nullement expropriés ; ils conservent tous leurs droits sur le terrain des chemins de halage ; ils ont le droit de le faire faucher et de s'opposer à ce que les bateliers donnent aucune fixité à leurs abordages le long de ces chemins, à ce que des tiers y étendent leurs filets d'une manière permanente,

[1] Ordonnance de 1669, 1670; arrêts du Conseil des 7 sept. 1664, 24 juin 1777, 23 juil. 1783 ; — Code civil, art. 556 et 650; déc. 22 janvier 1808.

y construisent des aqueducs, ou viennent y laver. Cette servitude, en effet, doit être limitée aux usages publics auxquels elle est destinée, et le propriétaire qui la subit ne doit être tenu de souffrir que le passage des animaux de trait et des gens de pied. La servitude ne s'étend ni au passage des voitures, ni à la tolérance d'aucun dépôt permanent, d'aucun établissement fixe. Quant aux fermiers et aux porteurs de licences, ils peuvent user, sur les fleuves, rivières et canaux navigables, du chemin de halage, et du marchepied sur les rivières et cours d'eau flottables. Ils traiteront de gré à gré avec les propriétaires riverains, pour l'usage des terrains dont ils auront besoin pour retirer et asséner leurs filets.

Quelle est la largeur légale du chemin de halage et du marchepied ? Voici comment s'exprime l'Ordonnance de 1669 : « Les propriétaires des héritages aboutissant aux rivières navigables doivent laisser, le long des bords, 24 pieds (7 m. 79 c.), au moins, de place en largeur pour le chemin royal et trait de chevaux, sans qu'ils puissent planter d'arbres, ni tenir clôture ou haie plus près de 30 pieds (9 m. 74 c.) du côté où les bateaux se tirent, et 10 pieds (3 m. 24 c.) de l'autre bord. » Toutefois l'administration peut, si le service ne doit pas en souffrir, restreindre la largeur des chemins de halage, surtout si ces chemins nécessitent la destruction de maisons, travaux d'art, murailles et clôtures en haies vives. Quant aux sentiers de flottage, afin que le flottage des bois et bûches perdues puisse être plus commodément fait, les propriétaires des héritages s'étendant des deux côtés des rivières et ruisseaux, sont tenus de laisser un chemin de 1 mètre 30 pour le passage des ouvriers préposés par les marchands pour pousser aval l'eau lesdits bois.

Le chemin de halage et le marchepied sont des servitudes imprescriptibles imposées aux propriétaires riverains, mais qui ne s'exercent pas sans indemniser le propriétaire pour la destruction des plantations ou constructions que le service public aurait exigée. Le pavage du chemin de halage, lorsqu'il est nécessaire, est aux frais de l'État; enfin le terrain deviendrait complétement libre entre les mains du propriétaire, si la navigation venait à cesser dans la rivière ou dans le fleuve.

Indépendamment du chemin de halage et du marchepied, le voisinage des cours d'eau navigables entraîne, pour les riverains, « défense de tirer terres, sables et autres matériaux à six toises de ces rivières; et défense de faire aucuns murs, plants d'arbres, amas de pierres, de terres et de fascines et autres constructions ou empêchements quelconques sur ou au long de ces rivières et canaux » (*Ordonn.* 1669).

Eaux minérales [1]. — Les eaux minérales ont toujours été considérées comme une ressource précieuse pour la santé publique. Pour un certain nombre de départements, elles constituent même une richesse dont les accroissements ont, dans ces derniers temps, été rapides. Le gouvernement doit en assurer la conservation et le bon aménagement. Toutefois, pour ne pas apporter, sans de graves raisons, des restrictions au droit de propriété, le législateur n'a créé des mesures de protection spéciale qu'au profit des établissements dont l'utilité publique a été constatée dans des formes solennelles et après enquête.

En quoi consistera la protection? Un périmètre pourra être assigné à toute source déclarée d'intérêt public. Dans le rayon de ce périmètre aucun sondage, aucun travail souterrain ne devra être pratiqué, sans autorisation préalable. Ce périmètre pourra être modifié, si de nouvelles circonstances en font reconnaître la nécessité. Quant aux fouilles, tranchées pour extraction de matériaux, ou tout autre objet, l'acte de l'autorité fixant le périmètre peut exceptionnellement imposer aux propriétaires l'obligation de faire, au moins un mois à l'avance, une déclaration au préfet qui, sur la demande des intéressés, a le droit d'interdire ces travaux, si le résultat constaté est

[1] Décr. 8 mars 1848; loi 14 juil. 1356; décr. 8 sept. 1856.

d'altérer ou de diminuer la source. Arrêt exécutoire par provi-
sion, sauf recours par la voie contentieuse. Dans l'intérieur
du périmètre, le propriétaire d'une source déclarée d'intérêt
public a le droit de faire, dans le terrain d'autrui, à l'exception des maisons d'habitation et des cours attenantes, tous
les travaux de captage et d'aménagement nécessaires pour
la conservation, la conduite et la distribution de cette source,
lorsque ces travaux ont été autorisés par arrêté du ministre
compétent. Même faculté pour le propriétaire d'une source,
sur son terrain, lorsque dans les trois mois de l'avis qu'il en
a donné à l'autorité administrative, il n'y a pas eu de décision
qui s'y oppose. Droit pour le gouvernement d'exproprier de la
source, dans le cas où l'exploitation serait de nature à en compromettre la conservation, ou ne satisferait pas aux besoins de
la santé publique. La somme nécessaire pour couvrir les frais
d'inspection médicale et de surveillance des établissements
d'eaux minérales autorisés, est perçue sur l'ensemble de ces
établissements. Montant déterminé tous les ans par la loi de
finances; répartition entre les établissements au prorata de
leurs revenus; recouvrement comme en matière de contributions directes.

A la date du 8 septembre 1856, un décret portant règlement
sur la conservation et l'aménagement des sources d'eaux minérales a disposé que : la demande tendant à faire déclarer
d'intérêt public une source, doit être adressée av préfet;
publications et affiches pendant un mois; procès-verbal
d'enquête; vérification du débit journalier de la source par
l'ingénieur des mines; avis d'une commission spéciale réunie
à la préfecture; transmission des pièces de l'enquête et de
l'avis au ministre de l'agriculture, du commerce et des travaux publics, par les soins du préfet; avis du comité consultatif d'hygiène publique, et du conseil général des mines;
solution définitive donnée par décret. Mêmes formalités pour
la demande en fixation du périmètre de protection. Quant aux
demandes en autorisation de travaux dans l'intérieur du péri-

mètre, il est statué par le ministre, après information par le préfet [1].

Suivant l'article 2 du décret du 13 avril 1861, les préfets devaient statuer, sans l'autorisation du ministre de l'agriculture, du commerce et des travaux publics, sur les autorisations de fabriques d'eaux minérales artificielles, et sur les autorisations de dépôt d'eaux minérales naturelles ou artificielles [2].

---

[1] Il est bon de se rappeler que, pour le moment, le ministère du commerce est distinct de celui des travaux publics.

[2] La principale division des cours d'eau faite par les Romains était celle des *rivières* et des *ruisseaux* Les rivières étaient presque toutes considérées comme publiques; les simples ruisseaux étaient dans le domaine privé. La différence radicale qui existait entre les cours d'eau publics et les cours d'eau privés, consistait en ce que ces derniers n'étaient pas protégés par les interdits établis pour la conservation des cours d'eau publics : ils restaient soumis aux règles du droit commun applicables aux autres propriétés Les rivières publiques étaient divisées en deux espèces : les *navigables* et les *non navigables*. Le flottage par radeaux était assimilé à la navigation Ainsi donc, à la différence de ce qui existe dans le droit français, où la navigation est le signe caractéristique de la domanialité publique, il y avait des cours d'eau non navigables qui faisaient partie du domaine public. Mais quel était le signe juridique à l'aide duquel on pouvait distinguer un ruisseau d'une rivière? La grandeur, disait Ulpien, la largeur, l'opinion des habitants du voisinage : ce qui revient à dire que les cours d'eau avaient une sorte de possession d'état qui les faisait ranger dans la classe des rivières où dans celle des ruisseaux. Le lit des cours d'eau publics suivait la condition de la rivière : il était également public, à tel point que si la rivière abandonnait son ancien lit pour s'en frayer un nouveau, ce dernier devenait public. Les *rives* du cours d'eau publie étaient publiques comme lui. On comprenait sous cette dénomination de *rives*, tantôt la partie relevée de chaque côté, qui servait à contenir les eaux dans le lit, tantôt un certain espace au delà de ce point, espace qui servait aux besoins de la navigation. Dans le premier sens, la rive finissait au point où arrivaient les eaux à leur plus grande hauteur normale, sans déborder; cette portion-là était publique, comme le cours d'eau dont elle faisait partie. Dans le second sens, la rive était la propriété des riverains et son usage seul était public. Cette partie répondait à nos marchepieds établis, à titre de servitude, le long des rivières navigables, sauf le plus ou le moins dans l'étendue de l'usage.

Les riverains avaient-ils, sans autorisation préalable, le droit de prise d'eau pour l'irrigation de leurs fonds? Oui, s'il s'agissait d'un cours d'eau non navigable, bien que public; non, si le cours d'eau servait à la navigation. L'administration ne devait pas accorder la permission si la prise d'eau devait avoir pour résultat de diminuer le service de la navigation. Dans les cours d'eau non navigables, le droit de prise d'eau pour l'irrigation ne pouvait s'exercer que *pro*

CHAPITRE VIII.

LES VOIES DE COMMUNICATION [1].

Division. — Les voies de communication se divisent en *chemins publics* et en *chemins privés*. Les chemins publics se subdivisent en chemins à la charge de l'État et des départe-

---

modo possessionum, à moins de titre contraire ; et, dans tous les cas, il avait lieu sans préjudicier au droit d'autrui.

La principale charge des riverains était l'obligation de souffrir l'usage public sur les rives des rivières publiques. Si un chemin public était détruit ou dégradé par le cours de la rivière, le plus proche voisin était tenu d'en fournir un autre.

Sous la république, la haute administration des cours d'eau publics appartenait au préteur, magistrat administratif et judiciaire. Lorsque le pouvoir prétorien eut passé entre les mains de l'empereur, il concentra naturellement l'administration des rivières, de même que celle des choses publiques, et il l'exerça dans les provinces par les gouverneurs ses délégués, qui avaient, dans leurs circonscriptions, la même autorité que le préteur à Rome. S'il s'agissait de concessions, de prises d'eau dans des réservoirs ou châteaux d'eau publics ou dans des rivières, l'empereur seul avait le pouvoir de les accorder. Voir le chapitre v du livre II, titre Iᵉʳ du savant ouvrage de M. Serrigny, *Droit public et administratif romain*, édit. 1862, t. I, p. 468 et suiv.

[1] Édit. juil. 1607; ordon. 1669; arrêt du Conseil du roi, 3 mai 1720; édit. 13 juin 1751; loi 9 vent. an XIII; déc. 16 déc. 1811; loi 25 mars 1817; loi 12 mai

ments, ou *routes*, et en chemins à la charge des communes, ou *chemins vicinaux*. On distingue entre les *routes nationales* et les *routes départementales*.

Routes nationales. — Législation antérieure à 1871. — Les *routes nationales* sont divisées en trois classes : la première classe comprend les lignes principales conduisant de Paris à l'étranger et aux grands ports militaires; la seconde, celles qui, d'une largeur moindre, se dirigent également vers les frontières ou les ports ; la troisième, celles qui communiquent de Paris à certaines villes de l'intérieur, ou relient entre elles les villes les plus importantes. Il existe une quatrième classe de routes nationales : les routes stratégiques, spécialement créées en 1833 pour la pacification des départements de l'Ouest, et entièrement soumises à la législation des routes nationales, avec lesquelles elles se confondent. *Les départements concourent aux frais de l'entretien, dans la proportion d'un tiers, avec l'État, qui en supporte les deux tiers.*

✓ Les frais de construction et d'entretien des routes nationales de première et de seconde classe sont entièrement à la charge de l'État ; pour les routes de troisième classe, d'après le décret du 16 décembre 1811, ces frais étaient supportés concurremment par l'État et par les départements qu'elles traversaient. Depuis la loi de finances du 25 mars 1817, ces dépenses figuraient entièrement au budget de l'État, les départements restant chargés exclusivement des dépenses des routes départementales

L'*ouverture* et le *classement* des routes nationales sont or-

1825; loi 1er avril 1837; loi 24 mai 1842. Circul. minist. trav. publ. 31 janvier 1850; sén.-cons. 25 déc. 1852; décr. 25 mars 1852; loi du 8 juin 1864.

Sur les *routes* et *chemins*, voir : Bérès, *Eléments d'une nouvelle législation des chemins vicinaux, grandes routes, chemins de fer*, etc.—Chatignier, *Commentaire des clauses et conditions générales imposées aux entrepreneurs, pour l'exécution des travaux des ponts et chaussées*; — Potiquet, *Recueil, par ordre chronologique, de décrets, lois, ordonnances, etc., concernant le service des ponts et chaussées*; — Ravinet, *Code des ponts et chaussées*. — Voir les ouvrages cités à propos de la *Voirie*, des *Chemins de fer*, des *Chemins vicinaux et ruraux*, du *Droit rural*.

donnés par *décret* ; une loi n'est exigée que dans le cas où, pour l'exécution des travaux, il y a lieu de demander un crédit. Le *déclassement* est également un acte du pouvoir exécutif. Les routes nationales peuvent être déclassées en routes départementales, ou en chemins vicinaux, avec l'assentiment des conseils généraux et municipaux. Dans le cas où la route déclassée ne sera pas l'objet d'un nouveau classement, le terrain pourra être aliéné. Néanmoins, il sera réservé, s'il y a lieu, eu égard à la situation des propriétés riveraines, et par arrêté préfectoral en conseil de préfecture, un chemin d'exploitation dont la largeur ne pourra excéder cinq mètres. Les propriétaires seront mis en demeure d'acquérir les parcelles attenantes à leurs propriétés.

Les rues et places sur lesquelles se prolongent les *routes* nationales et départementales, dans la traverse des villes, bourgs ou villages, sont considérées comme faisant partie intégrante de la route quant à la zone qu'elle occupe. Il en est de même des routes départementales et de tous les chemins vicinaux, depuis la loi du 8 juin 1864. Il suit de là que les parcelles retranchées de ces rues par voie d'alignement sont la propriété de l'État ou du département, à moins toutefois qu'il ne soit établi que ces parcelles avaient fait partie antérieurement de la voirie municipale [1]. On sait que suivant la loi du 4 mai 1864, sur les routes nationales et départementales, partout où il existe un plan d'alignement régulièrement approuvé, le sous-préfet délivre les alignements conformément à ce plan ; et que le même droit appartient au sous-préfet en ce qui concerne les chemins vicinaux de grande communication, partout où il existe également un plan régulièrement approuvé.

Routes départementales. — Les *routes départementales* sont celles qui établissent des communications entre les villes d'un département ou des départements voisins, dont l'État a mis l'entretien à la charge des départements, et qui, avant

---

[1] Avis rendu par le Conseil d'État, le 28 juillet 1858.

1811, étaient au nombre des routes nationales de troisième classe. Sont aussi routes départementales celles qui sont construites avec les ressources des départements; elles appartiennent au domaine départemental. Le classement, la direction et le déclassement des routes départementales, lorsque leur tracé ne se prolonge pas sur le territoire d'un autre département, sont fixés, sous réserve du droit de suspension et d'annulation appartenant à l'administration centrale, par délibération définitive du Conseil général du département que desservent ces voies de communication. (Loi du 18 juillet 1866; circulaire ministérielle du 4 août 1866.) Un décret du 24 février 1864 porte que les travaux concernant les routes départementales dont la dépense, quel qu'en soit le montant, aura été allouée au budget, pourront être exécutés sur la seule approbation donnée par les préfets aux projets des ingénieurs et aux adjudications, toutes les fois qu'ils n'exigeront ni acquisition de terrains, ni changements dans la direction ou dans les alignements des routes, ni grands travaux d'art.

Législation de 1871. — Aux termes de la loi organique départementale du 10 août 1871, le Conseil général statue définitivement sur le classement et la direction des routes départementales. D'après la loi de 1866, le Conseil général ne statuait sur le classement et la direction de ces routes que lorsque leur tracé ne se prolongeait pas sur le territoire d'un autre département. Comme il y avait peu de routes départementales qui ne se trouvassent pas dans ce cas, il en résultait que le classement et la direction échappaient presque entièrement au Conseil général, et que l'exception tendait à supprimer la règle. Le législateur de 1871 a changé cet état de choses. Le principe est que chaque département est maître des chemins situés sur son territoire. Le Conseil général pourra donc toujours, d'après l'esprit et le texte de la loi du 10 août, pousser le classement de ses chemins aussi près des frontières du département qu'il le jugera utile, et, quant aux raccords pour lesquels le concours d'un département voisin serait nécessaire, il aura désormais la faculté de s'entendre directement avec lui. Il est évident qu'il ne classera pas une route aboutissant à une impasse, et quand même la nouvelle route se prolongerait sur le territoire voisin par un chemin de catégorie inférieure, la circulation n'en sera pas moins assurée.

La nouvelle loi donne au Conseil général le droit de statuer définitivement aussi sur les projets, plans et devis des travaux à exécuter pour la construction, la rectification ou l'entretien des routes départementales et la désignation des services qui seront chargés de leur construction et de leur entretien, ainsi que sur le déclassement de ces routes. Il convient de remarquer, à ce propos, qu'il y a une distinction à établir entre le classement et le déclassement des routes et chemins. Pour le classement, le Conseil général de chaque département est souverain, et il n'a qu'à agir suivant les intérêts et les convenances des populations qu'il représente. Mais il n'en est pas tout à fait de même pour le déclassement, parce qu'il y a des droits acquis qu'il faut respecter. Dans ce cas, une entente avec le département voisin est toujours désirable et devra toujours être tentée, sauf au Conseil général à décider ensuite s'il doit passer outre.

L'article 59 de la loi du 10 août 1871 comprend « définitivement » parmi les propriétés départementales les anciennes routes impériales de troisième classe, dont l'entretien avait été mis à la charge des départements par le décret du 16 décembre 1811 ou postérieurement. Nous avons vu plus haut que ce décret a mis, en effet, à la charge des départements un assez grand nombre de routes impériales de troisième classe, devenues actuellement routes départementales, mais sans leur céder formellement le sol de ces routes. Aussi le Conseil d'État les a-t-il toujours considérées comme faisant encore partie du domaine de l'État, malgré une circulaire ministérielle de 1842, et cette jurisprudence a souvent donné lieu à des difficultés, lorsqu'il arrivait à un département d'aliéner des parcelles de terrain qui provenaient de ces routes. Désormais le droit des départements ne pourra plus être contesté.

Servitudes inhérentes au voisinage des routes nationales et départementales. — Les propriétaires riverains des grandes routes sont obligés, dans l'intérêt de la circulation, de recevoir sur leurs terres le jet des fossés ou produit de leur curage ; de subir l'écoulement naturel des eaux de la route ; d'essarter et couper leurs bois, traversés par les routes sur une largeur de soixante pieds. Il leur est défendu de planter des arbres sur leur propre terrain, à moins de six mètres de la route, sans autorisation du préfet, et d'élaguer ou d'abattre, sans la permission de l'administration, les arbres existants sur le sol des routes nationales et départementales ; il leur est enjoint enfin de planter des arbres sur leurs héritages le long de la route [1].

Les arbres plantés le long des routes sur le sol des propriétaires riverains appartiennent à ces derniers, sans qu'il y ait à distinguer entre les arbres plantés par les soins de l'administration, et ceux qui l'auraient été par les propriétaires eux-mêmes. Quant aux arbres plantés sur le sol de la voie publique, il y a présomption qu'ils appartiennent au département ou à l'État ; mais cette présomption peut être combattue par la preuve du contraire. Aux termes d'un décret des 29 août-9 septembre 1863, le ministre des travaux publics détermine les départements dans lesquels il pourra être établi, sur les routes nationales et départementales, des barrières pour restreindre la circulation pendant le dégel. Les préfets, dans chaque département, déterminent les routes nationales et départementales, ainsi que les chemins de grande communication sur lesquels ces barrières pourront être établies. Ils prennent,

---

[1] Arrêt du Conseil du roi, du 3 mai 1720, art. 4 ; — Ordon. des 13 février 1741 et 22 juin 1751 ; Cons. d'Ét. 24 août 1858 ; C. Paris, 31 déc. 1861 ; — Ordon. de 1669, art. 1 et 3 ; — Avis du Conseil d'État et circulaire du ministre des travaux publics du 31 janvier 1850 ; — Loi du 9 ventôse an XIII, art. 5 ; — Décr. réglem. sur les routes, 16 déc. 1811.

sur l'avis des ingénieurs des ponts et chaussées ou des agents voyers, les mesures que la fermeture ou l'ouverture des barrières rendent nécessaires. Les courriers de la malle, les voitures de voyage suspendues, étrangères à toute entreprise publique de messagerie, les voitures non chargées, les voitures chargées, montées sur roues à jantes d'au moins 11 centimètres de largeur, et dont l'attelage n'excédera pas le nombre de chevaux qui sera fixé par le préfet, peuvent seuls circuler pendant la fermeture des barrières de dégel. Sanction : saisie de la voiture, mise des chevaux en fourrière, amende.

Chemins vicinaux [1]. — On donne le nom de *chemins vicinaux* (*vicus*, bourg) aux chemins publics établis dans l'intérêt de la généralité des habitants d'une commune. Ils servent soit à la communication des communes entre elles, soit aux habitants d'une même commune pour jouir des choses d'un intérêt général pour eux. Le devoir de l'administration, dans cette matière, est de ne pas priver les habitants d'un chemin qui peut leur être indispensable, quoiqu'il n'éta-

---

[1] Loi 21 mai 1836; Instruct. min. 24 juin 1836, rapport présenté par le ministre de l'intérieur à l'Empereur, le 17 août 1861; Loi 18 juil. 1866; Loi 24 juillet 1867; Décret du 17 août 1867; Loi 11 juillet 1868; — Loi du 10 août 1871.

Sur les *Chemins vicinaux et ruraux*, voir : Barrier, *Répertoire général de voirie vicinale;* — Bérès, *Éléments d'une nouvelle législation des chemins vicinaux, grandes routes, chemins de fer;* — Bertin (Am.)., *Des chemins vicinaux;* — Bost, *Le Code formulaire des chemins ruraux;* — Braff, *Code des chemins vicinaux de grande et de petite vicinalité et des chemins ruraux;* — Demilly, *Traité de l'administration des chemins vicinaux;* — Dumay, *Commentaire de la loi du 21 mai 1836 sur les chemins vicinaux;* — Flachat-Mony, *Manuel et code d'entretien et de construction, d'administration et de police des routes et chemins vicinaux;* Flandin, *Du caractère des chemins vicinaux;* — Florent-Lefebvre, *Chemins vicinaux. De la prestation en nature et de la nécessité de modifier cette taxe;* — Garnier, *Traité des chemins de toute espèce;* — Grandvaux, *Code pratique des chemins vicinaux;* — Herman (E), *Code des chemins vicinaux;* — Du même, *Traité pratique de voirie vicinale;* — Raze, *De la propriété et de l'imprescriptibilité du sol des chemins ruraux;* — Saint-Martin, *Des chemins ruraux;* — Solon, *Loi sur les chemins vicinaux;* — Maurice, *Observations relatives aux frais de construction et d'entretien des chemins vicinaux de grande communication;* — Prévost (de Brebières), *Essai sur les chemins vicinaux, avec la loi de* 1868.

blisse pas une communication entre les chefs-lieux de deux communes, comme aussi de ne pas mettre à la charge de la commune des dépenses trop considérables, en conservant tous les chemins dont le public est en possession, quelle que soit leur utilité.

Il importe à l'agriculture et au commerce que les moyens de communication soient faciles. Les grandes routes créées et entretenues par le trésor public ou par les départements permettent aux villes de communiquer facilement entre elles. Quant aux chemins qui existent dans l'intérieur du pays et qui sont à la charge des communes, ils ne sauraient être abandonnés par le législateur à l'initiative locale. Leur établissement exige du discernement et l'observation des règles de l'art, leur conservation beaucoup de diligence; il est besoin de les préserver de l'envahissement des riverains.

La législation sur les chemins vicinaux s'est composée et se compose particulièrement de quatre lois : la loi du 21 mai 1836, la loi du 18 juillet 1866, la loi des 11-15 juillet 1868 et celle du 10 août 1871. Nous allons examiner successivement ces quatre législations.

Législation de 1836. — Les chemins vicinaux se divisent en trois classes: 1° les chemins *de grande communication*, qui traversent plusieurs communes et cantons, se relient aux voies de communication des départements voisins, aux routes nationales ou départementales, aux chemins de fer, et offrent ainsi un intérêt à la fois départemental et communal;

2° Les chemins vicinaux *d'intérêt commun*, qui intéressent plusieurs communes, et dont l'ensemble forme la *moyenne vicinalité* ;

3° Les chemins vicinaux *ordinaires*, de *petite vicinalité*, qui vont simplement d'une commune à une autre, ne traversent pas les bourgs et villages qu'ils mettent en communication, mais finissent aux portes de la commune. Une loi du 8 juin 1864 a déclaré partie intégrante d'un chemin vicinal, toute rue *qui est déclarée dans les formes légales en être le prolongement,*

c'est-à-dire par arrêté préfectoral, après délibération du conseil municipal et enquête.

Classement. — Les chemins n'ont le caractère de *vicinaux*
qu'autant qu'ils ont été classés par arrêté du préfet. Le *classement* résulte d'un arrêté de *reconnaissance*, ou d'un arrêté
portant *déclaration* de vicinalité, ou d'un arrêté ordonnant
soit *l'ouverture* d'un nouveau chemin, soit le *redressement*
d'un chemin déjà classé.

Il y a cette différence entre la *reconnaissance* et la *déclaration*,
que la *reconnaissance* suppose l'existence d'un chemin qui,
depuis longtemps livré à la circulation, aurait dû être déjà
compris au nombre des chemins vicinaux; tandis que la *déclaration* implique simplement que le chemin est ouvert au
public depuis une époque qui n'est pas ancienne, ou qui, du
moins, est connue.

Reconnaissance et déclaration. — Ce sont les arrêtés de
reconnaissance ou de *déclaration*, qui donnent aux chemins les
effets légaux de la vicinalité et le caractère de l'imprescriptibilité. La déclaration émane du conseil général, pour les
chemins de grande communication ; et du préfet, sur l'avis du
conseil municipal, pour les chemins vicinaux ordinaires. Le
préfet rend un arrêté qui contient le tableau de la classification
des chemins vicinaux, et, s'il y a des difficultés d'interprétation,
il lui appartient de les résoudre. Ce classement a lieu sur un
état des chemins dressé par le maire, indiquant leur direction,
leur longueur et leur largeur. Dépôt de cet état à la mairie,
pendant un mois. Les habitants, avertis par une publication,
peuvent présenter leurs observations. Avis du conseil municipal et du sous-préfet. Arrêté du préfet qui statue sur le tout.
En même temps qu'il énonce la reconnaissance de la vicinalité
du chemin, l'arrêté doit fixer sa direction et sa largeur. On
suit la même marche lorsqu'il ne s'agit que d'un seul chemin
à classer.

Quel est l'effet de la déclaration de vicinalité, à l'égard des
chemins déclarés vicinaux qui existaient déjà comme chemins ?

Elle met le public en possession de leur largeur, malgré les prétentions des riverains se disant propriétaires de l'assiette de cette largeur. La possession privée disparaît. L'arrêté du préfet, portant reconnaissance et fixation de la largeur d'un chemin vicinal, attribue définitivement au chemin le sol compris dans les limites qu'il détermine. Le droit des propriétaires riverains se résout en une indemnité réglée à l'amiable entre la partie intéressée et le maire, avec autorisation du préfet, donnée après délibération du conseil municipal. L'indemnité, à défaut de fixation à l'amiable, doit être réglée par le juge de canton, sur un rapport d'experts. Un expert, dans ce cas, est nommé par le sous-préfet, l'autre par la partie, et, s'il y a désaccord, un tiers expert est nommé par le conseil de préfecture. En cas de contestation sur la propriété, le réclamant doit faire juger la question par les tribunaux. Le droit du préfet s'étend même jusqu'à déclarer vicinal un chemin dont un particulier prétendrait avoir la propriété : ce qui ne doit avoir lieu qu'autant que le chemin dont il s'agit est livré à la circulation publique. Si donc il a été reconnu, dans le cas de recours contre l'arrêté du préfet, que le public était en jouissance du chemin, la déclaration de vicinalité aura son effet, et il ne restera au propriétaire qu'à faire régler l'indemnité.

La cour de cassation a décidé qu'il n'y a d'autres chemins privés que ceux qui sont fermés par des grilles ou par des barrières. Les propriétaires prudents agiront sagement en se conformant à cette jurisprudence, s'ils ne veulent pas s'exposer à ce qu'une tolérance de passage public, prolongée de leur part, ne finisse, avec le temps, par rendre douteuse la nature de leur chemin. Le préfet ne pourrait, si la nature du chemin était bien constatée, le rendre vicinal par un arrêté ; il faudrait procéder par voie d'expropriation.

L'indemnité à laquelle a droit le propriétaire lésé par la détermination de la largeur du chemin vicinal, n'est fixée que postérieurement à l'expropriation. Le conseil d'État, pour atténuer la portée de cette disposition, a décidé que cette expropriation sans formes et sans indemnité *préalable*, ne s'appliquerait pas aux *constructions* situées le long de la voie, et que, dans le cas où l'élargissement comprendrait un bâtiment, il faudrait recourir aux règles ordinaires de l'expropriation.

Création. — Redressement. — La déclaration de vicinalité ne fait que reconnaître l'état de choses existant ; elle constate la viabilité, fait disparaître les obstacles qui pourraient lui nuire, et prescrit les mesures qui la facilitent ; mais il en est autrement lorsqu'il s'agit de créer un chemin nouveau, ou de rendre public un chemin privé, ou de redresser un ancien chemin. La déclaration de vicinalité ne peut dispenser alors de l'expropriation pour cause d'utilité publique. Seulement il y a modification des formes de l'expropriation : l'utilité publique est déclarée et les travaux d'élargissement, d'ouverture et de redressement des chemins vicinaux sont autorisés par arrêté préfectoral, lorsque, dans la traverse ou en dehors des communes, il n'y a lieu d'occuper que des terrains non bâtis ; et, lorsqu'il s'agit de travaux devant entraîner l'expropriation de propriétés bâties, par décret du chef de l'État [1]. Les jurés chargés de fixer l'indemnité sont au nombre de *quatre*. L'administration et l'exproprié n'ont chacun *qu'une récusation* à exercer. Les jurés sont toujours choisis par le tribunal de l'arrondissement sur la liste dressée par le conseil général, et sont désignés dans le jugement d'expropriation. Le magistrat directeur assiste à leur délibération et a, lui-même, voix délibérative en cas de partage. Le magistrat désigné par le tribunal peut être non-seulement un des juges du tribunal, mais aussi le juge de paix du canton de la situation des immeubles.

La confection des chemins nouveaux entraîne le droit de faire les fouilles nécessaires et prises de matériaux. Les extractions de matériaux, dépôts ou enlèvements de terre, occupa-

---

[1] Aujourd'hui, par une loi.

tions temporaires de terrains, seront autorisés par arrêté du préfet, lequel désignera les lieux. Cet arrêté sera notifié aux parties intéressées, au moins dix jours avant que son exécution puisse être commencée. Si l'indemnité ne peut être fixée à l'amiable, elle sera réglée par le conseil de préfecture, sur le rapport d'experts nommés, l'un par le sous-préfet, l'autre par le propriétaire. En cas de désaccord, nomination d'un tiers expert par le conseil de préfecture. D'après le décret du 13 avril 1861, le préfet statue sur le règlement des indemnités pour dommages résultant d'extraction de matériaux destinés à la construction des chemins vicinaux de grande communication, et sur le règlement des frais d'expertise mis à la charge de l'administration, notamment en matière de subventions spéciales pour dégradations extraordinaires causées aux chemins vicinaux de grande communication. L'action des particuliers afin d'employer le prix des terrains destinés à la confection des chemins et à l'extraction des matériaux, est prescrite par deux ans. Droit d'enregistrement, fixe et fort restreint, pour tous les actes concernant la construction, l'entretien et la réparation des chemins vicinaux. Les actions civiles intentées par les communes ou dirigées contre elles, relativement à leurs chemins, sont jugées comme affaires sommaires et urgentes.

Déclassement. — Lorsqu'un chemin vicinal cesse d'être utile, il peut être déclassé après l'accomplissement de formalités analogues à celles qui ont précédé son classement. L'arrêté de déclassement ne peut être attaqué par la voie contentieuse. Il est de principe que les préfets peuvent rapporter leurs arrêtés et ceux de leurs prédécesseurs pris en matière administrative. S'il s'agit d'un chemin de grande communication, c'est le conseil général qui a qualité pour réformer sa première délibération.

Le chemin déclassé peut être conservé comme chemin rural ou d'exploitation, sinon il est vendu, pour le prix en être versé dans la caisse communale. Les propriétaires riverains ont le droit de s'en rendre acquéreurs, de préférence à tous autres, en payant la valeur fixée par des experts. Mais que décider lorsque le chemin déclassé est bordé des deux côtés par des propriétaires différents ? Peuvent-ils se faire attribuer le terrain jusqu'à la ligne du milieu ? La loi se taisant sur cette division que la logique pourrait conseiller, il est généralement admis que l'intérêt de la commune doit être pris en considération : or, cet intérêt demande que le terrain soit adjugé à celui des riverains qui offrira le prix le plus élevé.

Frais d'ouverture et d'entretien. — Les dépenses des chemins vicinaux sont à la charge des communes qu'ils intéressent, ce qui indique que la répartition des charges doit reposer moins sur la longueur du chemin compris dans leur enclave, que sur les avantages qu'elles en retirent. Mais il faut que le chemin soit pour les communes un moyen habituel et indispensable de communication. Le préfet détermine par un arrêté motivé, après avoir entendu les observations des conseils municipaux, la part contributive de chacune des communes. Il peut arriver, néanmoins, que les particuliers et l'État lui-même soient obligés de concourir à ces dépenses: c'est ce qui aura lieu lorsqu'ils auront dégradé le chemin par l'usage extraordinaire qu'ils en auront fait, c'est-à-dire lorsqu'ils auront usé du chemin pour l'exploitation de mines ou de carrières, de forêts ou de toutes autres entreprises industrielles. Ce sera le propriétaire lui-même qui devra acquitter l'indemnité, lorsque l'exploitation et les transports se feront pour son compte ; ce sera le fermier ou l'entrepreneur permanent, s'il y a location de la mine, de la forêt ou de l'entreprise. Il ne faut pas comprendre dans la désignation d'entrepreneurs les adjudicataires des coupes de bois, et ceux qui ne viennent que successivement prendre quelques voitures de minerai · ce sera le propriétaire, dans ce cas, qui supportera le dommage causé. Mais il faut remarquer que les particuliers ne sont tenus de l'indemnité, qu'autant que le chemin était entretenu par la commune à l'état de viabilité. La propertion de la contribution est réglée annuellement par le conseil de préfecture. Les particuliers peuvent stipuler avec les communes un abonnement annuel, qui est réglé par le préfet en conseil de préfecture. Lorsque l'établissement d'un chemin vicinal augmente notablement la valeur des propriétés qu'il sert, les particuliers peuvent encore être appelés à concourir à la dépense de création de ce chemin.

Les frais d'ouverture et d'entretien des chemins vicinaux sont acquittés par les revenus ordinaires des communes, les prestations en nature, les centimes additionnels, les contributions extraordinaires, et par des subventions sur les fonds départementaux. Mais pour que ces ressources puissent être appliquées à un chemin, *il faut qu'il ait été classé comme chemin vicinal.*

Les prestations en nature, qui consistent dans des journées de travail dont le nombre ne peut excéder trois, ont été introduites par la loi du 28 juillet 1824, pour suppléer à l'impuissance des revenus des communes, sans cependant exiger de trop grands sacrifices des propriétaires. Elles diffèrent de l'ancienne corvée en ce que, loin de peser sur la partie la plus malheureuse de la population, au gré de l'arbitraire, et pour un intérêt privé, elles frappent tous les habitants d'une commune, n'appauvrissent personne, et ne sont exigées que pour des travaux dont l'utilité communale est reconnue. La prestation en nature est due par chaque habitant mâle, valide, de dix-huit à soixante ans, quelle que soit sa profession, s'il est porté au rôle des contributions directes. Les chefs de famille qui s'établissent à titre de propriétaires, régisseurs ou colons, quel que soit leur âge ou leur sexe, doivent la prestation pour chaque individu mâle, valide, de dix-huit à soixante ans, membre ou serviteur de la famille, et résidant dans la commune ; ainsi que pour chaque charrette, voiture attelée, bête de somme, de trait ou de selle, au service de la famille ou de l'établissement dans la commune. Les contribuables peuvent racheter la prestation en nature par une taxe en

sur l'avis du conseil d'arrondissement. Enfin, les conseils municipaux, qui déterminent le nombre des journées de travail dans les limites du maximum, sont autorisés à fixer des tâches qui représentent ces journées de travail. Si le conseil municipal, mis en demeure, n'a pas voté soit des centimes additionnels, soit des prestations en nature, le préfet peut les imposer d'office, dans les limites du maximum. Le maximum des centimes additionnels est de cinq.

Relativement aux subventions sur les fonds départementaux, il y a une distinction à faire entre les chemins de grande communication et les chemins vicinaux proprement dits. Les premiers peuvent toujours recevoir des subventions sur les fonds départementaux ; les seconds ne peuvent en recevoir qu'exceptionnellement. Les propriétés productives de l'État contribuent aux dépenses des chemins vicinaux.

D'après la loi de 1836, le préfet a le droit de réglementer tout ce qui est relatif à la vicinalité.

Propriété. — Police. — Compétence. — Les chemins vicinaux appartiennent aux communes. Les arbres plantés sur les chemins vicinaux appartiennent aux riverains, à moins que les communes ne justifient de leur propriété. Les riverains ne peuvent planter sur le sol du chemin. Ils sont obligés, quant aux plantations qui bordent le chemin, d'observer les règlements locaux faits par le préfet. Une autorisation leur est nécessaire pour construire ou réparer leurs édifices. Cette autorisation leur est délivrée par le maire, pour les chemins vicinaux ordinaires ; et par le préfet, pour les chemins vicinaux de grande communication. Les conséquences du défaut d'autorisation sont la démolition et l'amende.

La police des chemins vicinaux appartient, en général, à l'autorité municipale ; cependant les chemins vicinaux de grande communication sont placés sous l'autorité du préfet. Des fonctionnaires nommés par le préfet et désignés sous le nom d'agents voyers, ont le droit de constater les contraventions, les délits, et d'en dresser procès-verbal. Ils prêtent serment. Leur traitement, fixé par le conseil général, est prélevé sur les fonds affectés à la vicinalité. Les contraventions et délits peuvent encore être constatés par le maire, les adjoints et les gardes champêtres.

La compétence du conseil de préfecture, relativement aux chemins vicinaux, est purement contentieuse. Suivant la disposition de l'art. 8 de la loi du 9 ventôse an XIII, il est compétent pour statuer sur les anticipations commises à l'égard des chemins vicinaux, au moyen de plantations. Mais il ne connaît de l'anticipation que pour ordonner la réintégration du sol; il n'est pas compétent pour appliquer une peine au contrevenant, aucune loi ne lui ayant donné, en cette matière, une juridiction répressive. Cette juridiction, pour ce qui concerne la petite voirie, n'appartient qu'aux tribunaux de simple police. L'art 479, n° 11, du Code pénal, punit d'une amende de 11 à 15 francs ceux qui auront dégradé ou détérioré, de quelque manière que ce soit, les chemins publics, ou usurpé sur leur largeur. Ainsi, d'après la jurisprudence administrative, il y a ici deux procès au lieu d'un : le premier a pour but de constater l'anticipation et d'ordonner ce qui est nécessaire pour qu'elle soit réprimée : il est porté devant le conseil de préfecture; le second a pour objet de faire appliquer la pénalité : il est porté devant les tribunaux ordinaires.

Il faut remarquer que la jurisprudence du conseil d'État, contraire en ce point à celle de la cour de cassation, a étendu la compétence du conseil de préfecture à tous les cas d'anticipation sur les chemins vicinaux, par plantations ou autrement.

Que si un particulier poursuivi comme délinquant élevait la question de propriété, le conseil de préfecture devrait toujours préalablement ordonner que les choses soient rétablies dans leur premier état (car la commune doit toujours rester provisoirement en possession), et renvoyer devant les tribunaux pour faire statuer sur la question de propriété. Les habitants de la commune peuvent-ils agir individuellement

pour obtenir la répression des contraventions? Le conseil
d'État a jugé qu'il n'appartient qu'à la commune, par l'organe
de son maire, de poursuivre sur un procès-verbal régulier la
répression d'une usurpation, et qu'un particulier n'a, dans ce
cas, d'autre faculté que de porter plainte devant l'administration. Mais la cour de cassation a décidé que le riverain qu'on
veut empêcher de passer, a le droit individuel de se faire ouvrir le passage, qui est à l'usage de tous.

Législation de 1866. — La loi du 18 juillet 1866 sur les
conseils généraux porte que : les conseils STATUENT DÉFI-
NITIVEMENT sur le classement et la direction des routes départementales, lorsque le tracé de ces routes ne se prolonge
pas sur le territoire d'un autre département ; sur les projets,
plans et devis des travaux à exécuter pour la construction, la
rectification ou l'entretien des routes départementales ; sur le
classement et la *direction* des *chemins vicinaux de grande communication*; sur la *désignation* des *chemins vicinaux d'intérêt
commun* ; sur la désignation des communes qui doivent concourir à la construction et à l'entretien desdits chemins, le
tout sur l'avis des conseils municipaux et d'arrondissement ;
sur la *répartition* des *subventions accordées sur les fonds départementaux* aux chemins vicinaux de grande communication ou
d'intérêt commun ; sur le *déclassement* des routes départementales, des chemins vicinaux de grande communication et
d'intérêt commun, lorsque leur tracé ne se prolonge pas sur
le territoire d'un ou de plusieurs départements ; sur la désignation des services auxquels sera confiée l'exécution des
travaux sur les chemins vicinaux de grande communication et
d'intérêt commun, et sur le mode d'exécution des travaux à la
charge du département, autres que ceux des routes départementales. Les délibérations prises par les conseils généraux
sur le *classement*, la *direction*, la *désignation* et sur la *répartition*
des subventions sont exécutoires si, dans le délai de deux
mois, à partir de la clôture de la session, un décret du chef
de l'État n'en a pas suspendu l'exécution. (Art. 1er.)

Les délibérations par lesquelles les conseils généraux statuent *définitivement* sont exécutoires, si, dans un délai de deux mois à partir de la clôture de la session, elles n'ont pas été annulées pour excès de pouvoir, ou pour violation d'une disposition de la loi ou d'un règlement d'administration publique. Cette annulation ne peut être prononcée que par un décret rendu dans la forme des règlements d'administration publique. (Art. 3.)

Chaque année le préfet soumet au conseil général le compte annuel de l'emploi des ressources municipales affectées aux chemins vicinaux de grande communication et d'intérêt commun. (Art. 5.)

Les recettes du budget départemental ordinaire se composent.... du produit des centimes autorisés pour les dépenses des chemins vicinaux, dont l'affectation spéciale est maintenue. (Art. 6.)

Ainsi donc, depuis la loi de 1866, ce sont les conseils généraux, sur l'avis des conseils municipaux et des conseils d'arrondissement, qui *statuent définitivement* sur le classement, la direction des chemins vicinaux de *grande communication*, la répartition des subventions sur les fonds départementaux qui leur sont accordées, leur déclassement, lorsque leur tracé ne se prolonge pas sur le territoire d'un ou de plusieurs départements (cas dans lequel un décret statue), et la désignation des services (ponts et chaussées ou agents voyers) auxquels sera confiée l'exécution des travaux sur ces chemins. Les conseils généraux statuent aussi *d'une manière définitive*, après avis des conseils municipaux et d'arrondissement, sur la détermination des communes qui doivent concourir à la construction et à l'entretien des chemins *de moyenne communication*, sur la répartition des subventions accordées à ces chemins sur les fonds départementaux, leur déclassement et la désignation des services auxquels sera confiée leur exécution.

Le classement de ces chemins est réalisé, dans les différentes hypothèses prévues par la loi de 1836, par des arrêtés préfectoraux, rendus en vertu des délibérations définitives des conseils généraux.

Loi du 24 juillet 1867. — Les conseils municipaux peuvent voter, dans la limite du maximum fixé chaque année par le conseil général, des contributions extraordinaires n'excédant pas cinq centimes pendant cinq années, pour en affecter le produit à des dépenses extraordinaires d'utilité communale. Ils peuvent aussi voter trois centimes extraordinaires, exclusivement affectés aux chemins vicinaux ordinaires. (Art. 3, § 1 et 2.)

Décret du 17 août 1867. — Avant la loi de 1836, les chemins vicinaux construits mesuraient au plus une longueur de 30,000 kilomètres. Après cette loi, qui a été un bienfait pour les campagnes, les principaux efforts se sont portés naturellement sur les chemins qui, en raison de leur utilité, formaient la première classe : *les chemins vicinaux de grande communication.* Leur achèvement intégral est aujourd'hui un fait si non accompli, du moins très-prochain. En 1861, le gouvernement impérial a prescrit des mesures destinées à hâter l'achèvement des *chemins vicinaux d'intérêt commun;* il a ordonné la présentation successive au Corps législatif de projets de lois portant allocations de crédits s'élevant à 25 millions, répartis sur sept exercices, et permettant d'achever ces chemins en huit années. Le programme tracé par la lettre impériale du 18 août 1861 a été mis à exécution, et se trouve presque complétement réalisé. En août 1867, nouvelles mesures prescrites par le gouvernement, pour achever le réseau des *chemins vicinaux ordinaires.*

Le décret du 17 août 1867 a posé en principe, et comme premier moyen d'arriver à l'accomplissement de cette tâche, la division des *chemins vicinaux ordinaires* en trois catégories, suivant leur degré d'utilité, afin de concentrer les ressources sur les plus utiles : la première catégorie comprenant les chemins dont l'achèvement a un caractère d'urgence ; la seconde, ceux qui, sans présenter le même caractère d'urgence, sont cependant d'une utilité reconnue; la troisième enfin, ceux dont l'exécution pourrait être ajournée sans inconvénient. Le décret a fait appel aux populations intéressées, provoquées à s'expliquer directement par voie d'enquête; aux conseils municipaux, appelés à proposer un classement; à des commissions cantonales appelées à réaliser ce classement; et, dans chaque département, à une commission du conseil général, chargée de se prononcer sur la classification proposée, l'évaluation de la dépense et l'indication des ressources qui pourraient être affectées.

Loi du 11 juillet 1868. — Une subvention de cent millions, payables en dix annuités, à partir de 1869, a été accordée aux communes par la loi de 1868, pour faciliter l'achèvement des chemins vicinaux ordinaires, dont la longueur kilométrique aurait été approuvée, pour chaque département, par un arrêté du ministre de l'intérieur, avant la répartition de la première annuité. (Art. 1er.)

Chaque annuité est répartie entre les départements par un décret délibéré en Conseil d'État, en ayant égard aux besoins, aux ressources et aux sacrifices des communes et des départements. Un dixième peut être réservé pour être appliqué directement, après avis de la section de l'intérieur du Conseil d'État, aux besoins exceptionnels, dans les départements dont le centime est d'un produit inférieur à vingt mille francs. Dans chaque département, la subvention de l'État et celle du département sont réparties entre les communes par le conseil général, sur la proposition du préfet. (Art. 2.) — Dans les communes dont les charges extraordinaires excèdent dix centimes, les conseils municipaux peuvent opter entre une journée de prestation et les trois centimes extraordinaires autorisés par la loi du 24 juillet 1867. (Art. 3.)

La loi de 1868 a créé également, sous la garantie de l'État, une *Caisse des chemins vicinaux* chargée de faire, pendant dix ans, aux communes dûment autorisées à emprunter, les avances nécessaires pour l'achèvement des chemins vicinaux ordi-

naires. La répartition de ces avances est faite entre les départements, et peut être modifiée par un décret délibéré en
Conseil d'État. (Art. 6.) Les départements dont les conseils
généraux en font la demande, peuvent emprunter à cette caisse
aux lieu et place des communes qui ne pourraient user de
cette faculté. Les emprunts contractés dans ces conditions ne
peuvent, en aucun cas, être affectés à la subvention accordée
par les départements aux chemins vicinaux ordinaires. Les
départements dont le centime est d'un produit inférieur à
20,000 francs, peuvent emprunter à la même caisse les sommes
nécessaires pour l'achèvement des chemins vicinaux de grande
communication actuellement classés, et celui des chemins vicinaux d'intérêt commun actuellement désignés comme chemins d'intérêt commun. La délibération prise à cette effet par
le conseil général, n'est exécutoire qu'après avoir été approuvée
par décret. (Art. 7.)

La *Caisse des chemins vicinaux* est gérée par l'administration
de la Caisse des dépôts et consignations. Elle pourvoit aux
dépenses prévues par la loi du 11 juillet 1868, au moyen de la
partie disponible des fonds déposés par les communes et les
établissements publics au Trésor et à la Caisse des dépôts et
consignations. En cas de besoin, elle peut être autorisée par
décret à créer et à émettre des titres négociables, portant intérêt, amortissables en trente années, dans la forme et aux
conditions approuvées par le ministre des finances. (Art. 8.)
Libération des communes et des départements, par le payement de trente annuités de quatre pour cent des sommes empruntées. (Art. 9.) Chaque année le ministre de l'intérieur et
le ministre des finances rendent compte, dans un rapport au
chef de l'État, de la distribution des subventions, de la marche
des travaux et des opérations de la caisse. (Art. 10.)

Législation de 1871. — Aux termes de la loi organique
départementale du 10 août 1871, le conseil général *opère la*
reconnaissance, détermine la largeur et *prescrit l'ouverture* et le
redressement des chemins vicinaux de grande communication

et d'intérêt commun. Les délibérations qu'il prend à cet égard produisent les effets spécifiés aux articles 15 et 16 de la loi du 21 mai 1836 : attribution définitive au chemin du sol compris dans les limites déterminées; droit des propriétaires riverains à une indemnité, etc. (Art. 44, loi de 1871.)

Le conseil général *statue définitivement* sur le classement et la direction des chemins vicinaux de grande communication et d'intérêt commun, la désignation des communes qui doivent concourir à la construction et à l'entretien de ces chemins ; la fixation du contingent annuel de chaque commune, le tout sur l'avis des conseils compétents. (Art. 46.) Nous avons vu plus haut que la loi de 1866 laissait *aux préfets* le soin de fixer le contingent annuel des communes appelées à concourir à la construction et à l'entretien des chemins de grande communication et d'intérêt commun. Ce droit est attribué par la loi de 1871 au conseil général.

Le conseil général *statue* aussi *définitivement* sur la répartition des subventions accordées sur les fonds de l'État ou du département aux chemins vicinaux de toute catégorie ; sur la désignation des services auxquels sera confiée l'exécution des travaux sur les chemins vicinaux de grande communication et d'intérêt commun; sur le mode d'exécution des travaux à la charge du département; sur le taux de la conversion en argent des journées de prestation; sur le déclassement des routes départementales, des chemins vicinaux de grande communication et d'intérêt commun. (Art. 46.) « Il y a, dit le rapporteur de la loi de 1871, une distinction à établir entre le classement et le déclassement des routes et chemins. Pour le *classement*, le conseil général de chaque département est *souverain*, et il n'y a qu'à agir suivant les intérêts et les convenances des populations qu'il représente. Mais il n'en est pas tout à fait de même pour le *déclassement*, parce qu'il y a des droits acquis qu'il faut respecter; dans ce cas, une entente avec le département voisin est toujours dé-

sirable et devra toujours être tentée, sauf au conseil général
à décider ensuite s'il doit passer outre. »

La commission départementale du conseil général prononce, sur l'avis des conseils municipaux, la *déclaration de
vicinalité*, le *classement*, l'*ouverture* et le *redressement* des *chemins vicinaux ordinaires*, la fixation de la largeur et de la
limite de ces chemins. Elle exerce à cet égard les pouvoirs
conférés au préfet par les articles 15 et 16 de la loi du 21 mai
1836. (Voir plus haut.) Elle approuve les abonnements relatifs aux subventions spéciales pour la dégradation des chemins vicinaux, conformément au dernier paragraphe de l'article 14 de la même loi. (Art. 86, loi de 1871.)

Chemins ruraux. — On entend par *chemins ruraux* les
chemins qui servent de fait à la communication des communes,
mais qui n'ont pas été l'objet d'une déclaration de vicinalité.
Ils doivent être reconnus avec les mêmes formalités que les
chemins vicinaux; mais la disposition qui les déclare chemins ruraux ne leur attribue pas le sol sur lequel ils portent. La question de propriété est régie par les règles du
droit commun. Ce n'est que lorsque les ressources ordinaires
de la commune sont plus que suffisantes pour couvrir toutes
les dépenses obligatoires, que l'administration municipale peut
voter des fonds en faveur de ces chemins. Certains auteurs
leur refusent le caractère de l'imprescriptibilité ; d'autres, tels
que M. Foucart, les déclarent imprescriptibles, en se fondant
sur l'art 2226 du code civil [1]. La police réglementaire et
de surveillance des chemins ruraux est confiée à l'autorité
municipale. Les contraventions sont poursuivies devant le
tribunal de simple police. Quant aux chemins établis dans les
campagnes par les propriétaires, pour l'exploitation de leurs
terres, et qui ne servent au public que par tolérance, ils ne

---

[1] Cour de cass., 6 févr. 1845, 1er mars 1849, 3 juil. 1850; arrêt Cons. d'État,
26 janv. 1850 ; arrêt Trib. des conflits, 27 mars 1851. Gabriel Dufour, *Traité général de droit administratif appliqué*, t. III, p. 400 et suiv. Batbie, *Introd.
générale au droit public et administratif*, p. 211 et 212.

sont que des propriétés privées ou que des servitudes. Compétence des tribunaux ordinaires.

Les articles 3 à 14, inclusivement, du projet de Code rural, s'occupent des chemins ruraux. Voici quelle est, à cet égard, l'économie de ce projet.

L'article 3 donne la définition des chemins ruraux. Ces chemins, dit-il, « sont ceux qui, bien que non classés comme chemins vicinaux, appartiennent aux communes et sont affectés à l'usage public. » Tout chemin affecté à l'usage du public est présumé appartenir à la commune sur le territoire de laquelle il est placé. (Art. 4.) L'affectation à l'usage du public s'établit notamment par le fait de la circulation et par les actes de surveillance et de voirie de l'autorité municipale. (Art. 5.) Elle peut être constatée par des arrêtés de reconnaissance.

Les arrêtés, pris par le maire, après enquête publique et délibération du conseil municipal, désignent, d'après l'état des lieux au moment de l'opération, la direction des chemins ruraux, leur longueur sur le territoire de la commune et leur largeur sur les différents points. Ils doivent être approuvés par le préfet. Ces arrêtés font preuve de la possession de la commune, à moins que cette possession ne soit contestée dans l'année qui suit leur publication. (Art. 6.) Les chemins ruraux sont imprescriptibles lorsque leur affectation à l'usage du public est établie ou constatée conformément aux articles 5 et 6. Ils deviennent prescriptibles à compter du jour où il a été accompli des actes de possession de nature à faire cesser complétement le passage public. (Art. 7.) Les contestations qui peuvent être élevées par toute partie intéressée, sur la propriété ou la possession totale ou partielle des chemins ruraux, sont jugées par les tribunaux. (Art. 8.) L'autorité municipale est chargée de la police et de la conservation des chemins ruraux. Elle pourvoit à leur entretien dans la mesure des ressources dont elle peut disposer. (Art. 9.) Autorisation des travaux d'élargissement et de redressement, par arrêté préfectoral. Lorsqu'il y aura lieu de recourir à l'expropriation, application de l'article 16 de la loi du 21 mai 1836. La commune ne pourra prendre possession des terrains expropriés, avant le jugement de l'indemnité. (Art. 10.)

Lorsque des extractions de matériaux, des dépôts ou enlèvements de terre, ou des occupations temporaires de terrains sont nécessaires pour les travaux de réparation ou d'entretien des chemins ruraux effectués par les communes, il est procédé à la désignation des lieux et à la fixation de l'indemnité, conformément à l'article 17 de la loi du 21 mai 1863. L'action en indemnité se prescrit par le laps de deux ans, conformément à l'article 18 de la même loi. (Art. 11.)

Les arrêtés de reconnaissance peuvent être rapportés. (Art. 12.)

Lorsqu'un chemin rural cesse d'être affecté à l'usage du public, la vente peut en être autorisée par arrêté du préfet, rendu sur une délibération du conseil municipal, et après une enquête précédée de trois publications faites à quinze jours d'intervalle.

L'aliénation n'est point autorisée si les propriétaires formés en syndicat consentent à se charger de l'entretien. (Art. 12.)

Lorsque l'aliénation est ordonnée, les propriétaires riverains sont mis en demeure d'acquérir les terrains attenants à leurs propriétés, par un avertissement qui leur est notifié en la forme administrative. En ce cas, le prix est réglé à l'amiable, ou fixé par le juge de paix du canton, après le rapport d'un ou de trois experts nommés par lui.

Si, dans le délai d'un mois, à dater de l'avertissement, les propriétaires riverains n'ont pas fait leur soumission, il est procédé à l'aliénation des terrains selon les règles suivies pour la vente des propriétés communales. (Art. 13.)

Les articles 14 à 29 sont consacrés aux syndicats pour la réparation et l'entretien des chemins ruraux; les articles 30 à 33, aux chemins et sentiers d'exploitation. Aux termes de l'article 30 du projet, les chemins et sentiers qui ne servent qu'à la communication entre divers héritages ou à leur exploitation, appartiennent, dans l'indivision, aux propriétaires de ces héritages, à moins de titre ou de possession contraires. L'usage de ces chemins peut être interdit au public. Tous les propriétaires dont ils desservent les héritages sont tenus, les uns envers les autres, de contribuer, dans la proportion de leur intérêt, à leur entretien ou à leur réparation. (Art. 30.)

Les chemins et sentiers d'exploitation ne peuvent être supprimés que du consentement de tous les propriétaires qui ont le droit de s'en servir. (Art. 32.) Toutes les contestations relatives à la propriété, à l'entretien et à la suppression de ces chemins et sentiers sont jugées par les tribunaux comme en matière sommaire. Le juge de paix statue en premier ressort sur toutes les difficultés relatives à l'entretien de ces chemins. (Art. 33.)

Aux termes de la loi des 21-25 juillet 1870, les communes dans lesquelles les chemins vicinaux classés sont entièrement terminés pourront, sur la proposition du conseil municipal et après autorisation du conseil général, appliquer aux chemins publics ruraux l'excédant de leurs prestations disponibles, après avoir assuré l'entretien de leurs chemins vicinaux et fourni le contingent qui leur est assigné pour les chemins de grande communication et d'intérêt commun. Elles ne pourront toutefois jouir de cette faculté que dans la limite *maximum* du tiers des prestations, et lorsque, en outre, elles ne recevront pour l'entretien des chemins vicinaux ordinaires aucune subvention de l'État ou du département.

Chemins de fer [1]. — Les avantages de ces voies rapides de communication sont incontestables. Au point de vue humanitaire, les chemins de fer tendent à égaliser la condition des

[1] Loi 15 juil. 1845; ordon. 15 nov. 1846; loi 27 févr. 1850; décr. 27 mars 1852; décr. 17 juin 1854; décr. 22 févr. 1855; décr. 28 mars 1855; loi 29 juin 1861; loi 12 juillet 1865; décr. 5 févr. 1868.

Voir sur la législation des *Chemins de fer* : Bacqua de La Barthe, *Code annoté*

hommes dans l'État, et poussent à l'union des nations, à l'unité de la civilisation. Mais ils touchent encore à beaucoup d'autres intérêts. Le législateur devait donc leur accorder une attention toute particulière.

Nul chemin de fer ne peut être établi qu'en vertu d'un traité (ou concession) passé avec le gouvernement. L'effet de cette concession est de déléguer à l'entrepreneur une partie

des chemins de fer ; — Bérès, *Eléments d'une nouvelle législation des chemins vicinaux, grandes routes, chemins de fer, etc.* ; — Boinvilliers (Ed.), *Les tarifs des chemins de fer dans la nouvelle politique commerciale de la France ;* — Cerclet, *Code des chemins de fer ;* — Chaix, *Répertoire de la législation des chemins de fer ;* — Cotelle (L.-B.), *Législation française des chemins de fer ;* — Daru (le comte), *Des chemins de fer et de l'application de la loi du 11 juin 1842 ;* — Emion (V.), *Manuel pratique, ou Traité de l'exploitation des chemins de fer, précédé d'une préface par M. J. Favre ;* — Féraud-Giraud, *Législation des chemins de fer par rapport aux propriétés riveraines ;* — Gand, *Traité de la police et de la voirie des chemins de fer, etc. ;* — Gendebien, *Législation et jurisprudence des chemins de fer de la Belgique ;* — Guillaume, *De la législation des rails-routes et chemins de fer en Angleterre et en France ;* — Lamé-Fleury, *Code annoté des chemins de fer, etc. ;* — Marqfoy, *De l'abaissement des tarifs de chemins de fer en France ;* — Du même, *La Réforme des tarifs de chemins de fer et les compagnies ;* — Nancy, *Législation de la police des chemins de fer, etc. ;* — Nogent-Saint-Laurent, *Traité de la législation et de la jurisprudence des chemins de fer ;* — Paignon, *Traité juridique de la construction, de l'exploitation et de la police des chemins de fer, etc. ;* — Palaa, *Dictionnaire législatif et réglementaire des chemins de fer ;* — Du même, *Répertoire général, ou Complément faisant suite au Dictionnaire législatif ;* — Pinel, *Jurisprudence des chemins de fer, etc. ;* — Rebel et Juge, *Traité théorique et pratique de la législation et de la jurisprudence des chemins de fer ;* — Rousset, *Dictionnaire de la voirie des villes, ou Traité de la grande voirie....., des chemins de fer, etc. ;* — Boutillier, *Traité pratique des attributions des commissaires de surveillance administrative des chemins de fer ;* — Blanche (Arm.). *Contentieux des chemins de fer, ou Exposé de la jurisprudence judiciaire et administrative en matière de chemins de fer ;* — Ingremard (Em. d'), *Les concessionnaires de chemins de fer et la propriété ;* — Voir aussi l'*Annuaire officiel des chemins de fer,* année 1865 ; — l'*Enquête sur l'exploitation et la construction des chemins de fer,* publiée en 1863 par ordre du ministre du commerce, de l'agriculture et des travaux publics ; — le *Répertoire de la législation des chemins de fer ;* — le *Recueil des documents officiels concernant les projets, etc., des chemins de fer vicinaux livrés à l'exploitatation en 1864 dans le département du Bas-Rhin ;* — Smith, *Lois européennes et américaines sur les chemins de fer ;* — Ch. Ropiquet, *Le tarif des chemins de fer devant l'opinion publique.*

des droits et priviléges de l'administration, *notamment en ce qui concerne la faculté de recourir à l'expropriation pour se procurer les terrains nécessaires.* Mais ces traités sont dominés par le principe que *tout chemin de fer doit être, avant tout, destiné aux besoins de la circulation générale.* Les concessions embrassent à la fois l'établissement et l'exploitation du chemin. Elles sont ou *directes,* c'est-à-dire accordées de gré à gré, ou *indirectes,* c'est-à-dire accordées par voie d'ad-. judication. Dans ce dernier cas, l'on n'est admis à concourir à l'adjudication qu'après avoir été préalablement agréé par le ministre des travaux publics. On nomme *cahier des charges* l'ensemble des dispositions fixant les conditions de la concession. Les clauses qui y sont insérées sont ordinairement relatives au cautionnement, à la confection et à la réception des travaux, à la déchéance. Le cautionnement que doit verser le soumissionnaire n'existe que dans l'intérêt exclusif de la société; il garantit l'exécution des travaux. Le concessionnaire, individu ou compagnie, exécute à ses frais, risques et périls, le projet arrêté, sous le contrôle et la surveillance de l'administration. A mesure que les travaux sont terminés sur des parties du chemin, de manière à pouvoir être livrées à la circulation, il est procédé à leur réception par des commissaires désignés par l'administration. Les réceptions partielles ne deviennent définitives que par la réception générale du chemin. Le procès-verbal de réception doit, pour être valable, être homologué par le ministre; l'administration n'est liée que par la réception générale et définitive.

L'effet de la réception définitive est d'attribuer à l'État la propriété du chemin, qui devient une dépendance de la grande voirie, et fait partie du domaine public. Ce serait donc à tort que les concessionnaires se prétendraient propriétaires du chemin; ils ne sont que des adjudicataires d'un service public, d'entrepreneurs de travaux publics qu'ils étaient. Tout leur droit consiste à recevoir le prix de leur entreprise exécutée. Ce prix sera le monopole de l'exploitation du chemin pendant un certain nombre d'années, mais à la charge, pour les concessionnaires, d'effectuer à leurs frais, risques et périls, le transport des voyageurs et des marchandises, de faire tout le service du chemin de fer, et de tenir constamment ce chemin en bon état, de manière à ce que la circulation soit toujours facile et sûre. Les machines et voitures doivent satisfaire à des conditions déterminées. L'État étant propriétaire des chemins de fer, le gouvernement a donc le droit de prendre à leur égard telles dispositions jugées convenables, pourvu qu'elles ne portent pas atteinte à la perception des péages, suivant un tarif qui est également déterminé par l'administration, et que les concessionnaires ne peuvent ni élever, ni même abaisser. Redevances à titre d'impôt. Les chemins de fer et leurs dépendances sont imposés à la contribution foncière, dans la proportion assignée aux terres de première qualité. Les bâtiments et magasins sont assimilés aux propriétés bâties dans la localité. Patente : droit fixe ; droit proportionnel, dû même pour les bureaux, salles d'attente et autres locaux. La patente frappant non la propriété, mais l'industrie, est supportée par les concessionnaires. Impôt sur le prix des places. Le gouvernement se réserve, de plus, l'emploi du chemin pour les divers services publics, et notamment pour le service des postes.

Nous avons dit que les chemins de fer construits ou concédés par l'État font partie de la grande voirie. Toutes les lois sur la grande voirie leur sont donc applicables. Le législateur prend des mesures pour la clôture des voies ferrées, leur conservation et la protection des propriétés riveraines. Les contraventions à ces dispositions sont constatées, poursuivies et réprimées comme en matière de grande voirie : procès-verbal dressé soit par les ingénieurs des ponts et chaussées et des mines, soit par les conducteurs, gardes-mines et piqueurs dûment assermentés. Procès-verbaux notifiés administrativement, dans les quinze jours de leur date, au domicile élu par le concessionnaire, à la diligence du préfet, et transmis dans le même délai au conseil de préfecture du lieu de la contravention. Amende. L'administration peut, d'ailleurs, prendre immédiatement toutes mesures provisoires pour faire cesser le dommage, ainsi qu'il est procédé en matière de grande voirie. Une pénalité sévère, graduée suivant les conséquences des attentats contre la sûreté de la circulation sur les chemins de fer, est appliquée à ceux qui ont tenté d'entraver la marche des convois, ou de les faire sortir des rails, ou seulement menacé de commettre l'un de ces crimes. La maladresse, l'imprudence, la négligence, l'inattention, l'inobservation des lois ou règlements, qui auront involontairement causé sur un chemin de fer, dans les gares ou les stations, un accident plus ou moins grave, seront également l'objet d'une peine dont la sévérité variera suivant la gravité de l'accident. Tout mécanicien, ou conducteur garde-frein, qui aura abandonné son poste pendant la marche d'un convoi, sera puni d'emprisonnement. Les concessionnaires ou fermiers de chemins de fer sont, d'ailleurs, responsables, soit envers l'État, soit envers les particuliers, du dommage causé par les administrateurs, directeurs ou employés à un titre quelconque au service de l'exploitation du chemin. L'État est soumis à la même responsabilité envers les particuliers, si le chemin est exploité à ses frais et pour son compte. Les agents de chemins de fer sont, dans l'exercice de leurs fonctions, protégés contre toute résistance et toutes voies de fait, par les peines que le code pénal inflige à la rébellion.

Les commissaires et sous-commissaires spécialement préposés à la surveillance des chemins de fer, et nommés par le ministre compétent, ont pour la constatation des crimes, délits et contraventions commis dans l'enceinte des chemins et de leurs dépendances, les pouvoirs d'officiers de police judiciaire, ce qui les place sous la surveillance du ministère public, tout en les maintenant sous les ordres des ingénieurs. Le personnel actif employé par les diverses compagnies des chemins de fer est soumis à la surveillance de l'administration publique, qui a le droit, les compagnies entendues, de requérir la révocation d'un agent de ces compagnies.

Des inspecteurs généraux sont établis auprès du ministre des travaux publics, pour la surveillance de l'exploitation commerciale et le contrôle de la gestion financière des compagnies de chemins de fer. Ces inspecteurs sont membres du comité consultatif des chemins de fer, et forment une section permanente de ce comité pour toutes les questions concernant l'exploitation commerciale ou la gestion financière des compagnies. Cette section, présidée par le ministre, et, à son défaut, par le directeur général des chemins de fer, ou par le plus âgé des inspecteurs généraux, donne son avis, sur le rapport écrit de l'un de ses membres, dans toutes les affaires qui lui sont renvoyées par le ministre, notamment en ce qui concerne l'établissement des tarifs et leur application, les traités particuliers et les conventions nationales relatifs à l'exploitation, les émissions d'obligations, les questions de prêts ou subventions, de garantie d'intérêts aux compagnies, ou de partage de bénéfices avec l'État. Rapport mensuel adressé au ministre sur la situation financière et commerciale. Rapport annuel, résumant les rapports mensuels. Les inspecteurs généraux font l'inspection des lignes de fer qui leur sont désignées par le ministre, et recueillent tous les renseignements propres à éclairer l'administration supérieure. Ils ont délégation pour procéder à toutes les informations ou enquêtes sur des questions ou des faits spéciaux d'exploitation, et peuvent être chargés de toutes missions concernant le service des chemins de fer. La surveillance des chemins de fer et de leurs dépendances est exercée par des commissaires de police spéciaux. Création d'inspecteurs de police spécialement attachés au service de la surveillance des chemins de fer. Les pouvoirs du commissaire et des inspecteurs s'étendent à toute la ligne à laquelle ils sont attachés. Création, à Paris, d'un commissariat central de police des chemins de fer, par le décret du 28 mars 1855. Un décret du 5 février 1868 a placé le service du contrôle et de la surveillance des chemins de fer sous la direction d'inspecteurs généraux des ponts et chaussées ou des mines.

Le voisinage de ces chemins grève les propriétés riveraines de nombreuses servitudes, dont les unes leur sont communes avec les routes, et les autres sont spéciales pour les chemins de fer. Ces dernières sont énumérées dans les art. 5 à 8 de la loi du 15 juillet 1845.

L'ensemble des chemins de fer français est actuellement divisé en trois réseaux : l'ancien réseau, qui comprend les lignes primitives venant aboutir des frontières à la capitale; le nouveau réseau, qui se compose des lignes dont la concession a été acceptée dans les dernières années par les compagnies en possession de l'ancien réseau; enfin le troisième réseau qui n'est pas compris dans les concessions actuellement intervenues, mais que l'État pourra concéder ultérieurement, ou construire par lui-même [1].

Chemins de fer d'intérêt local. — D'après la loi du 12 juillet 1865, des chemins de fer d'intérêt local peuvent être établis par les départements ou les communes, avec ou sans le concours des propriétaires intéressés, et par des concessionnaires, avec le concours des départements ou des communes. Le conseil général arrête, après instruction préalable par le préfet, la direction de ces chemins de fer, le mode et les conditions de leur construction, ainsi que les traités et les dispositions nécessaires pour en assurer l'exploitation. L'utilité publique est déclarée et l'exécution est autorisée par décret délibéré en Conseil d'État, sur le rapport des ministres de l'intérieur et des travaux publics. Le préfet approuve les projets définitifs, après avoir pris l'avis de l'ingénieur

[1] Ducrocq, *Cours de Droit administratif*, p. 261.

en chef, homologue les tarifs et contrôle l'exploitation.

Les chemins de fer d'intérêt local sont soumis aux dispositions de la loi du 15 juillet 1845 sur la police des chemins de fer, sauf que le préfet peut dispenser de poser des clôtures sur tout ou partie du chemin. Il peut également dispenser d'établir des barrières au croisement des chemins peu fréquentés.

Des subventions peuvent être accordées sur les fonds du Trésor pour l'exécution des chemins de fer d'intérêt local; et il n'y a que les chemins subventionnés qui puissent être assujettis envers l'État à un service gratuit ou à une réduction du prix des places. Les dispositions sur la police de ces chemins de fer sont également applicables aux concessions de voies ferrées destinées à desservir des exploitations industrielles.

La loi du 10 août 1871 sur les conseils généraux, confère à ces conseils le droit de *statuer définitivement* sur la direction des chemins de fer d'intérêt local, le mode et les conditions de leur construction, les traités et les dispositions nécessaires pour en assurer l'exploitation. (Art. 46, n° 12.)

La guerre de 1870 a donné lieu à quelques décrets spéciaux sur les chemins de fer : le décret du 8 nov. 1870, instituant un service d'inspection pour le transport par chemin de fer des approvisionnements et du matériel de guerre; le décret du 23 octobre, autorisant le ministre de la guerre à suspendre la circulation des trains de voyageurs et de marchandises sur les lignes de chemins de fer; le décret du 16 octobre, réglant le transport par chemins de fer des troupes, des munitions ou du matériel de guerre.

Fouilles, extraction et dépôt de matériaux [1]. — Les servitudes de fouilles, extraction et dépôt de matériaux, qui grèvent les propriétés voisines des routes et travaux publics, ont pour raison d'être l'intérêt général, et, pour effet, de per-

[1] Arrêts du Conseil 22 juin 1706, 7 sept. 1755, 20 mars 1780; loi 28 pluv. an VIII, art. 4, § 4; loi 16 sept. 1807, art. 55.

mettre à l'administration, ou aux entrepreneurs subrogés à ses droits, de prendre sur place, aux abords même de leurs chantiers, des terres, pierres et autres matériaux qu'ils eussent été obligés d'y transporter à grands frais et avec une perte de temps importante. L'exercice de ces servitudes est subordonné aux trois conditions suivantes : *la désignation des terrains* par arrêté du préfet ; *l'absence de clôture* du terrain qui, dans certains cas, ne jouit de la dispense qu'autant qu'il est en même temps attenant à une habitation ; *l'obligation d'avertir les propriétaires* des fouilles que l'entrepreneur ou les agents de l'administration sont autorisés à effectuer dans leurs terrains.

Les terrains occupés pour prendre les matériaux nécessaires aux routes ou aux constructions publiques pourront être payés aux propriétaires comme s'ils eussent été pris pour la route même. Il n'y aura lieu à faire entrer dans l'estimation la valeur des matériaux à extraire, que dans les cas où l'on s'emparerait d'une carrière déjà en exploitation. L'évaluation aura alors lieu d'après le prix courant des matériaux, abstraction faite de l'existence ou des besoins de la route. Les extractions, dépôts ou enlèvements seront autorisés par arrêtés préfectoraux. Si l'indemnité ne peut être fixée à l'amiable, elle sera réglée par le conseil de préfecture.

Canaux de navigation [1]. — Ces canaux, qu'ils soient concédés ou non, sont une dépendance du domaine public, comme les routes de terre et les fleuves et rivières navigables et flottables. Ils sont soumis au régime de la grande voirie. Les droits de navigation sont fixés d'après un tarif spécial à chaque canal, établi en vertu d'un décret, et perçus par les receveurs des contributions indirectes. Depuis 1860, le gouvernement tend à supprimer ces différents droits qui pèsent sur le commerce de transport.

[1] Loi 29 floréal an X ; décr. 22 mars et 22 août 1860.

Roulage [1]. — La police du roulage a pour objet d'assurer la conservation du sol des routes, de protéger la liberté de circulation sur les voies publiques, et de pourvoir à la sécurité des voyageurs. Avant 1789, cette importante matière était régie par une ordonnance du 17 novembre 1724, et par plusieurs arrêts de règlement dont les moins anciens étaient ceux des 14 novembre et 28 décembre 1773. Depuis la loi du 29 floréal an x, qui a, la première, jeté les bases d'une réglementation nouvelle, la législation a beaucoup varié, tant au point de vue des prescriptions réglementaires qu'à

[1] Loi 30 mai 1851; décr. 10 août 1852 ; décr. 24 février 1858. — Les systèmes ont varié, sur la police du roulage. Depuis 1806 jusqu'en 1851, on limitait les chargements par le poids constaté par les ponts à bascule et combiné avec la largeur des jantes. La législation actuelle n'impose aucune condition de poids ou de largeur des jantes et cherche à sauvegarder les intérêts de la circulation par un ensemble de prescriptions diverses applicables soit à toutes les voitures (longueur des essieux, forme des clous de roues, limitation de l'attelage, barrières de dégel, traversée des ponts suspendus, obligation de se ranger à droite, défense de stationner) ; soit seulement aux voitures ne servant pas au transport des personnes (largeur du chargement et de l'attelage, nombre de conducteurs, place qu'ils doivent occuper, éclairage des voitures la nuit, obligation de la plaque) ; soit exclusivement applicables aux voitures publiques ou messageries (vérification des voitures, largeur de la voie et de la distance à maintenir entre les essieux, dimension des places et nombre des voyageurs à admettre). Voir Ducrocq, *Cours de Droit administratif*, édit. 1868, p. 166. — Sur le *Roulage*, voir : Charrière, *Loi sur la police du roulage et des messageries*, etc. Guilbon, *Traité de la police du roulage*, etc.; — Hativet, *Manuel pour la mise à exécution des lois sur la police du roulage et les messageries publiques;* — Rousset, *Dictionnaire de la voirie des villes,...... et de la police du roulage;* — Verlet Dumesnil, *Police du roulage. Nouveau Code théorique et pratique;* — Voir aussi le *Code formulaire de la police du roulage et des messageries.* — Sur les *Messageries*, voir: Hilpert, *Le Messagiste, ou Traité théorique, pratique et législatif de la messagerie;* — Pouget, *Transport par terre et par eau, etc.;* — Vanhuffel, *Manuel des maîtres de postes et entrepreneurs de voitures publiques.* — Sur les maîtres de postes, voir aussi : *Code des postes et relais de France;* — Duché, *Traité sur la législation des maîtres de postes, précédé d'une notice sur l'origine des relais;* — Lafargue, *Nouveau Code voiturier;* — Lanoé, *Code des maîtres de postes, des entrepreneurs de diligences et de roulage.* — Voir également: Gervais, *De la juridiction commerciale en matière de transports* (brochure); — Pommier, *Des litiges en matière de transports.*

celui des pénalités; la juridiction même a été transportée successivement d'un tribunal à un autre. Actuellement, la police du roulage est gouvernée par la loi du 30 mai 1851, le décret réglementatre du 10 août 1852 et celui du 24 février 1858, pour ce qui concerne le roulage et les messageries publiques sur les routes nationales et départementales, et sur les chemins vicinaux de grande communication. Quant aux contraventions aux prescriptions relatives aux voitures, lorsqu'elles sont commises sur une voie publique autre qu'une route nationale ou départementale, ou qu'un chemin vicinal de grande communication, ainsi que celles relatives aux chevaux non attelés et aux bêtes de charge, bien qu'elles se soient produites sur une de ces grandes voies publiques, elles tombent sous le coup des n°° 3 et 4 de l'art. 475 du code pénal. Mais est-il nécessaire, pour l'application du n° 3 de cet article, que les défenses qu'il contient soient prévues par des règlemeuts et arrêtés? La jurisprudence admet que les dispositions de ce numéro devraient être appliquées à celui qui les enfreindrait, quand bien même il n'existerait aucun règlement ni arrêté qui y fussent relatifs. Au reste, l'autorité municipale est compétente pour prendre des arrêtés et faire des règlements de police, dans le but d'assurer la commodité et la sûreté du passage sur la voie publique. Mais son droit s'arrête d'une manière rigoureuse aux seules mesures qui intéressent la sûreté et la sécurité.

Le principe de la législation actuelle est que les voitures suspendues ou non suspendues servant au transport des personnes ou des marchandises, peuvent circuler sur les routes nationales, départementales et chemins vicinaux de grande communication, sans aucune condition réglementaire de poids ou de largeur de jantes. Quant aux infractions, elles peuvent être déférées à trois juridictions différentes : les conseils de préfecture, les tribunaux de police correctionnelle et les tribunaux de simple police. Le conseil de préfecture n'est compétent que pour juger les contraventions susceptibles

de compromettre l'état matériel des voies de communication ;
il ne connaît que de ce qui concerne la conservation du sol
des routes. Quant aux infractions faites aux mesures d'ordre
et aux précautions prescrites pour la sécurité des voyageurs,
elles sont de la compétence des tribunaux de police correctionnelle, ou de simple police, suivant la nature de la peine.
Les tribunaux de simple police ne sont appelés à réprimer
que les contraventions qui entraînent une amende n'excédant
pas 15 francs, et un emprisonnement de cinq jours au plus.

Les dispositions de la loi relatives à la police du roulage
prévoient avec la plus grande sollicitude tous les cas où la
sécurité publique pourrait être compromise. C'est ainsi qu'il
y a des règles pour la conduite des voituriers, la rapidité et
la direction des voitures, la surveillance des bêtes de charge
et chevaux non attelés, la course de ces animaux dans l'intérieur des lieux habités, l'éclairage des voitures pendant la
nuit, le stationnement sur la voie publique des voitures attelées ou non attelées, les mauvais traitements infligés aux animaux, l'obligation de signaler les voitures par une plaque
extérieure, etc. Les infractions sont prouvées soit par des
procès-verbaux, soit par témoins, à défaut de procès-verbaux,
ou à leur appui. Quant aux procès-verbaux, ils ne produisent
effet qu'autant qu'ils ont été dressés par des officiers ou agents
ayant un caractère public pour constater les contraventions
qui en font l'objet, et qu'ils sont revêtus des formalités prescrites par la loi pour leur validité. Les fonctionnaires ayant
le droit de verbaliser sont : les maires, adjoints (à défaut des
maires, mais l'empêchement est réputé exister de droit), commissaires de police, sous-officiers et brigadiers de gendarmerie, les simples gendarmes, les conducteurs, agents voyers,
cantonniers chefs et autres employés du service des ponts et
chaussées ou des chemins vicinaux de grande communication,
les gardes champêtres, les gardes et agents forestiers, les employés des contributions indirectes, les préposés des douanes,
enfin toute personne commissionnée par l'autorité pour la

surveillance et l'entretien des voies de communication. Quelle est la foi due aux procès-verbaux de ces différents agents ? Ils font foi jusqu'à preuve contraire, et seulement des faits matériels qu'ils constatent et des conséquences qui en sont inséparables ; mais la preuve admise contre eux doit être complète, et établie juridiquement, c'est-à-dire par des écrits, ou par des dépositions de témoins entendus conformément à la loi. Visés pour timbre ; enregistrés en débet [1].

[1] La division juridique des chemins, dans le droit romain, se tirait de leur largeur, et, sous ce rapport, on les distinguait en *via, actus, iter, semita*. La *via* était vulgairement un chemin de huit pieds de largeur, pour y recevoir deux chariots allant dans un sens opposé ; l'*actus*, un chemin de quatre pieds, pour un simple chariot ; l'*iter*, un chemin de deux pieds, pour le passage d'un homme à pied ou à cheval ; la *semita*, un sentier à pied, ou bien un trottoir. Il faut remarquer toutefois que la largeur légale, fixée par la loi des XII Tables à huit pieds, pouvait être modifiée par la volonté de l'administration ou des parties, et que, pour les autres chemins, leur largeur dépendait aussi de la volonté des parties, au moins pour ceux qui existaient à titre de servitudes. Sous un autre point de vue, les chemins étaient encore divisés en *publics, vicinaux* et *privés*. Les chemins *publics* étaient appelés *royaux, consulaires, prétoriens*, ou *voies militaires*. On appelait *via publica* celle dont le sol était public, et avait été rendu tel par celui qui était investi de l'autorité compétente. Les *chemins privés*, appelés aussi *viæ agrariæ*, étaient ceux dont le sol n'était pas public. Les *viæ vicinales*, étaient les chemins qui existaient dans les campagnes, ou qui conduisaient aux villages. Les uns étaient *privés*, et les autres *publics*, selon qu'ils étaient ou non construits par de simples particuliers. Suivant Ulpien, le principal caractère distinctif entre les *voies militaires* et les *voies vicinales* était que les premières aboutissaient soit à la mer, soit à des villes, soit à des fleuves, soit à d'autres voies militaires, tandis que les chemins *vicinaux* aboutissaient à des routes publiques ou se terminaient sans issue.

Les routes *royales* ou *militaires* étaient construites aux frais du Trésor public, et l'exécution en était confiée ordinairement à des entrepreneurs publics, dont la responsabilité durait quinze ans à partir de l'achèvement des travaux. On y employait cependant souvent des soldats des légions, les *provinciales*, ou habitants des provinces, et les criminels. Les chemins *vicinaux* se faisaient par des corvées ou journées de prestation, ou par des travaux en tâche. Quant aux travaux d'*entretien* sur les *routes*, ils s'exécutaient par corvées ou par impositions locales, comme pour les chemins *vicinaux*.

Il est inutile de rappeler que la construction des routes entra parmi les moyens si divers de la politique habile dont Auguste usa pour asservir et gouverner l'empire romain. C'était, d'ailleurs, une manière d'occuper les esprits pendant les loisirs de la paix.

CHAPITRE IX.

L'industrie manufacturière. — § 1. L'apprentissage. — § 2. Lois qui protégent l'industrie manufacturière. — § 3. Les restrictions à la liberté de l'industrie manufacturière et de l'industrie commerciale.

Industrie manufacturière. — Après l'industrie agricole, qui fournit à l'homme les matières premières nécessaires à ses besoins, se place naturellement l'industrie manufactu-

Le mode ordinaire de contribution pour les chemins publics consistait dans ce qu'on appellerait chez nous des *centimes spéciaux additionnels à la contribution foncière (pro jugerum modo, vel capitum.)* Le *caput* était une quantité de terre déterminée, une unité cadastrale. L'usufruitier, l'acquéreur, le créancier gagiste ou antichrésiste nantis d'un fonds, étaient tenus de cette taxe foncière. Indépendamment des taxes pécuniaires, les habitants des provinces étaient encore assujettis, ainsi que nous l'avons vu, à des prestations en nature, analogues à celles qui sont établies par la législation française en matière de chemins vicinaux. Celui qui dégradait extraordinairement un chemin était tenu de le réparer à ses frais. Quand un chemin public était impraticable, il était permis de passer sur les fonds voisins.

L'administration des chemins publics appartenait, dans chaque province, au gouverneur ou *judex*, qui était chargé de tout ce qui concernait les travaux publics, au nombre desquels figuraient les ponts et les routes. Il avait sous son autorité des *curatores operum publicorum*, espèces d'ingénieurs responsables, chargés de faire exécuter ces travaux. L'administration des *viæ vicinales* était confiée aux chefs des localités. Pour ce qui concernait la police de conservation, le préteur avait introduit, en matière de voies publiques, plusieurs interdits qui avaient pour but de protéger le domaine public, et les magistrats avaient un pouvoir discrétionnaire à cet égard. Voir l'ouvrage de M. Serrigny, intitulé : *Droit public et administratif romain*, livre II, titre 1er, section I, §§ 1, 2, 3, édit. 1862, t. I, p. 433 et suiv., et l'*Histoire des grands chemins de l'empire*, de Bergier, citée dans le livre du savant professeur de la Faculté de droit de Dijon.

rière, qui transforme ces matières premières en une infinie
variété de produits. Elle aussi doit être encouragée par l'administration, car de ses développements et de sa prospérité
dépend le bien-être des peuples.

Les devoirs de l'administration à son égard peuvent se résumer en ces termes : consacrer la liberté de l'artisan et du
manufacturier, ouvrir de larges débouchés à l'industrie manufacturière, l'éclairer sans la diriger, honorer et récompenser
les artistes et les manufacturiers les plus habiles, modérer le
poids des impôts qui doivent peser sur cette industrie ; mais
aussi protéger les consommateurs contre les fabricants, et
prendre, en vue de l'intérêt social, des précautions pour l'exercice de certaines professions.

§ 1. — L'Apprentissage [1].

Définition. — Formes du contrat. — Conditions. — Incapacités. — Devoirs réciproques. —
Causes de résolution. — Compétence. — L'enseignement technique.

Définition. — L'apprentissage, qui est, actuellement, l'objet de sérieuses critiques, forme des ouvriers habiles, améliore
les arts, soutient et accroît la prospérité des fabriques ; mais
la détermination arbitraire que l'administration ferait de la
durée de l'apprentissage, serait une atteinte portée à la plus
indisputable des propriétés, celle du travail. La volonté des
maîtres, des apprentis et des parents doit être libre dans la
fixation des conditions, qui varient, d'ailleurs, suivant l'espèce
d'art auquel l'ouvrier se destine. L'administration ne doit intervenir que pour assurer la liberté des conventions et en
ordonner l'exécution, toutes les fois qu'elles ne sont pas contraires à l'ordre public.

Le contrat d'apprentissage est celui par lequel un fabricant,

[1] Loi du 22 germ. an XI; art 852, 1384, 2272, C. Civ.; loi des 22 janv. —
22 févr. 1851.

un chef d'atelier, un ouvrier, s'oblige à enseigner la pratique de sa profession à une autre personne, qui s'oblige en retour à travailler pour lui, le tout à des conditions et pendant un temps convenus. Indépendamment des raisons tirées de l'avantage de former des ouvriers habiles, l'intérêt des familles pauvres milite en faveur de l'apprentissage qui, non-seulement permet à ces familles de donner, sans frais, un métier à leurs enfants, mais qui les décharge en tout ou partie des frais de leur nourriture et de leur entretien. L'apprentissage n'est, d'ailleurs, plus obligatoire en France, comme sous l'empire des anciennes lois qui en déterminaient même la durée.

Formes du contrat. — Conditions. — Le contrat d'apprentissage se forme par acte public ou sous seing-privé; il peut aussi être fait verbalement; mais, dans ce cas, la preuve testimoniale n'en est reçue que conformément aux règles du droit civil. Il peut être reçu par les notaires, secrétaires des conseils de prud'hommes, les greffiers des justices de paix, et contient : 1° les noms, prénoms, âges, professions et domiciles du maître, de l'apprenti, des père et mère, du tuteur ou de la personne autorisée par les parents, et, à leur défaut, par le juge de paix; 2° la date et la durée du contrat; 3° les conditions de logement, nourriture, prix, et toutes autres arrêtées par les parties. Il doit être signé par le maître et par les représentants de l'apprenti. Les conditions sont aussi variées que les volontés des parties, pourvu qu'elles ne soient pas contraires à la loi. C'est ainsi que les parties ne pourront pas, sans un arrêté du préfet, sur l'avis du maire, convenir que l'apprenti âgé de moins de quatorze ans sera soumis à un travail de plus de dix heures par jour, et l'apprenti de quatorze à seize à un travail de plus de douze heures; que l'apprenti âgé de moins de seize ans sera soumis à un travail de nuit (entre 9 heures du soir et 5 heures du matin). Généralement le maître reçoit l'apprenti contre une indemnité qui lui est payée pour le temps qu'exige l'entretien, et pour les outils et les matières que fait détériorer le défaut d'expérience. Quel-

quefois aussi le père de famille, dans l'impuissance de payer
cette indemnité, convient que son enfant demeurera chez le
chef d'atelier plus de temps qu'il ne faut pour compléter son
apprentissage. La loi est gardienne de ces différentes conventions.

Incapacités. — Devoirs réciproques. — Tout industriel
peut recevoir des apprentis. Il faut d'abord justifier de vingt-
un ans accomplis pour recevoir des apprentis mineurs; des
jeunes filles mineures ne peuvent être logées comme apprenties chez un maître célibataire ou en état de veuvage. Les individus qui ont subi une condamnation pour crime, attentat
aux mœurs, vol, escroquerie ou abus de confiance, sont également incapables de recevoir des apprentis, à moins que, sur
l'avis du maire, le préfet, en considération de l'expiration de
la peine et de trois ans de résidence dans la même commune,
n'ait levé l'incapacité. A Paris, les incapacités sont levées par
le préfet de police.

Le maître doit se conduire envers l'apprenti en bon père
de famille, surveiller sa conduite et ses mœurs, avertir ses
parents ou leur représentant de ses fautes graves ou de ses
penchants vicieux; les prévenir sans retard en cas de maladie
ou d'absence de l'apprenti; lui laisser prendre deux heures
sur la journée de travail pour son instruction, et enfin lui
enseigner progressivement et complétement l'art, le métier
ou la profession spéciale qui fait l'objet du contrat. Indépendamment du devoir de fidélité, respect et obéissance, l'apprenti doit aider son maître par son travail, dans la mesure
de son aptitude et de ses forces, sans toutefois, sauf conventions contraires, pouvoir être employé aux travaux et services
qui ne se rattachent pas à l'exercice de sa profession, et sans
pouvoir être tenu à aucun travail les dimanches et jours de
fêtes légales. L'apprenti doit, en outre, à la fin de son apprentissage, remplacer le temps qu'il n'a pu employer par suite
de maladie ou d'absence, ayant duré plus de quinze jours.
Le *congé d'acquit* est le certificat que le maître délivre à l'ap-

prenti, à la fin de son apprentissage. Il constate l'exécution du
contrat.

Causes de résolution. — Compétence. — Les causes de
résolution du contrat d'apprentissage sont ou indépendantes
de la volonté des parties, ou dépendantes de leur volonté. Les
causes indépendantes de la volonté des parties sont : la mort
du maître ou de l'apprenti, leur appel sous les drapeaux, leur
condamnation pour crimes, mauvaises mœurs, vol ou escroquerie, et, pour les apprenties mineures, le décès de l'épouse
du maître. Les causes dépendantes de la volonté des parties
sont : le cas où l'une des parties manquerait aux stipulations
du contrat ; où le maître maltraiterait l'apprenti, ou transpor-
terait sa résidence dans une autre commune ; l'excès habituel
de travail, l'inconduite habituelle ou le mariage de l'apprenti,
la condamnation du maître ou de l'apprenti à un emprisonnement de plus d'un mois. Quand nous disons que les causes
de résolution sont indépendantes ou dépendantes de la volonté des parties, nous entendons que, dans le premier cas,
le contrat est résolu *de plein droit*, et que, dans le second,
il ne peut l'être que *sur la demande* des parties ou de l'une
d'elles.

Les deux premiers mois de l'apprentissage sont considérés
comme un temps d'essai pendant lequel le contrat peut être
annulé par la seule volonté de l'une des parties, sans indemnité pour l'autre, à moins de conventions expresses. La durée
de l'apprentissage est déterminée par les usages locaux.

Le conseil des prud'hommes (et à défaut le juge de paix du
canton) est compétent pour juger les demandes à fin d'exécution ou de résolution du contrat, fixer les indemnités qui
pourraient être dues de part et d'autre, et condamner à tout ou
partie de l'indemnité prononcée au profit du maître abandonné, le fabricant, chef d'atelier ou ouvrier, convaincus d'avoir
détourné un apprenti de chez son maître pour l'employer en
qualité d'ouvrier ou d'apprenti.

L'enseignement technique. — Le rapporteur de la commission du Corps législatif chargée d'examiner, en 1868, le projet de loi relatif à l'enseignement technique, a sévèrement traité l'apprentissage [1].

Dans les grands centres de population, et à Paris en particulier, a-t-il dit, l'usage de prendre et de former des apprentis tend peu à peu à disparaître. Le nombre des contrats d'apprentissage va diminuant de jour en jour, et le nombre des apprentis ayant le bénéfice d'un contrat devient minime, relativement à l'immensité de la famille industrielle. Même avec un contrat d'apprentissage, le futur ouvrier n'est pas toujours sûr d'arriver à bien savoir son métier. Rien n'est plus précaire et plus mal assuré, en général, que l'exécution de ces contrats. L'habitude semble prise de considérer l'apprenti, au moins dans les premières années, comme un domestique ou un homme de peine. L'apprenti passe sa journée à faire des courses, même pour les besoins du ménage de son patron. Il est le commissionnaire de tout le monde, du patron, des ouvriers, et même des autres apprentis ses aînés. Il n'est pas rare de rencontrer dans les rues un adolescent chargé d'un énorme fardeau ou traînant une charrette à bras qu'il a peine à mouvoir. Après une longue journée, peut-être n'a-t-il pas fait œuvre un instant de ce qui était l'objet de sa présence à l'atelier. Heureux quand il n'a pas subi des coups ou tout au moins des injures, quand il n'a pas appris par les propos, par les chansons, par l'exemple des adultes, des choses qu'il aurait dû ignorer. Pour lui, trop souvent, la dépravation se joint à la perte du temps.

Quand le patron se souvient des obligations qui lui incombent, il se borne d'ordinaire à profiter de l'aptitude particulière qu'il a remarquée dans l'enfant : il le spécialise, il lui fait faire constamment la même chose, celle pour laquelle il a du goût. De cette façon l'apprenti rapporte; mais on peut dire qu'il est condamné à n'être jamais qu'un imparfait

_____
[1] Annexe au procès-verbal de la séance du 27 juillet 1868.

ouvrier. Ce qu'il saura des autres parties du métier, il le saura mal, ne le sachant point par principes, par une pratique de toutes les heures, ne l'ayant appris qu'en regardant par intervalles le compagnon qui travaille et qui n'est pas toujours d'humeur à lui donner des explications.

Il y a heureusement des patrons qui prennent au sérieux leurs devoirs. Ceux-là sont pour les apprentis de vrais pères. Ils exercent une surveillance constante, préservent les mœurs, interdisent les relations mauvaises, avertissent les parents ou les tuteurs. Mais ce n'est point d'après ces hommes honorables qu'il faut juger ce qui se passe en général. Un grand nombre de patrons prennent des apprentis, non pour former des artisans habiles, mais parce qu'un apprenti coûte moins cher à son début qu'un homme de peine, et, vers la fin, moins cher qu'un ouvrier.

Les prescriptions de la loi sur les obligations morales du maître sont suffisantes en elles-mêmes, mais elles manquent d'une sanction sérieuse. C'est par une simple résiliation du contrat d'apprentissage que se résolvent le plus souvent les contestations dont la violation de la loi est l'objet.

Souvent aussi les torts sont de l'autre côté. L'apprenti quitte le patron avant la fin de l'apprentissage. A l'atelier où il doit son travail sans salaire, il préfère l'atelier où on le payera ; à l'atelier où on le paye moins qu'un ouvrier ordinaire, il préfère un atelier où il sera traité comme compagnon. Il devrait être passible d'une peine, mais la responsabilité en pareil cas est presque toujours illusoire. Retrouver la trace du fugitif dans une grande ville est souvent impossible. Le maître a bien son recours contre les parents ; mais quels dommages-intérêts demander à des gens qui suffisent à peine aux besoins de leur existence ?

Le remède à ce mal déplorable serait peut-être d'étendre à l'apprenti l'obligation du livret. Le livret est pour l'ouvrier le certificat honorable de sa moralité et de sa capacité, un moyen certain de lui assurer du travail et une protection. Le livret ne serait-il pas pour l'apprenti la garantie de la fidélité au contrat passé avec le maître, et plus tard une recommandation aux yeux de ceux qui l'emploieraient comme ouvrier? L'étroite observance des contrats d'apprentissage serait un bien social. L'enseignement technique au premier degré ne serait plus, comme trop souvent, une fiction.

Quant au projet de loi sur l'organisation spéciale d'un enseignement technique professionnel, il est intéressant de constater que la commission de la Chambre a proposé de le remplacer par l'inscription, au budget du département du commerce, d'une somme déterminée, destinée à encourager en France cet enseignement, abandonné, d'ailleurs, à l'initiative individuelle. Elle a pensé qu'il suffirait de la liberté donnée à tous et de l'encouragement décerné aux méritants. Les institutions libres seront plus hardies, moins routinières, plus attentives au progrès ; elles profiteront de toutes les découvertes de la science, de tous les perfectionnements de l'art. Tantôt des associations fonderont des écoles pratiques, destinées à tel ou tel corps d'état ; tantôt les travailleurs de telle ou telle profession prieront quelqu'un d'entre eux de les initier aux secrets de son expérience. Les cours se fonderont en s'inspirant naturellement des besoins de l'industrie locale. Toutes les convenances, tous les besoins réels, auront leur satisfaction ; l'initiative privée fera vite et bien ce dont l'État viendrait mal à bout. Les individus, les associations, les communes, les chambres de commerce, les conseils généraux, etc., sauront bien trouver partout ce qu'il y a de mieux pour organiser leçons, cours, ateliers, conférences, pour déterminer la méthode, pour choisir le professeur. Quant au gouvernement, qu'il reste dans son rôle : qu'il patronne, qu'il surveille, qu'il excite, qu'il encourage, qu'il récompense, qu'il n'intervienne que là où l'initiative personnelle fera défaut.

L'enseignement technique n'est, du reste, pas susceptible d'être réglementé d'après un plan uniforme. Il serait à la gêne entre les lignes droites d'un ordre symétrique. Sa variété est infinie, et il a besoin d'une entière liberté d'action. Il prend dans chaque contrée, dans chaque ville, dans chaque atelier, le caractère qu'exige la nature même de l'industrie locale. Il ne se substitue point à l'atelier, il en est le développement et l'auxiliaire. La meilleure école technique sera toujours, comme on l'a dit, un bon atelier; mais un bon atelier aura toujours besoin d'être complété par un enseignement technique.

L'État doit favoriser le développement de cet enseignement sous toutes ses formes : écoles de dessin, écoles professionnelles, ateliers d'apprentissage, cours du soir, pour l'application des mathématiques aux arts et à l'industrie, cours de chimie et de physique appliquées aux arts industriels et en particulier à la teinture, ouvroirs municipaux, ouvroirs de charité, ouvroirs annexés aux hospices, aux écoles communales de filles, etc. Mais cet enseignement existe déjà en France. Notre pays possède, sur un grand nombre de points, des institutions, les unes anciennes et florissantes, d'autres récemment fondées, mais qui grandissent, toutes nées de nécessités locales et répondant heureusement à leur objet. L'enseignement technique secondaire est, d'ailleurs, virtuellement contenu dans l'enseignement secondaire spécial. N'oublions pas non plus que l'État entretient des écoles d'arts et métiers à Aix, à Angers et à Châlons ; qu'une foule d'autres écoles concourent au même but, et qu'au sommet s'élèvent l'École centrale et le Conservatoire des Arts et Métiers.

§ 2. — Lois qui protègent l'industrie manufacturière.

Poids et mesures. — Livrets. — Coalitions d'ouvriers.

Au nombre des lois d'organisation intérieure dont l'objet est de protéger l'industrie manufacturière, on peut ranger les

dispositions relatives à *l'établissement du système métrique déci-*
mal des poids et mesures, aux *livrets d'ouvriers,* aux *livrets de*
compte exigés dans certaines industries, *à l'organisation du tra-*
vail dans les manufactures, aux *coalitions des patrons ou des*
ouvriers, aux *conseils de prud'hommes* [1].

Poids et Mesures [2]. — Les marchands ne peuvent posséder que des poids et mesures conformes au système décimal.
Dans chaque arrondissement : un préposé public chargé de la
vérification des poids et mesures. Forme des poids et matières
employées pour leur fabrication, déterminées par des règlements d'administration publique. Le nom qui leur est affecté
par le système métrique doit y être marqué distinctement.
Les préfets doivent dresser, pour chaque département, le
tableau des professions soumises à la vérification. Indication
dans ce tableau de l'assortiment des poids et mesures dont
chaque genre de commerce doit être pourvu.

Livrets [3]. — Le livret est une sorte de compte courant de
la vie industrielle de l'ouvrier, le journal fidèle de ce qu'il
a promis et de ce qu'il a tenu. Il imprime à ses rapports avec
le chef d'établissement le sceau de la probité; il atteste la
loyauté de l'un, et il affranchit la responsabilité de l'autre

[1] Décr. 27 mai et 6 juin 1848; loi 7 août 1850; décr. 2 mars 1852; loi 1er juin
1853; décr. 16 nov. 1854; décr. 8 sept. 1860 ; loi 4 juin 1864; Pradier-Fodéré,
Précis de droit commercial, seconde édition, p. 472.

[2] Décr. 26 mars 1791; loi 18 germinal an III ; loi 4 juil. 1837; ordon. régl.
19 avril 1839 ; loi 10 mars 1851.

[3] Loi 7 mars 1850; décr. 20 juil. 1853; loi 22 juin 1854; décr. régl.
30 avril 1856; décr. 21 juil. 1856. Sur les *Livrets,* voir : Arnaud, *Du livret d'ou-*
vrier; — Du Puynode, *Des lois du travail et des classes ouvrières;* — Fix (Th.),
Observations sur l'état des classes ouvrières; — Frégier, *Des classes dange-*
reuses de la population dans les grandes villes et des moyens de les rendre
meilleures; — Levasseur, *Histoire des classes ouvrières en France, depuis la*
conquête de César jusqu'à la révolution française; — Audiganne, *Les popula-*
tions ouvrières et les industries de la France; — Cretté de Palluel, *Des ou-*
vriers des houillères. etc.; — Deloume, *Droits et obligations des ouvriers, sous*
le point de vue de la loi civile; — Féraud-Giraud, *Législation française con-*
cernant les ouvriers, etc.; — Rameau, *Cours de législation usuelle pour l'ins-*
truction professionnelle des ouvriers.

envers ceux qui auraient précédemment employé le même
ouvrier. Les ouvriers de l'un ou de l'autre sexe attachés à
des établissements industriels, ou travaillant chez eux pour
un ou plusieurs patrons, sont donc tenus de se munir d'un
livret, qui leur est délivré par les maires, et, à Paris, par le
préfet de police. Les chefs d'établissements ne peuvent
employer d'ouvriers qui ne seraient pas porteurs de livrets.
Inscription de la date de l'entrée de l'ouvrier dans l'établissement, sur le livret et sur un registre que doit tenir le chef
ou directeur. L'ouvrier est dépositaire de son livret qui, visé
gratuitement par l'autorité administrative, lui tient lieu de
passeport à l'intérieur. Il ne peut être fait sur le livret aucune
annotation favorable ou défavorable à l'ouvrier. Les contrevenants à ces dispositions sont justiciables des tribunaux de
simple police, encourent une amende, et, suivant le cas, peuvent être punis d'un emprisonnement. Des peines plus
graves sont infligées à ceux qui se sont rendus coupables
d'avoir fabriqué un faux livret, d'avoir falsifié un livret
véritable, de s'être fait délivrer un livret sous un faux
nom, ou d'avoir fait usage du livret appartenant à un autre.
Le livret énonce le nom et les prénoms de l'ouvrier, son
âge, le lieu de sa naissance, son signalement, sa profession, si l'ouvrier travaille habituellement pour plusieurs
patrons, ou s'il est attaché à un seul établissement, et, dans ce
dernier cas, le nom et la demeure du chef d'établissement
chez lequel il travaille ou a travaillé en dernier lieu ; enfin les
pièces sur lesquelles le livret est délivré. Il est tenu dans
chaque commune un registre sur lequel sont relatés, au
moment de leur délivrance, les livrets et les visa de
voyage.

L'ouvrier est tenu de représenter son livret à toute réquisition des agents de l'autorité. Dans le cas où l'ouvrier est
quitte envers le chef d'établissement, celui-ci, lorsqu'il cesse
de l'employer, doit inscrire sur le livret l'acquit des engagements.

Lorsque le livret, spécialement visé à cet effet, doit tenir lieu de passeport à l'intérieur, le visa du départ indique toujours une destination fixe, et ne vaut que pour cette destination ; il n'est accordé, d'ailleurs, que sur la mention de l'acquit des engagements. Le livret ne peut être visé pour servir de passeport à l'intérieur, si l'ouvrier a interrompu l'exercice de sa profession, ou s'il s'est écoulé plus d'une année depuis le dernier certificat de sortie inscrit au livret. Une loi du 7 mars 1850 prescrit à tout fabricant, commissionnaire ou intermédiaire qui livrera des fils pour être tissés, d'inscrire, au moment de la livraison, sur un livret spécial appartenant à l'ouvrier et laissé entre ses mains, toutes les conditions intervenues entre lui et l'ouvrier. Cette loi sur les moyens de constater les conventions entre patrons et ouvriers, en matière de tissage et de bobinage, a été étendue, par un décret du 20 juillet 1853, à la coupe des velours de coton, ainsi qu'à la teinture, au blanchiment et à l'apprêt des étoffes. Ce décret a été transformé en loi, qui porte la date du 21 juillet 1856.

Coalitions d'ouvriers [1]. — La législation pénale prononçait des peines contre les coalitions d'ouvriers pour faire hausser le prix du travail. Nuisibles aux consommateurs et aux producteurs, aux ouvriers et aux capitalistes, les coalitions des ouvriers pour faire hausser le prix de la main-d'œuvre méritent une répression sévère. Mais la loi doit se montrer plus rigoureuse encore pour les coalitions des maîtres afin de faire baisser le prix du travail, à cause des dangers auxquels elles exposent les gouvernements, et parce qu'il est plus difficile de les surprendre. Voilà le principe.

La loi des 25-27 mai 1864 a modifié de la manière suivante les articles 414, 415 et 416 du code pénal. Sera puni d'un emprisonnement de six jours à trois ans et d'une amende de seize francs à trois mille francs, ou de l'une de ces deux peines seulement, quiconque, *à l'aide de violences, voies de fait,*

---

[1] Loi 27 mai 1849. — Loi du 25 mai 1864.

menaces ou manœuvres frauduleuses, aura amené ou maintenu, tenté d'amener ou de maintenir *une cessation concertée* de travail, *dans le but de forcer la hausse ou la baisse des salaires,* ou *de porter atteinte au libre exercice de l'industrie et du travail* (*art.* 414). Lorsque ces faits auront été commis *par suite d'un plan concerté,* les coupables *pourront* être mis, par l'arrêt ou le jugement, sous la surveillance de la haute police pendant deux ans aux moins et cinq ans au plus (*art.* 415). Seront punis d'un emprisonnement de six jours à trois mois et d'une amende de seize francs à trois cents francs, ou de l'une de ces deux peines seulement, tous ouvriers, patrons et entrepreneurs d'ouvrage qui, *à l'aide d'amendes, défenses, proscriptions, interdictions prononcées par suite d'un plan concerté,* auront porté atteinte au libre exercice de l'industrie ou du travail (*art.* 416). Ces articles sont applicables aux propriétaires et fermiers, ainsi qu'aux moissonneurs, domestiques et ouvriers de la campagne.

Il résulte de cette législation nouvelle que le délit de *coalition* a disparu de notre loi pénale. Les articles 414 à 416 du code de 1870, modifiés par la loi du 27 novembre 1849, réprimaient *toute coalition* des patrons pour faire baisser les salaires, des ouvriers pour les élever. La loi de 1864 n'a pas reproduit cette disposition ; elle a donc implicitement consacré la liberté de coalition, et s'est bornée à la réglementer. Il faut remarquer, du reste, que la loi sur les coalitions, en concédant aux ouvriers la faculté de se concerter et de s'entendre pour défendre leurs intérêts en cas de désaccord avec leurs patrons sur le taux de leurs salaires, a expressément maintenu, ainsi que le prouve la discussion qui a préparé cette loi, l'existence et l'application des dispositions légales sur les *réunions publiques* et sur les *associations illicites*[1]. Quant au sens à donner au mot « *menaces* » qui se trouve énoncé dans l'article 414 du code pénal modifié par la loi de 1864, la jurisprudence admet

[1] Voir Dalloz, *Jurisprudence générale,* année 1868, 1, p. 415.

que les rédacteurs de cette loi ont entendu ce mot dans le sens général de violences morales, et que, du moment où une atteinte à la liberté du travail a pu en résulter, les menaces sont punissables, quelle que soit la nature du mal ou préjudice indiqué [1].

§ 2. — Restrictions à la liberté de l'industrie manufacturière et de l'industrie commerciale.

Ateliers dangereux, insalubres ou incommodes. — Abattoirs. — Restrictions dans l'intérêt de la fortune, de l'honneur ou de la vie des citoyens. — Dans un intérêt d'ordre et d'humanité. — Dans l'intérêt de la morale publique. — Dans l'intérêt de la salubrité publique. — Dans l'intérêt de l'ordre social. — Dans l'intérêt fiscal.

Ateliers dangereux, nuisibles ou incommodes [2]. — L'industrie manufacturière doit être libre d'entraves; mais cette liberté nécessaire ne peut pas être favorisée aux dépens

[1] *Id.*, année 1867, I, p. 89. — Sur les *Coalitions*, voir: Baudouin, *La liberté du travail et les coalitions*, 1864 (brochure); — Boullaire, *Examen du projet de loi portant modification de la législation sur les coalitions* (brochure); — Hans (Ed.), *Des coalitions industrielles et commerciales* (Gand, 1863); — Ollivier (Émile), *Commentaire de la loi du 25 mai 1864, sur les coalitions.* — Wadington, *Projet de loi sur les coalitions d'ouvriers* (brochure).

[2] Décr. 15 oct. 1810; inst. min. 22 nov. 1811; ordonn. 14 janvier 1815; décr. régl. 30 janv. 1852; décr. 25 mars 1852; décr. 21 mai 1862; décr. 31 déc. 1866. Sur le *Droit industriel*, voir: Morel et Laroche, *Manuel général du commerce et de l'industrie;* — Renouard, *Du droit industriel dans ses rapports avec les principes du droit civil sur les personnes et sur les choses.* — Sur les *Établissements industriels*, voir: Avisse, *Établissements industriels, industries dangereuses, insalubres et incommodes;* — Bourguignat, *Législation appliquée des établissements industriels;* — Clérault, *Traité des établissements dangereux, insalubres et incommodes;* — Macarel, *Manuel des ateliers dangereux, insalubres ou incommodes;* — Mirabel-Chambaud, *Procédure administrative, ou Code des Établissements industriels concédés et autorisés sur demandes directes;* — Taillandier (Alph.), *Traité de la législation concernant les manufactures et les ateliers dangereux, insalubres et incommodes;* — Trébuchet, *Code administratif des établissements dangereux, insalubres ou incommodes;* — Sauveur, *Législation belge des établissements industriels, dangereux, insalubres ou incommodes.*

de l'intérêt général, dont l'administration est la protectrice naturelle. Quelque libre qu'elle doive être, l'industrie manufacturière est nécessairement soumise à certaines restrictions commandées par l'ordre social. L'administration, gardienne des intérêts de tous, est chargée d'opérer ces restrictions, au nombre desquelles se trouvent les limites apportées au droit d'établir certains ateliers dont le voisinage pourrait être dangereux et insalubre ou incommode ; de fabriquer et d'employer certains instruments qui porteraient atteinte à la sûreté de l'État et des personnes ; de fonder divers établissements qui absorberaient, dans un but d'intérêt privé, certains corps d'utilité générale.

L'ancienne législation ne nous présente aucune loi sur cette importante matière. Avant la révolution de 1789, les ordonnances des intendants de province ou les arrêtés des parlements suffisaient pour réglementer l'établissement de ces sortes d'ateliers. L'Assemblée constituante servit peu l'industrie, à une époque où les progrès de la chimie promettaient de vastes développements à cette branche précieuse de la richesse nationale, en abandonnant à l'initiative des magistrats de police les règlements sur les ateliers industriels. Le décret du 15 octobre 1810 forme la base du droit sur cette matière ; encore ne s'occupe-t-il que des ateliers ayant de l'odeur. Plus tard, on l'étendit aux ateliers dangereux, et les ordonnances qui intervinrent dans la suite portèrent sur les ateliers insalubres, dangereux ou incommodes.

Les manufactures et ateliers qui répandent une odeur insalubre et incommode, ou qui présentent quelque danger pour le voisinage, ne peuvent être formés sans une permission de l'autorité administrative.

L'administration distinguant trois classes d'ateliers de cette nature, l'autorisation accordée par elle est soumise à des formes variées, suivant que l'établissement est de première, de seconde ou de troisième classe.

Première classe. — Depuis le décret du 25-30 mars 1852,

c'est le préfet qui donne l'autorisation d'établir les ateliers insalubres de première classe. La demande formée par l'industriel est adressée directement au préfet qui la fait afficher, dans le plus court délai, aux portes des municipalités de toutes les communes, à 5 kilomètres de rayon du lieu où l'atelier doit être établi. Le maire tient registre de ces affiches et en certifie l'apposition. Cette publicité donnée au projet d'établissement serait de peu d'utilité, si les habitants de la localité et des lieux voisins n'étaient pas admis à donner leur avis sur la demande. Une enquête *de commodo et incommodo* est ouverte, à cet effet, par les soins de l'autorité administrative. Cette enquête consiste à appeler chacun à exprimer avec sincérité ses observations ou son vœu. Le commissaire chargé de cette information, loin de provoquer les observations, doit se borner à les attendre et à consigner fidèlement sur le procès-verbal les dires quels qu'ils soient. Que si les habitants ne se présentaient pas à l'appel suffisamment publié, l'administration supérieure déciderait, avec fondement, que les absents n'avaient pas d'objection à faire. Ces formalités accomplies, le préfet prononce sur la demande, donne ou refuse l'autorisation, après avoir consulté le conseil d'hygiène et de salubrité de l'arrondissement. La permission accordée est irrévocable. Que si des oppositions se manifestaient pendant l'enquête, le conseil de préfecture prononcerait d'abord, et son avis serait communiqué au Conseil d'État, qui déciderait. Toutefois la question de savoir si une manufacture sera autorisée, n'étant pas subordonnée à des raisons de commerce, le conseil de préfecture et le Conseil d'État ne prendront pas comme élément de leur délibération le préjudice qu'occasionnerait la concurrence.

Les recours contre les arrêtés préfectoraux, en cas de refus ou de conditions imposées à l'autorisation, doivent être formés devant le Conseil d'État délibérant au contentieux, dans les trois mois de la notification. Intervention permise aux tiers intéressés, qu'ils aient ou non comparu à l'enquête; possibilité

17

pour eux, après l'instance, d'attaquer le décret par voie de tierce-opposition. Lorsque l'établissement est autorisé, les tiers peuvent, à toute époque, et même au cours de l'exploitation, attaquer l'arrêté pour en demander la réformation, sauf déclaration de déchéance, s'ils avaient laissé fonctionner l'établissement pendant plusieurs années sans réclamation. Compétence du conseil de préfecture. Appel devant le Conseil d'État. Recours direct au Conseil d'État, en cas d'incompétence ou d'excès de pouvoir de la part du préfet.

Deuxième classe. — Pour les établissements de la seconde classe, la demande est adressée au sous-préfet. Les règlements n'exigent point d'affiches; une seule enquête *de commodo et incommodo* est ouverte par le maire; le sous-préfet prend un arrêté qu'il transmet au préfet. Le préfet statue en motivant. Les oppositions nées pendant l'enquête sont portées devant le conseil de préfecture, qui juge comme tribunal de première instance. L'appel de la décision du conseil de préfecture est porté devant le Conseil d'État. C'est aussi devant le Conseil d'État qu'est porté le pourvoi contre la décision du préfet, en cas de refus.

Troisième classe. — Aucune formalité extérieure n'est exigée pour la création des établissements de troisième classe. La demande est adressée au maire, et le sous-préfet statue après avoir pris l'avis de ce magistrat et de la police locale. Bien que la loi ne le prescrive pas, il est cependant d'usage de procéder à une enquête *de commodo et incommodo*. Les oppositions et réclamations contre la demande sont jugées par le conseil de préfecture, qui peut apprécier aussi au premier degré le refus d'autorisation. A Paris, les autorisations sont accordées pour les trois classes par le préfet de police. En cas de grave inconvénient pour la santé publique, la culture ou l'intérêt général, les fabriques et ateliers de première classe qui le causent pourront être supprimés en vertu d'un décret rendu en assemblée générale du Conseil d'État. Toutefois, en cas d'inconvénients imprévus, les préfets peuvent, par mesure provisoire, ordonner la clôture de l'atelier, mais il leur est interdit de prendre aucune mesure définitive.

Afin que les propriétés voisines des ateliers dangereux, insalubres ou incommodes, ne soient pas laissées indéfiniment et inutilement sous le poids de la gêne et de la dépréciation qui résulteraient de ce voisinage, le législateur a voulu que, par cela seul qu'un établissement a cessé d'être exploité pendant un temps assez long (six mois), les tiers puissent se croire autorisés à le considérer comme abandonné; nouvelle permission nécessaire. Il en est de même pour les cas de translation, ou dans le cas d'innovation dans la constitution des ateliers déjà autorisés. Quant à l'autorisation, elle ne saurait faire obstacle à l'exercice des pouvoirs remis à l'administration pour la protection des intérêts autres que ceux garantis par les dispositions spéciales aux ateliers insalubres.

Les questions de propriété et de dommages matériels appartiennent à la compétence des tribunaux civils; mais la question de moins-value est du domaine de l'administration; elle est censée écartée par l'autorisation.

Tous les établissements dangereux, insalubres ou incommodes, sans distinction de classe, sont soumis à la surveillance et au pouvoir de police de l'administration active représentée par le préfet. C'est le préfet qui ordonne la fermeture des établissements non autorisés, ainsi que celle des établissements autorisés, lorsque le fabricant a méconnu les prescriptions qui lui sont imposées par les règlements sous peine de déchéance du bénéfice de l'acte d'autorisation. Les contestations sur ces différents points sont portées devant le préfet, sauf recours au ministre compétent, et, après lui, à l'assemblée du Conseil d'État délibérant au contentieux.

Compétence des *tribunaux de simple police* pour réprimer l'exploitation non autorisée. Compétence des *tribunaux d'arrondissement* pour allouer des dommages-intérêts aux tiers à qui le voisinage de l'établissement autorisé ferait subir, soit un préjudice direct et matériel, soit un simple préjudice moral consistant dans la dépréciation de la propriété et l'atteinte aux relations de bon voisinage. Compétence du *juge de paix*, si les émanations pernicieuses d'une usine altèrent des fruits et des récoltes.

Les manufactures de la première classe ne peuvent être élevées qu'au loin des habitations. Il n'est pas rigoureusement nécessaire que celles de la seconde classe en soient éloignées ; quant à celles de la troisième, il suffit de l'autorisation et de la surveillance de la police. Il y a une nomenclature administrative des établissements par classes. Les établissements non classés ne sont pas soumis à une législation spéciale. Principes du droit commun. Indemnité lorsque les inconvénients qu'ils causent excèdent la mesure des obligations ordinaires du voisinage.

Les tableaux de classement antérieurs à 1866 ont tous été remplacés par un tableau général promulgué par le décret portant règlement d'administration publique du 3 décembre de la même année. Préparé par le comité consultatif des arts et manufactures avant d'avoir été soumis au Conseil d'État, le tableau de 1866 tient compte de l'état actuel de toutes les industries sous le rapport de leurs inconvénients pour le voisinage. Comme conséquence des perfectionnements introduits dans les procédés industriels et qui diminuent, ou même annulent, la nocuité, cause déterminante des classements antérieurs, ce tableau a supprimé les classements pour plus de cent industries et en a descendu de classe près de quatre-vingts, tandis que quelques-unes seulement ont dû être introduites dans la nomenclature ou relevées de classe. Ces classifications ne sont, d'ailleurs, que provisoires, et sont, par leur nature, toujours soumises à révision.

Abattoirs. — Les abattoirs sont des établissements communaux rangés dans la première classe des établissements dangereux, insalubres ou incommodes. Ils sont, par conséquent, soumis à l'autorisation des préfets, après les formalités requises pour la création des établissements de la première classe. L'autorisation préfectorale est sollicitée par le conseil municipal, qui joint à sa demande des renseignements exacts sur la population et la consommation de la localité. Le préfet examine le budget de la commune, et accorde ou refuse l'autorisation. Les bouchers contribuent en payant un droit d'abattage qui représente le prix de la location de l'emplacement qui leur est réservé, et de toutes les facilités qui leur sont ménagées. Les bouchers forains ne sont pas tenus de faire usage de l'abattoir public; mais la mise en activité de tout abattoir public et commun légalement établi entraîne la suppression des tueries particulières situées dans la localité.

Un décret du 1er août 1864 porte que les préfets statueront sur les propositions d'établir des abattoirs. Les taxes d'abattage seront calculées de manière à ne pas dépasser les sommes nécessaires pour couvrir les frais annuels d'entretien et de gestion des abattoirs, et pour tenir compte à la commune de l'intérêt du capital dépensé pour leur construction et de la somme qui serait affectée à l'amortissement de ce capital. Si des circonstances exceptionnelles nécessitaient des taxes supérieures à celles indiquées par ce décret (maximum, un centime cinq millièmes par kilogramme de viande de toute espèce), ces taxes ne pourraient être autorisées que par décret rendu en Conseil d'État.

Les autres restrictions qui figurent ou ont figuré dans notre législation, peuvent être distribuées en six groupes ayant pour objet : 1° l'intérêt de la fortune, de l'honneur ou de la vie des citoyens; 2° un intérêt d'ordre et d'humanité; 3° l'intérêt de la morale publique; 4° l'intérêt de la salubrité publique; 5° l'intérêt de l'ordre social; 6° l'intérêt fiscal.

Ier GROUPE. *Intérêt de la fortune, de l'honneur ou de la vie des citoyens.* — Ce groupe peut comprendre les restrictions à la liberté du travail relatives aux garanties spéciales auxquelles sont soumises les professions d'avocat, de médecin, chirurgien ou officier de santé, de pharmacien, d'herboriste, de sage-femme, d'imprimeur et de libraire, de colporteur et d'afficheur; enfin la législation sur les officiers ministériels, tels que les avocats au Conseil d'État et à la Cour de cassation; les avoués, les notaires, les huissiers, les commissaires-priseurs, les agents de change et courtiers [1]. La loi du 18 juillet 1866 a proclamé la liberté de la profession de *courtier de marchandises.*

D'après la législation précédente, le nombre des imprimeurs

---

[1] La bibliographie des ouvrages écrits sur les matières contenues dans ce paragraphe serait trop étendue, si nous reproduisions les titres de tous les livres dignes d'être consultés. Nous nous bornerons à ne recommander que les principaux travaux.

Sur *la profession d'avocat*, voir : Bast, *Les galeries du Palais de justice de Paris. Mœurs, usages, coutumes et traditions judiciaires;* — Fournel, *Histoire des Avocats au parlement, et du barreau de Paris, depuis saint Louis jusqu'au 15 octobre 1870;* — Du même : *Histoire du barreau de Paris dans le cours de la Révolution;* — Loisel, *Pasquier, ou Dialogue des avocats du parlement de Paris;* — Pinard (Os.), *Le Barreau au XIX° siècle;* — Roparts, *Histoire de saint Yves, patron des gens de justice;* — Dupin, *Opuscules de Jurisprudence, contenant:* 1° *Profession d'avocat, etc.;* — Liouville, *De la profession d'avocat;* — Mollot, *Règles sur la profession d'avocat;* — Dubœux, *Essai sur l'institution de l'avocat des pauvres, etc.;* — Bonjour, *De la dignité de l'avocat* (brochure);— Egger, *Mémoire sur cette question : Si les Athéniens ont connu la profession d'avocat* (brochure).

Sur les *Professions médicales*, voir: Pellault, *Code des Pharmaciens, contenant le texte de toutes les lois, etc., qui intéressent la profession pharmaceutique;* — Amette, *Code médical, ou Recueil des lois sur l'étude, l'enseignement et l'exercice de la médecine civile et militaire en France;* — Delvaille, *De l'exercice de la médecine;* — Leroux (de Rennes), *Harmonie de l'organisation médicale avec le nouvel ordre social;* — Trébuchet, *Jurisprudence de la médecine, de la chirurgie et de la pharmacie en France, etc.* — Voir aussi la publication intitulée: *Législation médico-pharmaceutique, etc.*

Sur *l'Imprimerie et la Librairie*, voir: Grimont, *Manuel-Annuaire de l'Imprimerie et de la Librairie;* — Locré, *Discussion sur la liberté de la presse, la censure, la propriété littéraire, l'imprimerie et la librairie;* — Pic, *Code des imprimeurs, libraires, etc.*

Sur les *Offices*, voir: Bellet, *Offices et officiers ministériels;* — Combes, *ouveau manuel des aspirants aux fonctions de notaires, greffiers, avocats à Cour de Cassation, avoués, huissiers et commissaires-priseurs;* — Dard, *Traité des offices;* — Du même, *Du droit des officiers ministériels de présenter leurs successeurs, etc.;* — Durand (Eug.), *Des offices considérés au point de vue des transactions privées et des intérêts de l'État;* — Jeannest-Saint-Hilaire, *Du notariat et des offices;* — Chateau, *Dissertation sur le droit de propriété*

et des libraires était déterminé par décret pour la ville de Paris, et par arrêtés ministériels pour les départements. Les imprimeurs et les libraires étaient soumis au serment politique et à la délivrance, par l'administration, d'un brevet qui ne pouvait servir qu'à celui qui l'avait obtenu, et ne pouvait être exploité hors du lieu pour lequel il avait été délivré. L'imprimeur pouvait vendre son brevet, sauf au successeur à se faire agréer par l'administration, qui avait toujours le droit de retirer le brevet, à raison d'une condamnation encourue pour contravention aux lois et règlements. C'était la loi de 1814 qui régissait la pénalité à infliger à ceux qui auraient imprimé sans brevet. Le décret de 1852 est venu réprimer l'exercice illégal de la librairie, demeuré impuni jusque-là.

Le retour au principe de la liberté professionnelle était depuis longtemps réclamé par les partisans de la liberté absolue des entraves politiques, commerciales et industrielles. En 1868, la commission du Corps législatif chargée d'examiner le projet de loi sur la presse, s'étant trouvée en désaccord avec le gouvernement sur le principe d'un droit à indemnité pour les imprimeurs et libraires, une proposition d'enquête sur cette question a été agréée. Le projet de la loi du 11 mai consacrait la liberté des professions d'imprimeur et de libraire, par la suppression des brevets. Il a semblé à la commission que la matière était trop grave pour être tranchée sommairement par un article annexé d'un projet de loi sur la presse. Elle a pensé qu'une modification aussi considérable, touchant à une propriété établie et respectée depuis soixante ans, celle des brevets, compliquée d'une question d'indemnité, soule-

des offices (brochure); — Bavoux, Conseil d'État, Conseil royal, etc., Vénalité des charges, etc.; — Cellier, Réforme notariale et vénalité des offices; —Couturier de Vienne, Liberté du travail, vénalité des offices ministériels; — Fropé, De la vénalité des offices (brochure); — Greffier, Des cessions et des suppressions d'offices; — Vuatiné, Du droit de transmission des offices, etc.; — Beautemps-Beaupré, Le livre des droits et des commandements d'office de justice, publié d'après le manuscrit inédit de la bibliothèque de l'Arsenal.

vant des questions de responsabilité nécessaire de la part
des imprimeurs, ainsi que des questions de police et de surveillance dans l'intérêt social, elle a pensé que cette modification devait être l'objet d'un projet particulier. Le législateur
de 1868 a donc remplacé la disposition de l'article 15 du projet
de la loi du 11 mai, qui affranchissait de l'obligation du brevet
les professions d'imprimeur et de libraire, par une disposition
qui se bornait à autoriser les gérants de journaux à établir des
imprimeries *exclusivement destinées* à l'impression de leur
journal.

Les considérations qui militent en faveur d'une réglementation prudente de l'imprimerie, sont exposées en ces termes
dans le rapport de la commission : « L'imprimerie n'est pas
une industrie ordinaire ; elle est la divulgation de la pensée
humaine; elle est en contact quotidien, par la publication,
avec la société tout entière : il n'est donc pas inutile de demander à l'imprimeur des garanties de moralité et de capacité
professionnelles. »

Les imprimeurs-lithographes et en taille-douce étaient assimilés aux imprimeurs, et les loueurs de livres aux
libraires.

D'après la loi du 27 juillet 1849, et la jurisprudence, tous
distributeurs ou colporteurs de livres devaient être pourvus
d'une autorisation préfectorale; même pour une distribution
accidentelle, même quand le distributeur aurait été l'auteur
de l'écrit distribué.

Le décret des 10-14 septembre 1870 a disposé qu'à l'avenir
les professions d'imprimeur et de libraire seront libres ; que
toute personne qui voudra exercer l'une ou l'autre de ces
professions, ne sera tenue qu'à une simple déclaration faite
au ministère de l'intérieur. Toute publication portera le nom
de l'imprimeur.

Le droit de *présenter des successeurs à l'agrément du chef de
l'État* a été accordé aux officiers ministériels par la loi de
finances du 28 avril 1816, en compensation d'une augmenta-

tion de cautionnement qui leur était imposée, afin de pourvoir aux cent millions de l'indemnité de guerre infligée à la France par l'Europe coalisée. Cette faculté constitue au profit du titulaire, de ses héritiers et de sa veuve, mais non de ses créanciers, une véritable propriété soumise à une réglementation et à des causes de résolution particulières. Toutefois le gouvernement peut toujours créer des charges nouvelles, mais n'a pas le droit de les vendre ; il peut refuser son agrément au successeur présenté ; le titulaire destitué perd son droit de présentation ; les offices enfin sont classés dans la catégorie des choses mobilières.

II° GROUPE. *Intérêt d'ordre et d'humanité.* — La loi, par exemple, du 18 juillet 1860, relative à l'autorisation et aux conditions imposées aux entreprises d'engagements ou de transports d'émigrants pour le Nouveau-Monde. Voir aussi les décrets des 15 mars 1861 et 1868.

III° GROUPE. *Intérêt de la morale publique.* — On peut comprendre dans ce groupe les lois sur les *bureaux de placement* ; les prohibitions relatives à la mise en vente des dessins, gravures, médailles, etc. ; les lois qui exigent une autorisation préalable pour ouvrir des cafés ou débits de boissons à consommer sur place, et confèrent à l'administration le droit de fermeture de ces établissements ; les dispositions sur la réglementation des entreprises théâtrales.

« Parmi les objets, dit Vivien, sur lesquels l'administration est appelée à étendre sa surveillance, il en est peu qui soient aussi dignes d'attention que les théâtres. Ils enseignent comme l'école et parlent comme la tribune ; ils s'adressent à la fois à l'intelligence, à l'âme et aux sens ; ils réunissent une foule nombreuse qu'ils enivrent par les plaisirs de l'esprit, la magie de la musique et les illusions de la peinture ; ils intéressent l'art littéraire par les productions qu'ils inspirent et vivifient, l'industrie par les entreprises qu'ils alimentent, la politique par les sentiments qu'ils font naître ou qu'ils développent. Tandis que la foule court y chercher la dissipation, ils offrent un grave sujet de méditation au législateur, à l'administrateur et à l'homme d'État[1]. »

Les divers régimes qui se sont succédé en France avant 1852 ont représenté trois systèmes : *liberté illimitée*, sous les assemblées républicaines ; *limitation absolue* du nombre des théâtres, sous l'Empire ; *autorisation ministérielle* ou *système des priviléges* sous la Restauration et le gouvernement de Juillet. En 1849, le Conseil d'État, à qui M. Dufaure, alors ministre de l'intérieur, avait déféré l'examen d'un projet de loi qui consacrait la liberté industrielle des théâtres, jugea nécessaire de procéder à une enquête. Le résultat de cette enquête fut un projet de loi éclairé par un rapport dans lequel les trois systèmes étaient appréciés de la manière suivante : « La liberté sans limites est condamnée par l'expérience non moins que par la raison. Des établissements que l'on a souvent comparés à des écoles et à des tribunes, ne sauraient être entièrement assimilés à des opérations ordinaires de fabrication et de négoce. L'industrie théâtrale est évidemment du nombre de celles que leur caractère particulier oblige de soumettre à certaines conditions de prévoyance et d'ordre. Une concurrence, dont aucune disposition législative ne tendrait à prévenir et à modérer les agitations, détruirait l'art lui-même, en troublant et dispersant dans une fluctuation perpétuelle

[1] Vivien, *Études administratives*, édit. 1852, t. II. p. 363. — Voir : Loi 25 pluv. an IV; Décr. 8 juin 1806 ; Loi 30 juillet 1850; Décr. 30 déc. 1852; Décr. 6 juillet 1853 ; Décr. 6 janvier 1864. — M. Serrigny a consacré le titre VIII de son bel ouvrage sur le *Droit public et administratif romain* aux spectacles et aux jeux publics à Rome. Édit. 1862, t. II, p. 312 et suiv. On y trouvera, entre autres détails intéressants, qu'il était défendu de célébrer les jeux publics les jours de fêtes religieuses, et que ces jeux ne devaient avoir lieu qu'avant midi, par la raison que c'était un moyen de réprimer le goût immodéré des magistrats pour les spectacles, et de prévenir les séditions, plus faciles à naître le soir que le matin. (*Ibid.*, p. 315.)

Sur les *Théâtres*, voir: Agnel, *Code-manuel des artistes dramatiques, etc.;* — Lacan et Paulmier, *Traité de la législation et de la jurisprudence des théâtres;* — Vivien et Blanc, *Traité de la législation des théâtres;* —Vulpien et Gauthier, *Code des Théâtres;* — Simonet, *Traité de la police administrative des théâtres de la ville de Paris.*

les éléments de suite et d'ensemble qui seuls donnent aux re-
présentations dramatiques une valeur réelle, et permettent
d'atteindre à quelque degré de la perfection.

« La limitation absolue des théâtres ne parait pas compa-
tible avec l'esprit de nos institutions : elle aurait pour effet
d'établir une sorte de monopole légal, de créer, pour ainsi
dire, de petits fiefs théâtraux. La volonté et le pouvoir de
l'empereur n'ont pas suffi à maintenir ce régime. Avant qu'il
fût tombé du trône, la limite qu'il avait fixée était déjà dé-
passée. La mobilité de la population, les modifications du
goût, les vicissitudes de la fortune publique permettraient
d'ailleurs difficilement d'assurer à cette limitation une base
rationnelle et immuable.

« Entre la fixation rigoureuse du nombre des théâtres et la
liberté, il n'existe qu'un régime mixte réunissant tous les inconvénients des deux autres sans en avoir les avantages. Les
gouvernements qui se sont succédé depuis trente et quelques
années, se sont laissé enlever les priviléges plutôt qu'ils ne les
ont donnés de leur plein gré. C'est, du reste, une des nécessités fatales inhérentes aux concessions de ce genre, que
d'être sollicitées et octroyées en dehors de toute condition de
capacité, de mérite et même de solvabilité... »

Le décret du 6 janvier 1864 a modifié la législation en vigueur, qui exigeait une autorisation administrative pour toute
entreprise théâtrale, et soumettait également à une autorisation la représentation de chaque ouvrage dramatique. Aux
termes du décret de 1864, tout individu peut faire construire
et exploiter un théâtre, à la charge de faire une déclaration
au ministère des Beaux-Arts (qui a disparu aujourd'hui), et à
la préfecture de police, pour Paris; à la préfecture dans les
départements. Les théâtres qui paraîtront plus particulièrement dignes d'encouragements pourront être (toujours aux
termes de ce décret), subventionnés soit par l'État, soit par
les communes (*art.* 1ᵉʳ). Les entrepreneurs de théâtres devront se conformer aux ordonnances, décrets et règlements

pour tout ce qui concerne la sécurité, la salubrité et l'ordre
publics. Les lois existantes sur la police et la fermeture des
théâtres, ainsi que sur la redevance au profit des pauvres et
des hospices continueront d'être exécutées (*art.* 2). Toute œuvre dramatique, avant d'être représentée, devra, conformément au décret du 30 décembre 1852, être examinée et autorisée par le ministère des Beaux-Arts, pour les théâtres de
Paris, par les préfets pour les théâtres des départements.
Cette autorisation pourra toujours être retirée pour des motifs d'ordre public (*art.* 3). Les ouvrages dramatiques de tous
les genres, y compris les pièces entrées dans le domaine public, pourront être représentées sur tous les théâtres (*art.* 4).
Les théâtres d'acteurs enfants continuent d'être interdits
(*art.* 5). Les spectacles de curiosités, de marionnettes, les *cafés
chantants, cafés-concerts*, et autres établissements du même
genre, restent soumis aux règlements qui les régissaient avant
1864. Ces divers établissements seront toutefois affranchis de
la redevance établie en faveur des directeurs des départements, et ils n'auront pas d'autre prélèvement à supporter,
que la redevance au profit des pauvres et des hospices
(*art.* 6).

Le décret de 1864 se combine avec celui du 8 juin 1806,
dont l'article 11, notamment, protecteur des auteurs et compositeurs dramatiques, est toujours en vigueur.

Le décret des 30 septembre-3 octobre 1870 a supprimé la
commission d'examen des ouvrages dramatiques.

IV° GROUPE. *Intérêt de la salubrité publique.* — La réglementation du débit des substances vénéneuses, et celle, dans les
villes, du commerce de la boucherie et de la boulangerie, lorsque cette réglementation existe, sont inspirées par le soin de
cet intérêt.

Boucherie. — On désigne généralement sous le nom de
boucherie, la branche de commerce qui a pour objet la vente
de la viande du gros et du menu bétail. On conçoit que l'exercice de la profession de boucher, et que la boucherie, intéres-

sent à un trop haut point la sécurité et la salubrité publiques, pour qu'on n'ait pas cru devoir les abandonner à une liberté absolue ; aussi les bouchers étaient-ils souvent placés, à certains égards, en dehors du droit commun, et soumis à la surveillance et à la police de l'autorité municipale, qui pouvait prescrire les mesures les plus préventives Le décret des 25-30 mars 1852 conférait aux préfets le droit de statuer, sans l'autorisation du ministre de l'intérieur, sur la réglementation complète de la boucherie. Cette réglementation doit varier, on le comprend facilement, suivant les usages locaux et les besoins des populations. Nous nous bornerons à n'énoncer que quelques règles générales qui ont existé :

1° Le prix de la viande peut être taxé. L'administration a rarement usé de ce droit; cependant une ordonnance du préfet de police de Paris, en date du 1er octobre 1855, avait soumis à la taxe la viande de boucherie. Cette ordonnance a été imitée par les préfets de plusieurs départements. Mais une nouvelle ordonnance du 16 mars 1858 l'a rapportée, et a disposé qu'à l'avenir le prix de la marchandise sera librement débattu entre le boucher et le consommateur ;

2° Dans les grandes villes, les bouchers peuvent être organisés en corporation régulière, ayant un syndic et des adjoints ;

3° Obligation possible, pour celui qui veut devenir boucher, de fournir un certificat de bonne vie et mœurs délivré par le maire de son domicile, et de produire un certificat constatant qu'il a fait un apprentissage et qu'il connaît suffisamment la pratique de son état ;

4° Pour les garçons bouchers, soit d'échaudoir, soit garçons à deux mains, obligation du livret, et défense expresse de vendre les veaux qu'ils pourraient trouver dans les entrailles des vaches qu'ils abattent. Ils doivent, dans ce cas, en faire la déclaration au préposé de police de l'abattoir, ou à l'inspecteur du commerce de la boucherie.

Deux marchés en dehors de Paris : les marchés de Poissy

et de Sceaux ; dans Paris la halle aux veaux, et le marché des vaches grasses, servaient à l'approvisionnement en bestiaux de la capitale. Désignation des abattoirs dans lesquels devaient être abattus exclusivement les bestiaux achetés sur ces marchés. Disposition d'après laquelle tout étal qui cesserait d'être garni de viande pendant trois jours consécutifs, serait fermé pendant six mois. Le nombre des bouchers de Paris était limité. La caisse de Poissy, dont l'origine remonte au quatorzième siècle, avait été établie pour faciliter et assurer le commerce des bestiaux destinés à l'approvisionnement, en payant, marché tenant, aux propriétaires herbagers et forains le prix des bestiaux par eux vendus aux bouchers, et que ceux-ci lui remboursaient dans les délais déterminés. Le bénéfice de cette caisse consistait dans une retenue. Le décret du 24 février 1858 a abrogé l'ordonnance qui réglait à Paris l'exercice de la profession de boucher, a supprimé la caisse de Poissy, et a disposé que l'on pourra désormais s'établir boucher dans la capitale, à la seule condition de faire une déclaration préalable à la préfecture de police. L'abolition du monopole fait, d'ailleurs, rentrer Paris dans le droit commun, le commerce de la boucherie étant resté libre dans les plus grandes cités de France.

Le décret du 24 février 1858 avait interdit dans Paris le colportage en quête d'acheteurs des viandes de boucherie ; un décret des 5-16 septembre 1870 a abrogé cette disposition. Un autre décret des 11-14 septembre 1870, *eu égard aux circonstances*, a disposé que, jusqu'à ce qu'il en soit autrement ordonné, la taxe de la viande de boucherie serait rétablie dans la ville de Paris. Enfin un décret des 10-13 novembre de la même année, a édicté de nombreuses et sévères pénalités contre les auteurs d'infractions aux prescriptions des décrets et arrêtés qui régissent la viande et le commerce des denrées taxées. Mais c'était là une législation de circonstance.

Boulangerie. — On nomme *boulangerie* la branche du commerce qui a pour objet la fabrication et la vente du pain.

Le pain étant une denrée de première nécessité, l'administration devait en soumettre la fabrication et la vente à une surveillance toute spéciale, dans l'intérêt de la sûreté publique et de la salubrité. Le prix du pain est généralement taxé : taxer le prix du pain, c'est déterminer le plus haut prix auquel il est permis aux boulangers de vendre chaque espèce de pain, et qu'il leur est défendu d'excéder, sous peine de contravention. Cette fixation est faite par l'autorité, d'après le prix du blé constaté par les mercuriales des marchés sur lesquels les boulangers de chaque commune se pourvoient habituellement des grains nécessaires à leur approvisionnement; elle doit suivre les variations du prix de la denrée. Les règlements sur la taxe du pain sont des actes d'administration pure qui ne peuvent être attaqués par la voie contentieuse.

Avant 1863, l'approvisionnement de réserve des boulangers, dans toutes les villes où la boulangerie était réglementée, était fixé uniformément à la quantité de grains ou de farine nécessaire pour alimenter la fabrication journalière de chaque établissement de boulangerie, pendant trois mois.

Chaque boulanger déposait en compte courant, à la caisse du service de la boulangerie, pour le payement des achats courants de blé ou de farine, une somme fixe productive d'intérêts; tout boulanger qui avait employé tout ou partie de la somme, devait la rétablir ou la compléter dans le délai de 30 jours. Le boulanger ne pouvait quitter son établissement que six mois après avoir informé le maire de sa résolution. En cas de contravention aux obligations énumérées, interdiction temporaire ou définitive. D'après le décret des 25-30 mars 1852, la réglementation complète de la boulangerie était attribuée au préfet, qui statuait sans l'autorisation du ministre de l'intérieur.

Un décret du 22 juin 1863 a proclamé pour toute la France la liberté du commerce de la boulangerie. Il a déclaré abrogées les dispositions des décrets, ordonnances ou règlements généraux ayant pour objet de limiter le nombre des boulangers, de les placer sous l'autorité des syndicats, de les soumettre aux formalités des autorisations préalables pour la fondation ou la fermeture de leurs établissements, de leur imposer des réserves de farines ou de grains, des dépôts de garantie ou des cautionnements en argent, de réglementer la fabrication, le transport ou la vente du pain, autres que les dispositions relatives à la salubrité et à la fidélité du débit du pain mis en vente.

V° GROUPE. *Intérêt de l'ordre social.*—Ce groupe embrasserait les lois portant prohibition de fabriquer et vendre des armes, poudres et munitions de guerre; interdiction de fabriquer, débiter ou détenir des machines meurtrières ou de la poudre fulminante.

Le décret des 4-10 septembre 1870 a déclaré absolument libres la fabrication, le commerce et la vente des armes. Une loi du même mois de la même année a autorisé le gouvernement à mettre en réquisition toute commande d'armes faite par l'étranger dans les fabriques françaises. On sait que jusqu'en 1860 l'industrie privée ne fabriquait pas les armes de guerre, puisque l'État, seul, chargé de la défense extérieure du pays et du maintien de l'ordre, gardait le monopole de cette fabrication; mais que, depuis la loi du 14 juillet 1860, l'industrie privée a fabriqué pour l'étranger et a exporté tout ce qu'elle fabriquait. La loi des 1er-2 septembre 1870 n'est, bien entendu, qu'une loi transitoire. Quant au décret du 4 septembre 1870, une loi du 19 juin 1871 l'a abrogé.

En attendant qu'une loi nouvelle ait statué définitivement sur la matière, les lois antérieures relatives à la fabrication, au commerce et à la détention des armes de guerre et autres armes prohibées, sont remises en vigueur. (Art. 2.)

Tout individu fabricant ou détenteur, sans autorisation, de machines ou engins meurtriers ou incendiaires, agissant par explosion ou autrement, ou de poudre fulminante, quelle qu'en soit la composition, sera puni d'un emprisonnement de six mois à cinq ans et d'une amende de cinquante à trois mille francs. (Art. 3.)

Les dispositions de l'article 463 du Code pénal sont et demeurent applicables aux délits prévus par la nouvelle loi. (Art. 4.)

Citons aussi, comme rentrant dans cet ordre d'idées, la loi des 18-24 juin 1870, sur le transport des *marchandises dangereuses* par eau et par voies de terre autres que les chemins de fer. Par *marchandises dangereuses*, le législateur entend des matières pouvant être une cause d'explosion ou d'incendie. Leur nomenclature doit être l'objet d'un règlement d'administration publique.

L'ordonnance du 23 février 1837 a prohibé les pistolets de poche. Le décret du 26 août 1865 porte que cette prohibition ne s'applique pas aux pistolets de poche, revolvers ou autres, fabriqués pour l'exportation.

On pourrait comprendre aussi dans ce groupe l'interdiction de fabriquer ou d'employer des presses, moutons, laminoirs, ainsi que les règles concernant le commerce et l'industrie des matières d'or et d'argent.

Monnaies. — Le droit de fabriquer la monnaie a de tout temps appartenu à la souveraineté, et la confiance dans les transactions commerciales, la sécurité des fortunes privées, ont toujours été la conséquence de ce monopole nécessaire. L'anarchie féodale avait divisé entre les seigneurs le droit de battre monnaie. Une ordonnance de 1265 n'accorda de droit général et forcé qu'aux monnaies royales, dans toute l'étendue du royaume. Philippe de Valois déclara, en 1346, qu'au roi seul il appartenait de battre monnaie. L'Assemblée nationale conserva le monopole au profit du souverain.

De tout temps les peines les plus sévères ont atteint les faux monnayeurs. Jusqu'en 1832, la peine de mort leur était infligée. Notre législation a prononcé contre eux les travaux forcés à perpétuité pour la contrefaçon ou l'altération des monnaies d'or ou d'argent ayant cours légal en France, et les travaux forcés à temps pour la contrefaçon ou l'altération

18

des monnaies de billon ou de cuivre. (Art. 132, C. Pén.)

Ces peines atteignent également ceux qui ont contrefait ou altéré, et ceux qui ont participé à l'émission ou exposition desdites monnaies, ou à leur introduction sur le territoire français.

L'État a le privilége exclusif de la fabrication des monnaies. Il est expressément défendu à toute personne, quelle que soit sa profession, de frapper même des médailles, jetons ou pièces de plaisir, d'or, d'argent et d'autres métaux, ailleurs que dans l'atelier destiné à cet effet dans l'hôtel des Monnaies de Paris, à moins d'être munie d'une autorisation spéciale du gouvernement. Il est néanmoins loisible à tout dessinateur ou graveur ou autre personne, de dessiner ou graver, faire dessiner ou faire graver des médailles qui seront frappées avec le coin remis par eux à la Monnaie des médailles. Dépôt de deux exemplaires en bronze de chaque médaille à l'hôtel des Monnaies de Paris, et deux à la Bibliothèque nationale.

Le régime de fabrication des monnaies et médailles en vigueur en France est la fabrication par l'industrie privée, représentée dans chaque établissement monétaire par un *directeur de la fabrication*, et ayant pour corollaire la liberté illimitée du monnayage, sauf pour les monnaies d'appoint. Le *directeur* est nommé par le chef de l'État, sur la présentation du ministre des finances. C'est un industriel assujetti à la patente, susceptible d'être mis en faillite, et qui est salarié, non par l'État, mais par le public, qui lui apporte les lingots et matières d'or et d'argent, afin qu'il les transforme en espèces monnayées, dans un délai fixé, aux prix et conditions des tarifs. Le véritable caractère du *directeur de la fabrication* est donc celui d'un chef d'usine métallurgique, opérant à ses risques et dans son intérêt personnel, sous la surveillance et le contrôle de l'État [1].

[1] Voir les lois des 21-27 mai 1791, 7 germinal an XI, l'arrêté du 10 floréal an XI et l'ordonnance du 16 novembre 1837. Voir aussi la loi du 25 mai 1864; la convention monétaire conclue le 23 décembre 1865, entre la France, la Belgique, l'Italie et la Suisse; la loi du 14 juillet 1866 qui a confirmé la convention moné-

Citons pour mémoire le décret des 7-8 octobre 1870, qui a autorisé le ministre des finances à faire convertir en monnaie, au type de la République, l'argenterie provenant des palais et résidences qui faisaient partie de l'ancienne liste civile.

Aux termes d'un arrêté sur l'organisation de l'administration des monnaies et médailles, en date du 25 juin 1871, l'administration des monnaies et médailles est dirigée, sous l'autorité du ministre des finances, par un directeur, assisté d'un sous-directeur. Dans le cas où l'administration le jugerait utile, le vérificateur en chef des essais pourra être appelé à prendre part aux délibérations concernant les questions techniques.

Le service de l'administration centrale est composé : 1° Des bureaux de l'administration, dirigés par un chef des bureaux; 2° du laboratoire chargé de l'essai des espèces monnayées, des médailles, des lingots et matières d'or et d'argent, etc., dirigé par un vérificateur en chef; 3° du musée monétaire et des médailles, sous la surveillance d'un conservateur; 4° du service de l'inspecteur des essais près les bureaux de garantie; 5° du service du contrôle de la fabrication des timbres-poste, composé d'un contrôleur et des agents placés sous ses ordres.

Un comité consultatif des graveurs est établi auprès de l'administration des monnaies et médailles. Un graveur général est attaché à cette administration, pour la fabrication des coins

taire de 1865. A l'occasion de l'Exposition universelle de 1867, une conférence monétaire internationale s'est réunie à Paris, du 18 juin au 8 juillet 1867, sous les auspices du gouvernement français, pour traiter la question de l'unification monétaire. Sur les *Monnaies*, voir: Ducrocq, *De la monnaie, au point de vue de l'économie politique et du droit, et du service monétaire de la France, comparé à celui des principaux États européens;* — Du Puynode, *De la monnaie, etc.* — Sous les empereurs romains, les personnes employées dans les ateliers des monnaies ne pouvaient pas changer leur condition. Leurs filles ne pouvaient pas se marier à un étranger, et, réciproquement, une femme d'une autre condition ne pouvait pas se marier à un monétaire sans partager son état. Voir le *Droit public et administratif romain* de M. Serrigny, liv. III, tit. I, ch. XI, édit. 1862, t. II, p. 375.

et poinçons, qui est faite sous le contrôle direct de l'administration. La fabrication des timbres-poste est confiée, sous la
surveillance de l'administration des monnaies et médailles,
à un fonctionnaire comptable qui a le titre de *Directeur de la*
fabrication.

Le service extérieur de l'administration comprend les fonctionnaires et agents chargés de diriger, contrôler et surveiller
la fabrication des monnaies et médailles dans les établissements monétaires. Il y a dans chaque hôtel des monnaies un
commissaire des monnaies, un directeur de la fabrication, un
contrôleur au change et un contrôleur au monnayage. Il y a
en outre, à Paris, un commissaire adjoint, des contrôleurs
adjoints au change et au monnayage, et un contrôleur à la
fabrication des médailles.

Le directeur de l'administration, le sous-directeur, le graveur général, les commissaires des monnaies et les directeurs
de la fabrication sont nommés par le chef du Pouvoir exécutif,
sur la présentation du ministre des finances.

Le ministre des finances nomme, sur la présentation du
directeur de l'administration, aux places de vérificateur
en chef des essais, de vérificateur des essais, d'essayeur,
de chef de bureau, de conservateur du musée monétaire,
d'inspecteur des bureaux de garantie, de commissaire
adjoint, de contrôleur au change, au monnayage, à la fabrication des médailles, à la fabrication des timbres-poste, et aux
places de contrôleur adjoint. Le directeur de l'administration des monnaies et médailles, en vertu de la délégation du
ministre des finances, nomme les titulaires de tous les emplois
inférieurs.

L'administration des monnaies et médailles est chargée :
1° De diriger la fabrication des monnaies ; d'en juger, conformément au titre II de la loi du 7 germinal an XI, le poids et
le titre ; d'en ordonner la délivrance et l'émission ou d'en prescrire la refonte ; 2° de vérifier le titre des espèces étrangères
et de proposer la rectification des tarifs qui règlent leur admis-

sion au change; 3° de statuer sur les difficultés qui pourraient
s'élever entre les porteurs de matières et les directeurs de
la fabrication; 4° de surveiller la fabrication des poinçons,
matrices et coins des monnaies et celle des poinçons et bi-
gornes pour le service de la garantie; 5° de délivrer, conformément aux lois des 22 vendémiaire et 19 brumaire an VI, aux
essayeurs du commerce et aux essayeurs des bureaux de
garantie, les certificats dont ils doivent être pourvus avant
d'entrer en fonctions; 6° de statuer sur les difficultés relatives
au titre et à la marque des lingots et des ouvrages d'or et d'argent; 7° de la vérification des monnaies altérées ou arguées
de faux; 8° de surveiller la fabrication des médailles, d'en
faire vérifier le titre, d'en autoriser la délivrance et de proposer au ministre des finances les tarifs de vente; 9° de la conservation des collections qui composent le musée monétaire et
des médailles, et de l'exécution de toutes les mesures qu'elle
juge utile de prendre ou de proposer au ministre des finances
dans le but d'augmenter les collections; 10° de la direction,
de la surveillance et du contrôle de la fabrication des timbres-
poste, et enfin d'assurer l'exécution des lois et règlements
sur les monnaies et sur la partie du service de la garantie
réservée à l'administration des monnaies par l'ordonnance du
5 mai 1820. Le directeur de l'administration des monnaies
et médailles a dans ses attributions la direction et la surveillance de toutes les parties du service.

Le vérificateur en chef des essais surveille les opérations des
essayeurs relatives à la vérification du titre, des matières, des
espèces et des médailles; il en dresse un procès-verbal qui est
signé par les essayeurs et le vérificateur, et il remet ce procès-
verbal, avec son avis motivé, au directeur de l'administration.
Le vérificateur des essais vérifie les titres des matières, espèces
et médailles indiqués par les essayeurs. Cette vérification est
faite en présence du vérificateur en chef des essais.

Avant d'entrer en fonctions, le vérificateur des essais est
tenu d'adopter un poinçon qui est insculpté sur une planche

de cuivre, dont le dépôt est effectué à l'administration des monnaies. Les essayeurs procèdent, en vertu des ordres de l'administration, à la constatation du titre des espèces et médailles fabriquées dans les hôtels des monnaies.

Ils doivent également déterminer le titre des lingots et autres matières envoyées à cet effet au laboratoire des essais.

Avant d'entrer en fonctions, ils doivent, comme le vérificateur des essais, se pourvoir d'un poinçon dont une empreinte sur métal est déposée à l'administration. Il leur est expressément défendu de faire aucune opération sans autorisation de l'administration des monnaies et médailles.

Ils tiennent registre de toutes leurs opérations, dont le directeur de l'administration pourra prendre connaissance toutes les fois qu'il le jugera convenable, et ils en déposent un double tous les ans à l'administration.

Le conservateur du musée est chargé de la garde des coins, poinçons, monnaies, médailles, etc., formant les collections du musée monétaire. Il est spécialement préposé à la conservation et à l'entretien des coins de médailles déposés au musée. Il tient les registres destinés à constater l'entrée et la sortie des coins, ainsi que tous les autres documents relatifs aux commandes de médailles et aux travaux de gravure exécutés pour le compte de l'administration. Il a une des clefs des vitrines à trois serrures dans lesquelles sont renfermées les collections des monnaies et médailles appartenant à l'administration. Les deux autres clefs sont entre les mains du directeur de l'administration et du sous-directeur.

Le conservateur remplit auprès du comité consultatif des graveurs les fonctions de secrétaire.

L'inspecteur de la garantie est chargé, chaque année, de vérifier dans un certain nombre de bureaux désignés par décision de l'administration les parties du service qui rentrent dans les attributions de l'administration des monnaies et médailles.

Il est, en outre, à la disposition du directeur de l'administration pour toutes les missions spéciales qu'il pourrait être utile de lui confier dans l'intérêt du service.

Le contrôleur à la fabrication des timbres-poste surveille, sous les ordres directs de l'administration, la reproduction des planches destinées à l'impression des timbres et toutes les opérations relatives à la fabrication des timbres-poste. Il tient les registres constatant le mouvement des feuilles imprimées et des timbres livrés à l'administration des postes. Il est dépositaire d'une des clefs de l'armoire où sont renfermés les types originaux et les planches servant à l'impression, ainsi que les feuilles de timbres terminées. Il procède, dans les ateliers de la fabrication, aux vérifications qui lui sont prescrites par le directeur de l'administration.

Les commissaires des monnaies ont la direction du service, dans chaque hôtel des monnaies, pour tout ce qui concerne les opérations du contrôle. Ils ont sous leurs ordres immédiats les contrôleurs au change et au monnayage. Ils veillent à ce que les règlements qui concernent la fabrication des espèces soient exactement observés dans toutes les parties du service. Ils veillent également à l'exécution des tarifs qui règlent le prix des matières versées au change. Ils vérifient et arrêtent, à la fin de chaque mois, et plus souvent, s'ils le jugent convenable, les registres du directeur de la fabrication et du contrôleur au change. Les commissaires sont chargés spécialement de la vérification du poids et des empreintes des pièces fabriquées. Ils exercent la police dans les hôtels des monnaies.

Le directeur de la fabrication reçoit, en présence du contrôleur au change, les matières destinées à la fabrication des espèces; il en est seul responsable envers les porteurs. Il est tenu de payer les matières au prix du tarif légal, lequel doit être affiché au bureau de change. Il rend compte de ses opérations, chaque année, à la Cour des comptes. Le mode de sa comptabilité, ainsi que celui de ses écritures, est prescrit par le ministre des finances. Il est tenu de verser un cautionnement.

Le contrôleur au change enregistre toutes les matières

destinées à être converties en espèces qui sont remises au directeur de la fabrication ; ses écritures sont tenues de manière qu'elles puissent servir de contrôle à celles de ce directeur. Les contrôleurs au change peuvent, avec l'assentiment de l'admininistration, remplacer les commissaires des monnaies dans l'exercice de leurs fonctions.

Le contrôleur au monnayage surveille spécialement les opérations du monnayage.

Le contrôleur à la fabrication des médailles surveille les opérations du monnayage des médailles et tient les registres qui y sont relatifs.

Lorsque le monnayage d'une brève est terminé, le commissaire et le contrôleur au monnayage prélèvent au hasard, en présence du directeur de la fabrication, chacun trois pièces sur les brèves de cent francs, cinquante francs, vingt francs, dix francs et cinq francs (or), quatre pièces sur les brèves de cinq francs, deux francs, un franc, cinquante centimes, et huit pièces sur les brèves de vingt centimes. Ces échantillons sont adressés sans délai au directeur de l'administration, sous le cachet des trois fonçtionnaires ci-dessus désignés. La masse - restante des espèces est pesée en présence du commissaire, du contrôleur au monnayage et du directeur de la fabrication, et déposée jusqu'à la réception du jugement de l'administration dans un local fermant à trois serrures, dont ces fonctionnaires ont chacun une clef. Ces opérations sont constatées par un procès-verbal dont une expédition est transmise par le commissaire au directeur de l'administration avec les échantillons prélevés.

L'administration des monnaies et médailles procède au jugement des espèces aussitôt que les échantillons lui sont parvenus. Les cachets reconnus sains, l'administration ouvre le paquet et vérifie le poids des pièces envoyées pour échantillons et en dresse procès-verbal. Si le poids des pièces est en dehors des tolérances, elle ordonne la refonte sans vérification du titre. Si le poids est dans les tolérances, elle fait remettre au vérificateur en chef des essais, après difformation et apposition d'un numéro d'ordre pour chaque brève, les échantillons destinés à l'analyse.

Les essayeurs opèrent chacun séparément dans le laboratoire des essais ; ils donnent le résultat de leur essai dans le jour et par écrit. Il est dressé procès-verbal des opérations du laboratoire des essais ; ce procès-verbal est signé par le vérificateur des essais et par les essayeurs. Le vérificateur en chef en transmet une expédition à l'administration, qui prononce le jugement.

Le directeur de l'administration envoie sans délai expédition du jugement au commissaire, qui l'inscrit sur son registre et en donne communication au directeur de la fabrication et aux contrôleurs au change et au monnayage.

Aussitôt après la réception du jugement, les brèves sont extraites du local où elles avaient été déposées, et le commissaire vérifie, sous sa responsabilité, le poids et l'empreinte de chaque pièce. Il met à part toutes les pièces qui auraient été reconnues en dehors du poids légal de tolérance et dont les empreintes seraient défectueuses. Ces pièces sont cisaillées ou refondues aux frais du directeur de la fabrication, en présence du commissaire et du contrôleur au monnayage. Il en est de même pour toutes les brèves que l'administration aura jugées hors des limites de poids ou de titre. La vérification terminée, le commissaire fait la délivrance des pièces reconnues bonnes à être mises en circulation au directeur de la fabrication, en présence du contrôleur au change, après constatation du poids et de la valeur. Ces diverses opérations sont l'objet d'un procès-verbal dont une expédition est transmise par le commissaire au directeur de l'administration.

Indépendamment des essais ordinaires, l'administration peut, quand elle le juge convenable, faire prélever et analyser de nouveaux échantillons ; elle fait aussi exécuter par les fonctionnaires du laboratoire des analyses de monnaies d'or et d'argent déjà essayées.

Garantie des objets fabriqués. — Le législateur a voulu souvent protéger les consommateurs contre la fraude, en traçant
des règles pour garantir les qualités et la loyauté de certains
produits. C'est ainsi que les matières d'or et d'argent peuvent
être, dans l'intérêt des consommateurs, soumises à certaines
mesures administratives : *titre légal* (le *titre* exprime la quantité de métal fin qui est contenue dans les ouvrages, et sa proportion avec l'alliage) ; titre garanti par des *poinçons* : poinçon
du titre officiel et poinçon du fabricant ; *essai* des ouvrages
d'or et d'argent, et apposition du poinçon officiel par des
essayeurs dans des bureaux de garantie ; droit du propriétaire
de l'ouvrage de le faire essayer à la Monnaie ; poinçon du fabricant insculpté sur planche de cuivre dont l'administration
est dépositaire. Cependant les joailliers peuvent être dispensés
de présenter aux bureaux de garantie ceux de leurs ouvrages
qui ne pourraient, sans détérioration, recevoir l'empreinte
du poinçon. Pour les objets doublés ou plaqués d'or ou d'argent, poinçon du fabricant, mot doublé inscrit en toutes lettres
sur l'ouvrage. Les objets affinés, les étoffes d'or et d'argent
(monture sur soie pour la dorure et l'argenture), les cotons
filés, les soies et les savons, peuvent être soumis à la garantie
de la loi. Obligation pour tout orfèvre, joailler, fourbisseur,
mercier, graveur et autres, travaillant et trafiquant des ouvrages d'or et d'argent, de tenir des registres sur lesquels ils
doivent exactement noter toute entrée et sortie d'objets quelconques d'or ou d'argent.

Travail dans les manufactures [1]. — La loi du 22 mars 1841,
relative au travail des enfants employés dans les manufactures, usines ou ateliers, et celle du 9 septembre 1848 sur les
heures de travail dans les manufactures et usines, appartiennent aux deuxième, troisième et cinquième groupes ; car elles
satisfont à l'intérêt d'ordre et d'humanité, à celui de la morale
publique, et à l'intérêt de l'ordre social.

[1] Loi 22 mars 1841 ; loi 9 sept. 1848; décr. 31 janv. 1866; décr. 7 déc. 1868 ;
décr. 27 mars 1869.

Le législateur de cette époque, dans l'intérêt du sort, du bien-être et de la santé des enfants employés dans les manufactures, a cherché à satisfaire aux besoins de leur éducation religieuse, morale et intellectuelle, en conservant à l'autorité paternelle sa légitime part d'influence. C'est ainsi : 1° qu'il a fixé le minimum de l'âge d'admission des enfants dans les manufactures, usines et ateliers à moteur mécanique ou à feu continu, et dans leurs dépendances, ainsi que dans toute fabrique occupant plus de vingt ouvriers réunis en atelier (huit ans au moins); 2° déterminé la durée du travail (de huit à douze ans, 8 heures sur 24, divisées par un repos ; de douze à seize, 12 sur 24, divisées par des repos); 3° pris des précautions en faveur de l'instruction primaire (les parents ou tuteurs doivent justifier que l'enfant fréquente une des écoles publiques ou privées existant dans la localité; tout enfant admis doit, jusqu'à l'âge de douze ans, suivre une école); 4° imposé l'obligation des livrets (les maires sont tenus de délivrer au père, à la mère ou au tuteur, un livret sur lequel seront portés l'âge, le nom, les prénoms, le lieu de naissance et le domicile de l'enfant, ainsi que le temps pendant lequel il aura suivi l'enseignement primaire ; inscription sur ce livret de l'entrée et de la sortie de l'enfant, par le chef d'établissement); 5° délégué au pouvoir réglementaire le droit d'étendre et d'élever, dans des cas déterminés, les prohibitions de la loi; 6° créé des moyens de surveillance, et assuré l'observation de ces dispositions. Un décret des 9-14 septembre 1848 a porté à douze heures la durée du travail des ouvriers majeurs, dans les manufactures et usines. Les exceptions qn'il serait nécessaire d'apporter à cette règle générale, à raison de la nature des industries ou des causes de force majeure, sont déterminées par des règlements d'administration publique. Un décret du 31 janvier 1866 porte que, par exception à la limitation établie par la loi du 9 septembre 1848, la durée du travail effectif dans les ateliers de filature de soie pourra être prolongée d'une heure par jour pendant soixante jours, du 1er mai au 1er septembre. Le décret des 7 décembre 1868-9 janvier 1869 a chargé les ingénieurs de remplir, chacun dans la circonscription minéralogique à laquelle il est attaché, les fonctions d'inspecteurs du travail des enfants dans les manufactures. Déjà ces ingénieurs étaient investis d'attributions analogues. C'est à eux, en effet, qu'il appartient spécialement de veiller à l'exécution des règlements qui interdisent de laisser descendre ou travailler dans les mines et minières des enfants au-dessous de dix ans; c'est à eux qu'est confiée la surveillance de tous les établissements qui. emploient la vapeur comme force motrice, ce qui leur donne le droit de faire des visites plus ou moins fréquentes dans les usines et les manufactures pourvues d'appareils à vapeur, c'est-à-dire dans les établissements industriels les plus nombreux et les plus importants. Le même décret a institué une commission supérieure chargée de proposer les améliorations que comportera le service de l'inspection et de donner son avis sur toutes les questions que le gouvernement croira devoir lui soumettre relativement à ce grave intérêt social. Le décret des 27 mars-19 mai 1869 a maintenu dans leurs fonctions les inspecteurs spéciaux du travail des enfants dans les manufactures, institués à l'aide de fonds versés à cet effet par les conseils généraux. Ces inspecteurs spéciaux exerceront leurs fonctions sous la direction des ingénieurs des mines de la circonscription à laquelle ils seront attachés [1].

[1] Le travail des enfants dans les manufactures a fait l'objet d'un règlement que les événements de 1870-71 ont empêché de mettre à exécution. Le ministre actuel des travaux-publics (novembre 1871) vient d'adresser aux présidents des tribunaux de commerce et des tribunaux des prud'hommes une circulaire indiquant les conditions dans lesquelles les enfants pourront être utilisés dans l'industrie. Voici quelles seraient les conditions :

Au-dessous de 8 ans révolus, les enfants ne pourront absolument pas être employés dans ces manufactures.

De 8 à 13 ans, il ne devront pas être employés plus de 6 heures par jour; le travail de nuit leur sera interdit (Les enfants de cet âge devront justifier qu'ils fréquentent l'école de leur commune.)

De 13 à 16 ans, ils pourront travailler onze heures sur vingt-quatre; enfin, il sera interdit, dans les usines à feu, d'employer les enfants de moins de 10 ans.

Les maires et brigadiers de gendarmerie seront chargés de tenir la main à

VIe Groupe. *Intérêt fiscal.* — Sous ce titre se réunissent les dispositions légales relatives aux monopoles que se réserve l'État : la *fabrication et la vente des tabacs*, le *transport des lettres par la poste*, *l'expédition des dépêches par les lignes télégraphiques.*

Tabacs. — L'achat, la fabrication et la vente des tabacs ont lieu par une administration spéciale qui forme une direction générale, séparée de l'administration des douanes et des contributions indirectes. L'État procède en cette matière comme un manufacturier. La culture des tabacs n'est permise que dans certains départements déterminés ; les produits doivent être ou vendus à la régie, ou exportés ; l'importation des tabacs étrangers est, en général, prohibée, à moins qu'elle ne soit faite pour le compte de l'administration ; quelques exceptions permettent l'importation pour les particuliers, à la charge d'acquitter les droits d'importation ; la vente est faite par des agents commissionnés aux prix fixés par l'administration. Depuis le décret du 9 novembre 1865, la fabrication des tabacs est la branche la plus importante d'une administration instituée sous le nom de *Direction générale des Manufactures de l'État*, et qui relève du ministre des finances. Le même décret a également placé dans les attributions de cette administration la fabrication des poudres de chasse, de mine et de commerce, ainsi que le raffinage des salpêtres.

Cartes à jouer. — La fabrication des cartes à jouer appartient à l'industrie privée ; mais il y a nécessité cependant de se pourvoir d'une licence de l'administration. Le gouvernement s'est réservé souvent la fourniture des moules et du papier filigrané.

Postes. — Le monopole de la poste aux lettres, qui appartient à l'État, consiste dans le droit exclusif de transporter les lettres, journaux, ouvrages périodiques, paquets et papiers d'un poids déterminé. Le transport de l'argent, des bijoux et

l'exécution de cet arrêté ministériel, qui intéresse au plus haut degré la santé publique.

des voyageurs n'est qu'accessoire. Il est défendu, sous peine
d'amende, à tous les entrepreneurs de voitures publiques, et à
toute autre personne étrangère au service des postes, de s'immiscer dans le transport des objets dont se charge l'administration des postes. Ne sont exceptés que les sacs de procédure,
et les papiers relatifs au service personnel des entrepreneurs
de voitures.

Le droit sur les dépêches consiste dans une taxe uniforme,
quelle que soit la distance entre le lieu d'expédition et le lieu
de destination. Ce droit ne s'élève qu'avec le poids de la dépêche. Les lettres non affranchies payent une surtaxe. La loi
de 1859 a autorisé le transport par la poste, sous la responsabilité de l'administration, de billets de banque, coupons au
porteur, jusqu'à concurrence de 2,000 francs. Elle a imposé à
l'expéditeur l'obligation de *déclarer* la somme, et d'acquitter
la taxe fixe, le prix de la lettre suivant son poids, plus un
droit proportionnel. L'administration est responsable de la
négligence ou de la fraude de ses agents, non de la force
majeure.

L'administration des postes se charge, mais sans en avoir
le monopole, des envois d'argent à deniers découverts, moyennant un droit déterminé. Dans ces derniers temps, les tarifs
postaux ont été de beaucoup élevés, pour faire face aux besoins
financiers du pays [1].

La loi du 9 mai et un décret du 16 mai 1863 ont permis et
déterminé les délais pendant lesquels les lettres déposées
après les levées générales peuvent être expédiées moyennant
une taxe supplémentaire.

Quant au transport des imprimés, échantillons et papiers
d'affaires ou de commerce, circulant en France par la poste,
la législation sur cette matière était très-compliquée. La loi
de 1856 l'a beaucoup simplifiée. Elle a établi, au lieu de la
taxe par dimension, qui entraînait des difficultés considérables

---

[1] Voir la loi du 24 août 1871, qui augmente les taxes postales.

dans l'exécution, et qui, d'ailleurs, n'était pas applicable à toutes les espèces d'imprimés, une taxe uniforme calculée en raison du poids, quelles que soient la forme et la dimension des objets transportés.

Le décret du 16 octobre 1870 a supprimé le monopole de la poste pour le transport des journaux et écrits périodiques. En vertu de ce décret, tous les journaux ou écrits périodiques, *de quelque matière qu'ils traitent*, recouvrent le droit de se faire transporter par les voies qu'ils jugent convenables, à la seule condition de s'expédier, conformément à l'arrêté du 27 prairial an IX, par ballots ou paquets de 1 kilogramme au minimum [1].

Un décret du 4 décembre 1864 a divisé la France en six circonscriptions postales, ayant pour chefs-lieux : Arras, Alençon, Toulouse, Poitiers, Lyon et Nancy, et possédant un inspecteur chargé de la surveillance des services.

Voitures publiques. — Toute voiture publique partant à jour et à heure fixes pour des lieux déterminés, doit payer au Trésor le dixième du prix des places, déduction faite du quart ; si elle partait irrégulièrement, elle payerait une taxe annuelle d'après la dimension ; celles qui ne partent qu'accidentellement sont imposées à 15 centimes par place. Les voituriers doivent, de plus, aux maîtres de poste dont ils n'emploient pas les chevaux un droit de 25 centimes par poste et par cheval.

Lignes télégraphiques. — Aucune ligne ne peut être établie et employée que par le gouvernement et avec son autorisation ; mais les télégraphes électriques établis par l'État peuvent servir aux correspondances privées ; tarif fixé par la loi. Les dépêches doivent être intelligibles et en langage ordinaire.

---

[1] Sur l'emploi des pigeons comme moyen de correspondance, voir le décret du 4 novembre 1870 de la délégation de Tours ; l'arrêté du 4 novembre 1870 du directeur général des télégraphes et des postes ; un décret du 25 novembre 1870 de la même délégation de Tours ; un décret du 24 novembre 1870 du gouvernement de Paris, relatif aux pigeons voyageurs porteurs de dépêches.

L'administration est autorisée à refuser de les transmettre. Secret inviolable.

A partir de la promulgation de la loi des 4-7 juillet 1868, la taxe applicable aux correspondances circulant entre deux bureaux d'un même département, a été fixée à cinquante centimes par dépêche ne dépassant pas vingt mots. A dater du 1er novembre 1869, la taxe applicable aux correspondances circulant entre deux bureaux quelconques du territoire français non situés dans le même département, a été fixée à un franc par dépêche ne dépassant pas vingt mots. Ces diverses taxes sont augmentées de moitié par série ou fraction de série supplémentaire de dix mots.

Une loi du 13 juin 1866 a permis aux expéditeurs de recommander leurs dépêches, d'expédier des dépêches en chiffres ou en lettres secrètes, de faire parvenir une copie à plusieurs destinataires moyennant un seul droit de copie de 50 centimes. La même loi a apporté une utile restriction dans la supputation des mots; elle a permis de faire suivre les dépêches; elle a donné des moyens d'affranchissement par l'apposition de timbres-dépêches; elle a enfin assuré l'usage des appareils autographiques moyennant un tarif modéré [1].

La direction générale des télégraphes est dans les attributions du ministre de l'intérieur, à cause des nécessités de la police gouvernementale.

[1] Voir encore les articles 28 à 30 de la loi de finances du 8 mai 1869, et le décret des 14 août-6 septembre 1869, qui réduit la taxe des dépêches télégraphiques privées transmises par les appareils autographiques. — Un décret des 25 mai-14 juin 1870, portant règlement d'administration publique, a admis le public à employer la voie télégraphique pour faire payer à destination, jusqu'à concurrence de 5,000 francs au *maximum*, les sommes déposées dans les bureaux de poste. — L'institution de la course et des transports publics était, chez les Romains, le complément des routes merveilleuses qui sillonnaient la vaste étendue de l'Empire. La course publique embrassait un double service: la poste aux chevaux, pour le transport des personnes et le roulage, soit accéléré, soit ordinaire, pour conduire l'or, l'argent, les bagages et les objets destinés au prince ou à l'État. Cette double entreprise était montée et entretenue aux frais de l'État, et dans son intérêt exclusif. Les simples particuliers n'étaient pas admis à se

CHAPITRE X.

§ 1. Les brevets d'invention. — § 2. Les dessins et marques des fabricants.

§ 1. — Les brevets d'invention.

Principes généraux. — Historique. — Caractère du brevet. — Délivrance des brevets. — Brevets d'addition. — Cession. — Publicité. — Droit des étrangers. — Nullité. — Déchéance. — Contrefaçon.

Principes généraux. — Historique. — Le mot propriété est d'une application difficile au droit des inventeurs. Le principe sacré de la liberté du travail, le besoin que l'inventeur a de ses semblables pour l'application de sa découverte, et le penchant naturel de l'homme à reproduire et à imiter les

servir de la poste aux chevaux, même en payant. Le monopole de la poste était réservé pour l'usage de l'empereur et des fonctionnaires auxquels il accordait la permission de s'en servir ; le service postal était exploité directement par l'État en régie, c'est-à-dire au moyen de préposés et de chevaux ou animaux achetés, nourris, soignés par ses agents ou préposés. Chez les Romains, les particuliers n'étaient pas admis à se servir des voitures de messagerie et de roulage, établies pour l'usage exclusif de l'État et de ses agents; le monopole de l'exploitation des voitures de messagerie et de roulage publics était exercé, directement aussi et en régie, par les préposés du gouvernement. Les empereurs romains ne soupçonnaient pas qu'au point de vue économique, il y avait dans le monopole de ces moyens de communication une source de profits considérables. Les postes publiques ont été établies par Auguste, comme le prouve Suétone. Elles furent perfectionnées par ses successeurs, qui y trouvèrent l'avantage d'être plus promptement instruits de tout ce qui se passait dans l'étendue de l'empire et même au delà des

conceptions de l'intelligence, rendraient impossible cette propriété exclusive, s'il était permis de l'attribuer à celui qui a inventé. Mais, d'un autre côté, toute découverte utile est la prestation d'un service rendu à la société, qui ne peut en jouir sans la volonté de l'inventeur. Si donc ce dernier a doté la société d'une idée ou d'une application nouvelles, il est juste qu'il soit récompensé; et s'il consent à ce que la société jouisse de la découverte, il est équitable que la société reconnaisse par un sacrifice le service qui lui est rendu; d'où la transaction suivante : La société garantira à tout inventeur, pendant un temps donné, la jouissance pleine et entière de sa découverte, à la condition qu'il livrera cette découverte à la société après l'expiration de son privilége.

Le brevet d'invention [1] est le titre délivré par le gouverne-

---

frontières. Par elles, les gouverneurs des provinces pouvaient avertir le gouvernement central de toutes les séditions, de tous les complots découverts, et recevoir les ordres nécessaires pour régler leur conduite selon les occurrences. Quant aux particuliers, n'ayant pas à leur disposition la poste aux lettres, les communications se faisaient entre eux principalement à l'aide d'esclaves appelés *tabellarii* (porteurs de tablettes), qui leur servaient de courriers ou de messagers. Les personnages qui avaient de l'influence et du crédit obtenaient quelquefois la permission de se servir des postes publiques pour leurs affaires. Il y avait des *tabellarii* ou messagers établis par des cités pour leur usage. Voir Serrigny, *Droit public et administratif romain*, liv. II, tit. IV, édit. 1862, t. II, p. 259 et suiv. — Voir, sur la *Poste* et sur la *Télégraphie*, l'ouvrage de M. Edg. Hepp, *De la correspondance privée, postale et télégraphique*, etc.; — Dubarry, *Transport par la poste des imprimés de toute nature*, etc ; — Gerspach, *Histoire administrative de la télégraphie aérienne en France*.; — Lavialle de Lameillière, *Documents législatifs sur la télégraphie électrique en France*, etc.;— Serafini, *Le télégraphe dans ses rapports avec la jurisprudence civile et commerciale.*

[1] Loi 5 juillet 1844 ; loi 31 mai 1856; loi 3 avril 1867; loi 23 mai 1868. — Sur les *Brevets d'invention*, voir : Regnault, *De la législation et de la jurisprudence concernant les brevets d'invention, de perfectionnement et d'importation;* — Du même, *Examen du projet de loi sur les brevets d'invention soumis à la section du Corps Législatif;* — Blanc, *L'inventeur breveté, Code des inventions et des perfectionnements;* — Du même, *Traité de la contrefaçon, concernant les brevets d'invention, de perfectionnement, la propriété littéraire*, etc.; — Blanc et Beaume, *Code de la propriété industrielle, littéraire et artistique*, etc.;— Breulier, *Du droit de perpétuité de la propriété intellectuelle*, etc.; — Breulier et Desmos-Gardissal, *Du régime de l'invention*, etc.;—

ment à l'inventeur, pour constater le droit exclusif qui lui est accordé d'exploiter à son profit sa découverte ou son invention.

Cette transaction entre l'intérêt privé de l'inventeur et les intérêts généraux de la société a de tout temps existé ; mais sous l'empire de notre législation ancienne, elle était loin d'être parfaite. Tantôt, en effet, l'intérêt de l'inventeur était sacrifié, lorsque, par exemple, on lui refusait des priviléges ; tantôt, au contraire, c'était la société qui avait à se plaindre, comme lorsqu'on accordait des priviléges perpétuels. En 1776 un louable effort avait été tenté par Turgot ; mais il ne fallut rien moins que la Révolution de 1789 pour anéantir, en matière industrielle, le règne du privilége et de l'arbitraire. Une législation plus libérale a, depuis cette époque, présidé aux

Damourette, *Brevets d'invention, dessins et marques de fabrique*, etc.; — Duméry, *Examen de la loi sur les brevets d'invention ;* — Giraudeau et Goetschby, *Traité des brevets d'invention*, etc.; — Homberg, *Guide de l'inventeur, ou commentaire de la loi du 5 juillet 1841 ;* — Huard, *Répertoire de législation, de doctrine et de jurisprudence, en matière de brevets d'invention ;*—Du même, *Étude comparative des législations française et étrangère en matière de propriété industrielle, artistique et littéraire ;* — Le Hit, *Commentaire de la loi sur les brevets d'invention ;*— Lesenne, *Brevets d'invention et droits d'auteur ;* — Nouguier (Ch.), *Des brevets d'invention et de la contrefaçon ;* —Perpignan, *Manuel des inventeurs et des brevetés ;* — Rendu (A.), *Traité pratique de droit industriel et des brevets d'invention ;* —Renouard, *Traité des brevets d'invention*, etc.; — Telliez, *Des brevets d'invention et des modifications que réclame la loi actuelle ;* —Thirion, *Tablettes de l'inventeur et du breveté,* etc.; — Truffaut, *Guide pratique des inventeurs et des brevetés,* etc.; — Armengaud et Mathieu, *Instructions pratiques à l'usage des imitateurs. Formalités à accomplir en tous pays pour obtenir la concession de patentes ou brevets d'invention ;* — Barroult, *Notice sur les brevets d'invention en France et à l'étranger ;* — Calmels, *Du projet de loi relatif aux brevets d'invention ;* —Du même, *De la propriété et de la contrefaçon des œuvres de l'intelligence ;* —Carpmael, *La législation des patentes ou brevets d'invention de la Grande-Bretagne ;* — Loosey, *Recueil des lois publiées dans tous les États de l'Europe, les États-Unis de l'Amérique et les Indes d'ouest de la Hollande, sur les priviléges et les brevets d'invention ;* — Tillière, *Traité théorique et pratique des brevets d'invention,* etc.; — Varlet, *Recueil des lois et règlements en vigueur en Belgique sur les brevets d'invention ;* — Vilain, *Guide pratique des inventeurs brevetés, contenant le commentaire de la loi belge,* etc.; — Picard et Xavier Olin, *Traité des brevets d'invention.*

garanties qui doivent être offertes aux inventeurs, sans porter préjudice aux droits de la société, jusqu'au moment où, résumant toutes les lois antérieures, la loi du 5 juillet 1844 a mérité le titre de Code des brevets d'invention.

La loi de 1844 a constitué un progrès réel sur les dispositions antérieures ; aussi, en rendant les brevets plus accessibles, par le fractionnement de la taxe, en a-t-elle accru rapidement le nombre ; mais, en même temps, sous son influence, les contestations judiciaires se sont multipliées dans une proportion plus grande encore. La nouvelle loi avait à peine quelques années d'existence, que déjà l'industrie en réclamait la révision. Dès 1850, le conseil général de l'agriculture, des manufactures et du commerce a été consulté, et une grande enquête a été ouverte. Le gouvernement impérial s'est préoccupé d'élaborer un projet de loi comprenant l'ensemble des règles de la matière, et destiné à remplacer la loi de 1844.

Caractère du brevet. — Le brevet ne confère aucun droit. Il constate seulement l'existence du droit exclusif d'exploiter. Ce droit est conféré par la découverte nouvelle, sous les conditions et pour le temps déterminés par la loi. Mais pour conférer ce droit à l'inventeur, il faut que la découverte soit nouvelle et susceptible d'être brevetée. Sont considérées comme *inventions* ou *découvertes nouvelles* : 1° l'invention de nouveaux produits industriels ; 2° l'invention de nouveaux moyens, ou l'application nouvelle de moyens connus, pour obtenir un résultat ou un produit industriels. Ne sont pas réputées *nouvelles* les découvertes, inventions ou applications, qui, en France ou à l'étranger, ont reçu, antérieurement au dépôt de la demande du brevet, une publicité suffisante pour qu'elles puissent être mises à exécution. Quant aux découvertes non susceptibles d'être brevetées, le législateur a cru devoir défendre les citoyens contre leurs propres préjugés, en déclarant telles les découvertes pharmaceutiques et les combinaisons de finances.

Ce qui intéresse la santé publique est trop grave pour qu'on puisse le livrer à tous les piéges, à toutes les combinaisons du charlatanisme. Or il existe dans notre pays un préjugé fâcheux, invétéré, une croyance populaire qu'on ne peut déraciner, qui attache à l'idée de l'obtention d'un brevet celle d'une garantie de l'utilité publique et du mérite de l'invention. On croit généralement que le gouvernement examine, juge, approuve, et que l'invention brevetée se recommande par là à la confiance des citoyens.

La loi a également établi une exception pour les plans et combinaisons de finances, d'abord parce que ce ne sont pas des inventions industrielles proprement dites, et parce que ce sont souvent des combinaisons frauduleuses dont on veut abuser pour tromper le public.

Il faut (pour pouvoir être breveté) des procedés susceptibles de donner des produits que la main de l'homme ou les travaux qu'il dirige puissent fabriquer, et qui puissent entrer dans le commerce pour être achetés et vendus.

Au reste, l'administration ne se constitue nullement juge de la réalité et du mérite de la découverte. Elle n'examine pas même si la découverte est ou n'est pas nouvelle. L'industriel forme sa demande. S'agit-il d'une découverte non susceptible d'être brevetée? L'administration répond qu'elle ne délivre pas de brevets pour ces sortes de découvertes. S'agit-il, au contraire, de toute autre invention qui ne soit pas classée parmi celles non susceptibles d'être brevetées? L'administration délivre le brevet aux risques et périls des demandeurs. La nouveauté n'est exigée, et ses caractères distinctifs ne sont tracés que pour l'appréciation des brevets après délivrance, et pour le jugement des contestations qui pourraient s'élever devant les tribunaux.

Les inventions n'étant pas toutes également importantes, les inventeurs peuvent limiter la durée de la jouissance, et prendre un brevet de 5, de 10 ou de 15 ans. Mais la détermination une fois arrêtée doit faire leur règle comme celle du public, et la durée des brevets ne peut être prolongée que par une loi. Chaque brevet donne lieu au payement d'une taxe de 500 fr. pour les brevets de cinq ans, de 1,000 fr. pour ceux de dix, et de 1,500 pour les brevets de quinze ans. Cette taxe est payée par annuités de 100 fr. sous peine de déchéance, si le breveté laisse écouler un terme sans payer.

On critique avec raison cette distinction des brevets de cinq, dix ou quinze ans, le demandeur pouvant choisir la durée la plus longue sans être soumis à aucune obligation ou redevance particulière, et le brevet pouvant cesser d'exister par le seul fait de l'interruption du payement de la taxe. La durée du brevet pourrait donc être fixée à un seul terme qui serait de quinze ans, et dont la prorogation n'aurait lieu qu'en vertu de la loi.

Nous nous bornerons à faire remarquer, en passant, la prévoyance du législateur, qui n'impose au breveté qu'une minime annuité, et le laisse en possession des ressources qui lui seront nécessaires pour son exploitation. L'existence du brevet constitue, au profit de l'industriel breveté, un temps d'arrêt pour l'industrie, pendant lequel tous les profits de l'invention sont réservés à l'inventeur, sans que les tiers puissent employer les procédés découverts et mettre en œuvre les perfectionnements obtenus.

Délivrance des brevets. — L'industriel qui voudra prendre un brevet d'invention devra déposer, sous cachet, au secrétariat de la préfecture : 1° sa demande au ministre du commerce. Cette demande, limitée à un seul objet principal, avec les objets de détail qui le constituent, et les applications qui auront été indiquées, mentionnera la durée du brevet sans restriction, ni condition, ni réserves, pour que l'administration ne se trouve pas engagée vis-à-vis des brevetés, et indiquera un exposé sommaire qui fasse brièvement connaître l'objet auquel se rapporte l'invention, pour faciliter la promulgation du brevet.

2° Une description de la découverte, invention ou application, faisant l'objet du brevet demandé, écrite sans altération, ni surcharges, et en français (la loi ne proscrit pas quelques mots empruntés à une langue étrangère).

3° Les dessins ou échantillons qui seraient nécessaires pour l'intelligence de la description, tracés à l'encre, et d'après une échelle métrique.

4° Un bordereau des pièces déposées. Un duplicata des dessins et de la description sera joint à la demande qui sera signée, ainsi que toutes les autres pièces, par le demandeur ou par un mandataire. Versement d'une somme de 100 fr., à valoir sur le montant de la taxe. Procès-verbal de dépôt. Expédition du procès-verbal remise au déposant.

Enregistrement des demandes à la préfecture. Dans les cinq jours de la date du dépôt, transmission des pièces au ministre du commerce. Ouverture des demandes au ministère; enregistrement. Expédition des brevets dans l'ordre de réception des demandes régulières, sans examen préalable, et sans garantie.

Les demandes irrégulières étant rejetées, il est donc important de former une demande régulière, sous peine de perdre non-seulement une partie de la somme versée, mais encore, par les retards, la priorité de l'invention.

Pour que les droits de l'inventeur ne soient pas mis en péril par les lenteurs administratives, la durée du brevet courra du jour du dépôt des pièces à la préfecture. Le brevet consiste dans l'arrêté du ministre constatant la régularité de la demande, et délivré au demandeur. Tous les trois mois, les brevets délivrés sont proclamés au *Bulletin des Lois.* Par cette proclamation, le public commence à être prévenu des droits que l'administration a constatés et des titres qu'elle a délivrés; la société peut dès lors se mettre en mesure de mieux étudier les inventions nouvelles, soit pour en perfectionner les applications pendant la durée des priviléges, soit pour en préparer l'exploitation, après leur expiration.

Brevets d'addition. — On nomme *brevet principal* le brevet délivré pour toute invention ou découverte; mais l'industriel inventeur peut apporter, pendant la durée de son brevet, des changements ou perfectionnements à son invention. On nomme *brevets d'addition* les certificats constatant ces changements ou perfectionnements, et délivrés aux industriels, sur leur demande, dans la même forme que le brevet principal et avec les mêmes effets, à partir des dates respectives des demandes. Ces brevets d'addition prennent fin avec le brevet principal. Il est, d'ailleurs, loisible à l'inventeur de prendre un nouveau brevet principal pour des perfectionnements assez importants, mais en se conformant aux prescriptions de la loi. L'industriel jouit encore d'un autre privilége relativement aux perfectionnements à apporter à l'invention. Par une faveur toute spéciale, le législateur a disposé que nul autre que le breveté ou ses ayants-droit ne pourra, pendant une année (dix-huit mois, suivant le projet nouveau), prendre valablement un brevet pour un changement, perfectionnement, ou une addition à ce qui faisait l'objet du brevet primitif; mais, pour ne pas décourager l'industrie, il a fait transiger de nouveau les droits du breveté avec ceux des industriels qui parviendraient, de leur côté, à trouver des perfectionnements, et a autorisé toute personne qui voudrait prendre un brevet pour changement, addition ou perfectionnement à une découverte déjà brevetée, à former, dans le courant de l'année, une demande qui serait déposée sous cachet au ministère de l'agriculture et du commerce, et serait ouverte à l'expiration de l'année. Le brevet serait délivré à cet industriel, en cas de non-perfectionnement, changement ou addition par l'inventeur, qui, s'il y avait concours, aurait la préférence. Celui qui a pris un brevet pour changement, perfectionnement ou addition, n'a pas le droit d'exploiter l'invention déjà brevetée; et, réciproquement, le titulaire du premier brevet ne peut exploiter l'invention qui fait l'objet du second.

Cession. — Comme toute propriété, les brevets peuvent être cédés en totalité ou en partie, pourvu que la cession soit

faite par acte notarié, et que le cessionnaire, pour lequel la
loi a moins d'égards, et qui possède d'ailleurs les moyens
pécuniaires d'acheter le brevet, acquitte la totalité de la taxe.
L'acte de cession doit, de plus, être enregistré au secrétariat
de la préfecture pour produire des effets vis-à-vis des tiers.
Cette cession du brevet aura pour effet de faire profiter, de
plein droit, les cessionnaires des certificats d'addition qui
pourraient être ultérieurement délivrés au breveté ou à ses
ayants-droit, et réciproquement. Mais le breveté conserve
toujours en propre les brevets de perfectionnement, qui sont
des brevets principaux, et, par conséquent, constituent une
propriété toute distincte.

Publicité. — La loi de 1844 ordonne le dépôt au ministère
de tous les dessins, échantillons, modèles et descriptions des
brevets délivrés. Chacun pourra en prendre connaissance et
en obtenir copie. Elle prescrit la publication de ces descriptions et dessins après le payement de la deuxième annuité et
le dépôt des originaux au Conservatoire des arts et métiers,
à l'expiration des brevets. Il est difficile de ne pas voir dans
cette publicité procurée par la loi un triple but : 1° l'avantage
du breveté dont les moyens et les produits sont portés à la
connaissance de tous ; 2° celui de la société qui va se mettre en
mesure d'entrer en jouissance ; 3° celui de la morale publique,
en permettant de découvrir plus facilement les contrefaçons,
et de les punir d'une manière plus sévère.

Droit des étrangers. — Notre législation, toujours si
libérale vis-à-vis des nations étrangères, fait participer les
étrangers au droit d'obtenir en France des brevets d'invention, en se conformant aux conditions imposées aux nationaux. Elle leur accorde même des brevets pour des découvertes déjà brevetées à l'étranger ; mais, dans la crainte que
la France ne se trouve arrêtée dans sa concurrence industrielle
avec les nations étrangères, elle soumet ces brevets à la condition d'avoir une durée égale à celle des brevets antérieurement pris à l'étranger. La loi de 1844 a supprimé les brevets

d'importation, qui consistaient à concéder, à quiconque apporterait le premier en France une découverte étrangère, les mêmes avantages que s'il en était l'inventeur. Le législateur a pensé, avec raison, qu'il était digne de la France de donner l'exemple de la reconnaissance du droit des inventeurs, sans distinction de nationalité, et de poser dans la loi le principe d'un droit public international pour la garantie des œuvres du génie industriel chez tous les peuples. Mais, pour que l'étranger puisse obtenir un brevet en France, il faut que sa découverte soit nouvelle, c'est-à-dire qu'elle n'ait reçu ni en France, ni ailleurs, une publicité suffisante pour pouvoir être exécutée.

Nullité. — Déchéance. — Nous avons dit que l'administration n'examine pas la découverte, dont elle ne se constitue pas le juge, et qu'elle délivre le brevet aux risques et périls du demandeur. Or, il peut arriver que la découverte brevetée ne soit pas nouvelle (si antérieurement au dépôt elle a reçu en France ou à l'étranger. la publicité dont nous parlions tout à l'heure); 2º qu'elle ne soit pas susceptible d'être brevetée, et que l'administration ne l'ait pas observé; 3º que les applications industrielles n'aient pas été indiquées; 4º que la découverte, invention ou application soit contraire à l'ordre public, aux bonnes mœurs ou aux lois de l'État; 5º que le titre sous lequel le brevet a été demandé indique frauduleusement un objet autre que le véritable objet de l'invention; 6º que la description jointe au brevet ne soit pas suffisante pour l'exécution de l'invention, ou qu'elle n'indique pas d'une manière complète et loyale les véritables moyens de l'exécuter; 7º que le brevet de perfectionnement ait été pris avant l'expiration de l'année; enfin, 8º que le brevet ait été pris pour une invention ou une découverte faites par un agent de l'État, par suite d'une mission spéciale ou d'un travail accompli sous la direction du gouvernement. Dans tous ces cas, les personnes qui y sont intéressées peuvent intenter devant le tribunal civil du domicile du breveté l'action en nullité du brevet. (Est également nul et de nul effet tout certificat comprenant des changements, perfectionnements ou additions qui ne se rattacheraient pas au brevet principal.) Elles peuvent aussi provoquer la déchéance, lorsque l'annuité n'aura pas été acquittée avant le commencement de chacune des années de son brevet, ou lorsque l'industriel n'aura pas mis en exploitation sa découverte ou invention en France, dans le délai de deux ans (le projet porterait ce délai à trois ans) à dater du jour de la signature du brevet, ou aura cessé de l'exploiter pendant deux années consécutives, à moins de justifier des causes de son inaction (suppression de cette restriction dans le projet); il en sera de même lorsqu'il aura introduit en France des objets fabriqués en pays étrangers, et semblables à ceux qui sont garantis par son brevet. Néanmoins, le ministre du commerce pourra autoriser l'introduction : des modèles de machines et des objets fabriqués à l'étranger, destinés à des expositions publiques ou à des essais faits avec l'assentiment du gouvernement.

Lorsque l'autorité judiciaire a prononcé sur ces nullités ou déchéances, l'administration les publie dans les mêmes formes que les brevets eux-mêmes. La société y est intéressée.

Une loi du 3 avril 1867, relative à la garantie des inventions susceptibles d'être brevetées et des dessins de fabrique qui seraient admis à l'Exposition universelle, a disposé que : tout Français ou étranger, auteur soit d'une découverte ou invention snsceptibles d'être brevetées, soit d'un dessin devant être déposé, pourrait, s'il était admis à l'exposition, obtenir de la commission supérieure de l'exposition un *certificat descriptif* de l'objet déposé ; que ce certificat assurerait à celui qui l'aurait obtenu, jusqu'au 1ᵉʳ avril 1868, les mêmes droits que lui eût conférés un brevet d'invention ou un dépôt légal de dessin de fabrique. La délivrance du certificat devait être gratuite.

En vertu de la loi du 23 mai 1868, tout Français ou étranger peut, s'il est admis dans une exposition publique autorisée par l'administration, se faire délivrer par le préfet ou le sous-préfet, dans le département ou l'arrondissement duquel cette exposition est ouverte, un *certificat descriptif* de l'objet déposé par lui. Ce certificat, délivré gratuitement, assure à celui qui l'obtient les mêmes droits que lui conférerait un brevet d'invention ou un dépôt légal de dessin de fabrique, à dater du jour de l'admission jusqu'à la fin du troisième mois qui suivra la clôture de l'exposition. La demande de ce certificat doit être faite dans le premier mois, au plus tard, de l'ouverture de l'exposition. Elle doit être adressée à la préfecture ou à la sous-préfecture, et accompagnée d'une description exacte de l'objet à garantir, et, s'il y a lieu, d'un plan ou d'un dessin du même objet. Les demandes, ainsi que les décisions prises par le préfet ou par le sous-préfet, sont inscrites sur un registre spécial, qui est ultérieurement transmis au ministre du commerce et communiqué, sans frais, à toute réquisition.

Contrefaçon. — La contrefaçon est un délit qui consiste dans l'atteinte portée aux droits du breveté, soit par la fabrication de produits, soit par l'emploi de moyens faisant l'objet de son brevet. L'amende et la confiscation des objets reconnus contrefaits, au profit du breveté, sont appliquées aux contrefacteurs qui, s'ils sont récidivistes ou s'ils ont travaillé comme ouvriers ou employés dans l'établissement ou les ateliers des brevetés, encourent la peine de l'emprisonnement. Une amende sera aussi prononcée contre tout industriel qui aurait pris la qualité de breveté sans posséder un brevet, délivré conformément aux lois, ou qui, étant breveté, aurait mentionné sa qualité sans y ajouter ces mots : *Sans garantie du gouvernement.*

Le droit exclusif que confère à l'inventeur la délivrance d'un brevet, la prohibition absolue qui en résulte pour tout autre de mettre en œuvre une idée, un procédé nouveau, ce privilége dont l'industrie est redevable à la société, ne doit pas devenir une cause de dommage grave pour elle. Si un grand intérêt réclame l'usage d'une découverte par tous, et son apport au domaine public, si le breveté rejette opiniâtrément toute proposition faite au nom de cet intérêt, la société ne doit pas être désarmée et impuissante en présence du droit qui est son œuvre. C'est donc avec une haute raison et une profonde connaissance des devoirs que comporte la vie sociale, que l'on revendique pour le gouvernement le droit de retirer les brevets par voie d'expropriation pour cause d'utilité publique, et moyennant une indemnité préalable.

§ 2. — Les dessins et marques des fabricants [1].

Historique. — Principes généraux.

Historique. — Principes généraux. — De tous les temps la législation a protégé la propriété des dessins de fabrique, comme étant un encouragement pour l'art et l'industrie, et le seul moyen de vivifier le travail. Défense était faite, sous peine de confiscation, à tous maîtres travaillant à façon, de se servir directement ou indirectement de dessins qui leur auraient été confiés (Lettres patentes de 1733 ; arrêt du Conseil de 1744). Un arrêt de 1787 assurait aux fabricants, pour 15 ou 16 ans, suivant que les étoffes étaient destinées aux ornements sacrés ou profanes, la propriété de leurs dessins,

---

[1] Loi 17 août 1825 ; loi 28 juin 1824 ; loi 23 juin 1857 ; décret 26 juillet 1858. — Sur les *dessins* et *marques de fabrique*, voir : Calmels, *Des noms et marques de fabrique et de commerce*, etc. — Du même, *Dessins et marques de fabrique. Traités internationaux. Législation française et étrangère*, etc. — Pérot, *Précis sur les dessins de fabrique et sur leur contrefaçon, ou Législation ancienne et nouvelle*, etc. — Waelbroëck, *Traité théorique et pratique de la législation sur les modèles et dessins de fabrique*, etc. — Pouillet, *Traité historique et pratique des dessins de fabrique*. — Se reporter également aux citations d'ouvrages relatifs aux *Brevets d'invention*. — Voir aussi la loi du 3 avril 1867 et celle du 23 mai 1868.

à la charge, par eux, de déposer au bureau de la communauté, soit l'esquisse originale, soit l'échantillon du dessin. La loi du 19 juillet 1793, qui embrassait dans sa généralité toutes les productions de l'esprit, reconnut aux auteurs et dessinateurs le droit exclusif de reproduire leurs ouvrages, en subordonnant ce droit à la seule condition de déposer deux exemplaires à la Bibliothèque nationale, ou au cabinet des estampes. La législation actuelle sur cette matière a pour base la loi du 18 mars 1806, organisatrice d'un conseil de prud'hommes à Lyon, mais étendue à toutes les villes qui ont reçu successivement du gouvernement des conseils de prud'hommes. Voici quelles sont les formalités auxquelles est soumis le fabricant qui voudra pouvoir revendiquer, par la suite, devant le tribunal de commerce, la propriété d'un dessin de sa composition : dépôt au secrétariat du conseil des prud'hommes, ou, à défaut, au greffe du tribunal civil, d'un échantillon plié sous enveloppe, et revêtu des cachet et signature du fabricant ; déclaration du temps pendant lequel le fabricant entend se réserver la propriété (un, trois, cinq ans, ou à perpétuité). La loi permet la réserve à perpétuité, parce que l'intérêt public est peu engagé. Les dépôts des dessins sont inscrits sur un registre tenu *ad hoc* par les conseils des prud'hommes, et ceux-ci délivrent aux fabricants un certificat rappelant le numéro d'ordre du paquet déposé, et constatant la date du dépôt. En cas de contestation entre fabricants sur la propriété d'un dessin, le conseil ouvre les paquets déposés par les parties et fournit un certificat indiquant le nom du fabricant qui a la priorité de date. Le tribunal de commerce prononce ensuite sur le vu de cette pièce.

Avant 1789, le gouvernement apposait sur les produits fabriqués une marque qui était, non point, comme aujourd'hui, la signature du fabricant, mais une sorte de garantie publique, un certificat émané de l'autorité attestant la qualité du produit, son origine, son poids, et même sa conformité avec les règlements établis pour la fabrication. Les lettres patentes de 1779 et du 4 juin 1780 établirent un régime intermédiaire. Il devint loisible aux fabricants d'adopter dans la fabrication de leurs étoffes telles dimensions et combinaisons qu'ils jugeraient à propos, ou de s'assujettir à l'exécution des règlements ; dans ce dernier cas, leurs produits portaient le mot : réglé. La législation de 1791, en proclamant la liberté de l'industrie, fit disparaître la marque du gouvernement. Depuis, de nombreuses dispositions sont intervenues pour régler les marques de fabrique, les formalités qui en assurent l'efficacité et les conséquences légales. Mais, composée d'éléments divers, souvent contradictoires, cette législation laissait à désirer. La marque était tantôt obligatoire, tantôt facultative. La loi du 23 juin 1857 a fait cesser les incertitudes que faisait naître la précédente législation. Aux termes de la loi, la marque de fabrique ou de commerce a été rendue facultative ; mais il a été admis qu'elle pourrait exceptionnellement être déclarée obligatoire par des décrets rendus en forme de règlements d'administration publique, pour les produits déterminés par ce règlement.

La marque est obligatoire pour les matières d'or et d'argent, par exemple, pour les tissus français et similaires aux tissus étrangers prohibés, pour les cartes, pour les matières vénéneuses. Mais la variété des combinaisons de l'industrie est telle, qu'il pourrait apparaître tout à coup des produits nouveaux, des combinaisons nouvelles de produits anciens, qu'il serait nécessaire d'assujettir à la marque, soit dans un but de police, par exemple, soit dans un but de garantie publique ; s'il s'agissait, d'un produit que le public serait absolument hors d'état de vérifier quand il l'achète, et dont il aurait intérêt à pouvoir constater ultérieurement l'identité. Le gouvernement peut déclarer la marque obligatoire, soit spontanément, soit sur la demande des intéressés.

Sont considérés comme marque de fabrique et de commerce : les noms sous une forme distinctive, les dénominations, emblèmes, timbres, cachets, vignettes, reliefs, lettres, chiffres, enveloppes et tous autres signes servant à distinguer les produits d'une fabrique ou les objets d'un commerce.

La *marque* est tout signe servant à distinguer les produits d'une fabrique ou les objets d'un commerce ; or la loi énumère non pas tous ces signes, mais les plus usités et les principaux parmi eux. Si la marque est la représentation du nom, il faut reconnaître que l'apposition du nom est la plus claire et la plus sûre de toutes les marques. Le nom est donc une marque, mais à la condition que, pour éviter toute confusion, il affectera une forme distinctive. Quant au nom qui n'est pas marque, il est suffisamment protégé par la loi du 28 juillet 1824, qui punit les usurpations, retranchements et altérations dont il peut être l'objet, et cela sans aucune condition de dépôt ou de forme particulière. La loi de 1857 ne s'occupe que de la marque symbolique ou emblématique, personnelle au fabricant ou au commerçant, et que celui-ci est dans l'usage d'apposer sur les objets de sa fabrication ou de son commerce, pour en constater l'origine. Dépôt de deux exemplaires du modèle au greffe du tribunal de commerce du domicile. Le dépôt n'a d'effet que pour quinze ans. La propriété de la marque peut toujours être conservée pour un nouveau terme de quinze années, au moyen d'un nouveau dépôt. Le dépôt est-il attributif ou seulement déclaratif de la propriété des marques ? L'article 2 de la loi du 23 juin 1857 porte « : Nul ne peut revendiquer la propriété exclusive d'une marque, s'il n'a déposé deux exemplaires du modèle de cette marque au greffe du tribunal de commerce de son domicile. » Dire qu'on ne peut revendiquer la propriété exclusive d'une marque qu'à la condition d'en avoir fait le dépôt, c'est supposer que la propriété existait avant que ce dépôt fût effectué. Or la propriété n'existait pas pour le déposant, si, antérieurement au dépôt, un autre que lui se servait de sa marque pour des produits similaires. Malgré cela, il sera toujours très-important de déposer sa marque, quelque ancienne qu'elle soit. Il est bien vrai que le possesseur d'une marque très-ancienne n'en serait pas privé par le dépôt qu'en

ferait un autre. Malgré ce dépôt, il pourrait continuer à apposer sa marque sur ses produits ; mais il ne pourrait la revendiquer comme sa propriété exclusive, et, par conséquent,
empêcher le déposant de s'en servir.

Les étrangers qui possèdent en France un établissement
d'industrie ou de commerce, jouissent pour les produits de
leurs établissements du bénéfice de la loi de 1857, en remplissant les formalités qu'elle prescrit. Il en est de même pour les
étrangers et les Français dont les établissements sont situés
hors de France, si, dans les pays où ils sont situés, des conventions diplomatiques ont établi la réciprocité pour les marques françaises.

Les délits sont punis d'une amende et d'un emprisonnement dont le montant et la durée varient suivant qu'il s'agit de
délits contre la propriété des marques, ou de délits commis au
moyen de l'emploi des marques, ou même d'infractions aux
dispositions qui déclarent la marque obligatoire. Confiscation
facultative des produits dont la marque constituerait un délit
contre la propriété, ou commis au moyen de l'emploi des marques. Quant aux produits qui sont assujettis à la marque
obligatoire, ils ne peuvent être confisqués que si le fabricant
qui ne les a pas marqués est en état de récidive. Les actions
civiles relatives aux marques sont portées devant les tribunaux
civils, et jugées comme matières sommaires. En cas d'action
intentée par la voie correctionnelle, si le prévenu soulève
pour sa défense des questions relatives à la propriété de la
marque, le tribunal de police statue sur l'exception. La loi de
1857 est applicable aux vins, eaux-de-vie et autres boissons,
aux bestiaux, grains, farines, et généralement à tous les produits de l'agriculture. Les progrès de cette branche de la
richesse publique appelaient cette protection du législateur.
Mais la loi nouvelle n'abroge en rien les lois, décrets et ordonnances sur les marques déjà obligatoires, la juridiction des
consuls français en pays étrangers, la loi de 1824. Son objet
exclusif est la marque de fabrique et de commerce déposée.

Quant au droit d'enseigne, aucune législation positive
n'ayant réglementé le droit de jouir de la propriété d'une enseigne, le droit commun peut seul être consulté à cet égard.
L'enseigne est la propriété exclusive de celui qui l'a le premier
adoptée. Lorsque cependant deux enseignes identiques sont
prises par deux négociants faisant le même commerce, il n'y
a pas lieu d'ordonner la suppression de la plus récente, si elle
n'a pas été adoptée dans l'intention de faire une concurrence
déloyale ; il suffit d'ordonner qu'elle sera modifiée de manière
à éviter toute confusion. Comme l'enseigne est publique, elle
n'a pas besoin d'être déclarée, ni déposée.

CHAPITRE XI.

Principes généraux. — Le développement moral et intellectuel de l'individu se rattache d'une manière intime à la notion de la *liberté*. La *liberté* n'est autre chose que l'exercice des facultés de l'homme mises en harmonie avec les exigences de la vie sociale. Mais la liberté de chaque citoyen n'est respectable qu'autant qu'elle ne nuit pas à la liberté des autres. D'où la nécessité de certaines restrictions apportées à la liberté de chacun, dans l'intérêt de tous.

Les lois sur les *associations*, les *attroupements*, la *presse*, les *passeports*, la *police sanitaire*, la *sûreté générale*, le *droit d'expulsion*, la *mendicité*, fournissent des exemples de ces restrictions exigées par les besoins de l'ordre social.

Associations. — L'article 291 du code pénal défend les associations de plus de vingt personnes, quel que soit le but qu'elles se proposent et les soumet à l'obligation d'obtenir l'agrément du gouvernement et de satisfaire aux conditions

qu'il plaira à l'autorité publique de leur imposer. La dissolution de la société et la condamnation à une amende des chefs,
directeurs ou administrateurs de l'association, seraient la
sanction de l'infraction faite à ces défenses. Quant à celui
qui, sans la permission de l'autorité, aurait accordé ou consenti
l'usage de sa maison en tout ou en partie pour la réunion
d'une association même autorisée, ou pour l'exercice d'un
culte, il encourrait aussi la condamnation à une amende.
(*Art.* 291, 292, 294, Code pénal.)

On avait reconnu l'impuissance de cette législation, dont
les prohibitions pouvaient être facilement éludées, lorsqu'en 1834 la loi du 10 avril enleva aux associations la faculté de se diviser en sections dont chacune, prise à part, se
composerait de moins de vingt personnes, et qui, réunies,
s'élèveraient à un nombre supérieur à celui que la loi tolère.
La loi du 10 avril 1834 appliqua l'article 291 du code pénal aux
associations de plus de vingt personnes, alors même que ces
associations seraient partagées en sections d'un nombre moindre, et qu'elles ne se réuniraient pas tous les jours ou à des
jours marqués. Elle joignit à l'amende l'emprisonnement,
pour quiconque ferait partie d'une association non autorisée,
et permit, en cas de récidive, d'élever la peine au double, avec
la surveillance de la haute police (possibilité de circonstances
atténuantes). Enfin, elle considéra comme complices, et punit
comme tels, ceux qui auraient prêté ou loué sciemment leur
maison ou leur appartement pour une ou plusieurs réunions
d'une association non autorisée.

La révolution de 1848 avait commencé par consacrer le
droit d'association dans les termes les plus illimités. On ne
tarda pas à sentir la nécessité de le restreindre, ne fût-ce que
par voie d'exception et par disposition temporaire.

Le décret des 25 mars-2 avril 1852 déclare applicables aux
réunions publiques, de quelque nature qu'elles soient, les
art. 291, 292 et 294 du code pénal, et les art. 1, 2 et 3 de la
loi du 10 avril 1834.

Depuis longtemps attaqué par l'opposition démocratique radicale, l'article 291 du code pénal a été l'objet d'une demande d'abrogation, le 27 décembre 1869, de la part de plusieurs députés. « Cet article, était-il dit dans la proposition d'abrogation, a été inspiré par la défiance, et brise, sous le niveau de la servitude, les plus utiles relations des hommes entre eux. La défense de se réunir périodiquement pour échanger ses idées sur les sujets qui préoccupent le plus naturellement la pensée humaine, la religion, les arts, la politique, ne s'est maintenue que grâce à l'affaiblissement des mœurs publiques, qui a permis tant d'usurpations et d'abus coupables. On parle sans cesse du retour aux pratiques de la liberté; on annonce un régime nouveau. Le premier souci des hommes politiques qui le préparent doit être d'anéantir ces entraves et de rendre aux citoyens le droit naturel de communiquer entre eux, sans avoir à redouter l'inquisition de la police.

« Si l'on veut relever la société de l'atonie où elle est plongée, lui rendre l'initiative dont elle a été depuis si longtemps privée, il faut l'affranchir de la discipline militaire que le premier empire lui avait imposée; les progrès de la science et de la raison substituent le libre échange des pensées et des sentiments. »

La commission d'initiative parlementaire a proposé, le 10 février 1870, le rejet de cette motion, en se fondant sur les considérations suivantes :

L'abrogation de l'article 291 du code pénal entraînerait l'abrogation des articles 292, 293, 294 du même code, ainsi que celle de la loi du 10 avril 1834, qui ne sont qu'un appendice et un accessoire de la disposition générale contenue dans l'article 291. Ces dispositions étant les seules qui contiennent une sanction pénale contre les associations, leur abrogation serait en réalité la reconnaissance et la proclamation du principe de la liberté illimitée d'association. Ces dispositions abrogées, les associations politiques, ou autres, pourraient s'établir

librement sur tous les points de l'empire; elles pourraient
fonctionner isolément; elles pourraient, en France, correspondre et s'affilier entre elles et, franchissant la frontière
française, établir des rapports et des liens avec les associations
de diverses natures existant à l'étranger.

La reconnaissance du principe de la liberté d'association
conduirait, de plus, inévitablement, à proclamer le même
droit pour les réunions publiques; car les réunions accidentelles, temporaires, ayant un objet déterminé et qui, l'objet
rempli, le but atteint, se dissolvent d'elles-mêmes, ont toujours paru, et avec raison, au législateur comme offrant de
bien moindres dangers que les associations qui se manifestent
aussi par des réunions et qui ont le double caractère d'organisation et de permanence.

Ces précisions permettent d'apprécier la gravité et la portée
de la proposition d'abrogation de l'article 291.

On a dit, pour la justifier, que la liberté d'association était
un droit naturel, primordial, dont la législation ne devait pas
empêcher le libre exercice; que l'exercice de ce droit était
rendu nécessaire par l'organisation politique du pays, placée
sous le régime du suffrage universel; que le suffrage universel rendait indispensables les communications fréquentes des
citoyens entre eux; que le législateur pouvait, sans doute, réprimer les abus du droit d'association, édicter des dispositions
pénales et répressives contre les actes extérieurs et répréhen-
sibles, contre les délits et les crimes commis par les associations, mais qu'il ne pouvait point empêcher leur existence et
leur fonctionnement; que la nécessité de l'autorisation préalable et de l'agrément du gouvernement, équivalait à la négation et à la suppression du droit.

En réponse à ces considérations, il doit suffire de rappeler
les motifs qui ont servi de base à l'article 291. On remarquera,
du reste, que cet article n'a pas été, comme on l'a dit, une
innovation, une création du gouvernement impérial; car,
outre la réaction que la Convention crut devoir opérer elle-

même contre les associations politiques, une loi du 7 thermidor an V, signée du nom de Carnot, s'est exprimée ainsi : « Toute société particulière s'occupant de questions politiques est provisoirement défendue. Les individus qui se réuniraient dans de pareilles sociétés seront, ajoutait-elle, traduits devant les tribunaux de police correctionnelle, pour y être punis comme coupables d'attroupement. Les propriétaires ou principaux locataires des lieux où s'assembleraient lesdites sociétés, devraient être condamnés par les mêmes tribunaux à une amende de 1,000 francs et à trois mois d'emprisonnement. »

Les législateurs ont donc constamment pensé que le droit d'association, quels que soient son origine et ses effets, doit nécessairement, comme tous les autres droits, subir les restrictions exigées par l'intérêt suprême de la sécurité publique ; que notre organisation politique est le résultat légal le plus large du droit d'association ; qu'à côté de cette organisation régulière, aucune autre ne peut s'établir dans le but de la détruire et de la renverser ; que les associations politiques s'étaient trop souvent montrées hostiles aux institutions existantes ; qu'elles avaient été en état de conspiration à peu près permanente ; que leur existence était un obstacle au maintien de la tranquillité générale et une cause prochaine de ruine pour l'ordre public ; qu'il était impossible de condamner le gouvernement à les laisser grandir et se fortifier à l'ombre d'une prétendue légalité, jusqu'au jour où elles jugeraient à propos de lui livrer bataille ; que le seul moyen efficace de protéger la société et le gouvernement lui-même contre un pareil péril, était de l'investir du droit absolu d'autoriser ou d'interdire toutes associations.

Tels ont été les motifs qui ont inspiré les législateurs de 1808 et de 1834, et il faut le reconnaître, les faits qu'a recueillis l'histoire depuis 1789, ont confirmé ces résolutions prévoyantes.

Réunions publiques. — Loi du 6 juin 1868. — La loi du 6 juin 1868 ne s'applique qu'aux réunions publiques se

produisant à l'état de *fait accidentel* et *temporaire*, sans le
caractère de permanence et d'organisation qui constituent une
association. Elle ne modifie donc point les prescriptions des
articles 291 et suivants du code pénal, ni celles de la loi
du 10 avril 1834, qui atteignent les associations. Elle proclame
le principe du droit de réunion et dispose que les réunions
publiques pourront avoir lieu sans autorisation préalable, sous
certaines conditions déterminées. Elle affranchit le droit de
réunion des mesures préventives qui peuvent actuellement en
entraver l'exercice et lui donne ainsi une sanction légale,
tant qu'il se renferme dans les limites qui lui sont tracées par
le législateur. La liberté de réunion est instituée par elle pour
tous ceux qui voudront délibérer sur leurs intérêts industriels et
commerciaux, pour tous ceux qui voudront s'occuper en commun de science, de littérature, d'industrie, d'agriculture. Tous
les intérêts légitimes reçoivent par les dispositions de la loi
de 1868 une ample satisfaction.

L'article 1er porte que les réunions publiques peuvent avoir
lieu sans autorisation préalable. Les réunions ayant pour
objet de traiter de matières politiques ou religieuses continuent, toutefois, à être soumises à cette autorisation. (*Art.* 1er.)
Il est bien entendu que la loi nouvelle ne s'applique point aux
réunions privées, qui demeurent entièrement libres de se former sans déclaration ni autorisation préalables. Chaque réunion doit être précédée d'une déclaration signée par *sept* personnes domiciliées dans la commune où elle doit avoir lieu,
et jouissant de leurs droits civils et politiques. Cette déclaration
indique les noms, qualités et domiciles des déclarants, le local,
le jour et l'heure de la séance, ainsi que l'objet spécial et déterminé de la réunion ; elle est remise, à Paris, au préfet de
police, dans les départements, au préfet ou au sous-préfet. Il en
est donné immédiatement un récépissé qui doit être représenté
à toute réquisition des agents de l'autorité. La réunion ne peut
avoir lieu que trois jours francs après la délivrance du récépissé.
(*Art.* 2.) Une réunion ne peut être tenue que dans un local *clos*

et *couvert*. Elle ne peut se prolonger au delà de l'heure fixée par l'autorité compétente pour la fermeture des lieux publics. (*Art.* 3.) Il résulte de la discussion au Corps législatif, qu'il suffira que le lieu soit clos et couvert d'une manière quelconque, pour que la réunion puisse régulièrement s'y loger. Un local couvert d'une simple toile sera un *lieu couvert*, dans le sens de la loi.

Chaque réunion doit avoir un bureau composé d'un président et de deux assesseurs au moins, qui sont chargés de maintenir l'ordre dans l'assemblée et d'empêcher toute infraction aux lois. Les membres du bureau ne doivent tolérer la discussion d'aucune question étrangère à l'objet de la réunion. (*Art.* 4.) Un *fonctionnaire de l'ordre judiciaire* ou *administratif*, délégué par l'administration, peut assister à la séance. Il doit être revêtu de ses insignes et prend une place *à son choix*. (*Art.* 5.) Ce *fonctionnaire* peut être un préfet, un sous-préfet, un maire, un commissaire de police.

Le fonctionnaire qui assiste à la réunion a le droit d'en prononcer la dissolution : 1° si le bureau, bien qu'averti, laisse mettre en discussion des questions étrangères à l'objet de la réunion ; 2° si la réunion devient tumultueuse. Les personnes réunies sont tenues de se séparer à la première réquisition. Le délégué dresse procès-verbal des faits et le transmet à l'autorité compétente. (*Art.* 6.) L'art. 7 porte qu'il n'est point dérogé par ces dispositions aux droits qui appartiennent aux maires, en vertu des lois existantes. Ces droits sont ceux que les maires possèdent en vertu des lois de 1790 et de 1791 : c'est le droit de surveiller toutes les réunions publiques formées sur le territoire de la commune. S'il se commet des crimes, des délits, des contraventions générales, des délits de droit commun, le maire peut et doit, à raison de sa qualité de maire, dresser procès-verbal. Si la réunion devient tumultueuse, si elle menace la tranquillité publique, sans se préoccuper du fonctionnaire spécial et des droits spéciaux donnés à ce fonctionnaire délégué, il arrive comme maire, il peut et doit, comme maire, requérir la force publique, faire cesser le tumulte en mettant fin à la réunion et en fermant les portes.

L'article 8 de la loi du 6 juin 1868 constitue l'innovation la plus importante de la loi. Il consacre le droit d'organiser des réunions publiques politiques, pendant la période électorale, sans autorisation préalable; réunions qui, du reste, ont toujours été tolérées sous l'empire de la loi du 10 avril 1834. Aux termes de cet article, des réunions électorales peuvent être tenues à partir de la promulgation du décret de convocation d'un collége pour l'élection d'un député au Corps législatif, jusqu'au cinquième jour avant celui fixé avant l'ouverture du scrutin. Les électeurs de la circonscription électorale et les candidats qui ont rempli les formalités prescrites par l'article 1er du sénatus-consulte du 17 février 1858, peuvent seuls assister à ces réunions. Ils doivent, pour y être admis, faire connaître leurs nom, qualité et domicile. La réunion ne peut avoir lieu qu'un jour franc après la délivrance du récépissé qui doit suivre immédiatement la déclaration. Toutes les autres prescriptions dont il vient d'être question sont applicables aux réunions électorales.

Les articles 9 à 12 de la loi de 1868 contiennent les pénalités qui sont la sanction de cette nouvelle législation. Le préfet de police, à Paris, les préfets dans les départements, peuvent ajourner toute réunion qui leur paraît de nature à troubler l'ordre ou à compromettre la sécurité publique. L'interdiction de la réunion ne peut être prononcée que par décision du ministre de l'intérieur [1].

La révolution du 4 septembre 1870 a passé sur cette législation et a ouvert libre carrière aux réunions publiques et ainsi qu'aux associations politiques organisées. Le fruit de cette grande li-

---

[1] M. André Rousselle a publié sur le *droit de réunion* et sur *la loi du 6 juin* 1868 un commentaire fort complet et très-instructif. — Voir aussi le chapitre XII du tome III du *Traité théorique et pratique de droit public et administratif* de M. Batbie, 1862, p. 265 et suiv., et le commentaire historique et pratique de la loi du 6 juin, par M. G. Dubois.

berté a été le 18 mars. Dès le mois de janvier 1871, cependant, le Gouvernement de la défense nationale avait supprimé les clubs, mais « *jusqu'à la fin du siége seulement.* »

Attroupements [1]. — L'attroupement est cette réunion organisée des masses, qui cherche à obtenir par la violence et la menace ce qu'elle désire ou croit mériter ; réunion tumultueuse, qui est, en général, le premier symptôme d'agitations plus violentes et plus dangereuses encore. Cette définition indique suffisamment qu'il ne faut pas voir un attroupement dans toutes les réunions partielles qui, en temps ordinaire, peuvent se former à chaque instant sur la voie ou les places publiques, et que l'action régulière de la police suffit pour dissiper. Le seul fait de l'attroupement ne constitue pas le délit ; mais l'attroupement devient un délit dès qu'il y a sommation de l'autorité compétente pour sa dispersion et que cette dispersion ne s'est pas opérée. Toutes personnes, en effet, qui forment des attroupements sur les places ou la voie publique, sont tenues de se disperser à la première sommation du maire ou de l'un de ses adjoints, à leur défaut du commissaire de police ou de tout autre agent ou dépositaire de la force publique et du pouvoir exécutif, portant l'écharpe tricolore. Le but coupable de l'attroupement n'a pas besoin d'être connu ; le délit, c'est l'attroupement sur la voie publique, persistant malgré la voix du magistrat, et qui s'aggrave suivant sa persistance.

On divise les attroupements en attroupements armés et en attroupements non armés. Les uns et les autres sont interdits. L'attroupement est armé : 1° quand plusieurs des individus qui le composent sont porteurs d'armes apparentes ou cachées ; 2° lorsqu'un seul de ces individus, porteur d'armes apparentes, n'est pas immédiatement expulsé de l'attroupement par ceux-là mêmes qui en font partie. Suivant que l'attroupement sera ou non armé, l'agent de la force publique

---

[1] Loi 21 oct. 1789 ; loi 27 juillet 1791 ; loi 7 juin 1848 ; décr. 25 février 1852.

fera deux ou trois sommations après lesquelles, s'il y a résistance, l'attroupement devra être dissipé par la force.

La peine portée par la loi sera plus ou moins grave, suivant que celui qui faisait partie de l'attroupement aura plus ou moins persisté. Il n'y a point de peine portée contre celui qui s'est séparé de l'attroupement après la première sommation. Quant à celui qui fait partie d'un attroupement non armé, et qui ne se retire pas à la première sommation, il encourt naturellement des peines moins graves que si l'attroupement avait été armé. Les poursuites dirigées pour crime ou délit d'attroupement ne font aucun obstacle à la poursuite pour crimes et délits particuliers, qui auraient été commis au milieu des attroupements.

État de siége [1]. — L'article 66 de l'*Acte additionnel aux constitutions de l'Empire* portait qu'aucune place, aucune partie du territoire, ne pourrait être déclarée en état de siége, que dans le cas d'invasion de la part d'une force étrangère ou de troubles civils. Dans le premier cas, la déclaration devait être faite par un acte du gouvernement; dans le second cas, elle ne pouvait l'être que par la loi. Toutefois si, le cas arrivant, les Chambres n'étaient pas assemblées, l'acte du gouvernement déclarant l'état de siége devait être converti en une proposition de loi dans les quinze premiers jours de la réunion des Chambres. La Constitution du 4 novembre 1848 s'est bornée à dire (art. 106) qu'une loi déterminera les cas dans lesquels l'état de siége pourra être déclaré, et réglera les formes et les effets de cette mesure. Cette loi a été celle du 9 août 1849. Aux termes de cette loi, l'Assemblée nationale pouvait seule déclarer l'état de siége. Dans le cas de prorogation de l'Assemblée, le Président de la république pouvait le déclarer, de l'avis du conseil des ministres, mais à la condition d'en informer immédiatement la commission parlementaire, et, selon la gravité des circonstances, de convoquer

---

[1] Loi 10 juil. 1791; décr. 24 déc. 1811; loi 9 août 1849; constit. 14 janv. 1852, art. 2.

l'Assemblée nationale. (*Art.* 2 et 3.) Dans les places de guerre et postes militaires, la déclaration de l'état de siége pouvait être faite par le commandant militaire, à la charge d'en rendre compte immédiatement au gouvernement. (*Art.* 5). La Constitution de 1852 conférait au chef de l'État le droit de déclarer l'état de siége dans un ou plusieurs départements, sauf à en référer au Sénat dans le plus court délai.

On désigne par état de siége, la situation d'une portion quelconque du territoire menacée soit par l'ennemi, soit par une révolte intérieure. On conçoit que le commandement militaire ait besoin, dans ces circonstances urgentes, de ne pas être entravé dans ses opérations, soit par les habitants, soit par les fonctionnaires civils. Le principal effet de la mise en état de siége est donc une interversion de compétence au profit de la force publique ; mais la mesure serait peu efficace, si le chef militaire était réduit à observer les mêmes formes et les mêmes lois que le magistrat civil : il faut qu'il puisse établir une police plus rigoureuse, exercer une répression plus énergique. L'état de siége entraîne une sorte de dictature légale qui ne doit être invoquée que dans les dangers imminents. On comprend, en effet, que, si les cas d'état de siége étaient trop nombreux, on arriverait indirectement au despotisme ; la constitution serait plus souvent suspendue qu'exécutée. Il faut réserver une mesure aussi exorbitante pour les dangers très-graves.

Dans les places de guerre et postes militaires en état de siége, toute l'autorité dont les officiers civils sont revêtus pour le maintien de l'ordre et de la police intérieure, passe au commandant militaire qui l'exerce, sous sa responsabilité personnelle, ou leur en délègue telle partie qu'il juge convenable. Les tribunaux militaires peuvent être saisis de la connaissance des crimes ou délits contre la sûreté de l'État, et contre l'ordre et la paix publique, quelle que soit la qualité des auteurs principaux et des complices. L'autorité militaire a le droit de faire des perquisitions de jour et de nuit dans le domicile des citoyens, d'éloigner les repris de justice et les individus qui n'ont pas de domicile dans le lieu soumis à l'état de siége, d'ordonner la remise des armes et munitions, et de procéder à leur recherche et à leur enlèvement, d'interdire les publications et les réunions qu'elle juge de nature à exciter et à entretenir le désordre. L'état de siége constituant un état exceptionnel et violent, en dehors du droit commun, ne peut être déclaré, on le conçoit, qu'en cas d'extrême péril, pour la sécurité intérieure et extérieure. Le Sénat pouvait annuler la déclaration. Le pouvoir de l'empereur est naturellement passé au Gouvernement de la défense nationale. C'èst, par exemple, par un décret de ce gouvernement, que l'état de siége a été levé dans la Nièvre. (15-17 septembre 1870) Le droit de déclarer l'état de siége appartient aujourd'hui au président provisoire de la République, sous le contrôle de l'Assemblée nationale.

Logement des troupes [1]. — Lorsqu'il y a nécessité de loger chez les habitants les troupes qui doivent tenir garnison, si leur séjour doit s'étendre à la durée d'un mois, les seuls logements des sous-officiers et soldats et les écuries pour les chevaux sont fournis en nature ; à l'égard des officiers, ils ne peuvent prétendre à des billets de logement pour plus de trois nuits. Dans le cas de marche ordinaire, de mouvements imprévus, et dans tous ceux où il peut être fourni aux troupes des logements isolés, les troupes sont logées chez les habitants, sans distinction de personnes, et quelles que soient leurs fonctions et leurs qualités (exception pour les comptables, les veuves ou les femmes non mariées, qui doivent y suppléer en fournissant au dehors le logement en nature, ou en payant une contribution proportionnée à leurs moyens, et agréée par les municipalités). Les municipalités doivent veiller à ce que la charge du logement ne tombe pas toujours sur les mêmes individus, et que chacun ẏ soit soumis à son tour.

Presse [2]. — Si la liberté de la presse n'existe point là où

[1] Loi 10 juil 1791.

[2] Décr. 7 germ. an XIII ; lois 21 oct. 1814, 9 juin 1819, 18 juil. 1828 ; lois

elle est soumise à des restrictions préventives, pas un esprit sensé ne demande une liberté sans limites, une irresponsabilité sans bornes pour l'écrivain. Tout le monde est donc d'accord sur la nécessité d'une répression. Le dissentiment n'a existé que sur la mesure de cette répression et sur la compétence des tribunaux chargés d'appliquer les peines. Les uns ont voulu que le jury, qui se retrempe sans cesse dans l'opinion publique et qui en est l'interprète, prononçât sur les délits de presse. D'autres, se défiant de cette justice flottante, capricieuse, fortuite, ont préféré la juridiction plus ferme des tribunaux correctionnels. On a même été jusqu'à demander l'organisation d'un jury spécial composé d'hommes associés à la politique, de publicistes, d'écrivains, ayant par conséquent une aptitude spéciale pour juger ces sortes d'affaires. Ces divers systèmes ont, comme toutes les choses de cette vie, de bons côtés et des parties défectueuses.

Ce qu'on ne doit pas perdre de vue, dans cette matière, c'est que la liberté de la presse a des dangers qui varient suivant les époques et les pays, et qu'on ne saurait poser à ce sujet aucune règle invariable. « En parlant de la liberté individuelle, dit M. Batbie, nous avons reconnu, avec Montesquieu, qu'il y avait des temps où il était nécessaire de jeter un voile sur la statue de la liberté; ce qui est vrai de la liberté individuelle l'est aussi de la presse. L'homme politique doit savoir, en certaines circonstances, prendre pour règle unique le salut commun. Celui qui agit ainsi, le fait sous sa responsabilité devant l'histoire, qui juge s'il était ou non indispensable de sacrifier les libertés publiques au bien de tous. Nul ne pourrait dire d'avance dans quelles circonstances la raison d'État doit l'emporter. C'est une question évidemment concrète sur laquelle toute solution *à priori* serait chimérique et que la pos-

27 juil. 1849, 16 juil. 1850 ; décr. 27 juil. 1850 ; décr. 31 déc. 1851, 17 févr. 1852, 25 févr. 1852, 1er mars 1852, 28 mars 1852, 5 janv. 1853 ; décr. 1er mars 1854, art. 642 ; loi 2 mai 1861 ; décr. 11 mai 1861 ; loi 2 juil. 1861 ; loi 11 mai 1868 ; décr. 27 oct. 1870 ; loi 25 avril 1871.

térité peut seule juger, d'après les circonstances de temps et de pays [1]. »

L'arrêt du conseil du 28 février 1723 défendait d'imprimer aucun écrit, sans l'autorisation préalable de censeurs délégués par le chancelier et procédant au nom du roi. L'Assemblée constituante proclama que la libre communication des pensées et des opinions est un des droits les plus précieux de l'homme ; que tout citoyen peut donc parler, écrire, imprimer librement, sauf à répondre de l'abus de cette liberté dans les cas déterminés par la loi. La constitution de 1791 supprima donc la censure qui, tour à tour rétablie par l'empire, supprimée, puis rétablie par la Restauration, a disparu définitivement de nos institutions depuis 1824.

Législation de 1861. — La législation de 1861 distingue entre les *publications ordinaires* et les *publications périodiques*.

---

[1] Batbie, *Traité théorique et pratique de droit public et administratif,* édit. 1862, t. II, p. 406 et suiv.

Sur les questions relatives à la presse, voir : Bonnin, *Commentaire du code pénal et des lois de la presse.* — Bories et Bonassies, *Dictionnaire pratique et code complet de la presse.* — Celliez, *Code annoté de la presse.* — Chassan, *Traité des délits et contraventions de la parole, de l'écriture et de la presse.* — Clausel de Coussergues, *De la liberté et de la licence de la presse.* — Decourdemanche, *Presse et autres moyens de publication.* — Dubois (Hypp.), *Code manuel de la presse.* — Garnier-Dubourgneuf, *Nouveau code de la presse.* — Grattier (de), *Commentaire des lois de la presse et des autres moyens de publicité.* — Leber, *De l'état de la presse et des pamphlets, depuis François Ier jusqu'à Louis XIV.* — Parent, *Lois de la presse.* — Peignot, *Essai historique sur la liberté d'écrire chez les anciens et au moyen âge ; sur la liberté de la presse, depuis le XVe siècle, etc.* — Rolland de Villargues, *Code des lois de la presse interprétées par la jurisprudence et la doctrine.* — Schuermans, *Code de la presse, etc.* — Vente (Amb.), *De la publication des fausses nouvelles ou pièces fausses.* — Vingtain, *De la liberté de la presse.* — Weill, *Le justicier de la presse, avec une loi fondamentale sur la presse.* — Pégat, *Code de la presse annoté, divisé par tableaux.* — Hatin, *Histoire politique et littéraire de la presse en France.* — Alberdi, *Législation de la presse au Chili.* — Ghirelli, *Commentaire sur les délits de la presse.* — Severini, *Considérations sur la loi de la liberté de la presse.* — A. Giboulot, *Code complet de la presse.* — Du même, *Commentaire théorique et pratique de la loi sur la presse du 11 mai 1868, etc.* — Arm. Ravelet, *Code manuel de la presse.* — Rousset, *Code général des lois sur la presse,* etc.

Ces dernières, en raison de leur action continue sur l'opinion, sont soumises à un plus grand nombre de restrictions que les premières, dont l'effet n'est qu'accidentel.

Pour les *publications ordinaires,* aucune mesure préventive directe; seulement : 1ᵛ déclaration par l'imprimeur du livre à imprimer, au ministère de l'intérieur, à Paris; au secrétariat général de la préfecture dans les départements; 2° dépôt aux mêmes lieux, avant toute distribution, de deux exemplaires; 3° indication du nom et de la demeure de l'imprimeur sur tout exemplaire; 4° inscription du titre de l'ouvrage sur un registre coté et paraphé par le maire; 5° dépôt au parquet du tribunal du lieu de l'impression, vingt-quatre heures avant la publication, d'un exemplaire de tout écrit traitant de matières politiques ou d'économie sociale, et ayant moins de dix feuilles d'impression ; 6° déclaration au parquet, au moment du dépôt, du nombre des exemplaires tirés.

Les mémoires et consultations d'avocats produits devant les tribunaux sont dispensés des formalités de la déclaration et du dépôt; les livres d'église et de prières ne peuvent être imprimés ou réimprimés que d'après la permission des évêques diocésains; interdiction aux militaires de tous grades et de toutes armes, en activité de service, de publier leurs idées ou leurs réclamations, sans la permission de l'autorité supérieure.

Pour les *publications périodiques* : 1° nécessité de l'autorisation du gouvernement pour créer et publier tout journal ou écrit périodique traitant de matières politiques ou d'économie sociale, et pour tous changements opérés dans le personnel des gérants, rédacteurs en chef, propriétaires ou administrateurs d'un journal; 2° cautionnement en numéraire; 3° timbre proportionnel à la grandeur des feuilles; 4° dépôt de chaque numéro au parquet du lieu de l'impression, et à la mairie dans les lieux où ne siége pas le tribunal; 5° signature en minute de chaque numéro par le propriétaire ou l'un des gérants responsables; 6° signature de tout article de discussion par son auteur ; 7° assujettissement des journaux politiques et d'économie sociale à une double répression : la répression judiciaire et la répression administrative. Une condamnation pour crime commis par la voie de la presse entraîne de plein droit la suppression du journal dont les gérants ont été condamnés. Un journal peut être suspendu par décision ministérielle, alors même qu'il n'a été l'objet d'aucune condamnation, mais après deux avertissements motivés, et pendant un temps qui ne pourra excéder deux mois ; tout avertissement est périmé au bout de deux ans. Un journal peut être supprimé, soit après une suspension judiciaire ou administrative, soit par mesure de sûreté générale, mais par un décret spécial de l'empereur inséré au *Bulletin des lois*.

Les écrits périodiques exclusivement relatifs aux lettres, aux sciences, aux arts et à l'agriculture, sont exempts du droit de timbre. Sont également exempts de ce droit et des droits de poste les suppléments de journaux publiés sur des feuilles détachées du journal, et consacrés exclusivement soit à la publication des débats législatifs reproduits par la sténographie ou le compte rendu officiel, soit à l'exposé des motifs de lois ou de sénatus-consultes, rapports de commissions et documents officiels déposés sur le bureau du Sénat ou du Corps législatif.

De toutes les restrictions préventives, celles qui peuvent le mieux se justifier sont le *timbre* et le *cautionnement*. Le *timbre* a sa raison d'être comme impôt sur l'entreprise industrielle d'un journal. « Dira-t-on, — fait observer M. Batbie, — que c'est mettre une taxe sur la propagation des lumières, et que dès lors c'est une contribution mal assise et funeste par ses conséquences? Semblable reproche pourrait s'appliquer à d'autres impôts contre lesquels on ne réclame pas. La patente des imprimeurs, des libraires, des maîtres de pension, serait querelable, puisqu'elle retombe indirectement sur les acquéreurs de livres et sur les élèves. Chacun prouverait qu'il doit être exempt de contribution, et après une révolution qui a eu pour objet principal de détruire les priviléges de la noblesse, il n'est pas une classe de la société qui ne trouvât des raisons pour se placer dans une position exceptionnelle [1]. » Quant au *cautionnement*, il se justifie par d'autres motifs. « Ce qui le rend légitime, — ajoute le même auteur, — c'est qu'il est la condition *sinè quâ non* de la répression. Sans cautionnement, les condamnations prononcées pour les plus grands écarts frapperaient dans le vide ; car il serait facile de constituer pour gérant un homme insolvable. Derrière cet abri, les écrivains braveraient les condamnations et se riraient de peines sans efficacité ; car les amendes seraient irrécouvrables et, pour un faible traitement, on trouverait un gérant prêt à subir la prison .[2] »

Législation de 1868. — Aux termes de la loi du 11 mai 1868, tout Français majeur et jouissant de ses droits civils et politiques peut, sans autorisation préalable, publier un journal ou écrit périodique paraissant régulièrement et à jour fixe, soit par livraisons et irrégulièrement. (*Art.* 1er.) Cette disposition, qui supprime l'autorisation préalable du gouvernement pour fonder un journal ou écrit périodique, combinée avec celle qui abroge l'article 32 du décret du 17 février 1852, sur les avertissements, la suspension et la suppression administratives, constitue l'innovation fondamentale de la loi. La législation de 1868 a donc inauguré, en quelque sorte, pour la presse périodique le régime de la liberté. Elle a soustrait cette presse à l'action arbitraire de l'administration, pour la placer sous la juridiction légale des tribunaux.

Aucun journal ou écrit périodique ne peut être publié s'il n'a été fait, à Paris, à la préfecture de police, dans les départements à la préfecture, et quinze jours au moins avant la publication, une déclaration contenant : le titre du journal

[1] Batbie, *Traité théorique et pratique de droit public et administratif*, édit. 1862, t. II, p. 408. — Pendant la session législative de 1869-1870, plusieurs députés de l'opposition démocratique ont proposé l'abolition de l'impôt du timbre sur les journaux, feuilles périodiques, circulaires, affiches, publications de toutes sortes.

[2] Batbie, *lib. cit.*, p. 408, 409.

ou écrit périodique et les époques auxquelles il doit paraître ; le nom, la demeure et les droits des propriétaires autres que les commanditaires ; le nom et la demeure du gérant ; l'indication de l'imprimerie où il doit être imprimé. Toute mutation dans les conditions qui viennent d'être énumérées, doit être déclarée dans les quinze jours qui la suivent. Toute contravention à ces prescriptions est punie des peines portées dans l'article 5 du décret du 17 février 1852. (*Art.* 2.) Le droit de timbre fixé par le décret du 17 février 1852, est réduit à cinq centimes dans les départements de la Seine et de Seine-et-Oise, et à deux centimes partout ailleurs. La disposition du décret de 1852, portant que, pour chaque fraction en sus de 10 centimètres carrés et au-dessous, il sera perçu 1 centime et demi dans les départements de la Seine et de Seine-et-Oise, et 1 centime partout ailleurs, est abrogée. Dispense du timbre pour les affiches électorales d'un candidat contenant sa profession de foi, une circulaire signée de lui, ou seulement son nom. Le nombre de dix feuilles d'impression des écrits non périodiques, prévu par l'article 9 du décret de 1852, est réduit à six et le droit de timbre est abaissé à quatre centimes par feuille. (*Art.* 3.)

Les feuilles contenant des annonces, lorsqu'elles servent de couverture au journal ou qu'elles y sont annexées, ou lorsque, publiées séparément, elles sont néanmoins distribuées ou vendues en même temps, sont considérées comme suppléments et assujetties au timbre, ainsi que le journal lui-même, s'il n'est déjà timbré. (*Art* 4.) Sont exempts du timbre et des droits de poste, les suppléments des journaux ou écrits périodiques assujettis au cautionnement, lorsque ces suppléments ne comprennent aucune annonce de quelque nature qu'elle soit, quelque place qu'elle y occupe, et lorsque la moitié au moins de leur superficie est consacrée à la reproduction des débats législatifs. (*Art* 5.) Dans aucun cas, l'amende ne peut dépasser le tiers du cautionnement versé par le journal, ou de celui auquel il aurait été assujetti s'il eût traité de matières

politiques ou d'économie sociale. (*Art* 6.) Au moment de la
publication de chaque feuille ou livraison du journal ou écrit
périodique, il sera remis à la préfecture, pour les chefs-lieux
de département, à la sous-préfecture pour ceux d'arrondissement, et pour les autres villes, à la mairie, deux exemplaires
signés du gérant responsable, ou de l'un deux, s'il y a plusieurs
gérants responsables. Pareil dépôt sera fait au parquet du
procureur impérial ou à la mairie, dans les villes où il n'y a
pas de tribunal de première instance. Ces exemplaires sont
dispensés du droit de timbre. (*Art.* 7.) Aucun journal ou écrit
périodique ne pourra être signé par un membre du Sénat ou
du Corps législatif, en qualité de gérant responsable, sous
peine d'amende pour les imprimeurs et propriétaires. (*Art.* 8.)
Compétence des tribunaux de police correctionnelle. (*Art.* 10.)
Toute publication dans un écrit périodique relative à un fait
de la vie privée, constitue une contravention punie d'une
amende de 500 francs. La poursuite ne peut être exercée que
sur la plainte de la partie intéressée. (*Art.* 11.) Une condamnation pour *crime* commis par la voie de la presse, entraîne
de plein droit la suppression du journal dont le gérant à été
condamné. Suspension facultative du journal, en cas de récidive. (*Art.* 12.) Exécution provisoire, facultative aussi, des
jugements ou arrêts prononçant la suspension ou la suppression du journal. (*Art.* 13.) Les gérants des journaux sont
autorisés à établir une imprimerie exclusivement destinée à
l'impression du journal. *(Art.* 14.)

Un décret du 11 mai 1868 a établi des timbres de 4 et de
2 centimes pour l'exécution de l'article 3 de la loi de la même
date.

La transformation libérale qui s'est produite en 1870 dans
les institutions de l'empire, a rejailli sur la législation de la
presse. Le cabinet du 2 janvier a proposé de faire succéder,
en matière de presse, à la juridiction des tribunaux correctionnels celle du jury, qui était chargée, avant 1852, du jugement des délits de cette nature touchant à la politique.

Il a paru bon au gouvernement d'associer le pays, dont le jury est l'expression, à la défense de ses intérêts politiques et sociaux. Il a pensé que si le jury doit manifester les sentiments de liberté qui caractérisent la France de notre siècle, il sera aussi l'interprète courageux de ces sentiments d'ordre qui sont le fondement nécessaire de toute société civilisée, et sans lesquels les principes libéraux ne seraient qu'un dissolvant et une cause d'affaiblissement social.

En s'occupant des moyens de réaliser cette pensée, le gouvernement a constaté qu'il avait très-peu à innover, et qu'il lui était permis de demander beaucoup à l'expérience et aux travaux du passé.

Depuis plus de cinquante ans, la question du jugement des délits de la presse a subi des vicissitudes auxquelles se rattachent des textes législatifs et des discussions célèbres, dont de nouveaux débats ne pourraient être que l'écho.

A la première transformation libérale de l'empire s'associe, en effet, dans l'acte additionnel de 1815, la proclamation que la presse sera libre et ses délits jugés par jurés.

Cette juridiction, organisée par une loi de 1819, supprimée en 1822, rétablie en octobre 1830, suspendue en 1852, a été attaquée et défendue en 1818, en 1819, en 1822, par des arguments présents à la pensée de tous les hommes politiques, et devenus presque des lieux communs.

Ce qui est rendu au jury dans le projet du gouvernement, ce sont les délits de la presse qui ont un caractère politique, ou qui intéressent la société, comme les atteintes portées à la morale publique ou aux bonnes mœurs.

Toutefois, les diffamations verbales ou injures verbales contre toute personne, — ce qui comprend les fonctionnaires, — resteront, comme sous l'empire de l'art. 2 de la loi du 8 octobre 1830, et de l'art. 14 de la loi du 26 mai 1819, dans la compétence correctionnelle. Il n'est pas possible d'occuper le jury de diffamations verbales et surtout d'injures de cette sorte.

Une autre espèce de délit contre la chose publique restera

réservée à une juridiction spéciale. Le compte rendu infidèle et de mauvaise foi des débats judiciaires, et l'injure qui aggraverait cette faute, continueront à pouvoir être punis directement par les tribunaux témoins de ces débats; le Sénat et le Corps législatif pourront user du droit que la loi du 25 mars 1822 avait importé d'Angleterre, de traduire à leur barre le journal qui aurait offensé ces grands Corps de l'État ou fait, avec mauvaise foi, un compte rendu d'ailleurs illicite. Quant au compte rendu des débats parlementaires autre que celui qui était seul autorisé par l'art. 42 de la constitution et aux comptes rendus des audiences ou instructions dans les cas où ils étaient prohibés, ils constituaient des contraventions matérielles jugées par les tribunaux correctionnels.

Ces tribunaux, en effet, pendant toute la durée du régime qui confiait au jury la connaissance des délits de la presse, ont seuls été appelés à réprimer les contraventions, c'est-à-dire ces infractions matérielles qui consistent dans le fait de publication sans les autorisations ou conditions exigées, ou au mépris d'interdictions spéciales, que l'écrit, au fond, soit innocent ou coupable.

Remarquons toutefois que l'interdiction du compte rendu des procès pour délits de presse, telle qu'elle est stipulée par l'aticle 17 du décret du 17 février 1852, est une dérogation au droit commun qui permet la libre reproduction des débats judiciaires, à moins que le huis-clos n'ait été ordonné. Or, cette interdiction est incompatible avec le rétablissement de la juridiction du jury.

La juridiction du jury en matière de presse, c'est le jugement déféré à l'opinion publique. Du moment où la nation représentée par les jurés juge elle-même, il faut qu'elle connaisse les motifs du jugement. Elle ne peut les connaître que par la publicité donnée au compte rendu des procès. En effet, le jury ne motivant pas son verdict, c'est seulement le réquisitoire et la plaidoirie qui peuvent expliquer la condamnation ou l'acquittement qu'il prononce. Il faut donc que l'accusation et la défense soient publiées, pour que le jury porte devant le pays la responsabilité de son verdict. La publicité de l'audience ne peut suffire. Elle est aussi insuffisante que serait celle des séances du Corps législatif, si les discours de ses membres ne pouvaient pas être reproduits par les journaux. C'est la publication des débats qui constitue la vraie publicité. Avec le suffrage universel, comme avec le jury, l'auditoire auquel il faut s'adresser, c'est le pays.

La reprise de possession par le jury de la connaissance des délits politiques de la presse doit donner aussi le signal de la restauration d'une autre mesure libérale, tellement en harmonie avec le mode habituel par lequel s'opère la conviction des jurés, qu'elle a toujours partagé le sort de l'institution du jury en matière de délit de presse.

Le législateur de 1819 refusant, dans l'état actuel de nos mœurs, au diffamateur la faculté de prouver les faits par lui allégués, lorsque ces faits appartiennent à la vie privée, accordait cette faculté, avec l'usage de tous les modes de justification, pour les faits qui se rattachent à la vie publique. Tandis que Royer-Collard proclamait, sous cette forme métaphorique que la vie privée doit être murée, un principe utile à la tranquillité des particuliers, M. de Serre disait : « Si la vie privée des fonctionnaires n'appartient qu'à eux-mêmes, leur vie publique appartient à tous. C'est le droit et souvent le devoir de chacun de leur reprocher publiquement leurs fautes publiques. L'admission à la preuve est alors indispensable. La censure, sachant qu'elle sera dans l'obligation de prouver, en aura plus de mesure et plus de dignité. Le droit reconnu de prouver la vérité fera punir plus sévèrement la calomnie contre les hommes revêtus du pouvoir, et ceux-ci seront d'autant plus fermes dans la ligne du devoir, que, si leurs méfaits ne peuvent échapper à un impartial jury, au jugement du pays, ils trouveront aussi dans ce tribunal le vengeur certain de leur honneur offensé. »

La preuve fournie affranchissait de toute peine le prévenu

de diffamation ; mais il ne lui était pas permis de n'offrir cette preuve qu'au milieu ou à la fin du débat, comme expédient dilatoire d'une défense aux abois, ou pour prolonger le scandale. Avant de dénoncer publiquement un fonctionnaire, l'homme loyal et sérieux a dû être sûr des faits, des circonstances et des preuves ; il indiquera ses preuves antérieurement au débat, et le fonctionnaire, à son tour, indiquera les moyens de sa justification : garanties nécessaires contre les inculpations improvisées, contre les surprises de l'audience, contre les manœuvres dilatoires.

Mais quelques abus ayant trompé les espérances du législateur de 1819, l'article 18 de la loi du 25 mars 1822, sans exclure en général le droit de prouver les faits imputés aux fonctionnaires, prohiba la preuve par témoins, en même temps qu'on supprimait la juridiction du jury.

L'abrogation de cet article 18, par la loi du 18 octobre 1830, dura jusqu'au décret du 17 février 1852, qui revint à la restriction de 1822 quant au mode de preuve, comme il revenait au système de 1822 quant à la juridiction. Le gouvernement a proposé, en 1870, de rétablir à la fois et l'attribution au jury et la liberté de la preuve testimoniale, qui est essentiellement liée avec le mode de fonctionnement du jury, et qui est le plus souvent le seul genre de preuve possible.

Il a proposé cette réforme dans le double intérêt de la liberté et de la morale publiques, ainsi que de la vraie dignité des fonctionnaires. Si l'auteur de l'imputation fait sa preuve, il aura rendu service à la société. Si l'auteur de l'imputation n'ose offrir la preuve ou ne peut la faire, il expiera par les peines de la diffamation, par le titre de calomniateur et par des dommages-intérêts, sa légèreté ou sa méchanceté.

Législation de 1870 et de 1871. — Cette attribution au jury des délits de presse, préparée par l'empire, a naturellement été réalisée par la révolution du 4 septembre. Un décret du 27 octobre 1870, « considérant que le jury est le

juge naturel des délits politiques et des délits de presse, porte
que la connaissance de tous les délits politiques et de tous
les délits commis par la voie de la presse appartient exclusivement au jury ; que, néanmoins, les délits d'injures et de
diffamation envers les particuliers continueront provisoirement à être jugés par les tribunaux correctionnels ; que le
jury statuera seul sur les dommages-intérêts réclamés pour
fait de délits de presse. »

Le 25 avril 1871, le *Journal officiel* a publié une loi nouvelle, aux termes de laquelle la poursuite en matière de délits
commis par la voie de la presse ou par les moyens de publication prévus par l'article 1er de la loi du 17 mai 1819, aura
lieu, *désormais*, conformément au chapitre III, articles 16 à
23 de la loi du 27 juillet 1849, qui est remis en vigueur.
(*Art. 1er.*)

Les tribunaux correctionnels continueront cependant de
connaître :

1° Des délits commis contre les mœurs par la publication,
l'exposition, la distribution et la mise en vente de dessins,
gravures, lithographies, peintures et emblèmes ;

2° Des délits de diffamation et d'injures publiques concernant les particuliers ;

3° Des délits d'injure verbale contre toute personne;

4° Des infractions purement matérielles aux lois, décrets et
règlements sur la presse. (*Art. 2.*)

En cas d'imputation contre les dépositaires ou agents de
l'autorité publique, à l'occasion de faits relatifs à leurs fonctions, ou contre toute personne ayant agi dans un caractère
public, à l'occasion de ses actes, la preuve de la vérité des
faits diffamatoires pourra être faite devant le jury, conformément aux articles 20, 21, 22, 23, 24 et 25 de la loi du 26 mai
1819 qui sont remis en vigueur.

Néanmoins le droit de citation directe appartiendra également, dans ce cas, au ministère public. Les délais prescrits
par la loi de 1819 courront à partir du jour où la citation aura

été donnée, et l'affaire ne pourra être portée à l'audience avant l'expiration de ces délais. (*Art.* 3.)

L'action civile résultant des délits à l'occasion desquels la preuve est permise ne pourra, sauf dans les cas de décès de l'auteur du fait incriminé ou d'amnistie, être poursuivie séparément de l'action publique. Dans tous les autres cas, elle s'éteindra de plein droit, par le seul fait de l'extinction de cette action. (*Art.* 4.)

L'opposition à l'arrêt par défaut sera recevable jusqu'à l'exécution de cet arrêt, ou jusqu'à ce qu'il résulte d'un acte d'huissier que le condamné a eu personnellement connaissance de l'arrêt depuis trois jours au moins. (*Art.* 5.)

Toutes les dispositions contraires aux articles cités dans l'article Ier, contenues dans tous les actes législatifs postérieurs, et notamment dans le décret du 17 février 1852 et la loi du 11 mai 1868, sont abrogées. (*Art.* 6.)

Depuis 1868, la législation sur la presse a donc traversé des vicissitudes bien nouvelles.

Le décret du 5 septembre 1870 a aboli l'impôt du timbre sur les journaux et autres publications ; celui des 10-12 octobre de la même année, a supprimé le cautionnement des journaux, qui a été rétabli par la loi du 6 juillet 1871, dont voici les dispositions :

Le cautionnement est rétabli pour tous les journaux politiques sans exception, et pour les journaux ou écrits périodiques non politiques paraissant plus d'une fois par semaine.

Sont seules exceptées les feuilles quotidiennes ou périodiques ayant pour unique objet la publication des avis, annonces, affiches judiciaires, arrivages maritimes, mercuriales et prix courants, les cours de la Bourse et des halles et marchés. (*Art.* 2.)

Le cautionnement, pour les journaux ou écrits périodiques qui y sont assujettis, sera :

De vingt-quatre mille francs dans le département de la Seine, si le journal ou écrit périodique paraît plus de trois fois par semaine, soit à jours fixes, soit par livraisons irrégulières en une ou plusieurs éditions ; et de dix-huit mille francs seulement, si la publication n'a lieu que trois fois par semaine au plus.

Dans tous les autres départements, le cautionnement sera de douze mille francs pour les écrits paraissant plus de trois fois par semaine, si la publication a lieu dans une ville de cinquante mille âmes et au-dessus, et de six mille francs, si elle a lieu dans toute autre ville.

Il sera de moitié seulement des sommes ci-dessus fixées, pour les journaux ou écrits périodiques paraissant trois fois par semaine seulement ou à des intervalles plus éloignés.

La publication sera censée faite au lieu où siége l'administration ou la rédaction du journal ou écrit périodique, quel que soit le lieu de l'impression. (*Art.* 3.)

Le cautionnement sera affecté par privilége au payement des frais, dommages-intérêts et amendes auxquels les propriétaires gérants, ou auteurs des articles incriminés pourront être condamnés.

Le prélèvement s'opérera dans l'ordre indiqué par cet article.

Il pourra, en tout ou en partie, être grevé du privilége de second ordre au profit des bailleurs de fonds qui auront rempli les conditions exigées en pareil cas.

Demeurent, en conséquence, abrogées les dispositions des lois antérieures qui assujettissaient le propriétaire et le gérant du journal à posséder en propre une partie du cautionnement. (*Art.* 4.)

Tout journal ou écrit périodique qui aura encouru, dans la personne de son gérant ou dans celle de l'auteur d'un article incriminé, une condamnation à l'amende et à des réparations civiles affectant son cautionnement, sera tenu de satisfaire à ces condamnations dans un délai de quinzaine, à partir du jour où elles seront devenues définitives, ou de cesser sa publication, qu'il ne pourra reprendre qu'après avoir justifié de la complète libération de son cautionnement. (*Art.* 5.)

Toute infraction aux dispositions des articles 2, 3, 5 et 6 de cette loi sera punie d'une amende de cent francs à deux mille francs et d'un emprisonnement de six jours à six mois. Celui qui aura publié le journal ou écrit périodique, et l'imprimeur, seront solidairement responsables des amendes. Application possible de l'article 463 sur les circonstances atténuantes. (*Art.* 7.) Les dispositions de la loi du 11 mai 1868, relatives à la *déclaration préalable* et au *dépôt*, demeurent en vigueur, sans modification. (*Art.* 6.)

A la réglementation de la presse se rattache la question de la *propriété littéraire*.

Propriété littéraire et artistique [1]. — Les premiers réglements qui furent faits sur la propriété littéraire datent du XVIᵉ siècle (*Ord. de Moulins* 1571 ; *déclar. de Charles IX, du 16 avril* 1571 ; *lettres patentes de Henri III, du* 12 oct. 1536). Louis XIII défendit aux libraires, imprimeurs et relieurs, de contrefaire les livres dont il avait été obtenu privilége, d'acheter ou de vendre ceux ainsi contrefaits, sous les peines portées auxdits priviléges. En 1682, on punissait le délit de contrefaçon par la verge et par le fouet. Après la mort d'un auteur, ou à l'expiration de son privilége, son ouvrage tombait dans le domaine public ; mais le gouvernement avait la faculté de le faire rentrer dans le domaine privé. Sous Louis XVI, la loi devint plus uniforme et plus efficace, même, sous certains rapports, plus libérale et plus favorable aux auteurs que notre législation actuelle. C'était bien toujours le système des priviléges et des permissions sans lesquelles nulle publication n'était possible, mais lorsque l'auteur avait obtenu pour lui-même ce privilége, il le transmettait à ses héritiers à perpétuité, à moins qu'il ne l'eût cédé à un imprimeur, auquel cas

---

[1] Loi 13 janv. 1791 ; loi 19 juil. 1793 ; loi 5 févr. 1810, tit. VI; Code pénal, art. 425 à 429 ; ordon. 24 oct. 1814, et 9 janv. 1828; loi 3 mai 1845 ; décr. 28 mars 1852; loi 8 avril 1854; décr. 29 avril 1854; décr. 28 déc. 1861 ; loi 14 juil. 1866.

le privilége cessait à la mort de l'auteur. La gloire d'avoir mis
le droit à la place de la faveur appartient à la Révolution
française. La Convention nationale a reconnu la propriété
des œuvres de l'intelligence.

Un décret du 9 décembre 1857, portant que les lois régis-
sant la propriété littéraire et artistique dans la métropole
sont déclarées exécutoires dans les colonies françaises, réunit
d'une manière officielle le code de la propriété *littéraire* et *artistique*.

Dès 1850, la question s'étend à toute l'Europe. De nombreuses conventions littéraires garantissent aujourd'hui aux
auteurs la réciprocité de leurs droits à l'étranger. Le décret
de 1852, sans rien ajouter aux droits des auteurs français,
accorda aux auteurs étrangers la plus large hospitalité. Déjà
un certain nombre de puissances s'étaient engagées à protéger la propriété des auteurs étrangers; mais à une condition,
celle de la réciprocité. Le décret de 1852 a été plus large et
plus libéral. En quelque lieu que les productions scientifiques, littéraires ou artistiques aient vu le jour, à quelque
nation que l'auteur appartienne, que l'œuvre vienne d'un pays
dont la législation admette ou repousse les droits de nos artistes, elle est naturalisée en France le jour où l'auteur étranger demande la protection de nos lois, en se soumettant à ses
prescriptions.

En France, les propriétaires par succession ou autre titre
d'un ouvrage posthume, ont les mêmes droits que l'auteur,
et les dispositions des lois sur la propriété exclusive des auteurs et sur sa durée leur sont applicables, à la charge d'imprimer séparément les œuvres posthumes. Il en est de même
pour les propriétaires d'ouvrages dramatiques posthumes. Le
droit de propriété d'un auteur est complet et absolu durant sa
vie; l'auteur en jouit à son gré, il l'exerce à sa volonté, le
vend, le donne, le transmet par tous les moyens du droit
civil; il corrige, modifie son œuvre; il la supprime en tout ou
partie suivant les intérêts de sa fortune, les soins de sa gloire,

ou les inspirations de sa conscience. A la mort de l'auteur, le décret de 1810 appelle d'abord la veuve et lui accorde la jouissance pour toute la durée de sa vie, pourvu que par son contrat de mariage elle n'ait pas répudié le régime de la communauté de biens ; dans le cas contraire, elle peut encore être investie par la volonté du défunt, mais elle n'est plus protégée par la vocation de la loi. Les enfants viennent en seconde ligne. La durée de leur jouissance est portée par la loi de 1854 à trente ans, à partir soit du décès de l'auteur, compositeur ou artiste, soit de l'extinction des droits de la veuve. Le privilége n'est que de dix ans pour les héritiers et les cessionnaires. Un décret du 28 mars 1852 constitue en délit et soumet à une pénalité la contrefaçon sur le territoire français d'ouvrages étrangers.

Agitée depuis un siècle, attaquée et défendue tour à tour par les plus grands esprits, la question de la propriété intellectuelle demande à recevoir enfin sa complète solution. Le décret du 28 mars 1852 a posé et reconnu le droit international de propriété littéraire et artistique, et les principaux États de l'Europe se sont engagés, par des conventions, à la réciprocité vis-à-vis de la France. La loi du 8 avril 1854 a étendu à trente années la jouissance attribuée aux enfants des auteurs, des compositeurs et artistes. Mais la législation sur cette importante matière est loin encore d'être absolument satisfaisante. Un décret du 28 décembre 1861 a institué une commission à l'effet de préparer un projet de loi pour réglementer la propriété littéraire et artistique, et coordonner dans un code unique la législation spéciale [1].

---

[1] Sur la *Propriété littéraire*, voir, plus haut, la bibliographie des ouvrages sur la propriété industrielle, artistique et intellectuelle. Voir, de plus, Breulier, *Du droit de perpétuité de la propriété intellectuelle*, etc. — Calmels, *De la propriété et de la contrefaçon des œuvres de l'intelligence*. — Casati, *Un projet de loi sur la propriété littéraire et artistique*. — Comettant, *La propriété intellectuelle, au point de vue de la morale et du progrès*. — Voir la publication intitulée : *Commission de la propriété littéraire et artistique. Décrets, législation et documents divers*. — Voir aussi : Delalain, *Législation de la propriété*

La loi des 14-19 juillet 1866 a porté à cinquante ans, à partir du décès de l'auteur, la durée des droits accordés par les lois antérieures aux héritiers, successeurs irréguliers, donataires ou légataires des auteurs, compositeurs ou artistes. Pendant cette période de cinquante ans le conjoint survivant, quel que soit le régime matrimonial, et indépendamment des droits qui peuvent résulter en faveur de ce conjoint du régime de la communauté, a la simple jouissance des droits dont l'auteur prédécédé n'a pas disposé par acte entre-vifs ou par testament. Si toutefois l'auteur laisse des héritiers à réserve, cette jouissance est réduite, au profit de ces héritiers, suivant les proportions et les distinctions établies par les articles 913 et 915 du Code civil.

Cette jouissance n'a pas lieu lorsqu'il existe, au moment du décès, une séparation de corps prononcée contre ce conjoint; elle cesse au cas où le conjoint contracte un nouveau mariage. Les droits des héritiers à réserve ou des autres héritiers, ou successeurs, pendant la période de cinquante ans, restent, d'ailleurs, réglés conformément aux prescriptions du Code civil. Lorsque la succession est dévolue à l'État, le droit exclusif s'éteint sans préjudice des droits des créanciers et de l'exécution des traités de cession qui ont pu être consentis par l'auteur ou par ses représentants. (*Art.* 1.)

littéraire et artistique, etc. — Du même, *Législation française et belge de la propriété littéraire et artistique*, etc. — Gastambide, *Histoire et théorie de la propriété des auteurs*. — Hérold, *Sur la perpétuité de la propriété littéraire* (brochure). — Hetzel (L.), *La propriété littéraire et le domaine public payant*. — Laboulaye (Paul), *Études sur la propriété littéraire en France et en Angleterre*, etc. — Locré, *Discussion sur la liberté de la presse, la censure, la propriété littéraire, l'imprimerie et la librairie*, etc. — Mareschal, *Mémoire à consulter sur la question juridique de la propriété perpétuelle et héréditaire des œuvres de l'esprit*, etc. — Du même, *Du droit héréditaire des auteurs*. — Nion, *Droits civils des auteurs, artistes et inventeurs*, etc. — Renouard, *Traité des droits d'auteur, dans la littérature, les sciences et les beaux-arts*. — Villefort, *De la propriété littéraire et artistique, au point de vue international*.

Passeports [1]. — Les passeports ont pour objet d'assurer l'identité de ceux qui les possèdent. Ils ne peuvent être refusés qu'à ceux qui sont exposés à des poursuites criminelles. Le passeport délivré à l'indigent, et qui lui donne droit à un secours de 15 centimes par lieue, fixe l'itinéraire qui doit être suivi. Il y a diverses sortes de passeports : les passeports à l'intérieur, les passeports d'indigents, les passeports à l'étranger, les passeports pour les colonies ou l'Algérie. Le décret du 13 avril 1861 attribue aux sous-préfets la délivrance des passeports. L'état actuel de la circulation en France et le développement des relations avec l'étranger, semblent indiquer l'opportunité d'une modification prochaine de la législation en cette matière, dans le sens de la liberté de circulation.

Déjà une décision du gouvernement a dispensé, à partir du 1er janvier 1861, de l'obligation du passeport les sujets anglais voyageant en France, sous la condition de réciprocité.

Police sanitaire. [2]. — La police sanitaire a pour objet de prévenir l'invasion des maladies contagieuses et des épidémies, en environnant de conditions l'introduction sur le territoire des provenances de mer, marchandises et personnes. Le gouvernement peut ordonner par décret l'établissement d'un *cordon sanitaire*, lorsque les circonstances l'exigent.

Assainissement des logements insalubres [3]. — Sont réputés insalubres, les logements qui se trouvent dans des conditions de nature à porter atteinte à la vie ou à la santé de leurs habitants. Dans toutes les communes où le conseil municipal l'aura déclaré nécessaire, il nommera une commis-

[1] Décret 1er février 1792; décret 23 messidor an III; loi 28 vend. an VI; décret 18 sept. 1807; décret 13 avril 1861.

[2] Loi 3 mars 1822; décr. 24 déc. 1850; décr. 4 juin 1853; décr. 7 sept 1861; décr. 23 juin 1866.

[3] Lois 13 avril 1850; décr. 22 janv. 1852; décr. 27 mars 1852; loi 25 mai 1864. Voir : Alf. des Cilleuls, *Commentaire de la loi du 13 avril 1850, sur les logements insalubres.* Voir aussi, pour tout ce qui concerne la police sanitaire, le *Dictionnaire d'hygiène publique et de salubrité,* de Tardieu.

sion chargée de rechercher et d'indiquer les mesures indispensables d'assainissement des logements et dépendances insalubres mis en location, ou occupés par d'autres que le propriétaire, l'usufruitier ou l'usager. A Paris, d'après la législation antérieure à 1864, la commission se composait de douze membres ; dans les autres communes, elle se composait de neuf membres au plus et de cinq au moins. La commission visitait les lieux signalés comme insalubres. Elle déterminait l'état d'insalubrité et en indiquait les causes, ainsi que les moyens d'y remédier. Elle désignait les logements non susceptibles d'assainissement. Dépôt des rapports à la mairie. Parties intéressées mises en demeure de fournir leurs observations dans le mois. A l'expiration du mois, le conseil municipal, sur le vu des rapports et des observations, déterminait les travaux d'assainissement, les délais, les lieux et les habitations qui ne pouvaient être assainis. Recours suspensif ouvert devant le conseil de préfecture, dans le mois, à dater de la notification de l'arrêté municipal. L'autorité municipale enjoignait au propriétaire d'exécuter les travaux jugés nécessaires, s'il était reconnu que les causes d'insalubrité dépendaient de son fait. Amende en cas d'inexécution. Les ouvertures pratiquées pour exécution des travaux d'assainissement étaient exemptées pendant trois ans de la contribution des portes et fenêtres. L'autorité municipale pouvait interdire provisoirement, dans le délai fixé par elle, la location à titre d'habitation des logements non susceptibles d'assainissement. L'interdiction absolue ne pouvait être prononcée que par le conseil de préfecture. Lorsque, par suite de l'exécution de la loi du 13 avril 1850, il y avait lieu à résiliation des baux, cette résiliation n'emportait en faveur du locataire aucuns dommages-intérêts : mêmes principes et mêmes règles aujourd'hui encore. Aux termes de la loi des 25-30 mai 1864, dans les communes dont la population dépasse 50,000 âmes, le conseil municipal peut, soit nommer plusieurs commissions, soit porter jusqu'à vingt le nombre des membres de la commission existante. A Paris, le nombre des membres peut être porté jusqu'à trente.

Mesures de sûreté générale [1]. — La loi du 27 février 1858 a conféré au gouvernement des pouvoirs exceptionnels, en vertu desquels il pouvait interner ou expulser du territoire, *par mesure administrative*, certaines catégories de personnes, dont le nombre a été restreint par le décret d'amnistie, en matière politique, du 16 août 1859. Le terme d'application de cette *loi de circonstance* avait été fixé au 31 mars 1865.

Depuis longtemps les esprits libéraux avaient appelé l'attention du gouvernement sur le décret du 8 décembre 1851, les lois du 25 juin 1852 et 27 février 1858, et indiqué les principales considérations qui en commandaient l'abrogation. Il leur semblait que le temps était venu d'en finir avec la vieille et funeste doctrine de la raison d'État, et de proclamer que, pour protéger la société, il suffit de la justice.

Dans tout gouvernement qui repose sur la souveraineté populaire manifestée par le suffrage universel, les lois d'exception portent, en effet, une atteinte profonde à ce suffrage même, qui perd tous ses titres de légitimité dès qu'il consacre l'injustice. On peut différer d'opinion sur les conditions et les degrés de la liberté, mais il n'est pas possible que, dans une société civilisée, tous les honnêtes gens ne soient pas d'accord pour reconnaître le danger de la perpétuité des lois d'exception, et l'absolue nécessité de rompre définitivement avec la théorie et la pratique de ces lois.

L'exposé des motifs du projet de loi portant abrogation de la loi relative à des mesures de sûreté générale, présenté au Corps législatif dans la séance du 15 février 1870, s'exprimait ainsi : « Tous les gouvernements qui se sont succédé en France ont eu recours, en présence d'actes violents ou de symptômes de dangers graves, à des mesures de sûreté générale et ont demandé aux lois des pouvoirs exceptionnels, mais

[1] Loi 27 févr. 1858.

tous n'ont pas eu le bonheur de renoncer volontairement à
ces lois et d'en prononcer l'abrogation.

« Le gouvernement de l'Empereur a une meilleure fortune, et
après avoir laissé expirer, sans en demander le renouvellement,
les pouvoirs exceptionnels et transitoires que lui conférait la
loi du 27 février 1858, après avoir marqué la durée de cette
loi par deux amnisties générales (10 août 1859 et 14 août
1869), il propose aujourd'hui l'abrogation complète, même des
articles qui, dans la pensée du législateur de 1858, présentaient un caractère de permanence.

« Cette abrogation ne laissera ni le pouvoir ni la société dé-
sarmés contre les tentatives coupables. En revenant à la législation ancienne nous ne rencontrerons pas, il est vrai, les
rigueurs de la loi du 9 septembre 1835, abrogées en 1848, mais
nous revenons à la loi du 17 mai 1819, qui prévoit et réprime
la provocation aux crimes et aux délits de toute nature, et,
par conséquent, à ceux qui sont prévus par les articles 86 et
87 du code pénal. L'excitation à la haine et au mépris du
gouvernement, les complots contre la sûreté de l'État, restent
soumis à nos lois pénales et frappés de peines efficaces. Il n'y
a donc aucune objection sérieuse à redouter contre la mesure
qui est proposée.

« Seul, le délit relatif à la fabrication des machines explosi-
bles et des poudres fulminantes, prévu par l'article 3 de la loi
de 1858, peut donner lieu à examiner s'il n'y aura pas une la-
cune à combler, et si la loi du 24 mai 1834 s'applique aux faits
que cet article définit; mais il suffit que l'attention du législateur soit appelée sur ce point d'ordre public et général, pour
qu'il y pourvoie, s'il y a lieu. » La révolution du 4 septembre
1870 a laissé fort loin derrière elle la loi de sûreté générale.

Droit d'expulsion [1]. — Le ministre de l'intérieur peut,
par mesure de police, enjoindre à tout étranger voyageant et résidant en France, de sortir immédiatement du

---

[1] Loi 28 vend. an VI ; loi 3 déc. 1849 ; déc. 30 janv. 1852.

territoire français, et le faire conduire à la frontière. Même droit à l'égard de l'étranger autorisé à établir son domicile en France. Tant que la naturalisation n'a pas été prononcée, l'autorisation de domicile peut être révoquée ou modifiée par décret, sur l'avis du Conseil d'État. Vis-à-vis des étrangers, cette mesure est absolument conforme aux principes du droit politique et du droit international; mais rien ne la justifierait vis-à-vis d'un citoyen. Pour l'expulser de son pays, il faudrait un jugement préalable de condamnation pour crime ou délit punis par la loi. Un arrêté des 16 septembre-5 octobre 1870, pris au nom du Gouvernement de la défense nationale, par le ministre de la justice, a expulsé, par exemple, du territoire français, tous les étrangers appartenant aux pays en guerre avec la France; et un décret de la Délégation du gouvernement, à Tours, en date des 17 novembre-5 décembre de la même année, a investi le ministre de l'intérieur et de la guerre du droit d'expulser du département d'Indre-et-Loire, par mesure administrative, tout individu non domicilié, qui ne fournirait pas la caution de deux habitants domiciliés dans le département.

Mendicité [1]. — La condamnation pour cause de *mendicité* soumet à des peines correctionnelles, et, de plus, à l'envoi du condamné au dépôt de mendicité, par mesure purement administrative.

Interdiction de séjour [2]. — Les préfets de police, à Paris, et du Rhône, à Lyon, pouvaient interdire administrativement le séjour dans le département de la Seine et l'agglomération lyonnaise, à certaines catégories d'individus, pendant deux années, avec faculté de renouvellement à l'expiration des deux ans, aux termes de la loi de 1852.

Sauf ces restrictions commandées par l'intérêt social, la *liberté individuelle* est protégée par l'interdiction de toute ser-

[1] Décr. 30 mai 1790, 5 juil. 1808; Code pénal, art. 269 à 282.
[2] Loi 9 juil. 1852.

vitude personnelle [1], l'absence de toute obligation extérieure
et civile résultant de vœux religieux perpétuels ou temporaires [2], l'abolition de l'esclavage sur toute terre française [3],
le droit à la juridiction de ses juges naturels [4], l'inviolabilité
du domicile, la répression des abus d'autorité.

[1] Décr. 4 août 1789; Code rural, 28 sept. 1791, art. 1er, Code Civ., art. 638
et 1780.

[2] Loi 13 févr. 1790; lettre du garde des sceaux 14 mars 1838.

[3] Décr. 27 avril 1848; loi 28 mai 1858.

[4] Loi 16 août 1790; Const. 1791, t. III, ch. v, art. 4; Const. 14 janvier 1852,
art 1er.

J'extrais du précieux recueil de MM. Laferrière et Batbie, intitulé : *Constitutions d'Europe et d'Amérique*, les règles suivantes du droit public anglais sur la
liberté individuelle. Nul ne peut être arrêté et appréhendé au corps qu'en vertu
d'un mandat (*warrant*) signé d'un magistrat et revêtu de son sceau, désignant
avec précision la personne de l'inculpé et la nature de l'inculpation. Les mandats d'arrêt (*warrant of apprehension*) ou mandats de comparution (*warrant
to appear*) peuvent être décernés par le Conseil privé et les secrétaires d'État,
pour félonie-trahison ou haute trahison ; par les juges du Banc de la reine et tous
les juges de paix du royaume, pour tout crime ou délit. Les *warrants* décernés par
les juges de paix ne sont exécutoires que dans leur ressort et doivent, pour produire leur effet au delà, être visés par le juge de paix du ressort où le mandat
est exécuté. Les *warrants* décernés par le Conseil privé, les secrétaires d'État et
les juges du Banc de la reine sont exécutoires sur tout le territoire du royaume.
En cas de flagrant délit, tout constable ou officier de paix, la partie lésée et
généralement toute personne, ont le droit et le devoir d'arrêter le délinquant ;
mais, dans ce cas, l'arrestation doit être immédiatement régularisée par un mandat
d'arrêt (*warrant of apprehension*), décerné dans les formes légales par l'autorité compétente. Toute personne mise en état d'arrestation doit être, dans le plus
bref délai, conduite devant le juge qui l'interroge et recueille les témoignages.
L'inculpé peut toujours réclamer sa mise en liberté sous caution, jusqu'au jour du
jugement, en prenant l'engagement de se présenter pour l'instruction et le jugement. Toutefois, si la poursuite a lieu pour félonie ou trahison, la mise en liberté
sous caution ne peut être obtenue que sur la décision du Banc de la reine. Si le
prévenu n'est pas admis à fournir caution, ou si, y étant admis, il ne peut la
fournir, il n'est maintenu en état de détention préventive, pendant la durée de
l'instruction, qu'en vertu d'un mandat de dépôt (*warrant of commitment*) revêtu
de la signature et du sceau du magistrat, et désignant avec précision la personne
du prévenu et la nature de la prévention. Toute personne prévenue en dehors
des cas prévus par la loi, ou sans l'accomplissement des formalités légales, doit,
sur la plainte formée auprès du magistrat compétent, être immédiatement mise
en liberté, en vertu d'un *writ of habeas corpus*, sous la responsabilité personnelle du magistrat chargé par la loi de délivrer le *writ*, et sans préjudice des pé-

Inviolabilité du domicile [1]. — Respect dû à la famille du citoyen, inviolabilité du domicile. Cependant toute cause d'arrestation autorise virtuellement à pénétrer malgré le maître de la maison ; il n'y a pas, non plus, d'autre moyen d'assurer l'exécution des règlements de police relatifs à l'exercice de certaines professions, ou de veiller à l'acquittement de. certains impôts. Enfin, la sûreté générale le commande en cas d'incendie ou d'inondation. Quant aux visites domiciliaires nocturnes, elles ne sont permises que dans le cas d'incendie,

nalités et réparations civiles, encourues par quiconque aura ordonné, exécuté ou fait exécuter l'arrestation illégale. (Voir l'ouvrage cité, p. 416 et 417.)

En Autriche, la loi fondamentale de l'État, du 21 déc. 1867, porte, en son article 8, que la liberté individuelle est garantie, et que toute arrestation ordonnée ou prolongée illégalement, oblige l'État à indemniser la partie lésée. L'article 7 de la Constitution belge du 7 février 1831, garantit la liberté individuelle. « Nul ne peut être poursuivi que dans les cas prévus par la loi, et dans la forme qu'elle prescrit. Hors le cas de flagrant délit, nul ne peut être arrêté qu'en vertu de l'ordonnance motivée du juge, qui doit être signifiée au moment de l'arrestation, ou, au plus tard, dans les vingt-quatre heures. » Même disposition dans le statut italien (art. 26). L'article 151 de la loi fondamentale des Pays-Bas porte qu'en dehors des cas déterminés par la loi, nul ne peut être arrêté qu'en vertu d'une ordonnance du juge exprimant les motifs de l'arrestation. Cette ordonnance doit être signifiée à la personne arrêtée, au moment de l'arrestation ou le plus tôt possible. La loi détermine les formes de cette ordonnance, ainsi que le délai dans lequel il sera procédé à l'interrogatoire du prévenu. L'article 152 ajoute que si, dans des circonstances extraordinaires, l'autorité politique fait arrêter un habitant du royaume, celui par l'ordre de qui l'arrestation a été faite, sera tenu d'en donner immédiatement connaissance au juge local et de lui livrer, dans les trois jours, la personne arrêtée... — La constitution de la république et canton de Genève dispose, dans son article 3, que « tout individu arrêté sera nécessairement interrogé par le magistrat compétent, dans les vingt-quatre heures qui suivront son arrestation. » L'article 99 de la loi fondamentale de Norwége est ainsi conçu : « Personne ne pourra être saisi que dans les cas fixés par la loi et de la manière prescrite par elle. Celui qui, sans motif légitime, aura arrêté un individu ou l'aura détenu illégalement, en sera responsable envers lui. Le gouvernement n'est autorisé à recourir à l'emploi de la force armée contre les membres de l'État, que dans les formes prescrites par la loi, sauf le cas où quelque rassemblement, qui trouble la tranquillité publique, ne se retire aussitôt après que les articles du code relatifs à la sédition, lui ont été lus à haute voix, et pour la troisième fois, par l'autorité civile. »

[1] Const. 22 frim. an VIII, art. 76.

d'inondation ou de réclamation venant de l'intérieur. Obligation pour les agents de se retirer, sans employer aucune rigueur accessoire, aussitôt après l'arrestation ou la vérification faite. Mais le citoyen dans la demeure duquel on voudrait pénétrer hors des cas prévus, et sans les formes requises, n'aurait pas le droit d'employer la force pour repousser les auteurs de la tentative, agents du gouvernement. Le pouvoir législatif est seul compétent pour déterminer les exceptions au principe de l'inviolabilité du domicile. Un ordre ou un règlement du pouvoir exécutif seraient impuissants. Les exceptions doivent être fondées exclusivement sur l'intérêt général[1].

[1] Voici les dispositions des lois fondamentales de quelques peuples de l'Europe sur *l'inviolabilité du domicile*. — *Loi fondamentale de l'empire d'Autriche*, du 21 déc. 1867, art. 9 : « Le domicile est inviolable... La loi existante en faveur de ce droit est déclarée partie intégrante de la loi fondamentale de l'État. » — *Constitution belge*, art. 10 : Le domicile est inviolable ; aucune visite domiciliaire ne peut avoir lieu que dans les cas prévus par la loi, et dans les formes qu'elle prescrit. » — *Loi fondamentale du Danemark*, art. 81 : « Le domicile est inviolable. Les visites domiciliaires, la saisie et la violation du secret des lettres et d'autres papiers, ne peuvent être effectuées qu'en vertu d'une sentence judiciaire, sauf dans les cas exceptionnels où une loi le permet. » — *Constitution du royaume d'Italie*, art 27. « Le domicile est inviolable. Nulle visite domiciliaire ne peut avoir lieu, si ce n'est en vertu de la loi et dans les formes qu'elle prescrit. » — *Constitution des Pays-Bas*, art. 153 : « Nul ne peut pénétrer dans le domicile d'un habitant contre son gré, si ce n'est en vertu d'un pouvoir déclaré compétent à cet effet par la loi, et dans les formes y indiquées. » — *Constitution du Portugal*, art. 145, § 6 : « Tout citoyen a dans sa maison un asile inviolable. On n'y peut entrer de nuit sinon avec son consentement, ou en cas d'appel fait de l'intérieur, ou pour combattre un incendie ou une inondation. L'entrée de son domicile ne pourra être franchie que de jour, et selon les formes déterminées par la loi. » — D'après les principes du droit public anglais, le domicile du citoyen est inviolable ; nul ne peut y pénétrer sans son consentement, sauf s'il s'agit de l'exécution d'un mandat d'arrestation en bonne forme. Les visites domiciliaires, dans les cas où elles seraient jugées nécessaires pour l'instruction d'un procès criminel, ne peuvent avoir lieu qu'en vertu d'un mandat de perquisiton, — *search warrant*, — délivré par un magistrat. Elles ne doivent pas avoir lieu la nuit, à moins qu'il ne s'agisse de perquisitions à faire, en cas d'extrême urgence, dans des maisons mal famées. Toute perquisition ordonnée pour découvrir dans les papiers d'un citoyen des écrits dont la culpabilité n'aurait pas

Abus d'autorité [1]. — D'après le code pénal (art. 184-192) les abus d'autorité se commettent ou contre les particuliers, ou contre la chose publique. Les abus d'autorité contre les particuliers sont : 1° les violations de domicile ; 2° le déni de justice ; 3° les violences employées sans motif légitime, pour l'exécution d'un mandat de justice ou d'un jugement; 4° l'ouverture des lettres confiées à la poste.

Nous venons de voir que le domicile de toute personne est inviolable. Ce principe, qui est une conséquence du droit de propriété, est applicable aux étrangers comme aux Français.

Rendre la justice, c'est payer la dette du gouvernement. Le juge qui se refuse à rendre la justice, s'expose à une pénalité déterminée par l'article 185 du code pénal. La loi réprime également les violences envers les personnes, commises sans motif légitime par les fonctionnaires ou officiers publics, dans l'exercice ou à l'occasion de l'exercice de leurs fonctions. Les dépositaires de la force publique ne doivent, en effet, pas en abuser et, jusque dans les actes les plus rigoureux de leur ministère, ils sont tenus d'apporter cette réserve qui concilie à l'administration l'estime et le respect publics. Quant à l'ouverture des lettres des particuliers, ce n'est que dans quelques cas exceptionnels qu'elle est autorisée. « Qu'apprendrons-nous par la honteuse inquisition des lettres ? s'écriait Mirabeau, de viles et sales intrigues, des anecdotes scandaleuses, de méprisables frivolités. Croit-on que les complots circulent par les courriers ordinaires ?...C'est donc sans aucune utilité qu'on violerait le secret des familles, le commerce des absents, les confidences de l'amitié et la confiance entre les hommes...» Les correspondances sont inviolables.

---

encore été judiciairement établie, est considérée comme illégale et vexatoire. Voir le recueil, déjà cité, de MM. Batbie et Laferrière, p. 417.

[1] Code pénal, art. 184 à 192.

Sont coupables d'abus d'autorité contre la chose publique, les fonctionnaires ou agents du gouvernement qui ont empêché l'exécution des lois, décrets ou mandats de justice émanés de l'autorité légitime, sauf toutefois aux fonctionnaires subalternes à justifier de leur obéissance aux ordres des fonctionnaires supérieurs dans l'ordre hiérarchique.

CHAPITRE XII.

LE DOMAINE [1].

Historique. — Le mot domaine a différents sens. Dans le langage ordinaire, il est synonyme de bien-fonds, héritage. En droit public, c'était le nom qu'on donnait particulièrement aux terres et autres biens qui appartenaient à la couronne,

---

[1] Ordon. du Louvre; Paillet, *Droit public.* — Chez les Romains, comme dans nos législations modernes, les *choses publiques*, celles qui correspondaient aux États ou nations, étaient de deux espèces, suivant qu'elles étaient affectées naturellement ou civilement à l'usage du public, ou selon que les produits et la jouissance en étaient réservés exclusivement au profit de la personne morale de l'État, comme les biens-fonds, tels que forêts, champs, prés, maisons, qui appartiennent à une nation. Nous disons, chez nous, que les premières sont dans le *domaine public*, et que les autres sont dans le *domaine de l'État*, quoique les unes et les autres n'aient qu'un maître, l'État ou le corps moral de la nation. Le droit romain reconnaissait donc cette distinction, sans cependant adopter cette terminologie. Quant au *domaine public*, les Romains embrassaient sous une même expression ce que, dans le droit français actuel, on sépare en deux choses distinctes : le *domaine public national*, ou proprement dit, et le *domaine public municipal*.

Sur le *Domaine*, voir : Gaudry, *Traité du domaine.* — Muzard, *Dictionnaire administratif, géographique et statistique des bureaux de l'enregistrement et des domaines, etc.*—Obissier, *Tableaux de concordance des instructions et circu-*

avant la révolution de 1789. Aujourd'hui le domaine s'entend de toutes les propriétés foncières, et de tous les droits réels ou incorporels qui appartiennent à la nation. Il se composait, du temps où il y avait, en France, des rois et des empereurs, du *domaine de la couronne* et du *domaine national*.

  'L'on n'a pas toujours distingué, en France, entre le *domaine de l'État* et le *domaine de la couronne*. Le mot de Louis XIV, *l'État c'est moi*, trouvait son application dans cette matière, car les expressions domaine de l'État, domaine public, domaine de la couronne, du roi, étaient synonymes. Régi par des fermiers du domaine, le domaine de la couronne était inaliénable. Cependant de nombreux monuments historiques enseignent que les principes de l'inaliénabilité étaient inconnus sous les deux premières races de nos rois, et n'étaient pas encore admis dans les premiers siècles de la troisième. Jusqu'au règne de Philippe-Auguste, en 1180, c'était en domaines que les dots des filles de France étaient constituées. Philippe le Bel en fit même un tel usage, que Philippe le Long, son fils, révoqua plusieurs de ces dons par une ordonnance du 26 juillet 1318. Les successeurs de ce prince restreignirent à leur tour les aliénations multipliées et excessives qui avaient appauvri la royauté. Sous François Ier, l'inaliénabilité du domaine non-seulement devenait une vérité incontestable, mais encore tendait à acquérir le caractère d'une loi fondamentale. Deux ordonnances, des 30 mai et

laires de l'administration de l'enregistrement et des domaines. — Aulanier, *Traité du domaine congéable.* — Carré, *Introduction à l'étude des lois relatives aux domaines congéables,* etc. — Garbouleau, *Du domaine public en droit romain et en droit français,* etc. — Périn, *Du domaine public dans ses différences avec le domaine privé, sous le rapport de la prescription et de la compétence.* — Proudhon (J.-B.-V.), *Traité du domaine public.* — Duchesne, *Du domaine public maritime.* — Fessard, *Dictionnaire de l'enregistrement et des domaines.* — Sergent, *Manuel des engagistes et des échangistes, ou Recueil des lois, décrets,* etc., *concernant les domaines de l'État concédés, engagés ou échangés.* — Piet et Rogron, *Législation ancienne et moderne, et jurisprudence sur les domaines engagés,* etc.

30 juin 1539 réunissaient au domaine de la couronne les terres qui avaient été aliénées au décès des donataires, et proclamaient l'imprescriptibilité de ce domaine. Enfin Michel Lhospital fixa, par un édit du mois de février 1566, le véritable caractère des biens du domaine, en en défendant d'une manière absolue l'aliénation, même à titre d'inféodation à vie ou autrement. Ainsi. donc, avant 1789, domaine de la couronne inaliénable, imprescriptible; et, à côté de ce principe fondamental, une règle non moins favorable au développement de la richesse nationale et à la formation du territoire : dévolution des biens du prince au domaine de la couronne, lors de son avénement au trône de France.

Quel a été, depuis 1791, l'état de la législation sur la dévolution à l'État des biens du prince appelé au trône, et sur la possibilité pour le prince régnant d'acquérir un domaine privé?

Dévolution. — Silence de la loi du 26 mai 1791, interprété en faveur de l'ancienne règle de dévolution. Le sénatus-consulte du 30 janvier 1810 dispose que les biens immeubles et droits incorporels faisant partie du domaine privé de l'empereur, ne seront en aucun temps, ni sous aucun prétexte, réunis au domaine de l'État, qu'en vertu d'un sénatus consulte. La règle de dévolution est consacrée d'une manière précise et absolue par la loi du 8 novembre 1814. La loi du 2 mars 1832 déclare, au contraire, que le roi conservera la propriété des biens qui lui appartenaient avant son avénement. En 1852, nouvelle législation, nouveau retour à la règle de dévolution. D'une part, le décret législatif du 22 janvier 1852 ordonne la restitution au domaine de l'État des biens particuliers appartenant à Louis-Philippe avant son avénement; d'autre part, le sénatus-consulte du 12 décembre 1852, dispose que les biens particuliers appartenant à l'empereur au moment de son avénement, seront, de plein droit, réunis au domaine de l'État. C'est ainsi qu'après plusieurs alternatives d'adoption ou de rejet par les législations postérieures à 1789,

l'ancienne règle de dévolution à l'État des biens du prince
appelé à régner, s'est trouvée encore confirmée par les plus
récentes lois constitutionnelles.

Il est impossible de ne point reconnaître que la restitution
au domaine de l'État des biens privés possédés par le roi
Louis-Philippe avant son acceptation du trône, et dont il avait
donné la nue propriété à ses enfants autres. que l'aîné, par
acte du 7 août 1830, a été une mesure de haine dynastique,
qui pèsera sur la mémoire de l'empereur Napoléon III. Avant
1789, le roi étant la personnification de l'État, suivant le mot
de Louis XIV, il n'avait ni ne pouvait avoir de domaine privé.
C'est sur ce principe qu'était fondée la dévolution à l'État des
biens qui appartenaient au roi au moment de son avénement.
Mais, depuis 1789, l'État étant devenu distinct de son chef, la
règle de la dévolution n'avait plus de raison d'être.

Acquisition de biens pendant le règne. — Le prince régnant a toujours pu acquérir un domaine privé; les législations de 1810, de 1814 et de 1832, lui ont reconnu ce droit; il
en a été de même de la législation de 1852. Le code civil était
applicable à ces biens, à l'exception des règles sur la quotité
disponible. En cas de non-disposition, retour au domaine de
l'État. Les titres étaient exécutoires sur tous les biens meubles et immeubles qui composaient ce domaine. Les droits des
créanciers et des employés étaient réservés sur le domaine
privé de l'empereur, en cas de délaissement.

Domaine de la couronne [1]. — Bien que, pour le moment,
il n'y ait plus de domaine de la couronne en France, les éventualités de l'avenir, aussi bien que l'intérêt qui s'attache aux
souvenirs du passé, justifieront une étude rétrospective sur ce
qu'était ce domaine. La loi du 26 mai 1791 fut le premier mo-
nument législatif qui sépara le domaine de la couronne du
domaine de l'État, en affectant au prince une liste civile qui
comprenait : 1° une somme annuelle de vingt-cinq millions;

[1] Sénat. 12 déc. 1852; décr. 14 déc. 1852; sénat. 23 avril 1856 ; sénat.
20 juin 1860.

2° la jouissance d'objets immobiliers (palais, châteaux, parcs, manufactures), et d'objets mobiliers (diamants, tableaux, etc.), le tout nominativement désigné. Ce fonds attribué, en jouissance seulement, au souverain, prit successivement le nom de dotation de la couronne et de liste civile, sous les législations de 1810 et de 1814. Enfin l'on désigna plus particulièrement par *dotation de la couronne* les biens immobiliers ou mobiliers dont l'État reste nu propriétaire, mais dont la jouissance est concédée au prince comme attribut de la royauté ; et par *liste civile* [1], la somme annuelle affectée aux dépenses du souverain. Cette distinction a été maintenue par le sénatus-consulte du 12 décembre 1852. La liste civile de l'empereur et la dotation ou le domaine de la couronne étaient réglés, pour chaque règne, par un sénatus-consulte. (Sén. 25 déc. 1852, art. 9.)

La dotation de la couronne comprenait, pour les immeubles, les palais, les châteaux, maisons, domaines et manufactures énumérés pour faire partie de ce domaine ; et, pour les meubles, les diamants, perles, objets d'art, pierreries, musées, bibliothèques et autres monuments des arts, ainsi que les meubles meublants contenus dans l'hôtel du garde-meuble et les divers palais ou établissements impériaux.

Remarquer que, sous la législation de l'empire, *dotation de la couronne* et *domaine de la couronne* étaient des expressions synonymes.

Les biens du domaine de la couronne étaient inaliénables et imprescriptibles. Ils ne pouvaient être échangés qu'en vertu d'un sénatus-consulte. Le ministre de la maison de l'empereur administrait la liste civile et le domaine de la couronne ;

[1] La dénomination de *liste civile* est empruntée à l'Angleterre, où elle a commencé à être employée après la révolution de 1688. Le parlement, à cette époque, se chargea de pourvoir, par des subsides annuels, à la défense du royaume, et ne laissa au roi que le soin de défrayer la *liste civile*, c'est-à-dire toute la dépense qui n'était ni militaire, ni ecclésiastique, le clergé ayant ses biens et ses revenus propres.

il intentait les actions qui y étaient relatives, et c'était contre
lui qu'elles étaient dirigées (formes ordinaires, sauf la dérogation à l'art. 69 du code de procédure).

Affranchis de l'impôt général, mais soumis aux charges
départementales et communales, les biens de la couronne ne
pouvaient être affermés pour plus de vingt-un ans (à moins
d'un sénatus-consulte), et les baux ne pouvaient être renouvelés plus de trois ans avant leur expiration. Le code forestier était applicable aux forêts de ce domaine, mais le droit
de chasse dans ces forêts n'était pas régi par la loi du 3 mai
1844, sauf pour la poursuite et la punition des délits de chasse
qui pouvaient y être commis. L'empereur était usufruitier
des biens de la couronne, mais il était affranchi de la caution,
et pouvait faire tous les changements, additions et démolitions qu'il jugeait nécessaires ou utiles. L'entretien et la réparation étaient à la charge de la liste civile ; mais n'étaient
pas compris dans l'entretien et les dépenses, les grands travaux de reconstruction que par suite de force majeure, d'accidents fortuits, ou d'un état de vétusté, il était nécessaire
d'exécuter. Les titres n'étaient jamais exécutoires sur les effets
mobiliers, ni sur les deniers de la liste civile. Sauf ces exceptions, application de toutes les règles du droit civil. L'administrateur de la dotation de la couronne avait seul qualité
pour procéder en justice, soit en demandant, soit en défendant
dans les instances relatives à la propriété des biens faisant
partie de cette dotation ou du domaine privé; il était seul
compétent pour préparer, consentir les actes relatifs aux
échanges du domaine de la couronne, ainsi que pour consentir seul les expropriations et recevoir les indemnités.

Indépendamment du domaine de la couronne, l'empereur
avait un domaine privé, qui se composait des biens acquis
pendant son règne à titre gratuit ou onéreux, et qui était soumis
au payement de l'impôt.

Un décret des 5-10 septembre 1870 a réuni au ministère
des finances les bâtiments de la couronne, le mobilier de la

couronne, les bâtiments et les établissements agricoles de la couronne. Le décret des 6-10 septembre a ordonné le retour au domaine de l'État de tous les biens, meubles et immeubles, désignés sous le nom de *biens de la liste civile*. Les biens désignés sous le nom de biens du *domaine privé* ont été mis sous séquestre, sans préjudice des droits de l'État et des droits des tiers. Un décret enfin des 10-13 novembre 1870 a rattaché au ministère des finances, pour être régis par l'administration des domaines de l'État, tous les domaines productifs qui dépendaient de l'ancienne dotation de la couronne, autres que les établissements agricoles non affermés.

On entendait par *apanages*, sous l'ancienne monarchie, les parties du domaine national abandonnées, à titre de dotation, aux princes du sang royal, pour indemniser les fils puînés du roi de la portion du royaume à laquelle ils cessèrent de succéder dès l'avénement de la troisième race; et par *domaine extraordinaire*, les portions du domaine de l'État qui, sous le premier empire, étaient affectées, à titre de dotation, à la récompense des grands services civils ou militaires. Ces dotations étaient irrévocables, transmissibles de mâle en mâle, et réversibles au domaine en cas d'extinction de la descendance masculine. (Sén.-cons. du 30 janvier 1810.) Les biens situés en France ont été réunis au domaine de l'État, sauf les droits acquis par les donataires (loi du 15 mai 1818); les donataires dont les biens étaient situés en pays étrangers ont reçu des pensions réversibles sur leurs veuves et leurs enfants. (Loi du 16 juillet 1821.)

Domaines engagés et échangés. — On appelait *domaines engagés* les biens faisant partie du domaine de la couronne, et qui, dans des cas urgents, étaient aliénés, mais sous faculté perpétuelle de rachat. (L'ordonnance de 1566 défendait l'aliénation des biens du domaine.) L'Assemblée constituante autorisa la dépossession des engagistes contre un remboursement qui devait préalablement leur être fait. La loi du 14 ventôse an VII remplaça cette dépossession par l'obliga-

23

tion imposée aux engagistes de verser dans les caisses du Trésor une somme égale au quart de la valeur des biens par eux possédés. On entendait par *biens échangés* ceux dont l'échange, constaté par des procès-verbaux d'évaluation et des lettres patentes enregistrées par le parlement, avait été effectué contre d'autres biens. La validité de l'échange, l'observation des formes prescrites par la loi, furent soumises à un examen sévère par l'Assemblée constituante, jalouse de démasquer les libéralités cachées sous la forme d'échange [1].

Domaine national. — Le *domaine national* proprement dit se compose de tous les biens corporels ou incorporels, meubles ou immeubles, qui appartiennent à l'universalité de la nation française. Il se subdivise en *domaine public* et en *domaine de l'État.*

Domaine public [2]. — Le *domaine public* est cette branche du domaine national qui embrasse tous les fonds qui, sans appartenir à personne, ont été civilement consacrés au service public de la société. Ce qui caractérise les dépendances du domaine public, c'est *la communauté de l'usage auquel elles sont affectées.*

Le domaine public se compose : 1° des chemins, routes et rues à la charge de l'État (cependant les routes départementales et les autres chemins publics, tels que les chemins vicinaux, dont l'entretien n'est pas à la charge de l'État, font partie du domaine public); des fleuves et rivières navigables ou flottables ; des rivages de la mer ; des ports, rades et havres, et généralement de toutes les portions du territoire français qui ne sont pas susceptibles de propriété privée ; 2° des portes, murs, fossés, remparts des places de guerre et des forteresses ; 3° des chemins de fer, des ponts, des canaux de navigation intérieure ; 4° enfin, des églises consacrées au service public des cultes. C'est à tort que le code civil a com-

---

[1] Laferrière, *Cours de droit public et administratif*, t. I, p. 525.

[2] Ordon. de Moulins, 1566; loi 22 nov. 1790; loi 8 juil. 1791; art, 538 et 540, C. civ.

pris dans les biens du domaine public les biens vacants et sans maître, les successions en déshérence, les lais et relais de la mer et les terrains des fortifications et remparts des places qui ne sont plus places de guerre ; cette erreur provient de ce qu'à l'époque de la rédaction du code civil, la distinction entre le domaine public et le domaine de l'État n'était pas nettement établie.

Les biens qui font partie du domaine public appartenant à tous, quant à la jouissance, l'État, gardien des intérêts de tous, n'a sur ces biens que des droits de surveillance et d'administration. Les biens du domaine public sont administrés par les différents ministres, en raison de la nature des services de leur département ministériel. C'est ainsi que le ministre de la guerre est investi des pouvoirs les plus étendus pour l'administration et la conservation de tous les biens affectés à la défense du territoire ; que le ministre de la marine a dans son département les ports de la marine militaire, les phares, et tous les ouvrages de défense de la mer ; que le ministre des travaux publics est chargé de tout ce qui concerne les fleuves et rivières, les grandes routes, ponts, ports et havres de commerce, etc. Cette portion du domaine public est soumise à la direction immédiate d'une administration spéciale, l'administration centrale des ponts et chaussées. Le domaine public est essentiellement inaliénable et imprescriptible. Il appartient au pouvoir discrétionnaire de l'administration de déterminer la destination publique d'un cours d'eau, d'un édifice, d'un terrain, et de les placer ainsi dans le domaine public. Le gouvernement a aussi le droit de déclarer qu'un bien cesse de faire partie de ce domaine, l'affectation n'étant plus nécessaire. Mais le non-usage ne saurait suffire pour faire cesser l'affectation d'un service commun, et le replacer dans le domaine privé. Les réclamations qui pourraient naître de cette détermination n'appartiendraient qu'à la juridiction gracieuse.

Domaine de l'État. — Le *domaine de l'État* est celui dont

l'État, représenté par les pouvoirs constitués, jouit comme
un simple particulier, exclusivement et à titre de propriétaire. Ainsi donc, les biens qui font partie du domaine de
l'État appartiennent à l'État ; l'État en est le vrai propriétaire ; il exerce sur eux tous les droits de la propriété ; ces
biens sont *aliénables* et *prescriptibles.* Toute aliénation de ce
domaine doit être autorisée ou par une loi, ou par une délégation du pouvoir législatif ; mais l'inaliénabilité et la pres-
criptibilité qui en est la conséquence ne s'appliquent pas, en
règle générale, aux grandes masses de forêts nationales, qui
demeurent donc inaliénables. Cependant plusieurs lois ou
décrets en ont permis l'aliénation.

Le domaine de l'État se compose de biens corporels et de
biens incorporels. Les biens corporels sont meubles ou immeubles. Parmi les biens corporels meubles on peut citer le
mobilier des administrations publiques, les bibliothèques publiques et collections scientifiques et artistiques entretenues
par l'État, les archives nationales, les objets d'art ou de luxe
placés dans les palais nationaux, etc., etc. Les édifices affectés aux administrations générales, les biens qui ont cessé de
faire partie du domaine public, sans passer dans la propriété
privée par titre ou par prescription ; les sources d'eaux minérales et établissements thermaux ; les îles, îlots et atterrissements formés dans les lits des rivières navigables et flottables ; les arbres plantés sur le sol des grandes routes, sous la
réserve du droit des riverains qui pourraient les avoir acquis
à titre onéreux ou plantés à leurs frais ; le sol des routes nationales ou départementales construites avant 1811, lorsqu'elles
ne sont plus affectées à l'usage public ; les terrains des fortifications et remparts des places qui ne sont plus places de
guerre, les lais et relais de la mer, font partie des biens corporels immeubles.

Le domaine de l'État comprend comme biens incorporels
les droits de pêche dans les fleuves et rivières navigables
ou flottables, de bacs et bateaux de passage, de navigation

ou de péage, de chasse dans les forêts nationales, etc.

La qualité de propriétaire attribuée à l'État entraîne à sa suite des actes d'administration, d'acquisition, d'aliénation et l'exercice des actions judiciaires.

Gestion [1]. — Pour la gestion, les biens du domaine de l'État sont la plupart affectés au service des différentes administrations générales, en vertu de décrets émanant du chef de l'État. Ces administrations régissent elles-mêmes les biens qui leur ont été dévolus. Quant à ceux qui n'ont été affectés à aucun service, ils sont régis par l'administration de l'enregistrement et des domaines, sous la surveillance du ministre des finances et des préfets, dans les départements. Les bois et forêts sont gérés par l'administration forestière.

Acquisitions [2]. — Le domaine de l'État peut être augmenté par des modes du droit commun, et par des modes spéciaux. Les acquisitions à titre onéreux sont faites par les ministres, dans les limites des crédits régulièrement ouverts, lorsque le prix d'acquisition dépasse 25,000 francs, et par les préfets dans le cas contraire. Les dons ou legs à l'État doivent être autorisés par décret; l'échange étant une aliénation non moins qu'une acquisition, ne peut avoir lieu qu'en vertu d'une loi. L'État acquiert encore les immeubles sans maître, les successions en déshérence, une partie des épaves de mer, toutes les épaves de fleuves et certaines épaves de terre, le produit des amendes prononcées en matière criminelle, etc.

Aliénations [3]. — La vente, l'échange et la concession sont les trois modes d'aliénation des dépendances du domaine de l'État. Les servitudes, révocables à volonté, peuvent être

---

[1] Loi 23 oct. 1790; loi 19 août 1791.

[2] Ordon. 1681; Code civ., art. 539, 713, 768; décr. 11 août 1810; ordon. 2 avril 1817; ordon. 3 août 1825, 9 juin 1831, 30 janv. 1833; décret 25 mars 1852.

[3] Lois 15 et 16 flor. an X; loi 5 vent. an XII; ordon. 15 sept. 1822; ordon. 12 déc. 1827; décr. 25 mars 1852.

concédées par le préfet, mais seulement à titre de tolérance temporaire. La vente des immeubles a lieu en vertu d'un décret, avec publicité et concurrence, par adjudication faite par le préfet assisté du directeur des domaines du département, ou par le sous-préfet assisté d'un membre de l'administration des domaines, désigné par le directeur. La vente des effets mobiliers est réglée par une ordonnance du 15 septembre 1822.

La garantie de la mise aux enchères avec publicité et concurrence faisant défaut pour l'*échange* et la *concession*, ces deux modes d'aliénation ne peuvent avoir lieu qu'en vertu d'une loi. Relativement à l'aliénation par voie de concession, le législateur peut ou autoriser séparément chaque concession, ou conférer par une loi générale au gouvernement le droit de concéder des biens de certaine nature.

La loi des 1er-7 juin 1864 porte que les immeubles domaniaux autres que ceux dont l'aliénation est régie par des lois spéciales, continueront à être vendus aux enchères publiques, dans les formes déterminées par les lois des 15 et 16 floréal an X, 5 ventôse an XII et 18 mai 1850. L'immeuble toutefois qui, en totalité, est d'une valeur estimative supérieure à un million ne pourra être aliéné, même partiellement ou par lots, qu'en vertu d'une loi [1].

---

[1] L'article 2 de la loi des 28 avril-4 mai 1869, qui a autorisé l'aliénation de terrains domaniaux détachés du jardin du Luxembourg, a donné lieu, au sein du Corps législatif, à une discussion où ont été agitées de véritables questions de principe sur la législation domaniale, la distinction entre le domaine de l'État et le domaine public, l'application des règles relatives à l'aliénation volontaire ou à l'expropriation pour cause d'utilité publique de l'un et l'autre de ces domaines. Voici l'analyse du discours qu'a prononcé, dans cette occasion, M. Vuitry, qui présidait alors le Conseil d'État. Il faut distinguer, — a dit M. Vuitry, — le domaine de l'État et le domaine public. Dans le domaine de l'État, il y a une partie qui *est* productive de revenus ; celle-là, l'État l'administre. Veut-il l'aliéner? L'État, *par de simples décrets*, à la condition toutefois de recourir à la forme de l'*adjudication*, a le droit d'aliéner les domaines nationaux, pourvu que la valeur des parcelles à aliéner *ne dépasse pas un million*. Au delà de la valeur d'un million, *il faut la loi*. Mais, à côté de ce domaine productif de revenus, il y a un domaine de l'État

Actions judiciaires. — Les actions qui intéressent le *domaine public* et le *domaine de l'État* sont exercées par les

bien plus important encore : c'est celui qui est affecté au service public. Or, comment se règle cette affectation au service public ? Quand il s'agit d'affecter une partie du domaine de l'État à un service public, ou de faire cesser cette affectation, qui est-ce qui est compétent ? Autrefois c'était l'*ordonnance*, aujourd'hui c'est le *décret*. Si, en 1850, une disposition insérée au budget des recettes, a porté qu'à l'avenir il faudrait une loi pour affecter une partie du domaine de l'État à un service public, cette disposition n'a pris place dans la loi de finances réglant le budget des recettes, que dans une préoccupation exclusivement financière ; mais en même temps qu'on exigeait l'intervention de la loi pour créer l'affectation, on ne l'exigeait pas pour la faire cesser. Ainsi donc, d'après l'état de nos lois, qui n'a pas varié depuis cinquante ans, sauf la dérogation de 1850, c'est au pouvoir exécutif qu'il appartient de régler ou de faire cesser l'affectation d'une partie du domaine de l'État à un service public.

Pour ce qui concerne le *domaine public*, c'est le pouvoir exécutif qui seul a toujours été appelé à le régler. Le *domaine public*, — qui est déterminé par les articles 538 et 539 du code civil, — se divise en deux natures très différentes. L'un est *créé par la nature* : ce sont les fleuves, les rivières, les ports, les rades, c'est la mer ; cette partie du *domaine public*, l'autorité publique ne peut ni la créer, ni la détruire, mais elle peut intervenir pour la constater, pour reconnaître quelle est sa limite ; il s'agit de savoir, par exemple, pour la mer, où s'arrête le flot de mars ? Il y a eu longtemps des contestations au sujet de la compétence, entre l'autorité judiciaire et l'autorité administrative, sur le droit de faire cette délimitation ; ces contestations sont à peu près aujourd'hui à leur terme ; mais jamais on n'a refusé au pouvoir exécutif le droit de reconnaître et de constater les limites du domaine public. Quant au domaine public *créé par la main des hommes*, ce sont, par exemple, les routes, les canaux, les rues, les places, etc. Or, qui est-ce qui classe une route ? Le décret ou l'ordonnance. Qui la déclasse ? L'ordonnance ou le décret. On ne trouvera pas un acte de la législation qui exige une loi pour classer une rue ou une place, dans quelque ville que ce soit. Pour Paris, tous les classements de places et de rues, de temps immémorial, ont toujours été faits par décret. Ainsi donc, le principe vrai et toujours incontesté de notre législation, depuis cinquante ans, c'est qu'il appartient au *pouvoir exécutif* de régler tout ce qui regarde la *création*, la *suppression*, l'*extension*, la *diminution*, la *délimitation* du domaine public ; mais il ne s'agit ici que du règlement du domaine public en tant qu'il est question de faire cesser le caractère de ce domaine et d'en faire ainsi rentrer une partie dans le domaine de l'État.

Mais quand il s'agit d'entreprendre sur le domaine public, non pas pour le faire rentrer dans le domaine de l'État, mais pour changer son affectation, en le laissant domaine public ; quand c'est au nom de l'utilité publique constatée dans les formes solennelles instituées par la loi, qu'il s'agit, après cette déclaration d'utilité publique, de faire contre le domaine public ce que la loi permet de faire contre la propriété privée, alors le droit devient bien plus incontestable. Alors, quand

préfets, soit devant les tribunaux judiciaires[1], soit devant les conseils de préfecture, lorsque ces derniers sont compétents en vertu d'une disposition exceptionnelle. Au second degré de juridiction, devant le Conseil d'État, c'est le ministre des finances, représentant naturel du domaine, qui procède au nom de l'État. Dispense du ministère des avoués et avocats.

Dans le but de prévenir les procès, les tiers ne pourront

on agit au nom de l'utilité publique, et par voie d'expropriation, c'est la commune qui, dans l'intérêt de la voie publique, se trouve exproprier le domaine public, le domaine appartenant à l'État, et elle le fait parce que ce qui domine, c'est l'utilité publique, qui est regardée alors comme si considérable, qu'elle fait fléchir devant elle le respect de la propriété publique. Et on ne voudrait pas que ce respect dû à un immeuble consacré à un service public cédât lui-même! L'utilité publique, qui est l'utilité de la nation, l'emporte toujours sur tous les intérêts relatifs ou contingents ; elle les domine tous.

L'exposition du ministre présidant le Conseil d'État a été combattue et réfutée par M. Grévy. Cet orateur de l'opposition a démontré qu'en 1850, à l'avénement du second empire, la législation défendait absolument de procéder, *autrement que par la loi*, à l'aliénation des choses soit du domaine public, soit du domaine de l'État, comme à l'affectation et à la désaffectation de ces mêmes choses à un service public. En ce qui touche l'*aliénation*, le gouvernement impérial n'a pas entendu toucher au domaine public, qui est inaliénable et imprescriptible, tant que la destination et le caractère des choses qui le composent ne sont pas changés; mais la loi de 1864 a conféré au gouvernement le pouvoir arbitraire, exorbitant et nouveau dans le droit public de la France, de disposer, d'une manière générale et absolue, de toutes les choses qui composent le domaine de l'État, à la condition que les parcelles aliénées n'excéderont pas la valeur estimative d'un million. « Le second empire, — a dit M. Grévy, — est le premier gouvernement qui se soit fait conférer ainsi le droit de porter la main sur le domaine national..... Sous les autres gouvernements, et jusqu'en 1864, inaliénabilité absolue, défense absolue de disposer des biens du domaine de l'État autrement que par une loi. Depuis 1864, droit général et normal pour le gouvernement de disposer, par fractions, des biens qui composent le domaine de l'État. » Quant à la désaffectation, l'orateur a rappelé qu'éclairé par l'expérience, le législateur de 1850 avait retiré au gouvernement jusqu'au droit, qui découlait de la nature de ses attributions, d'affecter ou de désaffecter à un service public les biens composant le domaine de l'État, en exigeant pour toute affectation d'un bien quelconque l'autorisation législative; mais que cette loi, ayant été trouvée gênante, a été abrogée par un décret de 1852.

[1] Loi 19 août 1791 ; arr. direct. 10 thermid. an IV ; Code proc. civ., art. 69 ; avis Cons. d'État, 28 août 1823; arrêté min. fin. 3 juil. 1834; ordon. 6 mai 1838.

exercerd'action contre l'État sans s'être, au préalable, pourvus par simple mémoire (interruptif de prescription) devant le préfet qui donnera son avis, à peine de nullité. Faute par le préfet de répondre dans le mois, l'instance peut être directement introduite. Les voies de l'appel et de la cassation sont ouvertes en matière domaniale.

Domaines nationaux.—Il ne faut pas confondre les biens qui font partie du domaine national (*domaine public*, *domaine de l'État*) avec ceux que l'on comprend sous la dénomination de *domaines nationaux*. Ces derniers sont ceux qui ont été acquis à l'État en vertu des lois révolutionnaires, tels sont : les biens ecclésiastiques mis a la disposition de la nation par les lois des 2-4 novembre 1789 (d'après le concordat de l'an X, les biens non aliénés et nécessaires au culte ont été remis à la disposition des évêques; quant à ceux qui ont été aliénés, ils sont restés la propriété incommutable des acquéreurs); les biens confisqués sur les émigrés et les déportés (restitution des biens non vendus; indemnité d'un milliard).

CHAPITRE XIII.

§ 1. L'impôt. — § 2. L'impôt direct. — § 3. L'impôt indirect.

§ 1. — L'Impôt [1].

Historique. — Impôts de répartition. — De quotité. — Division.

Historique. — L'impôt est la part assignée par la loi au gouvernement dans la distribution de la richesse publique, comme prix de la protection qu'il exerce au nom de la société.

Parmi les tributs qui se levaient dans les Gaules romaines au profit du fisc, se plaçait au premier rang l'indiction ou cens, impôt territorial, réparti par arpents, frappant tous les fonds, excepté ceux qui appartenaient au prince, et sujet à

[1] Sur les *Impôts*, voir : Esquirou de Parieu, *Traité des impôts, considérés sous le rapport historique, économique et politique, en France et à l'étranger.* — Du même, *Histoire des impôts généraux sur la propriété et le revenu.* — Charguéraud, *L'économie politique et l'Impôt.* — Cohen (F.), *Étude sur les impôts et sur les budgets des principaux États de l'Europe.* — Du Puynode, *De la monnaie, du crédit et de l'impôt.* — Vignes, *Traité élémentaire des impôts en France.* — Proudhon (P.-J.), *Théorie de l'impôt.* — Clémence Royer, *Théorie de l'impôt ou la Dîme sociale.* — Baudi-di-Vesmes, *Des impositions de la Gaule dans les derniers temps de l'empire romain.* (Traduction de l'italien par M. Laboulaye.) — De Valroger, *De l'impôt sur les successions chez les Romains.* — Leemans, *Des impositions communales en Belgique.* — Coumoundouros, *De l'impôt foncier dans le royaume de Grèce.* Etc.

des augmentations extraordinaires, nommées superindictions. Cet impôt se renouvelait tous les quinze ans. Venaient ensuite : une imposition lustrale sur tous les profits provenant du commerce, et indépendante du droit de douane ; une imposition annuelle et personnelle, capitation comprenant dans sa généralité tous les citoyens, même les colons, et ceux qui n'étaient pas propriétaires ; certaines charges destinées à subvenir aux frais d'entretien des fabriques possédées par les empereurs ; certains impôts, enfin, sur les consommations et les transactions. Les empereurs avaient seuls le droit d'établir, de changer et d'augmenter arbitrairement les impôts.

On n'aperçoit sous les races carlovingienne et mérovingienne l'existence d'aucun impôt réel ni personnel. Les Francs avaient trop de haine pour les institutions romaines, et le système des impôts romains avait trop contribué à la chute de l'empire, pour que Charlemagne, lui-même, songeât à instituer un revenu public. Les tentatives de quelques rois de la première race pour établir des impôts sur les terres et sur les personnes libres d'origine, avaient, d'ailleurs, toujours échoué devant la résistance des populations. Quant aux mots *cens* et *tributs*, dépouillés de leur signification romaine, ils n'éveillaient plus que l'idée de redevances domaniales dues par les colons aux propriétaires des terres ; à ce titre, les rois en percevaient, mais ce n'était que comme simples propriétaires. La taille, ou imposition territoriale, se paya peu de temps après saint Louis au roi, même hors de ses domaines, et par les habitants des fiefs appartenant aux seigneurs. Philippe le Bel, en 1302, ayant fait de nombreuses levées de troupes, établit sur ses sujets, pour soutenir les dépenses de cette nouvelle armée, une taxe du cinquième de leurs revenus, et traita avec les évêques, abbés, ducs, comtes, barons et autres nobles, pour qu'il « lui fût octroyé une subvention générale des nobles personnes et des roturiers. » Cette nouvelle subvention consistait en une taxe sur les terres et les rentes, suivant la renommée de la richesse. Les aides levées par Philippe le Bel devinrent permanentes dans la suite. Ce fut ce prince qui institua, peut-être, la subvention nommée gabelle (impôt sur le sel). Par une ordonnance du 1ᵉʳ février 1304, il défendit l'exportation des laines, matières premières, denrées et marchandises fabriquées en France, sans une permission expresse signée de sa main, et mérita ainsi d'être considéré comme le fondateur d'un revenu public en France, depuis la chute de la domination romaine dans les Gaules. Les droits sur les transactions et actes des notaires et greffiers ne doivent leur origine qu'à Henri III, en 1581. L'établissement de la capitation et la vente exclusive du tabac ne remontent pas à une époque antérieure à la fin du dix-septième siècle.

A l'époque de la révolution de 1789, l'impôt direct comprenait : 1° les dîmes ; 2° la taille réelle ; 3° la taille personnelle ; 4° la capitation, l'impôt du vingtième ; tous impôts inégalement répartis, et pesant d'autant plus sur les personnes et sur les propriétés qui n'en étaient pas affranchies par privilége. L'impôt indirect comprenait : les droits de la gabelle, d'aides, du tabac, d'entrées, de traites, de péages, de maîtrise, de corporations et de corvées. L'Assemblée constituante abolit tous les droits féodaux, supprima les dîmes, affranchit les communes des prélèvements de l'État sur leurs revenus, abolit les octrois, les droits d'aides, la gabelle et les droits sur les tabacs. Elle ne conserva que les droits de douane, d'enregistrement, d'hypothèque et de timbre ; mais elle établit les sols additionnels aux contributions foncière et mobilière, et la répartition proportionnelle des charges foncières. Elle décréta le cadastre par masse et par parcelles. Le Directoire créa l'impôt des portes et fenêtres et l'impôt personnel des trois journées de travail. Les impôts indirects supprimés par l'Assemblée constituante, sous l'influence des économistes, furent rétablis par le Consulat [1].

---

[1] Ordon. du Louvre ; Moreau de Beaumont, *Des impositions en France.*

L'impôt est justifié par l'utilité publique. L'établissement de la force publique, l'entretien et l'activité de tous les ressorts du gouvernement, nécessitent des subsides qui doivent être regardés, par chaque citoyen, comme une dette sacrée. Montesquieu définissait l'impôt: « Une portion que chaque « citoyen donne de son bien pour avoir la sûreté de l'autre, « et pour en jouir plus agréablement. » Considéré comme dette industrielle, l'impôt doit atteindre non-seulement les propriétés, mais l'industrie, la consommation, les jouissances, l'existence même des individus. Tous ces biens sont, en effet, le produit de la surveillance du gouvernement dans toutes les branches de l'administration ; tous doivent donc être soumis à l'impôt.

Impôts de répartition. — De quotité. — L'impôt *de répartition* est cette somme fixe déterminée par la loi et que le gouvernement demande à chaque département, mais qui sera répartie ensuite entre les arrondissements, les communes et les contribuables par les pouvoirs locaux (impôts foncier, mobilier, des portes et fenêtres). Le système de répartition offre à l'État l'avantage de le mettre à l'abri des non-valeurs que l'insolvabilité des particuliers pourrait entraîner, et met en même temps les communes à même d'admettre des ménagements en faveur de leurs habitants pauvres ou gênés. La commune entière étant obligée au paiement du contingent qui lui est assigné, il en résulte que le montant des décharges et réductions est réimposé sur les habitants, afin d'atteindre toujours la somme à laquelle s'élève le contingent. La somme totale de chacune des contributions de répartition est fixée à l'avance, avec certitude, dans le budget annuel des recettes.

L'impôt est dit *de quotité*, lorsque les contingents ne sont pas déterminés d'avance, et que, dès lors, les agents de l'administration seuls sont appelés à constater la matière imposable et à s'adresser aux individus, car les contributions de quotité sont directement exigibles du redevable (patentes, redevances des mines, impôts indirects). On conçoit que la somme totale de chacune des contributions de quotité ne soit et ne puisse être portée au budget que pour un chiffre approximatif.

Division. — On divise les impôts en *impôts directs*, qui frappent *directement* sur le revenu des immeubles, sur les revenus mobiliers présumés d'après l'apparence et la valeur locative de l'habitation, sur le jour et l'air, sur les profits et salaires présumés des industriels, commerçants et travailleurs mercenaires; et en *impôts indirects*, qui frappent *indirectement* le consommateur en devenant l'élément du prix des denrées et des autres produits destinés à la consommation, ou à l'usage, ou à des services de transport. L'impôt direct est toute imposition foncière ou personnelle, c'est-à-dire assise directement sur les fonds de terre ou sur les personnes, qui se lève par les voies du cadastre ou des rôles de cotisations, et qui passe immédiatement du contribuable cotisé au percepteur chargé d'en recevoir le produit. Les impôts indirects sont tous les impôts assis sur la fabrication, la vente, le transport et l'introduction de plusieurs objets de commerce et de consommation; impôt dont le produit, ordinairement avancé par le fabricant, le marchand ou le voiturier, est indirectement payé par le consommateur.

Les contributions directes sont : 1° la contribution foncière; 2° la contribution des portes et fenêtres; 3° la contribution personnelle et mobilière; 4° la contribution des patentes; 5° les centimes additionnels. On assimile aux contributions directes : les redevances fixes et proportionnelles sur les mines, les prestations pour chemins vicinaux, les contributions pour l'instruction primaire, les taxes pour : le curage des rivières non navigables, les travaux de salubrité et de desséchement, le pavage des rues, les dépenses des bourses et chambres de commerce, la vérification des poids et mesures, et le dixième perçu au profit des pauvres sur les entreprises de spectacles, concerts et fêtes publiques; l'impôt sur les biens de mainmorte, etc., etc.

Les contributions indirectes sont : 1° les droits sur les denrées ; 2° les droits de monopole en faveur de l'État; 3° les droits sur la fabrication et la marque des objets de luxe ; 4° les droits sur les transports ; 5° les octrois ; 6° les douanes; 7° les droits d'enregistrement, de timbre, de greffe et d'hypothèque ; 8° la taxe des lettres et les autres taxes perçues par l'administration des postes, etc., etc.

Les contributions directes et les contributions indirectes ont ceci de commun, qu'elles ne peuvent être établies que par une loi, et que le recouvrement peut en être poursuivi par la voie de contrainte. Elles diffèrent en ce que les contestations relatives aux contributions directes sont du ressort de l'administration, tandis que celles relatives aux contributions indirectes sont de la compétence des tribunaux civils, qui les jugent en dernier ressort.

§ 2. — Impôts directs.

Contribution foncière. —Cadastre. — Contribution des portes et fenêtres. — Contribution personnelle et mobilière.— Patentes. — Contributions extraordinaires.— Recouvrement. — Dégrèvement.

Contribution foncière [1]. — La contribution foncière frappe directement sur le revenu net des immeubles, abstrac-

[1] Loi 3 frim. an VII; loi 19 vent. an IX. — Sur les *Contributions directes*, voir : Allard, *Des contributions des patentes, foncières et des portes et fenêtres établies sur l'industrie manufacturière.* — Aucher, *Code du contentieux des contributions directes*, etc. — Belmondi, *Code des contributions directes.* — Boissonnier, *Guide des fonctionnaires et employés de l'administration des contributions directes.* — Dupont, *Dictionnaire de la perception des contributions directes.* — Durieu, *Poursuites en matière de contributions directes.* — Faivre, *Guide pratique du travail des mutations dans les communes*, etc. —

tion faite de la personne du propriétaire, qui peut s'affranchir
en délaissant. Cette contribution est un droit réel assis sur les
fruits et les revenus des immeubles, et qui, par conséquent,
doit être acquittée par celui qui jouit des fruits, comme l'usufruitier et l'emphytéote, mais non par les locataires et les fermiers. Pour asseoir la contribution foncière, on considère la
valeur du *revenu net* de l'immeuble, pour les propriétés non
bâties ; (on entend par *revenu net* celui qui reste au propriétaire après avoir déduit les frais de culture, d'exploitation et
de conservation ; on l'obtient donc en opérant cette déduction) ;
et, pour les propriétés bâties, en déterminant préalablement
la valeur locative de la maison et en soustrayant de cette
valeur un quart pour indemnité de dépérissement, frais d'entretien et de réparation. La déduction est plus forte lorsqu'il
s'agit de bâtiments destinés à l'industrie.

Votée par la représentation nationale, la contribution foncière est répartie entre les départements dans la loi même de
l'impôt. Le conseil général et, à défaut, le préfet, la répartit
entre les arrondissements du département. Le conseil d'arrondissement en opère la répartition entre les communes de
sa circonscription. Enfin, dans chaque commune, la répartition est faite par l'autorité communale que représente la
commission des répartiteurs, entre les contribuables qu'elle
atteint directement. Le cadastre est la base de cette répartition.

Cadastre. — On donne le nom de *cadastre* à une série d'o-
pérations dont le but est de lever les plans de toutes les parcelles de terre existant dans chaque commune ; d'établir pour
chaque nature de culture des divisions en classes ; d'évaluer

Fiquenel, *Manuel des contributions directes, à l'usage des agents de l'administration, des maires,* etc. — Fournier (Cas.), *Traité des contributions directes.*
— Gervaise, *Traité de l'administration des contributions directes.* — Leloir,
*Règlement général sur le recouvrement et les poursuites en matière de contri-
butions directes, expliqué et commenté.* — Perrous, *Législation des contributions directes.* — Saurimont, *Code des contributions directes.* Etc.

le revenu imposable de chacune d'elles, enfin de répartir toutes les parcelles dans les différentes classes. On appelle *parcelle*, en matière cadastrale, toute propriété distincte par sa nature ou par son propriétaire. Le cadastre est appelé parcellaire, parce qu'il n'est plus dressé par masses de culture, mais par parcelles de propriété.

Le cadastre devait, dans l'origine de son institution, embrasser toute la France et servir de fondement à la répartition législative entre les départements; il fut successivement restreint à l'étendue de chaque département, puis de chaque arrondissement, enfin de chaque commune. Il ne sert plus aujourd'hui qu'à la rectification de la répartition individuelle, et les dépenses qu'entraîne cette série d'opérations sont couvertes par des centimes spéciaux que vote chaque conseil général. Les plans sont levés dans chaque département par un géomètre en chef du cadastre, qui procède avec différents employés auxiliaires à la délimitation de la commune, à sa division en sections, à la triangulation et à l'arpentage. Après la levée du plan vient la classification, ou division des propriétés en classes. Le nombre des classes ne peut excéder celui de cinq pour chaque genre de culture. Dans les communes rurales, les maisons peuvent être divisées en dix classes, au plus; dans les communes urbaines, chaque maison est évaluée séparément. Les usines, fabriques et manufactures sont toujours évaluées séparément. Cette classification est faite par des classificateurs nommés par le conseil municipal, auquel on a réuni tous les plus fort imposés.

La classification est suivie du tarif des évaluations pour chaque classe. Ce tarif est dressé par les classificateurs. Il est arrêté par le conseil municipal et approuvé par le préfet. Enfin il est procédé par les classificateurs, assistés du contrôleur des contributions directes, au classement, c'est-à-dire à la répartition des propriétés dans les différentes classes. Pour rendre sensible par une image chacune des opérations du cadastre, M. Cabantous dit que la classification établit des

24

cases, que l'évaluation les étiquette et que le classement les remplit [1]. Le directeur des contributions directes applique alors au classement le tarif des évaluations. Pour servir de base à la matrice cadastrale, il rédige des états indicatifs de toutes les parcelles comprises dans chacune des sections entre lesquelles le territoire de la commune a été divisé par le géomètre en chef. Ces états, nommés états de sections, énoncent, pour chaque parcelle, le nom du propriétaire, le numéro du plan, le lieu indiqué, la nature et la contenance de la propriété, la désignation de la classe et le revenu imposable. La matrice cadastrale, qui est dressée ensuite, contient, par ordre alphabétique, les noms des propriétaires, et, sous le nom de chacun d'eux, réunit les parcelles qu'il possède dans les diverses sections. Les états de sections et les matrices sont adressés aux communes en même temps que le rôle cadastral; chaque propriétaire est prévenu de leur envoi par avis particulier, peut en prendre communication, et, pendant les six mois qui suivent la mise en recouvrement, est admis à réclamer contre le classement de ses fonds. Les réclamations relatives au classement ne sont plus admises après ce délai. On nomme *allivrement* l'opération qui détermine la somme à payer, à raison du revenu porté au cadastre [2].

Aux termes des articles 24 et 26 de la loi du 15 septembre 1807, le préfet statuait, sur le rapport du directeur des contributions, et après avoir pris l'avis du conseil de préfecture, sur toutes les réclamations formées contre l'évaluation cadastrale, par les propriétaires, régisseurs, fermiers et locataires. D'après l'article 33, le préfet statuait dans les mêmes formes sur les réclamations formées, au nom des communes cadastrées,

[1] Cabantous, *Répétitions écrites sur le droit administratif*, p. 199.
[2] Sur le *Cadastre*, voir : Delapalud, *De l'application du cadastre*, etc. — Noizet, *Du cadastre et de la délimitation des héritages; Traité comprenant l'examen des cadastres étrangers*, etc.—Oyon, *Collection des lois, arrêtés*, etc., *concernant les opérations prescrites par les arrêtés du gouvernement, pour parvenir à une meilleure répartition de la contribution foncière.* — Robernier, divers opuscules sur le cadastre.

par l'assemblée des propriétaires délégués *ad hoc* par les conseils généraux ; il fixait définitivement l'allivrement cadastral de chacune des communes intéressées, et répartissait entre elles la masse de leurs contigents annuels au prorata de leur allivrement cadastral.

Ces décisions seront désormais rendues par la commission départementale, en vertu de l'article 87 de la loi du 10 août 1871.

Nous avons dit que l'impôt foncier est dû par le propriétaire. La loi considère comme tel celui dont le nom figure sur le rôle nominatif des contribuables. Il en résulte que le vendeur encore porté sur les rôles est tenu de payer cet impôt pour l'immeuble dont il n'est plus propriétaire. L'État poursuit le débiteur apparent, sauf recours de celui qui a payé contre le débiteur réel. On donne le nom de *mutation de cote* au changement qui consiste à substituer le nom d'une personne à celui d'une autre sur le rôle nominatif. C'est le conseil de préfecture qui statue sur les demandes relatives à cette mutation [1].

Les rues, les places publiques servant aux foires et marchés, les grandes routes, les chemins publics vicinaux et les rivières ne sont point cotisables. Les canaux destinés à conduire les eaux à des moulins, forges ou autres usines, ou à les détourner pour l'irrigation, seront cotisés, mais à raison de l'espace seulement qu'ils occupent et sur le pied des terres qui les bordent. Les domaines nationaux non productifs réservés pour un service national et dont la destination a pour objet l'utilité générale, ne seront portés aux états de sections et matrices des rôles que pour mémoire, et ne seront point cotisés. Des mesures exceptionnelles tendant à empêcher l'augmentation de cotisation pendant un délai déterminé, existent en faveur des marais desséchés, des terres vaines et vagues depuis quinze ans, mises en culture, des terres en

[1] Arrêté du 24 fl. an VII.

friche depuis dix ans, plantées ou semées en bois, etc. Obligation pour le propriétaire qui voudra jouir de ces avantages, de faire au secrétariat de l'administration municipale de la situation des territoires une déclaration détaillée des terrains qu'il voudra améliorer [1].

Contribution des portes et fenêtres [2].— La contribution des portes et fenêtres, établie par la loi du 4 frimaire an VII, est assise sur les portes et fenêtres des bâtiments servant à l'habitation des hommes et donnant sur les rues, cours et jardins, dans tout le territoire, sans distinction des villes et des campagnes, des habitations du riche et du pauvre. Les portes et les fenêtres des granges, bergeries, greniers, caves, hospices, et des bâtiments affectés à un service civil ou militaire, sont affranchies de cette contribution, qui, en réalité, est supportée par les locataires, contre lesquels le propriétaire ou l'usufruitier ont un recours. Une maison entièrement inhabitée ne doit pas cet impôt; le propriétaire seul supporte l'impôt des portes et fenêtres communes à plusieurs locataires.

Une exemption permanente existe également au profit des portes et fenêtres des *manufactures*, c'est-à-dire des établissements qui occupent un grand nombre d'ouvriers, et où le travail des hommes est plus employé que les moteurs mécaniques. Il appartient, du reste, aux conseils de préfecture de décider, en cas de difficulté, ce que l'on doit considérer comme *manufactures*. La loi du 13 avril 1850 a, de plus, introduit des exemptions temporaires pour les ouvertures pratiquées afin d'assainir les logements insalubres. Voir aussi les lois des 3 mai 1848, 13 juillet 1848 et 4 août 1851.

Les ouvertures imposables sont imposées suivant un tarif en raison : 1° des ouvertures pratiquées à la maison ; 2° de l'espèce

---

[1] Voir notamment : loi 3 frim. an VII; loi 19 vent. an IX ; décr. 3 mai 1858; loi 4 août 1851 ; sén.-cons. 12 déc. 1852 ; loi 18 juin 1859.

[2] Lois 4 frim. an VII et 4 germ. an XI ; loi 21 avril 1832; lois 3 mai et 13 juil. 1848 ; loi 13 avril 1850; loi 4 août 1851 ; décr. 17 mars 1852; loi de finances 8 juil. 1852; décr. 15 déc. 1852.

des ouvertures ; 3° de l'élévation des étages ; 4° de la population [1]. Les rôles sont dressés par le directeur des contributions
directes, d'après une matrice revue chaque année par les commissaires chargés de la répartition du contingent communal,
avec l'aide du contrôleur. Compétence du conseil de préfecture
pour juger les demandes en mutation de cote.

Contribution personnelle et mobilière. — La contribution personnelle et mobilière comprend deux impôts distincts,
que la loi du 21 avril 1832 a réunis : la contribution personnelle fixée à la valeur de trois journées de travail, due par
chaque habitant de tout sexe, Français ou étranger, jouissant
de ses droits et non réputé indigent ; la cote mobilière, frappant les revenus mobiliers et reposant sur la valeur locative
des habitations. La taxe personnelle n'est due que dans la commune du domicile réel ; quant à la taxe mobilière, elle est due
pour toute habitation meublée. La contribution personnelle
et mobilière est due pour l'année entière ; elle peut être exigée des propriétaires et principaux locataires pour les locataires déménagés, à moins qu'ils n'aient donné avis du déménagement un mois d'avance, ou, si le déménagement a été
furtif, qu'ils ne l'aient fait constater dans les trois jours par le
maire, le juge de paix ou le commissaire de police. La répartition de l'impôt personnel et mobilier est faite entre les arrondissements par le conseil général, entre les communes par
le conseil d'arrondissement, sur les tableaux présentés par la
direction des contributions. La répartition du contingent
assigné à chaque commune se fait d'après le nombre des contribuables assujettis à la taxe personnelle, et d'après la valeur
des habitations. Le conseil municipal reçoit la communication
de la matrice des rôles de la contribution personnelle et mobilière, rédigée par les commissaires répartiteurs assistés du

---

[1] Il faut remarquer que le *chiffre de la population* joue un grand rôle non-
seulement pour l'application des lois financières, mais encore pour l'application
de nombreuses lois administratives. Ce chiffre est constaté, dans chaque commune, à l'aide des *recensements* faits, tous les cinq ans, par l'autorité municipale.

contrôleur des contributions, et désigne ceux qui doivent être exemptés de l'une des deux contributions.

La jurisprudence du Conseil d'État a conclu du silence des textes, relativement à la désignation de l'autorité compétente pour connaître des demandes en mutation de cote, que l'administration des contributions directes a seule qualité pour en connaître, et qu'aucun recours contentieux n'est ouvert contre les décisions qu'elle rend sur cet objet.

Sont considérés comme jouissant de leurs droits les veuves et les femmes mariées séparées de corps, les garçons et filles majeurs ou mineurs ayant des moyens suffisants d'existence, soit par leur fortune personnelle, soit par leur profession. Le conseil municipal est juge de la question d'indigence.

La combinaison de *la contribution personnelle* et de *l'impôt mobilier* se fait en multipliant, dans chaque commune, le nombre des contribuables en raison des valeurs locatives d'habitation. Soient, par exemple, 40,000 francs représentant le contingent de la commune, dont 10,000 francs pour la contribution personnelle et mobilière. Le nombre des personnes devant la contribution étant de 400, et la valeur de la journée de travail ayant été fixée à 1 franc par le conseil général, en multipliant 400, nombre des contribuables, par 3, valeur des trois journées, on obtiendra 1,200 francs pour produit de la contribution personnelle; on les déduira du contingent de 10,000 francs, et les 8,800 francs qui resteront, après cette déduction, seront demandés à l'impôt mobilier, par voie de répartition [1].

Les locaux destinés à *l'habitation personnelle* doivent seuls être considérés pour l'assiette de l'impôt mobilier. Les boutiques, ateliers, magasins et autres locaux servant à l'industrie sont en dehors de la contribution.

Faculté pour les communes de convertir en droits d'octroi la contribution personnelle et mobilière. Délibération du con-

[1] Batbie, *Introduction générale au droit public et administratif*, p. 274.

seil municipal. Approbation par décret. On critique avec raison ce droit accordé aux communes, et dont l'effet est de grever les classes pauvres, l'octroi pesant surtout sur les indigents par son égalité absolue.

Patentes. — Cette contribution a été établie en 1791. Elle correspond aux jurandes, maîtrises, vingtièmes d'industrie, à la portion de taille personnelle que l'on faisait payer aux artisans et aux marchands de plus qu'aux autres citoyens. Elle est due par tous ceux qui exercent un commerce, une industrie, une profession donnant des bénéfices. Elle consiste en un droit fixe, réglé suivant un tarif général, eu égard à la population et à la classe de l'industrie ; et en un droit proportionnel qui se détermine d'après la valeur locative des maisons d'habitation, usines, magasins, ateliers et boutiques (il est calculé sur la valeur de production... établissements industriels). Le droit fixe n'est dû qu'une fois, et doit être payé par tous les patentables, à l'exception des professions libérales assujetties par la loi de 1850 à une taxe proportionnelle plus élevée. Le droit proportionnel se paie autant de fois que le patentable a d'établissements. Recensement annuel des imposables, et formation des matrices de patentes par les contrôleurs des contributions directes. Dépôt de la matrice pendant dix jours au secrétariat de la mairie, pour que les parties intéressées puissent en prendre connaissance et faire leurs observations. Les rôles sont arrêtés et rendus exécutoires par le préfet. Obligation pour les patentables de se munir de la formule de patente, qu'ils sont obligés de représenter à toute réquisition. Les patentes sont personnelles, et ne peuvent servir qu'à ceux à qui elles sont délivrées. Tout individu, Français ou étranger, qui exerce en France une industrie, une profession, un commerce non compris dans les exceptions déterminées par la loi, est assujetti à la contribution. La loi de 1844 a placé au premier rang des exceptions les professions libérales. Mais la loi du 15 mai 1850 a frappé, à tort, d'une contribution proportionnelle du quinzième de la valeur locative les architectes, avocats, avoués, médecins, etc., ces professions s'interdisant pour combattre la concurrence les moyens qu'emploie l'industrie. Pour satisfaire au vœu de la loi du 25 avril 1844, qui ordonne la révision quinquennale du tarif de ces droits, la loi de finances de 1858 a édicté des dispositions spéciales qui ont modifié une partie des taxes, dans le but de dégrever un assez grand nombre de petits patentables, et d'élever l'impôt de plusieurs industries importantes. L'article 3 de la loi des 27-30 juillet 1870 a abrogé les dispositions de la loi du 18 mai 1850, aux termes de laquelle l'exemption de patente prévue par l'article 13, § 4 de la loi du 25 avril 1844, n'était pas applicable, lorsque les transformations de récoltes et fruits étaient pratiquées au ~~que ceux qui servent aux travaux manuels et à l'agriculture.~~ d'agents chimiques, de machines ou ustensiles autres

La contribution des patentes se distingue des autres contributions directes, en ce qu'un certain nombre de centimes par franc du montant de son produit sont attribués aux communes, et en ce qu'elle forme un impôt de quotité dont le produit ne peut être fixé, mais est seulement évalué dans la loi du budget [1].

De ce que les patentes sont personnelles, il résulte que les associés en nom collectif sont tous assujettis à cette contribution ; cependant l'associé principal paie seul le droit fixe en entier ; le même droit est divisé en autant de parts égales qu'il y a d'associés en nom collectif, et une de ces parts est imposée à chaque associé secondaire.

La contribution des patentes est due, pour l'année entière,

[1] Voir, sur l'impôt des *Patentes* : Allard, *Des contributions des patentes foncières*, etc. — Balmelle, *Code des patentes, expliqué par les motifs, par la discussion.* — Barrué, *Législation et dictionnaire des patentes, contenant un résumé complet des instructions, circulaires et décisions en vigueur.* — Lainné, *Le Manuel des patentes.* — Lanier, *Traité général des patentes.* — Larade, *Code manuel des patentes.* — Voir aussi : le *Code nouveau des patentes*, dressé par les soins de l'administration des contributions indirectes.

par tous les individus exerçant au mois de janvier une profession imposable. En cas de cession d'établissement, la patente sera, sur la demande du cédant, transférée à son successeur ; la mutation de cote sera réglée par le préfet. En cas de fermeture de magasins ou ateliers, les droits ne seront dus que pour le passé ou le mois courant. Ceux qui entreprennent après le mois de janvier une profession sujette à patente, ne doivent la contribution qu'à partir du 1er du mois dans lequel ils ont commencé d'exercer, à moins que par sa nature la profession ne puisse être exercée pendant toute l'année.

Les principales taxes assimilées aux contributions directes, aux points de vue de leur perception à l'aide du rôle nominatif et de la compétence des conseils de préfecture, sont, par exemple, les taxes pour la vérification des poids et mesures, la rétribution des instituteurs primaires, l'assèchement des mines, les dépenses des bourses et chambres de commerce, la taxe des biens de mainmorte, qui remplace sur les biens des personnes morales le droit de mutation, les redevances annuelles sur les mines ; etc. [1].

Contributions extraordinaires. — On comprend sous la dénomination de *contributions extraordinaires*, les centimes qui sont extraordinairement ajoutés aux contributions directes, et que l'on nomme *centimes additionnels*. Leur origine remonte à la création des sols additionnels par l'Assemblée constituante, pour remplacer le droit d'octroi qu'elle avait supprimé. Ces centimes additionnels sont votés par la loi annuelle des finances, ou par les conseils généraux dans les limites fixées par cette loi, ou par les conseils municipaux, suivant qu'il s'agit des dépenses extraordinaires de l'État, des départements ou des communes.

Recouvrement. — Le directeur des contributions directes (administration chargée de préparer le recouvrement de l'impôt), dresse chaque année le rôle qui présente distinctement,

---

[1] Voir, plus loin, le tableau que nous donnons des nouveaux impôts actuellement levés en France.

pour chaque commune, la somme que devra chaque contribuable pour chacune des contributions [1]. Ce rôle, qui forme
le titre de l'État, est rendu exécutoire par le préfet et publié
par le maire qui le remet au percepteur (agent de l'administration du Trésor, chargé d'effectuer et de centraliser la perception), du premier au cinq janvier de chaque année. Les
citoyens, avertis du recouvrement des impôts, sont tenus de
payer chaque mois un douzième, mais ils ont la faculté d'an-
ticiper les payements. A défaut de payement, le percepteur
doit faire une sommation sans frais. Le refus persévérant du
contribuable peut successivement donner lieu : 1° à une sommation avec frais ; 2° à garnison individuelle, ou collective
s'il y a plusieurs contribuables en retard (la contrainte par
garnison est délivrée par le receveur particulier) ; 3° à un
commandement de payer ; 4° à la saisie des meubles ou fruits
pendants par racines ; 5° à la vente des objets saisis, mais avec
l'autorisation du sous-préfet ; 6° enfin à la saisie immobilière
et à l'expropriation. En cas de concours avec d'autres créanciers, l'État exerce sur le prix provenant de cette vente un
droit de privilége que lui confère la loi du 12 novembre 1808 [2].
Les poursuites ne s'exercent qu'en vertu d'une contrainte

[1] Les circonstances exceptionnelles au milieu desquelles s'est trouvé le pays
dans les derniers mois de l'année 1870 et les premiers de l'année 1871, ont donné
lieu à des mesures exceptionnelles. Voir, par exemple, le décret des 13-17 septembre 1870, qui, suppléant à l'action des conseils généraux et d'arrondissements,
a chargé les préfets de répartir les contingents assignés, pour 1871, aux départements, en vertu de la loi de finances du 27 juillet 1870, dans les contributions
foncière, personnelle-mobilière et des portes et fenêtres, et a fixé le nombre des
centimes additionnels aux contributions directes de la même année 1871. — Voir
aussi un décret du ministre de la justice délégué pour représenter hors de Paris
le gouvernement de la Défense nationale, daté de Tours, les 16 septembre-
5 octobre 1870, relatif à la confection et à la mise en recouvrement des rôles de
contributions directes pour l'année 1871.

[2] D'après la loi du 12 novembre 1808, relative au privilége du Trésor public
pour le recouvrement des contributions directes, ce privilége est réglé ainsi qu'il
suit, et s'exerce avant tout autre : — 1° pour la contribution foncière de l'année
échue et de l'année courante, sur les récoltes, fruits, loyers et revenus des biens
immeubles sujets à la contribution ; — 2° pour l'année échue et l'année courante

délivrée par le receveur particulier de l'arrondissement, en
exécution du rôle, et visée par le sous-préfet. Les contribuables peuvent opposer la prescription au percepteur, après trois
ans à partir de la publication du rôle. Responsabilité des percepteurs quant au recouvrement des contributions dont la perception leur est confiée, sauf à prouver qu'ils ont pris toutes
les mesures qu'ils devaient et pouvaient prendre.

Tous les dix jours les percepteurs versent leurs recouvrements dans la caisse du receveur particulier qui, lui-même,
opère tous les dix jours ses versements dans la caisse du trésorier-payeur général du département, lequel met les fonds
à la disposition du Trésor public, et tient un compte courant
ouvert avec lui.

Ainsi donc le recouvrement des contributions en France
parcourt quatre degrés : 1° le contribuable opère son verse-

des contributions mobilière, des portes et fenêtres, des patentes, et toute autre
contribution directe et personnelle, sur tous les meubles et autres effets mobiliers appartenant aux redevables, en quelque lieu qu'ils se trouvent.

Tous fermiers, locataires, receveurs, économes, notaires, commissaires-priseurs, et autres dépositaires et débiteurs de deniers provenant du chef des redevables, et affectés au privilège du Trésor public, seront tenus, sur la demande qui
leur en sera faite, de payer, en l'acquit des redevables et sur le montant des fonds
qu'ils doivent, ou qui sont en leurs mains, jusqu'à concurrence de tout ou partie
des contributions dues par ces derniers. Les quittances des percepteurs pour les
sommes légitimement dues leur seront allouées en compte.

Le privilège attribué au Trésor public pour le recouvrement des contributions
directes ne préjudicie point aux autres droits qu'il pourrait exercer sur les biens
des redevables, comme tout autre créancier.

Lorsque, dans le cas de saisie de meubles et autres effets mobiliers pour le
payement des contributions, il s'élèvera une demande en revendication de tout ou
partie de ces meubles et effets, elle ne pourra être portée devant les tribunaux
ordinaires qu'après avoir été soumise, par l'une des parties intéressées, à l'autorité administrative, aux termes de la loi des 23 et 28 oct.-5 nov. 1790.

Cette loi de 1808 a abrogé l'article 11, tit. II de la loi du 11 brumaire an VII,
qui conférait à l'État un privilège sur les immeubles, et auquel se référait, en
1804, l'article 2098 du Code civil. Remarquer encore que, pour la contribution
foncière comme pour les autres contributions directes, la créance garantie par le
privilège est l'impôt de l'année échue et de l'année courante. Le privilège
s'exerce *avant tout autre*, sauf le privilège des frais de justice et celui du
locateur.

ment entre les mains du percepteur ; — 2º tous les dix jours, les percepteurs versent leurs recouvrements dans la caisse du receveur particulier ; — 3º le receveur particulier opère·tous les dix jours ses versements dans la caisse du trésorier-payeur général du département ; — 4º le trésorier-payeur général tient les fonds à la disposition du Trésor public, à Paris, avec lequel il est en compte courant. Une direction appelée *Direction du mouvement des fonds* distribue les fonds sur toutes les parties du territoire, suivant l'encaisse disponible et les besoins de la caisse centrale et de chaque trésorerie générale.

Dégrèvement. — Les demandes en dégrèvement peuvent tendre à obtenir la *décharge*, la *réduction*, la *remise*, la *modération*. Il y a lieu à *décharge*, lorsque le contribuable a été imposé pour des facultés qu'il n'a pas ; à *réduction*, lorsque sa cote est plus élevée qu'elle ne devait l'être ; à *remise*, lorsque le contribuable a perdu ses facultés imposables ; à *modération*, s'il n'en a perdu qu'une partie. Le contribuable qui réclame contre la répartition doit adresser au sous-préfet (au préfet, dans l'arrondissement du chef-lieu de département), dans les trois mois de la publication du rôle, sa demande en *décharge*, en *réduction*, en *remise* ou en *modération* (y joindre les quittances des termes échus). La demande doit être faite sur papier timbré, si la cote est supérieure à 30 francs. Le directeur des contributions est-il d'avis qu'il y a lieu d'admettre la demande ? le conseil de préfecture est saisi et prononce. Dans le cas contraire, le réclamant qui a été informé, et qui a pris communication de l'avis du directeur à la sous-préfecture (ou à la préfecture), peut demander une expertise. Compétence du conseil de préfecture pour les demandes en *décharge* ou en *réduction*, qui sont les unes et les autres fondées sur un droit ; recours au Conseil d'État. Mais pour les demandes en *remise* ou en *modération*, comme elles ne reposent que sur un simple intérêt, compétence exclusive du préfet, dépositaire de la justice gracieuse ; recours devant le ministre des finances.

Le montant des *décharges* et *réductions*, sauf celles des patentes et des portes et fenêtres, est réparti, l'année suivante, par voie de surimposition, entre les autres contribuables de la commune[1]. Les *remises* ou *modérations*, au contraire, constituent pour l'État une perte à laquelle il est pourvu au moyen du *fonds de non-valeur*, composé de centimes additionnels aux quatre contributions directes. Un tiers de ce fonds est mis, par décret, à la disposition des préfets, et les deux autres tiers à celle du ministre des finances, pour être distribués aux départements qui ont le plus de besoins, et former entre eux un fonds commun.

§ 3. — L'impôt indirect [2].

Principes généraux. — Droits sur les denrées. — Douanes. — Enregistrement. — Timbre. —Droits de greffe et d'hypothèques.—Impôts sur les valeurs mobilières. —Impôts départementaux et communaux. — Octrois.

Principes généraux. — La législation en matière de contributions indirectes repose sur les deux principes suivants : la taxe sur les objets de consommation ne doit point être établie sur ceux de première nécessité, et doit toujours être plus forte sur les autres objets, en raison de ce qu'ils s'éloignent davantage de la première nécessité ; l'impôt doit être

[1] Arrêté du 24 flor. an VIII, art. 14.
[2] Sur les *Contributions indirectes*, voir, notamment : Les *Annales* des contributions indirectes, des tabacs et des octrois. — La *Bibliothèque des employés des contributions indirectes, des tabacs et des octrois*, etc. — Le *Code des contributions indirectes, contenant le Code du droit de circulation*, etc. — Biret, *Nouveau Manuel complet des octrois et des autres impositions indirectes.* — D'Agar, *Code des contributions indirectes.* — Du même, *Traité du contentieux des contributions indirectes.* — Girard et Fromage, *Tableaux des contraventions et des peines en matière de contributions indirectes, de tabacs et d'octrois*, etc. — Des mêmes, *Manuel des contributions indirectes et des octrois.* — Saillet et Olibo, *Codes des contributions indirectes, ou lois organiques annotées.* — Voir aussi le *Mémorial du contentieux judiciaire et administratif des contributions indirectes, des tabacs et octrois*, etc.

réparti entre les contribuables, dans la proportion de leur aisance.

Les contributions indirectes sont ainsi dénommées depuis
·l'ordonnance du 17 mai 1814. Ces impôts étaient désignés,
sous l'ancienne monarchie, par le nom d'*aides et gabelles*;
dans les premières années du xix° siècle, on les a nommés
droits réunis. Ils correspondent aux impôts qui, en Angleterre,
portent le nom de *droits d'accises*, et, en Belgique, de *droits
d'excises*.

Les impôts indirects sont, par exemple, les droits sur les
denrées, les droits de monopole en faveur de l'État, les droits
sur la fabrication et la marque des objets de luxe, les droits
sur les transports, les droits de douanes, d'enregistrement, de
timbre, de greffe, d'hypothèques, la taxe des lettres et les
autres taxes perçues par l'administration des postes. Ces différentes contributions présentent toutes un caractère général.
Les taxes d'octroi sont des impôts indirects spéciaux, établis au
profit des communes.

Droits sur les denrées. — Les droits sur les denrées
s'appliquent aux boissons, aux sels et aux sucres indigènes.
Les différents droits qui frappent les boissons (vins et eaux-
de vie, liqueurs, bières, cidres, etc.), sont des droits de *fabrication* et de *consommation*, des droits de *circulation*, *d'entrée*
et de *détail*. En 1871, un impôt est frappé sur les allumettes,
la racine de chicorée, les papiers de toutes sortes, les cartes à
jouer (*droit de fabrication*, 50 *centimes par jeu*), les sucres et
glucoses, l'huile de schiste, les sucres extraits des mélasses
épuisées, etc,, etc[1]. Les personnes qui exercent le commerce
des boissons doivent, en outre, justifier d'une *licence* ou patente
spéciale ; même obligation pour les fabricants de cartes.

On entend par *acquit-à-caution* le certificat délivré pour
assurer le transport à leur destination et la libre circulation
des marchandises, sans être assujetti à aucun droit. L'acquit-

[1] Voir, plus loin, le tableau que nous donnons des nouveaux impôts actuellement levés en France.

à-caution contient la soumission de rapporter dans un délai déterminé, suivant la distance des lieux, un certificat de l'arrivée ou du passage de ces marchandises au bureau désigné.

Le *passavant* est la permission accordée par celui qui est préposé à la perception des droits, au propriétaire, colon partiaire, récoltant, sur leur déclaration, de transporter d'un lieu dans un autre, et pour leur propre compte, sans être soumis aux droits, les boissons qu'ils ont récoltées. Le *passe-debout* est le permis de faire passer dans une ville sujette aux droits d'entrée, ou d'y séjourner moins de vingt-quatre heures, un chargement de marchandises ou d'objets soumis au payement du droit. Ce permis est délivré au bureau d'entrée moyennant le cautionnement ou la consignation du montant des droits, dont la restitution s'opère au bureau de la sortie.

La contrainte est la seule voie légale pour poursuivre le recouvrement du droit constaté. Elle est décernée par le directeur ou le receveur de la régie, visée ou déclarée exécutoire sans frais par le juge de paix, et notifiée par un employé. On peut y former opposition, mais il faut payer d'abord, sauf restitution. En vertu de la contrainte : saisie-arrêt ou saisie directe des meubles et des fruits; en cas d'insuffisance des meubles, l'État peut poursuivre l'expropriation des immeubles. — Le contentieux des contributions indirectes appartient à l'autorité judiciaire.

Douanes[1]. — On appelle *Douanes* l'administration publi-

[1] Sur les *Douanes*, voir : La *Législation des douanes de France, loi du 16 mai 1863. Documents officiels comprenant*, etc. — Bacquès, *Les douanes françaises; essai historique*. — Amé, *Étude économique sur les tarifs de douanes*. — Beilac (de), *Répertoire général du contentieux, de la procédure et de la jurisprudence en matière de douane*. — Bourgat et Delandre, *Code des douanes*. — Chauvassaignes, *Manuel des préposés des douanes*. — Delandre, *Traité pratique des douanes*. — Dujardin-Sailly, *Code des douanes*. — Dumesnil (M.), *Nouveau Dictionnaire de législation des douanes*. — Du même, *Manuel des douanes*. — Duverger (T.), *La douane française*. — Fasquel et Lejeune, *Résumé analytique des lois et règlements des douanes*. — Fassy et Deydier, *Douanes de France*. — Lajonkaire, *Tarifs des douanes de France*,

que placée dans les attributions de la direction générale des contributions indirectes, et qui se compose d'employés chargés de percevoir les droits fixés par des tarifs établis légalement sur les marchandises qui y sont désignées, soit à leur sortie de France, ou exportation, soit à leur entrée, ou importation, soit dans les entrepôts, soit pour transit. Les lois de douanes n'ont pas seulement un intérêt fiscal : elles ont surtout pour but d'empêcher ou de favoriser l'importation ou l'exportation de certains produits, d'après des considérations d'économie politique et du droit des gens. Les douanes relèvent du droit des gens, en ce qu'elles donnent lieu à des conventions diplomatiques avec les peuples voisins.

Henri III établit le premier une taxe sur toutes les marchandises importées (édit de 1581). Colbert, en 1667, imposa certains droits à l'importation en général, et à l'exportation de quelques matières premières. L'Assemblée constituante, considérant les droits de douanes comme un moyen de protection pour l'agriculture et les manufactures de la nation, affranchit de toute taxe l'importation des matières premières, mais entrava l'introduction des objets que pouvaient fournir les fabriques françaises, et établit des droits pour favoriser la concurrence des manufactures nationales avec les manufactures étrangères.

La Convention et l'Empire substituèrent le système des prohibitions aux tarifs très-modérés de l'Assemblée constituante. Sous les gouvernements de la Restauration et de Juillet, s'organisa un système de protection exagérée qui n'exclut pas complétement les prohibitions. Depuis 1852, plusieurs décrets, confirmés par des lois du 26 juillet 1856 et du 18 avril 1857, avaient déjà levé certaines prohibitions et

d'après les documents officiels. — Magnier-Grandprez, Code des douanes de l'empire français, au courant depuis le mois de novembre 1790 jusqu'en juin 1806. — Mathieu (L.), Commentaire de la loi des douanes. — Guilgot, Manuel de l'employé des douanes. — Lelay, Recueil abrégé des lois et règlements sur la douane.

abaissé les droits sur plusieurs espèces de marchandises, lorsque le traité du 23 janvier 1860, entre la France et l'Angleterre, est venu inaugurer, dans la législation française, le règne nouveau de la liberté commerciale, en levant les prohibitions et en les remplaçant par des tarifs modérés. Ce traité a eu pour conséquence de nombreuses lois qui ont remanié toutes les parties du régime douanier : telles que la loi du 5 mai 1860, portant réduction du tarif pour l'importation des laines, cotons et autres matières premières; la loi du 23 mai 1860, sur l'importation des sucres, cafés, cacaos, thés; la loi du 14 juillet 1860 sur l'exportation en franchise des bois, charbons et écorces, le noyer excepté; la loi du 15 mai 1861, relative aux droits de douane sur les grains, farines et autres denrées alimentaires, et portant suppression de l'échelle mobile; la loi du 16 mai 1863 sur les douanes; la loi du 7 mai 1864 sur le régime général des sucres; la loi du 10 mai 1866, sur la marine marchande; la loi du 1er mai 1867 sur les douanes.

L'organisation des douanes est civile et militaire. Les employés de cette administration, placés dans les attributions du ministre des finances, sont compétents pour faire, en matière de douanes, les actes du ministère des huissiers. On entend par *rayon frontière de terre*, et par *rayon maritime*, les circonscriptions dans lesquelles s'exerce la surveillance spéciale des douanes. Le rayon frontière de terre comprend deux myriamètres à partir de la ligne des frontières; cette zone est assujettie à une surveillance spéciale, et grevée de servitudes particulières. Le rayon maritime s'étend à deux myriamètres en mer, parallèlement aux côtes de France; cet espace est parcouru par les chaloupes de la douane, qui ont le droit de visiter tous les bâtiments. Les bureaux de la douane sont les points particuliers où se fait la vérification des marchandises, et où se perçoivent les droits. Les droits se payent à l'entrée ou à la sortie. En cas de contrebande, c'est-à-dire d'exportation ou d'importation faite, en fraude des droits établis, des denrées ou marchandises qui ne peuvent sortir du territoire, ou y être introduites, qu'après que ces droits ont été acquittés, les objets et les moyens de transport sont confisqués. Les contraventions, constatées par les préposés de l'administration des douanes, dont les procès-verbaux rédigés et affirmés par deux d'entre eux sont crus jusqu'à inscription de faux, sont punies par les tribunaux de police correctionnelle.

Le décret du 27 décembre 1851 a réuni l'administration des douanes à celle des contributions indirectes, en ce sens seulement qu'elles forment une même direction générale. Le rapport ministériel qui a préparé cette réunion, a fait observer que ces deux administrations concourent, l'une et l'autre, à la perception de l'impôt indirect. C'est la douane qui perçoit les droits sur les sucres coloniaux et étrangers et sur la plus grande partie des sels; c'est la régie des contributions indirectes qui perçoit l'impôt sur les sucres indigènes et sur les sels fabriqués hors du rayon des douanes. Non-seulement leurs attributions les rapprochent, mais leurs moyens d'action, leurs procédés, les modes de perception qu'elles emploient, soit pour la constatation des produits, soit pour la surveillance de la fraude, présentent, sur un grand nombre de points, beaucoup de similitude. Un décret du 19 mars 1869 a fait cesser cette réunion et rétabli les deux directions, telles qu'elles existaient avant 1851.

L'*entrepôt* est le dépôt provisoire des marchandises qui ne sont pas arrivées à leur destination. Il est *réel*, lorsqu'il se fait dans des magasins communs à la douane et au commerce; il est *fictif*, quand il a lieu dans les magasins du commerçant. L'entrepôt suspend l'application du droit de douanes. Deux décrets du 28 juillet 1869 ont statué que les marchandises admises à l'*entrepôt fictif*, lorsqu'elles seront importées par navires français, jouiront du même bénéfice lorsque l'importation aura lieu sous pavillon étranger; et que les marchandises destinées à l'admission temporaire, pourront être importées par mer sous tous les pavillons.

Le *transit* est le passage à travers la France de marchandises voyageant d'un pays à un autre. Lorsqu'il se fait par mer, il se nomme *cabotage*. Il empêche l'application des droits de douanes.

Les droits de douanes sont ou *ad valorem* ou *spécifiques*. Les droits *ad valorem* sont établis sur la valeur des marchandises estimées par la déclaration des parties. Pour prévenir les déclarations frauduleuses, l'administration a le droit d'exercer le *droit de préemption*, qui consiste à prendre la marchandise au prix indiqué, pour la vendre au compte de l'État. La législation actuelle tend à la suppression de ces droits. Les *droits spécifiques* sont établis, suivant l'espèce des marchandises, sur des quantités de cent kilogrammes, sans distinction de valeur vénale. Les animaux payent *par tête*, suivant leur espèce, quels que soient leur poids et leur prix.

La créance de l'État est garantie par l'hypothèque inscrite en vertu de la contrainte, sur les immeubles des redevables ; par un droit de gage sur les objets saisis; par un privilège général sur tous les meubles et effets mobiliers du redevable.

Bien que la taxe de la douane soit une contribution indirecte, et, comme telle, qu'elle doive être établie par la loi, elle intéresse trop le commerce et l'agriculture, pour que le gouvernement, protecteur des intérêts du pays, ne puisse pas hausser ou baisser provisoirement la taxe des douanes, prohiber ou permettre l'importation ou l'exportation de marchandises déterminées, et exercer à cet égard une initiative commandée par les besoins publics. Ces différents actes du gouvernement n'auront, toutefois, qu'un caractère provisoire, que le législateur seul pourra rendre définitif. D'après un sénatus-consulte du 25 décembre 1852, le gouvernement pouvait modifier les tarifs des douanes compris dans les traités de commerce, sans qu'il fût besoin de l'approbation du Corps législatif. Les principes du droit public actuel veulent que les modifications apportées désormais à des lois ou à des tarifs de douanes ou de postes par des traités internationaux, ne soient obligatoires qu'en vertu d'une loi. — L'administration des douanes éclaire sur l'état du commerce extérieur ou intérieur, en publiant annuellement le tableau général du commerce de la France avec ses colonies et les puissances étrangères, et en rendant publiques la situation des entrepôts et la comparaison des principales marchandises importées et exportées pendant le courant de l'année.

Enregistrement [1]. — L'*enregistrement* est une formalité civile et financière, qui consiste dans l'analyse ou la transcription, sur des registres tenus à cet effet, des actes et déclarations soumis à cette formalité. Il a pour objet d'assurer l'existence et la date des actes, des mutations et des hypo-

---

[1] Sur l'*Enregistrement*, voir : Bigorne (Em.), *Refonte et analyse des circulaires et instructions de l'administration de l'enregistrement*, etc. — Bourgade, *Les contribuables et l'enregistrement*, etc. — Championnière, Rigaud et Pont, *Traité des droits d'enregistrement*, etc. — Clerc, *Traité général du notariat et de l'enregistrement*. — Couvreur, *Guide théorique et pratique des huissiers, dans l'exécution des lois sur le timbre et l'enregistrement*. — Dalloz, *Traité de l'enregistrement* (extrait du Répertoire). — Demante (G.), *Exposition raisonnée des principes de l'enregistrement*, etc. — Gagneraux, *Nouveau Code annoté de l'enregistrement, du timbre*, etc.—Masson-Delongpré, *Code annoté de l'enregistrement*.—Du même, *Manuel d'enregistrement, à l'usage des employés et des officiers publics*. — Rolland de Villargues, *Code du notariat, et des droits de timbre, d'enregistrement, d'hypothèque et de greffe*. — Tardif, *Lois du timbre et de l'enregistrement*. — Vuarnier, *Traité de la manutention des employés de l'enregistrement et des domaines*. — Camps, *Code et dictionnaire de timbre, enregistrement*, etc. — Fessard, *Dictionnaire de l'enregistrement et des domaines*. — Garnier, *Répertoire général, nouveau dictionnaire des droits d'enregistrement*. — Géraud, *Traité élémentaire d'enregistrement et de timbre*, etc. — Du même, *Dictionnaire de comptabilité, manutention et procédure, à l'usage des agents de l'enregistrement*, etc. — Joliet, *Le répertoire de l'enregistrement*, etc. — Muzard, *Dictionnaire administratif, géographique et statistique des bureaux de l'enregistrement*, etc. — Noblet, *Traité des droits d'enregistrement, de gage et d'hypothèque*. — Rolland et Trouillet, *Dictionnaire général des droits d'enregistrement, de timbre et de greffe, des hypothèques*, etc.—Sorel, *Nouveau Tarif, ou dictionnaire abrégé des droits de timbre, d'enregistrement, de greffe, d'hypothèques*, etc. — Teste-Lebeau, *Dictionnaire analytique des arrêts de la Cour de cassation, rendus en matière d'enregistrement*, etc. (1833.) — Voir aussi : le *Bulletin de l'enregistrement, du timbre, des droits de greffe, des hypothèques*, etc. ; — la *Revue du notariat et de l'enregistrement*; — le *Répertoire périodique de l'enregistrement*. — Bourgade, *Loi du 23 août 1871, sur l'enregistrement, le timbre*, etc.

thèques, et de procurer au Trésor un revenu qui est, à la fois, le salaire de la formalité et un impôt proportionnel assis sur les valeurs. Son origine remonte aux lois qui ont placé les conventions sous la garantie de l'autorité publique. Les *droits de mutation* ont pour objet de saisir la propriété au moment où elle se transmet d'une personne à une autre, à titre onéreux ou gratuit, ou par l'effet du droit de succession.

Le personnel de l'administration de l'enregistrement et des domaines se compose de postulants surnuméraires, de receveurs, de premiers commis de direction, chargés de préparer, sous les ordres du directeur, le travail de la correspondance et du contentieux et de surveiller la tenue des sommiers, de vérificateurs, d'inspecteurs et de directeurs. Ces derniers fonctionnaires, nommés par le chef de l'État, occupent le premier grade de l'administration dans le département. Un directeur général dirige et surveille, sous les ordres du ministre des finances, toutes les opérations relatives à la perception des droits d'enregistrement.

L'impôt de l'enregistrement a une nature mixte. Il est indirect, en ce qu'il n'est exigible qu'au fur et à mesure des mutations et des actes à enregistrer, et que les contribuables peuvent s'y soustraire en s'abstenant de transactions ; il ressemble à l'impôt direct, en ce qu'il est dû nominativement par le contribuable, et qu'il est exigible par voie de contrainte. Cet impôt est régi par la loi du 22 frimaire an VII, qui n'a subi que des modifications partielles principalement relatives à ses tarifs.

On divise les droits d'enregistrement en *droits fixes* et en *droits proportionnels*. Le *droit fixe* s'applique aux actes, soit civils, soit judiciaires ou extrajudiciaires, qui ne contiennent ni obligation, ni libération, ni condamnation, ni collocation ou liquidation de sommes et valeurs, ni transmission de propriété, d'usufruit ou de jouissance de biens meubles ou immeubles. Le *droit proportionnel* est établi pour les obligations,

libérations, condamnations, collocations ou liquidations des
sommes et valeurs, et pour toute transmission de propriété,
d'usufruit ou de jouissance de biens meubles et immeubles,
soit entre-vifs, soit par décès.

Les tarifs des droits fixes et proportionnels ont été réglés,
comme nous venons de le dire, par la loi du 22 frimaire
an VII, mais les lois de finances qui ont suivi cette époque y
ont apporté de nombreuses modifications.

Le *droit proportionnel* n'est dû qu'autant qu'il a été établi
par une disposition expresse. Le *droit fixe* est toujours exigible, soit en vertu de l'article du tarif où il est nommément
porté, soit en vertu d'une disposition générale qui taxe à un
droit uniforme les *actes innommés* [1].

Aux termes de la loi de l'an VII, nul ne peut atténuer ni
différer le payement des droits d'enregistrement, sous le prétexte de contestation sur la quotité, ni pour quelque autre
motif que ce soit, sauf à se pourvoir en restitution, *s'il y a
lieu*. Les actes nuls, quelle que soit la cause de la nullité, doivent donc provisoirement le droit d'enregistrement. La loi de
l'an VII ajoute que tout droit d'enregistrement régulièrement

---

[1] Remarquer que les droits *fixes* sont perçus d'après un tarif qui change selon
la nature de l'acte, mais ne varie pas suivant la valeur qui en fait l'objet et reste
toujours le même pour chaque acte. Ils frappent les actes *innommés* (c'est-
à-dire non tarifés expressément), et les actes *nommés* (c'est-à-dire prévus et
définis par la loi fiscale), qui ne mettent pas de valeur en mouvement et sont
simplement déclaratifs. Quant aux droits *proportionnels*, non-seulement ils
varient en vertu de la nature des actes, mais ils s'élèvent, en outre, ou
s'abaissent pour chaque acte, en raison de la valeur qui en fait l'objet. Ils ne sont
dus qu'en vertu d'une disposition légale, et la loi ne les attache qu'aux actes qui
opèrent une translation quelconque de droit. Les droits de *mutation* sont perçus
en cas de transmission entre-vifs à titre gratuit ou onéreux de biens immeubles
et en cas de mutation par décès, testamentaire ou *ab intestat*, de toutes sortes
de biens ; ils sont exigibles alors même que les parties ne présentent pas l'acte,
ou ne viennent pas déclarer la mutation. Les droits d'*acte* sont établis sur tous
les actes non soumis aux droits de mutation. Ils ne sont dus qu'autant que l'acte
est présenté à l'enregistrement sans que les agents de l'administration soient
autorisés à les rechercher, et lorsque l'acte est produit, les agents sont tenus de
le prendre pour base de la perception, sans pouvoir en contester la sincérité.

perçu *ne pourra être restitué*, quels que soient les événements ultérieurs. Faut-il en conclure que *toute annulation par jugement* formera un de ces événements *ultérieurs* qui ne peuvent déterminer la restitution du droit? L'intention de la loi n'a pu être que *d'empêcher l'annulation des actes par des collusions frauduleuses ;* le législateur a même exempté du droit proportionnel les jugements qui annulent des actes pour cause de *nullité radicale.* La nullité est *radicale* quand le contrat, ramené à son origine, n'a pas de cause ou d'existence.

Par qui sont dus les droits d'enregistrement? Par les débiteurs et nouveaux possesseurs, pour l'enregistrement des actes civils et judiciaires emportant obligation, libération ou translation de propriété ou d'usufruit de meubles ou immeubles. Quant aux droits des autres actes, ils seront acquittés par les parties auxquelles ces actes profiteront, lorsqu'il n'aura pas été stipulé de dispositions contraires. Les droits des déclarations des mutations par décès seront payés par les héritiers, donataires ou légataires ; les cohéritiers seront solidaires. Mais les droits d'enregistrement ne sont pas toujours payés directement par les parties ; il arrive souvent qu'ils sont avancés par les officiers publics, sauf à prendre exécutoire du juge de paix pour leur remboursement. C'est ainsi que les droits des actes à enregistrer seront acquittés par les notaires pour les actes passés devant eux ; par les huissiers pour ceux de leur ministère ; par les greffiers pour les actes et jugements qui doivent être enregistrés sur les minutes, pour les actes passés et reçus au greffe et pour les extraits, copies et expéditions qu'ils délivrent des jugements qui ne sont pas soumis à l'enregistrement sur les minutes ; par les secrétaires des administrations centrales et municipales, pour les actes de ces administrations qui sont soumis à la formalité de l'enregistrement.

La loi a fixé le délai dans lequel l'enregistrement doit avoir lieu, et déterminé les bureaux où les actes et mutations doivent être enregistrés, indiqué le mode d'évaluation qui sert à calculer le droit proportionnel, et sanctionné l'obligation de se soumettre à l'enregistrement. Il ne saurait entrer dans le plan de cet ouvrage d'analyser, dans tous ses détails, la législation de l'enregistrement; nous devons nous borner à n'exposer que des considérations générales; c'est ainsi que nous ne ferons que citer quelques principes applicables en matière de perception. Ouverture des droits au moment de la confection des actes, et exigibilité dans les délais fixés par la loi. L'action du Trésor ne peut être modifiée par les conventions des parties. La nature d'un acte se détermine, non point par la dénomination qui lui est donnée, mais par l'ensemble de ses dispositions, par les effets qu'il produit et par la commune intention des parties; toutefois, les employés n'ont pas à examiner la validité des conventions. Lorsque, dans un acte quelconque, il y a plusieurs dispositions indépendantes et ne dérivant pas nécessairement les unes des autres, il est dû, pour chacune d'elles, et selon son espèce, un droit particulier.

Certains actes sont enregistrés *en débet*, d'autres sont enregistrés *gratis*, d'autres enfin sont *exempts* de la formalité de l'enregistrement.

On entend par actes enregistrés *en débet*, ceux qui sont enregistrés sans payement immédiat des droits. Le recouvrement en est suivi postérieurement contre les parties. Sont enregistrés *en débet* tous les actes et procès-verbaux concernant la police ordinaire et qui ont pour objet la poursuite et la répression des délits et contraventions, lorsqu'il n'y a pas de partie civile; les actes de procédure devant les conseils de prud'hommes, etc.

Nous citerons parmi les actes enregistrés *gratis* : 1° les acquisitions pour le compte de l'État ; 2° les actes relatifs à l'expropriation pour cause d'utilité publique, aux chemins vicinaux ; 3° les délibérations des conseils de famille autorisant un tuteur à consentir à l'engagement d'un mineur pour le service militaire, etc., etc. Des lois, des ordonnances, des décrets et des instructions particulières ont désigné ces différents actes.

Enfin sont *exemptés* de l'enregistrement : 1° les actes du gouvernement ; 2° les actes de mariage, naissance, décès, et les extraits qui en sont délivrés ; 3° les passeports et légalisations ; 4° les cédules pour citer devant les juges de paix et prud'hommes ; 5° les quittances des fournisseurs, ouvriers, maîtres de pensions et autres de même nature ; 6° les rescriptions et mandats sur les caisses publiques ; 7° les certificats de vie délivrés aux créanciers ou pensionnaires de l'État, etc., etc.

L'administration poursuit le payement des droits par des avertissements gratis, par voie de contrainte par huissier, et par instance judiciaire. Compétence du tribunal civil du bureau de perception, que l'instance soit intentée par le redevable ou par l'administration. Le tribunal civil juge en dernier ressort, quel que soit le chiffre des droits contestés. Instance introduite ou par opposition à la contrainte, ou par assignation de la part de l'administration. L'instruction a lieu par simples mémoires, sans ministère d'avocat ni d'avoué, sur le rapport fait par un juge en audience publique et sur les conclusions du ministère public. Les jugements en matière d'enregistrement ne peuvent être attaqués que par voie d'opposition, requête civile, tierce-opposition ou cassation. Quant à la perception des droits, elle est assurée contre toute fraude et infraction : 1° par l'obligation imposée aux notaires, secrétaires de préfecture, sous-préfets, maires ou secrétaires des mairies, greffiers, commissaires-priseurs, courtiers, huissiers et porteurs de contraintes, de tenir des répertoires de leurs actes, de les soumettre tous les trois mois au receveur de l'enregistrement et de les communiquer aux employés de l'enregistrement, à toute réquisition ; 2° par les notices des décès fournies tous les trois mois par le maire au receveur ; 3° par les présomptions légales de mutations immobilières ; 4° par les expertises qui tempèrent l'effet des simulations de prix et de revenus ; 5° enfin par les amendes et nullités.

Des lois spéciales déterminent les bases d'après lesquelles les droits d'enregistrement sont perçus et le temps suivant lequel la prescription est acquise.

En matière d'*obligations*, la taxe est due sur les sommes portées dans l'acte. S'agit-il de *ventes immobilières*, la taxe est exigible sur le prix et les charges accessoires qui en sont considérées comme une augmentation. Si le prix était inférieur à la valeur réelle, les agents de la régie auraient le droit de demander une expertise pour établir la véritable valeur vénale.

Pour les *transmissions à titre gratuit*, par décès ou entre-vifs, si la mutation est *mobilière*, le droit est perçu sur la déclaration des parties, avec faculté pour l'administration de démontrer la fraude, sans avoir même besoin de recourir à une expertise. Si la mutation est *immobilière*, le droit est perçu sur un capital égal à vingt fois le revenu de l'immeuble, quelle que soit la valeur vénale. En cas de contestation, le revenu est fixé par experts, d'après tous les moyens de preuve. Une loi de 1850 a soumis les *dons manuels* déclarés aux droits de donation. Le tarif est réduit de moitié pour les donations faites par contrat de mariage. Enfin, en matière de succession, le droit s'élève graduellement à mesure que le degré de parenté s'éloigne, frappant avec modération sur la ligne directe, plus fort sur la ligne collatérale, et avec moins de ménagements encore sur les étrangers.

Timbre [1]. — Le timbre est l'empreinte appliquée sur les

[1] Loi 13 brum. an VII; loi 28 avril 1816; lois 28 avril 1817, 21 avril 1832, 20 juil. 1837, 3 juil. 1846; décr. 4 mars 1848; lois 5 juin 1850, 16 juillet 1850; décr. 27 juil. 1850; décr. 17 févr. 1852, 1er mars 1852, 28 mars 1852, 7 avril 1853; lois 23 juin 1857, 11 juin 1859; décr. 18 janvier 1860; loi 9 mai 1860; loi 2 juil. 1862; décr. 2 juil. 1862; décr. 29 oct. 1862; décr. 23 janv. 1864; loi 8 juil. 1865 (*timbre des quittances de produits et revenus de toute nature, délivrés par les comptables de deniers publics*); loi 18 juil. 1866 (*affiches*); loi 31 juill. 1867 (*timbres mobiles*); décr. 28 mars 1868 (*timbre des actions des*

papiers et parchemins à employer aux actes, affiches, annonces, etc. L'obligation de faire usage du papier revêtu de cette empreinte, dans les cas indiqués par la loi, a donné naissance à un impôt indirect. L'impôt du timbre est, du reste, fort ancien. C'est la loi du 13 frimaire, an VII, qui l'a réorganisé, et il a été successivement modifié par les lois de finances. La contribution du timbre est de deux sortes : 1° le *timbre de dimension*, tarifé en raison de la dimension du papier dont il est fait usage pour tous actes civils et judiciaires, et pour les écritures qui peuvent être produites en justice et y faire foi ; 2° le *timbre proportionnel*, droit créé pour les effets de commerce, et qui est gradué à raison des sommes à exprimer dans ces effets. Le droit de timbre de dimension varie donc suivant la destination du papier, et celui du timbre proportionnel est gradué suivant les sommes que représentent les effets commerciaux. Chacun est libre de se servir d'autre papier que celui fourni par la régie, pourvu qu'il le fasse timbrer (timbre à l'extraordinaire). Sont assujettis à cette taxe : 1° tous les actes civils et judiciaires et les écritures qui peuvent être produites en justice et y faire foi, sauf les cas de dispense expresse, dans lesquels l'acte dispensé reçoit une mention nommée *visa pour timbre* ; 2° les pétitions et mémoires présentés aux préfets, ministres et, en général, à toutes les autorités publiques ; 3° toutes les affiches quel qu'en soit l'objet (*L*. 18 *juillet* 1866, *art.* 4), à l'exception de celles d'actes émanés de l'autorité publique (*L*. 9 *vendémiaire an VI, art.* 54),

sociétés étrangères). Un decret du 10 décembre 1868 a autorisé l'emploi des timbres mobiles pour le payement des droits de 5 centimes et de 2 centimes établis par l'article 3 de la loi du 11 mai 1868, sur les journaux et écrits périodiques. Un décret du 12 juin 1869 a étendu à tous les départements les dispositions du décret du 8 octobre 1864, qui suppriment, dans les départements où il existe un receveur spécial du timbre extraordinaire, la griffe établie par l'article 10 de l'arrêté des consuls du 7 fruct., an X, et destinée à être appliquée sur chaque feuille de papier présentée au timbre. Voir, pour ces derniers temps, la loi du 27 juillet 1870, art. 6 ; celle du 23 août 1871 et celle du 25 août de la même année.

pour lesquels le législateur a réservé en outre l'emploi exclusif du papier de couleur blanche (*L. 28 juillet* 1791 ; *28 avril* 1816, *art.* 65), et des affiches électorales (*L.* 1868 *sur la presse, art.* 3); les affiches concernant l'administration des biens, l'exécution des travaux ou de toute autre entreprise d'une société, d'un établissement public, d'une commune ou d'un département, doivent, quoique signées par un magistrat de l'ordre administratif, être imprimées sur papier timbré et de couleur (*Direction gén. de l'enregist. Inst.* 24 *mars* 1866); 4° les journaux, revues et écrits périodiques traitant de matières politiques ou d'économie sociale; 5° tous écrits non périodiques traitant des mêmes matières et ayant moins de six feuilles d'impression (*L.* 1868, *article* 3); 6° les effets négociables et de commerce; 7° les actions dans les sociétés; 8° les obligations négociables des départements, communes et établissements publics et compagnies françaises ou étrangères (*L.* 15 *mai* 1850, *art.* 7; *L.* 13 *mai* 1863, *art.* 11); 9° les bordereaux de commerce; 10° les polices d'assurance; 11° les bordereaux et arrêtés des agents de change et courtiers; 12° les titres de rentes, emprunts ou autres effets publics de gouvernements étrangers qui circulent sur le marché français (*L.* 13 *mai* 1863; 1ᵉʳ *juillet* 1864); 13° les lettres de voiture et les récépissés que les compagnies de chemins de fer seulement sont tenues de délivrer aux expéditeurs, lorsqu'ils ne demandent pas de lettre de voiture (*L.* 13 *mai* 1863, *art.* 10); 14° les quittances de produits et revenus de toute nature obligatoirement délivrées par les comptables de deniers publics [1].

Le *timbre ordinaire* est apposé sur un papier que l'État fabrique et vend lui-même; ce papier est imposé aux officiers publics et ministériels, pour la rédaction de leurs actes. Le prix varie avec la dimension du papier. Le *timbre extraordinaire* est apposé par l'administration sur les papiers que les

---

[1] Ducrocq, *Cours de droit administratif*, édit. 1868, p 550 et 551. — Voir, à la fin de ce chapitre, le tableau que nous donnons des nouveaux impôts levés en 1871-1872.

particuliers lui portent, lorsqu'ils ne veulent pas faire emploi de celui de la régie, dans les cas où son emploi n'est pas obligatoire, comme pour les journaux et affiches.

Le timbre est apposé à l'atelier général, à Paris, et dans les bureaux de direction de l'enregistrement, pour les départements.

On entend par *visa pour timbre*, une sorte d'enregistrement par lequel les receveurs visent pour valoir timbre : les papiers destinés aux effets de commerce venant de l'étranger ; les papiers relatifs aux actes qui peuvent être visés pour timbre *en débet ;* les pièces de dépenses relatives à différentes administrations, et pour lesquelles la formalité du visa a été spécialement autorisée. Sont exempts du timbre : les actes et registres de l'administration publique, les inscriptions de rentes sur le grand-livre, les journaux et écrits périodiques ou non périodiques exclusivement relatifs aux sciences, aux arts et à l'agriculture, etc. Les congés et passavants délivrés par les préposés des contributions indirectes sont écrits sur papiers frappés d'un timbre spécial.

Défense d'écrire sur le timbre ; d'expédier deux actes à la suite l'un de l'autre sur le même papier ; d'employer à un acte le papier qui a servi à un autre acte. Les actes faits en contravention ne seront pas enregistrés.

Les préposés des douanes, des contributions indirectes et ceux des octrois, ont, d'après le décret du 3 juillet 1862, pour constater les contraventions au timbre des actes ou écrits sous signature privée, et pour saisir les pièces en contravention, les mêmes attributions que les préposés de l'enregistrement.

On distingue encore le timbre *mobile* ou *adhésif*, créé par la loi du 21 juin 1859, dont les formes et conditions ont été réglées par le décret du 18 janvier 1860, et dont l'emploi a été autorisé pour les effets de commerce venant soit de l'étranger, soit des îles ou des colonies dans lesquelles le timbre n'aurait pas encore été établi.

Droits de greffe et d'hypothèques [1]. — Les droits de greffe sont perçus à l'occasion des différents actes qui se font dans les tribunaux civils et de commerce. Les droits d'hypothèques le sont à l'occasion de l'inscription des hypothèques et de la transcription des actes translatifs de propriété.

Impôt sur les valeurs mobilières. — Cet impôt consiste dans un droit de transmission sur les titres d'actions et d'obligations de toute société, compagnie ou entreprise quelconque, financière, industrielle, commerciale ou civile ; mais il n'atteint pas certaines valeurs mobilières, telles que les titres de rentes sur l'État.

Impôts départementaux et communaux. — Les centimes additionnels ajoutés au principal des contributions directes, constituent exclusivement les *impôts départementaux*. Quant aux *impôts communaux*, ils sont très-variés. Comme *impôts communaux directs*, nous citerons les centimes additionnels communaux, les prestations pour les chemins vicinaux, la taxe des chiens, quelques autres taxes, telles que celle de pavage. Comme *impôts indirects*, les *droits de voirie* et les taxes *d'octroi*.

Octrois [2]. — On donne le nom d'*octrois* (vieux français :

[1] Droits de greffe : loi 21 vent. an VII ; décr. 12 juil. 1808 ; ordon. 9 oct 1825 ; décr. 8 avril 1848, 24 mai 1854. — Hypothèques : loi 21 ventôse an VII ; Code Civil, art. 2114 et suiv.; loi 23 mars 1855.

[2] L'existence des octrois a été l'objet de vives critiques. Ces taxes sont, en effet, injustes et inégales, parce que les contribuables ne consomment pas proportionnellement à leurs revenus, et parce que les objets de consommation ne sont pas taxés avec une justice proportionnelle. Les impôts de consommation nécessitent, d'ailleurs, des moyens de perception très-coûteux, qui absorbent une grande partie de l'impôt, et sont en même temps généralement vexatoires. Autrefois des douanes étaient posées aux frontières de chaque province de la France, ou même de chaque baronie, pour lever l'impôt au profit du seigneur ou du chevalier. Aujourd'hui ce sont les employés de l'octroi qui veillent aux portes des villes, qui arrêtent voyageurs et marchandises.

En Belgique, on s'est trouvé fort bien de remplacer l'octroi par un impôt sur les loyers, que les habitants payent en même temps que leurs autres contributions.

Dans la session législative de 1870, la proposition a été faite de la suppression

octrice, auctorisation) aux impositions indirectes, droits particuliers, que les villes et les communes sont autorisées à établir
sur certains objets destinés à la consommation de leurs habitants, pour subvenir aux dépenses qui sont à leur charge.
L'établissement des octrois remonte à 1295. Ils furent supprimés en 1791 par l'Assemblée constituante, et rétablis par
la loi du 27 frimaire an VII. Napoléon Ier incorpora l'octroi dans
la régie des droits réunis ; mais l'administration en fut resti-
tuée aux communes en 1814.

Législation antérieure à 1870. — L'établissement des
droits d'octroi est délibéré par les conseils municipaux, qui
en ont l'initiative. Il est soumis à l'approbation et à l'autorisation du ministre de l'intérieur, par l'intermédiaire des
sous-préfets et des préfets, à qui les délibérations prises à
cet égard sont adressées par le maire, pour qu'ils y joignent
leurs observations. La délibération du conseil municipal,
portant demande d'établissement d'octroi, est soumise à
l'examen de la section de l'intérieur du Conseil d'État, par
le ministre de l'intérieur ; si le conseil municipal est autorisé
à voter le tarif, il prend à cet effet une nouvelle délibération
portant fixation du tarif. Cette délibération est soumise à la
section des finances du Conseil d'État par le ministre des

---

des taxes dites d'octroi, en vertu des considérations suivantes : 1° « Que les impôts
dits des octrois sont contraires aux principes de la justice dite distributive, puisqu'ils atteignent les contribuables en raison inverse de leur fortune ; » 2° « Qu'ils
portent atteinte à la moralité publique en développant la fraude sur une échelle
considérable, et à la santé publique par les falsifications générales dont ils sont
la cause. » — Sur les *Octrois*, voir : Biret, *Nouveau Manuel complet des
octrois*, etc. — Charpillet, *De l'administration des octrois municipaux.* —
Girard et Fromage, *Manuel des contributions indirectes et des octrois.* —
Ruelle, *Études sur la question des octrois.* — Braff, *Des octrois municipaux.*
— Dareste, *Code des octrois municipaux.* — Barillon, *Suppression des octrois.*
Voir aussi l'article *Octrois* dans le *Dictionnaire de l'administration française.* — Sur l'octroi de Paris, dont l'administration est soumise à des règlements particuliers, voir : Allouard, *Traité général des droits d'entrée et d'octroi
de la ville de Paris.* — Durieu, *Code des perceptions municipales de la ville
de Paris.* — Martin (J.), *Éléments du contentieux de l'octroi de Paris*, etc.

finances. Ces deux opérations préalables sont suivies, s'il y a lieu, du décret délibéré en assemblée générale du Consei d'État, nécessaire pour l'établissement de l'octroi. Le conseil municipal indique dans sa demande les objets imposables, le tarif, le mode et les limites de la perception, c'est-à-dire si la perception sera la *régie simple* (perception qui s'opère sous l'administration immédiate du maire); la *régie intéressée* (un régisseur s'engageant à payer un prix fixe et à faire participer la commune, dans une proportion déterminée, aux produits excédant la somme convenue pour le prix principal et les frais); le *bail à ferme*, ou l'abonnement (traité qui charge la régie de la perception et de la surveillance).

Né de l'émancipation des communes, l'impôt de l'octroi est le seul qui existe sans être voté comme la loi, ou en exécution de la loi. Mais le préfet peut provoquer la délibération d'un conseil municipal sur l'établissement d'un octroi, lorsque les dépenses d'une commune l'exigent et excèdent les ressources communales. Que si le conseil municipal refusait ou négligeait de délibérer sur l'établissement d'un octroi reconnu nécessaire, ou sur les changements à apporter aux tarifs et règlements, le gouvernement ne pourrait pas imposer cet impôt à une commune, même en cas d'insuffisance constatée des revenus communaux. Les pouvoirs du gouvernement, en matière d'octroi, consistent exclusivement à refuser ou à donner l'approbation. Il peut réduire un article ou e supprimer, mais non substituer un article nouveau à un article rejeté, ou ajouter aux propositions du conseil municipal un article sur lequel il n'aurait pas délibéré.

Loi du 24 juillet 1867 (*sur les conseils municipaux*). — L'établissement des taxes d'octroi votées par les conseils municipaux, ainsi que les règlements relatifs à leur perception, sont autorisés par décrets rendus sur l'avis du Conseil d'État. Il en sera de même en ce qui concerne : 1° les modifications aux règlements ou aux périmètres existants ; 2° l'assujettissement à la taxe d'objets non encore imposés dans le tarif local; 3° l'établissement ou le renouvellement d'une taxe sur les objets non compris dans le tarif général; 4° l'établissement ou le renouvellement d'une taxe excédant le maximum fixé par le même tarif général. (*Art.* 8.) — Sont exécutoires, dans les conditions déterminées par l'article 18 de la loi du 18 juillet 1837, les délibérations prises par les conseils municipaux concernant : 1° la suppression ou la diminution des taxes d'octroi; 2° la prorogation des taxes principales d'octroi pour cinq ans au plus; 3° l'augmentation des taxes jusqu'à concurrence d'un décime, pour cinq ans au plus; sous la condition, toutefois, qu'aucune des taxes ainsi maintenues ou modifiées n'excédera le maximum déterminé dans un tarif général, qui sera établi, après avis des conseils généraux, par un règlement d'administration publique, et qu'aucune desdites taxes ne portera sur des objets non compris dans ce tarif. En cas de désaccord entre le maire et le conseil municipal, la délibération ne sera exécutoire qu'après approbation du préfet. (*Art.* 9.) — Sont exécutoires, sur l'approbation de ce fonctionnaire, les délibérations ayant pour but : la prorogation des taxes additionnelles actuellement existantes, l'augmentation des taxes principales au delà d'un décime, dans les limites du maximum des droits et de la nomenclature des objets fixés par le tarif général. (*Art.* 10.)

Décret des 12-17 février 1870. — Ce décret portant règlement d'administration publique pour l'exécution, en ce qui concerne les actions, des articles 8, 9 et 10 de la loi du 24 juillet 1867, sur les conseils municipaux, impose aux communes l'obligation de choisir entre les divers modes de tarification admis par le tarif général pour tous les objets qui sont de nature à être imposés, soit d'après le poids, soit d'après la mesure, soit à raison du nombre. Les communes ont le droit de détailler et de subdiviser les articles, dans les cas où la désignation au tarif général d'un objet imposable, comprend plusieurs espèces ou variétés de nature à comporter des taxes différentes, dans la limite du maximum. (*Art.* 2.)

26

Toutes les fois qu'une commune aura prorogé son octroi ou modifié les taxes de son tarif, le maire adressera au préfet, dans le délai de trente jours, la délibération du conseil municipal et trois exemplaires du tarif prorogé ou modifié. Le premier de ces exemplaires sera conservé par le préfet, qui remettra le second au directeur des contributions indirectes du département et transmettra le troisième au directeur général des contributions indirectes. (*Art.* 3.)

Les abonnements collectifs que les communes sont autorisées à consentir avec certaines classes de redevables, sont exécutoires *sur l'approbation des préfets*. (*Art.* 4.) Les frais de premier établissement, de régie, et de perception des octrois, qui étaient soumis à l'approbation du ministre des finances, aux termes de l'article 10 de l'ordonnance du 9 décembre 1814, seront désormais *arrêtés par le préfet*, qui transmettra à la direction générale des contributions indirectes une ampliation de son arrêté, avec une copie de la délibération du conseil municipal. (*Art.* 6.)

Les marchands en gros ou en demi-gros pourront jouir de l'entrepôt à domicile, alors même qu'ils feraient dans les mêmes magasins des ventes au détail. (*Art.* 7.)

L'article 11 de ce décret porte que ne seront soumis à aucun droit d'octroi : les approvisionnements en vivres destinés au service de l'armée de terre, ainsi que de la marine militaire ou marchande, et qui ne doivent pas être consommés dans le lieu sujet; les bois, fers, graisses, huiles et généralement toutes les matières employées pour la confection et l'entretien du matériel de l'armée de terre, dans les constructions navales ou pour la fabrication d'objets servant à la navigation; les combustibles et toutes autres matières embarquées sur les bâtiments de l'État et du commerce pour être consommées ou employées en mer. L'article 13 affranchit de tous droits d'octroi les combustibles et matières destinés au service de l'exploitation des chemins de fer, aux travaux des ateliers et à la construction de la voie. L'article 16 porte que les dispositions du décret ne sont pas applicables à l'octroi de Paris.

Dans l'origine, les communes percevaient en totalité les droits d'octroi. A partir du 25 frimaire an XI, le gouvernement préleva 5 p. °/₀ dans toutes les villes de 4,000 âmes et au-dessus, pour la nourriture des troupes; ce prélèvement fut porté à 10 p. °/₀ par la loi du 24 avril 1806, et étendu aux villes de moins de 4,000 âmes ayant plus de 20,000 fr. de revenus. La loi du 28 avril 1806 y soumit toutes les communes, quelle que fût leur population. Un décret en date des 17-20 mars 1852, renfermant diverses dispositions sur les contributions des portes et fenêtres, le sel, les boissons et les octrois, a supprimé le prélèvement de 10 p. °/₀ attribué au Trésor public sur le produit net des octrois.

Loi du 10 août 1871. — L'article 48 de cette loi porte que le conseil général *délibère* sur les demandes des conseils municipaux : 1° pour l'établissement ou le renouvellement d'une taxe d'octroi sur des matières non comprises dans le tarif général; 2° pour l'établissement ou le renouvellement d'une taxe excédant le maximum fixé par ce tarif; 3° pour l'assujettissement à la taxe d'objets non encore imposés dans le tarif local; 4° pour les modifications aux règlements ou aux périmètres existants.

D'après la législation antérieure, ces demandes des conseils municipaux étaient, nous l'avons vu plus haut, soumises *directement* au Conseil d'État avec l'avis du préfet, et il était statué par décret.

L'article 46 de la même loi confère au conseil général le droit de *statuer définitivement* sur les délibérations des conseils municipaux ayant pour but la prorogation des taxes additionnelles d'octroi actuellement existantes, ou l'augmentation des taxes principales au-delà d'un décime, le tout dans les limites du maximum des droits et de la nomenclature des objets fixés par le tarif général, établi conformément à la loi du 24 juillet 1867.

L'octroi est donc un impôt de consommation locale. La surveillance de la perception est exercée concurremment par les employés de l'octroi et par ceux des contributions indirectes. En cas de contravention, saisie de l'objet comme garantie de l'amende. Le propriétaire peut le réclamer, soit en payant l'amende, soit en faisant opposition à la vente dans les dix jours de la notification du procès-verbal, sinon l'objet est vendu. Le produit des amendes et confiscations est attribué, moitié aux employés de l'octroi et moitié à la commune[1]. Depuis le décret du 13 avril 1861, les sous-préfets nomment les simples préposés d'octroi. Quant aux préposés en chef, le droit de créer leur emploi, de fixer leur traitement et les frais de perception, appartient à l'administration des finances, mais le personnel est à la nomination des préfets[2].

---

[1] Il a été plusieurs fois décidé qu'en matière de contributions indirectes la loi n'oblige pas les redevables à fournir la lumière aux employés ; que ces derniers ne peuvent donc verbaliser pour refus de les éclairer et qu'ils doivent se pourvoir des moyens nécessaires pour effectuer leur exercice. Voir une décision du ministre des finances du 26 août 1818. Un arrêt de la chambre criminelle de la Cour de cassation, du 26 novembre 1869, décide que le règlement de l'octroi qui dispose, conformément à l'article 28 de l'ordonnance du 9 décembre 1814, que « les redevables sont tenus de souffrir et de faciliter soit les visites et vérifications, soit toutes les opérations nécessaires à la recherche et à la constatation de la fraude, » est réputé n'avoir entendu exiger de ceux-ci qu'un concours secondaire, qui laisse le rôle principal et actif aux employés de l'octroi, et non les contraindre à se substituer complètement à ces agents, sous peine d'être déclarés coupables de refus d'exercice.

Il est de jurisprudence constante que la contestation sur l'application d'un tarif d'octroi, élevée devant le tribunal correctionnel à l'occasion d'une poursuite pour introduction d'objets en fraude des droits d'octroi, est de la compétence de ce tribunal, et ne doit pas, dès lors, être renvoyée préjudiciellement au juge de paix. (C. de Besançon, 30 juil. 1869 ; Cass. crim., 15 mai 1862 ; Req., 21 févr. 1866.)

Sur l'application aux compagnies de chemins de fer des règlements d'octroi des villes que les voies ferrées traversent, voir une note dans Dalloz, Recueil périodique, 1870, I, p. 221.

[2] Avant de terminer cet aperçu général sur la matière des impôts, il convient de rappeler que les événements de 1870-1871 ont rendu nécessaire la levée d'impôts nouveaux et l'élévation de plusieurs impôts déjà existants. Le tableau de

CHAPITRE XIV.

LES CHARGES DE L'ÉTAT.

Principe général. — Dette publique. — Dettes courantes ou ordinaires de l'État. — Dette flottante. — Obligations du Trésor. — Amortissement. — Cautionnements. — Dette viagère. — Rémunération des fonctions publiques. — Comptabilité.

Principe général. — Il sera question plus tard de la différence qui existe entre l'*ordonnateur* et le *comptable* et du principe d'après lequel aucune dépense faite pour le compte de l'État ne peut être acquittée, si elle n'a été préalablement

ces charges nouvelles servira de résumé en même temps que de complément de ce chapitre.

I. — Timbre et Enregistrement.

1° Droits et produits dont le recouvrement est confié à l'administration de l'enregistrement : Un second décime en sus.

2° Principal des droits de timbre de toute nature : Deux décimes en sus.

3° Quittances ou acquits, reçus ou décharges; tous titres, de quelque nature qu'ils soient, signés ou non signés, emportant libération, reçu ou décharge; les chèques : Timbre de 10 centimes.

(Il y a exception en faveur des acquits inscrits sur les chèques, des billets de circulation, des quittances de 10 fr. et au-dessous, lorsqu'il ne s'agit pas d'à-compte, des quittances enfin délivrées par les comptables de deniers publics.)

4° Récépissés des chemins de fer; quittances de produits et revenus délivrées par les comptables des deniers publics; reconnaissances de valeurs cotées; quittances de sommes envoyées par la poste : Timbre de 25 centimes.

5° Avertissements avant citation : Timbre de dimension de 50 centimes.

6° Fonds publics, actions, obligations, parts d'intérêts, créances, toutes les valeurs mobilières et étrangères, de quelque nature qu'elles soient, dépendant de la succession d'un étranger domicilié en France, avec ou sans autorisation;

ordonnancée, soit par un ministre, soit par des ordonnateurs secondaires, tels que les préfets, en vertu de la délégation ministérielle. Les ministres sont donc *ordonnateurs* des dépenses

transmissions entre-vifs, à titre gratuit ou onéreux, de ces mêmes valeurs, s'opérant en France : Application des droits ordinaires de mutation par décès.

7° Créances, parts d'intérêts, obligations des villes et établissements publics ; toutes les valeurs mobilières étrangères, de quelque nature qu'elles soient : Application des droits ordinaires établis pour les successions et donations.

8° Locations supérieures à 100 fr., et locations inférieures à 100 fr., qui dépassent trois ans : Droit proportionnel de 20 centimes par 100 fr. par an.

9° Actes d'ouverture de crédit : Droit proportionnel de 50 centimes par 100 fr.

10° Actes d'assurances maritimes : Droit proportionnel de 50 centimes par 100 fr.

11° Actes d'assurances à primes contre l'incendie : Droit proportionnel de 8 %. du montant des primes.

12° Actes d'assurances mutuelles : Droit proportionnel de 8 %. du montant des cotisations ou contributions.

13° Actes d'assurances passées à l'étranger pour immeubles situés en France, ou pour objets ou valeurs appartenant à des Français. (Base : le montant des primes multiplié par le nombre d'années pour lequel l'assurance a été contractée.) — *Id.* pour immeubles situés à l'étranger, lorsqu'on voudra se servir des actes en France : Droit proportionnel de 8 fr. par 100 fr.

14° Actes d'assurances maritimes passés à l'étranger et intéressant des Français : Droit de 50 centimes par 100 fr.

15° Permis de chasse : Droit de 30 fr.

II. — Contributions indirectes.

Allumettes. — Fabrication ou importation en France. — 1° Allumettes en bois, par boîte ou paquet de 50 allumettes et au-dessous : 1 centime 5 millièmes.

Par boîte ou paquet de 51 à 100 allumettes : 3 centimes.

Par boîte ou paquet de plus de 100 allumettes : 3 centimes (chaque centaine).

2° Allumettes autres qu'en bois, par boîte ou paquet de 50 allumettes et au-dessous : 5 centimes.

Par boîte ou paquet de 51 à 100 allumettes : 10 centimes.

Par boîte ou paquet de plus de 100 allumettes : 10 centimes (chaque centaine ou fraction de centaine).

Racine de chicorée. — Préparation. — Par chaque kilogramme : 30 centimes.

Papiers. — Fabrication. — 1° Papiers à cigarettes, soie, pelure, parchemins blancs, à lettre de toute espèce et de tout format, les 100 kilogrammes : 15 fr.

2° Papiers à écrire, imprimer, dessiner, pour musique ; papiers blancs de tenture, coloriés et marbrés pour reliure, par 100 kilogrammes : 10 fr.

3° Cartons, papiers-cartons, papiers d'enveloppes et de tenture ou à pâte

publiques ; mais ils en sont aussi les *liquidateurs*. La *liquidation* consiste dans l'examen des créances pour les admettre, les rejeter ou les réduire. A la qualité de *liquidateurs*, les

de couleurs, papiers d'emballage, buvards, par 100 kilogrammes : 5 francs.

4° Papier employé à l'impression des journaux et autres publications périodiques assujetties à cautionnement (en sus des droits ci-dessus), par 100 kilogrammes : 20 fr.

Poudres de chasse. — Le prix actuel est *doublé*.

Cartes à jouer. — *Droit unique de fabrication.* — Par jeu, quel que soit le nombre des cartes : 50 centimes.

Licence. — Fabricants de cartes. — Partout : 100 fr.

Sucres et glucoses. — *Licence.* — Fabricants. — Partout : 100 fr.

III. — Boissons.

Vins. — Droits de circulation. — *Par chaque hectolitre :* 1° Vins en cercles, à destination des départements.

1re classe...........................	1 fr. 20 c.
2e classe...........................	1 60
3e classe...........................	2 .
4e classe...........................	2 40

2° Vins en bouteilles, quel que soit le département : 15 fr.

Taxe de remplacement perçue aux environs de Paris :

1° Vins en cercles........................	8 fr. 50 c.
2° Vins en bouteilles......................	15 .

Cidres, poirés, hydromels. — Droits de circulation. — Par chaque hectolitre : 1 fr.

Vins de force alcoolique de plus de 21 degrés, imposés comme alcool pur. Ils sont, de plus, passibles d'un double droit de consommation, d'entrée ou d'octroi, pour la quantité d'alcool comprise entre 15 et 21 degrés.

Alcool pur. — Droit de consommation. — Par hectolitre : 125 fr.

Taxe de remplacement aux entrées de Paris : 141 fr.

1° *Bières.* — Droit de fabrication. — Par hectolitre :

1° Bière forte...........................	8 fr. 60 c.
2° Petite bière..........................	1 20

Droits de licence. — Débitants de boissons :

Communes de 50,000 habitants et au-dessus (excepté Paris) : 40 fr.

Communes de moins de 4,000 habit....................	12 fr.
— de 4,000 à 6,000 —	16
— de 6,000 à 10,000 —	20
— de 10,000 à 15,000 —	24
— de 15,000 à 20,000 —	28
— de 20,000 à 30,000 —	32
— de 30,000 à 50,000 —	36

2° *Brasseurs.* — Dans les départements de l'Aisne, des Ardennes, de la Côte-

ministres joignent aussi le droit d'appliquer aux créances réclamées contre l'État les déchéances qu'elles peuvent avoir encourues, sauf recours au Conseil d'État par la voie contentieuse.

d'Or, de la Meurthe, du Nord, du Pas-de-Calais, du Rhône, de la Seine, de la Seine-Inférieure, de Seine-et-Oise, de la Somme : 100 fr.

Dans les autres départements : 60 fr.

3° Bouilleurs et distillateurs. — Partout : 20 fr.

4° Marchands en gros de boissons. — Partout : 100 fr.

IV. — Impôts divers.

(Inscrits dans la loi portant fixation du budget rectificatif de 1871.)

1° *Huile de schiste* à l'état brut, les 100 kil. : 5 fr.

Huile épurée : 8 fr.

Essence : 10 fr.

2° *Sucres extraits des mélasses épuisées*, libérées d'impôts, les 100 kil. : 15 fr.

3° *Billards publics et privés :*

Paris...	60 fr.
Villes de plus de 50,000 âmes...................	30
Villes de 10,000 à 50,000 âmes...................	15
Ailleurs.......................................	6

4° *Taxe personnelle* aux abonnés des cercles, sociétés et lieux de réunion où se payent des cotisations (autres que les sociétés de bienfaisance, de secours mutuels et que les sociétés académiques) : le 20 °/₀ de la cotisation.

5° *Chevaux et voitures.* — Remise en vigueur de la loi du 2 juillet 1862.

Chevaux. — Par chaque cheval de selle ou d'attelage affecté au service de son propriétaire ou à celui de la famille de ce dernier :

Paris...	25 fr.
Communes autres que Paris, de plus de 40,000 âmes...............	20
— de 20,001 à 40,000 âmes........	15
— de 3,001 à 20,000 âmes............................	10
— de 3,000 âmes et au-dessous.........................	5

Voitures. — Par chaque voiture attelée affectée au service de son propriétaire ou à celui de la famille de ce dernier :

1° A quatre roues. — Paris...................................	60 fr.
Communes autres que Paris, de plus de 40,000 âmes...............	50
— de 20,001 à 40,000 âmes....................	40
— de 3,001 à 20,000 âmes............................	25
— de 3,000 âmes et au-dessous...................	10
2° A deux roues. — Paris....................................	40
Communes autres que Paris, de plus de 40,000 âmes...............	25
— de 20,001 à 40,000 âmes....................	20
— de 3,001 à 20,000 âmes........................	10
— de 3,000 âmes et au-dessous......................	5

Les charges de l'État se composent des dettes qu'il a contractées à différentes époques, et des dépenses nécessitées par les services publics. Nous avons donc à examiner en quoi consiste la dette publique, et quelles sont les dépenses que les services publics nécessitent.

Dette publique. — La *dette publique* est la dette de l'État. Elle comprend les ressources que l'État demande au crédit public, et les allocations en argent, ou pensions, dont il est redevable envers ses anciens serviteurs.

On distingue, à propos de la dette publique, les dettes courantes ou ordinaires de l'État, la dette flottante, les obligations du Trésor, la dette fondée et la dette viagère. Les *obligations du Trésor*, la *dette fondée* et la *dette viagère* sont comprises sous la désignation générale de *dette inscrite*, parce que c'est leur inscription sur le grand-livre de la dette publique qui forme le titre des créanciers de l'État.

Dettes courantes ou ordinaires de l'État. — Ces dettes résultent des dépenses que nécessitent les services publics. Le payement est subordonné aux trois opérations préalables suivantes : la *déclaration de la dette*, la *liquidation* et l'*ordonnancement*.

Parmi les dettes courantes de l'État, les unes ont une existence certaine et un chiffre établi d'avance; les autres, au contraire, telles que celles provenant des marchés publics, sont indéterminées quant à leur chiffre. La déclaration n'est autre chose alors; pour le créancier, que la création du titre

6° *Titres nominatifs et au porteur.* — Négociation. — Par chaque 100 fr. de la valeur négociée, pour les *titres nominatifs* : 50 centimes;
Pour les titres au porteur : 15 centimes.

7° *Transmission* des obligations des départements, des communes, des établissements publics et de la société du crédit foncier, par chaque 100 fr. de la valeur négociée, pour les titres négociés : 50 centimes.
Pour les titres au porteur : 15 centimes.

8° *Chemins de fer, voitures publiques et bateaux à vapeur.* — Sur le prix des places des voyageurs et sur le prix des transports de bagages à grande vitesse : taxe de 10 % du prix actuel.

qui lui manque. Elle peut résulter soit de jugements, soit de décisions administratives, soit même des conventions survenues entre l'État et le créancier.

La liquidation consiste dans la vérification du titre, du chiffre de la créance et de l'exécution des lois de déchéance. La déchéance est la prescription libératoire existant au profit de l'État.

Dette flottante. — La *dette flottante* se compose des sommes que l'État est obligé d'emprunter à quelques mois d'échéance, pour subvenir aux différents services publics, quand la rentrée des contributions n'a pas encore eu lieu. Son objet est donc de couvrir les anticipations des dépenses sur les recettes durant le cours de chaque exercice ; elle supporte, de plus, les dépenses votées en cours d'exercice et qui ne peuvent être imputées ni sur les voies et moyens de l'exercice, ni sur les ressources spéciales, et les découverts des budgets antérieurs, tant qu'ils n'ont pas été définitivement soldés au moyen d'emprunts ou de consolidations. Les fonds de la dette flottante proviennent des avances faites à l'État par les trésoriers-payeurs généraux, des dépôts faits aux caisses d'épargne, et des bons du Trésor, ou effets publics portant intérêt et payables à échéances, que le ministre des finances est autorisé à émettre, chaque année, par la loi des recettes, jusqu'à concurrence d'une somme déterminée. La *dette flottante* ne constituant pas une ressource effective, et ne consistant qu'en emprunts remboursables à court délai, l'on conçoit que le législateur prenne des mesures pour qu'elle ne dépasse pas certaines proportions. L'exagération de la *dette flottante* conduirait nécessairement à l'une des trois issues suivantes : sa *consolidation*, c'est-à-dire sa conversion totale ou partielle en *dette fondée* ; l'*emprunt*, c'est-à-dire l'émission de nouvelles rentes ; une *augmentation d'impôts* [1].

---

[1] Voir un décret des 11-19 octobre 1870, créant à Tours un service pour l'émission et le payement des bons du Trésor; l'article 5 de la loi des 21-22 juillet 1870, qui élève à 500 millions le maximum des bons du Trésor en circula-

Obligations du Trésor. — Ces obligations, remboursables à échéances variables, ont été créées par la loi du 23 juin 1857, pour faciliter le payement des subventions dues aux compagnies de chemins de fer. Les compagnies devaient, en effet, les recevoir comme argent. La loi du 29 juin 1861 est venue appliquer en outre le produit de ces obligations (dites *trente-naires*, parce que leur remboursement doit s'opérer, par voie de tirage au sort, dans l'espace de trente ans), aux dépenses de construction des chemins de fer non concédés, dont l'État entreprend par lui-même les travaux. On a critiqué cette création en lui reprochant d'être une atteinte au principe qu'un État doit tendre à rendre sa dette uniforme, et ne recourir qu'à un seul et même mode d'emprunt.

Dette fondée ou consolidée. — La dette *fondée* ou *consolidée* est celle qui a été contractée avec la clause expresse de n'acquitter que la rente annuelle des capitaux empruntés, et de ne pas se lier, pour leur restitution, par un engagement formel et exigible à une époque déterminée. Elle n'est ni exigible, ni viagère ; son fonds est permanent et d'une durée indéfinie. Elle consiste en rentes perpétuelles pour prix d'emprunts contractés par l'État ou pour représentation d'indemnités par lui consenties.

L'État, comme tout débiteur de rentes, peut user du droit commun de rembourser son créancier ; mais le capital de la rente fondée n'est pas exigible contre lui. L'État ayant le droit de tout débiteur de rente perpétuelle d'imposer sa libération à son créancier, a celui d'offrir le choix entre le payement du capital ou l'acceptation de conditions nouvelles dans le taux de l'intérêt (loi du 8 février 1862 ; décret du 12 février 1862 ; arrêté min. des fin. 12 février 1862). Le grand-livre de la dette publique non viagère est le titre fondamental de toutes les rentes inscrites au profit des créan-

tion fixé, pour l'exercice 1870, à 150 millions par la loi de finances du 8 mai 1869. Cette émission de 500 millions de bons du Trésor a été transformée en un emprunt d'un milliard par la loi du 12 août.

ciers de l'État. Lorsqu'il s'agit de la création de rentes, l'inscription ne peut avoir lieu qu'en vertu d'une loi ; mais pour les transferts et mutations, il suffit du concours de deux agents comptables. Les rentes nominatives peuvent être converties en rentes au porteur, et réciproquement. Les arrérages des rentes nominatives sont payés au porteur de l'extrait d'inscription au grand-livre, sur la représentation qu'il en fait, et sur sa quittance ; ceux des rentes au porteur ne sont payés qu'à Paris, et sont acquittés sur la remise du coupon détaché des extraits d'inscription.

Les créanciers de l'État jouissent, en général, de plusieurs priviléges : insaisissabilité du titre, immunité du droit de timbre et du droit de transmission sur les valeurs mobilières, facilité des négociations, dispense d'autorisation du conseil de famille pour le transfert des inscriptions de rente de 50 francs et au-dessous, appartenant à des mineurs.

Amortissement. — L'État se libère de sa dette non-seulement par le remboursement, mais encore par l'*amortissement*. L'amortissement consiste dans l'extinction de la dette, opérée graduellement au moyen de rachats. Une caisse dite d'amortissement est chargée de racheter les rentes au nom de l'État. Son fonds se compose d'éléments divers. D'abord elle reçoit une dotation annuelle qui est fixée par la loi de finances ; en second lieu, chaque fois qu'un nouvel emprunt est effectué, il est doté d'un fonds d'amortissement, qui ne peut être au-dessous d'un pour cent du capital des rentes créées ; enfin les rentes créées continuent à être servies à la caisse d'amortissement, dont elles augmentent la puissance. Un directeur général et un caissier responsables sont préposés à cette caisse qui est, d'ailleurs, surveillée par une commission spéciale.

La loi du 21 juin 1871 veut que les caisses d'amortissement et des dépôts et consignations soient surveillées par neuf commissaires.

La commission de surveillance est composée de trois membres de l'Assemblée nationale, élus par elle ; d'un des présidents de la Cour des comptes, désigné par cette Cour ; du gouverneur ou de l'un des sous-gouverneurs de la Banque de France, désigné par le conseil de la Banque ; du président ou de l'un des membres de la Chambre de commerce de Paris, choisi par cette Chambre ; de deux membres du Conseil d'État, nommés par le gouvernement ; du directeur du mouvement des fonds au ministère des finances. La commission élit son président; elle le choisit parmi ses membres. Les nominations sont faites pour trois ans; les membres sortants sont rééligibles ; leurs fonctions sont gratuites.

La loi du 16 septembre 1871 a, dans son article 22, abrogé celle du 11 juillet 1866 sur l'amortissement. Cette dernière loi, en rétablissant en principe le fonctionnement de l'amortissement, en avait, en réalité, affecté les ressources disponibles, pour leur plus grande partie, à divers services du budget extraordinaire, en lui attribuant en même temps certaines catégories de recettes qui devaient s'accroître successivement dans les années suivantes. D'après la loi de 1871, les dépenses mises à la charge du budget de l'amortissement par la loi de 1866 et par la loi de finances du 27 juillet 1870, sur le budget de 1871, sont transportées au budget ordinaire du ministère des finances, et au budget extraordinaire du ministère des travaux publics.

Les ressources attribuées au budget spécial de l'amortissement pour l'exercice 1871, sont également transportées au budget général de l'État.

L'action de l'amortissement est ainsi rendue à ses conditions habituelles.

Cautionnements. — Les cautionnements en numéraire produisent aussi intérêt au profit des titulaires; cet intérêt est acquitté sur la représentation des certificats d'inscription. Le cautionnement est la garantie pécuniaire offerte au Trésor par les comptables responsables, pour raison des abus et prévarications venant de leur fait. Les faits garantis par le cautionnement sont : les faits de charge, le privilége du bailleur de fonds et les droits des créanciers ordinaires. Le cautionnement doit être versé avant l'entrée en fonctions. Il peut être fourni soit en numéraire, soit en rentes, soit en immeubles. Le versement du cautionnement en numéraire se fait au Trésor, ou, pour le compte du Trésor, dans les caisses du receveur des finances. Le cautionnement des préposés des établissements de bienfaisance se verse au Mont-de-Piété. Possibilité d'appliquer un cautionnement d'une gestion à une autre. Remboursement du cautionnement dès que le titulaire se retire ou est privé de ses fonctions. Cependant ce remboursement ne peut être effectué qu'après certaines mesures de précaution, telles qu'après avertissement de cessation des fonctions (trois mois avant), présentation d'un certificat de *quitus*, où règlement de compte de gestion antérieure. Les intérêts du cautionnement sont soumis à la prescription ou déchéance de cinq ans, mais le capital est imprescriptible par l'État, dépositaire nécessaire.

Dette viagère. — La *dette viagère* fait aussi partie de la dette inscrite, car elle est inscrite, enregistrée sur le grand-livre de la dette publique. Son capital n'est ni exigible ni remboursable ; il est définitivement amorti par le décès des créanciers. Les rentes viagères découlent de l'obligation dans laquelle se trouve l'État de récompenser par des pensions les services rendus. De tout temps la dette de l'État envers les hommes qui lui ont consacré leur vie a été proclamée. Aucun esprit sage ne pourrait la nier. Les pensions de retraite sont le complément des salaires et appartiennent au même ordre d'intérêts ; comme le salaire, elles contribuent à donner au fonctionnaire le calme de l'esprit ; en le délivrant de la préoccupation de l'avenir, elles l'attachent par un lien qui se resserre chaque jour davantage ; elles compensent en partie la médiocrité des traitements, parce qu'elles rendent moins nécessaires les économies que la prudence conseille dans les professions privées.

Les pensions à payer aux anciens fonctionnaires sur les crédits de la dette publique sont inscrites au livre des pensions. L'extrait de l'inscription délivré au titulaire constitue pour lui un titre irrévocable. Les arrérages sont payés par trimestre au porteur du brevet d'inscription, nanti d'un certificat de vie du pensionnaire.

La législation des pensions a longtemps été confuse et leur régime n'était organisé d'une manière normale que dans les armées de terre et de mer. La loi du 9 juin 1853 et le règlement du 9 novembre de la même année, ont apporté de l'ordre dans cette partie importante de notre organisation administrative.

La loi du 9 juin 1853 sur les pensions civiles, admet à la pension tous les fonctionnaires et employés directement rétribués par l'État, à la charge de supporter indistinctement, sans pouvoir les répéter, certaines retenues sur leur traitement. La pension est basée sur la moyenne des traitements et émoluments de toute nature soumis à retenues, dont l'ayant droit a joui pendant les six dernières années d'exercice. Le droit est acquis par ancienneté à soixante ans d'âge et après trente ans accomplis de service (il suffit de 55 ans d'âge et de 25 ans de service, pour les fonctionnaires qui ont passé 15 ans dans les emplois de la partie active déterminés par la loi). Cependant les fonctionnaires et employés qui ont été mis hors d'état de continuer leur service, soit par suite d'un acte de dévouement dans un intérêt public, ou en exposant leurs jours pour sauver la vie d'un de leurs concitoyens, soit par suite de lutte ou combat soutenu dans l'exercice de leurs fonctions, ceux, enfin, qu'un accident grave, résultant notoirement de l'exercice de leurs fonctions, met dans l'impossibilité de les continuer, peuvent exceptionnellement obtenir une pension, quels que soient leur âge et la durée de leur activité. Quant aux fonctionnaires que des infirmités graves résultant de l'exercice de leur emploi empêchent de continuer leur service, ou dont l'emploi a été

supprimé, ils peuvent faire valoir leurs droits après cinquante
ans d'âge et vingt ans de service dans la partie sédentaire,
ou quarante-cinq ans d'âge et quinze ans de service dans la
partie active.

La loi ne se borne pas à assurer le sort du fonctionnaire;
elle étend encore sa sollicitude sur la veuve et sur les enfants.
C'est ainsi que la veuve du fonctionnaire qui a obtenu une
pension de retraite, ou qui a accompli la durée de service
exigée, a droit elle-même à pension, pourvu que le mariage
ait été contracté six ans avant la cessation des fonctions du
mari. Il est évident que ce droit ne peut exister pour la
veuve, dans le cas de séparation de corps prononcée sur la
demande du mari. C'est encore ainsi que la veuve du fonctionnaire ou employé qui, dans l'exercice ou à l'occasion de
ses fonctions, aura perdu la vie, aura des droits à faire valoir
pour être pensionnaire de l'État. Quant aux orphelins mineurs d'un fonctionnaire ou employé ayant obtenu sa pension, ou ayant accompli la durée de service exigée, ou ayant
perdu la vie à l'occasion de ses fonctions, ils ont droit à un
secours annuel, lorsque la mère est ou décédée, ou inhabile
à recueillir la pension, ou déchue de ses droits. Ce secours
leur est payé jusqu'à ce que le plus jeune des enfants ait atteint sa majorité, la part des aînés devenant majeurs, ou des
prédécédés, faisant retour aux mineurs. En cas d'existence
d'enfants d'un premier lit, il est prélevé sur la pension de la
veuve, et sauf réversibilité en sa faveur, un quart au profit
de l'orphelin du premier lit, s'il n'en existe qu'un en âge
de minorité, et la moitié s'il en existe plusieurs. Toutes ces
pensions et ces secours annuels sont inscrits au grand-livre
de la dette publique.

Aucune pension n'est liquidée qu'autant que le fonctionnaire a été préalablement admis à faire valoir ses droits à la
retraite par le ministre du département duquel il ressortit.
C'est à ce ministre que doit être adressée la demande de
pension. Les pensions sont liquidées d'après le durée des ser-

vices, en négligeant sur le résultat final du décompte les fractions de mois et de franc. Les services civils ne sont comptés
que de la date du premier traitement d'activité, et à partir de
vingt ans accomplis. Le temps du surnumérariat n'est compris dans aucun cas. La liquidation, faite par le ministre
compétent, est soumise à l'examen du Conseil d'État, avec
l'avis du ministre des finances. Décret de concession contre-
signé par le ministre compétent qui le propose, et par le
ministre des finances. Insertion au Bulletin des lois. La
jouissance de la pension commence du jour de la cessation
du traitement, ou du lendemain du décès du fonctionnaire.
Les pensions sont incessibles. Aucune saisie ou retenue ne
peut être opérée du vivant du fonctionnaire, que jusqu'à
concurrence d'un cinquième pour débet envers l'État, ou
pour des créances privilégiées, aux termes de l'article 2101 du
code civil ; et d'un tiers, dans les circonstances prévues par
les articles 203, 205, 206, 207 et 214 du même code. Perte
des droits à la pension, pour les fonctionnaires ou employés
démissionnaires, destitués, révoqués (remis en activité, leur
premier service compte), constitués en déficit ou convaincus
de malversation. Suspension du droit à l'obtention, ou à la
jouissance, par les circonstances qui font perdre la qualité de
Français, durant la privation de cette qualité.

Les pensions et secours annuels sont rayés du livre du Trésor
après trois ans de non-réclamation, sans que leur rétablissement donne lieu à aucun rappel d'arrérages antérieurs à la
réclamation. La même déchéance est applicable aux héritiers
des pensionnaires qui n'auront pas produit la justification de
leurs droits dans les trois ans qui suivront la date du décès de
leur auteur. Le cumul de deux pensions est autorisé dans la
limite de 6,000 francs, pourvu qu'il n'y ait pas double emploi
dans les années de service présentées pour la liquidation.

La loi du 9 juin 1853, en supprimant les caisses spéciales
de retraites établies dans les départements de certains ministères, a considérablement augmenté le nombre des pensions

civiles ; mais il n'y a pas que ces pensions qui soient inscrites au grand-livre de la dette publique. Sont encore imputables sur les fonds généraux de l'État : les pensions ecclésiastiques, les pensions des donataires de l'ancien domaine extraordinaire, les pensions à titre de récompense nationale et les pensions militaires. Ces dernières sont, depuis la loi du 26 avril 1855, sur la création d'une dotation de l'armée, acquises après vingt-cinq ans de services pour les sous-officiers, brigadiers, caporaux et soldats, et trente ans pour les officiers. Chaque année au delà de ce terme, et les années de campagne, donnent lieu à une augmentation. Les blessures donnent droit à la pension de retraite, lorsqu'elles sont graves et incurables, et qu'elles proviennent d'événements de guerre ou d'accidents éprouvés dans un service commandé. Dans la marine, le droit à la pension est acquis, pour les officiers et marins de tous grades, à vingt-cinq ans de service effectif. Les agents des autres corps de la marine ne l'acquièrent qu'après trente ans, à moins qu'ils ne soient assimilés aux marins.

Les années de campagne comptent double, mais ne font pas en principe acquérir le droit à la pension. La veuve, lorsque le mariage est antérieur de deux années à la cessation du service, et s'il n'y a pas eu séparation de corps prononcée contre elle, et, à défaut de la veuve, les enfants, considérés même au cas de séparation comme orphelins, ont droit à une quotité de la pension du mari ou père, fixée à la moitié du maximum d'ancienneté, en cas de mort sur le champ de bataille, de mort à l'armée par suite d'événements de guerre, et de mort, dans le délai d'une année, par suite des blessures reçues dans les mêmes circonstances ; au quart dans les autres cas.

Les lois sur les pensions des armées de terre et de mer ont été modifiées en 1861, au point de vue surtout de l'élévation du chiffre des pensions.

Aux termes de la loi des 10-19 avril 1869, les officiers des corps de la marine dans lesquels le droit à pension n'est ac-

quis qu'à trente ans de service, auront droit exceptionnellement, après vingt-cinq ans de services effectifs, au minimum
de la pension de retraite attribuée à leur grade, lorsque, après
avoir été mis en non-activité pour infirmités temporaires, ils
auront été reconnus par un conseil d'enquête non susceptibles d'être rappelés à l'activité. Cette disposition est applicable
aux maîtres principaux et aux maîtres entretenus, aux conducteurs principaux et aux conducteurs des diverses directions
de travaux dans les ports et établissements de la marine,
après qu'ils auront été reconnus par le ministre de la marine,
sur l'avis du conseil de santé, non susceptibles d'être mainte-
nus à l'activité. (*Art.* 1er.) Les veuves des officiers des corps
de la marine, des maîtres et des conducteurs auront droit à la
pension, lorsque leur mari sera mort en activité après vingt-
cinq ans de service accomplis. Cette disposition est applicable
aux veuves des officiers de l'armée de terre. (*Art.* 2.) La pension d'ancienneté se règle sur le grade dont le marin est titulaire. Toutefois elle est liquidée sur le grade immédiatement
inférieur si, à raison de l'augmentation du cinquième, il y a
avantage pour le marin dans ce mode de liquidation. (*Art.* 3.)

Une loi des 5-10 mai 1869 a créé des pensions pour les anciens militaires de la République et de l'Empire, en cas d'insuffisance de ressources personnelles, et à la condition de
remplir l'une des trois conditions suivantes : deux années de
services militaires, deux campagnes, une blessure grave reçue
dans le service et dûment constatée.

Voir encore le décret des 13-14 décembre 1870, relatif aux
pensions de retraite des employés et agents du département
de la Seine et de la ville de Paris. Ces employés, quelle que soit
la durée de leurs services dans ces deux dernières administrations, pourront être admis à la retraite après trente années
de service effectif total, en y comprenant les services militaires
et les services valables dans d'autres administrations publiques.

D'après la loi de finances de 1870, les pensions militaires à concéder ne doivent pas dépasser le maximum de 12,000 fr. La loi du 29 août de la même année a rendu applicables aux gardes nationaux mobiles et sédentaires les lois sur les pensions militaires.

La loi du 16 septembre 1871 a abrogé la loi du 17 juillet 1856, relative aux pensions des grands fonctionnaires.

Les pensions accordées en exécution de la loi de 1856, seront revisées dans le délai de six mois.

Seront révoquées et, comme nulles, rayées du grand-livre de la dette publique, celles de ces pensions qui n'auront pas été accordées à la distinction des services et à l'insuffisance de la fortune, ainsi que le veut cette même loi.

Les titulaires des pensions annulées ne seront pas soumis à la restitution des arrérages.

Rémunération des fonctions publiques. — La rémunération des fonctions publiques est à la fois un devoir et une mesure de prudence pour tout gouvernement. La règle du salaire doit prévaloir dans les États qui confèrent le pouvoir au plus digne, quelles que soient son origine et sa fortune, et qui n'autorisent aucune contribution sur les citoyens, que lorsqu'elle est sanctionnée par la loi, et qu'il en est tenu régulièrement compte. Payement du salaire par le Trésor, afin que le fonctionnaire, qui représente le pouvoir, n'attende pas du public sa rémunération, ce qui nuirait à la considération dont il doit jouir, en l'exposant à des discussions fâcheuses. Il y a cependant une exception pour les conservateurs des hypothèques et les greffiers, qui perçoivent directement le prix des actes qui leur sont demandés. Cette exception repose sur la responsabilité pécuniaire de ces fonctionnaires, dont les attributions constituent, d'ailleurs, un office ministériel autant qu'une fonction publique. Le clergé conserve aussi son casuel. Salaire fixe attaché à toutes les fonctions. Dans certains services où le mérite du fonctionnaire peut se mesurer sur les résultats qu'il obtient, salaire éventuel ajouté au salaire fixe. Traitements proportionnels accordés à ceux des employés des finances dont le zèle peut accroître ou assurer les recettes publiques. Pour certains fonctionnaires, avantages matériels, indépendamment du traitement : tels que le logement. Lorsque le logement est concédé pour les besoins du service, on y ajoute le mobilier. Ceux qui ne reçoivent pas le logement en nature, sont indemnisés en argent. Les frais de représentation sont couverts, pour les hauts fonctionnaires, soit par l'augmentation du traitement, soit par des allocations spéciales. Indemnités accidentelles. Quant à la graduation des salaires, les traitements ou s'accroissent progressivement chaque année, après un certain temps de service, ou sont soumis à un minimum et à un maximum. Quelles doivent être les bases des rémunérations? L'État ne doit pas apporter de parcimonie dans la fixation des traitements ; il faut que les dépositaires de son autorité soient contents de lui, pour qu'à son tour il soit content d'eux, et s'il a le droit d'attendre de ses fonctionnaires l'assiduité et la régularité, la probité, l'obéissance et la discrétion, une humeur conciliante, une irrévocable équité, mais une fermeté que les circonstances rendent souvent nécessaire ; s'il a le droit, enfin, lorsque les fonctions le requièrent, de demander à ses fonctionnaires le sacrifice entier de leur temps, et l'application exclusive de leur esprit, il faut qu'il assure au moins l'existence aux derniers agents, l'aisance à ceux qui sont dans les rangs intermédiaires, et une situation élevée à ceux qui occupent les premiers postes. Au reste, un principe doit dominer ces considérations importantes, c'est que les fonctions sont établies en vue de l'intérêt public, et non dans l'intérêt de ceux qui les occupent.

La loi des 27-30 juillet 1870 portant fixation du budget général des recettes et des dépenses de l'exercice 1871, contenait quelques dispositions sur le cumul. Les traitements ou réunions de traitements payés sur les fonds de l'État et supérieurs à 50,000 francs, ne pouvaient être intégralement cumulés, ni avec la dotation de sénateur, ni avec l'indemnité de membre du Corps législatif. Ils devaient être, en cas de cumul, réduits d'une somme égale au montant de la dotation ou de l'indemnité. (*Art.* 27.) Les traitements ou réunions de traitements formant avec la dotation ou l'indemnité une somme supérieure à 50,000 francs, ne pouvaient être cumulés avec cette dotation ou cette indemnité au delà de ce chiffre, et ne devaient être ordonnancés au profit des titulaires, que jusqu'à concurrence de la somme nécessaire pour compléter, avec le montant de la dotation ou de l'indemnité, le chiffre de 50,000 fr. (*Art.* 28.)

La loi du 16 septembre 1871, portant fixation du budget rectificatif de cette même année, dispose que le traitement des ministres sera fixé, désormais, à la somme de 60,000 francs, non sujette à retenue. Les ministres, sous-secrétaires d'État, secrétaires généraux, chefs de services et autres fonctionnaires ou employés des ministères qui sont logés aux frais de l'État, cesseront, à partir du 1er janvier 1872, de jouir de ces logements et des avantages qui y sont attachés.

Il ne sera fait exception que pour les préposés à la garde du matériel et pour les concierges et gens de service commis à la surveillance des immeubles et des bureaux.

Il ne sera plus inscrit aucune somme aux budgets des ministères, pour frais d'entretien des hôtels et du mobilier, pour gages et habillements des gens de service, pour chauffage, éclairage des hôtels et pour l'entretien des jardins. Ces dispositions ne s'appliquent pas au service du cabinet du ministre et des bureaux d'administration.

Des crédits pourront être proposés provisoirement, pour entretien des immeubles, jusqu'à aliénation ou affectation à d'autres services publics.

Deux questions se présentent au sujet des charges de l'État. Appartient-il aux tribunaux de déclarer l'État débiteur? L'administration est-elle tenue, envers les tiers lésés, de réparer le préjudice qui leur a été causé par les délits ou quasi-délits des agents administratifs?

A la première question il faut répondre que l'autorité administrative seule est compétente pour constituer débiteur l'État considéré comme puissance publique : ainsi le veut le principe de la séparation des pouvoirs ; mais que l'État, personne privée, peut être déclaré débiteur par l'autorité judiciaire.

Quant à la responsabilité qui est l'objet de la seconde question, la jurisprudence administrative ne la reconnaît que dans le cas où l'agent a causé le préjudice en agissant dans les limites de ses attributions.

Comptabilité. — Les recettes et les dépenses sont votées annuellement par la loi du budget général de l'État. Ce budget est soumis à la représentation nationale, avant l'ouverture de chaque exercice. On entend par *exercice* le temps pour lequel les crédits sont affectés. Il dure une année, commence le 1er janvier, et finit le 31 décembre; mais la période pendant laquelle doivent se consommer tous les faits de recettes et les dépenses, se prolonge jusqu'au 1er mars de la seconde année, pour achever, dans la limite des crédits ouverts, les services du matériel dont l'exécution n'aurait pu être terminée avant le 31 décembre ; et jusqu'au 31 octobre de la même année, pour compléter les opérations relatives au recouvrement et au payement des dépenses. Aucun impôt ne peut être perçu s'il n'est compris dans le budget des recettes ; quant aux dépenses, il y est pourvu au moyen de crédits ouverts par le budget qui les concerne.

On donne le nom de *crédit* à la fixation de la somme qu'un ministre est autorisé à dépenser pour un service déterminé. Le *crédit extraordinaire* est celui qui est ouvert pour des dépenses qui n'ont pas été prévues dans le budget. Les *crédits supplémentaires* sont ceux qu'on est obligé d'ajouter aux crédits insuffisants ; enfin, les *crédits complémentaires*, ceux qu'il devient nécessaire d'ouvrir, lors de l'établissement du compte d'un exercice, pour couvrir les insuffisances du crédit. Le sénatus-consulte organique du 25 décembre 1852 a voulu que les crédits fussent votés par ministères, et non par chapitres. Sous le système de la spécialité des crédits par chapitres, les virements de fonds n'étaient autorisés, de la part des ministres, qu'entre les articles d'un même chapitre. Sous l'empire de la législation de 1852, les virements de fonds n'étaient prohibés que de ministère à ministère, et ce n'était qu'en cas d'insuffisance des fonds affectés à un département ministériel, ou en cas de services extraordinaires et urgents, qu'il y avait lieu de recourir à des crédits supplémentaires ou extraordinaires. Ouverture de ces crédits par décret, dans l'intervalle des sessions de la Chambre, mais soumise à la régularisation de ce Corps, à sa première session. Répartition des crédits entre les divers chapitres de chaque ministère, réglée par décret, en Conseil d'État. Chaque mois le ministre des finances proposait au chef de l'État, d'après les demandes des autres ministres, la distribution des fonds dont ils pouvaient disposer dans le mois suivant. Le budget était définitivement réglé par une loi particulière. Les comptes des ministres étaient joints à la proposition de cette loi. Liquidation ou ordonnancement des dépenses de l'exercice clos, dans les neuf mois qui suivaient l'expiration de l'exercice. Déchéance à l'expiration des cinq années. D'après un sénatus-consulte du 21 décembre 1861, le budget des dépenses devait être présenté au Corps législatif avec ses divisions en sections, chapitres et articles. Le budget de chaque ministère était voté par sections. La répartition par chapitres des crédits accordés pour chaque section était réglée par décret rendu en Conseil d'État. Des décrets spéciaux, rendus dans la même forme, pouvaient autoriser des virements d'un chapitre à un autre dans le budget de chaque ministère. Il ne pouvait être accordé de crédits supplémentaires ou de crédits extraordinaires qu'en vertu d'une loi.

En cours d'exécution, la comptabilité publique est soumise à un contrôle incessant, par la séparation de l'ordonnateur et du comptable, par la récapitulation des écritures locales au moyen des écritures centrales de la comptabilité générale des finances et par la vérification périodique des comptes individuels, pour servir de base aux comptes généraux des ministres.

La Caisse des dépôts et consignations est instituée pour recevoir, sous la même surveillance et les mêmes règles de responsabilité et de garantie que la Caisse d'amortissement, les dépôts et consignations, et pour vaquer à certains autres services qui lui sont délégués par la loi.

L'article 38 de la loi de finances des 27-30 juillet 1870 porte que nul virement ne peut être opéré sur les crédits affectés au service de la dette publique. Le crédit alloué à titre de fonds secrets ne peut être augmenté par voie de virement. Aucun virement ne peut être opéré sur des crédits affectés à des dépenses extraordinaires, pour élever les crédits affectés à des dépenses ordinaires. Aucun virement ne pourra être opéré pour augmenter les crédits votés pour les traitements de personnel.

Les articles 30, 31 et 32 de la loi du 16 septembre 1871 rétablissent le vote du budget par chapitres, suppriment d'une façon absolue le système des virements et règlent les formes dans lesquelles seront ouverts les crédits supplémentaires et extraordinaires. Ils sont ainsi conçus :

Le budget est voté par chapitres. Aucun virement de crédits ne peut avoir lieu d'un chapitre à un autre. (*Art.* 30) Les suppléments de crédits nécessaires pour subvenir à l'insuffisance dûment justifiée des fonds affectés à un service porté au budget, ne pourront être accordés que par une loi, sauf le cas de prorogation de l'Assemblée nationale. La même disposition est applicable aux crédits extraordinaires. Ces derniers ne peuvent être demandés que pour des services non susceptibles d'être prévus et réglés par le budget. (*Art.* 31.) Dans le cas de prorogation de l'Assemblée nationale, les crédits supplémentaires et extraordinaires ne pourront être ouverts que par des décrets rendus en Conseil d'État, après avoir été délibérés et approuvés en conseil des ministres.

Ces décrets devront être soumis à la sanction de l'Assemblée nationale dans la première quinzaine de sa plus prochaine réunion. (*Art.* 32.)

C'est, on le voit, en matière de crédits, le retour complet au régime financier antérieur à l'Empire.

Depuis longtemps la Cour des comptes, dans ses rapports annuels, et les commissions du Corps législatif chargées de l'examen des lois des comptes, réclamaient la révision de la loi du 31 mai 1838, qui forme la base de notre législation financière. Une commission avait été chargée par le ministre des finances de préparer en conséquence un nouveau code de la comptabilité publique. Les résultats de cette élaboration ont été constatés par un rapport du 30 mai 1862, inséré au *Moniteur* des 9 et 10 juin, dont voici l'analyse :

Le titre premier. — *Dispositions générales* applicables aux divers services, — est précédé de la définition préalable des mots génériques : *deniers publics;* ce commentaire indispensable, qui avait manqué, jusqu'à présent, à l'interprétation de notre législation financière, comprend explicitement, à l'avenir, sous cette dénomination générale, non-seulement les deniers de l'État, mais encore ceux des départements, des communes et des divers établissements de bienfaisance ou d'utilité publique.

Les articles placés à la suite de cette explication préliminaire fixent les principes généraux de l'exercice budgétaire, de la gestion et du maniement de tous les deniers publics, ainsi que les conditions essentielles expressément attachées aux fonctions d'administrateur et de comptable.

Le second titre. — *Comptabilité législative,* — retrace et détermine dans tous leurs degrés les relations des pouvoirs délégués de l'autorité souveraine et des deux corps politiques qui partageaient alors avec elle la puissance législative, en rappelant les formes et les règles constitutionnelles du vote et de l'exécution du budget général de l'État, ainsi que les devoirs de l'administration soumise à ce double contrôle public librement exercé sur ses propositions et sur ses actes.

L'article 31 reproduit la disposition fondamentale qui charge le Conseil d'État de la délibération préalable de la loi annuelle de finances et de sa discussion, qu'il devait soutenir devant les pouvoirs législatifs.

L'article 32 consacrait la faculté résultant du sénatus-consulte du 31 décembre 1861, de rectifier le budget général pendant le cours de l'exercice.

Le titre III, — *Comptabilité administrative*, — est destiné à régler les rapports de service des ordonnateurs et des préposés comptables avec l'autorité supérieure des différents ministères chargés de diriger la perception, les mouvements et l'emploi des ressources de l'État. Les obligations respectives et la responsabilité personnelle de ces nombreux délégués des administrations centrales ont été déterminées, en 1838, avec une prévoyance assez éclairée, pour que le nouveau projet de décret ait dû se borner à confirmer des dispositions complétement justifiées par une longue expérience, en tout ce qui concerne la tenue des livres, les tributs périodiques de résultats ou de pièces justificatives, les contrôles successifs les comptes à rendre.

Les articles 372, 373 et 374 qui terminent ce titre III continuent de confier à la comptabilité générale des finances l'importante mission de résumer dans son journal, et sur son grand-livre, les comptes périodiques des recettes et des dépenses de l'État, qui lui sont adressés par toutes les comptabilités spéciales, de maintenir l'uniformité de leurs écritures élémentaires, d'établir, chaque mois, la situation générale des finances, de préparer le budget de chaque exercice ainsi que les lois qui s'y rattachent, de former les comptes généraux publiés par le ministre des finances, enfin de dresser les tableaux récapitulatifs de comparaison transmis annuellement à la Cour des comptes, pour faciliter l'exercice de ses contrôles.

Le titre IV. — *Comptabilité judiciaire*, — expose l'organisation, la compétence et la procédure de la cour souveraine appelée à juger les comptables et à contrôler publiquement les comptes généraux des ministres, à l'aide des documents authentiques et des pièces justificatives qui lui sont produits, pour lui permettre de vérifier, en rendant ses arrêts, et de constater ensuite, par l'évidence de ses déclarations de conformité, comme par les commentaires de son rapport annuel, l'exactitude des résultats financiers ainsi que l'exécution légale et régulière de tous les services publics.

Ce titre IV a été complété par l'introduction d'un nouveau chapitre, n° XIX, qui manquait à l'ordonnance du 31 mai 1838, sur la juridiction des conseils de préfecture en matière de comptabilité municipale. La compétence de ces tribunaux administratifs s'y trouve explicitement fixée, leur mode de délibération, leur procédure et les formes de leurs jugements y sont également définis par des dispositions précises, empruntées aux lois des 8 pluviôse an VIII, 18 juillet 1837, et à plusieurs décisions réglementaires depuis longtemps consacrées par la jurisprudence.

Le titre V. — *Comptabilités spéciales;* — comprend tous les services publics qui sont régis par une législation particulière et qui ne sont pas exclusivement soumis à l'action immédiate ni au vote définitif de la législature. Cependant ces administrations spéciales sont placées sous l'impulsion et sous la surveillance de l'autorité supérieure, en même temps que les formes de leurs écritures, de leurs justifications et de leurs contrôles sont les mêmes que celles de la comptabilité des finances de l'État; enfin, leurs préposés comptables sont, comme ceux du Trésor, justiciables de la Cour des comptes et des conseils de préfecture.

Le service spécial des *départements*, d'après ce document, est celui qui s'écarte le moins des règles générales de notre système financier, puisqu'il le comprend dans le budget de l'État, dirigé par le ministre de l'intérieur, exécuté par les

préfets, par les receveurs et par les payeurs des finances. Il
ne diffère, en effet, du service général que par la participation
des conseils généraux au contrôle de ses opérations, ainsi
qu'au vote préalable de ses recettes et de ses dépenses facultatives, extraordinaires et spéciales.

Le nouveau projet de règlement, presque entièrement
conforme, en cette matière, à l'ordonnance du 31 mai 1838,
se borne, d'ailleurs, à décentraliser, conformément au décret
du 25 mars 1852, en faveur de l'autorité locale, une partie
des attributions réservées jusqu'alors à l'administration centrale. Nous reviendrons sur ce point important, en montrant
les innovations réalisées par la loi du 10 août 1871.

Les finances des *communes*, placées sous la protection
supérieure du même ministère et spécialement confiées à la
tutelle des conseillers municipaux, n'ont éprouvé d'autre
changement, en vertu du document que nous analysons ici,
dans leur régime antérieur, que celui d'une décentralisation
prononcée par le même décret du 25 mars 1852, pour restituer
au pouvoir local une action aussi étendue que celle qu'il rendait en même temps à l'autorité départementale. Nous
renvoyons, sur ce point encore, à la loi du 10 août 1871.

Les *établissements de bienfaisance* sont demeurés dans leur
situation antérieure, à l'exception de quelques modifications
introduites, comme dans le chapitre précédent, pour réduire
la durée de l'exercice, en vertu de l'ordonnance du 24 janvier 1843, et pour régulariser, d'après celle du 31 mai 1840, la
transmission aux comptables des budgets, des autorisations
supplémentaires de dépenses et des titres de perception.

Plusieurs établissements de bienfaisance et d'utilité publique, qui n'avaient pas été mentionnés dans l'ordonnance du
31 mai 1838, ont pris place dans le nouveau décret proposé,
qui rappelle à ce sujet les dispositions prescrites par les actes
législatifs ou réglementaires sur la comptabilité de l'administration de l'assistance publique, des maisons d'aliénés,
des dépôts de mendicité et des monts-de-piété.

La comptabilité des *lycées*, succédant à celle des anciens colléges universitaires, a été adaptée à l'organisation de l'instruction publique, et celle des *écoles normales primaires* a été ajoutée et réglée en exécution du décret du 26 décembre 1855.

Les *services spéciaux rattachés pour ordre au budget de l'État* composent le chapitre XXVIII et dernier du titre V. Leurs recettes et leurs dépenses sont comprises dans le vote annuel des lois de finances ; leur administration particulière, qui ressortit à divers départements ministériels, est contrôlée par des commissions de surveillance ; la gestion de leurs deniers, exceptionnellement confiée à d'autres préposés que ceux du Trésor et dégagée des liens de la centralisation financière, est néanmoins soumise aux mêmes règles d'ordre, aux mêmes formules d'écritures, aux mêmes justifications et à la même juridiction que celle de tous les comptables publics.

La Caisse des dépôts recueille directement ou par l'entremise des receveurs généraux les arrérages de rentes, les subventions du Trésor et les autres produits accessoires qui forment la dotation de la *Légion d'honneur*. La grande chancellerie, — placée alors dans les attributions du ministère d'État et surveillée par un conseil spécial, — dispose de ces ressources au profit des membres de l'ordre, des médaillés de nos armées et des divers créanciers de cette institution nationale. Les résultats de la rentrée et de l'emploi de ces fonds sont régulièrement constatés par une comptabilité administrative, et justifiés annuellement devant la Cour des comptes. La grande chancellerie de la Légion d'honneur a, depuis, été placée dans les attributions du ministère des beaux-arts, et, par un nouveau changement, dans celles du ministère de la justice et des cultes.

L'*Imprimerie nationale*, régie par un directeur compris dans le personnel du ministère de la justice, est assujettie aux formes consacrées par les lois et règlements pour la description et pour la justification des frais de ses travaux et du recouvrement de ses produits. Le caissier et le garde-magasin du matériel de cet établissement sont soumis aux obligations imposées à tous les dépositaires des valeurs appartenant à l'État.

Les *chancelleries diplomatiques* et *consulaires*, dont les tarifs sont appliqués dans des régions lointaines par des fonctionnaires administratifs, se prêtaient difficilement aux exigences de la comptabilité publique. Le nouveau règlement a fait désormais rentrer au Trésor tous les droits perçus, et en a renfermé l'emploi dans les limites d'un budget spécial, dont les fonds n'ont plus pu accroître indirectement les crédits ouverts par le budget de l'État. Un agent comptable centralise donc ces écritures, et justifie ces maniements de fonds à la Cour des comptes.

La fabrication des monnaies et médailles est confiée, nous l'avons déjà vu, à plusieurs directeurs comptables de Paris et des départements, placés sous la surveillance de commissions spéciales relevant du ministère des finances. Les mouvements de fonds et de matières effectués par ces directeurs, ainsi que les frais et bénéfices résultant de leurs opérations de change, sont entourés des garanties exigées de tous les dépositaires de deniers publics.

La *dotation de l'armée*, fondée par la loi du 26 avril 1855, réglée par le décret du 9 janvier 1856 et modifiée par la loi du 24 juillet 1860, est placée sous la protection du ministre de la guerre et d'une commission supérieure. Sa gestion financière a été remise à la Caisse des dépôts, qui est assujettie aux règles, aux formes et aux contrôles de la comptabilité de l'État. La loi du 26 avril 1855 a créé, sous la garantie de l'État, la Caisse de la dotation de l'armée et a déterminé ses ressources et ses charges. L'article 2 de la loi du 1er février 1868, sur le recrutement de l'armée et le recrutement de la garde nationale mobile, a abrogé les titres 2, 3 et 5 de la loi du 26 avril 1855, relative à la dotation de l'armée, la loi du 24 juillet 1860, qui modifiait certains articles de la loi de 1855, et celle du 4 juin 1864, sur les dispenses à accorder aux frères des militaires, servant à titre de rengagés ou d'engagés volontaires après libération. La loi du 1er février 1868 a remis en vigueur les articles 17 à 24, 28 et 29 de la loi du 21 mars 1832, autorisant les substitutions d'hommes sur la liste cantonale et le remplacement. Elle a également remis en vigueur le titre 3 de la loi de 1832, sauf certaines modifications. La législation nouvelle qui se prépare, en ce moment, sur l'organisation de l'armée, apportera de nouveaux changements à cette toile de Pénélope. — Voir encore le décret des 3 janvier, — 23 février 1871, relatif à la liquidation de la Caisse de la dotation de l'armée.

La *Caisse des invalides de la marine* est également surveillée par une commission administrative attachée au ministère de la marine, et chargée de maintenir la régularité de ce service spécial. Le trésorier de cet établissement et ses préposés extérieurs sont assimilés aux comptables des finances pour leurs écritures, pour leurs pièces justificatives et pour les contrôles de l'administration centrale et de la Cour des comptes.

Après avoir retracé les mesures d'ordre adoptées pour les différentes comptabilités des services spéciaux rattachés au budget général de l'État, le projet de règlement expose dans tous leurs détails les attributions anciennes et nouvelles de la *Caisse des dépôts et consignations* et de la *Caisse d'amortissement*, réunies l'une et l'autre sous la même administration, et soumises à la même commission de surveillance.

Enfin le titre VI rappelle dans ce nouveau règlement général les dispositions de la loi du 6 juin 1843 et de l'ordonnance du 26 août 1844, sur la *comptabilité des matières appartenant à l'État*, en confirmant dans une reproduction textuelle les mesures déjà prises par les différents ministères pour introduire l'ordre et la règle dans cette partie importante de la fortune mobilière de la France, et pour en soumettre les entrées, les sorties et la situation à la vérification de la Cour des comptes et au contrôle de la législature.

Le décret du 31 mai 1862, portant règlement général sur la comptabilité publique, dispose qu'une commission sera chargée, chaque année, d'arrêter le journal général et le grand-livre de l'administration des finances, au 31 décembre, ainsi que les livres et registres tenus au Trésor, pour l'inscription des rentes, pensions et cautionnements. Cette commission devra, de plus, constater, dans le procès-verbal de ses travaux, la concordance des comptes rendus par les ministres des divers départements avec les écritures qui ont servi à les établir. Il est encore fait application de ces dispositions par le décret des 30 décembre 1870-5 février 1871.

CHAPITRE XV.

Principes généraux. — L'assistance envers les hommes qui sont atteints dans leur existence est une obligation étroite pour tous les membres de la société et, par suite, pour la société elle-même. Indépendamment des services mutuels que se rendent tous les hommes et des avantages que chacun retire de l'état social, avantages qui motivent en droit cette obligation réciproque du secours, la loi morale l'impose directement comme un devoir essentiel à tous les hommes envers tous les autres. Les peuples chrétiens sont riches en institutions de bienfaisance que la charité publique et privée a multipliées, sous toutes sortes de formes, pour répondre à la diversité des besoins.

Proclamé par l'Assemblée constituante, le principe que la bienfaisance publique est pour la société un devoir a reçu sous la Convention une application trop littérale. La dotation des établissements d'humanité ayant été réunie au domaine de l'État, et leur entretien mis à sa charge, il en résulta que les ressources de la bienfaisance durent suivre les mouvements du Trésor, et que l'absence de garantie pour les affectations spéciales eut pour effet de tarir les libéralités individuelles. Ce fut le Premier Consul qui partagea l'exercice de la bienfaisance publique entre les communes, les départements et l'État. L'organisation de la bienfaisance publique repose, de nos jours, sur les deux principes suivants : 1° Il appartient d'abord à la commune, à défaut de la commune, au département, et, en dernier lieu, à l'État, de secourir ceux de leurs membres qui tombent dans le malheur ; 2° Tout établissement de charité, qu'il ait été créé par la commune, le département ou l'État, du moment qu'il est constitué, a une existence qui lui est propre, et forme un être moral capable de posséder, d'acquérir, de stipuler, de s'obliger [1].

Les principales institutions relatives à l'assistance publique sont les salles d'asile, les caisses d'épargne, les monts-de-

[1] Sur la législation charitable, voir : De Gérando, *De la bienfaisance publique* ; — André, *Cours alphabétique, théorique et pratique de la législation civile, ecclésiastique, contenant tout ce qui regarde les fabriques, les bureaux de bienfaisance, les hospices, les écoles, les salles d'asile*, etc.; — De Champeaux, *Manuel des bureaux de bienfaisance* ; — Molineau, *Code des bureaux de bienfaisance, fabriques des églises, hospices et hôpitaux* ; — Watteville (de), *Législation charitable, ou Recueil des lois, arrêtés, décrets, etc., qui régissent l'administration des établissements de bienfaisance* ; — Du même, *Code de l'administration charitable* ; — Davenne, *De l'organisation et du régime des secours publics en France* ; — Durand, *Des sociétés de secours mutuels rurales* ; — Pinède, *Des sociétés de secours mutuels et de leurs applications* ; — Robert, *Guide pour l'organisation et l'administration des sociétés de secours mutuels* ; — Dorigny, *De l'assistance judiciaire et des immunités spéciales accordées aux indigents* ; — De Vatisménil, *Commentaire de la loi du 22 janvier* 1851, *sur l'assistance judiciaire* ; — Sabatié, *Commentaire* de la même loi ; — Dubeux, *Essai sur l'institution de l'avocat des pauvres*, etc.; — Boudard, *Institutions de prévoyance* ; — Seurre, *Mutualité ; Essai sur les institutions de prévoyance* ; — Prevost, *Manuel des caisses d'épargne* ; — Thanberger, *Guide des administrateurs et agents des hôpitaux* ; — Legrand, *Législation et culte de la bienfaisance en Belgique* ; — Brixhe, *Manuel raisonné de l'administration des bureaux de bienfaisance* (Belgique); — Monnier, *Histoire de l'assistance dans les temps anciens et modernes* ; — de Magnitot, *L'assistance en province* ; — Hubert-Valleroux, *De l'assistance sociale*. Etc.

piété, les bureaux de bienfaisance, les sociétés de secours mutuels, les hospices, l'assistance judiciaire.

La loi des 11-15 juillet 1868 a créé, sous la garantie de l'État : 1° une caisse d'assurance ayant pour objet de payer, au décès de chaque assuré, à ses héritiers ou ayants droit, une somme déterminée suivant certaines bases indiquées ; 2° une caisse d'assurance en cas d'accidents, ayant pour objet de servir des pensions viagères aux personnes assurées qui, dans l'exécution des travaux agricoles ou industriels, seraient atteintes de blessures entraînant une incapacité permanente de travail, et de donner secours aux veuves et aux enfants mineurs des personnes assurées, qui auraient péri par suite d'accidents survenus dans l'exécution de ces travaux. Le décret portant règlement pour l'exécution de cette loi est du 10 août 1868.

Salles d'asile. — Les salles d'asile, publiques ou libres, sont des établissements d'éducation où les enfants des deux sexes, de deux à sept ans, reçoivent les soins que réclament leur développement moral et physique. Le titre de salle d'asile modèle peut être conféré par le ministre de l'instruction publique, sur la proposition du comité central de patronage, aux salles d'asile signalées par leur bonne tenue et leurs bons résultats. Mesures d'hygiène. Conditions déterminées d'admission. Les salles d'asile sont ouvertes gratuitement à tous les enfants dont les familles sont reconnues hors d'état de payer la rétribution mensuelle. L'admission des enfants n'est définitive qu'autant qu'elle a été ratifiée par le maire. Pour la surveillance, comité local de patronage; dames déléguées par le ministre de l'instruction publique. Les salles d'asile publiques et libres ne sont dirigées que par des femmes. Certificat d'aptitude. Nomination et révocation par les préfets, sur la proposition de l'inspecteur d'académie. Le décret du 6 juillet 1871 a déclaré dissous le comité central de patronage des salles d'asile.

Caisses d'épargne. — Les caisses d'épargne, dont l'établissement doit être autorisé par décret rendu dans la forme

des règlements d'administration publique, sont destinées à
recevoir les économies des classes peu fortunées ; elles payent
l'intérêt des sommes qu'elles reçoivent et les restituent aux
déposants, qui peuvent verser de 1 franc à 300 francs par semaine. Aucun versement ne sera reçu par les caisses d'é-
pargne sur un compte dont le crédit aura atteint 1000 francs,
soit par le capital, soit par l'accumulation des intérêts. Lorsque, par suite du règlement annuel des intérêts, un compte
excédera le maximum, si le déposant, pendant un délai de
trois mois, n'a pas réduit son crédit au-dessous de cette limite, l'administration de la caisse d'épargne achètera pour
son compte des rentes sur l'État. L'intérêt bonifié aux caisses
d'épargne par la Caisse des dépôts et consignations, est fixé à
quatre pour cent. Ces caisses ne peuvent plus être fondées
aujourd'hui sur l'initiative des particuliers, mais seulement
sur la demande du conseil municipal de la commune où elles
doivent être instituées.

Un décret du 1er août 1864 porte que les préfets pourront,
sur la demande des directeurs des caisses d'épargne, autoriser
la conversion en rentes sur l'État du cautionnement des caissiers de ces établissements, versé en numéraire à la Caisse des
dépôts et consignations. Plusieurs décrets rendus pendant la
guerre de 1870-1871, ont réglé les demandes de remboursement de fonds des caisses d'épargne. Voir, par exemple, les
décrets des 17-20 septembre, 16-20 octobre, 17-19 novembre,
17-20 décembre 1870.

Monts-de-piété. — Les monts-de-piété sont des établissements publics dans lesquels on prête sur nantissement moyennant un intérêt-déterminé, et dont le produit, déduction faite
des frais d'administration, est remis aux hospices. Ils sont
constitués comme établissements d'utilité publique, et avec
l'assentiment des conseils municipaux, par décrets rendus
dans les formes des règlements d'administration publique. La
dotation de chaque mont-de-piété se compose : des biens meubles et immeubles affectés à sa fondation, et de ceux dont il

est ou deviendra propriétaire, notamment par dons ou legs ;
de bénéfices et *bonis* constatés par les inventaires annuels, et
centralisés ; des subventions qui pourront leur être attribuées
sur les fonds de la commune, du département ou de l'État. Il
est pourvu aux opérations des monts-de-piété au moyen des
fonds disponibles sur la dotation, de ceux qu'ils se procurent
par les voies d'emprunt, ou de ceux qui sont versés à intérêt
dans leur caisse.

L'administration du mont-de-piété de Paris est placée sous
l'autorité du préfet de la Seine et du ministre de l'intérieur.
Elle est confiée à un directeur responsable, sous la surveillance d'un conseil. Le directeur exerce son autorité sur les
services intérieurs et extérieurs. Il prépare les budgets, ordonnance toutes les dépenses, et présente le compte de son
administration. Il représente le mont-de-piété en justice, soit
en demandant, soit en défendant ; il a sous ses ordres tout le
personnel de l'administration. Le conseil est appelé à donner
son avis sur toutes les questions d'administration et de règlement intérieur.

Les conseils d'administration des monts-de-piété sont présidés par le maire de la commune, et, à Paris, par le préfet de
la Seine. A défaut de ce magistrat, par un vice-président.

Bureaux de bienfaisance. — Les bureaux de bienfaisance, créés par la loi du 7 frimaire an V, sont des établissements communaux institués pour répartir les secours à domicile et diriger les travaux prescrits par l'administration
en vue de l'assistance publique. Ils sont des personnes morales qui possèdent, acquièrent, aliènent, plaident, transigent
avec les mêmes autorisations que les hospices. Leur actif se
compose de rentes, du dixième du prix des billets d'entrée
dans les spectacles, et d'un droit sur la recette dans les lieux
de réunion ou de fête où l'on est admis en payant, de dons
et legs, et de sommes votées par les communes à titre de
secours. Personnes morales, ils sont dirigés et représentés
dans les actes de la vie civile par une commission adminis-

trative. Les dons ou legs faits aux pauvres sont acceptés par
le maire au nom du bureau de bienfaisance, dont le maire préside la commission, et ce n'est qu'à défaut d'existence de bureau
que ce fonctionnaire accepte au nom de la commune. L'article
14 de la loi des 24-29 juillet 1867 porte que la création des bureaux de bienfaisance est autorisée par les préfets, sur l'avis
des conseils municipaux. Depuis le décret du 13 avril 1861,
le sous-préfet statue sur : les budgets et comptes de ces bureaux ; la condition des baux et fermes de leurs biens, lorsque
la durée n'excède pas 18 ans ; le placement de leurs fonds ;
l'acquisition, la vente et l'échange de leurs biens mobiliers ;
le règlement de leur service intérieur ; l'acceptation de dons
et legs de sommes d'argent ou d'objets mobiliers, lorsque la
valeur n'excède pas 3,000 fr., et qu'il n'y a pas réclamation
des héritiers.

Associations de secours mutuels. — Les associations
de secours mutuels ont pour but d'assurer des secours temporaires aux sociétaires malades, blessés ou infirmes, et de
pourvoir à leurs frais funéraires. Elles peuvent promettre
des pensions de retraite, si elles comptent un nombre suffisant de membres honoraires. Ces sociétés se composent d'associés participants et de membres honoraires; ceux-ci payent
les cotisations fixées, ou font des dons à l'association, sans
participer au bénéfice des statuts. Les statuts de ces sociétés
sont soumis à l'approbation du ministre de l'intérieur, pour
le département de la Seine, et du préfet, pour les autres
départements. Le président en surveille l'exécution. Le bureau administre. D'après la loi de 1852, les présidents des
sociétés approuvées ou déclarées établissements d'utilité publique étaient nommés par l'Empereur. Le décret des 27-
31 octobre 1870 a établi qu'ils seront élus par les sociétaires.

Les sociétés de secours mutuels sont créées par les soins
du maire et du curé dans chacune des communes où l'utilité
en est reconnue. Cette utilité est déclarée par le préfet, après
avoir pris l'avis du conseil municipal. Toutefois, une seule

société peut être créée pour deux ou plusieurs communes voisines entre elles, lorsque la population de chacune est inférieure à mille habitants. Ces associations, approuvées, sont propriétaires et peuvent recevoir des dons mobiliers dont la valeur n'excède pas 5,000 francs. Remise des deux tiers sur les droits municipaux de convoi. Exemption des droits de timbre et d'enregistrement. Diplômes servant de passeports et de livrets, remis à chaque sociétaire participant. Lorsque les fonds réunis dans la caisse d'une société de plus de cent membres excèdent la somme de 3,000 francs, versement de l'excédant à la Caisse des dépôts et consignations (excédant de 1,000 francs pour les sociétés de moins de cent membres). Dépôts facultatifs aux caisses d'épargne, égaux à la totalité de ceux qui seraient permis au profit de chaque sociétaire individuellement. Dépôts facultatifs à la Caisse des retraites. Tous changements apportés aux statuts doivent être préalablement approuvés par le préfet. Suspension ou dissolution par le préfet, pour mauvaise gestion, inexécution des statuts ou violation de la loi. Les sociétés non autorisées peuvent profiter de cette législation en soumettant leurs statuts à l'approbation du préfet. Commission supérieure d'encouragement et de surveillance des sociétés de secours mutuels, instituée au ministère de l'intérieur. Les sociétés adressent, chaque année, au préfet, un compte rendu de leurs situations morale et financière. Chaque année, également, la commission supérieure présente au chef de l'État un rapport sur la situation de ces sociétés, et lui soumet les propositions propres à développer et à perfectionner cette institution. Les sociétés reconnues par décrets rendus en Conseil d'État, comme établissements d'utilité publique, ont seules le droit d'acquérir des immeubles et d'en rester propriétaires. Celles, au contraire, qui ne sont qu'approuvées par le préfet, ne peuvent prendre les immeubles qu'à bail.

Hospices. — Les hospices sont des établissements créés par décrets rendus dans la forme des règlements d'administration publique, pour recevoir les indigents, les malades, les enfants trouvés, abandonnés ou orphelins, les vieillards dénués de moyens d'existence. La plupart des hospices sont à la charge des communes ; quelques-uns sont, au moins en partie, à la charge des départements (asiles d'aliénés, hospices des enfants trouvés et abandonnés) ; l'État entretient enfin, directement, un petit nombre d'hospices, dont plusieurs ont en même temps un but d'instruction ou d'éducation : telles sont les institutions des Sourds-Muets, des Jeunes Aveugles, des Quinze-vingts, etc. La direction et la surveillance du service intérieur ou extérieur de ces établissements hospitaliers, ainsi que l'administration des biens qui leur appartiennent, et qui peuvent consister en rentes, objets mobiliers, immeubles, droits perçus sur les spectacles et fêtes, bénéfices des monts-de-piété, pensions, etc., etc., enfin, des sommes votées par les communes en cas d'insuffisance des revenus ordinaires, sont confiées à une commission administrative composée de cinq membres nommés par le préfet, et du maire de la commune. La comptabilité est soumise aux règles de la comptabilité des communes. Les hospices sont soumis, pour ester en justice, à l'avis d'un comité consultatif de trois jurisconsultes, et à l'autorisation du conseil de préfecture. L'avis préalable du conseil municipal n'est prescrit que pour les hospices communaux.

Un décret des 29 septembre-3 octobre 1870 a supprimé la direction générale de l'assistance publique, à Paris et dans le département de la Seine. Aux termes de ce décret, le service des secours à domicile est exclusivement confié à l'autorité municipale. (*Art.* 2.) Le service des hôpitaux et hospices civils constitue une administration distincte, placée sous l'autorité d'un conseil d'administration, qui prendra le titre de *Conseil général des hospices du département de la Seine*. (*Art.* 3.) Ce conseil général a la direction des hôpitaux et hospices civils du département de la Seine et l'administration de leurs biens. Il fixe, sous l'approbation du ministre de l'intérieur, les recettes et dépenses de tous genres ; il représente en justice les établissements hospitaliers ; il a la tutelle des enfants trouvés, abandonnés et orphelins et la tutelle des aliénés ; il règle, par des arrêtés soumis à l'approbation du ministre de l'intérieur, tout ce qui concerne le service des hospices et la gestion de leurs revenus. (*Art.* 4.) Un agent général des hospices, nommé par le ministre de l'intérieur, est chargé de l'exécution des arrêtés du conseil général. (*Art.* 5, 6.) Le conseil général nomme son président, deux vice-présidents et un secrétaire, à la majorité absolue des suffrages. (*Art.* 7.) Le décret des 29 septembre-3 octobre 1870 lui donne mission de préparer, dans le plus bref délai, un plan d'organisation définitive, dont le principe électif sera la base. (*Art.* 9.)[1]

La composition du conseil général des hospices a été réglée par le décret des 18-23 février 1871. Les membres du conseil, tous élus dans les différentes catégories d'où ils sont tirés, sont renouvelés par tiers tous les ans. Le conseil est présidé par le préfet de la Seine, et, à son défaut, par un vice-président, élu tous les ans par le conseil. L'agent général des hospices a sous ses ordres tout le personnel de l'administration centrale, de l'inspection, et celui des établissements. Les employés de tous grades, tant de l'administration centrale que de l'inspection et des établissements, sont nommés par le préfet, sur la proposition de l'agent général et l'avis du conseil général des hospices. *(Art.* 1 à 5.)

La direction du service des secours à domicile dans la ville de Paris et dans les communes du département de la Seine, est attribuée au conseil général des hospices et à l'agent général. L'organisation du service est réglée par un arrêté préfectoral. (*Art.* 6.)

Aliénés [2]. — Le respect de la liberté individuelle, d'un côté, de l'autre l'intérêt public, motivent une législation particu-

---

[1] Voir la loi organique de l'administration générale de l'assistance publique, à Paris, du 10 janvier 1849, et le décret du 24 avril suivant.

[2] Loi du 30 juin 1838 ; ordon. 18 décembre 1839 ; décr. 25 mars 1852 ; décret 13 avril 1861.

lière pour les établissements d'aliénés. Chaque département est tenu d'avoir un établissement public, spécialement destiné à recevoir et à soigner les aliénés, ou de traiter, à cet effet, avec un établissement public ou privé, soit de ce département, soit d'un autre département. En outre de ces établissements publics, qui sont à la charge des départements, il peut y avoir aussi des établissements privés, lesquels ne peuvent être formés qu'avec l'autorisation du gouvernement, et sont sous la surveillance de l'administration. Les aliénés peuvent être placés dans ces établissements spéciaux, pour y être traités : soit sur la demande de leurs parents ou amis, demande accompagnée d'un certificat de médecin, constatant l'état mental de la personne et certifiant la nécessité de la faire tenir dans un établissement d'aliénés, et de l'y tenir enfermée; soit sur la réquisition de l'autorité, dans le cas où l'état d'aliénation serait de nature à compromettre l'ordre public ou la sûreté des personnes. Quel que soit le respect dû à la liberté individuelle, les officiers municipaux et commissaires de police sont même autorisés à prendre telles mesures qui seront nécessaires, contre les personnes aliénées, en cas de danger imminent.

Toute personne placée ou retenue dans un établissement d'aliénés, son tuteur, si elle est mineure, son curateur, tout parent ou ami peuvent, à quelque époque que ce soit, se pourvoir devant le tribunal du lieu de la situation de l'établissement, qui, après les vérifications nécessaires, ordonnera, s'il y a lieu, la sortie immédiate. Les personnes qui ont demandé le placement et le ministère public, d'office, peuvent se pourvoir aux mêmes fins. Dans le cas d'interdiction, cette demande ne peut être formée que par le tuteur de l'interdit. La décision est rendue sur simple requête, en chambre du conseil et sans délai. La requête, le jugement et les autres actes auxquels la réclamation pourrait donner lieu, doivent être visés pour timbre et enregistrés en débet.

Les chefs, directeurs ou préposés responsables ne peuvent retenir une personne placée dans un établissement d'aliénés, dès que sa sortie a été ordonnée par le préfet ou par le tribunal, ou lorsque le médecin aura déclaré que la guérison est obtenue, ou lorsque la sortie sera requise par le curateur, l'époux ou l'épouse ; s'il n'y a pas d'époux ou d'épouse, les ascendants ; s'il n'y a pas d'ascendants, les descendants.

Les commissions administratives ou de surveillance des hospices ou établissements publics d'aliénés exercent, à l'égard des personnes non interdites qui y sont placées, les fonctions d'administrateurs provisoires. Elles désignent un de leurs membres pour les remplir. Sur la demande des parents de l'époux ou de l'épouse, sur celle de la commission administrative, ou sur la provocation d'office du ministère public, le tribunal civil du domicile peut nommer un administrateur provisoire aux biens de toute personne non interdite placée dans un établissement d'aliénés. Cet administrateur provisoire, auquel sont applicables toutes les dispositions du code civil sur les dispenses, les incapacités, les exclusions ou les destitutions de la tutelle, et sur les biens duquel une hypothèque spéciale ou générale peut être constituée, reçoit toutes les significations adressées à celui qu'il représente. Ses pouvoirs cessent de plein droit dès que la personne n'est plus retenue dans l'établissement, ou à l'expiration d'un délai de trois ans ; ils peuvent être renouvelés. A défaut d'administrateur, le président, à la requête de la partie la plus diligente, peut commettre un notaire pour représenter les personnes non interdites placées dans les établissements d'aliénés, dans les inventaires, comptes, partages et liquidations dans lesquels elles seraient intéressées. Les actes faits par une personne placée dans un établissement d'aliénés, pendant le temps qu'elle y aura été retenue, sans que son interdiction ait été prononcée ni provoquée, peuvent être attaqués pour cause de démence. Le ministère public est entendu dans toutes les affaires qui intéressent les personnes placées dans un établissement d'aliénés, lors même qu'elles ne seraient pas interdites.

Aux termes de la loi du 10 août 1871, les conseils généraux

statuent définitivement, dans chaque département, sur les recettes de toute nature et dépenses des établissements d'aliénés appartenant au département ; l'approbation des traités passés avec des établissements privés ou publics pour le traitement des aliénés du département ; le service des enfants assistés ; la part de la dépense des aliénés et des enfants assistés, qui sera mise à la charge des communes, et les bases de la répartition à faire entre elles ; les créations d'institutions départementales d'assistance publique et le service de l'assistance publique dans les établissements départementaux ; l'établissement et l'organisation des caisses de retraite ou de tout autre mode de rémunération en faveur des employés des préfectures et des sous-préfectures, et des agents salariés sur les fonds départementaux. (*Art.* 46.) Les secours généraux à des établissements et institutions de bienfaisance, ne peuvent être alloués par le ministre compétent que sur la proposition du conseil général du département. (*Art.* 68.)

L'administration ne se borne pas à donner des secours sur place dans les hospices aux indigents, sans distinction de patrie, à les distribuer à domicile, à répandre l'instruction première dans les classes pauvres et à préparer le bien-être de l'ouvrier en développant chez lui l'esprit d'ordre et d'économie : elle allège aussi pour le pauvre les charges nécessaires que la société impose à ses membres. L'institution de l'assistance judiciaire est une manifestation de sa sollicitude.

Assistance judiciaire[1]. — L'assistance judiciaire est accordée aux indigents. Elle est prononcée, en faveur de celui qui la réclame, par un bureau spécial établi au chef-lieu judiciaire de chaque arrondissement. La composition de ce bureau varie suivant que l'assistance est accordée devant les tribunaux civils, les tribunaux de commerce, les justices de paix, les cours d'appel ou la Cour de cassation. Les demandes sont adressées sur papier libre au ministère public près le tribunal

---

[1] Loi 19 janv. 1849 ; arrêté 24 avril 1849 ; loi 22 janv. 1851.

d'arrondissement, et doivent être accompagnées d'un certificat de non-inscription au rôle des contributions, et d'une déclaration d'indigence affirmée devant le maire de la commune, affirmation dont ce magistrat donne acte au bas de la déclaration. Informations prises par le bureau. Avis de se présenter donné à la partie adverse. Tentative d'arrangement. Les décisions du bureau (non motivées) ne sont susceptibles d'aucun recours. L'assisté est dispensé provisoirement du payement des sommes dues au Trésor pour droit de timbre, d'enregistrement et de greffe, ainsi que de toute consignation d'amende. Visa pour timbre et enregistrement en débet. Avance des frais par le Trésor. L'assisté gagne-t-il son procès? exécutoire contre l'adversaire, délivré au nom de l'administration de l'enregistrement et des domaines. Le bénéfice de l'assistance peut être retiré à l'assisté, en vertu d'une délibération du bureau (motivée), s'il survient à l'assisté des ressources reconnues suffisantes, ou s'il a surpris la décision du bureau par une déclaration frauduleuse. L'effet du retrait est de rendre immédiatement exigibles les droits, honoraires, émoluments et avances de toute nature, dont l'assisté avait été dispensé. L'action tendant au recouvrement de l'exécutoire délivré à la régie de l'enregistrement et des domaines, soit contre l'assisté, soit contre la partie adverse, se prescrit par dix ans.

Les sociétés maternelles, ateliers de charité, les orphelinats, les asiles des ouvriers convalescents, les établissements alimentaires, la caisse de retraite pour la vieillesse, les vestiaires des pauvres, l'organisation des secours à domicile, les prêts d'honneur, le patronage des jeunes détenus, les institutions de crédit au travail, complètent, dans notre vieille société, l'ensemble des mesures d'assistance et de prévoyance destinées à prévenir, au sein du pays, les progrès du paupérisme, en attendant de nouvelles institutions sociales qui en diminueront l'utilité.

SECONDE PARTIE.

CHAPITRE PREMIER.

DES ORGANES DE L'ADMINISTRATION.

Les organes de l'administration sont *généraux* ou *spéciaux*.

Les organes *généraux* sont, par exemple :

Le Chef du pouvoir exécutif, Roi, Président de République ou Empereur ;

Le Conseil d'État ;

Les Ministres ;

Les Préfets ;

Les Conseils de préfecture ;

Les Conseils généraux ;

Les Sous-Préfets ;

Les Conseils d'arrondissement ;

Les Maires ;

Les Conseils municipaux.

Les organes *spéciaux* sont :

La Cour des Comptes ;

L'Université ;

Les Conseils de révision ;

Les Commissions de travaux publics, etc.

Les administrations collectives et les conseils techniques sont plutôt des branches collatérales et auxiliaires que des organes de l'administration.

CHAPITRE II.

Le Roi. — Sous la monarchie parlementaire, au roi seul
appartient la puissance exécutive. (*Charte de* 1830, *art.* 12.) Le
roi a cette puissance, sans être personnellement responsable
de son exercice. Il commande les armées, déclare la guerre,
fait les traités, nomme aux emplois d'administration et fait
des ordonnances pour l'exécution des lois (*art.* 13) ; il participe à l'initiative des lois (*art.* 15), les sanctionne et les promulgue (*art.* 18) ; il nomme autant de pairs qu'il veut, parmi
les notabilités désignées par la loi (*art.* 23) ; il choisit leur
président (*art.* 25) ; les Chambres ne peuvent s'assembler s'il
ne les convoque ; il a le droit de les proroger et de dissoudre
celle des députés (*art.* 42) ; il nomme et institue la plupart des
juges (*art.* 48) et peut destituer les juges de paix (*art.* 52) ; il a
le droit de faire grâce et de commuer les peines (*art.* 58) ; il
fait des nobles à volonté (*art.* 62) ; il détermine les règlements

intérieurs et la décoration de la Légion d'honneur. (*Art.* 63.)
Mais il ne peut suspendre les lois ni dispenser de leur exécution, ni exempter les nobles qu'il crée des charges de la
société. (*Art.* 13 *et* 62.) La Charte lui impose, en outre, deux
obligations spéciales : celle de convoquer les Chambres tous
les ans, et dans les trois mois qui suivront la dissolution de
la Chambre des députés, lorsqu'il l'aura prononcée (*art.* 42); et
celle de jurer l'observation fidèle de la Charte, à son avénement, devant les Chambres réunies. (*Art.* 65.)

Le Président de la République. — Sous le gouvernement républicain, le pouvoir exécutif est *délégué* par le peuple
français à un citoyen qui reçoit le titre de Président de la
République. (*Constitution du 4 novembre* 1848, *art.* 43.) Le président a le droit de faire présenter des projets de loi à l'Assemblée nationale par les ministres; il surveille et assure
l'exécution des lois. (*Art.* 49.) Il dispose de la force armée, sans
pouvoir jamais la commander en personne. (*Art.* 50.) Il ne
peut céder aucune portion du territoire, ni dissoudre, ni proroger l'Assemblée nationale, ni suspendre, en aucune manière,
l'empire de la Constitution et des lois. (*Art.* 51.) Il présente,
chaque année, par un message à l'Assemblée nationale, l'exposé de l'état général des affaires de la République. (*Art.* 52.)
Il négocie et ratifie les traités. Aucun traité n'est définitif
qu'après avoir été approuvé par l'Assemblée nationale.(*Art.*53.)
Le président veille à la défense de l'État, mais il ne peut
entreprendre aucune guerre sans le consentement de l'Assemblée. (*Art.* 54.) Il a le droit de faire grâce, mais il ne peut
exercer ce droit qu'après avoir pris l'avis du Conseil d'État.
Les amnisties ne peuvent être accordées que par une loi. Le
président de la République, les ministres ainsi que toutes les
autres personnes condamnées par la Haute Cour de justice,
ne peuvent être grâciés que par l'Assemblée nationale.
(*Art.* 55.) Le président de la République promulgue les lois au
nom du peuple français (*art.* 56), dans un délai à l'expiration
duquel, s'il n'y a pas eu de promulgation, il y sera pourvu par

le président de l'Assemblée. (*Art.* 57, 58, 59.) Il préside aux
solennités nationales. (*Art.* 61.) Il nomme et révoque les ministres; il nomme et révoque, en conseil des ministres, les
agents diplomatiques, les commandants en chef des armées
de terre et de mer, les préfets, les procureurs généraux, les
gouverneurs de l'Algérie et des colonies et les autres fonctionnaires d'un ordre supérieur. Il nomme et révoque, sur la
proposition du ministre compétent, dans les conditions réglementaires déterminées par la loi, les agents secondaires du
gouvernement. (*Art.* 64.) Il a le droit de suspendre, pour un
terme de courte durée, les agents du pouvoir exécutif élus par
les citoyens; il ne peut les révoquer que de l'avis du Conseil
d'État. (*Art.* 65.) Les actes du président de la République,
autres que ceux par lesquels il nomme et révoque les ministres, n'ont d'effet que s'ils sont contre-signés par un ministre.
(*Art.* 67.) Le président de la République, les ministres, les
agents et dépositaires de l'autorité publique sont responsables,
chacun en ce qui le concerne, de tous les actes du gouvernement et de l'administration. (*Art.* 68.) Avant d'entrer en fonctions, le président prête, au sein de l'Assemblée nationale, le
serment de rester fidèle à la République et de remplir tous
les devoirs que lui impose la Constitution. (*Art.* 48.)

L'Empereur. — D'après le sénatus-consulte du 21 mai
1870, fixant la constitution de l'Empire [1], l'empereur gouverne avec le concours des ministres, du Sénat, du Corps
législatif et du Conseil d'État. (*Art.* 10.) Il est responsable
devant le peuple français, auquel il a toujours le droit de
faire appel. (*Art.* 13.) Il est le chef de l'État. Il commande les
forces de terre et de mer, déclare la guerre, fait les traités de

[1] Constitution des 14-22 janv. 1852; sénatus-consulte du 7 nov. 1852; plébiscite
21 et 22 nov. suivants; décret 2-9 déc. 1852; sénatus-consulte 12-16 déc. 1852;
décret 18-31 déc. 1852; sénatus-consulte 25-30 déc. 1852; décret 31 déc. 1852;
13 janvier 1853; décret 21-30 juin 1853; sénatus-consulte 21 avril-1ᵉʳ mai 1856;
Id. 17 juillet 1856; lettres patentes 1ᵉʳ février 1858; décret 1ᵉʳ février 1858;
lettres patentes 3 mai 1859.

paix, d'alliance et de commerce, nomme à tous les emplois, fait les règlements et décrets nécessaires pour l'exécution des lois. (*Art.* 14.) Les modifications apportées à des tarifs de douanes ou de poste, par des traités internationaux, ne sont obligatoires qu'en vertu d'une loi. (*Art.* 18.) La justice se rend au nom de l'empereur, qui a le droit de faire grâce et d'accorder des amnisties. (*Art.* 15, 16.) Il sanctionne et promulgue les lois. (*Art.* 17.) Il nomme et révoque les ministres. (*Art.* 19.)

L'intérim gouvernemental. — A la suite de la révolution du 4 septembre 1870, l'Assemblée nationale « dépositaire de l'autorité souveraine, » considérant qu'il est important, en attendant qu'il soit statué sur les institutions de la France, de pourvoir immédiatement aux nécessités du gouvernement et à la conduite des négociations du traité de paix avec l'Allemagne, décrète, le 17 février·1871, que M. Thiers sera nommé chef du Pouvoir exécutif de la République française, et qu'il ·exercera ses fonctions sous l'autorité de l'Assemblée nationale, avec le concours des ministres choisis et présidés par lui.

Le 31 août 1871 une loi, délibérée à Versailles, confirme le décret du 17 février. En voici les considérants et le dispositif : « L'Assemblée nationale, considérant qu'elle a le droit d'user du pouvoir constituant, attribut essentiel de la souveraineté dont elle est investie, et que les devoirs impérieux que tout d'abord elle a dû s'imposer, et qui sont encore loin d'être accomplis, l'ont seuls empêchée jusqu'ici d'user de ce pouvoir ; considérant que jusqu'à l'établissement des institutions définitives du ·pays, il importe aux besoins du travail, aux intérêts du commerce, au développement de l'industrie, que nos institutions provisoires prennent, aux yeux de tous, sinon cette stabilité qui est l'œuvre du temps, du moins celle que peuvent assurer l'accord des volontés et l'apaisement des partis ; considérant qu'un nouveau titre, une appellation plus précise, sans rien changer au fond des choses, peut avoir cet effet de mettre mieux en évidence l'intention de l'Assemblée de continuer franchement l'essai loyal commencé à Bordeaux ; que la prorogation des fonctions conférées au chef du pouvoir exécutif, limitée désormais à la durée des travaux de l'Assemblée, dégage ces fonctions de ce qu'elles semblent avoir d'instable et de précaire, sans que les droits souverains de l'Assemblée en souffrent la moindre atteinte, puisque, dans tous les cas, la décision suprême appartient à l'Assemblée, et qu'un ensemble de garanties nouvelles vient assurer le maintien de ces principes parlementaires, tout à la fois la sauvegarde et l'honneur du pays ; prenant, d'ailleurs, en considération les services éminents rendus au pays par M. Thiers depuis six mois et les garanties que présente la durée du pouvoir qu'il tient de l'Assemblée, décrète :

« Art. 1er. Le chef du pouvoir exécutif prendra le titre de président de la République française et continuera d'exercer, sous l'autorité de l'Assemblée nationale, tant qu'elle n'aura pas terminé ses travaux, les fonctions qui lui ont été déléguées par le décret du 17 février 1871.

« Art. 2. Le président de la République promulgue les lois dès qu'elles lui sont transmises par le président de l'Assemblé nationale [1].

« Il assure et surveille l'exécution des lois.

[1] Des divergences d'interprétation, — dit une circulaire adressée le 2 octobre 1871 aux préfets par le ministre de l'intérieur, — se sont produites dans plusieurs départements sur le mode de promulgation des lois.

Les dispositions du décret du gouvernement de la défense nationale du 5 novembre 1870 n'ont pas été abrogées ; elles doivent donc continuer à recevoir leur application.

En conséquence, la promulgation des lois résulte aujourd'hui de leur seule insertion au *Journal officiel*.

Elles sont exécutoires, à Paris, un jour franc après la promulgation, et, partout ailleurs, dans l'étendue de chaque arrondissement, un jour franc après que le *Journal officiel* qui les contient est parvenu au chef-lieu de cet arrondissement.

Il est nécessaire que cette date soit constatée par un registre tenu au secrétariat de chaque préfecture et sous-préfecture.

Dans les actes publics les lois sont quelquefois désignées par la date de leur promulgation.

La date officielle est celle de leur adoption par l'Assemblée nationale.

« Il réside au lieu où siége l'Assemblée.

« Il est entendu par l'Assemblée nationale toutes les fois qu'il le croit nécessaire, et après avoir informé de son intention le président de l'Assemblée.

« Il nomme et révoque les ministres. Le conseil des ministres et les ministres sont responsables devant l'Assemblée.

« Chacun des actes du président de la République doit être contre-signé par un ministre.

« Art. 3. Le président de la République est responsable devant l'Assemblée. »

Un décret du 2 septembre 1871 a institué un vice-président chargé de convoquer et de présider le conseil des ministres, en cas d'absence ou d'empêchement du président de la République.

Droit de grâce. — Le droit de grâce, dont la constitution investit généralement le chef de l'État [1], a été l'objet de nombreuses critiques. Pour certains esprits ombrageux, que l'initiative de l'administration effarouche, ce droit est en dehors du pouvoir exécutif et tout à fait irrationnel. En dehors du pouvoir exécutif, en ce qu'il tend à suspendre l'empire des lois; irrationnel, parce qu'il dépouille les peines de la certitude, qui est l'élément essentiel de leur efficacité. Si la peine est nécessaire, on ne doit pas la remettre; si elle n'est pas nécessaire, on ne doit pas la prononcer. D'ailleurs, accorder au chef de l'État le droit de grâce, c'est violer le principe de

[1] La loi du 17 juin 1871 porte que les *amnisties* ne peuvent être accordées que par une loi. (*Art.* 1er.) L'Assemblée nationale délègue le pouvoir de faire grâce au chef du pouvoir exécutif de la République française. (*Art.* 2.) Néanmoins la grâce ne peut être accordée que par une loi aux ministres et aux autres fonctionnaires ou dignitaires, dont la mise en accusation a été ordonnée par l'Assemblée nationale. (*Art.* 3.) La grâce ne pourra être accordée aux personnes condamnées pour infractions qualifiées crimes par la loi, à raison des faits se rattachant à la dernière insurrection, à Paris et dans les départements, depuis le 15 mars 1871, que s'il y a accord entre le chef du pouvoir exécutif et l'Assemblée nationale, représentée par une commission de quinze membres, nommés par l'Assemblée au scrutin secret. En cas de dissentiment entre la commission et le chef du pouvoir exécutif, la condamnation sera exécutée. (*Art.* 4.)

la séparation des pouvoirs, et substituer le caprice administratif à l'appréciation consciencieuse des juges. Investissez des
magistrats spéciaux du droit de reviser les jugements ou d'a-
bréger la durée des peines, si vous craignez des condamnations
trop rigides, à raison de la position favorable de certains
accusés, ou si vous voulez encourager les condamnés au
repentir, mais gardez-vous de détourner le chef du gouvernement de l'administration exclusive des affaires de l'État.

La justification de l'attribution du droit de grâce se trouve
dans l'intérêt qu'a la société de suivre le coupable au delà de
sa condamnation. Le juge, lié par les définitions d'une loi
inflexible, n'apprécie les faits que dans leurs rapports avec les
qualifications assignées pour base à la répartition des peines,
et prononce la sentence sans avoir pu, le plus souvent,
mesurer le châtiment à la perversité du coupable. Mais la
société, à qui est acquise la peine, reste maîtresse de son
application; elle a le droit de rechercher dans l'intention le
degré de criminalité, et de remédier à l'imperfection des lois
pénales. Elle suit, de plus, le condamné dans son expiation,
et pouvant lui faire entrevoir l'espérance, elle lui ouvre les
voies du repentir. Admettre ce droit en faveur de la société,
dans l'intérêt de laquelle existe la répression, c'est en constituer dépositaire la puissance publique, et par conséquent le
chef de l'État, qu'il soit un être collectif ou bien un individu.
Le droit de faire grâce et de commuer les peines est donc un
attribut légitime et naturel de la souveraineté.

Quels sont les effets de la grâce? Il est évident, d'abord,
qu'elle laisse subsister les condamnations prononcées au profit des parties civiles, à titre d'indemnités ou de dommages-
intérêts, et qu'elle n'atteint que les droits acquis à la société,
représentée par la partie publique Mais s'applique-t-elle aux
condamnations accessoires et aux incapacités civiles? Il faut,
dit-on, distinguer, avec le Conseil d'État [1], si les lettres de

_____
[1] Avis du Conseil d'État, approuvé par l'ordonnance du 2 janvier 1823.

grâce sont arrivées avant ou après l'exécution du jugement. Dans le premier cas, la grâce prévient les incapacités légales, et rend inutile la réhabilitation; dans le second, elle ne saurait dispenser le gracié de se pourvoir en réhabilitation, conformément aux dispositions du code d'instruction criminelle. Dans les matières criminelles, nul jugement de condamnation ne peut produire d'effet avant l'exécution; lors donc que la grâce a précédé l'exécution, les incapacités légales ne sont pas encourues. Mais lorsque l'exécution a commencé, les incapacités qui découlent de la condamnation étant des garanties données par la loi, soit à la société, soit aux tiers, la prérogative du chef de l'État ne pourrait s'étendre jusqu'à dispenser les citoyens des obligations qui leur sont imposées en vertu des lois maintenues par la constitution, et dont ils ne doivent être relevés que par la puissance législative.

Cette distinction du Conseil d'État paraît illogique. Du moment où vous admettez que la peine appartient à la société, ainsi que les incapacités qui y sont attachées, vous devez reconnaître à la société le droit de renoncer à ces incapacités, comme elle peut renoncer à la peine. Et, d'ailleurs, la grâce n'anéantit pas le jugement; le condamné gracié est seulement réputé avoir subi sa peine, et dès l'instant où la grâce s'est étendue sur lui, l'exécution du jugement dans le chef qui inflige le châtiment a commencé et pris fin en même temps; il y a donc eu toujours exécution, sinon réellement, du moins moralement. Nous croyons donc devoir décider que le chef de l'État, représentant la société, est libre de faire grâce des peines secondaires aussi bien que des principales, des peines qui résultent virtuellement de l'arrêt, aussi bien que des peines expressément prononcées par le juge; qu'il peut faire grâce de la peine entière, et, à plus forte raison, d'une partie de la peine; enfin, qu'il peut commuer les peines, c'est-à-dire substituer à la peine prononcée par le juge une peine moins rigoureuse.

Amnistie. — A côté du droit de grâce, se place le droit

d'amnistie. Il faut distinguer entre ces deux droits. La grâce ne remet que la peine; elle maintient le fait criminel et le jugement; elle n'intervient qu'après justice faite. L'amnistie, au contraire, retourne vers le passé, y détruit jusqu'à la première trace du mal, arrête le cours de la justice, quand elle intervient avant le jugement, et efface à la fois le fait criminel et le jugement de condamnation, quand elle intervient après.

Sous l'ancienne monarchie, l'amnistie se nommait *abolition*. Les lettres d'abolition, dans l'origine, furent toujours générales, et accordées dans un but politique, pour calmer les haines et rapprocher les partis divisés par suite d'émotions populaires. Avec le temps, de générales et de politiques elles devinrent individuelles, et furent appliquées à des crimes isolés. Ce fut en vain que la magistrature s'efforça d'en signaler et d'en réprimer l'abus : le droit d'abolition, détourné de sa destination première, resta comme un refuge ouvert aux criminels assez puissants pour obtenir les faveurs royales. De nos jours, la condition de légalité, pour l'amnistie, est d'être générale; elle ne peut être accordée que dans un intérêt public, abstraction faite des individus, et en considération seule des événements. Mesure le plus souvent de haute politique, l'amnistie, comme la répression, doit être placée sans réserve entre les mains du chef de l'État; il y a dans l'exercice du droit d'amnistie quelque chose d'imprévu et d'immédiat, qui ne permet pas de le subordonner à de lentes formalités. La loi du 17 juin 1871 a cependant établi que les *amnisties* ne pourront être accordées que par une loi. (*Art. 1er.*) Quant aux effets de l'amnistie, ils sont absolus. Elle emporte abolition des délits, des poursuites ou des condamnations, tellement que les délits sont comme s'ils n'avaient jamais existé; sauf, cependant, les actions civiles des particuliers lésés, que rien ne peut dépouiller d'un droit légalement acquis.

Division des actes du gouvernement. — Histo-

rique. — Les actes du gouvernement ont porté en France différents noms. Ce furent, d'abord, jusqu'au troisième siècle, des *capitulaires*. A partir de cette époque, les actes de l'autorité souveraine prirent la dénomination d'*ordonnances*. Les ordonnances comprenaient : les *ordonnances proprement dites* (qui réglaient d'une manière très-étendue certaines matières générales, telles que l'ordonnance de 1667 sur la procédure, de 1669 sur les eaux et forêts, etc.); les *édits* (qui statuaient sur un objet déterminé) ; les *chartes* (ou concessions de priviléges aux provinces, villes ou communautés) ; les *déclarations* (qui, sous forme de lettres, expliquaient ou modifiaient les dispositions d'une ordonnance ou d'un édit) ; les *lettres patentes* (qui conféraient des grâces ou faisaient des concessions à des particuliers), et enfin les *arrêts du conseil*, tantôt rendus du propre mouvement du roi, tantôt sur des contestations particulières. Pendant les vicissitudes de la grande Révolution, le pouvoir exécutif appartint d'abord au roi, puis fut confondu avec le pouvoir législatif dans les mains de la Convention. Ce fut la Constitution de l'an III qui en opéra de nouveau la séparation, en créant le Directoire Les actes des directeurs prirent le nom d'*arrêtés*. Au Directoire succéda le Consulat, par la Constitution du 22 frimaire an VIII. Le premier consul, à qui appartenait l'action du gouvernement, s'appuya sur le nouveau Conseil d'État pour développer, au profit de la puissance exécutive, le pouvoir réglementaire. Sous les monarchies de 1814 et de 1830, les actes de l'autorité du roi constitutionnel portèrent le nom de *brevets*, *lettres patentes*, *lettres de commandement*, *lettres de service*, d'*ordonnances*, de *règlements d'administration publique*, et d'*ordonnances rendues dans la forme des règlements d'administration publique*.

On peut diviser en trois classes les actes du gouvernement. Ce sont : 1° des règlements d'administration publique, le Conseil d'État entendu ; 2° des règlements rendus dans la forme des règlements d'administration publique, le Conseil d'État entendu ; 3° des décrets rendus par le chef de l'État sur l'avis d'un ou de plusieurs ministres, mais sans l'avis du Conseil d'État. Quant à l'administration locale, le pouvoir réglementaire appartient aux préfets pour leur département, aux maires pour leur commune. Ces magistrats prennent des *arrêtés*. A Paris, le préfet de police rend des *ordonnances*.

Le pouvoir législatif a seul autorité pour décréter les dispositions fondamentales qui constituent une loi ; mais les dispositions secondaires, destinées à mettre la loi en action, exigent un examen trop minutieux, des dispositions trop spéciales, des modifications trop fréquentes pour que le pouvoir législatif puisse les prendre lui-même Il délègue ce droit au pouvoir exécutif. Ces règlements dérivent donc de la source même des lois, et ont la même autorité qu'elles [1].

La loi statue en termes généraux ; elle ne peut ni tout prévoir, ni tout régler. Pour que son exécution ne soit ni variable, ni arbitraire, et que les principes soient développés, il faut donc qu'entre la loi qui ordonne et l'agent qui lui prête son bras, il s'interpose une autorité qui parle pour elle quand elle n'a pas tout dit ; qui décrète les mesures secondaires qu'elle n'a pas prescrites elle-même ; qui précise sa volonté quand elle ne l'a pas clairement exprimée. C'est l'office de l'administration, et elle l'accomplit au moyen des règlements d'administration publique et des décrets. On a dit de l'administration qu'elle est le substitut du législateur.

Actes organiques ou réglementaires. — Considérés sous ce point de vue, les actes de l'administration sont *organiques* ou *réglementaires*. Les *organiques* ont pour objet l'organisation de quelque branche de l'administration publique. Les *réglementaires* sont destinés à régler les détails d'exécution. Il y a une troisième sorte d'actes, qui ne présentent d'une manière précise ni l'un ni l'autre de ces deux caractères, et sont seulement qualifiés par leur objet.

Règlements d'administration publique. — Les règle-

[1] Rapport de M. Dumon sur le projet de la loi relatif à l'organisation du Conseil d'État, 1843.

ments d'administration publique sont les actes par lesquels se manifeste l'autorité du chef de l'État, en vertu d'une délégation du pouvoir législatif, délégation toute constitutionnelle. Comme la loi, ils ont force obligatoire; comme elle, ils sont insérés au *Bulletin des lois* et sont promulgués. Mais ils en diffèrent par leur origine, et, s'ils s'étendent dans l'avenir par leur prévoyance, s'ils embrassent certaines généralités dans leur objet, ils n'ont pas ce caractère de permanence qui est propre à la loi.

Quelles sont les limites du domaine de la loi et du règlement d'administration publique? Il n'y a pas de règle précise à cet égard. Dans certaines matières, la constitution elle-même s'est chargée de faire le partage, et, suivant les formes du gouvernement, a donné plus d'initiative tantôt au pouvoir législatif, tantôt au pouvoir exécutif. C'est ainsi qu'en France le législateur a toujours eu dans son domaine l'établissement de l'impôt, et qu'un règlement d'administration publique ne saurait créer une contribution. Mais, pour la plupart des cas, la constitution est muette; on conçoit, en effet, que les détails doivent lui échapper, et, d'ailleurs, il est des matières qui, en raison des affinités, ou par des considérations spéciales, rendent impossible toute classification. Le pouvoir réglementaire est même souvent appelé par la loi à pourvoir à un objet déterminé. En dehors de la constitution, qui établit le pouvoir réglementaire, il se rencontre un nombre infini de lois dans lesquelles il est donné mandat spécial au chef du gouvernement de faire un règlement sur des objets indiqués. Dans ces cas, l'office du pouvoir réglementaire n'est plus seulement d'organiser l'application des principes, mais de poser les principes eux-mêmes. Il existe même des lois qui détachent certaines matières du domaine du pouvoir législatif, pour les placer dans celui du pouvoir réglementaire. C'est ainsi que l'article 615 du code de commerce admet le gouvernement à participer, par mesure réglementaire, à l'institution des juridictions, en disposant qu'un règlement d'administration publique déterminera le nombre des tribunaux de commerce et les villes qui seront susceptibles d'en recevoir, par l'étendue de leur commerce et de leur industrie.

Mais s'il est difficile d'établir une règle absolue, il est cependant des traits généraux que l'on peut relever et qui permettent de limiter l'office de la loi et du règlement.

A la loi appartiennent toutes les mesures permanentes et durables qui intéressent la généralité des citoyens; au règlement, les dispositions accidentelles et passagères qui sont susceptibles de modifications d'après les lieux. Les questions qui exigent une décision immédiate et des connaissances techniques sont du domaine des règlements, tandis que celles qui réclament l'appareil de formes lentes et solennelles doivent être résolues par le législateur.

C'est une question de savoir si le pouvoir réglementaire donne au chef du gouvernement, qui en est investi, le droit d'édicter une peine. Les dispositions de l'autorité administrative ne peuvent avoir de sanction que dans la pénalité établie par la loi; à moins que le législateur ne se soit, dans des cas spéciaux, démis de son droit au profit du pouvoir réglementaire.

La loi du 2 mai 1855, relative à l'établissement d'une taxe municipale sur les chiens, donne un exemple de délégation de cette sorte.

Formes des règlements d'administration publique. — Tous les règlements d'administration publique doivent être précédés d'une délibération du Conseil d'État, et être promulgués. La haute importance de ces règlements justifie l'intervention du Conseil d'État, qui donnera à la rédaction l'ordre, la simplicité, la clarté désirables, assurera l'unité d'application des règles administratives, et empêchera que, pour des cas semblables, les solutions ne varient avec les services ou avec les départements ministériels. Une des conditions de la bonne rédaction des règlements d'administration publique est d'éviter d'y insérer des dispositions copiées dans la constitution ou dans les lois, sous peine d'en diminuer l'autorité, d'en altérer le sens par la transposition, et d'induire en erreur le gouvernement, qui pourrait, dans des décrets ultérieurs, modifier plus tard ces dispositions législatives comme purement réglementaires. Mais si le Conseil d'État doit être consulté, il n'émet qu'un simple avis, auquel le gouvernement n'est pas tenu de se conformer. Quant à la nécessité de la promulgation, comme les règlements d'administration publique ne sont qu'un appendice de la loi, et qu'ils sont dans la même forme qu'elle, ils doivent être portés à la connaissance des citoyens et rendus exécutoires pour tous. Indépendamment de ces formes, lorsque les règlements peuvent avoir pour conséquence d'imposer des taxes aux citoyens ou des servitudes à la propriété, des enquêtes ou des expertises sont prescrites, des avis sont demandés ; il y a lieu, en un mot, à une instruction administrative.

Quels sont les effets des règlements d'administration publique ? Leurs effets sont ceux de la loi, car les règlements ne sont que des lois secondaires. La Cour de cassation a même appelé *loi locale* un arrêté préfectoral portant règlement sur les chemins vicinaux. D'où nous pouvons conclure qu'il n'y a pas de recours possible contre les actes du pouvoir réglementaire, et que la seule ressource de ceux qui auraient à s'en plaindre serait d'en appeler au gouvernement, mieux informé.

Quant à l'application des actes du pouvoir réglementaire, elle appartient aux juges, qui ont le droit d'en vérifier la légalité, l'administration demeurant néanmoins entièrement libre, quand bien même le pouvoir judiciaire refuserait son concours en se fondant sur le silence ou la parole expresse de la loi, de chercher, dans l'autorité qui lui est propre, les moyens de faire exécuter ses actes. L'on conçoit que ce contrôle, réservé au pouvoir judiciaire, soit, bien que restreint, une garantie pour les citoyens. Aux juges appartient également l'interprétation des dispositions réglementaires par voie de doctrine.

Règlements rendus dans la forme des règlements d'administration publique. — On distingue les règlements d'administration publique et les règlements ou décrets rendus dans la forme des règlements d'administration publique. Ainsi, par exemple, les services publics sont fondés par la loi. Il devient ensuite nécessaire de les organiser, de régler leur marche, leur fonctionnement : l'administration y pourvoit par des *décrets*. Cependant il arrive souvent que la loi qui a créé ces services exige que ces décrets soient rendus dans la forme des règlements d'administration publique, ou le Conseil d'État entendu. Les règlements rendus dans la forme des règlements d'administration publique sont donc des règlements dont l'objet est moins général, qui portent sur des matières n'intéressant pas l'universalité des citoyens ; mais qui, à raison de leur importance, sont soumis aux formes des règlements d'administration publique, c'est-à-dire à la délibération du Conseil d'État et à l'insertion au Bulletin des lois. Les règlements portant autorisation des communautés religieuses, etc., etc., sont rendus dans la forme des règlements d'administration publique. Il faut remarquer que les décrets pour lesquels la loi exige la participation du Conseil d'État ne sont légaux qu'autant que cette condition a été remplie, mais que cette condition n'ajoute rien à la force ni à l'autorité de l'acte. L'assistance du Conseil d'État n'est que la garantie d'un examen plus sérieux et plus approfondi.

Décrets. — Les décrets qui, sous la monarchie, portaient le nom d'ordonnances, sont les actes ordinaires de l'autorité du chef de l'État. Le décret est rendu sur la proposition d'un ministre, et souvent même sans qu'il soit besoin de la proposition ministérielle. Dans le premier cas, qui est fréquent, il est contre-signé par le ministre qui a proposé le décret. Dans le second cas, par le ministre compétent. Ces décrets ne subissent pas la délibération du Conseil d'État. Toutefois, l'administration peut toujours recourir à ce Conseil. La nomination des différents fonctionnaires, les mesures qu'exigent les circonstances pour le maintien de la tranquillité intérieure et la sûreté de l'État, certaines autorisations, l'exercice des droits de tutelle sur les personnes morales, sont réglés par des décrets.

Lorsque le chef de l'État n'a pas reçu une délégation expresse du pouvoir législatif, et que néanmoins il soumet son décret à la délibération du Conseil d'État, y a-t-il règlement d'administration publique? La doctrine qui tend à prévaloir ne voit là qu'un décret rendu dans la forme des règlements d'administration publique [1].

Si le pouvoir judiciaire a le droit d'apprécier les règlements d'administration publique, au point de vue de la légalité, et de les interpréter, cette faculté lui est refusée en ce qui concerne les simples décrets. Le pouvoir administratif est le seul juge de la légalité de ses actes.

La Cour de cassation a déterminé l'interdiction faite aux tribunaux d'apprécier et d'interpréter les actes de l'administration, dans un arrêt du 13 mai 1824. S'il importe, dit-elle, de maintenir le principe fondamental de la séparation des pouvoirs judiciaire et administratif, il n'est pas moins essentiel, dans l'intérêt de l'ordre public, de sainement entendre cette séparation. Il est interdit au pouvoir judiciaire d'exercer les fonctions administratives, de censurer les actes de l'administration, de les infirmer, les modifier, d'en arrêter ou d'en suspendre l'exécution; mais si un acte administratif attribue à quelqu'un la propriété d'un objet, les cours et tribunaux, juges exclusifs de toutes les questions qui dérivent du droit de propriété, doivent nécessairement prendre connaissance de cet acte, pour lui appliquer les principes de la législation commune, sous la seule condition de n'y point porter atteinte.

Ajoutons que les tribunaux sont, par exception, constitués juges de la légalité des actes de l'administration, en matière

[1] Batbie, *Introduction générale au Droit public*, p. 75.

d'impôt et d'expropriation. Cette dérogation au principe de la séparation des pouvoirs est fondée sur le besoin de garanties qu'ont les citoyens dans ces importantes matières.

Voies de recours contre les actes du gouvernement. — Il y a deux voies de recours contre les actes du gouvernement : la voie *gracieuse* et la voie *contentieuse*.

Par la voie gracieuse, on s'adresse au gouvernement lui-même, pour qu'il réforme ses actes. Point de formes solennelles ; point de déchéance ; simple pétition.

Il y a lieu au recours gracieux toutes les fois qu'il n'y a pas de droit lésé, mais seulement *un simple intérêt offensé*. Mais si les *droits* sont violés, si les formes voulues n'ont pas été observées, il y a lieu à la voie contentieuse.

A la différence de la voie gracieuse, la voie contentieuse est soumise à des règles toutes spéciales.

Il existait encore, sous l'empire, deux autres modes de recours. L'un consistait dans l'exercice du droit de pétition auprès du Sénat pour inconstitutionnalité; l'autre était réglé par l'article 40 du décret du 22 juillet 1806. Lorsqu'une partie se croyait lésée dans ses droits ou sa propriété, par l'effet d'une décision du Conseil d'État rendue en matière non contentieuse, elle pouvait présenter requête à l'empereur pour, sur le rapport qui lui en était fait, être l'affaire renvoyée, s'il y avait lieu, soit à une section du Conseil d'État, soit à une commission.

CHAPITRE III.

La Chambre des pairs. — La Chambre des députés. — L'Assemblée nationale.—
Le Sénat. — Le Corps législatif. — La Haute-Cour de justice.

La *Chambre des pairs* et la *Chambre des députés*, sous la monarchie, les *Assemblées nationales* (*constituantes* ou *législatives*) sous la république, le *Sénat* et le *Corps législatif*, sous l'empire, enfin la *Haute-Cour* de justice, ont quelquefois été désignés par le nom de *grands corps de l'État*.

La Chambre des pairs [1]. — Institution d'origine an-

---

[1] Le mot *pairs* signifie égaux (*pares*). Selon la loi de la féodalité, tout propriétaire de fiefs ne pouvait être privé de ses droits que par le jugement de ses *pairs*, c'est-à-dire des propriétaires de fiefs qui dépendaient de la même seigneurie, et occupaient ainsi, comme vassaux du même suzerain, un pareil degré dans la hiérarchie féodale. La qualification de *pair de France* était réservée, au moins en théorie, aux grands feudataires qui relevaient *nuement* de la couronne. Les pairies primitives s'étant plus tard éteintes par des réunions à la couronne, il fallut bien conférer cette dignité à des seigneurs qui ne relevaient du roi qu'à cause de ses domaines. Ce furent d'abord des princes du sang, puis de simples gentilshommes(1551 à 1787) ; mais déjà la difficulté de réunir des seigneurs éloignés pour la plupart, et leur ignorance des formes de procédure qui avaient remplacé les combats judiciaires, avaient fait naître l'idée de fondre la cour des pairs dans le Parlement. Cette idée se réalisa à l'époque où le Parlement fut rendu sédentaire

30

glaise, la Chambre des pairs était un des trois pouvoirs de l'État. (*Charte de* 1830, *art.* 17.) Elle participait à la puissance législative (*art.* 20); elle était même une portion essentielle de cette puissance. (*Art.* 14, 20.) La proposition des lois appartenait à la Chambre des pairs, au roi et à la Chambre des députés. (*Art.* 15.) Toute loi devait être discutée et votée librement par la majorité de chacune des deux Chambres. (*Art.* 16.) La Chambre des pairs était convoquée par le roi en même temps que la Chambre des députés. La session de l'une commençait et finissait en même temps que celle de l'autre. (*Art.* 21.) La nomination des pairs appartenait au roi. Leur nombre était illimité ; le roi pouvait en varier les dignités, les nommer à vie ou les rendre héréditaires, selon sa volonté. (*Art.* 23.) La Chambre des pairs était présidée par le chancelier de France, et, en son absence, par un pair nommé par le roi. (*Art.* 25.) Les séances de la Chambre des pairs étaient publiques. (*Art.* 27.) La Chambre connaissait des crimes de haute trahison et des attentats à la sûreté de l'État, définis par la loi. (*Art.* 28.) Aucun pair ne pouvait être arrêté que de l'autorité

à Paris. Depuis cette époque, la Cour du Parlement, *suffisamment garnie de pairs,* put connaître de toutes les difficultés relatives à la pairie. L'institution elle-même subit une importante modification vers la fin du XV⁰ siècle. Jusqu'alors les fonctions judiciaires avaient été considérées, dans les pairs, comme une conséquence de leur qualité de propriétaires d'un fief de premier ordre. Mais le principe que toute justice émane du roi ayant prévalu, on finit par distinguer les fonctions judiciaires du domaine féodal ; depuis cette époque, les pairs furent considérés comme des officiers institués par le roi, avec cette seule différence entre eux et les autres conseillers au Parlement, que les institutions des premiers étaient collectives pour eux et leurs descendants, et celles des derniers individuelles. Dès lors, aussi, la pairie cessa d'exister. Les pairs ne furent plus que des espèces de juges héréditaires, ayant, en mémoire de leur ancienne puissance, le privilège d'être jugés par le Parlement garni d'au moins douze pairs, et de figurer à côté des rois dans la cérémonie de leur sacre. « On ne comprend donc pas, — dit l'auteur du *Commentaire sur la Charte constitutionnelle,* — comment Louis XVIII a pu prétendre qu'il renouvelait une institution née du régime féodal et morte avec lui. C'est dans un autre ordre d'idées qu'il faut rechercher l'origine de la Chambre des pairs. » Cet ordre d'idées, ce sont les institutions anglaises et l'influence des idées de Montesquieu. Voir aussi Henrion de Pansey, *Des pairs de France et de l'ancienne constitution française.*

de la Chambre, et jugé que par elle en matière criminelle. (*Art.* 29.)

La législation de 1831 a supprimé l'hérédité de la pairie, en restreignant le choix du roi à certaines classes de fonctionnaires et de propriétaires. La Chambre des pairs ne représenta plus, dès lors, exclusivement, l'aristocratie de naissance.

La Chambre des députés. — Comme le roi, comme la Chambre des pairs, elle participait à la puissance législative; la proposition des lois lui appartenait comme à la Chambre des pairs et au roi; mais toute loi d'impôt devait d'abord être votée par elle. (*Art.* 14 *et* 15, *Charte de* 1830.) Si une proposition de loi avait été rejetée par elle, elle ne pouvait être représentée dans la même session. (*Art.* 17.) Elle était composée de députés élus par les colléges électoraux, dont l'organisation était déterminée par les lois. (*Art.* 30.) Les députés étaient élus pour cinq ans. (*Art.* 31.) La Charte ne donnait à la Chambre des députés aucune part dans le pouvoir judiciaire, sauf le droit d'accuser les ministres. (*Art.* 47.)

L'Assemblée nationale. — On donne ce nom à l'assemblée des représentants de la nation, sous le gouvernement républicain, dont le principe est que la souveraineté réside dans l'universalité des citoyens (*Constitution du 4 novembre,* 1848, art. 1er), et que *tous les pouvoirs publics, quels qu'ils soient, émanent du peuple.* (*Art.* 18.) L'Assemblée est dite *constituante,* lorsqu'elle a reçu la délégation de la nation pour faire une constitution. Elle est dite *législative,* lorsqu'elle n'a été nommée que pour faire les lois secondaires. D'après la constitution de 1848, « le peuple français avait délégué le pouvoir législatif à une Assemblée unique. » (*Art.* 20.) L'Assemblée nationale était élue au suffrage direct et universel, pour trois ans, et devait se renouveler intégralement. (*Art.* 24, 31.) Elle était permanente. (*Art.* 32.) Le pouvoir exécutif lui était subordonné.

Le Sénat. — Pouvoir pondérateur, gardien du pacte fondamental et des libertés publiques, le Sénat, d'après la constitu-

tion de 1852, n'était pas une deuxième chambre chargée de discuter la loi au fond. Aucune loi ne pouvait être promulguée
avant de lui avoir été soumise, mais il ne l'examinait qu'au
point de vue de la constitutionnalité. Il s'opposait à la promulgation des lois contraires ou portant atteinte à la constitution,
à la religion, à la morale, à la liberté des cultes, à la liberté
individuelle, à l'égalité des citoyens devant la loi, à l'inviolabilité de la propriété, et au principe de l'inamovibilité de la
magistrature; à celles qui eussent compromis la défense du
territoire. Son opposition ne pouvait être combattue par aucun moyen constitutionnel.

Le Sénat était encore compétent pour régler la constitution
des colonies et de l'Algérie ; tout ce qui n'avait pas été prévu
par la constitution et qui était nécessaire à · sa marche ; le
sens des articles de la constitution qui donnaient lieu à différentes interprétations. Dans ces trois cas, le Sénat faisait la
loi comme l'eût faite une Chambre unique, et discutait le
fond. Enfin, il pouvait adresser au gouvernement un rapport
dans lequel il aurait posé les bases d'un projet de loi d'intérêt
général, afin d'inviter respectueusement le chef de l'État à
l'exercice de l'initiative.

Les sénatus-consultes qui s'opposaient à la promulgation
d'une loi inconstitutionnelle, et ceux qui prononçaient l'annulation ou le maintien d'actes contraires à la constitution,
n'étaient pas soumis à la sanction impériale. Il en était différemment pour les sénatus-consultes qui réglaient la constitution des colonies et de l'Algérie, suppléaient au silence de la
constitution, ou interprétaient les articles obscurs de la loi
fondamentale.

C'était également auprès du Sénat que s'exerçait le *droit de
pétition*. Le Sénat maintenait ou annulait tous les actes qui lui
étaient déférés comme inconstitutionnels par le gouvernement, ou qui étaient dénoncés comme tels par les pétitions des
citoyens. Avait-il le droit d'annuler, pour inconstitutionnalité, les actes émanés des tribunaux judiciaires ou administra-

tifs et les décrets rendus au contentieux? On admettait généralement l'annulation de l'acte, *sous la réserve du maintien des
droits acquis aux parties intéressées.*

Le Sénat se composait de trois sortes de membres : 1° les
princes français, qui, à l'âge de dix-huit ans accomplis, étaient
membres de droit du Conseil d'État et du Sénat, mais ne prenaient séance qu'avec l'agrément de l'empereur ; 2° les cardi-
naux, les maréchaux et les amiraux ; 3° les sénateurs nommés
par décret impérial, dont le nombre ne devait pas dépasser
cent cinquante. Les sénateurs étaient inamovibles et nommés
à vie. La *dotation* annuelle de 30,000 francs attachée à leur
dignité pouvait être cumulée avec les pensions de retraite ou
les traitements touchés par le dignitaire à un autre titre.

Le Corps législatif. — Le *Corps législatif*, toujours dans la
constitution de 1852, partageait avec l'empereur, le Conseil
d'État et le Sénat l'exercice du pouvoir législatif. L'empereur
proposait la loi et pouvait toujours en retirer le projet; le
Conseil d'État *arrêtait la rédaction officielle ;* le Corps législatif
la discutait, ne pouvait introduire d'amendement qu'avec l'a-
grément du Conseil d'État, la votait ou la rejetait; le Sénat
l'examinait au point de vue de la constitution , l'empereur la
sanctionnait et la *promulguait.*

Le *Corps législatif* se composait d'un certain nombre de
membres, à raison d'un député par 35,000 électeurs. Toute
fraction de 17,500 donnait au département dans lequel elle se
trouvait le droit d'avoir un député de plus. Pour être éligible,
il fallait avoir vingt-cinq ans accomplis, jouir de ses droits
civils et politiques, n'être dans aucun cas d'indignité, d'incapacité ou d'incompatibilité prévu par la loi. Pour être électeur,
il fallait avoir accompli sa vingt-unième année, jouir de ses
droits civils et politiques, être inscrit sur la liste électorale de
la commune où l'on résidait depuis six mois au moins. Le
vote avait lieu par *commune* et non par *canton.* Chaque électeur ne nommait que le député de la circonscription dans
laquelle se trouvait la commune où il était inscrit.

Toute réunion spontanée du Corps législatif était illégale ; il fallait une convocation de l'empereur qui ne pouvait, d'ailleurs, se passer, pendant une année, du concours du Corps législatif, puisque, d'après la constitution, l'impôt devait être annuellement voté par la nation. Les députés étaient élus pour six ans. A la première réunion qui suivait leur élection, leurs pouvoirs étaient vérifiés. La Chambre n'avait pas le droit d'exclure un membre, sous prétexte qu'il était indigne de siéger. L'élection devait être validée lorsque la volonté des électeurs était certaine, et que l'élu n'était dans aucun des cas d'incapacité prévus par la loi.

Le Sénat et le Corps législatif votaient tous les ans, à l'ouverture de la session, une adresse en réponse au discours du chef de l'État. Cette adresse était discutée en présence des commissaires du gouvernement, qui donnaient aux Chambres toutes les explications nécessaires sur la politique intérieure et extérieure.

Les débats des séances du Sénat et du Corps législatif étaient reproduits par la sténographie et insérés *in extenso* dans le journal officiel du lendemain. Les comptes rendus de ces séances, rédigés par des secrétaires-rédacteurs placés sous l'autorité du président de chaque assemblée, étaient, en outre, mis, chaque soir, à la disposition de tous les journaux. Le compte rendu des séances du Sénat et du Corps législatif par les journaux, ou tout autre moyen de publication, ne consistait que dans la reproduction des débats insérés *in extenso* dans le journal officiel, ou du compte rendu rédigé sous l'autorité du président.

La constitution de 1852 a subi, dans les dernières années de l'empire, de nombreuses modifications. C'est ainsi que, le 19 janvier 1867, un décret a remplacé l'adresse par le droit d'interpellation et a envoyé les ministres au Sénat et au Corps législatif, en vertu d'une délégation spéciale, pour y participer à certaines discussions. Le 5 février suivant, un décret portant règlement des rapports du Sénat et du Corps législatif

avec l'empereur et le Conseil d'État, a établi les conditions
organiques de leurs travaux ; mais les articles 10, 11 et 14 de
ce décret n'ont pas tardé à être modifiés, à leur tour, par un
nouveau décret du 23 mars 1867. Le décret du 14 mars de la
même année avait modifié l'article 26 de la constitution, en
accordant au Sénat le droit, avant de se prononcer sur la promulgation d'une loi, de décider, par une résolution motivée,
que cette loi serait soumise à une nouvelle délibération du Corps
législatif. Le sénatus-consulte des 8-10 septembre 1869 a été
une sorte de constitution nouvelle. Il a modifié radicalement
les articles 8 et 13, le § 2 de l'article 24, les articles 26 et 40,
le § 5 de l'article 42, le § 1 de l'article 43, l'article 44 de la
constitution de 1852, les articles 3 et 5 du sénatus-consulte
du 25 décembre de la même année et l'article 1er du sénatus-
consulte du 31 décembre 1861.

Aux termes du sénatus-consulte de 1869, l'empereur et le
Corps législatif avaient l'initiative des lois. *(Art. 1er.)* Les ministres ne dépendaient que de l'empereur ; ils devaient délibérer en
conseil, sous sa présidence ; *ils étaient responsables,* et ne pouvaient être mis en accusation que par le Sénat. *(Art. 2.)* Ils
pouvaient être membres du Sénat et du Corps législatif ; ils
avaient entrée dans l'une et l'autre assemblée, et devaient être
entendus toutes les fois qu'ils le demanderaient. *(Art. 3.)* Les
séances du Sénat devaient être publiques. La demande de
cinq membres suffisait pour qu'il se formât en comité secret.
(Art. 4.) Le Sénat pouvait, en indiquant les modifications dont
une loi lui aurait paru susceptible, décider qu'elle serait renvoyée à une nouvelle délibération du Corps législatif. Il pouvait, dans tous les cas, s'opposer à la promulgation de la loi.
La loi à la promulgation de laquelle le Sénat se serait opposé,
n'aurait pu être présentée de nouveau au Corps législatif dans
la même session. *(Art. 5.)* Tout membre du Sénat ou du Corps
législatif avait le droit d'adresser une interpellation au gouvernement. Des ordres du jour motivés pouvaient être adoptés.
(Art. 7.) Aucun amendement ne pouvait être mis en délibéra-

tion, s'il n'avait été envoyé à la commission chargée d'examiner le projet de loi, et communiqué au gouvernement. Lorsque le gouvernement et la commission n'étaient pas d'accord, le Conseil d'État devait donner son avis et le Corps législatif prononçait. *(Art.* 8.) Le budget des dépenses de-devait être présenté au Corps législatif par chapitres et articles. Le budget de chaque ministère devait être voté par chapitres. *(Art.* 9.) Les modifications à apporter à des tarifs de douanes ou de postes par des traités internationaux, ne devaient être obligatoires qu'en vertu d'une loi. *(Art.* 10.) Un décret des 29 mai-2 juin a réglé les rapports entre le gouvernement de l'empereur, le Sénat, le Corps législatif et le Conseil d'État, conformément au sénatus-consulte du 8 septembre 1869. Puis, sous la date des 21-22 mai 1870, survint un sénatus-consulte très-étendu, fixant la constitution de l'empire, et résumant toutes les dispositions constitutionnelles antérieures.

Le 4 septembre 1870, la république est proclamée au bruit des canons prussiens. Un décret de cette date prononce la dissolution du Corps législatif et l'abolition du Sénat.

La Haute-Cour de justice [1]. — La *Haute-Cour* était un tribunal politique. Sa compétence était déterminée soit par la dignité des personnes (elle connaissait des crimes et délits commis par les princes français, les ministres, les grands-croix de la Légion d'honneur, les ambassadeurs, les sénateurs et les conseillers d'État) ; soit par la nature des faits répressibles (elle était compétente, à l'égard de toutes personnes, pour les attentats contre l'empereur, et les complots contre la sûreté intérieure ou extérieure de l'État). Dans tous les cas, elle ne pouvait être saisie qu'en vertu d'un décret.

Qu'arriverait-il — demandait-on — si l'empereur ne la convoquait pas ? Comme, au point de vue de la dignité de la personne, elle était LE SEUL tribunal compétent, l'inaction de l'empereur

---

[1] Constit. 14-22 janvier 1852, tit. vii, art. 54, 55 ; sénatus-consulte 10-13 juil. 1852 ; *id.*, 4 juin 1858.

devait paralyser toute poursuite ; mais si la Haute-Cour était compétente à raison de la nature des faits répressibles, le chef de l'État ne la convoquant pas, les tribunaux de droit commun devaient être saisis.

La Haute-Cour se composait de deux chambres, l'une d'accusation, l'autre de jugement, formées avec des membres de la Cour de cassation, désignés annuellement pour chacune par décret impérial, au nombre de cinq juges, plus deux suppléants ; d'un haut jury de trente-six membres pris parmi les conseillers généraux des départements.

La chambre d'accusation procédait conformément au code d'instruction criminelle. Si le fait incriminé ne rentrait pas dans la compétence de la Haute-Cour, la chambre renvoyait devant le tribunal compétent, et sa décision était attributive de juridiction, car, la Haute-Cour étant le tribunal le plus élevé, il n'y avait aucun moyen de faire réformer l'arrêt de renvoi. Les ministres ne pouvant être décrétés d'accusation que par le Sénat, il n'y avait pas lieu à mettre la chambre d'accusation en mouvement, lorsqu'il s'agissait de ces hauts fonctionnaires.

La Haute-Cour ne pouvait appliquer que les peines prononcées par les lois. L'assistance des jurés n'était pas nécessaire lorsque les dignitaires étaient poursuivis pour délits correctionnels. C'était la chambre de jugement qui était chargée de prononcer. Dans ce cas, le premier président de la Cour de cassation et les présidents de chambre se réunissaient à la chambre de jugement, sous la présidence du premier président.

La compétence de la Haute-Cour, à raison de la dignité, cessait lorsque les dignitaires avaient commis des crimes ou délits militaires.

Un décret du 4 novembre 1870 a aboli la Haute-Cour de justice.

CHAPITRE IV.

LE CONSEIL D'ÉTAT, ORGANE GÉNÉRAL DE L'ADMINISTRATION.

Historique. — Le Conseil d'État est à la fois l'organe le plus élevé de l'administration consultative et le tribunal de l'administration.

Il est né au XIII⁰ siècle par l'institution des *enquesteurs* créés par Louis IX pour écouter les plaintes formées contre les vicomtes, prévôts et baillis, réformer les abus et ne rendre compte qu'au prince. Dès cette époque, le roi réunissait auprès de lui des conseillers dont il prenait les avis. Philippe le Bel, par l'ordonnance de 1302, reconnut à ses sujets le droit de se pourvoir au *Conseil d'État* contre les erreurs ou ambiguïtés des arrêts du Parlement.

Les ordonnances de 1319 et 1320, sous Philippe le Long, ·

donnèrent au *Conseil du roi* le caractère d'une institution fixe. Ce conseil devait s'assembler une fois par mois, pour délibérer sur toutes grâces et requêtes [1].

Le roi Jean exclut du *Conseil du roi* les officiers du Parlement [2]. Le *Conseil* fut alors associé à la puissance législative et à la haute administration royale. Son avis devait être demandé pour la collation de tous priviléges, avec force de loi dans le royaume. Un édit de 1497, renouvelé en 1657 et 1673, donna au Conseil du roi une organisation nouvelle en le partageant en deux conseils : le *Conseil d'État*, ou *Conseil d'en haut*, chargé de l'administration intérieure et extérieure de l'État ; et le *Grand Conseil*, ou *Conseil privé, conseil des parties*, juge administratif des affaires contentieuses entre particuliers, relatives à l'exécution des ordonnances ; juge d'appel des jugements rendus par les intendants de provinces ; juge de cassation pour les arrêts des parlements qui contrevenaient aux ordonnances et coutumes.

La Révolution de 1789 supprima le Conseil d'État, dont ne s'occupèrent point les constitutions de 1791, 1793 et 1795. Mais des débris du Grand Conseil, la loi du 1er décembre 1799 avait créé le Tribunal de cassation.

C'était au Consulat qu'était réservée la fondation du nouveau Conseil d'État. L'article 52 de la constitution de l'an VIII et le règlement du 5 nivôse, organisèrent l'institution nouvelle et fixèrent dans l'origine ses attributions. D'après cet article 52, le Conseil d'État, sous la direction des consuls, était chargé de rédiger les projets de loi, les règlements d'administration publique, et de résoudre les difficultés qui s'élèvent en matière administrative.

Les sénatus-consultes du 16 thermidor an X et du 28 floréal an XII complétèrent l'organisation.

Basé sur la constitution de l'an VIII et sur ces deux sénatus-consultes, le Conseil d'État était, en outre, chargé d'interpréter

[1] Voir Pasquier, *Recherches*, liv. II. ch. VI.
[2] Guillard, *Histoire du Conseil*, p. 35.

et développer le sens des lois, en donnant son avis sur les questions que devaient lui renvoyer les consuls, de se prononcer sur les affaires de haute police administrative, sur les conflits entre l'administration et les tribunaux, sur les affaires contentieuses et sur les décisions de la comptabilité nationale et du conseil des prises.

C'était parmi les membres du Conseil d'État que devaient toujours être pris les orateurs chargés de porter la parole au nom du gouvernement devant le Corps législatif. Les ministres avaient rang, séance et voix délibérative au conseil, ce qui rendait donc le Conseil d'État réellement supérieur aux ministres, puisqu'ils étaient obligés dès lors de se soumettre, dans la délibération, au vœu de la majorité. Il en résultait aussi que la responsabilité ministérielle était à peu près sans application.

La charte de 1814 proclama cette responsabilité comme principe fondamental du nouvel ordre constitutionnel, et affranchit ainsi les ministres de la suprématie du Conseil d'État[1]. Quant à ce Conseil, la Restauration et la monarchie de Juillet, le réduisirent au rôle de simple auxiliaire du pouvoir exécutif, avec charge de tutelle administrative sur les communes et les établissements publics, et conservèrent sa juridiction supérieure en matière administrative contentieuse.

La constitution du 4 novembre 1848 fit beaucoup pour le Conseil d'État : elle lui accorda des attributions législatives et administratives. Corps investi d'un pouvoir purement consultatif, mais susceptible d'être chargé par l'Assemblée nationale de faire seul certains règlements et d'exercer un droit de contrôle sur les administrations, il a reçu, de plus, de la loi organique du 3 mars 1849, les attributions et le caractère de tribunal administratif[2].

---

[1] Macarel, *Tribunaux administratifs*, p. 397 ; discours de M. de Serre à la Chambre des députés, en 1819.

[2] *Revue de législation*, 1849, p. 78, rapport de M. Vivien sur la loi du Conseil d'État.

Empruntant à la constitution de l'an VIII les bases d'une constitution nouvelle, le prince Louis-Napoléon Bonaparte, président de la République française, a créé un Conseil d'État, qui se trouvait ainsi qualifié dans les documents publics servant de base à son institution : « Véritable conseil du gouvernement, premier rouage de la nouvelle administration de la France, réunion d'hommes pratiques élaborant des projets de lois dans des commissions spéciales, les discutant à huis clos sans ostentation oratoire, en assemblée générale, et les présentant ensuite à l'acceptation du Corps législatif. » L'établissement de l'empire n'a point modifié cette organisation [1].

[1] Le titre I⁰ʳ du décret des 5-16 février 1867 portant règlement des rapports du Sénat et du Corps législatif avec l'empereur et le Conseil d'État, et établissant les conditions organiques de leurs travaux, ordonnait que les projets de lois et de sénatus-consultes, et les règlements d'administration publique préparés par les différents départements ministériels, fussent soumis à l'empereur, qui les remettait directement ou les faisait adresser, par le ministre d'État, au ministre présidant le Conseil d'État. (*Art.* 1ᵉʳ.) Les ordres du jour des séances du Conseil d'État devaient être envoyés à l'avance au ministre d'État, et le président du Conseil d'État prenait les mesures nécessaires pour que ce ministre fût toujours avisé en temps utile de tout ce qui concernait l'examen ou la discussion des projets de lois, des sénatus-consultes et des règlements d'administration publique envoyés à l'élaboration du Conseil. (*Art.* 2.) Voir, du reste, le décret des 3-7 février 1861.

D'après le sénatus-consulte du 8 septembre 1869, aucun amendement ne pouvait être mis en délibération s'il n'avait été envoyé à la commission parlementaire chargée d'examiner le projet de loi et communiqué au gouvernement. Lorsque le gouvernement et la commission n'étaient pas d'accord, le Conseil d'État devait donner son avis et le Corps législatif prononçait. (*Art.* 8.)

La participation du Conseil d'État à la confection des lois a été réglée, dans les derniers temps du second empire, par le décret des 29 mai-9 juin 1870. Les projets de lois et les règlements d'administration publique préparés par les différents départements ministériels devaient être, par les ordres de l'empereur, adressés par le ministre compétent au ministre présidant le Conseil d'État. Les ministres pouvaient toutefois, dans les cas d'urgence, adresser directement leurs projets de lois au Sénat ou au Corps législatif. (*Art.* 1ᵉʳ.) Après avoir été élaborés au Conseil d'État, les projets de lois devaient être remis au ministre compétent par le ministre présidant le Conseil d'État, qui y joignait les noms des commissaires proposés par lui pour en soutenir la discussion devant le Sénat et devant le Corps législatif. (*Art.* 2.) Un décret de l'empereur ordonnait la présentation du projet de loi au Sénat ou au Corps législatif, et nommait les conseillers d'État ou les commissaires du gouvernement chargés d'en soutenir la discussion, conjointement avec les ministres. (*Art.* 3.) Dans toute délibération du Sénat ou du Corps légis-

Composition du Conseil d'État, d'après la législation de 1852. — Le Conseil d'État se composait d'un président nommé par l'empereur, de conseillers d'État en service ordinaire, de conseillers d'État hors sections, choisis parmi les personnes qui occupaient de hautes fonctions publiques, de vingt conseillers en service extraordinaire, n'assistant et n'ayant voix délibérative qu'à celles des assemblés générales du Conseil auxquelles ils étaient convoqués par un ordre spécial de l'empereur, de quarante maîtres des requêtes et de quatre-vingts auditeurs[1].

Un secrétaire général, ayant titre et rang de maître des requêtes, était attaché au Conseil.

Le président du Conseil d'État avait rang de ministre. Il nommait et révoquait tous les employés du Conseil.

Le décret des 8-28 octobre 1863 a fixé à *trois* le nombre des vice-présidents du Conseil d'État, et leur a donné le droit de présider les assemblées générales et les sections réunies du Conseil, en l'absence du ministre président et sur sa désignation.

Sous cette législation, les conseillers en service ordinaire hors sections n'étaient attachés à aucune section. Ils assistaient aux assemblées générales avec voix délibérative, mais ne recevaient aucun traitement ou indemnité. Les conseillers hors sections étaient choisis parmi les principaux chefs de service des ministères et les fonctionnaires de l'ordre judiciaire. Il a paru, pour justifier ce service, que le Conseil d'État profiterait de l'admission d'hommes possédant des connaissances spéciales, capables d'éclairer les discussions par l'habitude pratique des affaires et de la science des lois. D'un autre côté, l'administration et la magistrature ne pouvaient que gagner à cette initiation des fonctionnaires qui les représentaient, aux discussions où étaient agitées les plus hautes questions de l'intérêt social.

---

latif, le gouvernement devait être représenté par les ministres, ou par des conseillers d'État. (*Art.* 5.)

[1] Voir, plus loin, les modifications subies par cette première organisation.

Mais pour que les membres hors sections ne puissent pas se rendre maîtres des délibérations et faire prévaloir les traditions de la routine, leur nombre, sous cette législation, est nécessairement limité. Il ne peut excéder dix-huit.

Les maîtres des requêtes ont voix consultative dans toutes les affaires, et voix délibérative dans celles dont ils font le rapport.

Les auditeurs participent aux travaux de la section à laquelle ils sont attachés. Les seuls auditeurs de première classe assistent à l'assemblée générale, et lorsque cette assemblée est présidée par l'empereur, il faut qu'ils soient spécialement autorisés à assister. Ils ont voix consultative dans les affaires dont ils font le rapport. Un décret du 25 novembre 1853 a conféré aux auditeurs le droit de pouvoir être attachés au ministère auquel correspond la section à laquelle ils appartiennent, et même aux préfectures désignées par l'empereur. Ces attributions accessoires étaient destinées à faire des fonctions de l'auditeur un noviciat administratif.

En 1869, un décret du 14 janvier porte que les fonctions d'auditeur au Conseil d'État seront incompatibles avec toutes autres fonctions publiques salariées; mais les auditeurs nommés à d'autres fonctions pourront être autorisés à conserver le titre d'auditeurs en service extraordinaire.

Le secrétaire général tient la plume aux assemblées générales. Gardien des archives, il signe et certifie les expéditions des actes, décrets, avis du Conseil d'État. Les employés qui font partie du secrétariat sont nommés sur sa proposition.

Règles de nomination. — L'empereur nommait seul et révoquait les membres du Conseil d'État. Aucune condition, même d'âge : il suffit d'être citoyen. Les conseillers d'État en service ordinaire, et les maîtres des requêtes, ne peuvent être ni sénateurs, ni députés au Corps législatif. Leurs fonctions sont incompatibles avec toutes autres fonctions salariées. Néanmoins, les officiers généraux de l'armée de terre et de mer peuvent être conseillers d'État en service ordinaire ; mais, dans ce cas, ils sont, pendant toute la durée de leurs fonctions, considérés comme étant en mission hors cadre, et ils conservent leur droit à l'ancienneté.

Les ministres ont rang, séance et voix délibérative au Conseil d'État. Les membres de la famille impériale appelés éventuellement à l'hérédité, et leurs descendants, sont membres du Conseil d'État dès l'âge de 18 ans, mais ne peuvent y siéger qu'avec l'agrément de l'empereur.

Service extraordinaire. — Le décret organique de janvier 1852 a rétabli le service extraordinaire que le gouvernement provisoire de 1848 et la loi organique de 1849 avaient supprimé, comme ne constituant qu'une superfétation de titres sans fonctions réelles, mais en le remplaçant par la faculté d'appeler les différents chefs de service au sein des comités et de l'assemblée générale du Conseil, toutes les fois que leur concours serait jugé nécessaire. La loi du 3 mars 1849 étendit même cette faculté, en permettant de faire appel, sauf en matière contentieuse, et avec seule voix consultative, aux hommes spéciaux, magistrats, administrateurs, membres de l'Institut. Le décret de janvier 1852, en rétablissant le service extraordinaire dont le germe réside dans le sénatus-consulte du 28 floréal an XII, a voulu assurer aux travaux variés du Conseil l'avantage d'un concours plus certain de personnes exerçant ou ayant exercé des fonctions publiques. C'est en vue du même objet qu'il a créé un service ordinaire hors sections.

Organisation intérieure. — L'art. 1er du décret organique résumait ainsi les attributions du Conseil d'Etat : Il propose les décrets qui statuent sur les affaires administratives dont l'examen lui a été déféré par des dispositions législatives et réglementaires. Il est nécessairement appelé à donner son avis sur tous les décrets portant règlement d'administration publique, ou qui doivent être rendus dans la forme de ces règlements. Il connaît des affaires de haute police administrative, dont les actes sont déférés à sa connaissance par l'em-

pereur. Il donne son avis sur toutes les questions qui lui sont
soumises par l'empereur ou ses ministres. Le Conseil d'État
n'est donc pas un pouvoir intermédiaire distinct. Il ne travaille que sous la direction de l'empereur ; il rédige, il élabore.
En matière d'amendement, le Conseil d'État est cependant,
en quelque sorte, appelé à faire acte de pouvoir. C'est ainsi
que les amendements adoptés par la commission du Corps
législatif sont communiqués au Conseil, qui peut ou les ap-
prouver ou ne pas les adopter. Dans ce dernier cas, ils sont
regardés comme non avenus.

Haute police administrative. — Suivant les décrets du
11 juin 1806 et du 25 janvier 1852, lorsque l'empereur veut
faire examiner la conduite d'un fonctionnaire inculpé, il charge
de cet examen une commission prise dans le Conseil d'État.
Le fonctionnaire peut être entendu. Si la commission est d'avis
que les poursuites aient lieu, elle fait son rapport à l'empereur,
qui ordonne au ministre de la justice de poursuivre. Le Conseil d'État est alors saisi et juge, mais sans pouvoir propre.
Ces décrets ne s'appliquent, d'ailleurs, qu'au seul cas où c'est
le gouvernement qui veut diriger les poursuites, et ne concernent pas tous les fonctionnaires. Les membres de la magistrature, du parquet, du clergé, et les officiers de l'armée n'y sont
pas soumis. Le résultat de l'instruction ne peut être, tout au
plus, qu'une destitution. Les poursuites n'ayant lieu que sur
l'ordre de l'empereur, cela constitue, au profit du gouvernement, un moyen politique de donner en apparence satisfaction
aux réclamations et d'étouffer les plaintes qui pourraient porter atteinte à l'autorité.

Assemblée du Conseil d'État. — Pour fonctionner dans
les limites de ces différentes attributions, le Conseil d'État se
réunit soit par *sections,* soit en *assemblée générale.* Chaque section est présidée par un conseiller d'État nommé par l'empereur président de section. Le président du Conseil d'État peut
présider également, lorsqu'il le juge convenable, les différentes
sections.

31

Distribution des affaires. — Il est tenu dans chaque section deux rôles sur lesquels sont inscrites, d'après leur ordre de date, toutes les affaires : l'un pour les affaires urgentes et l'autre pour les affaires ordinaires. Le président de la section, ou, s'il le juge convenable, le président du Conseil d'État, nomme un rapporteur pour chaque affaire et désigne quelles sont celles qui sont réputées urgentes, soit par leur nature, soit par des circonstances spéciales. Les rapporteurs doivent présenter leurs rapports dans le délai le plus bref, et dans l'ordre déterminé par les présidents de sections. Un supplément d'instruction peut toujours être obtenu.

Sections administratives. — Le Conseil d'État du second Empire est divisé en six sections :

1° Section de législation, justice et affaires étrangères ;

2° Section du contentieux ;

3° Section de l'intérieur, de l'instruction publique et des cultes ;

4° Section des travaux publics, de l'agriculture et du commerce ;

5° Section de la guerre, de la marine, de l'Algérie et des colonies ;

6° Section des finances.

Cette division, n'étant pas constitutionnelle, peut être modifiée par le chef de l'État.

Les diverses sections administratives sont chargées de l'examen des affaires se rattachant aux départements ministériels auxquels elles correspondent. Elles sont également chargées, sur le renvoi de l'empereur, de rédiger les projets de lois qui se rapportent aux matières rentrant dans les attributions de ces départements. En 1867, le décret des 22 janvier-5 février a chargé la section des travaux publics et des beaux-arts des affaires afférentes aux directions de l'agriculture, du commerce intérieur et du commerce extérieur au ministère de l'agriculture, du commerce et des travaux publics (divisé depuis) et de la rédaction des projets de lois se rapportant aux matières

rentrant dans les attributions de ces directions. La section de
législation peut toujours être réunie par le président du Conseil d'État, à telle autre section spécialement chargée de la
préparation d'une loi ou d'un règlement d'administration
publique. Les décrets rendus d'après la délibération d'une ou
plusieurs sections doivent indiquer les sections qui ont été
entendues. Il faut remarquer que les différentes sections,
excepté celle du contentieux, sont attachées, chacune, à un ou
plusieurs ministères dont elles sont comme un conseil particulier. Les ministres peuvent les consulter, se prévaloir de leur
avis et en faire la base de leurs décisions. De plus, chaque
section est l'auxiliaire de l'assemblée générale, tantôt prépa-
rant la discussion des affaires qui doivent être portées à cette
assemblée, tantôt expédiant elle-même certaines affaires
qu'elle est autorisée à examiner et à résoudre seule, en vertu
du même décret.

En outre des affaires qui lui sont déférées, la section de
législation, justice et affaires étrangères, est chargée de l'examen des affaires relatives : 1° à l'autorisation des poursuites
intentées contre les agents du gouvernement; 2° aux prises
maritimes [1]. Toutes les liquidations de pensions sont révisées
par la section des finances. En 1864 la section des finances a
été chargée de l'examen des affaires afférentes aux directions

---

[1] Aux termes du décret des 28 novembre 1861-18 août 1870, le Conseil des
prises institué par le décret du 9 mai 1859, devait statuer, pendant tout le temps
durant lequel il serait maintenu, sur toutes les demandes et contestations relatives à la validité des prises maritimes, dont le jugement devrait appartenir à
l'autorité française. Le décret des 27 octobre-12 novembre 1870 a institué un
Conseil provisoire des prises au siège de la délégation du Gouvernement de la
défense nationale. Ce conseil devait se composer d'un président, d'un commissaire du gouvernement et de quatre membres pris parmi les fonctionnaires des
départements de la justice, des affaires étrangères et de la marine, en nombre égal.
Leurs fonctions devaient être gratuites. Un secrétaire-greffier était attaché au Conseil. Ce conseil provisoire devait être dissous aussitôt que le conseil permanent
pourrait fonctionner. Les recours contre les décisions rendues par le Conseil des
prises devaient être portés devant la commission provisoire chargée de remplacer le Conseil d'État. (Décret des 29 sept.-3 oct. 1870.)

de l'agriculture, du commerce intérieur et du commerce extérieur et de la rédaction des projets de loi se rapportant aux
matières rentrant dans les attributions de ces directions.
La section des travaux publics a été chargée de l'examen des
affaires se rapportant aux services placés par l'article 3 du
décret du 23 juin 1863 dans les attributions du ministère de la
Maison de l'empereur et des beaux-arts, et de la rédaction
des projets de lois se rattachant à ces services.

Assemblée générale. — L'assemblée générale est dirigée
par le président du Conseil d'État. Les délibérations sont prises
à la majorité des voix, sans vote secret, sur les rapports faits
par les conseillers d'État pour les projets de lois et les affaires
les plus importantes, et par les maîtres des requêtes pour les
autres affaires. Le décret qui émane de la délibération
en assemblée générale mentionne : Le Conseil d'État entendu.

Sont portés à l'assemblée générale du Conseil d'État, outre
les projets de lois et de règlements d'administration publique
ou rendus dans la forme des règlements d'administration
publique, les projets de décrets qui ont pour objet :

1° L'enregistrement des bulles et autres actes du Saint-
Siége ;

2° Les recours pour abus ;

3° Les autorisations de congrégations religieuses et la vérification de leurs statuts ;

4° L'autorisation des fondations, en toute espèce de biens,
pour l'entretien des ministres et l'exercice des cultes ; celle
des dons ou legs aux communautés religieuses légalement
autorisées ;

5° Les prises maritimes ;

6° Les projets de décrets ayant pour objet les concessions
domaniales ;

7° La création des personnes morales connues sous le
nom d'établissements publics, religieux, de bienfaisance ou
d'instruction ;

8° L'établissement des routes départementales, canaux, chemins de fer ;

9° Le desséchement des marais ;

10° La création des tribunaux de commerce et des conseils de prud'hommes ;

11° L'autorisation aux établissements d'utilité publique, aux établissements ecclésiastiques, aux congrégations religieuses, aux communes et aux départements, d'accepter les dons et legs dont la valeur excéderait 50,000 fr. ;

12° Les autorisations de sociétés anonymes, tontinières, comptoirs d'escompte et autres établissements de même nature ;

13° Les établissements ou suppressions de tarifs d'octroi et les modifications à ces tarifs ;

14° L'établissement de ponts avec ou sans péage ;

15° Les naturalisations, révocations et modifications des autorisations accordées à des étrangers d'établir leur domicile en France ;

16° L'établissement des droits de voirie dans les communes de plus de 25,000 âmes ;

17° Les caisses de retraite des administrations publiques départementales ou communales ;

18° Les demandes en changement de nom ;

19° Le classement des établissements dangereux, incommodes et insalubres et la suppression de ces établissements dans les cas prévus par le décret du 15 octobre 1810 ;

20° Le tarif du droit d'inhumation dans les communes de plus de 50,000 âmes ;

21° L'autorisation des poursuites intentées contre les agents du gouvernement.

Sont encore portées devant l'assemblée générale du Conseil d'État toutes les affaires qui sont, après avoir été examinées par une section, renvoyées devant l'assemblée du Conseil par ordre du gouvernement; celles, enfin, qu'à raison de leur importance, les présidents de sections, d'office, ou sur la de-

mande de la section, croient devoir renvoyer à l'assemblée
générale, ainsi que celles sur lesquelles le gouvernement
demande que l'assemblée générale du Conseil d'État soit
appelée à délibérer. Le décret des 7-14 septembre 1864 a enlevé
à la compétence de l'assemblée générale du Conseil d'État, et a
décidé que seraient délibérés par les diverses sections administratives auxquelles l'examen préparatoire en était attribué,
les projets de décrets sur les naturalisations accordées aux
étrangers remplissant les conditions exigées par l'article 1er de
la loi des 3-11 décembre 1849 et les révocations et modifications
des autorisations accordées à des étrangers d'établir leur domicile en France ; sur les autorisations de prises d'eau sur les
canaux et les rivières du domaine public ne rentrant pas dans
les attributions des préfets ; sur l'établissement des bureaux
publics pour le conditionnement des soies, laines et autres
matières textiles ; sur l'établissement des ponts communaux
avec péage.

**Modifications diverses apportées à l'organisation du
Conseil d'État.** — Dans la dernière année du second Empire,
plusieurs décrets ont touché à la constitution du Conseil
d'État. Nous citerons d'abord un décret des 3-20 novembre 1869, portant qu'à l'avenir le nombre des auditeurs ne
pourra dépasser quarante-huit : trente-deux de première
classe et seize de seconde classe. (*Art. 1er.*) Les fonctions d'auditeur devaient être incompatibles avec toutes autres fonctions
publiques salariées. (*Art. 4.*) Les auditeurs qui, après six
années d'exercice, n'auraient pas été placés dans les services
publics, devaient cesser de faire partie du Conseil d'État. Ceux
qui auraient été nommés à des fonctions publiques auraient pu
être autorisés à porter le titre d'*auditeurs en service extraordinaire.* (*Art. 5.*) Un décret des 15 janvier-14 février 1870 a porté
provisoirement à vingt et un le nombre des conseillers d'État
hors sections ; pour donner au ministère des beaux-arts nouvellement créé une représentation dans le Conseil. Un autre
décret des 26 janvier-14 février de la même année a abrogé

celui du 23 janvier 1861 qui modifiait le décret du 22 décembre 1860 autorisant le préfet de la Seine à prendre part aux délibérations du Conseil d'État. La section de l'intérieur, de l'instruction publique et des cultes a été chargée, par le décret des 28 mai-10 juin 1870, de l'examen de toutes les affaires afférentes au ministère des lettres, sciences et beaux-arts et de la rédaction des projets de lois se rapportant aux matières rentrant dans les attributions du département. Elle a reçu de ce décret le nom de *Section de l'intérieur, de l'instruction publique, des cultes, des lettres, sciences et beaux-arts.*

La révolution de septembre 1870 a fait disparaître toute cette organisation. Le décret des 4-10 septembre a supprimé le ministère de la présidence du Conseil d'État. Un second décret des 15-16 septembre a suspendu de leurs fonctions « les membres actuels du Conseil d'État, en attendant la réorganisation de ce conseil par l'Assemblée constituante. » Les affaires administratives ou contentieuses *urgentes* durent être expédiées par une commission provisoire composée de huit conseillers d'État, dix maîtres des requêtes et douze auditeurs. Les conseillers d'État et les maîtres des requêtes devaient être nommés par le gouvernement, sur la proposition du ministre de la justice. Les membres ainsi nommés étaient chargés de désigner les auditeurs. (*Art.* 1, 2, 3.) Un décret des 19-21 septembre 1870 a, en effet, constitué cette commission provisoire.

Le nombre des membres de la commission provisoire ne permettant pas d'observer les conditions établies pour la validité des délibérations, le décret des 3-5 octobre 1870 a voulu que les sections formées dans le sein de la commission fussent composées du nombre de conseillers d'État, de maîtres des requêtes et d'auditeurs qui serait déterminé dans le règlement intérieur arrêté par la commission. (*Art. 1er.*) Pour délibérer, présence obligée de deux conseillers au moins ; adjonction d'un maître des requêtes de la section, avec voix délibérative. (*Art.* 2.) Pour les délibérations en assemblée générale,

présence obligée de cinq membres au moins. Les auditeurs
pourront faire des rapports. (*Art.* 3.) Deux maîtres des requêtes
devaient être désignés par le ministre de la justice pour remplir les fonctions de commissaires du gouvernement près la
commission délibérant au contentieux. Un auditeur pouvait
leur être adjoint. (*Art.* 4.)

Le décret des 7-8 octobre 1870 a fixé l'indemnité mensuelle
attribuée aux membres de la commission provisoire.

En 1872, le ministre de la justice, M. Dufaure, a soumis
à l'Assemblée nationale un nouveau projet sur la réorganisation du Conseil d'État. Voici quelle en était l'économie :

Composition du Conseil d'État. — Le Conseil d'État se composerait, jusqu'à ce qu'il en soit autrement ordonné :

D'un vice-président du Conseil d'État, de vingt et un conseillers d'État, de vingt-quatre maîtres des requêtes, de vingt-
quatre auditeurs.

Un secrétaire général serait placé à la tête des bureaux
du Conseil. Un secrétaire spécial serait attaché au contentieux. (*Art.* 1er.)

Les ministres auraient rang, séance et voix délibérative au
Conseil d'État, quand il délibérerait en matière non contentieuse. En ce cas, la présidence appartiendrait au garde des
sceaux, ministre de la justice. A son défaut et en l'absence
des autres ministres, la présidence appartiendrait au vice-
président du Conseil. (*Art.* 2.)

Le vice-président, les conseillers d'État et maîtres des
requêtes, le secrétaire général et le secrétaire du contentieux
seraient nommés par le chef du pouvoir exécutif. Les auditeurs
seraient nommés au concours dans les formes et suivant les
conditions déterminées par le règlement du 9 mai 1849.

Les membres du Conseil d'État ne pourraient être révoqués
qu'en vertu d'arrêtés individuels pris en conseil des ministres
et contre-signés par le garde des sceaux. (*Art.* 3.)

Nul ne pourrait être nommé conseiller d'État s'il n'était âgé
de trente ans accomplis ; maître des requêtes, s'il n'était âgé

de vingt-cinq ans; auditeur, s'il n'était âgé de vingt-cinq ans au plus. Toutefois les anciens auditeurs seraient admis à se présenter au concours, s'ils n'étaient pas âgés de plus de trente ans. (*Art.* 4.)

Les fonctions des membres du Conseil d'État seraient incompatibles avec toute autre fonction publique salariée; néanmoins les officiers généraux de l'armée de terre et de mer pourraient être détachés au Conseil d'État : en ce cas, et pendant la durée de ces fonctions, ils seraient considérés comme étant en mission hors cadre, et conserveraient leurs droits à l'ancienneté, sans pouvoir toutefois cumuler le traitement d'officier général avec celui de membre du Conseil d'État. (*Art.* 5.)

Fonctions du Conseil d'État. — Le Conseil d'État donnerait son avis : 1° sur les projets de lois que l'Assemblée nationale ou le gouvernement jugeraient à propos de lui envoyer;

2° Sur les projets d'arrêtés et en général sur toutes les questions qui lui seraient soumises par le chef du pouvoir exécutif et par les ministres.

Il donnerait nécessairement son avis sur les arrêtés portant règlement d'administration publique ou qui devraient être rendus dans la forme de ces règlements.

Il exercerait, en outre, jusqu'à ce qu'il en soit autrement ordonné, les diverses attributions qui appartenaient au Conseil d'État en vertu des lois et règlements en vigueur. (*Art.* 6.)

Le Conseil d'État statuerait en dernier ressort sur le contentieux administratif et sur les recours pour excès de pouvoir formés contre les actes des diverses autorités administratives. (*Art.* 7.)

Formes de procéder en matière non contentieuse. — Pour l'examen des affaires non contentieuses, le Conseil d'État serait divisé en sections correspondant aux divers départements ministériels.

Cette division serait opérée par un arrêté du chef du pouvoir exécutif.

L'arrêté qui opérerait la division du Conseil en sections déterminerait l'ordre intérieur des travaux du Conseil, la répartition des affaires entre les sections et parmi, les objets de la compétence du Conseil, quels seraient ceux qui devraient être portés à l'assemblée générale du Conseil d'État. Cet arrêté statuerait sur la répartition et le roulement des membres du Conseil entre les sections et sur les mesures d'exécution non prévues par la loi.

L'arrêté ne pourrait être modifié que par un règlement d'administration publique. (*Art.* 8.)

Les maîtres des requêtes, soit en assemblée générale, soit dans les sections, auraient voix consultative dans toutes les affaires et voix délibérative dans celles où ils seraient rapporteurs.

Les auditeurs auraient voix délibérative à leur section et voix consultative à l'assemblée générale dans les affaires où ils seraient rapporteurs. (*Art.* 9.)

Le Conseil d'État ne pourrait délibérer en assemblée générale, si, non compris les ministres, treize au moins de ses membres, ayant voix délibérative, n'étaient pas présents.

En cas de partage, la voix du président serait prépondérante. (*Art.* 10.)

Les arrêtés rendus après délibération de l'assemblée générale mentionneraient que le Conseil d'État a été entendu.

Les arrêtés rendus après délibération d'une ou plusieurs sections indiqueraient les sections qui auraient été entendues. (*Art.* 11.)

Le gouvernement pourrait appeler à prendre part aux délibérations du Conseil d'État et de ses sections, avec voix consultative, les membres de l'Institut et autres corps savants, les magistrats, les chefs de services des administrations publiques désignés par les ministres et tous les autres citoyens qui paraîtraient pouvoir éclairer les délibérations par leurs connaissances spéciales. (*Art.* 12.)

La commission de l'Assemblée nationale a étudié ce projet et lui a fait subir quelques modifications. Tout ce qui concerne l'administration pure, notamment les règlements d'administration publique et les décrets en forme de règlements, a donné lieu à peu de difficultés. La commission a, sur ce point, adopté, presque sans débat, le projet du gouvernement, conforme d'ailleurs à un état de choses déjà ancien et éprouvé.

D'après le projet de la commission, les conseillers d'État seraient élus par l'Assemblée nationale ; le président de la République pourrait les suspendre pour deux mois ; ils seraient révocables par l'Assemblée. Les maîtres des requêtes continueraient d'être nommés par le chef du pouvoir exécutif, sur une liste de présentation dressée par le président du Conseil d'État, et après délibération avec tous les présidents de sections. Les auditeurs seraient nommés au concours et le règlement de 1849 serait remis en vigueur. Ils seraient divisés en deux classes, l'une de dix, l'autre de vingt. A l'expiration de quatre ans, un examen déciderait de ceux qui continueraient la carrière administrative ou qui rentreraient dans la vie privée.

Le président du Conseil d'État et les présidents des sections seraient élus par leurs collègues, en assemblée générale. Les ministres n'auraient rang, séance et voix délibérative au Conseil, que dans les questions et affaires de leur ressort. Le *service ordinaire hors sections* disparaîtrait, le *service extraordinaire* serait maintenu ; les directeurs et secrétaires généraux des administrations centrales en feraient partie, avec le titre de conseillers, avec voix délibérative dans les affaires ressortissant de leur administration et voix consultative dans toutes les autres. Le Conseil d'État aurait, d'ailleurs, la faculté d'appeler à sa barre toutes les personnes capables de lui donner des renseignements sur une question déterminée. Le Conseil, enfin, serait composé de cinq sections, dont les attributions seraient déterminées par le président de la République.

Intervention du gouvernement dans les matières re-

ligieuses [1]. — Cette intervention date de la loi du 18 germinal an X. Il est de l'intérêt des gouvernements de ne point
renoncer à la surveillance des affaires ecclésiastiques. Ces
affaires ont toujours été rangées par les différents codes des
nations dans les matières qui appartiennent à la haute police
de l'État. Un État, en effet, n'a qu'une autorité précaire, quand
il a dans son territoire des hommes qui exercent une grande influence sur les esprits et sur les consciences, sans que ces
hommes lui appartiennent au moins sous quelques rapports...
La tranquillité publique n'est point assurée, si on néglige de
savoir ce que sont les ministres du culte, ce qui les caractérise, ce qui les distingue des simples citoyens et des ministres
des autres cultes ; si l'on ignore sous quelle discipline ils entendent vivre, et quels règlements ils promettent d'observer.
L'État est menacé si ces règlements peuvent être faits ou
changés sans son concours, s'il demeure étranger ou indiffé-
rent à la forme et à la constitution du gouvernement qui se
propose de régir les âmes, et s'il n'a, dans des supérieurs
légalement connus et avérés, des garants de la fidélité des inférieurs [2].

Concordat. — Le concordat de 1801 est la base fondamentale de l'organisation actuelle du culte catholique en France,
dans ses rapports nécessaires avec l'État. C'est, à la fois, un
traité et une loi ; il ne peut donc recevoir de modifications
qu'avec le concours des deux parties contractantes et du pouvoir législatif.

L'ordonnance de 1268, connue sous le nom de *Pragmatique-
Sanction* de Louis IX, est considérée comme le premier acte

[1] Articles organiques de la convention du 26 messidor an IX ; loi du 18 germinal an X ; articles organiques des cultes protestants, loi du 18 germinal an X ;
décrets 26 mars 1852, et 19 mars 1859 ; règlement délibéré en assemblée générale
des Israélites, à Paris, le 10 décr. 1806, approuvé par décret du 17 mars 1808 ;
loi du 8 février 1831 ; ordonn. roy. 25 mai 1844.

[2] Portalis, Discours, Rapports et Travaux inédits sur le concordat. — Rapports
des ministres de l'intérieur et de l'instruction publique, 19 mars 1859, *Moniteur*
du 22 mars 1859. — Pradier-Fodéré, *Précis de droit politique*, p. 203, 204.

qui ait fondé, en les déclarant et les expliquant, les *libertés de l'Eglise gallicane*[1]. En 1515, un concordat intervint entre François Ier et Léon X.

Recueillies par Pierre Pithou, jurisconsulte du seizième siècle, les anciennes maximes qui contenaient les libertés, franchises, coutumes de l'Église de France, n'étaient pas généralement reconnues par le clergé, qui en considérait le recueil comme une œuvre de laïque. En 1682, Louis XIV provoqua la célèbre déclaration du clergé de France, en 4 articles, rédigés en latin par Bossuet, et dont voici les propositions[1] :

1° Indépendance de la puissance civile vis-à-vis de la puissance ecclésiastique, en ce qui concerne les choses temporelles;

2° En matière spirituelle, la puissance du pape est tempérée par l'autorité des conciles généraux;

3° Maintien des règles, coutumes et institutions reçues par le royaume et l'Église de France;

4° Le jugement du pape doit être sanctionné par l'assentiment de l'Église, même en matière de foi.

Bien que reniée par Louis XIV à son lit de mort, et condamnée sous Louis XV par une assemblée du clergé, cette déclaration ne continuait pas moins d'être en vigueur aux yeux du parlement. L'Assemblée nationale abolit les dîmes par la loi du 4 août 1789. L'Assemblée constituante, par la constitution civile du clergé, affranchit l'Église de France de l'intervention du Saint-Siége, réduisit le nombre des évêques, supprima l'institution par le pape, et rendit obligatoire le serment à la constitution. Ce fut l'une des gloires du Premier Consul, d'avoir relevé la religion catholique sans sacrifier le droit nécessaire d'intervention de l'État dans les affaires religieuses. Depuis le concordat de 1801, divers changements ont été tentés, en 1813 et en 1817, mais ils échouèrent, les premiers par le refus du pape, les seconds devant la réprobation de l'opinion publique et des Chambres.

---

[1] Paillet, *Droit public français*, p. 74, en donne le texte.

Les rapports de l'État avec les cultes, dans l'état actuel de nos institutions politiques, sont régis par les principes suivants :

Indépendance politique et civile; liberté absolue de la conscience individuelle; sécularisation de l'état des personnes; droit de police de l'État sur l'exercice public des cultes ou liberté limitée du culte extérieur; droit de l'État d'intervenir dans l'organisation des cultes reconnus par lui; égalité de protection pour tous les cultes reconnus.

Il n'existe en France que quatre cultes légalement reconnus : la religion catholique, l'Église réformée ou calviniste, l'Église de la confession d'Augsbourg ou luthérienne et le culte israélite.

Quatre différences principales existent entre ces cultes et les cultes non reconnus : 1º les cultes reconnus sont seuls salariés par l'État; 2º leurs ministres jouissent seuls du privilége d'être dispensés du jury, du service militaire, de la garde nationale, d'être tuteurs hors de leur résidence; 3º un lieu d'inhumation particulier doit être réservé à chaque culte légalement reconnu; 4º les individus appartenant aux cultes reconnus jouissent de la complète liberté de se réunir pour les besoins du culte dans les édifices consacrés, tandis que la loi saisit les cultes non reconnus à l'état d'associations, dès qu'ils sortent du domaïne de la conscience pour accomplir les actes du culte extérieur. Ils deviennent alors passibles des pénalités édictées par le code pénal et les lois postérieures sur les réunions illicites.

Enregistrement des bulles. — D'après l'article 1ᵉʳ du concordat, les bulles ne sont exécutoires en France que sur l'approbation du gouvernement. Le Conseil d'État est chargé de cet enregistrement, et a mission d'examiner s'il n'y a rien dans les bulles de contraire au droit public de la France.

Appel comme d'abus. — Le caractère du *recours pour abus* est d'être une mesure de police gouvernementale en vue de la paix publique. Son objet est de protéger le pouvoir temporel contre les empiétements du pouvoir ecclésiastique, et réciproquement. La dénomination d'*appel comme d'abus* vient de ce que, dans l'ancien droit, cette procédure n'était employée que contre les décisions de la juridiction ecclésiastique, lorsqu'on prétendait qu'elle avait excédé son pouvoir, ou entrepris soit contre la juridiction séculière, soit contre les libertés de l'Église gallicane. C'était alors véritablement un appel de la juridiction ecclésiastique à la juridiction temporelle, aux parlements. Depuis le concordat, ce n'est plus un appel; c'est un recours. Le Conseil d'État en est saisi, prépare le projet de décret, et le chef de l'État statue comme unique degré de juridiction. Les traces de cette institution remontent à 1329.

Les cas d'abus ont été définis par la loi du 18 germinal an X, articles organiques du culte catholique, 6 et 7, et articles organiques des cultes protestants, 6. L'appel comme d'abus s'applique non-seulement au culte catholique et aux cultes protestants, mais encore au culte israélite, aux termes de l'article 55 de l'ordonnance du 25 mai 1844.

Il y a six cas d'abus : 1° l'usurpation ou excès de pouvoir; 2° la contravention aux lois ou règlements du pays; 3° l'infraction aux règles consacrées par les canons reçus en France; 4° l'attentat aux libertés, franchises et coutumes de l'Église gallicane; 5° toute entreprise ou tout procédé qui, dans l'exercice du culte, peut compromettre l'honneur des citoyens, troubler arbitrairement leur conscience, dégénérer contre eux en oppression, en injures ou en scandale public; 6° toute atteinte à l'exercice public du culte et à la liberté que les lois et règlements garantissent à ses ministres [1].

---

[1] Loi du 18 germinal an X; articles organiques de la convention du 26 messidor an IX, art. 6, 7 et 8. Il ne faut pas confondre l'appel comme d'abus avec l'appel simple des sentences épiscopales relatives à la discipline ecclésiastique. Il est arrivé quelquefois que des ecclésiastiques, ou même de simples particuliers, se sont pourvus par la voie de l'appel comme d'abus contre des actes émanés des évèques

Le recours ne peut être formé que par ceux qui sont *directement* et *personnellement* intéressés. Il est ouvert également aux ecclésiastiques qui ont à se plaindre d'un acte d'abus de la part de leurs supérieurs, ou d'une atteinte portée, soit par de simples particuliers ou par d'autres ecclésiastiques, soit par un officier de l'ordre civil, au libre exercice du culte et à la liberté garantie à ses ministres par les lois et les règlements. Pour que le recours puisse être dirigé par un ecclésiastique contre les actes émanés de ses supérieurs, il faut que ces actes contiennent un abus qualifié. S'ils avaient été faits dans l'exercice régulier et légitime de la juridiction catholique, la plainte en abus serait déclarée non recevable. Quant au recours exercé d'office par le préfet, et même par le ministre des cultes, sans aucune provocation de la part du préfet, il peut avoir lieu dans deux cas distincts : 1° lorsque l'acte constituant l'abus concerne un simple particulier ou un ecclésiastique, et que la partie lésée garde le silence ; si cette partie voulait agir elle-même, son action devrait être reçue de préférence ; 2° lorsque l'abus n'intéresse spécialement aucun ecclésiastique, ni aucun simple particulier, et qu'il est relatif aux rapports généraux de l'État avec l'autorité ecclésiastique. Il ne peut, dans ce cas, être déféré au Conseil d'État que par le préfet ou par le ministre.

Il y a *usurpation de pouvoir* lorsqu'une autorité envahit le domaine d'une autre autorité ; dans le cas, par exemple, où un archevêque s'immiscerait dans les attributions d'un autre archevêque. Nous ne parlons pas des entreprises du pouvoir spirituel sur le pouvoir temporel, parce que les attributions de ce pouvoir sont si distinctement définies, que ces entreprises sont désormais impossibles. *L'excès de pouvoir* existe lorsqu'une autorité, *dans les limites de son domaine*, fait plus qu'il ne lui est permis de faire ; dans le cas, par

dans l'exercice de leur juridiction ecclésiastique ; mais le Conseil d'État a rejeté les recours ainsi formés, sauf aux parties à se pourvoir, si elles le jugeaient convenable, par les voies ordinaires.

exemple, où un évêque donnerait l'institution canonique à un curé, avant que la nomination ait été agréée par le gouvernement.

Relativement aux entreprises et procédés contre l'honneur et la conscience des citoyens, il faut remarquer d'abord le vague de la définition de la loi, qui abandonne la plus grande latitude au Conseil d'État. On doit observer ensuite que l'intervention du Conseil n'est possible que dans les cas où l'arbitraire de la part de l'autorité ecclésiastique a pris le caractère de l'oppression, de l'injure et du scandale. C'est ainsi qu'en matière de refus de sépulture, l'abus ne réside pas dans le refus simplement négatif, mais dans le refus accessoirement injurieux.

Il y aurait lieu au sixième cas de recours, si, par exemple, un officier civil abusait de son autorité pour vexer les ministres du culte dans l'exercice de leurs fonctions, ou pour s'arroger des droits qu'il n'aurait pas sur les matières spirituelles.

Quant aux indécences dans les temples, aux coups, aux menaces et autres voies de fait que les particuliers peuvent se permettre, ou contre les ministres, ou contre les objets du culte, ce sont des délits qui doivent être punis, conformément aux dispositions des lois pénales, correctionnelles ou criminelles.

Le Conseil d'État est aussi appelé à connaître de toutes les entreprises des ministres du culte protestant, et de toutes les discussions qui pourraient s'élever entre eux. Il en est de même pour le culte israélite.

Procédure de l'appel comme d'abus. — Le recours appartient, nous l'avons dit, à toute personne intéressée : au ministère public, par exemple, au préfet, aux ministres du culte, même aux simples particuliers.

Le fonctionnaire public, l'ecclésiastique ou la personne qui veut exercer le recours, doit adresser un mémoire détaillé et signé au ministre des cultes, qui transmet la plainte au Conseil

32

d'État, après avoir pris les renseignements convenables ; de
sorte que c'est, en réalité, le ministre qui introduit l'instance.
Cette marche doit être suivie sous peine de rejet du pourvoi
qui aurait été présenté dans toute autre forme. Le préfet lui-
même, lorsqu'il se pourvoit d'office, ne peut procéder autrement qu'en dressant un mémoire ou rapport au ministre. Le
devoir du ministre est de se procurer sans retard les renseignements propres à éclairer le Conseil d'État et de faire son
rapport. Il n'est pas compétent pour rejeter la plainte ou pour
refuser d'y donner suite, quelque peu fondée qu'elle lui pa-
raisse, soit dans le fond, soit dans la forme.

Le recours est jugé par l'assemblée générale du Conseil
d'État. L'affaire est examinée par la section de l'intérieur, de
l'instruction publique et des cultes.

L'usage de porter ces sortes d'affaires à la section de législation paraît, toutefois, avoir prévalu.

Les parties sont admises à produire des mémoires. La procédure devant l'assemblée générale a lieu sans frais, sans
constitution d'avocat au Conseil, sans plaidoiries et sans publicité. Rien n'empêche cependant que, dans le cours de l'instruction, la partie présente des mémoires ou observations
signés d'un avocat au Conseil d'État. La loi n'ayant pas fixé
de délai pour exercer le recours comme d'abus, la question
de savoir si les parties seront ou non recevables à recourir est
une pure question de fait.

Sanction de l'abus. — Le fait de la déclaration d'abus
par le Conseil d'État n'entraîne à sa suite aucune peine matérielle. Ce n'est qu'une peine morale, une haute censure. Si,
toutefois, l'abus résulte d'un écrit, la suppression officielle de
cet écrit doit être prononcée, sans que ceux qui ultérieurement le publieraient ou le mettraient en vente soient frappés
des peines encourues pour reproduction d'ouvrages supprimés
judiciairement.

Il peut se faire que la contravention aux lois donnant lieu
au recours constitue un délit prévu par la loi pénale. Dans ce

cas, le Conseil d'État a le choix ou de faire la déclaration d'abus, ou de renvoyer devant les tribunaux criminels, en autorisant la poursuite. Mais s'il permet de poursuivre, il doit s'abstenir de déclarer l'abus, pour ne pas établir dans l'affaire un préjugé.

Le Conseil d'État, pour prononcer sa décision, peut employer diverses formules. Il peut : 1° déclarer qu'il y a simplement abus ; 2° déclarer l'abus avec suppression de l'écrit abusif ; 3° déclarer l'abus avec injonction au prêtre de s'abstenir du refus des sacrements dans des cas semblables ; 4° déclarer l'abus et autoriser les poursuites à fins criminelles ; 5° déclarer l'abus et autoriser les poursuites à fins civiles seulement ; 6° déclarer l'abus et, admettant l'excuse, ne pas autoriser la poursuite ; 7° déclarer qu'il n'y a pas abus ; 8° déclarer à la fois qu'il n'y a lieu ni à renvoi devant les tribunaux ni à prononciation d'abus ; 9° écarter le recours, sauf à se pourvoir devant l'autorité compétente dans la hiérarchie ecclésiastique ; 10° déclarer le recours incompétent ou non recevable ; 11° déclarer l'abus sur un point et pour une personne, et, sur un autre point et pour une autre personne, ou qu'il n'y a pas abus, ou qu'il y a lieu de recourir devant les tribunaux ou devant le supérieur hiérarchique. Le Conseil d'État excéderait ses pouvoirs s'il cumulait, dans son dispositif, la déclaration d'abus et le renvoi aux tribunaux.

Les ministres d'un culte reconnu peuvent-ils être poursuivis directement, et sans autorisation préalable du Conseil d'État, pour des faits relatifs à leurs fonctions ? L'appel comme d'abus est-il un préalable administratif pour les faits prévus par la loi pénale ? Cette question n'offre plus d'intérêt aujourd'hui ; mais lorsque l'état de la législation permettait de la poser, on répondait ceci : Aucun texte n'exige formellement l'autorisation préalable du Conseil. De plus, le prêtre n'est pas un fonctionnaire public, et, conséquemment, il ne pourrait s'abriter sous l'article 75 de la constitution de l'an VIII !

¹ Dupin, *Réquis.*, t. II, p. 25.

(dans le temps où cet article était encore en vigueur.) Cependant la jurisprudence du Conseil d'État et celle de la Cour de cassation ont décidé que le pourvoi au Conseil était un préalable qui remplaçait pour les ministres du culte la garantie de l'art. 75 [1]. Que si le fait reproché au ministre du culte constituait un crime ou un délit accompli dans l'exercice des fonctions sacerdotales, mais ne rentrait pas dans les cas d'abus, il était généralement admis que, dans ce cas, le droit commun reprendrait son empire, et qu'il n'y avait lieu à aucun recours au Conseil d'État préalablement à la poursuite.

Autorisations de congrégations religieuses [2]. — Les dispositions de notre droit public varient suivant qu'il s'agit de congrégations de femmes ou de congrégations d'hommes. Aucune congrégation religieuse de femmes ne peut être autorisée qu'après que ses statuts, dûment approuvés par l'évêque diocésain, ont été vérifiés et enregistrés au Conseil d'État. La loi du 24 mai 1825 a statué qu'après la vérification et l'enregistrement, l'autorisation serait accordée par *une loi* à celles de ces congrégations qui n'existaient pas au 1er janvier 1825, et qu'à l'égard de celles qui existaient à cette époque, l'autorisation serait accordée par *ordonnance*. Le décret du 31 janvier 1852 dispose que les communautés religieuses de femmes pourront être autorisées par décret : 1° lorsqu'elles déclareront adopter, quelle que soit l'époque de leur fondation, des statuts déjà vérifiés et enregistrés au Conseil d'État, et approuvés pour d'autres communautés religieuses ; 2° lorsqu'il sera attesté par l'évêque diocésain que les congrégations qui présenteront des statuts nouveaux au Conseil d'État existaient antérieurement au 1er janvier 1825; 3° lorsqu'il y aura néces-

---

[1] Laferrière, *Cours de droit public et administratif*, t. I, p. 260.

[2] Pour les congrégations religieuses de *femmes* : loi 13 févr. 1790 et 18 août 1792; décr. 3 messidor an XII; décr. 17 mars 1808, 18 févr. 1809; loi 2 janvier 1817 ; loi 24 mai 1825; décret législatif 31 janvier 1852. — Pour les congrégations religieuses d'*hommes* : lois 13 févr. 1790 et 18 août 1792; décret 3 messidor an XII ; décret 17 mars 1808; ordonn. 29 févr. 1816, art, 36; loi 15 mars 1850, art. 31.

sité de réunir plusieurs communautés qui ne pourraient plus subsister séparément... Les modifications des statuts vérifiés et enregistrés au Conseil d'État pourront également être approuvées par un décret.

Quant aux congrégations d'hommes, la prohibition qui les a frappées en 1790 est maintenue implicitement. Il n'y a d'exception qu'en faveur de certaines communautés vouées à l'enseignement populaire, et qui ont subi le contrôle de l'autorité publique.

Les congrégations religieuses de femmes non autorisées, et toutes les congrégations d'hommes, sauf celles reconnues comme établissements d'utilité publique, ne subsistent sur le territoire français qu'en vertu de la tolérance du gouvernement; mais elles échappent aux peines sur les associations illicites de plus de vingt personnes, parce que l'article 291 du code pénal refuse de comprendre dans ce nombre les personnes domiciliées dans la maison où se tiennent les séances de l'association. Dépourvues d'existence légale en France, elles ne peuvent constituer des personnes morales : elles sont donc incapables d'être propriétaires, d'acquérir et de procéder à aucun acte de la vie civile. L'autorisation légale, au contraire, donne aux congrégations qui en sont pourvues le caractère de personnes morales et la capacité d'être propriétaires, d'acquérir à titre gratuit ou onéreux, d'ester en justice. Seulement, en ce qui concerne les libéralités, l'intérêt des familles et celui de l'État exigent l'établissement d'un système de restrictions prudemment combiné[1].

Naturalisation[2]. — Législation de 1849. — Le chef de l'État statue sur les demandes en naturalisation. La naturalisation ne peut être accordée qu'après enquête faite par le gouvernement sur la moralité de l'étranger, qui devra, de plus, réunir les deux conditions suivantes : 1° avoir, après l'âge

[1] Loi 24 mai 1825, art. 4, 5, 7 ; ordonn. réglement. 14 janv. 1831.
[2] Loi 3 déc. 1849 ; décr. 30 juin 1860.

de vingt-un ans accomplis, obtenu l'autorisation d'établir son domicile en France ; avoir résidé pendant dix ans en France depuis cette autorisation. Le délai de dix ans peut être réduit à une année en faveur des étrangers qui auront rendu à la France des services importants, ou qui auront apporté en France, soit une industrie, soit des inventions utiles, soit des talents distingués, ou qui auront formé de grands établissements. L'examen préparatoire des naturalisations, révocations et modifications d'autorisation de domicile est confié à la section de législation et justice pour les naturalisations, à celle de l'intérieur pour les révocations et modifications d'autorisation de domicile. La délibération définitive est prise en assemblée générale. Le ministre de l'intérieur peut, par mesure de police, enjoindre à tout étranger voyageant ou résidant en France de sortir immédiatement du territoire français, et le faire conduire à la frontière.

Législation de 1867. — La loi du 29 juin 1867 a disposé que l'étranger qui, après l'âge de vingt et un ans accomplis, aurait, conformément à l'article 13 du code civil, obtenu l'autorisation d'établir son domicile en France, et y aurait résidé pendant trois années, pourrait être admis à jouir de tous les droits de citoyen français. Les trois années courront à partir du jour où la demande d'autorisation aura été enregistrée au ministère de la justice. Le séjour en pays étranger pour l'exercice d'une fonction conférée par le gouvernement français sera assimilé à la résidence en France. Il sera statué sur la demande en naturalisation; après enquête sur la moralité de l'étranger, par un décret rendu sur le rapport du ministre de la justice, le Conseil d'État entendu. (*Art. 1er.*) Le délai de trois ans pourra être réduit à une seule année en faveur des étrangers qui auront rendu à la France des services importants, qui auront introduit en France, soit une industrie, soit des inventions utiles, qui y auront apporté des talents distingués, qui y auront formé de grands établissements agricoles. (*Art. 2.*)

Le décret du 12 septembre 1870 a *provisoirement* autorisé le ministre de la justice à statuer, sans prendre l'avis du Conseil d'État, sur les demandes de naturalisation formées par les étrangers qui auront obtenu l'autorisation d'établir leur domicile en France, conformément à l'article 13 du code civil; ou qui auront fait, antérieurement à la promulgation de la loi du 3 décembre 1849, la déclaration prescrite par l'article 3 de la constitution de l'an VIII[1]. (*Art. 1er.*) Les dispositions des lois du 3 décembre 1849 et du 29 juin 1867 sont maintenues en tout ce qui n'est pas contraire au décret du 12 septembre 1870. (*Art. 2.*) Le 26 octobre 1870 survient un décret qui porte que le délai d'un an exigé par la loi de 1849, modifiée par celle du 29 juin 1867, pour la naturalisation exceptionnelle, ne sera pas imposé aux étrangers qui auront pris part à la guerre franco-allemande, pour la défense de la France. Ces étrangers pourront donc être naturalisés aussitôt après leur admission à domicile, sauf l'enquête prescrite par la loi. (*Art. 1er.*) Mais ces dispositions ne devaient être applicables qu'aux demandes formées avant l'expiration des deux mois qui auraient suivi la cessation de la guerre. (*Art. 3.*) Les conditions de la naturalisation exceptionnelle en faveur des étrangers ayant pris part à la guerre, ont été réglées par un décret du 19 novembre 1870.

Changements de noms[2]. — La loi du 6 fructidor an II dispose qu'aucun citoyen ne pourra porter de nom ni de prénoms autres que ceux exprimés dans son acte de naissance. Cependant toute personne qui aura quelque raison de changer de nom, en adressera la demande motivée au gouvernement (ministre de la justice). La demande sera rendue publique par l'insertion au *Journal officiel.* Un premier examen prépa-

---

[1] Constitution du 22 frimaire an VIII, art. 3: « Un étranger devient citoyen français, lorsque, après avoir atteint l'âge de vingt et un ans accomplis, et avoir déclaré l'intention de se fixer en France, il y a résidé pendant dix années consécutives. »

[2] Décr. 6 fructidor an II; loi 11 germinal an XII; ordonn. 25 juin 1828; loi 28 mai 1858; décr. 8 janv. 1859; décr. 22 janv. 1859.

ratoire sera fait par la section de législation et de justice du Conseil d'État. La délibération définitive pourra être prise par cette section, ou par l'assemblée générale, indifféremment. Le décret autorisant le changement sera inséré au *Bulletin des lois*.

Les oppositions formées par des tiers au ministère n'auront pas lieu par voie contentieuse, mais par simple voie de renseignement. Si le chef du gouvernement, en Conseil d'État, rejette la demande, le décret sera inattaquable, parce que le gouvernement n'aura fait qu'user de son pouvoir discrétionnaire. S'il l'admet, au contraire, le décret d'autorisation n'aura son effet qu'après l'expiration d'une année à dater de son insertion au *Bulletin*. Pendant cet intervalle, les tiers pourront encore former opposition, et le faire révoquer. Leurs réclamations se produiront alors dans la forme contentieuse.

La loi du 28 mai 1858 a remis en vigueur, avec certaines modifications, l'art. 259 du code pénal de 1810 destiné à réprimer les usurpations nobiliaires. Les décrets de janvier 1859 ont rétabli, sous la présidence du ministre de la justice, le Conseil du sceau des titres, chargé de donner son avis : 1° sur les demandes en collation, confirmation et reconnaissance de titres que le gouvernement renvoie à son examen ; 2° sur les demandes en changement ou addition de noms ayant pour effet d'attribuer une distinction honorifique ; 3° sur les demandes en vérification de titres, dont il était permis à toute personne de le saisir. Un décret du 10 janvier 1872 a supprimé le conseil du sceau des titres, qui avait, du reste, cessé d'exister depuis le 4 septembre 1870. Il a attribué les fonctions de ce conseil, conformément à l'ordonnance du 31 octobre 1830, au conseil d'administration établi près le garde des sceaux, ministre de la justice. Les fonctions de commissaire au sceau de France seront remplies par le secrétaire général du ministère de la justice. Les référendaires institués par les ordonnances des 15 juillet 1814, 11 décembre 1815 et 31 octobre 1830, continueront d'être seuls chargés de la poursuite des affaires sur lesquelles le conseil du sceau était appelé à délibérer.

Prises maritimes[1].— Le droit de prise maritime est celui de capturer sur mer un vaisseau ennemi pour s'en emparer, ainsi que de sa cargaison. C'était autrefois une question de savoir si la marchandise ennemie était protégée par le pavillon neutre, et si le respect de la marchandise neutre allait jusqu'à préserver cette marchandise, même sur les vaisseaux ennemis. Les plénipotentiaires qui ont signé le traité de Paris du 16 avril 1856, ont consacré d'une manière positive le respect de la neutralité, en proclamant que le pavillon neutre couvre la marchandise ennemie, et que la marchandise neutre n'est pas saisissable, même sous pavillon ennemi. Quant à la contrebande de guerre chargée sur vaisseau neutre et appartenant à l'ennemi, elle pourrait être saisie ; mais celle qui serait la propriété du neutre ne pourrait être confisquée. L'ennemi n'aurait que le droit de l'empêcher provisoirement d'arriver à destination.

Dans l'ancien droit des gens, ce que l'on nommait la *course* consistait dans le droit, accordé à des particuliers, d'armer à leurs frais des vaisseaux et de capturer à leur profit les navires des négociants avec le gouvernement desquels on était en guerre. Un décret du 28 avril 1856, rendu en exécution de la déclaration des plénipotentiaires signataires du traité de Paris, porte que la course est et demeure abolie.

Les questions relatives aux prises maritimes ont été successivement portées devant le conseil d'amirauté, les tribunaux de commerce, un conseil spécial des prises, et enfin devant la section de législation et affaires étrangères et devant l'assemblée générale du Conseil d'État. La section de législation et affaires étrangères avait été constituée compétente, nonobstant le caractère contentieux des questions de prises maritimes, à

[1] Arrêtés des consuls du 2 prairial an XI; décret 30 janvier 1852, article 13. n° 4 ; décret 25 avril 1856 ; décret 3 mai 1856 ; décrets de 1859 et 1870.

cause des rapports diplomatiques qu'elles peuvent intéresser.
Le décret des 18 juillet-1er août 1854 avait institué de nouveau
un conseil spécial des prises, chargé de statuer sur la validité
de toutes les prises maritimes faites dans le cours de la guerre
contre la Russie; et dont le jugement devait appartenir à l'autorité française: Mais le traité de paix signé en 1856 entre la
France, ses alliés et la Russie, a eu pour résultat de rendre
inutile l'existence de ce conseil. En conséquence, il a dû cesser
ses fonctions en vertu d'un décret des 3-8 mai 1856, et ses archives, réunies à celles des précédents conseils des prises, ont
été·confiées à la garde du secrétaire général du Conseil d'État.
Institution d'un conseil des prises par le décret du 9 mai 1859.
Décrets des 28 novembre 1861; 18 août 1870; portant que le
conseil des prises institué par le décret du 9 mai 1859 statuera,
pendant tout le temps durant lequel il sera maintenu, sur
toutes les demandes et contestations relatives à la validité des
prises maritimes dont le jugement appartiendra à l'autorité
française. Décret des 29 septembre-3 octobre 1870; d'après
lequel les décisions rendues par le conseil des prises seront
portées devant la commission provisoire chargée de remplacer
le Conseil d'État. Décret enfin des 27 octobre-12 novembre
1870, instituant un conseil provisoire des prises [1].

Autorisations de poursuivre.—C'est ici de la législation rétrospective: L'article 75 de la constitution du 22 frimaire an VIII
disposait que les *agents* du gouvernement, autres que les ministres, ne pourraient être poursuivis, pour des faits relatifs à
leurs fonctions, qu'en vertu d'une autorisation donnée par le
Conseil d'État. Dans ce cas, la poursuite avait lieu devant les
tribunaux ordinaires. Ce privilége avait pour objet de protéger
les fonctionnaires contre les accusations non fondées; mais la
disposition de l'article 75 n'était applicable qu'aux employés
administratifs proprement dits, aux agents du gouvernement.

[1] Voir l'intéressant et utile ouvrage de M. Henri Barboux, intitulé : *Jurisprudence du Conseil des prises, pendant la guerre de 1870-1871, avec notes et
commentaires.*

Tout le monde comprendra, disait-on alors ; que l'autorité administrative pourrait être opprimée par l'autorité judiciaire, que les attributs de la première seraient exposés à être envahis par la seconde, que des pouvoirs que la constitution a voulu séparer seraient bientôt confondus, si les administrateurs pouvaient, malgré le gouvernement, être traduits en justice.

En France, ajoutait-on, les corps politiques sont garantis ; les membres de l'ordre judiciaire ne peuvent pareillement être pris à partie sans la permission préalable du tribunal. Les administrateurs peuvent encore moins rester sans garantie, eux qui sont perpétuellement amovibles, et qui, chargés de l'exécution des lois, se trouvent sans cesse en contact avec les intérêts particuliers dont ils doivent souvent briser les résistances injustes et contraires à l'intérêt général. La garantie est donc nécessaire pour protéger les organes de l'autorité administrative. Mais l'application du principe de cette protection due aux administrateurs laissait beaucoup à désirer. Concevait-on que l'administration fût elle-même investie du droit d'autoriser les poursuites contre ses agents? Quelle sécurité pouvaient avoir les citoyens lésés par un acte arbitraire de l'autorité? Quelques-uns pensaient qu'il y aurait tout avantage à constituer juge de ces graves questions un pouvoir pondérateur, indépendant, qui ne serait ni le pouvoir judiciaire ni l'autorité administrative.

Il faut entendre par agents du gouvernement les fonctionnaires qui, dépositaires d'une partie de son autorité, agissent en son nom et sous sa direction médiate et immédiate, et font partie de la puissance publique. Un préfet, un sous-préfet, un maire, sont agents du gouvernement. Un chef de bureau de la préfecture de la Seine ne l'est pas, parce qu'il n'est pas dépositaire de la puissance publique. Cependant la garantie n'était pas applicable à tous ceux qui exerçaient cette puissance ; c'est ainsi que les fonctionnaires attachés à l'armée, bien que dépositaires de la puissance publique, restaient en dehors de la garantie (à l'exception des fonctionnaires attachés aux armées

à titre d'administrateurs, tels que les intendants). Quant aux
fonctionnaires qui, comme les maires et les commissaires de
police, appartiennent en même temps à l'ordre judiciaire et à
l'ordre administratif, ils n'étaient protégés par l'article 75 que
pour ceux de leurs actes réalisés dans l'exercice des fonctions
soumises à la garantie. Au reste, la garantie n'était destinée à
couvrir que les actes relatifs aux fonctions publiques. Il en
résultait qu'il n'y avait pas d'autorisation à demander, si le
fait qui motivait une poursuite juridique était étranger au service auquel le fonctionnaire était préposé. Les magistrats de
l'ordre judiciaire, les membres de l'enseignement public et les
prêtres n'étaient pas considérés comme agents du gouvernement dans le sens que nous venons d'indiquer; conséquemment ils ne pouvaient invoquer l'article 75, sous lequel pouvaient s'abriter, néanmoins, les fonctionnaires destitués ou
démissionnaires, lorsqu'il s'agissait de faits relatifs à leurs fonctions. Ce n'était point, en effet, à l'individu, ni à la fonction qui
lui était confiée, que la garantie était accordée, mais à l'acte qui
motivait la poursuite.

Le principe de la garantie étant d'ordre public, le défaut
d'autorisation constituait un moyen de nullité proposable en
tout état de cause.

Ce principe de la garantie avait été modifié pour certains
employés, tels que les commis et employés de l'administration
de l'enregistrement et des domaines, les agents de l'administration des douanes, les percepteurs qui avaient perçu des
contributions illégales (poursuivis sans autorisation préalable).
Le directeur des postes traduit ses agents directement devant
les tribunaux; les préfets traduisent directement devant les
tribunaux les percepteurs pour faits relatifs à leurs fonctions,
l'administration forestière agit de même vis-à-vis de ses agents.

Procédure pour être autorisé. — Préparation par la
section de législation. Renseignements demandés au ministre
de la justice et au ministre dans le département duquel le
fonctionnaire se trouvait placé. Possibilité de faire, avant

l'autorisation, des actes d'instruction, car les preuves auraient pu se perdre, mais défense absolue de procéder à tout interrogatoire. Délibération en assemblée générale.

La demande à fin d'être autorisé devait être adressée au préfet, qui la transmettait au Conseil. S'il s'agissait de poursuites criminelles, la demande était transmise au Conseil d'État par le procureur général ; car le Conseil ne statuait sur aucune demande d'autorisation de poursuivre à fins criminelles, que s'il était justifié de l'existence d'une plainte ou d'un commencement d'information sur le fait imputé.

Le poursuivant pouvait renoncer au bénéfice de l'autorisation obtenue ; mais le fonctionnaire ne pouvait renoncer au bénéfice de l'article 75, car ce privilége existait également en faveur de l'administration.

On demandait si le refus d'autorisation permettrait au fonctionnaire d'attaquer le poursuivant en dénonciation calomnieuse ? La négative était généralement admise, nonobstant l'article 373 du code pénal, qui punit de l'emprisonnement et de l'amende quiconque a fait, par écrit, une dénonciation calomnieuse contre un ou plusieurs individus, aux officiers de justice ou de police administrative ou judiciaire. La garantie de l'article 75 était, en effet, exclusivement politique et l'intervention du Conseil d'État n'avait pas le caractère d'une juridiction ; c'est pour cela que les décrets rendus pour accorder ou pour refuser l'autorisation de poursuivre n'étaient pas motivés. Permettre aux fonctionnaires de provoquer une information et un jugement sur la vérité ou la fausseté des faits à eux imputés, c'eût été les laisser maîtres d'appeler le contrôle des tribunaux sur les actes de l'administration ; or, c'était ce que la garantie de l'article 75 avait pour objet d'empêcher [1].

L'article 75 de la constitution de l'an VIII a été abrogé par le décret du 19 septembre 1870. Le même décret a également abrogé toutes autres dispositions des lois générales et spéciales

[1] Gabriel Dufour, *Traité général de droit administratif appliqué*, t. VI, p. 403.

ayant pour objet d'entraver les poursuites contre les fonctionnaires publics de tout ordre. (*Art.* 1er.) Il sera ultérieurement
statué sur les peines civiles qu'il pourra y avoir lieu d'édicter,
dans l'intérêt public, contre les particuliers qui auraient dirigé
des poursuites téméraires contre des fonctionnaires. (*Art.* 2.)

Recours contre les décisions du Conseil. — Lorsqu'une
partie se croit lésée dans ses droits ou sa propriété par l'effet
d'une décision du Conseil d'État rendue en matière non contentieuse, elle peut présenter une requête au chef de l'État
pour, sur le rapport qui lui en est fait, être l'affaire renvoyée,
s'il y a lieu, soit à une section du Conseil d'État, soit à une
commission. Cette voie toute particulière de recours ne concerne nullement les décisions du Conseil d'État en matière
contentieuse, et n'est applicable qu'aux cas où la décision
aurait méconnu soit un droit, soit une propriété. Quant aux
seuls intérêts lésés, ils ne pourraient être protégés que par la
voie d'une simple pétition. Comment s'exercera ce recours?
Par une requête présentée au président du Conseil d'État, qui
prendra ensuite les ordres du chef du gouvernement pour
renvoyer l'affaire, soit à une section du Conseil, soit à une
commission. Pas de formes juridiques; aucun délai. La signature d'un avocat au Conseil n'est pas exigée.

Il faut observer qu'en dehors des cas où la délibération du
Conseil d'État n'est destinée qu'à éclairer le gouvernement, elle
est un projet de décret. Quant aux avis interprétatifs du
Conseil sur le sens des lois, ils n'ont qu'une autorité purement
doctrinale. L'interprétation législative est l'attribut exclusif du
pouvoir législatif.

CHAPITRE V.

Le ministère. — Historique. — Conditions de nomination des ministres. — Division des attributions. — Attributions générales. — Contre-seing. — Ordonnancement. — Exécution des lois , règlements et actes du pouvoir exécutif. — Droit de réformer. — Marchés. — Attributions spéciales. — Conseils. — Formes des actes des ministres. — Responsabilité ministérielle. — Personnel des ministères.

Le ministère. — Le *ministère* peut être défini « la responsabilité du pouvoir exécutif personnifiée. » Toutes les attributions de ce pouvoir sont, en effet, les siennes : seulement elles peuvent être diversement réparties entre les ministres. Il est vrai qu'à la rigueur un seul suffirait ; mais en supposant qu'il y ait un homme assez audacieux pour assumer toute la responsabilité de l'administration d'un pays aussi vaste que la France, il est prudent de diviser un pareil fardeau sur plusieurs têtes.

L'auteur du *Commentaire sur la Charte constitutionnelle* trouvait déjà, en 1836, « qu'il serait fort long et fort inutile d'indiquer les suppressions, rétablissements et transpositions qu'ont subis tous les ministères, *depuis trente ans.* » Il ajoutait, — ce qui est devenu, depuis, un besoin de plus en plus urgent, — « qu'il serait temps de rendre la fixité à cette organisation mobile. » « Il en résulterait, je le sais, — disait-il, — de la gêne pour la puissance exécutive, en ce sens qu'elle ne pourrait

plus attirer à elle un homme d'État, en lui offrant de grossir
tel ou tel ministère trop modeste pour satisfaire son ambition,
d'une de ces branches administratives qui voyagent depuis
vingt ans d'un département à l'autre, comme les cultes, les
travaux publics, le commerce, la police, l'instruction publique.
Cet inconvénient me touche moins, je l'avoue, que l'avantage
de faire connaître, d'une manière certaine, aux administrés,
à quel fonctionnaire ils doivent s'adresser, aux subordonnés
quel est leur supérieur; et que l'économie des dépenses de premier établissement[1]. »

Historique. — Le pouvoir ministériel a dû son organisation régulière à Louis XIII qui, ayant créé quatre ministres
d'État, leur assigna des départements déterminés par le règlement en date du 11 mars 1626.

Avant ce prince, et sous l'influence des conquêtes successives de la centralisation monarchique sur la division féodale,
quelques points d'administration, ceux surtout relatifs aux
finances, avaient été confiés, soit à des commissions spéciales,
soit, parfois, à un seul individu. La rédaction des dépêches
royales avait même donné naissance à deux secrétaires d'État,
dont la position était d'abord fort humble. Mais la plénitude
des pouvoirs administratifs et la direction suprême des affaires reposaient sur le chancelier, organe de la volonté du
roi, et, dès les deux premières races, intermédiaire entre le
monarque et ses officiers. La fonction de chancelier, comme
étant la plus ancienne, assura jusqu'à l'époque de la Révolution de 1789 la prééminence à celui qui l'occupait. Au
contre-seing des actes de l'autorité suprême, à la présidence
des conseils, à la distribution des offices et des libéralités du
prince, il joignait encore le droit de prendre la parole au nom
du roi dans les circonstances solennelles.

La Révolution établit l'égalité parmi les ministres, dont
les attributions et le nombre devaient être déterminés par

---

[1] Édition de 1836, p. 325 et suiv.

le pouvoir législatif, et dont le choix appartenait au roi. Le conseil leur fut ouvert sans premier ministre, et le contre-seing ministériel devint indispensable pour les actes émanant du gouvernement. Leurs attributions furent déterminées par l'Assemblée nationale, suivant l'analogie des matières.

La constitution éphémère du 24 juin 1793 remplaça les ministres responsables de 1791, par des agents en chef de l'administration générale, nommés par le conseil exécutif et pouvant être dénoncés par ce même conseil devant les autorités judiciaires. Ces agents étaient exclus de toute autorité personnelle. La constitution de l'an III fixa le nombre des ministres à six au moins et huit au plus, les chargea de la correspondance avec les autorités qui leur étaient subordonnées, abandonna aux membres du Directoire leur nomination et leur révocation, institua un secrétaire du Directoire pour contre-signer les délibérations des Directeurs, et consacra la responsabilité individuelle des ministres en ne les constituant pas en conseil.

D'après la constitution du 22 frimaire an VIII, les ministres devaient procurer l'exécution des lois et règlements d'administration publique; les administrations locales leur étaient subordonnées; les comptes détaillés de la dépense de chaque ministère devaient être signés, certifiés et rendus publics par le ministre; la signature ministérielle redevenait nécessaire pour l'exécution des actes du gouvernement; mais le sénatus-consulte du 16 thermidor an X, qui donnait aux ministres rang, séance et voix délibérative au Conseil d'État, en paralysant ainsi leur liberté d'action, faisait de leur responsabilité un principe à peu près inapplicable.

Sous l'empire, même subordination de la part des ministres; même responsabilité individuelle pour l'exécution de la loi; de plus, obligation de rendre compte tous les ans à l'empereur des actes de leur administration. Une Haute-Cour devait juger les ministres accusés par le Corps législatif.

Par un arrêté du 4 nivôse an VIII, le premier consul avait

nommé un secrétaire d'État, intermédiaire entre tous les
ministres et dépositaire plus intime des intentions du chef
du gouvernement. La Restauration supprima ce secrétaire
d'État, dont les fonctions avaient été élevées par l'empereur
au rang d'un ministère.

Le gouvernement représentatif, en déclarant inviolable la
personne du monarque, augmenta d'autant la responsabilité
ministérielle. Le roi ne fonctionna plus, en quelque sorte, que
sous l'impulsion de ses ministres, auteurs responsables des
mesures administratives dont il n'était que l'éditeur inviolable.

La constitution de 1848 a remplacé l'inviolabilité royale
que couvrait la responsabilité ministérielle, par la responsabilité collective du président de la République et des ministres. Cette responsabilité collective, qui servait de garantie
contre l'unité du président, était organisée par la présence
d'un conseil des ministres et par le contre-seing obligatoire.

La constitution de 1852 a introduit un droit nouveau en
proclamant la responsabilité du président de la République
(de l'empereur), et la nécessité pour le chef de l'État d'une
action libre et sans entrave.

Le sénatus-consulte des 21-22 mai 1870 « fixant la constitution de l'empire, » a modifié radicalement le droit public
issu de la constitution de 1852 et des sénatus-consultes qui
ont rétabli l'empire, en disposant que les ministres *délibére-
ront en conseil*, sous la présidence de l'empereur, et qu'ils *seront responsables*. (*Art.* 19.) Les ministres pourront être membres du Sénat ou du Corps législatif; ils auront leur entrée
dans l'une et dans l'autre assemblée et devront être entendus
toutes les fois qu'ils le demanderont. (*Art.* 20.) Ils auront
rang, séance et voix délibérative au Conseil d'État. (*Art.* 40.)

Le 17 février 1871, l'Assemblée nationale, « dépositaire de
l'autorité souveraine », a pris une résolution par laquelle elle
a nommé un chef provisoire du pouvoir exécutif de la République française, qui « exercera ses fonctions sous l'autorité

de l'Assemblée nationale, *avec le concours des ministres*, présidés par lui. » Aux termes de la loi du 31 août 1871, le président provisoire de la République française nommera et révoquera les ministres. Le conseil des ministres et les ministres seront responsables devant l'Assemblée. Chacun des actes du président de la République devra être contre-signé par un ministre. (*Art.* 2.)

Le nombre et la division des ministères ne sont pas fixés par la loi. Les différentes modifications qu'exigent les besoins du service peuvent être faites par décret.

Conditions de nomination. — Les ministres sont donc nommés et révoqués par le chef de l'État, qui pourrait même en augmenter le nombre, sans préjudice des observations de la représentation nationale, lors de la discussion du budget. Aucune condition de nomination, si ce n'est d'être majeur et d'avoir la jouissance des droits civils et politiques.

Division des attributions. — L'existence d'un ministère est indispensable. Le pouvoir régulateur qui domine l'ensemble social et gouverne, ne saurait descendre dans les détails de la pratique et appliquer. Le ministre est le fonctionnaire public responsable, nommé par le chef de l'État qui l'admet dans sa confiance pour administrer une branche quelconque des affaires publiques, lui faire le rapport de celles qui exigent des ordres spéciaux de sa part, recevoir directement ses ordres et les faire exécuter. Les affaires de l'État sont réparties entre les divers ministres qui, chacun, délégués immédiats du chef du gouvernement et responsables devant le pays, pourvoient au service par l'intermédiaire d'agents subordonnés entre eux, et dont ils restent les chefs. Cette délégation et cette hiérarchie qui font partir du ministre le mouvement, le propagent par une transmission du supérieur à l'inférieur jusqu'aux points les plus reculés du territoire, et font remonter jusqu'à la source de l'action gouvernementale les réclamations et les renseignements en les éclaircissant et les complétant à chaque degré, forment le trait caractéristique de cette administration française qui est unique dans le monde. Il ne faut pas se dissimuler, cependant, que la délégation et la hiérarchie jettent parfois dans la marche des affaires bien des lenteurs qui appellent l'attention du gouvernement. Des décrets nombreux ont, depuis 1852, cherché à modifier avec plus ou moins de succès, dans certaines parties, ce que le principe de la hiérarchie pouvait avoir d'abusif. Quant aux intermédiaires que le ministre a dans l'organisation administrative, ils ne sont pour lui que des instruments, bien que leurs attributions soient distinctement définies. Il est, en effet, dans l'esprit des institutions françaises que la direction n'émane que du gouvernement lui-même.

Les attributions des ministres sont générales ou spéciales.

Attributions générales. — Ils préparent les projets de lois ainsi que les règlements d'administration publique et les soumettent au chef de l'État, qui peut les faire élaborer par le Conseil d'État. Ils préparent aussi les projets de décrets et les proposent au chef du gouvernement ; ils contre-signent les actes du pouvoir exécutif ; ils ordonnancent les dépenses publiques, à la charge d'en rendre compte ; ils pourvoient à l'exécution des lois et règlements ; ils réforment les actes des autorités inférieures ; ils passent les traités, au nom de l'État, avec les particuliers pour assurer les divers services compris dans leur département.

Contre-seing. — Les ministres contre-signent les actes du pouvoir exécutif. La nécessité de ce contre-seing est fondée sur la responsabilité qui incombe au ministère devant le pays, et sur la garantie due aux citoyens de l'appropriation de l'acte aux besoins publics. Chaque acte gouvernemental devant être considéré en lui-même, et dans ses rapports avec la marche générale des affaires, il est naturel de témoigner du concours de deux pensées sur le même acte, celle qui dirige l'ensemble et celle, plus spéciale, qui préside aux détails. Exigé par les différentes chartes et constitutions qui ont régi

la France depuis la révolution de 1789, l'usage du contre-
seing s'était conservé, malgré le silence de la constitution de
1852 et la substitution de la responsabilité du chef de l'État
à la responsabilité collective des ministres.

Ordonnancement ; ordonnateurs. — On donne le nom
d'*ordonnateur* à celui qui est chargé de faire emploi des crédits régulièrement ouverts et de délivrer, en conséquence,
des ordonnances ou des mandats de payement. Le *comptable*
est celui qui est chargé de manier les fonds, c'est-à-dire de
recevoir ou de payer. Les receveurs, percepteurs, caissiers,
trésoriers, économes, payeurs, sont des comptables. L'*ordonnancement* consiste dans la délivrance de l'ordre de payer.
Aucune dépense faite pour le compte de l'État ne peut être
acquittée, si elle n'a été préalablement ordonnancée soit par
un ministre, soit par des ordonnateurs secondaires, tels que
les préfets. Il faut, de plus, pour que le ministre des finances
admette l'ordonnance, qu'elle porte sur un crédit régulièrement ouvert et se renferme dans les limites des distributions
mensuelles de fonds.

Lorsque le ministre délivre directement une ordonnance de
paiement au nom d'un créancier de l'État, il accomplit un acte
qui rentre dans l'ordre de ses attributions générales. Il en est
de même lorsqu'il autorise des ordonnateurs secondaires, tels
que les préfets, à disposer d'une partie de leur crédit, ce que
l'on désigne par l'expression d'*ordonnance de délégation*. Mais
les ordonnateurs secondaires n'ordonnancent pas ; ils ne font
que délivrer des mandats de paiement.

Chaque ordonnance de paiement ou de délégation doit être
accompagnée des pièces justificatives. Le paiement d'une
ordonnance ou d'un mandat ne peut être refusé par un payeur
que lorsque ce comptable reconnaît une omission, ou bien une
irrégularité matérielle dans les pièces justificatives. Remise de
la déclaration motivée du refus au porteur du mandat. Copie
adressée au ministre des finances

Exécution des lois, règlements et actes du pouvoir

exécutif.—Chaque ministre est, dans son département, le délégué immédiat et exclusif du gouvernement. Sa sphère spéciale d'activité embrasse également tout le territoire, avec cette différence qu'elle est restreinte aux services publics qui composent son département ministériel.

Droit de réformer. — Les ministres *réforment* les actes des autorités inférieures. Tout citoyen exposé à souffrir de l'acte d'un agent inférieur, peut donc recourir au ministre pour faire annuler ou modifier cet acte; mais il est nécessaire que cet agent soit un intermédiaire du ministre, qu'il se rattache à lui par un lien de dépendance. C'est ainsi que les arrêtés des conseils de préfecture échappent à ce recours. Il faut, de plus, que les règles de la hiérarchie soient respectées; on appellera, par exemple, du maire au préfet et du préfet au ministre. Lorsque le ministre connaîtra des actes de ses subordonnés, comme il appréciera en qualité d'administrateur et non de juge, le recours devant lui ne sera soumis à aucun délai ni à aucune forme de procédure.

Marchés. — Les *marchés* sont des actes passés, dans l'intérêt d'un service général, et soldés des deniers de l'État, soit avec un fournisseur, soit avec un entrepreneur de travaux publics, par un ministre ayant compétence pour les souscrire.

On donne le nom de *marchés de fournitures* aux traités au moyen desquels l'administration se procure les objets de consommation nécessaires aux besoins de ses services. Les marchés pour les services généraux sont passés par les ministres, et, pour les services locaux, peuvent l'être par les chefs de ces services sous l'autorisation ministérielle.

Les *marchés de travaux publics* sont les contrats en vertu desquels des entrepreneurs s'engagent envers l'administration à exécuter, d'après un devis, une œuvre destinée à durer.

On entend par *travaux publics* ceux qui sont entrepris en vue de l'utilité générale et pour assurer ou faciliter les services publics. Ils ne puisent pas leur caractère dans la personne qui les exécute ou l'autorité qui les autorise, mais dans l'objet auquel ils s'appliquent. La jurisprudence admet comme publics les travaux communaux et départementaux, quand ils sont relatifs à un service communal ou départemental d'utilité générale.

Il existe cependant des différences entre les travaux faits par l'État ou les départements et ceux faits par les communes. Les premiers sont toujours considérés comme intéressant tout le monde, et, par conséquent, comme ayant le caractère de travaux publics. La compétence administrative ne s'applique aux seconds que lorsqu'ils ont pour objet immédiat l'utilité générale. Quant à ceux que la commune fait faire comme propriétaire, pour des fonds dont elle tire des revenus, ils rentrent dans le droit commun.

Les formes d'adjudication ne sont pas les mêmes. Aux travaux par l'État ou les départements, on applique les ordonnances du 29 mai 1829 et du 4 décembre 1836; aux travaux par les communes, l'ordonnance du 14 novembre 1837. Une hypothèque peut être stipulée sur les biens des adjudicataires des travaux par l'État ou les départements, et ne peut pas l'être lorsqu'il s'agit d'adjudication de travaux par les communes. On ne peut enfin saisir-arrêter les sommes déposées chez les payeurs pour être payées aux entrepreneurs de travaux par l'État ou les départements, tandis que rien ne l'interdit lorsqu'il y a entreprise de travaux faits par les communes.

La forme de ces divers marchés consiste généralement dans l'adjudication avec concurrence et publicité; cependant l'ordonnance du 31 mai 1838 a permis de traiter de gré à gré pour certaines matières, mais, même dans ces cas exceptionnels, la voie de l'adjudication publique est ordinairement employée. Quant à la question de savoir quel sera le sort d'un traité à l'amiable intervenu pour une fourniture qui devait être mise en adjudication, la solution appartiendra à l'initiative et à la responsabilité ministérielles. Les adjudications relatives à des fournitures, à des exploitations ou fabrications qui ne peuvent être, sans inconvénients, livrées à une concurrence illimitée, sont soumises à des restrictions qui n'admettent à concourir que des personnes préalablement reconnues capables par l'administration et produisant les titres justificatifs exigés par le cahier des charges; la voie contentieuse pour faire annuler l'adjudication ne saurait être ouverte au soumissionnaire écarté. Quant au marché, il n'est définitif pour l'administration que lorsqu'il est approuvé par le ministre. Toutefois, le droit du ministre de refuser son approbation ne peut s'exercer que dans les prévisions du cahier des charges; si l'approbation contenait des conditions nouvelles ou des réserves, le traitant aurait le choix de renoncer au marché ou d'accepter les modifications apportées. Il serait équitable que le traité ne fût définitif à son égard, comme pour l'administration, qu'après l'approbation ministérielle.

Les marchés doivent être interprétés comme les conventions entre particuliers, d'après les principes du droit commun; la théorie et la pratique s'accordent à reconnaître que l'équité ne saurait être invoquée, parce que l'exécution littérale des conditions est seule capable de maintenir l'ordre et la régularité dans les services et dans la comptabilité financière qui s'y rattache, et que, seule, elle garantit à l'État l'avantage de demeurer étranger aux chances multipliées de perte et de gain que comportent les spéculations, avantage que le gouvernement a précisément pour but de lui ménager en mettant les services publics en entreprise. C'est ainsi que l'on n'a aucun égard aux circonstances pour réaliser la retenue stipulée au préjudice de l'entrepreneur, en cas de retard dans les livraisons, et que toutes les réserves énoncées dans le contrat, soit au profit du fournisseur, soit au profit de l'administration, doivent être appliquées de la manière la plus rigoureuse, sans leur donner la moindre extension. En matière de *marchés*, toutes les clauses sont de rigueur.

Les obligations des parties contractantes sont régies par les conventions particulières insérées dans le cahier des charges. Mais, indépendamment des stipulations spéciales, l'administration a réuni les clauses et conditions applicables à toutes les affaires de même nature. Le cahier des charges peut donc contenir deux sortes de clauses : celles particulières à chaque adjudication et celles qui, étant applicables à toutes, forment le droit commun des travaux publics.

L'administration a toujours le droit de résilier, sans autre indemnité, pour l'entrepreneur des travaux publics, que le remboursement des dépenses faites par lui et rendues inutiles par la cessation des travaux. L'adjudicataire, au contraire, ne peut se départir du contrat et, l'adjudication prononcée, il doit exécuter la convention jusqu'au bout. Il n'a le droit de demander la résiliation que dans des cas déterminés par la loi ou les règlements. Si les travaux languissent, si l'entrepreneur ne remplit pas son obligation, il s'expose à la mesure rigoureuse de la mise en régie, qui consiste dans l'exécution des travaux par des agents de l'administration aux frais de l'entrepreneur.

Le payement n'est, en principe, exigible qu'après l'exécution des travaux, leur réception et l'expiration du délai de garantie ; mais, afin de venir en aide aux entrepreneurs obligés à des avances considérables, des à-compte peuvent leur être payés en cours d'exécution jusqu'à concurrence des neuf dixièmes. Le solde définitif ne doit avoir lieu qu'après l'expiration du délai de garantie, c'est-à-dire après six mois, pour les chaussées et terrassements, et après un an ou deux, pour les ouvrages d'art, suivant les conditions du devis.

L'exécution des obligations contractées par les entrepreneurs de fournitures est garantie par les articles 430, 431 et 443 du code pénal, par un cautionnement et une hypothèque. Quant aux entrepreneurs de travaux publics, ils sont également tenus de fournir un cautionnement pour être admis à soumissionner. Ce cautionnement doit être du trentième de l'estimation des travaux et peut être fourni en effets publics, ou en immeubles libres d'hypothèques. Le préfet doit prendre inscription sur ces biens, au nom de l'État, immédiatement après l'approbation de l'adjudication. Les entrepreneurs sont, de plus, soumis à la responsabilité décennale édictée par les articles 1792 et 2270 du code civil.

Attributions spéciales. — Les attributions spéciales des ministres sont aussi étendues que les besoins sociaux qu'ils ont à diriger ou à satisfaire. La distribution des ministères et des attributions spéciales de chaque ministre est due à l'Assemblée nationale. Elle correspond aux trois grandes exigences sociales : la vie matérielle du peuple, la vie intellectuelle, la sécurité pour l'État, les personnes et les biens. Vie matérielle du peuple : ministère de l'intérieur, ministères des travaux publics, de l'agriculture et du commerce. — Vie intellectuelle : ministère de l'instruction publique, ministère des cultes. — Sécurité pour l'État, les personnes et les biens : ministères des affaires étrangères, de la guerre, de l'intérieur, de la justice, de la marine, des finances.

Conseils. — Nous avons dit qu'à côté de chaque sphère de l'administration active, le législateur du pays avait placé le conseil. Dans chaque ministère il existe un certain nombre de commissions, de comités et de conseils spéciaux destinés à éclairer les agents préposés à la direction de ces services, à délibérer sur les affaires qui s'y rapportent, à donner des avis, et, dans quelques cas rares, à prendre des décisions. Nous citerons les comités des diverses armes au département de la guerre ; le conseil d'amirauté et le conseil des travaux de la marine ; le conseil des ponts et chaussées et celui des mines ; la commission centrale des chemins de fer ; le conseil de l'instruction publique ; avec un objet moins étendu, mais investis soit d'une simple surveillance, soit d'une direction réelle, la commission de surveillance de la caisse des dépôts et consignations et de la caisse d'amortissement ; le comité consultatif du dépôt des cartes de la marine ; le conseil de santé des armées ; le conseil des haras ; les conseils de perfectionnement des écoles nationales , etc., etc.

Créés pour fournir au gouvernement des renseignements,

des notions pratiques sur des intérêts publics qui sont de nature à provoquer des lois nouvelles, ou des changements aux lois en vigueur, ou des mesures administratives par voie de règlements et décrets, d'autres conseils forment une sorte de représentation des intérêts qui leur sont confiés; tels sont : les conseils généraux d'agriculture, des manufactures et du commerce, les chambres de commerce, les chambres consultatives des manufactures, fabriques, arts et métiers, les chambres consultatives d'agriculture.

Formes des actes des ministres. — Agents supérieurs de l'administration, les ministres exercent l'autorité qui leur est propre par des règlements, des instructions et des décisions.

Les *règlements ministériels* sont des actes administratifs émanant du ministre, et destinés, soit en vertu des prescriptions de la loi, soit en vertu de l'initiative du ministre, à préparer certaines mesures d'ordre et d'intérêt publics. Le ministre de l'intérieur a, par exemple, tous pouvoirs pour faire des règlements ministériels sur la police des prisons. Cependant la théorie refuse aux ministres l'exercice du pouvoir réglementaire, pour le concentrer entre les mains du chef de l'État, représenté dans les départements et les communes par les préfets et par les maires. Aux yeux des théoriciens, si le ministre approuve certains règlements préfectoraux, ce n'est que pour contrôler, mais ce n'est point à cette approbation que l'arrêté emprunte sa force obligatoire, qu'elle ne doit qu'à la délégation directe faite au préfet par le législateur. Si le ministre réglemente la police des prisons, son action fait moins partie du pouvoir réglementaire qu'elle ne rentre dans le domaine des *instructions*.

Les *instructions ministérielles* sont destinées, soit à donner avec quelques développements les ordres que nécessite une circonstance grave, soit à éclairer les inférieurs sur l'esprit de la loi ou du règlement dont l'exécution est recommandée aux subordonnés. Les instructions ministérielles sont individuelles, lorsqu'elles ne s'adressent qu'à un seul fonctionnaire, et *circulaires*, lorsque, écrites dans les mêmes termes, elles sont adressées à tous les fonctionnaires, ou à certains fonctionnaires d'une administration. Les instructions ont la force et la valeur des lois et des ordonnances ou décrets qu'elles commentent, et rien de plus. Cependant la dépendance hiérarchique fera quelquefois, pour l'agent inférieur, d'une instruction une injonction. Dans quel cas? Si l'instruction est spéciale, actuelle, impérative, l'agent doit appliquer la loi et l'ordonnance ou le décret, comme le ministre responsable l'entend et veut qu'on l'entende. Que si, au contraire, elle est générale, si c'est un simple commentaire qui n'ait rien d'actuel ni d'impératif, le fonctionnaire ne sera pas obligé de faire prévaloir l'opinion et l'avis du ministre, disparu peut-être de la scène et du pouvoir, sur le véritable esprit de la loi et du règlement.

Les *décisions ministérielles* sont les déterminations que les ministres prennent, soit pour résoudre les questions qui leur sont soumises par des inférieurs, soit pour appliquer des décrets ou des règlements à des demandes ou réclamations formées devant eux en vertu de droits contestés, soit pour se prononcer favorablement ou défavorablement, en vertu de leur pouvoir discrétionnaire, sur des demandes individuelles. Leurs décisions, dans ce dernier cas, ne sauraient être attaquées par la voie contentieuse, tandis que celles qui statuent sur des réclamations formées en vertu de droits contestés, peuvent toujours l'être devant le Conseil d'État, parce qu'elles auraient, après dûe signification, la force et les effets des jugements.

Nous nous occuperons plus tard de la juridiction contentieuse des ministres. Quant à leur juridiction gracieuse, nous savons que les ministres sont les supérieurs hiérarchiques et qu'ils ont le droit d'infirmer les arrêtés des préfets, recteurs, généraux, directeurs d'administrations, et autres agents. Ils peuvent rétracter leurs arrêtés ou ceux de leurs prédécesseurs, pourvu qu'il n'y ait pas de droits acquis. Ils excèdent leurs pouvoirs lorsqu'ils rejettent les réclamations, dans les cas exceptionnels où un recours gracieux est ouvert devant le chef de l'État, ou lorsqu'ils rejettent les demandes qui doivent être présentées au chef de l'État, soit par des particuliers, soit par un autre ministre.

Responsabilité ministérielle. — La responsabilité ministérielle peut porter, soit sur les actes du gouvernement, soit sur les actes préjudiciables à l'intérêt public.

Personnel des ministères. — Les employés des ministères sont habituellement un secrétaire général, des chefs de division, des chefs de bureau, des sous-chefs de bureau, des rédacteurs, commis principaux, commis d'ordre, de simples commis, des expéditionnaires et des surnuméraires. Certains ministères ont des attachés. Les directeurs et chefs de division sont les seuls qui travaillent directement avec leur ministre. Ils sont nommés et révoqués par le chef de l'État. Les autres employés sont à la nomination et à la révocation des ministres.

Les sous-secrétaires d'État sont des adjoints aux ministres. Ils reçoivent directement du pouvoir exécutif la délégation d'une partie des attributions ministérielles. Leur institution remonte à l'ordonnance royale du 9 mai 1816. Leur existence se justifie, sous les gouvernements parlementaires, par le besoin de ne pas distraire les ministres de leurs préoccupations politiques comme participant à l'action du gouvernement, en absorbant leur attention par des détails administratifs.

CHAPITRE VI.

LE PRÉFET, LE CONSEIL DE PRÉFECTURE, LE CONSEIL GÉNÉRAL, ORGANES GÉNÉRAUX DE L'ADMINISTRATION.

Historique. — § 1er. Le préfet. — § 2. Le conseil de préfecture. — § 3. Le conseil général. — § 4. La loi du 10 août 1871.

Historique. — Avant la Révolution de 1789, le royaume de France était divisé en trente-deux généralités ou circonscriptions soumises à la surveillance d'intendants de justice, police et finances, commissaires répartis dans les généralités pour l'exécution des ordres du roi.

La loi du 22 décembre 1789 fonda une division nouvelle et partagea la France en départements. A la tête de chaque département fut placée une administration collective divisée en deux sections : l'une qui, sous le nom de Conseil de département, jetait les bases de l'administration générale pendant l'année, déterminait les dépenses et ordonnait les travaux du département ; elle tenait une séance annuelle. L'autre, composée de huit membres, permanente, chargée d'expédier les affaires et de rendre compte annuellement au Conseil. Elle portait le nom de Directoire. Un *procureur général syndic* devait assister aux séances du *Conseil départemental*, pour y recevoir la communication de tous les rapports qui devaient y être faits, et y donner lui-même ses conclusions.

Ces administrations collectives agissaient sous l'inspection du législateur, pour tout ce qui intéressait la répartition et la perception des contributions, sans pouvoir établir aucun impôt ; tous les actes relatifs à la tutelle administrative qu'elles devaient exercer sur les communes et sur les établissements publics, ainsi que sur les intérêts matériels et moraux du département, faisaient aussi partie de leurs attributions, mais sous l'autorité et l'inspection du roi.

Les membres de ces administrations étaient élus par les citoyens, sans puiser dans cette élection aucun caractère de représentation, et ne pouvaient suspendre l'exécution des lois, ni rien entreprendre sur l'ordre judiciaire, ou sur les dispositions et opérations militaires. Il appartenait au pouvoir législatif de déterminer les règles et le mode de leurs fonctions. Cette organisation fut respectée par la constitution du 24 juin 1793.

La constitution du 5 fructidor an III établit auprès de chaque administration départementale et municipale un commissaire dont la nomination et la révocation devaient appartenir au Directoire exécutif. Ce commissaire était chargé de surveiller et de requérir l'exécution des lois.

Quant aux administrations départementales et municipales établies dans chaque département et dans chaque canton, elles demeuraient essentiellement chargées de la répartition des contributions directes et de la surveillance des deniers provenant des revenus publics, dans leur territoire, sans pouvoir correspondre entre elles que sur les affaires qui leur étaient attribuées par la loi.

La constitution du 22 frimaire an VIII, et la loi du 28 pluviôse de la même année, établirent d'une manière définitive la division du territoire et l'organisation de l'administration départementale de la France.

La loi du 28 pluviôse an VIII plaça à la tête de chaque département un préfet, un conseil général et un conseil de préfecture, chargés, pour l'avenir, des fonctions qu'avaient exercées les administrations et commissaires de département ; à la tête de chaque arrondissement, un sous-préfet et un conseil d'arrondissement ; à la tête de chaque commune, un maire assisté d'un ou plusieurs adjoints et un conseil municipal. La constitution de l'an VIII conféra au Premier Consul le droit de nommer les administrations locales.

§ 1. — Le Préfet.

(Législation antérieure à la loi du 10 août 1871).

Caractère général des attributions préfectorales. — Centralisation, décentralisation. — Division des attributions. — Intérêts généraux. — Autorité propre. — Recours au pouvoir central. — Surveillance de l'administration locale. — Actions concernant le domaine. — Intérêts départementaux. — Tournées annuelles. — Conférences. — Résidence. — Remplacement. — Arrêtés. — Notifications. — Nomination. — Secrétaires généraux de préfecture.

Au premier rang de l'administration active locale se trouve le préfet, *agent de tous les ministres*, et chargé, par la loi du 28 pluviôse an VIII, de l'administration du département. Agent primaire de l'administration, il prononce sauf recours au ministre de l'intérieur et au Conseil d'État, sur toutes les matières qui ne sont pas contentieuses, à la charge de soumettre à la décision du ministre de l'intérieur les affaires départementales et communales qui affectent directement l'intérêt général de l'État : telles que l'approbation des budgets dépar-

---

¹ Loi 22 déc. 1789-8 janv. 1790; loi 28 pluv. an VIII; arrêté 17 ventôse an III; circul. 24 germin. an VIII; arrêté 21 pluv. an X; ordonnance 29 mars et 31 oct. 1821; lois 18 juill. 1837 et 10 mai 1838; ordonnance 31 mai 1838; décret organ. 2 fév. 1852; décrets 25 mars et 27 mars 1852; loi 7 juill. 1852; décret 2 juill. 1853; loi 5 mai 1855; décret 25 juill. 1855; rapport ministériel approuvé le 1er mai 1858; décret 13 avril 1861; circulaire ministérielle, 18 mai 1861; circulaire ministérielle, 27 juin 1861; déc. 28 févr. 1863; déc. 13 août 1864; loi 24 juill. 1867, art 1er, 3 et 5, etc.; décret 30 mai 1868; décret 9 janv. 1869.

tementaux, les impositions extraordinaires et les délimitations territoriales.

Mais pour prévenir les abus qui avaient dénaturé la *centralisation administrative*, en substituant à l'action prompte des autorités locales les lentes formalités de l'administration centrale, les décrets du 25 mars 1852 et du 13 avril 1861 ont investi les préfets du droit de statuer désormais sur un grand nombre d'affaires départementales et communales qui, jusqu'à ce jour, exigeaient par leur importance la décision du chef de l'État.

Centralisation. — Décentralisation. — La centralisation consiste dans la subordination des administrateurs locaux à l'autorité centrale qui les nomme et révoque et qui se réserve la décision des affaires les plus importantes. Depuis l'an VIII, la centralisation qui s'est toujours développée a produit de grands biens ; elle a contribué à animer la France d'un seul esprit, d'une même pensée ; elle a fondé l'unité. Mais elle a, en même temps, créé des maux funestes en augmentant la responsabilité de l'autorité, en détournant les esprits des affaires publiques, et en vouant le gouvernement qui prend part à trop de choses aux récriminations des mécontents. On reproche à la centralisation la lenteur qu'elle apporte dans l'action administrative. Pour y remédier, les décrets de 1852 et de 1861 [1] ont remis aux préfets la décision d'un grand nombre d'affaires qui étaient portées devant le gouvernement, et exigeaient la signature des ministres ou du chef de l'État, la délibération du Conseil d'État ou d'autres conseils administratifs. Mais c'est à tort qu'on a qualifié ces décrets de décentralisation administrative. Le gouvernement n'a été dépouillé d'aucune de ses attributions antérieures, il s'est seulement restreint à les exercer d'une manière différente ; mais la centralisation a continué à exister tout entière ; il n'y a eu de changé que la forme [2].

[1] Voir plus loin l'analyse de la loi du 10 août 1871.
[2] Vivien, *Études administratives*, t. I, titre II, ch. I. — A. Bourguignat,

Division des attributions. — Les attributions des préfets doivent être considérées sous deux points de vue. Ils sont, en effet, les organes des intérêts généraux et des intérêts départementaux.

Intérêts généraux. — Comme organes des intérêts généraux, les préfets se présentent d'abord à nous comme intermédiaires entre l'administration générale et centrale, et les administrateurs des arrondissements et des communes. Ce sont eux qui reçoivent de l'administration centrale les lois, décrets, règlements, instructions, qui les transmettent aux autorités locales dont ils sont les supérieurs hiérarchiques, les font exécuter et en surveillent l'exécution. Les préfets, est-il dit dans une circulaire ministérielle du 24 germinal an VIII, sont les organes de la loi et de son exécution ; quand son application locale exige des ordres de détail, ils doivent les soumettre à leurs administrés ; mais là se bornent leurs devoirs et leurs fonctions ; ils n'ont le droit de proclamer ni leur propre volonté ni leurs opinions. Tout acte émané d'eux doit avoir un objet précis et déterminé.

Les préfets sont, de plus, chargés de recueillir pour le gouvernement, et de lui fournir tous les renseignements propres à éclairer ses actes. Placés à la source des besoins locaux, leur avis est d'une grande autorité. Toutes les demandes des particuliers, des communes, des fonctionnaires subalternes, des commissions d'hospices, des employés aux prisons, ne doivent parvenir au ministre que par le canal du préfet, et après avoir passé par son examen. Il n'y a d'exception que pour les demandes qui contiendraient des plaintes contre ces

---

Des abus de la centralisation et des moyens de les réformer, p. 49. — Gabriel Dufour, *Du pouvoir exécutif*, 1848. — Ahrens, *Cours de droit naturel*, 5ᵉ édition, p. 411. Voir, plus loin, l'analyse de la loi du 10 août 1871. Disons de suite que cette loi a eu pour objet d'affranchir le département du patronage excessif de l'administration centrale. Pour atteindre ce but, elle a employé trois moyens : elle a étendu les attributions du Conseil général ; elle a restreint le rôle du préfet ; elle a placé près de ce magistrat, considéré comme administrateur du département, une délégation du corps électif.

magistrats pour déni de justice administrative, pour toutes les réclamations de nature à être portées devant le Conseil d'État par la voie contentieuse, et pour tous les recours dirigés contre les arrêtés des préfets.

Les décrets du 25 mars 1852 et du 13 avril 1861 ont augmenté le nombre des fonctions ou emplois auxquels les préfets pouvaient *directement* nommer d'après des lois antérieures. Vingt-six emplois ont été abandonnés à la nomination du préfet par le décret de 1852, et quinze par celui de 1861. Mais ces différentes nominations pour lesquelles l'intervention du gouvernement n'est pas nécessaire, ne peuvent avoir lieu que d'un commun accord avec les chefs de services, qui présentent les candidats. En cas de dissentiment entre le préfet et le chef de service, il y aurait lieu à l'intervention du ministre.

La loi de 1867 sur les conseils municipaux a donné aux préfets le droit de nommer, sur la présentation du maire, les inspecteurs de police, les brigadiers, sous-brigadiers et agents de police, dans les villes chefs-lieux de département ayant plus de 40,000 âmes de population.

Au droit de nomination, les préfets joignent celui de suspendre les différents fonctionnaires du département; mais la loi ne leur a pas confié celui de révoquer-: il n'appartient qu'à l'administration centrale, qui présente plus de garanties d'impartialité, d'exercer le droit de révocation.

Autorité propre.—Les préfets étaient, en vertu des décrets de 1852 et de 1861, investis d'une autorité propre qui leur permettait de statuer, sans l'autorisation du pouvoir central : 1º sur certaines affaires départementales et communales concernant plus spécialement l'intérêt local (*art. 1ᵉʳ des décrets du 25 mars et du 13 avril 1861, tableau A, 67 cas*); — 2º sur divers objets relatifs aux subsistances, aux encouragements à l'agriculture, à la police industrielle, commerciale et sanitaire (*mêmes décrets, art. 2, tableau B, 11 cas*[1]); — 3º sur certaines

---

[1] Aux termes du décret des 13-30 août 1861, les préfets statuent par des arrêtés spéciaux sur l'établissement, la suppression ou le changement des foires et des

affaires placées dans les attributions du ministre des finances :
le préfet statue, dans ces matières, sur l'avis ou la proposition
des chefs de services, et *en conseil de préfecture* (*mêmes décrets,
art. 3, tableau C, 12 cas*) ; — 4° sur l'avis et la proposition des
ingénieurs en chef, en se conformant aux règlements et aux
instructions ministérielles, sur certaines questions concernant
les cours d'eau et les intérêts qui s'y rattachent (*décret de* 1852,
art. 4, décret de 1861. *art. 2, tableau D, 17 cas*).

L'autorité propre dont jouissaient les préfets, en vertu de la
législation de 1852 et 1861, suffisait pour rendre les actes de ces
représentants du pouvoir central exécutoires par eux-mêmes,
sans autre approbation ; cependant il fallait toujours réserver
le principe que, même dans les cas où les préfets sont autorisés
à agir sans entraves, les actes de leur administration ne
s'exercent que sous l'autorité et le contrôle des ministres responsables.

L'art. 4 du décret du 13 avril 1861 confie au préfet le soin
de statuer, sans l'autorisation des ministres de l'instruction
publique et des cultes, sur la répartition de la moitié du fonds
de secours alloué au budget pour les écoles, les presbytères et
les salles d'asile ; sur l'autorisation aux établissements religieux de placer en rentes sur l'État les sommes sans emploi
provenant de remboursements de capitaux. Mais là s'arrête
rigoureusement la compétence du préfet en ce qui touche les
affaires religieuses et la police des cultes. Le pouvoir central
peut seul apporter dans ces graves matières l'unité de vues si
nécessaire à tous les intérêts.

Recours au pouvoir central.—Quant aux affaires départementales et communales qui concernent plus spécialement
l'*intérêt général*, leur solution n'a point cessé d'appartenir au

marchés aux bestiaux. Lorsque les enquêtes s'étendent sur le territoire d'un département voisin, le préfet de ce département est consulté. Si ce dernier ne fait
pas d'opposition, la décision est prise par le préfet du département dans lequel se
trouve la commune en instance pour obtenir la foire ou le marché aux bestiaux.
Si les deux préfets sont d'avis différents, il est statué définitivement par le ministre
de l'agriculture et du commerce.

chef de l'État ou au ministre de l'intérieur. L'art. 1ᵉʳ des décrets du 25 mars 1852 et du 13 avril 1861 en contient, dans la
seconde partie du *tableau A*, une énumération comprenant
vingt-cinq cas. Mais ce ne sont que des exceptions, le droit de
statuer du préfet étant désormais devenu la règle.

L'article 1ᵉʳ de la loi des 24-29 juillet 1867 sur les conseils
municipaux a fait passer dans la catégorie des *règlements définitifs* des objets qui, auparavant, étaient soumis à l'approbation de l'autorité supérieure. Il a voulu cependant que, dans
le cas de désaccord entre le maire et le conseil municipal, la
décision ne fût exécutoire qu'après délibération du préfet :
ce qui a mis entre les mains des préfets un droit exceptionnel.

En matière de contributions extraordinaires et d'emprunts,
l'article 3 de la même loi n'a exigé aussi l'autorisation du préfet qu'en cas de désaccord entre le conseil municipal et le
maire. L'article 5, enfin, a soumis à l'approbation du préfet
les votes des conseils municipaux sur les contributions extraordinaires dépassant 5 centimes, sans excéder le *maximum*
fixé par le conseil général, et dont la durée ne serait pas supérieure à douze années ; et sur les emprunts remboursables sur
ces mêmes contributions extraordinaires ou sur les revenus
ordinaires, dans un délai excédant douze années.

Surveillance de l'Administration locale. — Le préfet
surveille les maisons de justice et les prisons, les établissements d'instruction publique, la perception et l'emploi des
deniers publics, les opérations de l'administration forestière,
l'entretien des routes et l'exécution des travaux publics, l'exécution des obligations imposées aux juges de paix, maires et
commissaires de police pour la recherche des marchandises
soustraites aux douanes quand il n'y a pas de bureaux, l'exploitation des carrières par galeries souterraines.

Vis-à-vis de ses subordonnés, il presse l'exécution de la
loi, vérifie si elle a lieu, se fait rendre compte, contrôle, an-
nule, approuve ; vis-à-vis de ses administrés, il accorde, prescrit ou interdit. Il exerce, de plus, un droit de tutelle et de

surveillance sur l'administration municipale, dont il rend les
actes exécutoires, et sur les établissements publics et religieux.
Le droit de tutelle est fondé sur ce qu'il fallait qu'une autorité
tutélaire intervînt pour protéger ces personnes morales contre
l'inexpérience, l'incurie ou les fraudes de leurs administrateurs. Quant au droit de surveillance, il n'est pas seulement
protecteur, mais il a pour objet d'empêcher que les établissements et congrégations n'accroissent outre mesure leur influence et leurs richesses, au préjudice du commerce, de la
société et des familles.

Actions concernant le domaine. — Agent de l'administration centrale, le préfet représente l'État considéré comme
personne morale. C'est par lui et contre lui que doivent être
intentées les actions concernant le domaine. Mais quoiqu'il
représente également le département comme personne morale,
dans les procès entre le domaine et le département la qualité
de représentant de l'État prédomine dans le préfet. Le département agit alors en justice par le doyen des conseillers de
préfecture.

Considéré comme organe des intérêts généraux, le préfet
n'agit pas toujours seul, en vertu de l'initiative qui lui est
accordée par la loi. Dans bien des cas il agit en conseil de
préfecture, et alors ce conseil n'a que voix consultative.

Tel est l'ensemble des attributions du préfet, agissant
comme organe des intérêts généraux. Nous rappellerons
encore qu'agents principaux du pouvoir exécutif (et non représentants du chef de l'État dans les départements, car
le chef de l'État n'a point de représentants, mais des
agents chargés d'administrer et d'exécuter les lois), les préfets remplissent la double mission de préparer et de faire
exécuter les décisions de l'administration supérieure; que,
résumant en eux la direction de toutes les branches des services publics, et subordonnés, en cette qualité, à tous les ministres, ils pourvoient par leurs propres actes aux besoins
des services publics locaux, dans les limites des attributions

qui leur sont confiées et dans la circonscription du territoire qui leur est soumise, mais ne peuvent prendre d'arrêtés qu'en exécution des lois et des règlements.

Intérêts départementaux . — Les attributions préfectorales peuvent encore être considérées sous le point de vue des intérêts départementaux dont le préfet est aussi l'organe, et c'est là ce qui caractérise surtout l'administration de la France, qui puise sa force dans sa centralisation puissante, et dans la tutelle toute paternelle, — trop paternelle même, au gré de quelques-uns, — qu'elle exerce sur les intérêts locaux.

Entre l'État, cette famille politique, et la commune, cette famille naturelle, se place une association plus restreinte que l'État, moins limitée que la commune, mais ayant aussi son individualité, le département.

Dans l'origine, le département ne fut qu'une division territoriale ; mais par le cours naturel des choses, cette division prit un tout autre caractère. La création d'agents, de services, de conseils départementaux, exigée par le besoin de l'administration, groupa dans le sein du département des intérêts qui s'y organisèrent. C'est ainsi que la fraction s'anima, que la division territoriale devint une personne civile, ayant ses intérêts distincts et ses droits particuliers à défendre[1].

Un décret de 1811 donna aux départements des édifices et des routes, à la charge de les entretenir. Le but était d'alléger le budget de l'État, mais la donation n'en existait pas moins, et dès lors le département eut des propriétés et des dépenses propres. La loi du 10 mai 1838 a consacré depuis l'individualité des départements ; avec l'approbation du gouvernement, des dons et des legs ont accru leur patrimoine, et désormais ils ont formé des êtres collectifs possédant des biens et des revenus, mais étant soumis à des charges.

Personne civile, le département possède en propre des

---

[1] Rapport sur le projet de loi concernant les départements, Assemblée législative, séance du 5 mai 1851.

biens immobiliers, mobiliers et incorporels. Ses biens immobiliers sont : les maisons de correction et de refuge, les hospices que la charité départementale a élevés, les écoles, les
tribunaux, les hôtels de préfecture et de sous-préfecture, et
les routes départementales. Les archives et bibliothèques du
département, ainsi que tout le mobilier affecté aux préfectures, sous-préfectures, écoles, prisons, hospices et autres
établissements de ce genre, composent le mobilier des départements, qui possèdent, entre autres droits incorporels, des
droits de péage et des rentes sur le grand-livre de la dette
publique, ou provenant de dons et legs qu'ils ont acceptés
avec l'autorisation du gouvernement.

Le département étant une personne morale et pouvant être
propriétaire, les divers actes de sa vie civile sont accomplis
par le préfet, représentant actif de l'individualité départementale, en vertu des délibérations du conseil général, investi
de l'initiative en ce qui concerne les intérêts économiques du
département.

Agent d'exécution des mesures prises par le conseil général, le préfet présente à ce conseil un compte annuel et moral
de son administration, ainsi que le budget départemental
qu'il a arrêté ; il exerce, en vertu des délibérations du conseil
général, les actions judiciaires et contentieuses du département, et rend exécutoires tous les rôles et états de produits
provenant des ressources ordinaires ou éventuelles départementales [1].

Tournées annuelles. — Les préfets sont, dans leurs départements respectifs, tout à la fois des sentinelles vigilantes
et des agents actifs. C'est par eux que le gouvernement peut
toucher au peuple, c'est par leurs soins qu'il peut apprendre
les abus qui existent ; c'est de leur zèle qu'il doit recevoir des
renseignements exacts sur toutes les parties de l'administration générale de l'État. En un mot, ils doivent, avec le gou-

---

[1] Il est bien entendu qu'il ne s'agit ici que de la législation antérieure à la loi
du 10 août 1871.

vernement, concourir au grand œuvre de la félicité publique
et lui en faciliter les moyens. C'est dans cette vue que le gouvernement a voulu qu'ils visitassent, chaque année, les communes de leur département, pour voir par eux-mêmes si les
autorités secondaires exécutent les lois, interroger la véritable
opinion publique, et y recueillir les connaissances exactes et
locales propres à l'éclairer sur les besoins des citoyens et de
l'administration[1].

Les tournées annuelles sont devenues obligatoires, depuis
que la loi du 21 mars 1832 sur le recrutement porte que le
conseil de révision, présidé par le préfet, se rendra dans chaque canton.

Conférences. — Le ministre de l'intérieur a créé, en 1861,
des conférences entre les préfets des divers départements qui
sont liés les uns aux autres par la similitude des intérêts et
des habitudes. Ces conférences, renouvelées périodiquement
et dont le caractère est purement administratif, devront avoir
le double but : de permettre aux préfets d'étudier en commun
et de préparer, d'après des vues d'ensemble, les mesures d'utilité publique dont l'exécution importerait également à leurs
départements respectifs, et de constituer une sorte d'enquête
qui servirait à faire connaître au gouvernement les besoins
collectifs de chaque région.

Résidence. — Remplacement. — Le préfet réside au chef-
lieu de son département ; il ne peut s'absenter de ce département sans la permission du chef de l'État. En cas de mort,
de démission ou de révocation d'un préfet, l'exercice des fonctions préfectorales est confié, pendant l'intérim, au plus ancien des membres du conseil de préfecture. Que si, avant la
vacance de la préfecture, l'administration avait été déléguée,
le délégué continuerait d'administrer jusqu'à nouvelle décision du ministre de l'intérieur. En cas d'absence du préfet,
il faut distinguer si ce magistrat sort de son département, ou

---

[1] Circul. min. de F. de Neuchâteau.

s'il ne fait que s'absenter du chef-lieu. Dans le premier cas, la délégation qu'il peut faire de ses fonctions doit être soumise au ministre de l'intérieur ; dans le second, comme dans celui de maladie ou de tout autre empêchement, il peut déléguer sans que l'approbation du ministre soit nécessaire. La délégation ne peut être faite qu'à un conseiller de préfecture, ou qu'au secrétaire général. Que si le préfet n'avait pas délégué ses fonctions, l'administration du département appartiendrait de droit au conseiller de préfecture le plus anciennement nommé.

Arrêtés. — Notifications. — Nous avons vu que l'action directe du préfet se manifeste par voie d'information, de gestion, de tutelle administrative et d'autorité. Les préfets disposent dans la forme d'*arrêtés*, pour les nominations, suspensions, révocations, autorisations, permissions, concessions, prescriptions, prohibitions, et pour tous les actes de tutelle sur les communes et les établissements publics. Les arrêtés de la classe de ceux qui ne peuvent être rendus qu'en conseil de préfecture doivent, à peine de nullité, énoncer la mention suivante : *L'avis du conseil de préfecture entendu.*

Ils emploient la forme de lettres missives pour la transmission des actes de l'autorité centrale, et pour les injonctions et recommandations qu'ils adressent à leurs subordonnés.

Lorsque les arrêtés du préfet ne sont que des actes administratifs d'un intérêt général, ils sont notifiés par l'apposition d'affiches imprimées dans toutes les communes du département, et par l'envoi aux différents fonctionnaires de l'arrondissement du recueil des actes administratifs qui doit exister dans chaque préfecture.

Lorsqu'il s'agit de notifier des décisions qui interviennent entre l'État et des particuliers, la jurisprudence a consacré la notification administrative par lettre ou autrement, comme suffisant pour faire courir les délais (autres que ceux de recours entre particuliers).

Les arrêtés des préfets, comme ceux des ministres, sont toujours susceptibles de réformation en matière purement administrative (s'adresser ou au préfet lui-même, ou aux ministres, suivant leurs attributions); mais en matière contentieuse, les arrêtés des préfets ne peuvent être attaqués que par les voies de recours déterminées et dans la limite des délais fixés.

Nomination. — Les préfets sont nommés et révoqués par le chef de l'État. Avant d'entrer en fonctions, ils prêtaient serment entre ses mains ou en celles du commissaire délégué à cet effet.

Le serment politique a été aboli par le décret du 5 septembre 1870.

Le traitement des préfets varie suivant leurs services personnels et non suivant l'importance de leur préfecture, c'est-à-dire que, les préfectures étant divisées en trois classes, d'après les appointements attachés à chacune d'elles, les préfets des départements compris dans la troisième classe pourront, après cinq ans de services dans la même classe, obtenir le traitement de la deuxième, sans qu'il soit nécessaire de les changer de résidence; les préfets de la deuxième classe pourront, aux mêmes conditions, obtenir le traitement de la première classe. Le préfet d'un département compris dans la première ou deuxième classe pourra être appelé à une préfecture d'un rang inférieur en conservant son traitement, pourvu qu'il en soit ainsi décidé par le décret qui changera sa résidence. Le respect dû à l'autorité des préfets est sanctionné par l'art. 509 du code d'instruction criminelle.

Un rapport ministériel, approuvé le 1er mai 1858, a adopté une limite d'âge uniforme pour la mise à la retraite des préfets, sous-préfets et conseillers de préfecture (65 ans pour les préfets, 62 ans pour les sous-préfets, 70 ans pour les conseillers de préfecture) [1].

---

[1] Voir le décret du 9 janvier 1869, portant fixation des frais d'administration des préfectures et des sous-préfectures.

Le décret des 28 février-23 mars 1863 a disposé que le titre
de préfet honoraire pourra être conféré par décret aux préfets
placés hors des cadres d'activité ou admis à la retraite et qui
auront bien mérité dans l'exercice de leurs fonctions. La même
faveur pourra être accordée aux sous-préfets et aux secrétaires
généraux de préfecture.

Secrétaires généraux de préfecture[1]. — Le secrétaire
général de préfecture n'est pas un fonctionnaire public, mais
un préposé légal à la réception et à la conservation des pièces,
au contre-seing des ampliations des actes administratifs, enfin
à la surveillance sur les employés.

Créés par la loi du 28 pluviôse an VIII, tour à tour supprimés
et rétablis, les secrétaires généraux de préfecture, sous l'empire de la législation de 1852, n'existaient pas dans tous les
départements. Dans les autres départements, les fonctions de
secrétaire général étaient remplies par un conseiller de préfecture que désignait le ministre de l'intérieur. Nomination et
révocation par le chef de l'État. Aucune condition spéciale.
En cas d'absence ou d'empêchement, le secrétaire général
est remplacé par le conseiller de préfecture le dernier dans
l'ordre du tableau.

Il y a une distinction à faire entre les secrétaires généraux
des ministères et les secrétaires généraux de préfecture.
Ces derniers sont des agents directs de l'administration, parce
qu'ils ont la signature officielle des expéditions; tandis que les
secrétaires généraux des ministères, qui ne signent que par
délégation expresse de leur ministre, ne sont que des agents
auxiliaires.

Les secrétaires généraux de préfecture sont chargés de
veiller à ce que les registres des arrêtés et décisions du préfet et
des délibérations du conseil de préfecture soient constamment

---

[1] Loi 28 pluv. an VIII; ordonn. roy. 6 avril 1817; décrets 2 juillet 1853;
29 déc. 1854; 1er mai 1858.

Un décret des 25 octobre-17 novembre 1865, a rétabli les fonctions de secrétaire général dans soixante et une préfectures.

à jour et à ce que les actes que ces registres contiennent soient signés à mesure qu'ils y sont inscrits.

Les secrétaires généraux de préfecture ont, comme les conseillers de préfecture, aptitude à être désignés pour remplacer provisoirement le préfet. Ils peuvent, de plus, être chargés, par délégation et sous la direction du préfet, avec l'approbation du ministre de l'intérieur, d'une partie de l'administration départementale.

§ 2. — Le Conseil de Préfecture[1].

Double caractère. — Autorisation de plaider. — Organisation des conseils de préfecture.

Double caractère. — Le conseil de préfecture appartient à la fois à l'administration consultative et à l'administration contentieuse. Agent collectif placé par la loi organique de l'administration à côté du préfet, le conseil de préfecture a été, dans l'origine, exclusivement préposé au jugement des affaires contentieuses. La loi du 28 pluviôse an VIII avait satisfait aux méfiances qu'avaient fait naître les obstacles apportés à la marche des affaires par les administrations collectives, en tenant en dehors de toute administration active la nouvelle institution; le conseil de préfecture n'a été investi de pouvoirs consultatifs que par des lois postérieures. Nous n'examinerons, pour le moment, que les attributions consultatives de ce conseil.

Il y aurait erreur à lui donner le caractère de conseil universel du préfet. Les cas où il est appelé à donner un avis sont, quoique nombreux, déterminés d'une manière limitative. Cependant les préfets peuvent toujours, et ainsi qu'ils le jugent

[1] Loi 28 pluv. an VIII; arrêté 19 fruct. an IX; décret 24 messidor an XII; décret 19 juin 1808; lois 21 mars 1831 et 28 juin 1833; décrets 3 juill. 1848, 28 mars 1852; loi 5 mai 1855; déc. 25 décembre 1861; décret 27 mars 1863; loi 21 juin 1865; décret 14 sept. 1870; décret nov. 1871.

convenable, demander au conseil de préfecture un avis motivé
sur toutes les affaires de juridiction gracieuse. Ce droit de
consulter le conseil de préfecture d'une manière tout officieuse
et nullement officielle est fondé sur la raison. Les préfets, en
effet, fonctionnaires essentiellement révocables et rarement
destinés à administrer longtemps le même département,
doivent être admis à s'éclairer des lumières d'un corps qui
conserve les traditions administratives du département dont
l'administration leur est confiée.

Quant à la consultation *officielle*, elle ne peut avoir lieu que
dans les cas déterminés par la loi. Les lois du 21 mai 1836 sur
les chemins vicinaux, du 3 mai 1841 sur l'expropriation pour
cause d'utilité publique, le décret du 25 mars 1852, etc., offrent
d'importants exemples de cas où la loi prescrit aux préfets de
consulter les conseils de préfecture.

Que le préfet soit astreint par la loi à consulter officiellement
ou qu'il n'invoque qu'officieusement les lumières du conseil de
préfecture, il n'est jamais lié par l'intervention consultative de
ce conseil. Quant à l'administration supérieure, elle peut toujours, lorsqu'elle le juge utile, consulter le conseil de préfecture et provoquer son avis. Il est même certaines questions
purement administratives dans lesquelles le conseil de préfecture est investi du droit de décision propre. C'est ainsi qu'il
prononce sur les autorisations de plaider qui sont demandées
par les communes et par certains établissements publics érigés
en personnes civiles.

Enfin il est des cas où la loi veut que le préfet agisse en conseil de préfecture. Le conseil n'a pas alors d'avis à donner;
mais sa présence est une garantie de publicité donnée aux parties, et dont le défaut entraînerait l'irrégularité et l'annulabi-
lité de l'opération.

Il ne faut pas confondre les avis ou consultations émanant
du conseil de préfecture, avec les arrêtés qu'il est appelé à
émettre comme décisions. Lorsque le conseil de préfecture
émet un avis demandé par le préfet, ou l'assiste en délibérant

avec lui, l'arrêté émane du préfet, et non du conseil. Dans
tous les cas, dit une circulaire du 29 septembre 1835, où les
préfets doivent prononcer en conseil de préfecture, il faut que
leurs arrêtés constatent qu'ils ont rempli à cet égard le vœu de
la loi, et qu'ils visent la loi ou l'ordonnance en vertu de laquelle le préfet statue en conseil. Enfin l'arrêté ne doit contenir aucune mention de la discussion, ni rien qui puisse indiquer que les voix ont été comptées ; il ne doit être signé que
par le préfet seul. Quant aux voies de recours dont ces arrêtés
sont susceptibles, ils suivent le sort des actes de l'autorité préfectorale, qui sont déférés au ministre.

Autorisations de plaider[1]. — Nulle commune ou section
de commune ne peut introduire une action en justice sans
être autorisée par le conseil de préfecture, et ne peut se pourvoir devant un autre degré de juridiction, après tout jugement
intervenu, qu'en vertu d'une nouvelle autorisation de ce conseil. Tout contribuable inscrit au rôle de la commune a le
droit d'exercer à ses frais et risques, avec l'autorisation du
conseil de préfecture, les actions qu'il croirait appartenir à la
commune ou section, et que la commune ou section, préalablement appelée à en délibérer, aurait refusé ou négligé d'exercer. Dans ce cas, la commune ou section sera mise en cause,
et la décision qui interviendra aura effet à son égard. La
nécessité de cette autorisation, indispensable pour toute action, sans distinguer entre les tribunaux civils de première
instance, les cours d'appel, les tribunaux de commerce,
les justices de paix, et même les tribunaux de justice répressive, est fondée sur ce principe protecteur, que les communes
sont en état de minorité perpétuelle.

On entend par *sections de commune* des portions de la
commune qui ont des *intérêts distincts* de ceux de la commune
elle-même ou d'une autre de ses parties ; deux communes,
par exemple, réunies pour n'en former qu'une seule, conser-

[1] Loi 28 pluv. an VIII ; C proc. art. 49, 481 ; loi 18 juill. 1837 ; ordonnance
18 sept. 1839.

vent, après leur réunion, la jouissance des biens qui leur appartenaient et forment, quant à ces biens, des sections de commune. Les sections de commune n'ont de représentation propre que dans les cas où elles ont à faire valoir des intérêts opposés à ceux de la commune ou d'une autre section de la même commune. Les sections de commune ne constituent pas des circonscriptions administratives. Elles n'existent que par rapport aux intérêts qui leur donnent naissance.

Quant aux autres personnes morales soumises également à la nécessité de l'autorisation pour l'exercice des actions judiciaires, il faut citer : 1° les *hospices*; 2° les *bureaux de bienfaisance*; 3° les *fabriques*; 4° les *congrégations religieuses*; 5° les *consistoires*; 6° les *cures, chapitres cathédraux* et *collégiaux*, les *menses épiscopales* et les *séminaires* [1].

Quiconque veut intenter une action contre une commune ou une section de commune, est tenu d'adresser préalablement au préfet un mémoire exposant les motifs de sa réclamation; récépissé lui en est donné. La présentation du mémoire interrompt la prescription et toute déchéance. Transmission du mémoire au maire par le préfet, avec l'autorisation de convoquer immédiatement le conseil municipal, pour en délibérer. Transmission de la délibération du conseil municipal, dans tous les cas, au conseil de préfecture qui décidera si la commune doit être autorisée à ester en jugement. La décision du conseil de préfecture doit être rendue dans le délai de deux mois à partir de la date du récépissé. L'action ne peut être intentée qu'après la décision du conseil, et, à défaut de décision, qu'après l'expiration du délai dont nous venons de parler.

Le droit de demander l'autorisation de plaider appartient au maire comme représentant la commune en justice, soit en demandant, soit en défendant; mais lorsqu'il s'agit d'intenter une action, il ne peut le faire qu'avec l'assentiment du

[1] Arrêté 7 messid. an IX; loi 18 juill. 1837; décret 30 déc. 1809; décrets 18 fév. 1809, 26 déc. 1810; ordonn. 23 mai 1834, 25 mai 1844; décret 6 nov. 1813.

conseil municipal, tandis que, lorsqu'il s'agira de défendre, l'autorisation pourra être accordée par le conseil de préfecture, malgré le refus du conseil municipal. Lorsque la commune est défenderesse, la loi n'exige pas que l'autorisation soit renouvelée pour défendre devant les autres degrés de juridiction.

L'autorisation doit être préalable; mais, cependant, si la commune avait omis de l'obtenir avant le début du procès, elle pourrait intervenir utilement dans le cours de l'instance.

Sont dispensées de l'autorisation préalable toutes actions possessoires, soit en demandant, soit en défendant, intentées ou combattues par le maire, qui peut faire, de plus, tous autres actes conservatoires ou interruptifs de déchéance. Les oppositions, lorsque la matière est de la compétence des tribunaux ordinaires, sont jugées comme affaires sommaires, et la commune peut également y défendre, sans autorisation du conseil de préfecture. Quant aux instances administratives dans lesquelles la commune est partie, comme elle plaide devant l'autorité même qui est chargée de la protéger, l'autorisation n'est point requise.

En cas de refus de l'autorisation, pourvoi devant le Conseil d'État. Ministère des avocats au Conseil d'État, facultatif; ordinairement requête ou pétition adressée directement au président du Conseil d'État, ou par l'intermédiaire du préfet. Le Conseil d'État ne fait qu'office de tuteur. Les délibérations qui accordent l'autorisation de plaider ne doivent pas être motivées, afin qu'elles ne puissent pas être invoquées à titre de préjugé en faveur de celui qui les a obtenues. Mais, comme il faut dire à la commune si le refus est absolu ou temporaire, les arrêtés portant refus d'autorisation doivent être accompagnés de motifs. Toutefois il y a interdiction pour le conseil de préfecture de statuer sur le fond du droit, sous peine d'excès de pouvoir. La demande qui a fait l'objet d'un refus peut être reproduite, et accueillie après nouvel examen, lorsque de nouveaux faits et de nouveaux moyens ont été produits; mais le conseil de préfecture peut-il rétracter un arrêté d'autorisation? Il serait par trop étrange que les conseils de préfecture puissent jeter l'interdit sur une instance commencée devant l'autorité judiciaire.

La conséquence du refus d'autorisation de défendre prononcé par le conseil de préfecture et confirmé par le Conseil d'État, est d'exposer la commune à être condamnée par défaut, sans pouvoir former opposition, tant qu'elle ne sera pas autorisée.

Le recours au Conseil d'État, ouvert contre la décision du conseil de préfecture, est porté non devant l'assemblée du Conseil d'État au contentieux, mais devant la section de législation.

Les dispositions que nous venons de développer sont applicables au cas où des sections de commune demanderaient à être autorisées à plaider, pourvu toutefois que le procès ait lieu entre la section de commune et une commune étrangère ou un tiers quelconque. Mais que décider s'il y avait contestation entre une section et la commune dont elle fait partie, ou bien entre deux sections de la même commune? La loi de 1837 a consacré des règles spéciales à cet égard.

Lorsqu'une section est dans le cas d'intenter ou de soutenir une action judiciaire contre la commune elle-même, il est formé, pour cette section, une commission syndicale de trois ou cinq membres que le préfet choisit parmi les électeurs municipaux, et, à leur défaut, parmi les citoyens les plus imposés. Les membres du corps municipal qui seraient intéressés à la jouissance des biens ou droits revendiqués par la section, ne devront point participer aux délibérations du conseil municipal relatives au litige. Ils seront remplacés, dans toutes ces délibérations, par un nombre égal d'électeurs municipaux de la commune, que le préfet choisira parmi les habitants étrangers à la section. L'action est suivie par celui de ses membres que la commission syndicale désigne à cet effet.

· Lorsqu'une section sera dans le cas d'intenter ou de soutenir une action judiciaire contre une autre section de la commune, il sera formé, pour chacune des sections intéressées, une commission syndicale, conformément aux règles précédentes.

La section qui aura obtenu une condamnation contre la commune ou contre une autre section, ne sera point passible des charges ou contributions imposées pour l'acquittement des frais et dommages-intérêts qui résulteraient du fait du procès. Il en sera de même à l'égard de toute partie qui aurait plaidé contre une commune ou section de commune.

Nécessité de l'autorisation du conseil de préfecture.

Il peut aussi se présenter le cas où plusieurs communes aient des intérêts communs qu'il leur importe de faire valoir. Lors donc que plusieurs communes posséderont des biens ou des droits par indivis, un arrêté du préfet instituera, si l'une d'elle le réclame, une commission syndicale composée de délégués des conseils municipaux des communes intéressées. Chacun des conseils élira dans son sein, au scrutin secret et à la majorité des voix, le nombre de délégués qui aura été déterminé par l'arrêté. Cette commission syndicale sera présidée par un syndic nommé par le préfet et choisi parmi les membres qui la composent. Les attributions de la commission et du syndic, en ce qui touche les biens et les droits indivis, seront les mêmes que celles des conseils municipaux et des maires pour l'administration des propriétés communales. Autorisation nécessaire du conseil de préfecture. Il faut remarquer que la commission syndicale de plusieurs communes ne peut être instituée qu'autant que l'une des communes intéressées en fait la demande, tandis que les commissions syndicales des sections de commune sont prescrites impérativement par la loi.

Comme les communes et les sections de commune, les établissements hospitaliers sont soumis à l'autorisation préalable du conseil de préfecture pour l'exercice des actions qui les concernent, sauf trois différences :

1° Le conseil de préfecture ne peut statuer qu'autant que l'affaire a été soumise à l'examen d'un comité consultatif formé, dans chaque arrondissement, de trois membres choisis par le sous-préfet parmi les jurisconsultes les plus éclairés du ressort ;

2° La dispense relative aux actions possessoires n'est pas applicable ;

3° Les demandeurs ne sont pas obligés de remettre un mémoire au préfet.

La dispense de la remise préalable d'un mémoire par le demandeur, et l'obligation de demander l'avis d'un comité consultatif, sont communes aux fabriques et aux hospices. Les bureaux de bienfaisance sont assimilés à ces derniers.

A la différence des établissements publics, les établissements d'utilité publique ne sont pas soumis à la condition de l'autorisation du conseil de préfecture.

Organisation des conseils de préfecture. — Les conseils de préfecture devaient être composés de quatre membres dans certains départements, de trois dans d'autres, de six à Paris. Les membres étaient nommés et le sont encore par le chef de l'État, ils reçoivent un traitement [1] et sont révocables. Les lois et règlements n'avaient prescrit aucune condition légale d'aptitude. La jurisprudence du Conseil d'État exigeait cependant l'âge de vingt-cinq ans.

La loi des 21-26 juin 1865 a voulu que le conseil de préfecture fût composé de huit membres, y compris le président, dans le département de la Seine ; de quatre membres dans trente-un départements désignés par elle ; de trois membres dans les autres départements. (*Art.* 12.) Elle a disposé que nul ne pourrait être nommé conseiller de préfecture, s'il n'était âgé de 25 ans accomplis, s'il n'était en outre licencié en

[1] Le décret du 25 décembre 1861 avait porté le traitement des conseillers de préfecture au dixième de celui des préfets.

droit, ou s'il n'avait rempli, pendant dix ans au moins, des fonctions rétribuées dans l'ordre administratif ou judiciaire, ou bien s'il n'avait été, pendant le même espace de temps, membre du conseil général ou maire. (*Art.* 2.) Les fonctions de conseiller de préfecture étaient déclarées, par cette loi, incompatibles avec un autre emploi public et avec l'exercice d'une profession. (*Art.* 3.) Chaque année, un décret du chef de l'État devait désigner, pour chaque département, celui de la Seine excepté, un conseiller de préfecture chargé de présider le conseil en cas d'absence ou d'empêchement du préfet. (*Art.* 4.) La loi de 1865 avait établi, dans chaque préfecture, un secrétaire général titulaire, remplissant les fonctions de commissaire du gouvernement, et devant donner ses conclusions dans les affaires contentieuses.

Le décret du 27 mars 1863 avait créé un président du conseil de préfecture de la Seine, avec un traitement de 25,000 francs, et que devait nommer le chef de l'État. En cas d'absence ou d'empêchement du président, le conseiller de préfecture, chargé de le remplacer, devait être désigné par le préfet. (*Art.* 1 et 2.) Le conseil de préfecture du département de la Seine pouvait être divisé en sections. Les conseillers chargés de présider les sections devaient être désignés par le préfet. (*Art.* 3.)

Cette organisation n'avait donné que d'excellents résultats ; mais la situation exceptionnelle faite au président avait motivé des critiques, qui ne pouvaient manquer de diriger sur ce point l'esprit de réforme. Le Gouvernement de la défense nationale, pensant qu'un traitement de 25,000 francs était hors de proportion avec l'importance des fonctions, avait, par un décret du 14 septembre 1870, supprimé la présidence, tout en prenant soin de déposer, dans cet acte même, la promesse d'une prochaine réorganisation.

Cette réorganisation a été réalisée par un décret de novembre 1871, aux termes duquel le nombre des membres du conseil de préfecture de la Seine est fixé à sept, y compris le président.

Le président du conseil jouira, en cette qualité, d'un traitement de 15,000 francs.

Le conseil de préfecture est divisé en deux sections qui seront présidées, en l'absence du président, par des conseillers désignés par le préfet de la Seine.

Les autres membres du conseil seront répartis dans les deux sections par le président, suivant les besoins du service.

Convient-il que le préfet assiste aux délibérations du conseil de préfecture ? Cette question a souvent été posée. Les partisans de la négative invoquent l'indépendance qui doit présider aux délibérations de ce conseil, et qu'il serait bien difficile de concilier avec la présence du préfet. Mais le Conseil d'État a adopté l'affirmative, en se fondant sur les considérations suivantes : 1° En ce qui concerne les délibérations sur des matières où le conseil de préfecture est seulement appelé à donner son avis, comme le préfet n'est pas lié par l'avis du conseil, il ne peut y avoir pour lui qu'un intérêt indirect à obtenir d'un conseil de préfecture un avis conforme à sa propre opinion; dès lors, tout l'avantage qu'il retirera de la discussion en conseil consistera dans les lumières qui pourront résulter pour lui du choc des opinions, et d'une élaboration commune; 2° quant aux affaires non contentieuses dans lesquelles le conseil de préfecture rend une décision, la présence du préfet paraît d'autant plus convenable, que ces affaires sont une des branches de la tutelle administrative qu'il exerce au nom du gouvernement. L'intervention du conseil dans ces affaires n'ayant été jugée nécessaire qu'en raison des questions litigieuses que la plupart d'entre elles soulèvent, on a cru pouvoir, au lieu de se borner à demander un avis à ce conseil, lui donner le droit de décider. En somme, le Conseil d'État a exprimé le désir que les préfets saisissent toutes les occasions d'échanger avec les membres des conseils de préfecture leurs vues sur les matières que la loi les appelle à éclairer par leurs délibérations, de tels échanges ne pouvant qu'être profitables au pays et à l'administration. Quelque fondées que soient les raisons alléguées par le Conseil d'État, nous ne partageons pas cette manière de voir. Les conseillers de préfecture dépendent tous, plus ou moins, du préfet. Les placer en présence de ce fonctionnaire dans la discussion, qui doit être libre, c'est évidemment porter atteinte à la garantie que la loi et les règlements ont voulu établir dans l'intérêt des citoyens et de l'administration, en exigeant l'avis préalable du conseil de préfecture.

La participation du conseil de préfecture n'est pas toujours collective. Les membres de ce conseil, pris individuellement, assistent aussi le préfet à différents titres : comme secrétaires généraux, lorsqu'il n'y avait pas de secrétaire général de préfecture ; en cas d'absence ou d'empêchement du préfet. Les fonctions de préfet peuvent alors être remplies par un conseiller. Il en est de même en cas de décès du préfet. Habituellement le préfet délègue certaines fonctions à des membres du conseil de préfecture, et les charge de procéder d'office aux actes que les maires refusent ou négligent de faire, au mépris d'une loi qui les leur prescrit.

Le conseil de préfecture n'est régulièrement constitué qu'autant qu'il y a un nombre déterminé de membres présents. En cas d'absence ou d'empêchement des conseillers, la loi permet de les remplacer provisoirement par des membres du conseil général. La désignation est faite par le conseil de préfecture à la pluralité des voix, ou par le ministre de l'intérieur, sur la présentation du préfet, suivant qu'il s'agit de ne remplacer qu'un membre, ou de composer un conseil provisoire en entier ou presque en entier.

§ 3. — Le . Conseil général [1].

(Art. 1er. Législation antérieure à 1866).

Organisation du conseil général. — Attributions. — Délégué du pouvoir législatif. — Représentant l'intérêt local, collectif et économique du département. — Budget départemental. — Fonds commun. — Contrôle. — Attributions en vue de l'intérêt général.

C'est la loi du 23 pluviôse an VIII, loi peu favorable aux idées d'autonomie et d'indépendance locale, qui a réorganisé, au commencement du siècle, le système d'administration provinciale. Elle a divisé la France en départements et en arrondissements ; elle a placé dans chaque département un préfet, un conseil de préfecture et un conseil général composé d'un certain nombre de membres en rapport avec le chiffre de la population. Le premier consul nommait les membres du conseil général comme il nommait les préfets, mais il devait les choisir, suivant la constitution du 22 frimaire an VIII, parmi un certain nombre de candidats désignés par les citoyens compris dans les listes communales du département. Devenu empereur, Napoléon Ier ne tarda point à nommer directement les conseillers de département, sans aucune participation du corps électoral. Sous la législation du premier empire, le préfet seul était chargé de l'administration. Quant aux conseils de département, voici comment le conseiller d'État rapporteur s'expliquait au sujet des attributions qui leur avaient été confiées : « L'objet de ces conseils est essentiellement d'assurer l'impartialité de la répartition des contributions et de concilier la confiance publique à ces opérations, d'où dépend l'équité de l'assiette sur les particuliers. » Le conseil général de l'an VIII était donc une assem-

[1] Loi 28 pluv. an VIII; lois 22 juin 1833 et 10 mai 1838; décret 3 juill. 1848; décret 25 mars 1852; loi 7 juill. 1852; décret du 31 mai 1862, chap. 21, portant règlement sur la comptabilité des départements.

blée dont les membres étaient nommés par le chef de l'État, à l'effet d'assister un préfet nommé également par le chef de l'État, dans un département qui n'avait ni finances, ni propriétés, ni budget, et n'était qu'une section de l'État créée pour rendre l'administration plus facile.

La Restauration maintint l'état de choses établi et consacré déjà par un usage de quinze années. En 1827, M. de Martignac, pressé par l'opinion publique qui sollicitait une organisation nouvelle des conseils départementaux, basée sur l'élection, présenta, mais sans succès, un projet de loi à la Chambre des députés.

L'article 69 de la Charte de 1830 avait décidé qu'il serait pourvu, dans le plus court délai possible, aux institutions départementales, fondées sur un système électif. C'est en exécution de cet article que fut présenté le projet de loi qui fut définitivement adopté et promulgué le 22 juin 1833. La nouvelle loi sur la réorganisation des conseils généraux rétablissait le principe d'élection, mais c'était un électorat restreint.

La loi du 10 mai 1838, en déterminant les attributions des conseils généraux, compléta l'organisation de la représentation départementale; la Révolution de 1848 la conserva, en substituant toutefois le suffrage universel au suffrage restreint, pour la composition du conseil.

Le législateur de 1866 augmenta l'importance des conseils généraux, et leur donna une liberté d'action plus grande; mais la loi de 1866 ne faisait que modifier, en certains points, les lois antérieures, et il était à désirer qu'elles fussent toutes combinées en une seule. La loi du 10 août 1871 a réalisé ce travail de codification. Indépendamment des attributions nouvelles qu'elle a conférées aux conseils généraux et de la création des *commissions départementales*, qui en est l'innovation la plus saillante, cette loi a réparti, dans ses 94 articles, toutes les dispositions existantes sur la matière [1].

[1] Voir l'excellent traité de M. Adrien Durand, intitulé : *Des Conseils généraux*

La loi organique départementale du 10 août 1871 ayant coordonné et réuni en un seul corps toutes les lois antérieures sur la matière, a abrogé, par conséquent, les deux premiers titres de la loi du 22 juin 1833, relative à l'organisation des conseils généraux, le premier titre de la loi du 10 mai 1838 sur leurs attributions, et la loi du 18 juillet 1866, qui est reproduite presque entièrement dans la loi nouvelle.

Cette reproduction de la loi du 18 juillet 1866 dans la loi de 1871, nous dispensera d'analyser la loi de 1866. Nous diviserons ce paragraphe sur le *conseil général* en deux articles : l'un rappelant la législation antérieure à 1866 ; l'autre exposant la législation de 1871, dans laquelle la loi de 1866 s'est fondue.

Conseil général. — Organisation. — La législation que nous analysons ici est celle qui est antérieure à 1866. Il y a dans chaque département un conseil général. Ce conseil est le représentant de l'intérêt local, collectif et économique du département. Il assiste l'administration active du concours de ses lumières, délibère sur les actes de disposition et de gestion du patrimoine commun, contrôle l'administration du préfet, et émet des vœux sur les améliorations qu'il croit convenables.

Le conseil général est composé d'autant de membres qu'il y a de cantons dans le département. Ses membres sont nommés à l'élection pour chaque canton. Sont électeurs, tous Français âgés de 21 ans accomplis, jouissant de leurs droits civils et politiques, et habitant dans la commune depuis six mois au moins. Sont éligibles, tous Français jouissant de leurs droits civils et politiques, âgés de 25 ans au moins, et domiciliés ou payant une contribution directe dans le département. Les préfets, sous-préfets, secrétaires généraux et conseillers de préfecture, les agents et les comptables employés à la re-

---

de départements, 1871. — Voir aussi le texte officiel de la *loi organique départementale du 10 août* 1871, annoté par M. E. Laferrière, et le *Commentaire de la loi du 10 août* 1871, par M. E. Céllères.

cette, à la perception, au recouvrement des contributions et au payement des dépenses publiques de toute nature, ne peuvent être conseillers généraux dans aucun département (*incompatibilité absolue*). Les ingénieurs des ponts et chaussées et les architectes employés par l'administration départementale, les agents forestiers, les employés des bureaux des préfectures et des sous-préfectures, ne sont frappés que d'incompatibilité relative. Nul ne peut être membre de deux conseils généraux, ni d'un conseil d'arrondissement et d'un conseil général. Cette disposition légale maintient l'unité et la séparation des départements. Les membres des conseils généraux sont nommés pour neuf ans. Indéfiniment rééligibles. Renouvelés par tiers tous les trois ans. En cas de vacance accidentelle, réunion de l'assemblée électorale dans le délai de deux mois, à partir de la vacance constatée.

Les vacances accidentelles s'opèrent par la perte des droits civils ou politiques, par option, décès ou démission. En cas d'option, le conseiller doit opter dans le mois qui suit les élections ; faute par lui de le faire, le préfet décidera par la voie du sort, en conseil de préfecture, et en séance publique. La démission est expresse ou tacite. La première doit toujours être transmise au préfet ; la seconde résulte du défaut de serment, ou de l'absence à deux sessions consécutives, sans cause légitime ou empêchement admis par le conseil ; peu importe que les sessions soient ordinaires ou extraordinaires.

Les présidents, vice-présidents ou secrétaires des conseils généraux sont nommés, pour chaque session ordinaire ou extraordinaire, par l'empereur, qui peut prononcer la dissolution de ces conseils. Dans ce cas, il doit être procédé à une nouvelle élection dans le délai de trois mois.

Un conseil général ne peut se réunir, s'il n'a été convoqué par le préfet en vertu d'un décret, qui détermine l'époque et la durée de la session.

Il y a pour chaque conseil une réunion annuelle nommée

session ordinaire. Néanmoins il peut y avoir des sessions *ex-traordinaires*, lorsque les besoins du service l'exigent. Au jour indiqué pour la réunion, le préfet donne lecture du décret de convocation, reçoit le serment des conseillers nouvellement élus, et déclare, au nom du chef de l'État, que la session est ouverte. Les membres nouvellement élus qui n'ont pas assisté à l'ouverture de la session, ne prennent séance qu'après avoir prêté serment.

Les séances des conseils généraux ne sont pas publiques. Le préfet a entrée au conseil général ; il est entendu quand il le demande, et assiste aux délibérations, excepté quand il s'agit de l'apurement de ses comptes. Les différents chefs de services peuvent être admis à donner directement au conseil général des explications et des renseignements sur les matières qui exigent des connaissances spéciales. Les procès-verbaux rédigés par le secrétaire et arrêtés au commencement de chaque séance, contiennent l'analyse de la discussion, sans énonciation du nom des membres qui y ont pris part. Enfin, comme il est de principe que les pouvoirs des membres des assemblées délibérantes cessent au moment de la clôture de ces assemblées, les secrétaires des conseils généraux ne peuvent, après la clôture de la session, rester dépositaires des minutes des procès-verbaux. C'est au préfet seul qu'appartient cette qualité. — Il y a cette différence entre les sessions *ordinaires* et les sessions *extraordinaires,* que dans les premières le conseil général peut s'occuper de toutes les affaires qui rentrent dans ses attributions, tandis que, dans les secondes, les délibérations ne doivent pas dépasser l'objet qui leur a été assigné par le décret autorisant la session extraordinaire.

Attributions.—Les attributions du conseil général peuvent être envisagées sous trois points de vue, suivant qu'il est considéré comme : 1 *délégué du pouvoir législatif;* 2° comme *représentant l'intérêt local, collectif et économique du département;* 3° ou bien comme *agissant en vue de l'intérêt général;*

Quant le département peut être considéré en lui-même et distingué de l'État, le conseil général prononce souverainement et comme délégué du pouvoir législatif. A mesure que l'intérêt public prédomine davantage et se confond d'une manière plus intime avec celui du département, le conseil général, représentant de ce dernier intérêt, n'a plus qu'un pouvoir rarement souverain, le plus souvent subordonné. Enfin, quand il est appelé à prononcer sur des matières d'intérêt général, il n'est plus qu'une institution purement consultative, donnant des avis qui n'ont rien d'obligatoire [1].

Délégué du pouvoir législatif. — Considéré comme délégué du pouvoir législatif, le conseil général du département répartit, chaque année (session annuelle, après la session de la Chambre des députés et le vote du budget), les contributions directes entre les arrondissements, et statue sur les demandes délibérées par les conseils d'arrondissement en réduction du contingent assigné à l'arrondissement et aux communes. Il vote aussi les centimes additionnels dont la perception a été autorisée par les lois.

Le principe qui domine tout le système des impôts, en France, c'est *qu'aucune contribution, directe ou indirecte, ne peut être perçue, si la perception n'en a été formellement et annuellement autorisée par le pouvoir législatif.* Il faut une loi pour établir un impôt nouveau, ou modifier les impôts existants. Chaque année la loi du budget fixe le montant intégral de chacune des contributions directes de répartition. Un tableau annexé à cette loi règle la répartition entre les départements. Le conseil général de chaque département répartit le contingent assigné au département entre les divers arrondissements. Il tient compte, non-seulement des fixations antérieures, mais aussi des circonstances nouvelles qui peuvent avoir modifié la situation relative des arrondissements, quant à leurs facultés imposables.

[1] G. Dufour, *Traité général de Droit administratif appliqué*, t. III, p 595.

Que si le conseil se refusait à répartir l'impôt entre les arrondissements du département, cette répartition serait effectuée par le préfet.

Le conseil général prononce souverainement et en dern'er
ressort sur les réclamations des arrondissements et des communes. Le Conseil d'État ne pourrait annuler sa décision que
dans le cas d'excès de pouvoir.

Lorsque le conseil général aura réparti l'impôt, conformément à sa mission, il n'appartiendra qu'au conseil d'arrondissement d'attaquer cette répartition. Toutefois, le conseil
général devra être saisi avant le Conseil d'État. Quant à l'annulation qui pourra être faite de la répartition, par le gouvernement, elle n'aura d'autre conséquence que la réformation de la répartition par le préfet.

**Représentant l'intérêt local, collectif et économique
du département**. — Considéré sous ce point de vue, le
conseil général délibère sur tout ce qui tient à la propriété,
aux droits et actions du département. Mais dans cette sphère
d'attributions, il n'est plus souverain. Ses délibérations ne
sont plus exécutoires par leur propre vertu, sans approbation
de l'autorité supérieure. Elles sont, au contraire, soumises
les unes à l'approbation du Corps législatif, les autres à celle
du ministre, et les plus nombreuses à l'approbation du
préfet.

Sont, par exemple, soumises à l'approbation de l'autorité
centrale, les délibérations du conseil général qui portent sur :
1° les contributions extraordinaires à établir et les emprunts
à contracter dans l'intérêt du département. Le conseil général formule une demande d'autorisation, le Corps législatif
prononce et, s'il autorise, la contribution ou l'emprunt projetés sont votés définitivement par le conseil général. Protecteur des intérêts départementaux, le pouvoir législatif est appelé à intervenir pour prémunir les conseils généraux contre
l'entraînement qui les porterait à engager l'avenir, et pour
empêcher que les contributions locales ne tarissent les res-

sources auxquelles l'État pourrait avoir à faire appel. — 2° Le changement de destination ou d'affectation des édifices départementaux affectés à un service public, car l'administration centrale ne peut être dessaisie du droit de statuer sur le sort d'immeubles qui empruntent un caractère exceptionnel à leur affectation à un des services généraux de l'État. Le service public est pris ici par opposition au service départemental. — 3° L'acceptation des dons et legs faits aux départements, lorsque ces libéralités donnent lieu à des réclamations. On a pu craindre que le département ne fût pas suffisamment dégagé de préoccupations intéressées, dans des questions de cette nature : il appartient donc à l'État de veiller à ce que des dispositions particulières ne privent pas complétement des familles peu aisées de leurs légitimes espérances, ou ne créent pas des charges aux départements, sous l'apparence de libéralités. Que s'il y avait dissidence entre le conseil général et le gouvernement sur la question d'acceptation ou de refus, la doctrine accorderait au décret le droit de statuer définitivement sur le sort des dons et legs. — 4° Le classement et la direction des routes départementales. — 5° L'approbation des projets, plans et devis des travaux à exécuter aux prisons départementales ou aux asiles publics d'aliénés, quand ces travaux engagent la question de système ou de régime intérieur. — 6° La part contributive à imposer aux départements dans la dépense des travaux exécutés par l'État, et qui intéressent le département. — 7° La part contributive du département aux dépenses des travaux qui intéressent à la fois le département et les communes, etc.

Ne sont soumises, au contraire, qu'à l'approbation du préfet, les délibérations du conseil général relatives, par exemple : 1° aux acquisitions, aliénations et échanges des propriétés départementales non affectées à un service public. Le préfet statuera-t-il en conseil de préfecture ? Une circulaire ministérielle du 5 mai 1852 l'exige, mais le décret du 25 mars n'en fait pas mention. Quoi qu'il en soit, le préfet ne doit remplir,

à cet égard, qu'une mission de tutelle jusqu'alors réservée
au gouvernement. Son pouvoir se borne à donner ou refuser
son autorisation, mais il ne peut disposer au nom du département; le conseil général en a seul le droit. — 2° Au mode de
gestion de ces propriétés. — 3° Aux actions à intenter ou à
soutenir au nom du département, sauf les cas d'urgence, dans
lesquels le préfet peut intenter toute action et y défendre, sans
délibération du conseil et sans autorisation préalable. Le préfet doit préserver le département de contestations judiciaires
qui ne pourraient qu'aboutir à des frais inutiles; sa décision
pourrait être réformée par le ministre; quant au recours à
exercer contre la décision ministérielle, il ne saurait être porté
devant le Conseil d'État, le gouvernement, lorsqu'il prononce
sur des demandes d'autorisation de plaider, ne procédant
qu'à des actes de tutelle. — 4° Aux transactions qui concernent les droits du département; mais le préfet devra prendre
l'avis du conseil de préfecture, et demander une consultation
à trois jurisconsultes. — 5° A l'acceptation ou au refus des
dons faits aux départements sans charge ni affectation immobilière, et des legs qui présentent le même caractère, ou qui
ne donnent pas lieu à réclamation. — 6° Aux projets, plans
et devis de tous les travaux exécutés sur les fonds du départe-
tement; cependant deux sortes de bâtiments demeurent assujetties à l'autorisation supérieure : 1° les prisons départementales, toutes les fois que les plans proposés engagent la
question de système pénitentiaire, quelle que soit la quotité
de la dépense, ou la nature des travaux; 2° les asiles départementaux d'aliénés, quand les plans touchent au régime intérieur et au mode de traitement des malades. D'une part, la
nécessité de maintenir dans les prisons l'uniformité du régime disciplinaire et, par suite, l'égalité du châtiment; d'autre
part, la nécessité d'appliquer au traitement des aliénés, dans
les meilleures conditions possibles, les méthodes consacrées
par l'expérience, justifient suffisamment cette double exception. — 7° Aux offres faites par des communes, par des asso-

ciations ou par des particuliers, pour concourir à la dépense des routes départementales, ou d'autres travaux à la charge du département. — 8° A la concession à ces associations, compagnies ou particuliers, des travaux d'intérêt départemental. — 9° A la part de la dépense des aliénés et des enfants trouvés et abandonnés, qui sera mise à la charge des communes, et aux bases de la répartition à faire entre elles. Le conseil général détermine les bases, et c'est l'administration qui procède au travail de répartition, conformément aux bases établies par le conseil, etc....

Budget départemental. — Le conseil général discute le budget départemental. On donne le nom de *budget* à un aperçu des recettes et des dépenses prévues pour un temps déterminé. Ce mot, dérivé du latin, *bulga*, devenu gaulois, exprime un sac, une poche, une bourse. L'Angleterre en a fait l'application au grand sac de cuir qui a longtemps renfermé les pièces présentées au parlement pour lui exposer les ressources et les besoins du pays. L'imitation des formes et des expressions de l'idiome constitutionnel de la Grande-Bretagne a introduit ce mot dans notre langage financier. Son interprétation nouvelle ne s'est manifestée pour la première fois, dans les actes du gouvernement français, que par les arrêtés des consuls du 4 thermidor an X, et du 17 germinal an XI.

Division toute territoriale et administrative dans son origine, le département n'eut de budget que du moment où il devint propriétaire. Nous avons vu l'empereur donner, par un décret, certaines propriétés dans le but de soulager le budget de l'État. Les lois des 28 pluviôse an XIII et 28 avril 1816, autorisèrent les conseils généraux à établir des impositions facultatives, dans des limites déterminées, et à les employer aux dépenses qu'ils jugeraient convenable de couvrir à l'aide de cette ressource. Ce fut l'origine du budget véritablement départemental, budget qui prit place à côté de celui de l'État.

Les départements étant propriétaires et ayant, par conséquent, des dépenses à supporter, ont donc un budget particulier que le préfet *présente*, que le conseil *discute*, et que le chef de l'État *règle définitivement*.

Les dépenses à inscrire au budget départemental sont : 1° les *dépenses ordinaires*, pour lesquelles il est créé des ressources annuelles au budget de l'État. Elles sont obligatoires. Si le conseil général ne les portait pas au budget, elles pourraient y être inscrites d'office par le chef de l'État. Ces dépenses ordinaires comprennent les grosses réparations et l'entretien des édifices départementaux, ainsi que des cours, tribunaux, prisons, écoles et autres établissements ; les frais d'entretien des routes départementales, des hospices et maisons de charité, ainsi que ceux exigés par les besoins d'ordre public, de police sanitaire, par les primes départementales, etc.

2°] Les dépenses *facultatives* d'utilité départementale. Comme l'indique leur nom, ces dépenses ne peuvent pas être inscrites d'office, si le conseil général refuse de les voter.

3° Les dépenses extraordinaires autorisées par des lois spéciales.

4° Les dépenses mises à la charge des départements, ou que des lois spéciales ont autorisées.

Il est pourvu aux dépenses ordinaires par la part allouée au département dans le fonds commun, par des centimes que la loi des finances affecte à cet emploi, par le revenu du produit des propriétés départementales, le produit des expéditions de pièces déposées aux archives, et celui des droits de péage et autres droits et perceptions concédés au département. Les centimes additionnels sont destinés à couvrir les autres dépenses.

Le budget départemental est divisé en sections correspondant aux diverses catégories de dépenses. La première comprend les dépenses ordinaires ; la seconde les dépenses facultatives d'utilité départementale. Aucune dépense facultative ne peut être inscrite dans la première section du budget ; mais les dépenses classées comme ordinaires peuvent être portées par le conseil général dans la seconde partie, c'est-à-dire parmi les dépenses facultatives.

L'actif du département se compose : 1º d'impôts votés par le Corps législatif ; 2º d'impôts votés par le conseil général ; 3º des biens du département productifs de revenus ; 4º des droits dont la perception est autorisée à son profit.

Le principal des contributions directes est la somme originairement fixée pour chacune d'elles, lors de son établissement, sauf les dégrèvements. On entend par *centimes additionnels* les sommes successivement ajoutées au principal. On les nomme ainsi, parce qu'ils ont toujours été imposés par corrélation au principal, à raison de tant de centimes par franc.

Les centimes additionnels départementaux sont *ordinaires* ou *facultatifs*. Le mot *ordinaires* est ici synonyme d'*obligatoires*. Les centimes ordinaires sont établis par la loi générale des finances, et perçus sans que le conseil général ait eu à délibérer à ce sujet. Leur produit est porté au budget des recettes du département, et le conseil général vote sur leur emploi, qui doit être exclusivement consacré aux dépenses obligatoires.

Les centimes facultatifs ne peuvent être levés qu'en vertu d'une délibération expresse du conseil général autorisée d'avance par la loi de finances, qui fixe chaque année un maximum de centimes additionnels facultatifs.

Que si le département avait besoin de dépasser ce maximum, pour faire face aux dépenses d'un travail d'une importance exceptionnelle, le conseil général pourrait voter des centimes extraordinaires ; mais sa délibération devrait être homologuée par une loi spéciale.

Quelquefois on crée des centimes additionnels spéciaux dont le produit est affecté à des dépenses déterminées, par exemple, pour les chemins vicinaux, pour l'instruction primaire, pour le cadastre.

Les centimes additionnels ordinaires sont ajoutés au principal de la contribution foncière et de la contribution personnelle et mobilière seulement. La loi qui autorise l'établissement des centimes facultatifs, détermine les contributions au principal desquelles ils seront ajoutés.

Le comptable chargé du recouvrement des ressources éventuelles est tenu de faire, sous sa responsabilité, toutes les diligences nécessaires pour la rentrée de ces produits. Les rôles en état de produit sont rendus exécutoires par le préfet, et par lui remis au comptable. Les oppositions, lorsque la matière est de la compétence des tribunaux ordinaires, sont jugées comme matières sommaires. Le comptable chargé du service des dépenses départementales, ne peut payer que sur des mandats délivrés par le préfet, dans les limites des crédits ouverts par le budget du département; car, ainsi que nous l'avons dit plus haut, aucune dépense, en principe, ne peut être acquittée, si elle n'a pas été préalablement ordonnancée par un ordonnateur compétent.

Fonds commun. — Le *fonds commun* est un fonds composé de centimes additionnels perçus en vertu de la loi des finances, et centralisés au Trésor pour être répartis entre les départements, à titre de secours. Il date de la loi du 11 frimaire au VII. D'après cette loi, chaque département devait supporter, en sus des centimes additionnels destinés à couvrir ses dépenses ordinaires, un nombre déterminé de centimes additionnels à la contribution foncière et à la contribution personnelle et mobilière, destinés, sous le nom de fonds commun, à venir au secours des départements dont les dépenses ordinaires excéderaient le produit de leurs centimes ordinaires. Divisé en deux parts, dont l'une était affectée au complément des dépenses ordinaires des départements, et l'autre au complément de certaines dépenses facultatives, par la loi de finances du 14 juillet 1838, il finit par n'être plus affecté qu'au complément des dépenses ordinaires départementales. Les centimes destinés à former le fonds commun, et qui ne sont pris que parmi ceux votés annuellement par le Corps législatif, sont versés au Trésor, et tenus à la disposition du ministre, pour venir au secours des départements. Il appartient au chef de l'État d'en effectuer la répartition [1].

On ne peut qu'applaudir à la pensée qui a présidé à la création du fonds commun. L'État est une vaste association dont les départements sont les diverses parties. Toutes les dépenses ordinaires départementales étant d'utilité générale et publique, il est juste et convenable qu'elles se répartissent équitablement entre les diverses fractions du territoire. Par une sorte d'assurance mutuelle, les plus riches viennent au secours des plus pauvres, et l'équilibre s'établit entre toutes.

Contrôle. — Le conseil général exerce, de plus, un droit de contrôle sur l'administration active du département. Il reçoit annuellement le compte que lui rend le préfet de l'emploi des centimes additionnels que le conseil a votés; il vérifie l'état des archives et celui du mobilier appartenant au département; il peut adresser au ministre directement chargé de l'administration départementale, par l'intermédiaire de son président, les réclamations qu'il aurait à présenter dans l'intérêt spécial du département.

Attributions en vue de l'intérêt général. — Le conseil général, par son président, fait connaître au ministre de l'intérieur son opinion sur l'état et les besoins des différents ser-

---

[1] Aux termes de l'article 7 de la loi du 18 juillet 1866, il est créé, sur les ressources générales du budget, un fonds sur lequel les départements dont la situation financière l'exige, reçoivent une allocation. Le fonds est fixé à la somme de quatre millions de francs. Il est inscrit au budget du ministère de l'intérieur; la répartition en est réglée annuellement par décret rendu en Conseil d'État. L'article 58 de la loi du 10 août 1871 porte que les recettes du budget ordinaire se composent : ..... 7° de la part allouée au département sur le fonds inscrit annuellement au budget du ministère de l'intérieur, et réparti, conformément à un tableau annexé à la loi de finances, entre les départements qui, en raison de leur situation financière, doivent recevoir une allocation sur les fonds généraux du budget.

vices publics, en ce qui touche le département, et émet des
vœux sur les améliorations qu'il croit convenables. Chargé
d'assister l'administration active du concours de ses lumières,
il donne son avis sur toutes les questions sur lesquelles il est
consulté par l'administration, et spécialement sur les changements proposés à la circonscription du territoire du département, et à la désignation des chefs-lieux; sur les difficultés
relatives à la répartition de la dépense des travaux qui intéressent plusieurs communes, etc.

Il faut remarquer qu'en dehors des sessions le conseil général n'a aucune autorité; ses réunions seraient déclarées illégales et ses actes seraient frappés de nullité, sans préjudice
des lois pénales. Toute prolongation de la session au delà du
terme marqué par le décret de convocation équivaudrait à
une réunion illégale, et entraînerait les mêmes effets. Une
ordonnance du 10 décembre 1839 a établi, d'une manière
très-précise, la limite des droits du conseil général à cet
égard. S'il appartient, y est-il dit, à ces conseils de nommer
des commissions prises dans leur sein, qui, pendant le temps
de leur session, feront toutes les vérifications propres à éclairer leurs votes; s'ils peuvent émettre des vœux sur les
moyens d'instruction auxquels l'administration peut recourir
dans les affaires soumises à leurs délibérations, ils ne sont
autorisés ni à donner à l'administration des injonctions sur
les actes qui sont dans ses attributions, ni à déléguer un ou
plusieurs de leurs membres pour remplir, hors du temps de
leur session, des fonctions que la loi ou les règlements ne
leur ont pas confiées[1].

---

[1] Il est opportun de constater ici, avant d'aborder la législation de 1871, que,
sous l'empire des lois qui l'ont précédée, il était de principe que l'autorité du conseil général et le caractère de ses membres cessaient en même temps que la session annuelle prenait fin. Les conseils généraux, dans l'intervalle des sessions,
non-seulement ne pouvaient contrôler l'administration du préfet, mais ils n'avaient
pas la faculté de désigner une commission chargée, en dehors de leur réunion
annuelle, d'étudier une question présentant certaines difficultés ou nécessitant
de longues informations. Aux termes de la loi du 10 août 1871, le président du

Il est interdit aux conseils généraux de se mettre en correspondance avec d'autres conseils, et de publier des proclamations ou adresses aux citoyens.

En cas d'infraction, suspension générale du conseil par le préfet, en attendant que le chef de l'État statue définitivement. Transmission de l'arrêté au procureur général. Il pourrait même y avoir lieu à emprisonnement et à interdiction des droits civiques et de tout emploi public, conformément à l'article 123 du code pénal. Les délibérations prises en dehors des réunions légales sont *nulles de droit*, sans qu'il soit besoin d'apprécier l'acte en lui-même. La nullité est prononcée par le préfet *en conseil de préfecture*. En cas d'immixtion dans des objets étrangers aux attributions des conseils généraux, *nullité des actes*; mais, comme il y a une appréciation à faire, la nullité doit être prononcée par un décret.

Dans le cas où le conseil général refuserait son concours, les mandements des contingents assignés à chaque arrondissement seraient délivrés par le préfet, d'après les bases de la répartition précédente, sauf les modifications à apporter en exécution des lois. Quant au budget des dépenses ordinaires du département, il serait établi d'office par le préfet et réglé par décret. La loi du 7 juillet 1852 attribuait au chef de l'État le droit absolu et illimité de prononcer la dissolution

conseil général conservera d'une session à l'autre son caractère, et le conseil nommera, chaque année, une commission qui continuera, en son absence, son influence et son action.

L'idée de la Commission départementale a été empruntée à la législation belge; elle se retrouve également dans la constitution des assemblées provinciales de 1787, et des pays d'États. Sa création est l'innovation la plus importante de la loi du 10 août 1871.

La Commission départementale, ou Commission permanente, est une délégation du conseil général, chargée par lui de *contrôler* et de *guider* le préfet dans les intervalles des sessions; elle est investie, en outre, directement par la loi, d'un certain nombre d'attributions importantes, précédemment confiées au préfet ou au conseil de préfecture.—Voir le traité *Des conseils généraux de départements*, par M. Adrien Durand, 1871, p. 132 et suiv.

des conseils généraux, sauf à faire procéder à une nouvelle élection, dans le délai de trois mois à dater du jour de la dissolution.

(Art. 2. — Législation de 1871.)

Loi du 10 août 1871, sur l'organisation départementale [1]. — Il y a dans chaque département un *conseil général*, qui élit dans son sein une *commission départementale*. Le préfet représente le pouvoir exécutif, instruit les affaires intéressant le département et fait exécuter les décisions du conseil général et de la commission départementale. (*Art.* 1, 2, 3.)

Élections. — Les élections se font dans chaque commune, à raison d'un membre par canton, au suffrage universel, sur les listes des élections municipales. Convocation des collèges électoraux par le pouvoir exécutif, quinze jours au moins avant celui de l'élection, qui sera nécessairement un dimanche.

Ouverture du scrutin à sept heures du matin, clôture à six heures du soir. Dépouillement immédiat. Les seconds tours de scrutin nécessaires sont renvoyés au dimanche suivant. Transport des procès-verbaux de dépouillement de chaque commune au chef-lieu du canton ; recensement général des votes par le bureau du chef-lieu du département ; proclamation du résultat par le président de ce bureau ; envoi des procès-verbaux et pièces au préfet. Les élections peuvent être arguées de nullité par tout électeur du canton. La réclamation à cet égard peut être consignée au procès-verbal, ou déposée au secrétariat général de la préfecture. Délivrance, dans ce cas, d'un récépissé. (*Art.* 4, 5, 12.)

Pour être élu, il faut, *au premier tour de scrutin*, avoir obtenu la majorité absolue des suffrages exprimés, et un nombre de suffrages égal au quart de celui des électeurs inscrits ; ou, *au second tour*, la majorité relative, quel que soit

---

[1] La loi du 10 août 1871 a, nous l'avons dit, reproduit presque entièrement la loi du 10 juillet 1866.

le nombre des votants. En cas d'égalité des suffrages, le plus âgé est élu. (*Art.* 11.)

Vérification des pouvoirs par le conseil général. Pas de recours. Nomination pour six ans ; renouvellement par moitié tous les trois ans ; rééligibilité indéfinie. (*Art.* 16, 27.)

Éligibilité. — Les conditions d'éligibilité sont d'être inscrit sur une liste d'électeurs, d'avoir 25 ans accomplis, d'être domicilié dans le département, ou d'y être inscrit au rôle d'une des contributions directes, ou d'avoir hérité, depuis le 1ᵉʳ janvier de l'année de l'élection, une propriété foncière dans le département. (*Art.* 6.)

Il faut, de plus, pour être éligible, ne pas être *pourvu .d'un conseil judiciaire*, et ne pas occuper certaines fonctions qui rendent leur *titulaire* absolument *inéligible dans l'étendue du ressort où il exerce son autorité :* préfets, sous-préfets, secrétaires généraux, conseillers de préfecture (*dans leurs départements*) ; officiers du parquet des cours d'appel (*ressort de la cour*) ; magistrats assis et membres du parquet des tribunaux de première instance (*arrondissement du tribunal*) ; juge de paix (*canton*) ; généraux de division et de subdivision (*étendue de leur commandement*) ; préfets maritimes, majors généraux de la marine, commissaires de l'inscription maritime (*département de leur résidence*); commissaires et agents de police (*canton de leur ressort*); ingénieurs en chef de département, ingénieurs ordinaires d'arrondissement, inspecteurs d'académie et des écoles primaires, agents et comptables de tout ordre employés aux contributions directes ou indirectes, directeurs et inspecteurs des postes, télégraphes, tabacs (*dans le département où ils exercent leurs fonctions*) ; ingénieurs du service ordinaire des mines, ministres des différents cultes, conservateurs, inspecteurs, et autres agents des eaux et forêts, vérificateurs des poids et mesures (*dans les cantons de leur ressort*); recteurs d'académie (*ressort de l'académie*). (*Art.* 7, 8.)

Sont inéligibles pendant les trois ans qui suivront leur condamnation, les conseillers généraux qui auront été condam-

nés pour avoir pris part à des réunions illégales des conseils
dont ils font partie. (*Art.* 34.

Incompatibilité. — Sont éligibles, mais doivent opter
entre leurs fonctions et leur mandat, les préfets, sous-préfets,
secrétaires généraux, conseillers de préfecture, employés de la
police, agents et comptables employés à l'assiette de l'impôt
et au maniement des deniers publics : *dans toute la France ;*
les architectes départementaux, agents voyers, employés des
bureaux de la préfecture, ou d'une sous-préfecture, tous les
agents salariés ou subventionnés sur les fonds départementaux, les entrepreneurs de services départementaux : *dans le
département où ils exercent leurs fonctions.* (*Art.* 9, 10.)

Nul ne peut être membre de plusieurs conseils généraux.
Dans le cas d'élection dans plusieurs cantons, option dans les
trois jours de la vérification des pouvoirs. Sinon, détermination par le conseil général, en séance publique et par la
voie du sort. (*Art.* 11, 17.)

Démissions. — Adressées au président du conseil général
ou de la commission départementale. Avis immédiat donné
au préfet. Réunion des électeurs dans le délai de trois mois,
à moins que le renouvellement légal de la série du siége
vacant ne doive avoir lieu avant la prochaine session ordinaire du conseil. Sont démissionnaires de plein droit, les
conseillers généraux qui deviennent inéligibles, ou qui
acceptent une fonction incompatible avec le mandat de
conseiller général, ou qui auront manqué à une session ordinaire sans excuse légitime admise par le conseil. Tout électeur peut réclamer la déclaration de la vacance, dans les cas
d'inéligibilité et d'incompatibilité. (*Art.* 18, 19, 20, 21.)

Sessions. — Deux sessions *ordinaires* par an : la première,
d'un mois au plus, commençant le 1er lundi suivant le 15 août
(*budget* et *comptes*); la seconde, *de quinze jours au plus,* commençant au jour fixé par le conseil général, dans la session
du mois d'août précédent. (*Art.* 23.)

Sessions extraordinaires, sur décret du chef du pouvoir exécutif, ou sur la convocation d'urgence du préfet, après demande écrite adressée par les deux tiers des membres au président du conseil (durée des sessions extraordinaires, *huit jours au plus*). (*Art.* 24.)

Séances. — Le bureau *tout entier* est nommé pour un an au scrutin secret et à la majorité absolue, par le conseil général, à l'ouverture de la session d'août. — Le conseil fait son règlement intérieur. — Publicité des séances, sauf formation en comité secret sur la demande de.cinq membres, du président ou du préfet. — Le président a la police de l'assemblée. — Pour délibérer, présence obligatoire de la moitié plus un des membres. Scrutin secret. Scrutin public, sur la demande du sixième des membres présents ; alors le résultat énonçant les noms des votants est reproduit au procès-verbal. — Toujours scrutin secret pour les votes sur les nominations et validations d'élections contestées. — En cas de partage, la voix du président l'emporte. (*Art.* 25, 26, 28, 30.)

Compte rendu sommaire et officiel des séances, tenu jour par jour et mis à la disposition de tous les journaux du département, dans les quarante-huit heures qui suivront la séance. Les journaux ne pourront apprécier une discussion sans reproduire en même temps la portion du compte rendu afférente à cette discussion, sous peine d'une amende de 50 à 500 fr. (*Art.* 31.)

Droit pour tout électeur ou contribuable du département de se faire communiquer, sans déplacement, et de copier toutes les délibérations, ainsi que les procès-verbaux des séances publiques, et de les reproduire par la voie de la presse. Les procès-verbaux contiennent les rapports, les noms des orateurs et l'analyse de leurs opinions. (*Art.* 32.)

Sont *nulles :* 1° toutes délibérations sur des objets non légalement compris dans les attributions du conseil (*nullité prononcée par décret*); 2° toutes délibérations prises hors des réunions prévues ou autorisées par la loi (*nullité prononcée par le préfet*). (*Art.* 33, 34.)

Réunions illégales. — C'est le préfet qui les déclare telles par arrêté motivé, qu'il transmet au procureur général du ressort pour l'application éventuelle de la loi pénale. Mesures prises par le préfet pour que l'assemblée se sépare. (*Art.* 34.)

Dissolution des conseils généraux. — Jamais par mesure générale. La dissolution (spéciale) a lieu par décret motivé. Pendant la session législative, obligation, pour le chef du pouvoir exécutif, de rendre compte de la dissolution à l'Assemblée, dans le plus court délai possible. — Date de la nouvelle élection fixée par une loi, si la dissolution a lieu pendant la session ; si elle a lieu en dehors de la session, convocation des électeurs par le préfet, pour le quatrième dimanche qui suivra sa date. Réunion de plein droit du nouveau conseil général, le deuxième lundi après l'élection. (*Art.* 35, 36.)

Attributions des conseils généraux. — 1° *Répartition des contributions directes* (session d'août), après avoir statué sur les demandes délibérées par les conseils compétents en réduction de contingent. Décision définitive sur les demandes en réduction de contingent formées par les communes et préalablement soumises au conseil compétent. (*Art.* 37, 38.)

A défaut de répartition par le conseil général, les mandements des contingents seraient délivrés par le préfet, d'après les bases de la répartition précédente. (*Art.* 39.)

2° *Vote* des *centimes additionnels* dont la perception est autorisée par les lois ; des *centimes extraordinaires* dans la limite du maximum fixé annuellement par la loi de finances ; des *emprunts départementaux* remboursables, dans un délai de 15 ans au plus, sur les ressources ordinaires et extraordinaires. En dehors de ces limites, autorisation nécessaire de la contribution ou de l'emprunt par une loi. (*Art.* 40, 41.)

3° *Fixation annuelle* (session d'août) du maximum du nombre des centimes extraordinaires que les conseils muni-

cipaux sont autorisés à voter pour dépenses extraordinaires
d'utilité communale. A défaut de cette fixation, le maximum
pour l'année précédente est maintenu jusqu'à la session
d'août de l'année suivante. (*Art.* 42.)

4° *Révision annuelle* (session d'août) des sections électorales,
pour toutes les communes du département. (*Art.* 43.)

5° *Délibération* sur la reconnaissance, la largeur, l'ouverture, le redressement des chemins vicinaux de grande communication et d'intérêt commun. Attribution définitive aux
chemins du sol compris dans les limites déterminées par le
conseil général.. (*Art.* 44.)

6° *Nomination* et *révocation* des titulaires des bourses entretenues sur les fonds départementaux; *détermination* des conditions imposées aux candidats aux fonctions rétribuées exclusivement sur les fonds départementaux, et des règles des
concours d'après lesquels les nominations devront être faites.
(*Art.* 45.)

7° *Décision définitive* sur : l'acquisition, l'aliénation et
l'échange des propriétés départementales mobilières ou immobilières; le mode de gestion de ces propriétés; les baux de
biens donnés ou pris à ferme ou à loyer, quelle qu'en soit la
durée; le changement de destination des propriétés et des
édifices départementaux autres que les hôtels de préfecture et
de sous-préfecture, et des locaux affectés aux cours d'assises,
aux tribunaux, aux écoles normales, au casernement de la
gendarmerie et aux prisons; l'acceptation ou le refus de dons et
legs faits au département, ne donnant pas lieu à réclamation;
le classement et la direction des routes départementales; les
projets, plans et devis des travaux à exécuter pour la construction, la rectification ou l'entretien de ces routes; la désignation des services chargés de leur construction et de leur
entretien; le classement et la direction des chemins vicinaux
de grande communication et d'intérêt commun; la désignation des communes qui doivent concourir à la construction et
à l'entretien de ces chemins; la fixation du contingent annuel

de chaque commune; la répartition des subventions accordées, sur les fonds de l'État ou du département, aux chemins
vicinaux de toute catégorie; la désignation des services auxquels sera confiée l'exécution des travaux sur les chemins
vicinaux de grande communication et d'intérêt commun ; le
mode d'exécution des travaux à la charge du département; le
taux de la conversion en argent des journées de prestation ;
le déclassement des routes départementales, des chemins
vicinaux de grande communication et d'intérêt commun ; les
projets, plans et devis de tous autres travaux à exécuter sur
les fonds départementaux, et la désignation des services auxquels ces travaux seront confiés; les offres faites par les communes, les associations ou les particuliers pour concourir à
des dépenses quelconques d'intérêt départemental; les concessions à des associations, à des compagnies ou à des particuliers de travaux d'intérêt départemental; la direction des
chemins de fer d'intérêt local, le mode et les conditions de
leur construction, les traités et dispositions nécessaires pour
en assurer l'exploitation ; l'établissement et l'entretien des
bacs et passages d'eau sur les routes et chemins à la charge
du département; la fixation des tarifs de péage; l'assurance
des bâtiments départementaux; les actions non urgentes à
intenter ou à soutenir au nom du département; les transactions concernant les droits des départements; les recettes de
toute nature et dépenses des établissements d'aliénés appartenant au département; l'approbation des traités passés avec
des établissements privés ou publics pour le traitement des
aliénés du département; le service des enfants assistés; la
part de la dépense des aliénés et des enfants assistés, qui sera
mise à la charge des communes; les bases de la répartition à
faire entre elles; les créations d'institutions départementales
d'assistance publique et le service de cette assistance dans les
établissements départementaux; l'établissement et l'organisation des caisses de retraites ou de tout autre mode de rémunération en faveur des employés des préfectures et des sous-

préfectures, et des agents salariés sur les fonds départementaux ; la part contributive du département aux dépenses des
travaux intéressant à la fois les départements et les communes ; les difficultés élevées sur la répartition de la dépense
des travaux intéressant plusieurs communes du département ;
les délibérations des conseils municipaux concernant les
foires et marchés ; la prorogation des taxes additionnelles
d'octrois actuellement existantes ou l'augmentation des taxes
principales au delà d'un décime ; les changements à la circonscription des communes d'un même canton et à la désignation de leurs chefs-lieux, lorsqu'il y a accord entre les
conseils municipaux. (*Art.* 46.)

Ces *décisions définitives* sont exécutoires au bout de vingt
jours, après la clôture de la session. Droit pour le préfet d'en
demander l'annulation pour excès de pouvoir ou violation de
la loi. Notification du recours du préfet aux présidents du
conseil général et de la commission départementale. Annulation par décret délibéré en Conseil d'État, dans les deux mois
de la notification, sinon la délibération devient exécutoire.
(*Art.* 47.)

8° *Délibération non définitive* sur : l'acquisition, l'aliénation
et l'échange des propriétés départementales affectées aux
hôtels de préfecture, sous-préfecture, aux écoles normales,
cours d'assises et tribunaux, casernement de la gendarmerie,
et aux prisons ; le changement de destination des propriétés
départementales affectées à l'un de ces services ; la part contributive à imposer au département dans les travaux exécutés
par l'État qui intéressent le département ; les demandes des
conseils municipaux pour l'établissement ou le renouvellement d'une taxe d'octroi sur des matières non comprises dans
le tarif général établi conformément à la loi du 24 juillet 1867 ;
l'établissement ou le renouvellement d'une taxe excédant le
maximum fixé par ce tarif ; l'assujettissement à la taxe d'objets non encore imposés dans le tarif local ; les modifications
aux règlements ou aux périmètres existants ; tous les objets

d'intérêt départemental dont le conseil général est saisi, soit par le préfet, soit sur l'initiative d'un de ses membres. (*Art.* 48.)

Droit du chef du pouvoir exécutif, pendant trois mois, à partir de la clôture de la session, de suspendre l'exécution de ces délibérations, par décret motivé. Elles sont exécutoires après ce délai. (*Art.* 49.)

9° *Avis* sur : les changements proposés à la circonscription du territoire du département, des arrondissements, des cantons et des communes, et la destination des chefs-lieux, sauf le cas de décision définitive; l'application des dispositions du code forestier relatives à la soumission au régime forestier des bois, taillis ou futaies, appartenant aux communes, et la conversion en bois de terrains en pâturages; les délibérations des conseils municipaux relatives à l'aménagement, au mode d'exploitation, à l'aliénation et au défrichement des biens communaux; tous les objets sur lesquels le conseil général est consulté par les ministres. (*Art.* 50.)

10° *Réclamations* dans l'intérêt spécial du département; manifestation d'opinion sur l'état et les besoins des différents services publics départementaux. Envoi *direct* au ministre compétent, par l'intermédiaire du président du conseil. Enquêtes permises. Obligation, pour tous les chefs de services, de fournir les renseignements demandés. (*Art.* 51, 52.)

11° *Vœux* sur toutes les questions économiques et d'administration générale. Interdiction de tous vœux politiques. (*Art.* 51.)

12° *Propositions* : de secours pour travaux concernant les églises et presbytères; de secours généraux à des établissements et institutions de bienfaisance; de subventions aux communes pour acquisition, construction et réparation de maisons d'école et de salles d'asile; de subventions aux comices et associations agricoles. Établissement d'un tableau collectif des propositions, classées par ordre d'urgence. (*Art.* 68.)

Rôle du Préfet. — 1° Acceptation ou refus des dons et legs faits au département : s'il y a réclamation des familles, autorisation du gouvernement ; s'il n'y a pas de réclamation, autorisation du conseil général. Acceptation toujours possible à titre conservatoire. (*Art.* 53.) — 2° Actions concernant le département : comme *demandeur*, autorisation du conseil général ; comme *défendeur*, avis conforme de la commission départementale. (*Art.* 54.) — 3° Actes conservatoires et interruptifs de déchéance. (*Id.*) — 4° Contrats au nom du département sur l'avis conforme de la commission départementale. (*Id.*) — 5° A la session d'août, compte spécial et détaillé de la situation du département et de l'état des différents services publics ; à l'autre session ordinaire, rapport sur les affaires soumises au conseil général pendant cette session. Distribution de ces rapports aux conseillers généraux, huit jours au moins avant l'ouverture de la session. (*Art.* 56.) — 6° Préparation et présentation du budget du département ; communication de ce budget à la commission départementale, avec pièces à l'appui, dix jours au moins avant l'ouverture de la session. (*Art.* 57.) — 7° Remise aux comptables des rôles et états de produits, après les avoir rendus exécutoires. (*Art.* 64.) — 8° Présentation au conseil (session d'août) du compte annuel de l'emploi des ressources municipales affectées aux chemins vicinaux de grande communication et d'intérêt commun. (*Art.* 66.) — 9° Remise à la commission départementale (au commencement de chaque mois) de l'état détaillé des ordonnances de délégation reçues et des mandats de payement délivrés pendant le mois précédent. (*Art.* 78.)

Le préfet a entrée au conseil général ; il est entendu quand il le demande ; présence aux délibérations, excepté lors de l'apurement de ses comptes (*art.* 27) ; présence aux séances de la commission départementale : il peut s'y faire représenter. (*Art.* 76.) — Le préfet délivre les mandats de payement dans les limites des crédits ouverts. Le comptable chargé du service des dépenses départementales, ne peut payer que sur le vu de ces mandats. (*Art.* 65.)

Actions concernant le département. — Intentées et soutenues par. le préfet ; en cas de litige entre l'État et le département, ce dernier est représenté par un membre de la commission départementale désigné par elle. Avant d'actionner un département, — sauf au possessoire, — remise préalable d'un mémoire au préfet ; récépissé ; deux mois depuis le récépissé, avant de saisir les tribunaux ; actes conservatoires permis ; la remise du mémoire interrompt la prescription, si elle est suivie de la demande en justice dans le délai de trois mois. (*Art.* 54, 55.)

Budget départemental. — 1° *Budget ordinaire* ; 2° *budget extraordinaire*. Délibéré par le conseil général ; définitivement *réglé* par décret. (*Art.* 57.)

. 1° *Budget ordinaire. Recettes :* produit des centimes ordinaires additionnels, des centimes autorisés pour les chemins vicinaux et l'instruction primaire, des centimes spéciaux affectés à la confection du cadastre ; revenu et produit des propriétés départementales ; produit des expéditions d'anciennes pièces ou d'actes de la préfecture, des droits de péage ; part allouée au département sur les fonds de secours ; contingents de l'État et des communes pour le service des aliénés et des enfants assistés ; contingent des communes et autres ressources éventuelles pour le service vicinal et les chemins de fer d'intérêt local. (*Art.* 58.)

Dépenses : Loyer, mobilier et entretien des hôtels de préfecture et de sous-préfecture et de certains locaux affectés à des services départementaux ; *idem*, des cours d'assises et tribunaux ; casernement de gendarmerie ; frais d'impression et publication des listes et cadres pour élections consulaires, listes électorales et listes du jury ; dépenses ordinaires d'utilité départementale ; dépenses imputées sur les centimes spéciaux. Faculté d'affecter l'excédant du produit des centimes spéciaux aux autres dépenses du budget ordinaire. (*Art.* 60.)

En cas de non-inscription au budget d'un crédit suffisant pour ces dépenses ou pour l'acquittement des dettes exigibles, *contribution spéciale* portant sur les quatre contributions directes, et établie par *décret rendu en Conseil d'État* (si dans les limites du maximum annuel), ou par une *loi* (si supérieure à ce maximum). (*Art.* 61.)

Aucune autre dépense ne peut être inscrite d'office dans le budget ordinaire. (*Id.*)

2° *Budget extraordinaire. Recettes :* Produit des centimes extraordinaires votés annuellement par le conseil général ; produit des emprunts, dons et legs, biens aliénés, remboursement des capitaux exigibles et rentes rachetées ; produit de toutes autres recettes accidentelles. (*Art.* 59.)

Dépenses : Celles qui sont imputées sur ces recettes. (*Art.* 62.)

Droit de porter au budget un crédit pour dépenses imprévues. Report sur l'exercice en cours d'exécution, avec leur affectation antérieure, des fonds qui n'ont pu recevoir leur emploi dans le cours de l'exercice. (*Art.* 63.) Réunion des fonds libres aux ressources de l'exercice en cours d'exécution, pour recevoir l'affectation nouvelle qui pourra leur être donnée dans le budget rectificatif de l'exercice courant. (*Id.*) Attribution définitive au domaine départemental des anciennes routes nationales de troisième classe. (Art. 59.)

Comptes du département. — Compétence du conseil général, pour entendre et débattre les comptes d'administration du préfet. Observations du conseil adressées *directement* par le président au ministre de l'intérieur. Le conseil arrête provisoirement les comptes, un décret les règle définitivement. Réglés, ils sont rendus publics par la voie de l'impression. (*Art.* 67.)

Commission départementale. — Élue chaque année (fin de la session d'août). Quatre membres au moins, sept au plus, choisis autant que possible parmi les conseillers élus ou domiciliés dans chaque arrondissement. Membres indéfiniment rééligibles. Incompatibilité avec fonctions de maire du chef-lieu du département et mandat de député. Pas de traitement. Démission de plein droit en cas de non-présence aux séances pendant deux mois consécutifs, sans excuse légitime admise par la commission. Remplacement du démissionnaire à la plus prochaine session du conseil général. (*Art.* 69, 70, 74, 75.)

La commission est présidée par le plus âgé de ses membres. Elle élit son secrétaire. Elle siége à la préfecture. Pour délibérer, présence nécessaire de la majorité des membres. Pour les décisions, majorité absolue. Voix du président prépondérante en cas de partage. Procès-verbal tenu des délibérations. Réunion ordinaire au moins une fois par mois. Réunions extraordinaires, sur la convocation du président de la commission, ou du préfet. (*Art.* 71, 72, 73.) Obligation pour les chefs de services de fournir à la commission tous les renseignements qu'elle demande. (*Art.* 76.)

La commission départementale *règle* les affaires que lui renvoie le conseil général, *dans les limites de la délégation qu'il lui a faite.* Elle *délibère* sur toutes les questions qni lui sont déférées par la loi. Elle donne des *avis* au préfet. (*Art.* 77.) A l'ouverture de chaque session ordinaire : rapport au conseil général sur ce qu'elle a fait, présentation des propositions qu'elle croit utiles. A l'ouverture de la session d'août, rapport sommaire et observation sur le projet de budget. Impression et distribution facultatives des rapports. Chaque année (session d'août), relevé de tous les emprunts communaux, de toutes les contributions extraordinaires communales votées depuis un an ; indication du chiffre total des centimes extraordinaires et des dettes de chaque commune. (*Art.* 79, 80.)

Sur l'avis et la proposition du préfet, la commission départementale *répartit* les subventions diverses portées au budget départemental et dont le conseil général ne s'est pas réservé la distribution, les fonds provenant des amendes de police correctionnelle et du rachat des prestations en nature ; elle *détermine* l'ordre de priorité des travaux à la charge du département, si le conseil ne l'a pas fixé ; elle *fixe* l'époque de l'adjudication des travaux d'utilité départementale et l'époque ainsi que le mode d'adjudication, non fixés par le conseil, des emprunts départementaux. (*Art.* 81.)

Elle *assigne* à chaque membre des conseils électifs le canton pour lequel ils pourront siéger dans le conseil de révision ; elle *vérifie* l'état des archives et du mobilier du département ; elle *approuve* le tarif des évaluations cadastrales et *statue* sur toutes les réclamations formées contre ces évaluations ; elle *nomme* les membres des commissions syndicales dans le cas où il s'agit d'entreprises subventionnées par le département. Elle *prononce*, sur l'avis des conseils municipaux, la déclaration de vicinalité, le classement, l'ouverture et le redressement des chemins vicinaux ordinaires, la fixation de la largeur et de la limite de ces chemins ; elle *approuve* les abonnements relatifs aux subventions spéciales pour la dégradation des chemins vicinaux. Communication de ces dernières décisions au préfet, aux conseils municipaux, aux parties intéressées. Appel possible devant le conseil général, pour inopportunité ou fausse appréciation des faits, dans *le mois* de la communication de la décision ; recours au Conseil d'État pour excès de pouvoir ou violation de la loi, dans *les deux mois* de cette communication. Le recours au Conseil d'État (au contentieux) est sans frais, et suspensif. La décision du conseil général, quand on l'a saisi en appel, est définitive. (*Art.* 82, 83, 86, 87, 88.) La commission départementale, enfin, veille à ce qu'il soit pourvu au remplacement des membres du conseil démissionnaires, ayant opté ou qui sont décédés ; elle fixe le jour de la seconde session ordinaire, si le conseil ne l'a pas fait dans la session du mois d'août précédent, et elle convoque le conseil ; en cas d'urgence, elle statue sur les actions à intenter ou à soutenir au nom du département. (*Art.* 22, 23, 46, n° 15, art. 54.)

Avis pour autoriser le préfet à défendre aux actions contre le département. (*Art.* 54.) Représentation du département dans les litiges avec l'État. (*Id.*)

Droit pour la commission départementale de charger un ou plusieurs de ses membres d'une mission relative à des objets compris dans ses attributions. (*Art.* 84.)

Désaccord entre la commission départementale et le préfet : Renvoi à la plus prochaine session du conseil général, qui statuera définitivement. — *Conflit entre elle et le préfet :* Convocation immédiate du conseil général (session extraordinaire), qui statuera, et pourra procéder à la nomination d'une nouvelle commission départementale. (*Art.* 85.)

Intérêts communs à plusieurs départements. — Entente permise entre plusieurs conseils généraux, provoquée par leurs présidents, les préfets avertis. — Conférences, où chaque conseil sera représenté, soit par sa commission départementale, soit par une commission spéciale. Droit des préfets des départements intéressés d'y assister. Ratification par tous les conseils généraux intéressés des décisions prises, pour qu'elles deviennent exécutoires. Droit des préfets d'en demander l'annulation ; droit du gouvernement d'en suspendre l'exécution. S'il était agité dans ces conférences des questions autres que celle d'intérêt départemental commun, le préfet du département où ces conférences auraient lieu déclarerait la réunion dissoute. (*Art.* 89, 90.) Faculté accordée aux conseils généraux de faire entre eux des conventions à l'effet d'entreprendre ou de conserver à frais communs des ouvrages ou des institutions d'utilité commune. (*Art.* 89.)

Deux circulaires du ministre de l'intérieur aux préfets ont mis en lumière les innovations introduites par la loi du 10 août 1871. Après quelques considérations générales sur le caractère et la portée de la loi du 10 août, la première circulaire s'engage dans le détail des attributions du conseil général et de la commission départementale.

I. **Attributions du conseil général.** — Un point doit s'imposer tout d'abord à l'attention des préfets : c'est l'abrogation formelle du titre Iᵉʳ de la loi du 10 mai 1838 et celle de la loi du 18 juillet 1866.

Impôts directs. — La circulaire rappelle que le conseil général intervient pour déterminer le contingent applicable à chaque arrondissement, qu'il statue sur les demandes en réduction formées par les conseils d'arrondissement et qu'il prononce sur les réclamations des conseils municipaux. Nécessité de faire parvenir au ministre des finances le tableau du répartiment, aussitôt qu'il aura été arrêté par le conseil général, et le double des tableaux du sous-répartiment, dès que ces états auront été dressés par les conseils généraux.

Ressources départementales. — Vote *indispensable* du conseil général sur la fixation de la quotité de centimes additionnels, dont il entend doter le budget de l'exercice, pour les dépenses ordinaires et pour les dépenses spéciales des chemins vicinaux, de l'instruction primaire et du cadastre.

Emprunts. — La durée de l'amortissement d'un emprunt départemental contracté en dehors de l'autorisation législative pourra désormais atteindre quinze ans, pourvu que l'emprunt trouve un gage dans les ressources normales du département. Pour excéder 15 ans, ou pour dépasser le *maximum* des centimes extraordinaires fixé par la loi de finances, nécessité d'une loi. Transmission immédiate au ministre de l'intérieur de toute délibération du conseil général votant un emprunt.

Tableau des sections électorales. — L'intervention du conseil général, en pareille matière, est « une nouvelle garantie de la sincérité des élections. » Les préfets devront soumettre aux conseils généraux des propositions pour l'établissement des sections dans toutes les communes où cette mesure paraîtra justifiée par des nécessités locales. Le nombre des conseillers à élire dans chaque section sera fixé par le conseil général, et exactement proportionnel au chiffre de la population de chaque section, qui ne pourra, en aucun cas, élire moins de deux conseillers. Permanence du tableau ainsi arrêté. Il ser-

vira pour toutes les élections municipales à faire dans l'année,
en cas seulement de renouvellement intégral. Le préfet reste libre
d'établir, conformément aux lois anciennes, les sections de vote
destinées uniquement à faciliter les opérations électorales.

Bourses dans les établissements d'instruction. — Quoique la
loi du 10 août 1871 ne s'en explique point formellement, la
circulaire reconnaît aux préfets le droit de présenter des
candidats aux bourses départementales, dans les écoles des
arts et métiers, à l'école centrale des arts et manufactures, à
l'école d'Alfort, à l'école d'horlogerie de Cluses, aux écoles
de maternité, dans les établissements d'éducation d'aveugles
et de sourds-muets, ou dans les autres institutions spéciales.

Agents départementaux. — Rétribués sur les fonds départementaux, leur choix appartient exclusivement au conseil
général. Il y aura lieu d'examiner si l'on recourra au principe
du concours. Plus de préférence *obligée* au profit des architectes munis d'un diplôme de l'école des beaux-arts.

Dons et legs faits aux départements. — Le conseil général
est souverain pour les accepter ou les refuser, *qu'ils soient
onéreux ou non,* pourvu qu'il n'y ait point de réclamation de
la part des familles ou des intéressés. Le préfet peut toujours
accepter, *à titre conservatoire.*

Routes départementales. — Le conseil général statue à son
gré sur le *classement,* le *déclassement* ou le *changement de
direction* des routes départementales, qu'elles soient comprises
en entier dans le département ou *qu'elles en dépassent les
limites.* S'il est nécessaire d'acquérir des terrains par voie
d'expropriation, retour aux règles ordinaires pour la déclaration d'utilité publique. Tout *classement* d'une route nouvelle
et tout *déclassement* doivent être précédés d'une enquête, conformément à la loi du 20 mars 1835.

Construction et entretien de ces routes. — Les ingénieurs des
ponts et chaussées n'ont plus de droit exclusif à ces travaux;
liberté de disposition laissée, à cet égard, au conseil général,
mais nécessité de fournir à ce conseil tous les éléments d'ap-

préciation possibles, pour qu'il se décide en connaissance de cause.

Actions pour ou contre le département. — C'est à la commission départementale qu'il appartient désormais de statuer, à cet égard, pendant l'intervalle des sessions du conseil général. Le principe et la règle sont que, lorsque le conseil général aura pris une décision au sujet d'une affaire litigieuse, le préfet devra engager le procès ; mais lorsqu'il s'agira de *défendre* à une action intentée contre le département, le préfet devra prendre l'avis de la commission départementale. Si la commission doit *toujours* intervenir dans les cas urgents, elle n'interviendra, dans les autres circonstances, que lorsqu'il s'agira de *défendre* à une action.

Caisses de retraites pour les employés départementaux. — Les conseils généraux sont chargés de statuer définitivement, désormais, sur l'établissement et l'organisation de ces caisses, dont les pensions, d'après une disposition commune à tous les règlements locaux, sont réglées, aujourd'hui encore, comme les pensions à la charge du Trésor. La circulaire conseille la plus grande circonspection dans l'usage du droit attribué aux conseils généraux de modifier les statuts actuellement en vigueur, et qui forment entre l'administration et les associés une sorte de contrat. Les remaniements devront être étudiés avec soin et appliqués avec prudence. Se proposer autant que possible, pour types, la loi du 9 juin 1853 sur les pensions civiles de l'État et le décret du 4 juillet 1806 qui régissait autrefois les pensions du ministère de l'intérieur.

Circonscription des communes. — C'est le conseil général et non plus le préfet, qui, dorénavant, modifiera la circonscription des communes d'un même canton et désignera leurs chefs-lieux, lorsqu'il y aura accord entre les conseils municipaux. Mais il n'est rien innové ni quant à l'instruction de ces affaires, ni quant aux limites de la compétence de l'autorité locale.

Annulation des délibérations définitives. — Il appartient au préfet de la provoquer, pour excès de pouvoir ou violation de la loi, dans les 20 jours à partir de la clôture de la session. Notification du recours du préfet : au ministre par rapport spécial avec pièces à l'appui, au président du conseil général et au président de la commission départementale. Recommandation aux préfets de transmettre au ministre de l'intérieur, aussitôt après la clôture de la session, toutes les délibérations du conseil général dont la régularité semblerait douteuse.

Suspension d'exécution de certaines délibérations. — Il s'agit de délibérations sur des matières qui ne se rapportent pas exclusivement au département, telles que l'aliénation et l'échange des propriétés départementales affectées aux services les plus importants, les dépenses dont une partie devrait être supportée par l'État, etc. Le gouvernement a trois mois pour prendre une décision. Recommandation aux préfets de signaler d'une manière toute spéciale, mais après le plus scrupuleux examen, celles de ces délibérations dont l'exécution leur paraîtrait devoir être suspendue. Un décret rendu en Conseil d'État n'est plus nécessaire pour sanctionner ces délibérations : il suffira que le ministre se soit abstenu d'en provoquer la suspension dans le délai de trois mois.

Vœux. — La circulaire rappelle aux préfets que ce qu'il est de leur devoir de surveiller, pour les déférer à l'autorité centrale, ce sont les vœux *politiques*, mais non les vœux portant sur les questions de législation générale, d'administration générale et d'économie politique.

Budget départemental. — Préparé par le préfet, il doit, avant d'être soumis au conseil général, être communiqué à la commission départementale.

Mobilier des préfectures, etc. — Le service du mobilier est devenu tout entier obligatoire; mais il n'y a plus lieu de fixer par des décisions du pouvoir exécutif un maximum de valeur qui ne pourra être dépassé, ou de limiter au vingtième de cette valeur l'allocation annuelle applicable à l'entretien. C'est au conseil général qu'il appartient de se rendre compte des besoins du service. La circulaire recommande la plus stricte économie pour les dépenses de cette nature. Le gouvernement est résolu à intervenir le moins possible dans l'administration de cette partie de la fortune départementale. Nécessité de dresser des inventaires réguliers ; récolement à des époques périodiques et à chaque mutation de fonctionnaire. La vérification de l'état du mobilier appartenant au département est du ressort de la commission départementale.

Centimes spéciaux pour l'enseignement primaire. — Quoiqu'il soit permis aux départements qui, pour assurer le service de l'enseignement primaire, n'ont pas besoin de faire emploi de la totalité des centimes spéciaux, d'en distraire une partie et d'affecter le montant de ce prélèvement aux autres dépenses du budget, la circulaire se montre peu favorable à l'exercice de cette faculté. « Le développement rapide de l'enseignement primaire, — dit-elle, — est dans le vœu de la loi : il constitue l'une des exigences les plus légitimes de la situation présente ; les conseils généraux reconnaîtront combien il serait regrettable de restreindre la dotation, à peine suffisante aujourd'hui, d'un service qui correspond à l'un des premiers besoins du pays. »

II. Comptes du département.—Obligation pour les préfets de communiquer ces comptes à la commission départementale, avec les pièces à l'appui, dix jours au moins avant l'ouverture de la session d'août. Les préfets doivent aussi, dans la même session, soumettre au conseil général le compte annuel de l'emploi des ressources municipales affectées aux chemins de grande communication et d'intérêt commun. Le conseil général doit proportionner aux besoins réels des communes et aux sacrifices qu'elles s'imposent l'importance des subventions qu'il croira devoir accorder à la vicinalité sur les fonds départementaux.

III. Attributions de la commission départementale. — La circulaire se borne à récapituler les attributions de la commission départementale, telles qu'elles sont énoncées dans le titre VI de la loi du 10 août. « Les attributions conférées à cette commission, — dit-elle, — peuvent être très-restreintes ou très-larges. »

Contrats au nom du département.—Le conseil général statue ; le préfet prépare l'acte et le soumet à la commission départementale. C'est seulement sur l'avis conforme de la commission, dont mention doit être faite, que le préfet peut signer le contrat.

Budget. — Le rôle de la commission se borne, en principe, à examiner par avance les prévisions du préfet et à présenter au conseil général, à l'ouverture de la session d'août, un rapport sommaire sur les propositions que le préfet compte soumettre au conseil. Le préfet doit lui adresser, au commencement de chaque mois, l'état détaillé des ordonnances de délégation qu'il a reçues et des mandats de payement qu'il a délivrés pendant le mois précédent.

La commission départementale peut être chargée d'opérer la répartition des subventions allouées par le conseil général sur les fonds départementaux. Devoir pour le préfet de mettre sous ses yeux tous les documents de nature à lui permettre d'opérer la répartition de la manière la plus équitable. Il appartient aussi à la commission de distribuer les fonds provenant des amendes de police correctionnelle, *en respectant rigoureusement les destinations spéciales.*

Emprunts. — C'est le conseil général qui les vote ; c'est la commission départementale qui fixe l'époque et le mode de leur réalisation, si le conseil ne s'est pas prononcé à cet égard.

Travaux départementaux. — L'ordre de priorité des travaux à exécuter et l'époque de la mise en adjudication des entreprises devant être fixés par la commission départementale, obligation pour les préfets de faciliter autant que possible l'accomplissement de la tâche de ces commissions par des informations et des travaux préparatoires complets.

La circulaire entre, du reste, dans fort peu de détails sur cette partie, si nouvelle dans notre législation administrative,

de la loi du 10 août. Le ministre se réserve de résoudre les
questions à mesure qu'elles se présenteront. Cette circulaire
se termine par l'observation que, pour la solution des difficultés d'application, il conviendra d'interroger l'esprit plus
encore que le texte de la loi et d'obéir à la pensée de décentralisation dont l'Assemblée nationale s'est inspirée. « C'est, dit-
elle, aux assemblées librement constituées par une élection
nouvelle, aux commissions qui vont être nommées, aux fonctionnaires de plus en plus attentifs aux intérêts des départements, qu'il appartient d'accomplir loyalement leur devoir,
d'utiliser leurs franchises élargies et de réveiller partout l'activité de la vie locale. »

La seconde circulaire est relative à la tenue des sessions des
conseils généraux et de la commission départementale.

I. Conseils généraux. — Convocation individuelle adressée par le préfet à chaque membre du conseil général. Réunion
au jour indiqué pour l'ouverture. Formation du bureau provisoire. Vérification des pouvoirs. Election du bureau définitif,
au scrutin secret.

La loi ne détermine pas le nombre des vice-présidents et
des secrétaires. La circulaire incline pour la nomination de
plusieurs secrétaires. Scrutin individuel pour le président et le
vice-président, s'il n'y en a qu'un ; au scrutin de liste, pour
les vice-présidents et *les* secrétaires.

La circulaire admet les membres sur l'élection desquels il
n'a pas encore été prononcé, à participer à la formation du
bureau ainsi qu'aux autres votes.

Dépôt sur la table du conseil, avec toutes les pièces à l'appui,
des procès-verbaux arrêtés par les bureaux de recensement
des chefs-lieux de cantons, et des protestations remises à la
préfecture. Pour la procédure de la vérification des pouvoirs,
la circulaire conseille d'observer les règles suivies en matière
de vérification des pouvoirs des députés. Décision par vote
individuel sur chacune des élections.

Le conseil général n'est pas compétent pour déclarer élu,

en modifiant l'attribution des voix, un candidat qui n'aurait pas été proclamé par le bureau de recensement ; ni pour prononcer l'admission d'un citoyen qui ne satisferait pas aux conditions légales d'éligibilité.

Les décisions du conseil général en matière de vérification des pouvoirs ne doivent pas rigoureusement être motivées ; mais la circulaire observe que, dans la pratique, les raisons qui auront déterminé les votes ressortiront vraisemblablement du rapport qui les aura précédés.

Le conseil général n'est pas tenu de se renfermer dans l'examen des griefs articulés dans les protestations ; il peut même invalider d'office.

En cas de double élection dans le même département, option dans les trois jours qui suivront la dernière élection vérifiée ; sinon, le conseil général déterminera en séance publique, par la voie du sort, à quel canton l'élu appartiendra. S'il y a eu élection dans deux départements différents, même droit pour les deux conseils généraux de procéder au tirage au sort, mais après s'être entendus sur ce point, pour éviter le double emploi.

Compétence du conseil général pour apprécier les questions d'état et décider les questions de domicile. S'il arrivait donc, en cas d'élections simultanées, qu'une élection fût contestée par la raison que le nombre des conseillers non domiciliés était déjà égal ou supérieur au quart, le conseil général justifierait sa décision en déclarant, avant de procéder au tirage au sort, qu'il considère tels et tels conseillers comme non domiciliés.

· La circulaire rappelle que si le conseil général a le droit de déclarer démissionnaire un conseiller qui se trouve dans un des cas d'incapacité ou d'incompatibilité prévus par la loi, *pour une cause survenue postérieurement à son élection*, il excéderait ses pouvoirs s'il le déclarait démissionnaire à raison d'une incapacité, ou d'une incompatibilité, *antérieures à l'élection*. Quant à la démission *à prononcer d'office* contre le conseiller qui aurait manqué à une seule session ordinaire, sans excuse

légitime admise par le conseil, la circulaire pense que, si
formels que soient les termes de la loi, les conseils généraux
s'interdiront sans doute de prononcer sans avoir entendu le
conseiller absent, ou, du moins, sans l'avoir mis en demeure
de produire ses explications. Remise de la décision à la plus
prochaine session.

Les démissions données sont remises, soit au président du
conseil général, soit au président de la commission départementale, qui en avise immédiatement le préfet. Le conseil n'a
qu'à enregistrer ; il n'a point à se prononcer sur l'acceptation.

En vue du renouvellement par moitié, tous les trois ans, les
conseils généraux diviseront les cantons en deux séries,
comprenant chacune un nombre de cantons égal, ou du moins
ne différant que d'une unité, et composées chacune d'un
nombre égal de cantons empruntés à chacun des arrondissements. Les séries établies, c'est le conseil général qui tirera
au sort. La série qui sortira la première sera renouvelable en
1874, 1880 et 1886 ; la seconde le sera en 1877, 1883, etc.

Pour le règlement intérieur, liberté entière des conseils
généraux, qui suivront sans doute les traditions locales, en se
bornant à les modifier dans la mesure des innovations introduites par la loi du 10 août.

Si les conseils généraux ont été investis du droit de charger
un ou plusieurs de leurs membres d'une mission dans l'intervalle des sessions, la circulaire insiste sur le point que ces
missions ne doivent avoir qu'un caractère individuel et défini.
Les délégués ne pourront s'occuper que d'un objet unique
spécialement déterminé. Seule, la commission départementale
a une existence régulière en dehors des sessions.

La circulaire se préoccupe ensuite de la publicité des séances.
Le gouvernement, comme l'Assemblée nationale, compte sur
la sagesse des conseils généraux pour éviter que cette disposition libérale de la loi *ne dégénère en abus*. Les propositions de
comité secret ne doivent donner lieu à aucune discussion.
C'est le conseil général qui décide en quels termes la délibéra-

tion prise en comité secret doit être inscrite au procès-verbal.

Le ministre de l'intérieur aborde les questions de la majorité requise pour les délibérations, du mode de votation, des exceptions au principe du scrutin public, du double travail imposé aux secrétaires des conseils généraux. Il se borne, du reste, à reproduire, sur ces différents points, le texte de la loi.

Dans une autre de ses parties, la circulaire ministérielle charge les préfets de veiller, comme représentants du gouvernement, à ce que les conseils généraux s'abstiennent de tout ce qui ne rentrerait pas dans le cercle régulier de leurs attributions. Le ministre de l'intérieur estime, d'ailleurs, que la présence des préfets aux séances des conseils généraux ne pourra que faciliter l'instruction des affaires et aider à la bonne gestion des intérêts départementaux. Quant aux chefs de services qui pourront être appelés à fournir verbalement ou par écrit des renseignements aux conseils, l'invitation qui leur sera adressée à cet effet devra leur être transmise par le préfet, pour rendre hommage à la hiérarchie et aux convenances.

C'est le conseil général qui, avant de se séparer, doit fixer le jour de l'ouverture de la seconde session ordinaire. (Autant que possible, l'époque des vacances de Pâques.)

II. Sessions de la Commission départementale. — La circulaire est sobre de développements sur ce point. Elle traite de la nomination au scrutin secret des membres de la commission ; elle rappelle que l'Assemblée nationale s'est refusée à étendre le cercle des incompatibilités ; elle s'occupe des conflits entre la commission et le préfet, de la présidence de la commission, de la majorité exigée pour les votes, de la tenue des séances. La communication du registre des délibérations de la commission n'est pas obligatoire. Les conseils généraux peuvent, s'ils le jugent convenable, nommer un ou plusieurs employés rétribués sur les fonds départementaux et chargés de préparer le travail de la commission. Ils peuvent s'entendre aussi avec le préfet, pour que tout ou partie de ce travail soit confié aux bureaux de la préfecture, ce qui est une question pratique à débattre à l'amiable entre le conseil général et le préfet. Mais la circulaire, qui considérerait cet arrangement comme avantageux au point de vue financier, lui est peu favorable au point de vue des obstacles qu'il entraînerait, en encombrant les services de la préfecture. Le ministre de l'intérieur insiste sur la gratuité absolue des fonctions de membre de la Commission.

Il renvoie à une circulaire ultérieure, s'il y a lieu, pour ce qui concernera les conférences interdépartementales.

CHAPITRE VII.

LE SOUS-PRÉFET ET LE CONSEIL D'ARRONDISSEMENT, ORGANES GÉNÉRAUX DE L'ADMINISTRATION.

Historique. — § 1. Le sous-préfet. — § 2. Le Conseil d'arrondissement.

Historique. — En remontant par l'histoire aux différentes époques qui précédèrent la Révolution de 1789, nous trouvons, à côté des intendants des généralités, des subdélégués nommés par eux, n'exerçant aucune autorité propre, et destinés à représenter les intendants partout où ces derniers le jugeraient convenable.

Un édit du 15 avril 1774 investit les subdélégués du caractère de fonctionnaires publics en érigeant, dans chaque chef-lieu des élections, un office de subdélégué des intendants. Les fonctions de ces subdélégués restèrent néanmoins dénuées de toute initiative personnelle. Ces fonctionnaires n'étaient que les intermédiaires entre l'intendant, les communes et les habitants de la généralité.

En 1715, un édit supprima leur office, et rendit aux intendants le droit de nommer leurs subdélégués. La Révolution de 1789, en supprimant les généralités et les intendants, pour les remplacer par des départements et des administrations départementales, fit succéder aux subdélégués des administrations de district, et, plus tard, des administrations cantonales.

La loi du 28 pluviôse an VIII a établi la circonscription actuelle de la France, en départements, arrondissements, cantons et communes. La même loi a placé dans chaque arrondissement un sous-préfet nommé par le chef de l'État, et un conseil d'arrondissement, composé de membres électifs.

Pour le *canton*, ce n'est qu'une circonscription territoriale, comprise dans la circonscription plus étendue de l'arrondissement, et ayant pour effet, comme caractère propre, de constituer le ressort de l'autorité judiciaire du degré inférieur, la *justice de paix*. — Quoique n'étant plus une circonscription administrative, la commune chef-lieu de canton, et le maire de cette commune, ont continué d'avoir une importance spéciale dans certaines matières administratives, notamment en matière de recrutement, d'élections départementales et d'arrondissement [1].

§ 1. — Le Sous-Préfet [2].

Nomination et révocation. — Caractère des fonctions du sous-préfet. — Autorité propre. — Forme des actes du sous-préfet. — Personnel.

Sous-préfet. — Nomination et révocation. — Remplacement. — Le sous-préfet est l'agent direct du pouvoir exécutif, placé à la tête de la division territoriale appelée arrondissement, pour procurer l'exécution des lois, décrets, règlements, ordonnances, décisions et instructions de ceux des agents de l'autorité administrative que l'organisation place au-dessus de lui.

[1] Blanche, *Dictionnaire d'administration*, v° *Canton*.
[2] Loi 28 pluv. an VIII; arrêté vent. an VIII; loi 9 vent. an XII; ordonnance 29 mars 1821; décrets 27 mars, 28 mars et 8 août 1852; lettre du ministre de l'int. 17 sept. 1852; décret 29 déc. 1854; décret 13 avril 1861; circul. min. 18 mai 1861.

Les sous-préfets sont nommés et révoqués par décret du chef de l'État, sur le rapport du ministre de l'intérieur. Point de condition spéciale d'aptitude ; il suffit d'avoir vingt-un ans, et de jouir des droits civils et politiques. En cas d'absence ou d'empêchement d'un sous-préfet, le préfet pourvoit à son remplacement en désignant un membre du conseil d'arrondissement, ou, à défaut, un conseiller de préfecture.

Il n'y a point de sous-préfet dans l'arrondissement où se trouve le chef-lieu de préfecture. Dans cet arrondissement chef-lieu, c'est le préfet qui remplit les fonctions du sous-préfet. Cependant les secrétaires généraux de préfecture peuvent être chargés de l'administration de l'arrondissement, en vertu d'une délégation expresse du préfet, approuvée par le ministre de l'intérieur.

Caractère des fonctions du sous-préfet. — A la différence des préfets, qui jouissent d'une autorité propre, les sous-préfets doivent plutôt être considérés comme des agents de transmission, d'information et de surveillance, placés sous la direction immédiate du préfet, auquel ils rendent compte une fois par mois de l'exécution des diverses parties du service confiées à leurs soins. Ils sont constamment dirigés par le préfet pour tous les actes intermédiaires qu'ils doivent faire ; aussi, toutes leurs mesures doivent-elles être préalablement approuvées par ce fonctionnaire. Toutefois, les fonctions du sous-préfet ne laissent pas que d'être importantes. Il a le droit de transmettre son avis à l'appui des demandes et des réclamations, qu'elles intéressent les communes, les particuliers, les établissements publics ou autres. Le sous-préfet est, de plus, le conseil de toutes les communes de son arrondissement. Bien que dirigé par le préfet, il n'est pas soumis à son pouvoir discrétionnaire. Le seul moyen coercitif du préfet contre le sous-préfet est la dénonciation.

Comme agent de transmission, le sous-préfet reçoit la réclamation du contribuable qui se croit lésé par une surtaxe ou par une taxe irrégulière ; il y joint son avis, celui des répartiteurs et du contrôleur des contributions, et transmet le tout au préfet.

En matière de contributions indirectes, il transmet au préfet les demandes des communes en suppression d'octroi et y joint son avis.

Il transmet au préfet, avec son avis, la déclaration des propriétaires qui veulent exploiter des tourbières dans leur terrain, etc., etc.

Comme agent de surveillance, le sous-préfet surveille les écoles primaires, la conservation des travaux de desséchement, les digues, l'exécution des formalités relatives à la saisie des marchandises de contrebande, l'exploitation des carrières à galeries souterraines, etc., etc.

Autorité propre. — Intermédiaires entre le préfet et les maires, les sous-préfets n'exerçaient, avant le décret du 13 avril 1861, que dans un petit nombre de cas une autorité qui leur fût propre. C'étaient eux, par exemple, qui nommaient les porteurs de contraintes et les membres du comité consultatif de l'arrondissement; qui prenaient les mesures nécessaires pour faire cesser le dommage, en cas de contravention en matière de grande voirie; qui ordonnaient la destruction des tabacs plantés en contravention à la loi.

En matière de recrutement, ils présidaient à l'examen des tableaux de recrutement dressés par les maires, les rectifiaient, s'il y avait lieu, les arrêtaient, et présidaient à l'opération du tirage au sort. C'était à leur approbation qu'était soumis le règlement relatif au service ordinaire, aux revues, exercices et prises d'armes de la garde nationale. Ils n'agissaient et ne décidaient que lorsque le préfet leur avait délégué ses pouvoirs; en cas d'urgence, lorsqu'il était impossible d'attendre la délégation; lorsqu'une disposition législative leur conférait le droit d'action.

Mais le décret du 13 avril 1861 a pris l'initiative d'une innovation importante, en conférant aux sous-préfets le droit de décision dans des cas plus nombreux. Il les a rendus com-

pétents pour statuer désormais, soit directement, soit par
délégation des préfets, sur certaines affaires qui, jusqu'à ce
jour, exigeaient la décision préfectorale : la légalisation des
actes de l'état civil, chaque fois que la légalisation du sous-
préfet est requise, des certificats d'indigence, de vie, de bonne
vie et mœurs, de libération du service militaire, des pièces
destinées à constater l'état de soutien de famille; la délivrance
des passeports et des permis de chasse; l'autorisation de mise
en circulation des voitures publiques; des loteries de bienfaisance jusqu'à concurrence de 2,000 fr.; de changement de
résidence dans l'arrondissement des condamnés libérés; de
débits de boissons temporaires; l'approbation des polices
d'assurances contre l'incendie des édifices communaux; l'homologation des tarifs des concessions dans les cimetières,
quand ils sont établis d'après les conditions fixées par arrêté
préfectoral; des tarifs des droits de place dans les halles, foires
et marchés, lorsqu'ils sont établis d'après les conditions fixées
par arrêté préfectoral; des tarifs des droits de pesage, jau-
geage et mesurage, lorsqu'ils sont établis d'après les conditions fixées par arrêté préfectoral; l'autorisation des battues
pour la destruction des animaux nuisibles, dans les bois des
communes et des établissements de bienfaisance; l'approbation des travaux ordinaires et de simple entretien des bâtiments communaux dont la dépense n'excède pas 1,000 fr., et
dans la limite des crédits ouverts au budget; des budgets et
comptes des bureaux de bienfaisance; des conditions des baux
et fermes des biens des bureaux de bienfaisance, lorsque la
durée n'excède pas 18 ans; le placement des fonds des bureaux de bienfaisance, les acquisitions, ventes et échanges
d'objets mobiliers appartenant à ces bureaux; le règlement
du service intérieur de ces établissements; l'acceptation, par
les bureaux de bienfaisance, des dons et legs d'objets mobiliers ou de sommes d'argent, lorsque leur valeur n'excède
pas 3,000 fr., et qu'il n'y a pas réclamation des héritiers.

Les sous-préfets nommeront les simples préposés d'octroi;

ils rendront compte de leurs actes aux préfets, qui pourront les annuler ou les réformer, soit pour violation des lois et des règlements, soit sur là réclamation des parties intéressées, sauf recours devant l'autorité compétente.

Les sous-préfets sont chargés, conjointement avec les maires et les préfets, de faire toutes les diligences nécessaires pour réintégrer les communes dans la possession de leurs biens usurpés. Ils font procéder aux enquêtes de *commodo et incommodo*, qui doivent précéder les décrets autorisant les baux à longue durée des biens ruraux, des hospices, établissements d'instruction publique et communautés d'habitants. Ils nomment, au nom des communes, l'expert chargé d'estimer la redevance annuelle à payer par les détenteurs illégaux des biens communaux. C'est ainsi que l'on peut considérer les sous-préfets comme concourant à la tutelle des communes et des établissements publics.

Formes des actes du sous-préfet. — Les sous-préfets emploient la forme de lettres missives pour tout ce qui tient à leurs attributions d'agents de transmission ; ils donnent aussi, dans certains autres cas, la forme d'avis aux actes qui émanent d'eux. Ils rédigent, enfin, dans la forme des arrêtés, lorsqu'ils agissent en vertu de l'autorité qui leur est propre.

Personnel. — Les sous-préfectures sont divisées en trois classes. Les sous-préfets compris dans la troisième classe pourront, après cinq ans de service dans la même classe, obtenir le traitement de la deuxième, et ceux de cette dernière obtiendront, aux mêmes conditions, le traitement de la première, sans qu'il soit nécessaire de les changer de résidence. Il importe, en effet, à la bonne administration du pays que, sous le rapport du traitement, l'avancement des préfets, sous-préfets et conseillers de préfecture, dépende de leurs services personnels et non plus seulement de leur résidence.

Un décret du 28 mars 1852 a mis à la charge des départements la dépense d'ameublement des hôtels de sous-préfecture.

En outre de son traitement, chaque sous-préfet reçoit, ainsi que le préfet, une allocation spéciale pour frais d'administration. Il en rend compte au conseil d'arrondissement.

Les sous-préfets et les préfets payent la contribution mobilière et celle des portes et fenêtres pour les hôtels affectés à leur logement. Cependant, bien qu'en thèse générale la contribution doive être payée intégralement par celui au nom duquel elle a été imposée, comme l'impôt personnel et mobilier est bien plus élevé pour les préfets et sous-préfets, à raison de la position et de l'habitation qu'ils occupent, qu'il ne l'eût été pour la plupart d'entre eux, avant leur entrée dans les fonctions publiques, les contributions ne doivent être payées par chaque préfet et par chaque sous-préfet, qu'au prorata de son exercice. Voir le décret du 27 mars 1852 sur les traitements des sous-préfets ; celui du 27 mars 1854, portant que les sous-préfets qui, au moment où ils cesseront d'être en activité, ne réuniront pas les conditions voulues pour obtenir une pension de retraite, pourront recevoir un traitement de non-activité ; et le décret du 28 février 1863, d'après lequel le titre de sous-préfet honoraire, pourra être conféré aux sous-préfets placés hors des cadres d'activité ou mis à la retraite. D'après la loi des 9-11 mai 1871, « en attendant l'adoption d'une loi organique électorale, » les préfets et sous-préfets ne pourront être élus représentants à l'Assemblée nationale, dans les départements administrés par eux, et la prohibition continuera de subsister pendant les six mois qui suivront la cessation de la fonction.

§ 2. — Le Conseil d'arrondissement [1].

Conseil d'arrondissement. — Attributions. — Délégué du conseil général. — Représentant des communes. — Contrôle. — Organisation.

Conseil d'arrondissement. — Attributions. — Le conseil d'arrondissement est l'intermédiaire entre le conseil général et les communes. Il doit être envisagé sous deux points de vue : comme délégué du conseil général, et comme représentant des communes auprès du conseil du département.

Délégué du Conseil général. — Comme délégué du conseil général, le conseil d'arrondissement répartit les contributions directes entre les communes de la circonscription, et donne son avis motivé sur les demandes en décharge formées par les communes.

La session ordinaire du conseil d'arrondissement se divise en deux parties : la première précède et la seconde suit la session d'août du conseil général. Dans la première partie de la session, le conseil d'arrondissement délibère préparatoirement sur les réclamations auxquelles donne lieu la fixation du contingent de l'arrondissement dans les contributions directes. Dans la seconde partie, il répartit entre les communes les contributions directes, en se conformant, dans la répartition de l'impôt, aux décisions souveraines rendues par le conseil général sur les réclamations des communes.

Représentant des communes. — Comme représentant les communes devant le conseil général, le conseil d'arrondissement délibère d'une manière exclusivement préparatoire, et à titre seul d'avis, sur différentes questions que le conseil général est appelé à décider. C'est ainsi que, dans la pre-

[1] Loi 28 pluv. an VIII; loi 22 juin 1833; loi 10 mai 1838; décret législatif 3 juill. 1848; loi 7 juill. 1852.

mière partie de sa session, le conseil d'arrondissement donne
son avis sur les changements proposés à la circonscription
du territoire de l'arrondissement, des cantons et des communes, et à la désignation de leurs chefs-lieux ; sur le classement et la direction des chemins vicinaux de grande communication ; sur l'établissement et la suppression, ou le
changement des foires et des marchés ; sur les réclamations
élevées au sujet de la part contributive des communes respectives dans les travaux qui intéressent à la fois plusieurs
communes, ou les communes et le département, et spécialement sur tous les objets sur lesquels il est appelé à donner
son avis en vertu des lois et règlements, ou sur lesquels il
serait consulté par l'administration, en tant qu'ils intéressent
l'arrondissement.   .

Contrôle. — Le conseil d'arrondissement exerce un droit
de contrôle sur l'administration locale. Il entend le compte
annuel que le sous-préfet rend des centimes additionnels destinés aux dépenses de l'arrondissement ; il peut adresser directement au préfet, par l'intermédiaire de son président, son
opinion sur l'état et les besoins des différents services publics,
en ce qui concerne l'arrondissement. Le préfet lui communique le compte de l'emploi des fonds de non-valeur. Enfin
le conseil d'arrondissement peut avoir des sessions extraordinaires.

Les attributions des conseils d'arrondissement sont, on le
voit, moins importantes que celles des conseils généraux.
Cela tient à ce que l'arrondissement n'est qu'une circonscription territoriale, et non une personne civile, comme le département et la commune qui sont des êtres moraux. L'arrondissement n'étant qu'une subdivision établie dans une vue
d'ordre intérieur, pour simplifier et activer l'administration
qui a son centre au chef-lieu du département, n'a donc capacité ni pour posséder ni pour acquérir. Jusqu'à la loi du
10 mai 1838, on a pu discuter la question de savoir si l'arrondissement est ou non capable d'acquérir. La raison de douter

se trouvait dans les termes du décret du 9 avril 1811, qui concédait « gratuitement aux départements, *arrondissements* et communes la pleine propriété des édifices et bâtiments, etc...» ; et dans ceux de la loi du 16 septembre 1807, art. 28 et 29, sur le desséchement des marais, qui permettait *d'imposer l'arrondissement* pour les travaux publics l'intéressant particulièrement, et en faisait une personne morale. Mais la question ayant été soulevée pendant la discussion de la loi du 10 mai 1838, il fut expressément reconnu que l'arrondissement n'est qu'une division administrative.

S'il en est ainsi, et si, par conséquent, l'arrondissement n'a point de patrimoine, comment serait-il possible de lui faire une donation ? On procéderait indirectement, en donnant au département, à la charge d'affecter à l'arrondissement le produit de la libéralité. Si la charge imposée par le donateur n'était pas remplie, il y aurait lieu d'appliquer l'article 951 du code civil. Les héritiers du donateur ou le donateur lui-même, pourraient assigner le préfet en restitution des objets donnés.

Le conseil d'arrondissement n'exerce ses fonctions que sous le contrôle et l'autorité du conseil général, dont il est l'auxiliaire et le subordonné. Le sous-préfet assiste à ses séances, avec seule voix consultative ; mais il ne peut y assister lorsqu'il s'agit de l'examen de ses comptes.

Organisation. — Les présidents, vice-présidents et secrétaires des conseils d'arrondissement sont, pour chaque session, choisis parmi les membres du conseil, et par eux [1].

Les membres des conseils sont nommés à l'élection. Le conseil se compose d'autant de membres qu'il y a de cantons

---

[1] Aux termes de la loi des 23-26 juillet 1870, à l'ouverture de chaque session, le plus âgé des membres présents du conseil d'arrondissement remplit les fonctions de président ; le plus jeune remplit les fonctions de secrétaire. Il est procédé immédiatement à l'élection du président, des vice-présidents et des secrétaires. Le conseil règle l'ordre de ses délibérations ; il peut, s'il le juge convenable, adopter un règlement intérieur. Tout habitant ou contribuable du département a le droit de demander communication sans déplacement et de prendre copie des délibérations.

dans l'arrondissement, sans que le nombre des conseillers puisse être au-dessous de neuf ; si le nombre des cantons était inférieur à ce chiffre, un décret répartirait entre les cantons les plus peuplés le nombre des conseillers d'arrondissement à élire pour complément. La convocation des conseils est faite par le préfet, après avoir été autorisée par un décret du chef de l'État, qui détermine l'époque et la durée des sessions tant ordinaires qu'extraordinaires. Au jour indiqué pour la réunion, lecture du décret de convocation par le sous-préfet. On ne peut être membre de plusieurs conseils d'arrondissement, ni à la fois membre du conseil d'arrondissement et du conseil général ; les membres des conseils d'arrondissement sont élus pour six ans, et renouvelés par moitié tous les trois ans.

La dissolution des conseils d'arrondissement ne peut être prononcée que par décret, et, dans ce cas, il doit être procédé à une nouvelle élection dans le délai de trois mois. Les conseils d'arrondissement ne peuvent ni émettre des vœux, ni communiquer entre eux, ni choisir des commissions permanentes, ni tenir des réunions pendant l'intervalle des sessions. La loi du 10 août 1871 ne leur est point applicable. Leur organisation et leurs attributions restent réglées par les lois du 22 juin 1833 et du 10 mai 1838, qui ne sont partiellement abrogées qu'en ce qui concerne les conseils généraux [1].

---

[1] Un décret du 25 décembre 1870 a prononcé la dissolution des conseils généraux et d'arrondissement, et institué des commissions départementales. Ce décret a été l'œuvre de la délégation de Bordeaux. Il a été abrogé par la loi du 29 mars 1871.

CHAPITRE VIII.

LE MAIRE ET LE CONSEIL MUNICIPAL, ORGANES GÉNÉRAUX DE L'ADMINISTRATION.

Historique. — § 1er. Le maire. — § 2. Le Conseil municipal. — § 3. Administration spéciale du département de la Seine et de la ville de Lyon.

Historique. — Nous devons à la loi du 28 pluviôse an VIII l'organisation municipale de la France. Aux anciens maires, échevins, capitouls, consuls ou jurats, la législation de 1789 avait fait succéder une administration municipale, composée d'officiers municipaux dont le chef devait porter le nom de maire, d'un collége de notables, et d'un procureur de la commune, élus parmi les citoyens actifs, et payant une contribution directe équivalant au moins à la valeur locale de dix journées de travail. Ces corps municipaux jouissaient, pour tout ce qui intéressait la commune, d'un pouvoir qui leur était propre, sous la surveillance et l'inspection des assemblées administratives. Ils étaient placés sous l'autorité de ces mêmes assemblées, pour l'exercice de certaines fonctions propres à l'administration générale, et qui leur avaient été déléguées.

La Convention nationale supprima la hiérarchie qui plaçait les districts, les municipalités, ou toute autre autorité sous la dépendance des départements, pour ce qui concernait les lois

révolutionnaires et militaires et les mesures de gouvernement, de salut public et de sûreté générale. La constitution
de l'an III mit à la tête de chaque département une administration centrale, et de chaque canton ou réunion de communes, une administration municipale. Chaque commune
dont la population était inférieure à cinq mille habitants avait
un agent municipal de l'état civil et de la police. La réunion
de ces agents municipaux formait l'administration municipale
du canton, auprès de laquelle se trouvait un commissaire du
pouvoir exécutif.

La loi du 28 pluviôse an VIII remplaça enfin dans toutes
les villes, dans les bourgs et villages formant commune, les
agents municipaux par les maires et les adjoints, et établit
dans la commune un conseil municipal.

§ 1. — Le Maire [1].

Double caractère des fonctions du maire. — Organe des intérêts généraux. — Organe des
intérêts communaux. — La commune. — État de minorité de la commune. — Acquisitions, aliénations, échanges. — Partage des biens communaux entre les membres de la
même commune. — Baux contractés par les communes. — Transactions. — Acceptation
de dons et legs. — Emprunts des communes. — Libération des communes. — Responsabilité des communes. — Forme des actes des maires. Exécution. Réformation. —
Adjoints. — Composition et mode de nomination du corps municipal.

Double caractère des fonctions du maire. — Le maire
est le magistrat placé par le pouvoir exécutif à la tête de la
commune, comme délégué du gouvernement pour l'adminis-

[1] Lois 14 déc. 1789; 16-24 août 1790; 28 pluv. an VIII; loi 18 juillet 1837;
loi 5 mai 1855; décret 22 juillet 1870; loi 14 avril 1871. — Sur le *droit municipal*, voir Béchard, *Droit municipal dans l'antiquité et au moyen âge*; —
Raynouard, *Histoire du droit municipal en France, sous la domination romaine et sous les trois dynasties*; — Duquenel, *Lois municipales*; — Rondonneau, *Lois administratives et municipales de la France*; — De Champagny,
Traité de la police municipale; — Bost, *Encyclopédie municipale, collection*

tration générale, et comme agent d'exécution des mesures à prendre dans l'intérêt économique de la commune. Le maire est donc à la fois l'organe des intérêts généraux, et l'organe des intérêts communaux.

Organe des intérêts généraux, il est l'agent du gouvernement, et procure l'action administrative dans la commune, sous la direction et l'autorité du sous-préfet, du préfet et des ministres. Organe des intérêts de la commune, il pourvoit à l'administration de la communauté à laquelle il préside, et se trouvant en rapport immédiat avec ses administrés, il agit par lui-même, sous la seule surveillance de l'administration supérieure.

Le maire est, de plus, officier de police judiciaire et officier de l'état civil.

Comme officier de police judiciaire, le maire exerce les fonctions déterminées par les articles 11, 12, 14, 15, 25, 19, 50 et 55 du code d'instruction criminelle. Il est aussi juge de simple police. (*Art.* 166 du même code.) Les fonctions du ministère public sont remplies alors par l'adjoint, ou par un membre du conseil municipal. Mais le maire ne peut connaître des matières exclusivement attribuées aux juges de paix.

Officier de l'état civil, le maire est chargé de la tenue des registres de déclarations de naissance, mariage, décès, adoption, reconnaissance. Ses devoirs sont tracés par le titre II du livre I du code civil.

Organe des intérêts généraux.—Considéré comme organe des intérêts généraux, le maire est chargé, *sous l'autorité de l'administration supérieure*, de la publication et de l'exécution des lois et règlements. En ce qui concerne la publication, il fait faire les affiches, ou même fait apposer sur les murs les affiches envoyées par le sous-préfet. Il est aussi chargé de

de codes, formulaires, etc.; — Boyard et Vasserot, *Nouveau Manuel complet des maires*; — Braff, *Principes d'administration communale*; — du même, *Administration financière des communes*; — Le Berquier, *Le corps municipal.*

fonctions spéciales qui lui sont attribuées par les lois, et de l'exécution des mesures de sûreté générale. La loi lui confère la répression des délits contre la tranquillité publique, la surveillance du recouvrement des contributions directes, le visa des passeports des voyageurs indigents, et la distribution du secours que la loi leur accorde pour frais de route. C'est le maire qui fait afficher l'état de répartition entre les cantons de l'arrondissement, qui assiste le sous-préfet dans l'examen du tableau de recensement de la commune, appelle au sort les jeunes gens inscrits sur ce tableau, tire pour les absents, fait publier et afficher dans la commune la liste du tirage arrêtée et signée, convoque devant le conseil de révision, et rend public le bulletin indiquant le dernier numéro compris dans le contingent communal. Le maire sert également à l'administration supérieure d'agent d'information et de vérification. C'est ainsi que l'article 2 de la loi du 15 octobre 1810 veut que les maires donnent aux sous-préfets leur avis sur les permissions pour l'exploitation des établissements insalubres de la dernière classe ; c'est ainsi que les publications des demandes en concession de mines, doivent avoir lieu devant la porte de la maison commune, à la diligence des maires, qui sont tenus de certifier ces publications, et que le maire doit recevoir la déclaration de l'étranger qui désire devenir Français.

Agent de l'administration générale, le maire est l'intermédiaire entre l'administration supérieure et les administrés ; il est l'organe des administrés auprès de l'administration ; il est obligé d'exécuter les ordres qu'il reçoit, mais il ne peut en encourir la responsabilité. En cas de négligence, de la part du maire, de faire des actes qui lui sont prescrits par la loi, le préfet, après l'en avoir requis, pourrait procéder d'office par lui-même, ou par un délégué spécial. Indiquer au préfet, par l'intermédiaire du sous-préfet, les améliorations qu'il estimera possibles ; assister aux opérations relatives au cadastre ; surveiller l'exploitation des carrières à ciel ouvert ;

coter, parapher, viser les livres des commerçants, en remplacement des juges de commerce ; donner des certificats de vie, indigence, bonne conduite, d'insolvabilité ou d'absence des redevables du Trésor public, etc., telles sont les attributions des maires comme organes des intérêts généraux. Ils y joignent encore de nombreuses attributions en matière de culte, domicile, droits politiques, expropriation pour cause d'utilité publique, garde nationale, gendarmerie, instruction primaire, poids et mesures, prisons, travaux publics, voitures publiques, etc., etc. [1].

Ces différentes attributions, qui se résument ainsi : 1° notification aux citoyens des lois et actes de l'autorité supérieure ; 2° exécution de ces lois et actes ; 3° information et vérification dans certaines affaires que l'autorité supérieure peut seule décider, ces attributions appartiennent donc au maire considéré comme agent de la puissance exécutive et, comme tel, subordonné à l'autorité supérieure. Il faut remarquer, à ce sujet, qu'à la différence du préfet qui, en sa qualité de chef de l'administration dans le département, est dispensé de justifier d'une délégation spéciale pour ses divers actes, le maire n'est, en dehors des attributions propres au pouvoir municipal, qu'un instrument d'exécution. Sa position le désigne à la confiance du législateur pour certaines mesures d'administration, mais, pour chacune de ces mesures, son autorité ne prend sa source que dans une délégation spéciale.

Organe des intérêts communaux. — Législation antérieure à 1867. — Considéré comme organe des intérêts communaux, le maire n'est plus un agent de l'administration générale, fonctionnant *sous la direction* de l'autorité supérieure hiérarchique ; il se présente seul, libre dans son contact avec les administrés, exerçant les fonctions qui lui sont propres, parce qu'elles intéressent directement et parti-

[1] Magnitot et Delamare, *Dictionnaire de droit public et administratif*, v° *Maire*.

culièrement la commune qu'il représente, et jouissant du droit personnel de délibérer et d'agir, en tout ce qui concerne ses fonctions municipales. Seulement, comme il importe à la grande communauté nationale que toutes les communes particulières, qui en sont les éléments, soient bien administrées, le maire demeure placé *sous la surveillance et l'inspection de l'autorité supérieure*.

Organe des intérêts communaux, le maire est chargé, *sous la surveillance du préfet*, de tout ce qui concerne l'établissement, l'entretien, la conservation des édifices communaux, cimetières, promenades, places, rues et voies publiques, ne dépendant pas de la grande voirie, l'établissement et la réparation des fontaines, aqueducs, pompes et égouts ; de la police municipale, en tout ce qui a rapport : à la sûreté et à la liberté du passage sur la voie publique, à l'éclairage, au balayage, aux arrosements, à la solidité et à la salubrité des constructions privées ; aux mesures propres à prévenir et à arrêter les accidents et fléaux calamiteux, tels que les incendies, les épidémies, les épizooties, les débordements ; aux secours à donner aux noyés ; à l'inspection de la salubrité des denrées, boissons, comestibles et autres marchandises mises en vente publique, et de la fidélité de leur débit, de la fixation des mercuriales, des adjudications, marchés et baux. L'article 50 de loi du 6 mai 1855 investit le maire de ces attributions de police, même dans les communes chefs-lieux de départements, dont la population excède quarante mille âmes, et où le préfet remplit les fonctions de préfet de police. Le maire est aussi chargé de la police rurale et de pourvoir à l'exécution des règles qui y sont relatives, tracées à l'avance, sans que l'administration municipale puisse s'en écarter, par l'administration supérieure comme surveillante.

Les matières comprises dans la police municipale sont limitativement énumérées dans la loi des 16-24 août 1790. En dehors de cette énumération, le maire n'a de compétence

que celle qui lui aurait été conférée formellement par une
loi postérieure.

Chargé de la police rurale, le maire publie les bans de
vendanges; mais il dépasserait ses pouvoirs s'il publiait
d'autres bans, tels que ceux de fauchaison, de troupeau commun, de moisson, etc., parce que ces différents bans ont
été supprimés par la loi des 15-28 mars 1790 et le code
rural de 1791 [1].

Le maire représente la *commune* en justice, soit en demandant, soit en défendant, devant les tribunaux civils et les
tribunaux administratifs. Enfin il administre et conserve les
propriétés de la commune.

La commune. — On entend par *commune* une société de
personnes et de familles unies, dans les villes et les campagnes, par des relations locales et habituelles qui rendent nécessaire, pour la garantie des intérêts privés et publics, une
certaine communauté de droits et de devoirs.

La commune a son existence et son individualité propres;
personne politique, elle est subordonnée et soumise au pouvoir de l'État; personne, civile, elle agit spontanément et
librement pour la gestion de ses affaires, sous la surveillance protectrice et tutélaire de l'administration supérieure.
C'est sur cette base que doivent être organisées les institutions municipales.

C'est dans les communes, a dit M. de Tocqueville, que réside la force des peuples libres. Les institutions communales
sont à la liberté ce que les écoles primaires sont à la science :
elles la mettent à la portée du peuple, elles lui en font goûter
l'usage paisible, et l'habituent à s'en servir [2].

Les communes sont des personnes morales qui peuvent
être propriétaires; mais on n'est pas fixé sur l'origine de la

[1] Merlin, *Répertoire*, v° *Ban de vendanges*, n° 12; Serrigny, *Questions et traités*, p. 178; Batbie, *Introduction générale au droit public et administra- tif*, p. 127.

[2] *De la démocratie en Amérique*.

. propriété communale qui, suivant les uns, remonterait au partage des terres après la conquête, et, suivant les autres, résulterait des concessions faites par les seigneurs en faveur de l'agriculture. Quoi qu'il en soit, les communes peuvent être propriétaires d'immeubles (églises, maisons communes, écoles, bibliothèques, pâturages, forêts, champs), de meubles (objets de collections, mobilier servant à l'usage des mairies, écoles, etc.), et de droits incorporels (rentes, droits de péage, etc.).

Elles perçoivent aussi des revenus qui consistent dans le produit des concessions autorisées pour les services communaux, des concessions dans les cimetières, des octrois municipaux, des centimes ordinaires affectés aux communes par les lois de finances, des droits de place perçus dans les foires, abattoirs, halles, marchés, d'après les tarifs autorisés, des expéditions des actes de l'état civil et autres actes, des péages communaux et droits de voirie, des champs communaux, etc., etc. Elles ont aussi des recettes extraordinaires qui se composent de dons et legs, du prix des biens aliénés, de contributions extraordinaires autorisées, du produit des coupes extraordinaires de bois et des intérêts des emprunts.

Le maire est chargé de la gestion de ces revenus et de la comptabilité communale, à titre d'ordonnateur, c'est-à-dire d'administrateur chargé de délivrer les mandats de payement nécessaires à l'acquittement des dépenses. Ces dépenses sont payées, dans chaque commune, par un receveur municipal comptable, jusqu'à concurrence des crédits régulièrement accordés. Le maire n'a que la surveillance de la comptabilité, et que la responsabilité de la délivrance des mandats de payement; le receveur municipal est responsable des deniers qu'il reçoit ou livre, et de l'exécution des mandats. Le maire rend annuellement un compte moral d'administration, et le receveur municipal, un compte de gestion au conseil municipal.

Les comptes d'ordonnateurs doivent contenir tous les faits

d'ordonnancement, comme les comptes de gestion rendus par les comptables tous les faits de payement, ce qui suppose une entière concordance, sous ce point de vue qu'il ne peut y avoir de payement sans ordonnancement; mais là seulement est la ressemblance, et les comptes d'ordonnateurs diffèrent des comptes en deniers, en ce que ceux-ci ne sont, en quelque sorte, que matériels, tandis que les premiers, toutes les fois que l'importance de l'administration l'exige, doivent indiquer ses vues et ses motifs, et embrasser, dans les résultats actuels, la suite et l'influence qu'ils peuvent avoir sur les résultats à venir. Le compte du maire doit donc proposer un exposé rapide et complet des faits d'administration qui s'appliquent aux dépenses de l'exercice, et donner une juste appréciation de l'économie, de l'ordre, de la prévoyance qui ont régné dans leur accomplissement, afin que les améliorations obtenues en préparent de nouvelles, que la connaissance des fautes commises ait aussi son utilité, et que ce document administratif, non-seulement soit la justification et le contrôle du budget auquel il se rapporte, mais serve d'introduction aux budgets qui doivent lui succéder [1].

Administrateur et conservateur des propriétés communales, le maire est encore chargé de la surveillance des établissements et de la direction des travaux communaux, de souscrire les marchés, de passer les baux des biens et les adjudications de travaux dans les formes établies par les lois et règlements, ainsi que nous l'avons dit plus haut, et de souscrire, dans les mêmes formes, les actes de ventes, échanges, partages, acceptations de dons et legs, acquisitions, transactions, lorsque ces actes ont été autorisés.

La nomination aux emplois communaux lui appartient également.

[1] Voir le décret du 31 mai 1862, portant règlement général sur la comptabilité des communes, et le décret du 27 janvier 1866, relatif à la comptabilité des communes et des établissements de bienfaisance.

État de minorité de la commune. — On dit que la commune est, par rapport au gouvernement, dans un état de minorité. Mais sa condition est égale et quelquefois même supérieure à celle des mineurs émancipés. D'un autre côté, si l'individualité communale est représentée dans la sphère de l'action par le maire, et dans celle de la délibération par le conseil municipal, il s'en faut de beaucoup que le maire et le conseil municipal puissent être assimilés à des curateurs. Ils ne sont que les organes et les représentants des intérêts communaux; mais la loi ne les distingue pas de la personne morale de la commune : le maire et le conseil municipal, c'est la commune qui s'administre elle-même comme mineur émancipé. Elle fait, dans son intérêt privé, les actes de pure administration; elle ne peut faire des acquisitions ou aliénations, accepter des dons et legs, ester en justice, sans l'autorisation du pouvoir supérieur, qui a tantôt la surveillance des intérêts comme curateur, tantôt le droit d'homologation [1].

Acquisitions, aliénations, échanges, législation antérieure à 1867. — C'est le maire qui propose au conseil municipal les contrats de cette nature. Le conseil en délibère et le préfet autorise, en conseil de préfecture, quelle que soit la valeur des biens. Mais cette autorisation qui n'a qu'un effet, celui de conférer aux communes la capacité d'acquérir et d'aliéner, ne peut préjudicier aux tiers qui y sont restés étrangers.

Les formalités préalables aux actes d'acquisition, de vente, d'échange, sont : un procès-verbal d'estimation des immeubles; une enquête *de commodo et incommodo* par voie administrative; la délibération du conseil municipal, l'avis du sous-préfet.

Partage des biens communaux entre les membres de la même commune. — Le décret de 1852 donne au préfet le droit d'autoriser les partages de biens de toute nature, quelle

---

[1] Laferrière, *Cours de droit public et administratif*, t. II, p. 416.

qu'en soit la valeur, à la charge d'en rendre compte au ministre, qui pourra annuler ou réformer. Cette disposition a mis fin aux incertitudes nées du silence de la loi de 1837 sur la question du partage des communaux.. Le maire propose. Le conseil municipal délibère.

Baux contractés par les communes. — Le conseil municipal consent et le maire signe les baux de neuf ans pour les maisons, et de dix-huit ans pour les biens susceptibles de culture. Ces baux sont exécutoires de plein droit si, dans les trente jours, ils ne sont pas annulés par le préfet, d'office, ou sur les réclamations des parties intéressées. D'après le décret du 25 mars 1852, le préfet a le droit d'autoriser ces baux, qu'elle qu'en soit la durée. L'interprétation et l'exécution de leurs clauses sont de la compétence des tribu-. naux civils.

Transactions. — Les communes étant des personnes morales qui peuvent avoir des procès, doivent être autorisées à transiger sur les procès nés ou à naître. Mais comme ces transactions peuvent altérer leur patrimoine, elles doivent être placées sous la surveillance de l'administration. Le conseil municipal délibère sur les transactions proposées par le maire, et le préfet les autorise, quelle qu'en soit la valeur. L'arrêté du 21 février an VII soumettait l'homologation des traités de cette nature à des formalités préalables qui n'ont pas été supprimées : une consultation de trois avocats et l'avis du conseil de préfecture. Quant à. la validité intrinsèque de la transaction, elle appartient à la juridiction des tribunaux.

Acceptation de dons et legs. — Le conseil municipal délibère sur l'acceptation des dons et legs faits à la commune, mais l'approbation de l'autorité supérieure est toujours nécessaire. Cette approbation est donnée par le préfet, quelle que soit la nature des biens donnés, quand il n'y a pas réclamation administrative ou judiciaire; et, en cas de réclamation, par décret. Un décret serait également nécessaire, si un don ou legs était fait en même temps à une commune ou à une institution de charité et à un établissement religieux, même en l'absence de toute réclamation [1].

L'acceptation de la libéralité est faite par la commune dûment autorisée, non-seulement lorsque le don ou legs s'adresse directement à elle, mais encore lorsque la libéralité est faite au profit des pauvres, s'il n'existe pas de bureau de bienfaisance dans la commune, et lorsqu'elle est faite au profit de certains établissements non légalement reconnus [2].

Le maire peut, avant l'autorisation, et à titre conservatoire, accepter les dons ou legs, en vertu de la délibération du conseil municipal. Le décret ou l'arrêté du préfet qui intervient ensuite, a effet du jour de cette acceptation. La faculté d'accepter provisoirement et la rétroactivité de l'autorisation ont l'utilité d'empêcher les effets de la révocation ou de la caducité.

Emprunts des communes. — Législation antérieure à 1867 [3]. — La validité des emprunts contractés par les communes est subordonnée à l'approbation préfectorale, ou à 'autorisation du pouvoir législatif, suivant que les communes ont un revenu inférieur ou supérieur à 100,000 francs. On entend par communes ayant un revenu supérieur à 100,000 francs, celles dont les recettes ordinaires, constatées par les comptes du maire et du receveur municipal, ont atteint ce chiffre, dans les trois dernières années.

Dans le cas où le revenu est inférieur à 100,000 francs, l'emprunt est voté par le conseil municipal assisté des plus imposés, en nombre égal à celui des conseillers en exercice; c'est le préfet qui approuve les conditions des souscriptions à ouvrir ou des traités de gré à gré à passer. Si, au contraire, le revenu est supérieur, l'emprunt est voté par le conseil municipal seul, et doit être autorisé par une loi [4].

---

[1] Avis du Conseil d'État, 27 décembre 1855; rapp. min. sur le décret du 13 avril 1861.

[2] Ordonn. 2 avril 1817; avis du Conseil d'État, 7 déc. 1858.

[3] Nous analyserons la loi de 1867 dans le § 2 sur le conseil municipal.

[4] Voir, plus loin, la loi du 24 juillet 1867.

Libération des communes. — Lorsque les créances contre les communes sont exigibles et non contestées, le créancier doit s'adresser au préfet, qui vérifie le titre et ordonne le payement, sauf recours au ministre de l'intérieur.

Les moyens de libération sont : une affectation au budget communal des fonds disponibles ; une contribution extraordinaire ; la voie de l'emprunt ; la vente des biens meubles et immeubles.

La vente des biens mobiliers et immobiliers des communes, autres que ceux affectés à un usage public, peut, sur la demande de tout créancier porteur de titres exécutoires, être autorisée par un décret qui en déterminera les formes.

Responsabilité des communes [1]. — Les obligations des communes peuvent découler non-seulement de contrats, mais encore de quasi-contrats, de délits et de quasi-délits.

Tous citoyens habitant la même commune sont garants civilement des attentats commis sur le territoire de la commune, soit envers les personnes, soit contre les propriétés. Chaque commune est responsable des délits commis à force ouverte ou par violence sur son territoire par des attroupements ou rassemblements, armés ou non armés, soit envers les personnes, soit contre les propriétés nationales ou privées, ainsi que des dommages-intérêts auxquels ils peuvent donner lieu. La sanction de cette règle consiste dans une amende égale au montant de la réparation principale qu'est obligée de payer à l'État la commune dont les habitants ont pris part aux délits commis sur son territoire. Que si les rassemblements ou attroupements avaient été formés d'habitants de plusieurs communes, toutes seraient responsables des délits commis, et contribueraient tant à la réparation et aux dommages-intérêts qu'au payement de l'amende. Mais dans le cas où les rassemblements auraient été formés d'individus étrangers à la commune sur le territoire de laquelle

---

[1] Décret 23 février 1790 ; loi 10 vendém. an IV.

les délits auraient été commis, si cette commune avait pris toutes les mesures en son pouvoir à l'effet de prévenir ces délits et d'en faire connaître les auteurs, elle demeurerait déchargée de toute responsabilité.

Il y a obligation pour les maires de faire constater sommairement, dans les vingt-quatre heures, les délits qui peuvent engager la responsabilité de leur commune, et d'en adresser procès-verbal, sous trois jours au plus tard, au chef du parquet. Les dommages-intérêts sont fixés par le tribunal civil.

Il faut remarquer qu'en rendant les communes responsables des violences commises sur leur territoire, la loi a voulu atteindre non l'être moral, mais les domiciliés qui laissent commettre ces violences ; c'est pourquoi les victimes doivent être indemnisées avec le produit d'une imposition extraordinaire assise sur les quatre contributions directes, qui ne peut atteindre que les domiciliés dans la localité au moment du délit. La responsabilité des communes n'est, d'ailleurs, engagée qu'à la condition que les crimes et délits auront été commis par un attroupement ou rassemblement et à force ouverte, ou par violence [1].

La disposition de la loi de vendémiaire an IV, qui oblige les vingt plus imposés de la commune condamnée à faire, dans un bref délai, l'avance des sommes nécessaires, a cessé depuis longtemps d'être en vigueur. L'administration ne saurait y recourir sans commettre un excès de pouvoir.

La loi du 10 vendémiaire est inapplicable à la ville de Paris.

Tableau résumé des attributions du maire. — On voit, par cet exposé des intérêts divers dont la commune est le théâtre, combien sont multiples et importantes les attributions des maires.

En voici le tableau :

[1] Voir Braff, *Principes d'administration communale*, t. II, p. 668.

ATTRIBUTIONS RELATIVES A L'ADMINISTRATION GÉNÉRALE :

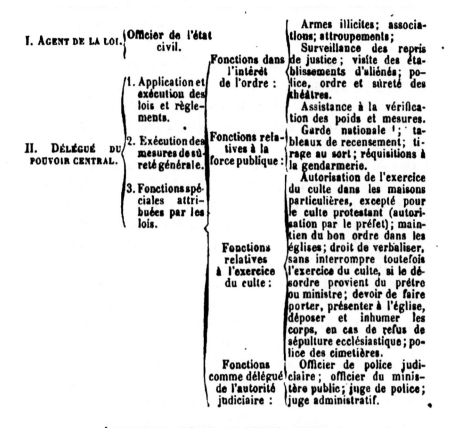

I. AGENT DE LA LOI. Officier de l'état civil.

II. DÉLÉGUÉ DU POUVOIR CENTRAL.

1. Application et exécution des lois et règlements.

2. Exécution des mesures de sûreté générale.

3. Fonctions spéciales attribuées par les lois.

Fonctions dans l'intérêt de l'ordre : Armes illicites; associations; attroupements; Surveillance des repris de justice; visite des établissements d'aliénés; police, ordre et sûreté des théâtres. Assistance à la vérification des poids et mesures.

Fonctions relatives à la force publique : Garde nationale [1]; tableaux de recensement; tirage au sort; réquisitions à la gendarmerie.

Fonctions relatives à l'exercice du culte : Autorisation de l'exercice du culte dans les maisons particulières, excepté pour le culte protestant (autorisation par le préfet); maintien du bon ordre dans les églises; droit de verbaliser, sans interrompre toutefois l'exercice du culte, si le désordre provient du prêtre ou ministre; devoir de faire porter, présenter à l'église, déposer et inhumer les corps, en cas de refus de sépulture ecclésiastique; police des cimetières.

Fonctions comme délégué de l'autorité judiciaire : Officier de police judiciaire; officier du ministère public; juge de police; juge administratif.

ATTRIBUTIONS PROPRES AU POUVOIR MUNICIPAL.

1° Police municipale.
2° Police rurale.
3° Voirie municipale.

En statuant sur des objets de police, les maires ne peuvent pas créer de monopoles; leurs arrêtés de police, rendus dans la sphère légale de leurs attributions, sont obligatoires pour les citoyens et les tribunaux; les tribunaux de police n'ont pas le droit d'en apprécier la convenance ou l'utilité.

[1] La garde nationale est actuellement supprimée sur tout le territoire de la France.

Forme des actes des maires. — Exécution. — Réformation. — Les actes des maires, soit que ces magistrats agissent en vue de l'administration générale, soit en vue de l'intérêt exclusivement communal, sont toujours rédigés en forme d'arrêtés.

Les dispositions réglementaires procédant, comme les dispositions législatives, du pouvoir régulateur, de la société, il est de leur essence de ne commander que dans l'intérêt de l'ordre public, de ne statuer que pour l'avenir, et en vue d'une généralité de faits ou de citoyens. Le maire qui statue par voie de règlement, ne peut donc se laisser entraîner à des injonctions ou à des prohibitions individuelles, sans tomber dans l'exclusion ou le privilége, et violer le principe de l'égalité devant la loi. Non-seulement l'autorité municipale ne peut s'exercer dans la forme réglementaire qu'à titre de mesure générale, mais encore elle ne peut déroger à la règle une fois faite. Il n'y a d'exception que pour le cas où c'est l'intérêt public qui provoque, de la part de l'autorité municipale, des injonctions ou des prohibitions individuelles.

Comme l'autorité supérieure exerce un droit de surveillance sur l'administration des maires, leurs arrêtés transmis par eux aux sous-préfets sont portés à la connaissance du préfet qui peut, suivant les cas, les annuler ou en suspendre l'exécution, mais non les modifier; car les maires, pour l'exercice de leur pouvoir réglementaire, sont sous la surveillance et non sous l'autorité de l'administration supérieure. Quant aux arrêtés portant règlement permanent, ils ne peuvent être exécutoires qu'un mois après qu'ils auront été remis au sous-préfet. Ce délai d'un mois n'ayant été établi que dans l'intérêt public, pour que le préfet ait la possibilité d'un mûr examen, et qu'il n'use de son droit d'annulation qu'en connaissance de cause, il est évident que l'autorité peut, dans ce même intérêt public, renoncer à se prévaloir de ce délai. Conséquemment, il n'y a aucun obstacle à ce que les préfets autorisent l'exécution immédiate d'un arrêté municipal por-

tant règlement permanent, en l'approuvant avant l'expiration
du délai d'un mois de la remise de l'ampliation [1].

Les arrêtés des maires comportent donc la division suivante :

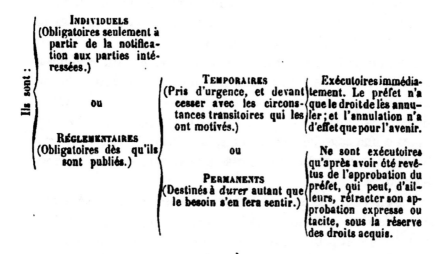

Ils sont :

INDIVIDUELS
(Obligatoires seulement à
partir de la notifica-
tion aux parties inté-
ressées.)

ou

RÉGLEMENTAIRES
(Obligatoires dès qu'ils
sont publiés.)

TEMPORAIRES
(Pris d'urgence, et devant
cesser avec les circons-
tances transitoires qui les
ont motivés.)

ou

PERMANENTS
(Destinés à *durer* autant que
le besoin s'en fera sentir.)

Exécutoires immédia-
tement. Le préfet n'a
que le droit de les annu-
ler ; et l'annulation n'a
d'effet que pour l'avenir.

Ne sont exécutoires
qu'après avoir été revê-
tus de l'approbation du
préfet, qui peut, d'ail-
leurs, rétracter son ap-
probation expresse ou
tacite, sous la réserve
des droits acquis.

Dans le cas où un maire refuserait obstinément de prendre
un arrêté nécessaire, le préfet pourrait ou prendre un arrêté
réglementaire applicable à tout le département, sur la matière en question, ou suspendre le maire de ses fonctions ;
mais il n'aurait pas compétence pour faire d'office ou par un
délégué spécial les actes placés par la loi dans les attributions
de l'autorité municipale.

Au sujet de la remise de l'ampliation des arrêtés du maire
au sous-préfet, il faut remarquer le principe général que
toute autorité constituée ne doit et ne peut régulièrement
correspondre qu'avec l'autorité qui lui est immédiatement
supérieure. Aussi les maires doivent-ils toujours ne s'adresser
qu'au sous-préfet de leur arrondissement, lors même que le
préfet s'adresserait directement à eux, à moins que, dans un
cas spécial, le préfet n'eût demandé une réponse directe,

[1] Circ. minist. 1er juill. 1840. — Serrigny, *Questions de droit administratif*, p. 568.

ou en cas de réclamation contre les actes du sous-préfet.

Notification aux parties intéressées, avant exécution, des arrêtés de police des maires ayant un caractère purement individuel (ministère d'huissier ou voie administrative), et s'ils ont un caractère général, publication préalable par proclamation ou par affiches. Sanction pénale des arrêtés de police : amende (Code pénal, art. 471, nᵒ 15).

C'est au préfet que celui qui se croit lésé par un règlement de police municipale doit en demander l'annulation. L'administration supérieure annulera toutes les fois que ces règlements choqueront l'ordre public, les dispositions des lois, les règles d'une sage administration, ou lorsqu'ils statueront sur des objets qui ne sont pas confiés à la vigilance et à l'autorité des maires.

Y a-t-il pour les arrêtés temporaires un délai passé lequel les préfets ne peuvent plus les suspendre ou les annuler? Non. Le préfet peut les annuler à quelque époque que ce soit. Cependant les faits accomplis pendant que ces arrêtés étaient exécutoires doivent être respectés. Quant aux arrêtés permanents, si le préfet laisse écouler le délai d'un mois sans avoir notifié au maire leur annulation ou leur suspension, ils deviennent exécutoires de plein droit; mais le préfet n'en demeure pas moins investi du droit absolu de les annuler ou d'en suspendre l'exécution à quelque époque que ce soit, et pendant quelque temps qu'ils aient déjà été exécutés. Le préfet ne serait pas même empêché dans son droit d'annulation ou de suspension par l'approbation qu'il aurait d'abord donnée [1].

Les décisions des préfets sur les réclamations contre les arrêtés des maires peuvent être déférées au ministre. Simple requête ou pétition. La voie contentieuse est fermée à toute réclamation suscitée par un acte du pouvoir réglementaire. Une nouvelle garantie résulte pour les citoyens du contrôle

---

[1] Circ. minist. 1ᵉʳ juill. 1840.

que l'autorité judiciaire est en droit d'exercer sur la légalité des arrêtés dont l'application est poursuivie devant elle.

Les maires sont autorisés à prendre des arrêtés à l'effet de publier de nouveau les lois et règlements de police, et de rappeler les citoyens à leur observation. Mais leur action à cet égard n'a d'autre effet que de rappeler et raviver des prescriptions anciennes qui pourraient bien tomber en désuétude ; quant à ces lois et règlements, ils conservent leur force exécutoire indépendamment de la publication nouvelle, et sont hors de l'atteinte du pouvoir municipal qui n'est chargé que d'en procurer l'exécution. Il n'en est pas de même des arrêtés municipaux proprement dits, sur les dispositions desquels les maires peuvent toujours revenir pour les supprimer ou les changer, quelque anciens qu'ils soient.

Adjoints. — Les adjoints sont les magistrats destinés par la loi à remplacer les maires empêchés, ou à les seconder dans l'exercice de leurs fonctions. Aussi les maires peuvent-ils, suivant qu'ils le jugent convenable, déléguer une partie de leurs fonctions à un ou plusieurs de leurs adjoints, sans pouvoir toutefois, à peine d'être regardés comme démissionnaires ou révoqués, investir les adjoints de la totalité de leurs attributions, en se réservant les honneurs et le titre de leur magistrature. En cas d'absence ou d'empêchement, le maire est remplacé par un de ses adjoints, dans l'ordre des nominations. Cet adjoint est alors investi de la plénitude de l'autorité municipale. Il a la faculté de déléguer une partie de ses attributions : il remplace le maire. En cas d'absence ou d'empêchement du maire et des adjoints, le maire est remplacé par un conseiller municipal désigné par le préfet, ou, à défaut de cette désignation, par le conseiller municipal le premier dans l'ordre du tableau. Ce tableau est dressé d'après le nombre des suffrages obtenus, et en suivant l'ordre des scrutins. Les droits et attributions du maire appartiennent au conseiller qui le remplace.

Les adjoints qui ne sont que délégués, ne peuvent pas déléguer à leur tour. Ils doivent indiquer, dans leurs actes, qu'ils agissent par délégation du maire. La délégation ayant son principe dans la loi, le délégué étant substitué au maire en vertu d'une disposition du législateur, l'adjoint ou le conseiller municipal délégué entre, comme fonctionnaire, en relation directe avec le gouvernement, et répond seul et personnellement de ses actes.

Les adjoints sont investis de certaines attributions qui leur sont propres. Ils peuvent faire partie, comme le maire, de la commission des répartiteurs, exercer les fonctions d'officier de police judiciaire, présider les bureaux des colléges électoraux ou de leurs sections, délivrer les certificats d'insolvabilité ou d'absence des redevables du Trésor public, dresser et certifier, avec l'ingénieur des mines, les états d'exploitation qui servent de base à la redevance proportionnelle des mines.

Composition et mode de nomination du corps municipal. — Législation de l'Empire (antérieure à 1870.) — Le corps municipal de chaque commune se compose du maire, d'un ou de plusieurs adjoints, et des conseillers municipaux. Les fonctions des maires, des adjoints et des autres membres du corps municipal sont essentiellement gratuites. Le maire et les adjoints sont nommés par le chef de l'État, dans les chefs-lieux de département, d'arrondissement et de canton, et dans les communes de trois mille habitants et au-dessus. Dans les autres communes, ils sont nommés par le préfet, au nom du chef de l'État, ils doivent être âgés de vingt-cinq ans accomplis, et inscrits dans la commune au rôle de l'une des quatre contributions directes. Les adjoints peuvent être pris, comme le maire, en dehors du conseil municipal. Il suffit de considérer le caractère des attributions des maires, pour être convaincu que la politique ne doit influer en rien sur le choix de ces magistrats municipaux. Ce n'est pas assez qu'un maire fasse entretenir les pavés, les fontaines, les promenades publiques; qu'il assure la salubrité par dès mesures de police; qu'il prévienne les attentats contre la sûreté de tous, qu'il assure et surveille les intérêts de la commune ; enfin que sa sollicitude ne se lasse jamais et soit constamment éveillée. Il faut encore qu'il fasse disparaître, autant que possible, les causes qui excitent le vice. Placé dans ces conditions, le maire doit être avant tout l'homme de sa commune, toujours prêt à combattre ceux qui voudraient nuire aux intérêts de ses administrés. Il doit donc réunir toutes les garanties de lumières, d'indépendance, d'impartialité, de probité. Comment pourrait-il dès lors être question, à la suite de tant de qualités précieuses, d'opinions politiques toujours controversables, et de dévouements plus ou moins équivoques envers le pouvoir ?

Mais la nomination du maire par le suffrage universel, c'est l'abandon des affaires de la commune à l'empire de l'ignorance et de la passion. S'il est vrai que dans le système de libre élection les choix ne soient pas toujours éclairés, c'est une raison de plus, dit-on, pour chercher à répandre l'instruction élémentaire dans les masses. En attendant cette diffusion des lumières, que le gouvernement encourage par tous les moyens dont il dispose, on soutenait, sous l'empire, que la nomination des maires, dans les grands centres, par l'autorité supérieure, offrirait plus de garanties de choix intelligents.

Le maire et les adjoints sont nommés pour cinq ans. Ils remplissent leurs fonctions, même après l'expiration de ce terme, jusqu'à l'installation de leurs successeurs. Ils peuvent être suspendus par arrêté du préfet. Cet arrêté cessera d'avoir effet, s'il n'est confirmé, dans le délai de deux mois, par le ministre de l'intérieur. Les maires et les adjoints ne peuvent être révoqués que par décret.

Il y a un adjoint dans les communes de 2,500 habitants et au-dessous; deux dans celles de 2,501 à 10,000 habitants. Dans les communes d'une population supérieure, il pourra être nommé un adjoint de plus par chaque excédant de 20,000 habitants. Lorsque la mer ou quelque autre obstacle

40

rend difficiles, dangereuses ou momentanément impossibles
les communications entre le chef-lieu et une fraction de commune, un *adjoint spécial* pris parmi les habitants de cette fraction est nommé en sus du nombre ordinaire ; cet *adjoint spécial* remplit les fonctions d'officier de l'état civil, et peut être
chargé de l'exécution des lois et règlements de police dans
cette partie de la commune. Les *adjoints spéciaux* ne correspondent qu'avec le maire de la commune.

Ne peuvent être ni maires, ni adjoints : les préfets, sous-
préfets, secrétaires généraux et conseillers de préfecture, les
membres des cours, tribunaux de première instance et justices de paix, les ministres des cultes, les militaires et employés des armées de terre et de mer en activité de service ou
en disponibilité, les ingénieurs des ponts et chaussées et des
mines en activité de service, les conducteurs des ponts et
chaussées et les agents voyers, les agents et employés des
administrations financières et des forêts, ainsi que les gardes
des établissements publics et des particuliers, les commissaires et agents de police, les fonctionnaires et employés des
collèges communaux, et les instituteurs primaires communaux ou libres, les comptables et les fermiers des revenus
communaux et les agents salariés par la commune. Néanmoins les juges suppléants aux tribunaux de première instance et les suppléants des juges de paix peuvent être maires
ou adjoints. Les agents salariés du maire ne peuvent être ses
adjoints. Il y a incompatibilité entre les fonctions de maire et
d'adjoint et le service de la garde nationale. Ces différentes
incompatibilités ont pour objet de ménager, soit la dignité de
certaines fonctions, soit l'indépendance des officiers municipaux ou des citoyens eux-mêmes, soit enfin les intérêts des
administrés, qui veulent que le maire réside constamment
dans la commune.

Loi du 22 juillet 1870. — Les maires et les adjoints
nommés par le chef de l'État, ou par le préfet, devaient être,
d'après cette loi, *choisis dans le sein du conseil municipal.* Ils

devaient, avant leur nomination, être inscrits dans la commune
sur la liste électorale ou au rôle de l'une des quatre contributions
directes. (*Art.* 1er *et* 2.) Avant de procéder à la nomination du
maire, il devait être pourvu aux vacances existant dans le conseil municipal ; mais cette disposition n'était point obligatoire
dans le cas où, le conseil une fois complété, de nouvelles
vacances seraient venues à se produire.

Loi du 14 juillet 1871. — Aux termes de la loi municipale du 14 avril 1871, *les maires et les adjoints sont nommés par
le conseil municipal.* (*Art.* 9.) Lorsque la mer ou quelque autre
obstacle rendra difficiles, dangereuses, ou momentanément
impossibles les communications entre le chef-lieu et une portion de commune, un adjoint spécial pris parmi les habitants
de cette fraction pourra être nommé en sus du nombre ordinaire, pour remplir les fonctions d'officier de l'état civil, et
pourvoir à l'exécution des règlements de police dans cette
partie de la commune.

Les maires et adjoints doivent, avant leur nomination,
être inscrits sur la liste électorale de la commune. Avant de
procéder à la nomination du maire, il doit être pourvu aux
vacances, quel qu'en soit le nombre, qui peuvent exister dans
le conseil municipal. (*Id.*)

Le conseil municipal élit le maire et les adjoints parmi ses
membres, au scrutin secret et à la majorité absolue. Si, après
deux scrutins, aucun candidat n'a obtenu la majorité, il est
procédé à un tour de ballottage entre les deux candidats qui
ont obtenu le plus de suffrages. En cas d'égalité de suffrages, le plus âgé est nommé.

Les maires et les adjoints ainsi nommés sont révocables
par décrets.

Les maires et les adjoints destitués ne sont pas rééligibles
pendant une année.

La nomination des maires et adjoints a lieu provisoirement
par décret du gouvernement dans les villes de plus de 20,000
âmes et dans les chefs-lieux de département et d'arrondisse-

ment, quelle qu'en soit la population. Les maires sont pris dans le conseil municipal. (*Id.*)

Les fonctions de maires, d'adjoints et conseillers municipaux sont essentiellement gratuites. (*Art.* 19.)

Pour être maire ou adjoint, il faut être âgé de 25 ans, jouir de ses droits civils et politiques, et avoir depuis un an au moins son domicile réel dans la commune.

Ne peuvent être maires ou adjoints, les juges de paix, dans leur canton ; les membres amovibles des tribunaux, dans leur arrondissement. (*Art.* 5 *et* 9 *combinés.*)

§ 2. — Le conseil municipal [1].

Attributions du Conseil municipal. — Délibérations réglementaires. — Délibérations proprement dites. — Avis. — Vœux. — Budget de la commune. — Biens communaux. — Recettes et dépenses. — Répartiteurs. — Mode de nomination du conseil municipal. — Assemblée des conseils municipaux.

Conseil municipal. — Attributions. — Législation antérieure à 1867. — Le conseil municipal complète dans chaque commune le corps municipal. Les conseillers municipaux ne se présentent pas à nous comme agents du gouvernement, fonctionnaires publics, puisqu'ils exercent un pouvoir collectif dans l'enceinte de la commune. Ils ne sont chargés que de la surveillance et de la gestion des intérêts communaux ; le pouvoir dont ils sont investis leur est propre ; ils ne sont mandataires que des électeurs qui les ont placés à la tête de la commune.

Placés à côté de l'administration active, comme les conseils généraux et les conseils d'arrondissement, les conseils municipaux éclairent cette administration de leurs avis, l'autorité supérieure de leurs vœux, et sont appelés aussi à déli-

[1] Loi 28 pluv. an VIII; loi 18 juill. 1837; décret 25 mars 1852 ; décret 28 juill. 1853; loi 5 mai 1855 ; loi 24 juill. 1867; loi 14 avril 1871 ; loi 10 août 1871.

bérer sur certaines matières qui doivent leur être soumises. Enfin, comme gérants des intérêts communaux, ils *règlent, en vertu de l'autorité qui leur est propre*, certains objets d'intérêt communal.

Les conseils municipaux procèdent par voie de *règlement, délibèrent, donnent leur avis* et *expriment des vœux*.

Délibérations réglementaires [1]. — Comme chargés de la gestion des intérêts communaux, les conseils municipaux RÈGLENT, sans avoir besoin de l'approbation de l'autorité supérieure pour rendre leurs règlements exécutoires, le mode d'administration des biens communaux, les conditions des baux à ferme ou à loyer dont la durée n'excède pas dix-huit ans pour les biens ruraux, et neuf ans pour les autres biens, le mode de jouissance et la répartition des pâturages et fruits communaux autres que les bois, ainsi que les conditions à imposer aux parties prenantes, les affouages en se conformant aux lois forestières. Le caractère commun que prend cette énumération *limitative* est de concerner seulement l'administration ou la jouissance des biens communaux, sans engager même indirectement le fond du droit de propriété. Ces délibérations réglementaires sont exécutoires indépendamment de toute approbation de l'autorité supérieure, si dans les trente jours qui suivent la date du récépissé de l'expédition de la délibération adressée par le maire au sous-préfet, le préfet ne les a pas annulées, soit d'office, soit sur la réclamation de toute partie intéressée. Le préfet peut aussi suspendre l'exécution de la délibération pendant un délai de trente jours. Il y a néanmoins nécessité d'invoquer l'approbation de l'autorité supérieure, si la délibération réglementaire concernant la répartition des pâturages et fruits communaux change le mode de jouissance établi.

Délibérations proprement dites. — Les conseils municipaux *délibèrent* sur le budget de la commune, et, en général,

---

[1] Il s'agit ici de la législation antérieure à 1867.

sur toutes les recettes et dépenses, soit ordinaires, soit extraordinaires ; les tarifs et règlements de perception de tous les revenus communaux ; les acquisitions, aliénations et échanges des propriétés communales, leur affectation aux différents services publics, et, en général, tout ce qui intéresse leur conservation et leur amélioration ; la délimitation ou le partage des biens indivis entre deux ou plusieurs communes ou sections de communes ; les conditions des baux à ferme ou à loyer dont la durée excède dix-huit ans pour les biens ruraux, et neuf ans pour les autres biens, ainsi que celles des biens pris à loyer par la commune, quelle qu'en soit la durée ; les projets de constructions, de grosses réparations et de démolitions, et, en général, tous les travaux à entreprendre ; l'ouverture des rues et places publiques et les projets d'alignement de voirie municipale ; le parcours et la vaine pâture ; l'acceptation des dons et des legs faits à la commune et aux établissements communaux ; les actions judiciaires et transactions, et tous les autres objets sur lesquels les lois et les règlements appellent les conseils municipaux à délibérer. Dans tous ces cas, la commune est intéressée directement ou indirectement, comme personne civile, quant au fond du droit, et non pas seulement quant à l'administration ou à la jouissance ; aussi les délibérations du conseil municipal sur ces matières *ne sont-elles exécutoires que sur l'approbation donnée par l'autorité supérieure* qui ne peut, d'ailleurs, ni contraindre le conseil municipal à prendre ces délibérations, ni le suppléer en agissant en son lieu et place. L'énumération des matières qui font l'objet de ces délibérations proprement dites *n'est pas limitative.*

Avis. — Les conseils municipaux sont toujours appelés à *donner leur avis* sur les circonscriptions relatives au culte et à la distribution des secours publics ; les projets d'alignement de grande voirie dans l'intérieur des villes, bourgs et villages ; l'acceptation des dons et legs faits aux établissements de charité et de bienfaisance ; les autorisations d'emprunter, d'acquérir, d'échanger, d'aliéner, de plaider ou de transiger, demandées par les mêmes établissements, et par les fabriques des églises et autres administrations préposées à l'entretien des cultes dont les ministres sont salariés par l'État, lorsque ces fabriques et administrations reçoivent des secours sur les fonds communaux ; enfin, les objets sur lesquels ils sont appelés, par les lois et règlements, à donner leur avis, ou sont consultés par le préfet. Ici, la commune n'est plus intéressée comme personne civile, mais comme circonscription administrative. Pour tous les cas énoncés, OBLIGATION de demander l'avis du conseil municipal, sous peine de recours contentieux au Conseil d'État. Le conseil *peut*, de plus, être consulté par le préfet, toutes les fois que ce fonctionnaire le juge à propos ; mais, dans tous les cas, l'administration n'est jamais obligée de se conformer à l'avis du conseil municipal.

Vœux. — Enfin, les conseils municipaux peuvent exprimer leurs vœux sur tous les objets d'intérêt local ; mais il leur est interdit de faire ni publier aucune protestation, proclamation ou adresse. Toute délibération d'un conseil municipal portant sur un objet étranger à ses attributions est nulle de plein droit. Le préfet, en conseil de préfecture, en déclare la nullité. En cas de réclamation du conseil municipal, il est statué par décret, le Conseil d'État entendu. Sont également nulles de plein droit toutes les délibérations prises par un conseil municipal hors de sa réunion légale. Le préfet, en conseil de préfecture, déclare l'illégalité de la réunion et la nullité des délibérations. Tout conseil municipal qui se mettrait en correspondance avec un ou plusieurs autres conseils sera immédiatement suspendu par le préfet ; il en est de même pour la publication des proclamations ou adresses. Tout éditeur, imprimeur, journaliste ou autre, qui rendrait publics les actes interdits aux conseils municipaux, serait passible des peines portées dans l'article 123 du code pénal.

Ainsi donc, les conseils municipaux sont consultés, délibèrent sauf approbation, ou réglementent sans approbation, mais sauf l'annulation par l'autorité supérieure, suivant qu'il s'agit : d'objets dont l'initiative et la décision appartiennent à d'autres pouvoirs, et qui n'intéressent qu'indirectement la commune ; de questions dont la décision pourrait engager l'avenir ; ou de matières qui ne concernent que le présent, et qui, ne s'appliquant qu'à de simples jouissances, ne compromettent point le fond de la propriété communale.

Les conseils municipaux réclament, s'il y a lieu, contre le contingent assigné à la commune dans l'établissement des impôts de répartition. Leur réclamation, soumise au *conseil d'arrondissement*, est portée ensuite au conseil général, qui, seul, statue définitivement. Ils délibèrent sur les comptes présentés annuellement par le maire, entendent, débattent et arrêtent *les comptes de deniers des receveurs*, sauf règlement définitif, soit par le conseil de préfecture, soit directement par la Cour des comptes, suivant que le revenu des communes n'excède pas ou excède le chiffre de 30,000 fr.

Budget de la commune. — Le budget de chaque commune est proposé par le maire, voté par le conseil municipal, *et réglé définitivement par le préfet*, à moins qu'il ne donne, pour la première fois, lieu à des impositions extraordinaires.

Nous avons dit, à propos de la comptabilité départementale, que le budget est un état estimatif de recettes et de dépenses présumées devoir se réaliser pendant une période de temps légalement fixée, qui porte le nom d'*exercice*. L'*exercice* commence le 1er janvier et finit le 31 décembre. Il est accordé, pour compléter les opérations de la comptabilité communale, un délai qui est fixé au 31 mars de la seconde année. Les communes dressent deux budgets pour le service de chaque exercice : l'un primitif ou principal ; l'autre supplémentaire ou additionnel.

Les budgets doivent être réglés avant l'ouverture de l'exercice auquel ils appartiennent. Tout retard dans le règlement présenterait de graves inconvénients, en ce que, d'une part, les services extraordinaires se trouveraient nécessairement suspendus jusqu'après la fixation du budget, tandis que, d'un autre côté, les services ordinaires pouvant continuer d'être payés sur le pied de l'exercice précédent, jusqu'après cette fixation, les réductions qui seraient définitivement apportées au budget, en cette partie, ne recevraient qu'une exécution incomplète.

Le budget primitif reste fixé tel qu'il a été réglé par l'autorité compétente. Il ne peut recevoir aucune modification, par suite de recettes et dépenses autorisées supplémentairement dans le cours de l'exercice. Le budget supplémentaire comprend les crédits accordés pendant l'année en vertu d'autorisations spéciales. Comme le budget primitif, il est dressé par le maire, voté article par article par le conseil municipal et réglé par le préfet. Cependant les administrations municipales peuvent, même après le vote et l'approbation du budget supplémentaire, et seulement dans les limites des ressources disponibles, demander et obtenir les crédits qui leur seraient indispensables pour pourvoir à une dépense d'une urgence réelle et constatée [1].

Biens communaux. — Le domaine communal se divise, comme celui de l'État et celui du département, en *domaine public communal* et *domaine privé* de la commune. D'où la division des biens communaux en plusieurs classes :

1° Les *biens publics communaux*, servant à l'usage de tous ou destinés à un service public communal, tels que les places, les rues, les chemins vicinaux, les chemins ruraux, les passages, etc. Ils sont hors du commerce et imprescriptibles.

2° Les *biens patrimoniaux* qui se louent, s'afferment, s'exploitent régulièrement au profit de la commune, tels que les moulins, métairies, bois, mines, rentes, créances, etc.

[1] Braff, *Principes d'administration communale*, t. Ier, p. 185. Voir aussi le *Traité de l'administration financière des communes*, du même auteur.

3° Les *biens communaux proprement dits*, dont la jouissance est laissée en nature aux habitants, tels que les pâturages, les bois dont les coupes leur sont distribuées, etc.

Les biens patrimoniaux et communaux proprement dits sont aliénables et prescriptibles.

4° Les immeubles consacrés à une destination publique, tels que les hôtels de ville, les tribunaux de justice de paix et de simple police, les bâtiments servant aux établissements d'instruction publique, cédés aux communes par le décret du 9 avril 1811, ou construits depuis par elles, les halles et marchés, salles d'asile, cimetières, les églises et les presbytères construits des deniers de la commune ou acquis par elle à titre gratuit ou onéreux. Il en est de même des églises et presbytères mis à la disposition de la nation, avec tous les biens ecclésiastiques, en 1789, qui ont été rendus au culte par la loi du 18 germinal an X [1].

Le budget de la commune comprend les recettes et les dépenses.

Recettes et dépenses. — Il y a deux sortes de recettes : les recettes *ordinaires* et les recettes *extraordinaires* ; deux sortes de dépenses : les dépenses *obligatoires* et les dépenses *facultatives*.

Nous citerons parmi les dépenses obligatoires, celles de l'entretien de l'hôtel de ville, les frais de registres de l'état civil, les dépenses relatives à l'instruction publique, les grosses réparations aux édifices communaux, l'acquittement des dettes exigibles, les frais des plans d'alignement, etc., et, en général, toutes celles qui intéressent essentiellement l'existence de la commune.

Quant à la division des recettes communales en ordinaires et extraordinaires, elle n'a pas pour objet d'affecter exclusivement les premières aux dépenses obligatoires, les secondes

[1] Circ. 23 juin 1838; Cour de Paris, 16 févr. 1849, 18 févr. 1851; *Cour de cass.* 10 déc. 1849, 15 nov. 1853. — Braff, *Principes d'administration communale*, t. 1er, p. 345.

aux dépenses facultatives. C'est en cela que le budget départemental diffère du budget communal, car la division des recettes départementales en ordinaires, facultatives, spéciales et extraordinaires, n'est que l'expression du fait de leur affectation distincte aux dépenses de même nom, sauf la faculté qu'a le conseil général d'imputer les dépenses ordinaires sur les recettes facultatives.

Les dépenses ordinaires des communes sont indéfiniment obligatoires, tandis que les dépenses ordinaires des départements ne sont obligatoires que jusqu'à concurrence de leurs recettes ordinaires. La raison de ces différences réside dans la séparation et l'indépendance des budgets communaux du budget général de l'État [1].

Lorsqu'après le vote du budget, il arrive des événements qui donnent lieu à l'ouverture de crédits supplémentaires, ces crédits doivent être approuvés par le préfet. L'approbation du préfet est également nécessaire pour l'emploi des crédits ouverts au maire pour dépenses imprévues.

Lorsque le conseil municipal n'aura pas voté la dépense, il devra être mis en demeure de le faire. A défaut de cette mise en demeure, l'arrêté du préfet, qui interviendrait, serait un excès de pouvoir. Que si les dépenses des communes étaient insuffisantes pour subvenir aux dépenses obligatoires, il faudrait recourir aux impositions extraordinaires. Dans le cas où le conseil municipal ne voterait pas les dépenses *obligatoires*, le préfet les inscrirait d'office au budget. Mais il y a nécessité que les dépenses *facultatives* soient votées par le conseil, et, s'il refuse, nulle autorité ne peut légalement le contraindre à le faire.

Lorsque le budget communal doit contenir des impositions extraordinaires, il faut distinguer si elles doivent couvrir des dépenses *obligatoires* ou *facultatives*. Dans le premier cas, l'autorisation est accordée par arrêté du préfet,

[1] Cabantous, *Répétitions écrites sur le droit administratif*, p. 121.

pour les communes ayant moins de 100,000 francs de
revenu, et par décret dans celles qui possèdent un revenu
supérieur. Dans le second cas, l'autorisation est donnée
par décret pour les villes ayant un revenu au-dessous de
100,000 francs, et par une loi pour les communes dont le
revenu est supérieur [1].

Répartiteurs. — Tandis que le conseil général répartit
l'impôt entre les arrondissements, et le conseil d'arrondissement entre les communes, la répartition du contingent de la
commune entre les contribuables n'appartient pas au conseil
municipal. Le législateur a exigé, dans une matière qui
atteint les intérêts privés, des garanties d'indépendance que
n'offrirait pas le conseil municipal, dont les membres sont
élus par les citoyens. En conséquence, il a chargé de cette
opération une commission nommée tous les ans par le sous-
préfet, et dite des répartiteurs. Cette commission se compose
de sept membres, dont cinq sont choisis parmi les contribuables de la commune qui présentent l'aptitude et l'intégrité
nécessaires. Le maire et l'adjoint qui, dans les communes de
plus de 5,000 habitants, peuvent être remplacés par deux
conseillers municipaux, au choix du sous-préfet, sont de
droit membres de cette commission. Délibération en commun, à la majorité des voix. Les répartiteurs ne peuvent,
sous prétexte de surcharge et de demande en réduction ou
en rappel à l'égalité proportionnelle, ou pour tout autre
motif, se dispenser de faire les opérations qui leur sont attribuées, sous peine de responsabilité solidaire, et même de
contrainte pour le payement de tous les termes des contributions assignées à la commune, dont le recouvrement se
trouverait en retard par l'effet de la non-exécution de ces
opérations. L'on ne peut refuser les fonctions de répartiteur
qu'en s'excusant pour infirmités graves et reconnues ou vé-
rifiées, exercice de fonctions administratives ou judiciaires,

---

[1] Lois 3 frim. et 2 mess. an VII; arrêté 19 flor. an VIII.

autres que celles de suppléant du juge de paix, long voyage d'affaires, service public actuel, domicile à plus de deux myriamètres de la commune. L'âge de soixante ans commencés est encore une cause d'excuse.

Mode de nomination du conseil municipal. — Législation antérieure à 1867. — Chaque commune a un conseil municipal composé de dix membres, dans les communes de 500 habitants et au dessous.

De 12, dans celles de	501	à	1,500
De 16, dans celles de	1,501	à	2,500
De 21, dans celles de	2,501	à	3,500
De 23, dans celles de	3,501	à	10,000
De 27, dans celles de	10,001	à	30,000
De 30, dans celles de	30,001	à	40,000
De 32, dans celles de	40,001	à	50,000
De 34, dans celles de	50,001	à	60,000
De 36, dans celles de . ·. . .	60,001	et	au-dessus.

Les membres du conseil municipal sont élus par les électeurs inscrits sur la liste communale dressée en vertu de l'article 13 du décret du 2 février 1852. Le préfet peut, par un arrêté pris en conseil de préfecture, diviser les communes en sections électorales. Il peut, par le même arrêté, répartir entre les sections le nombre des conseillers à élire, en tenant compte du nombre des électeurs inscrits.

Les conseillers municipaux doivent être âgés de 25 ans accomplis. Ils sont élus pour cinq ans. En cas de vacance dans l'intervalle des élections quinquennales, il est procédé au remplacement quand le conseil municipal se trouve réduit aux trois quarts de ses membres.

Ne peuvent être conseillers municipaux : les comptables des deniers communaux et les agents salariés de la commune, les entrepreneurs des services communaux, les domestiques attachés à la personne, les individus dispensés de subvenir aux charges communales, et ceux qui sont secourus par les bureaux de bienfaisance.

Les fonctions de conseiller municipal sont incompatibles avec celles de préfet, sous-préfet, secrétaire général, conseiller de préfecture, commissaire et agent de police, militaire ou employé des armées de terre et de mer en activité de service, ministre des divers cultes, en activité dans la commune. Nul ne peut être membre de plusieurs conseils municipaux.

Dans les communes de 500 âmes et au-dessus, les parents au degré de père, fils, frère, et les alliés au même degré, ne peuvent être en même temps membres du conseil municipal. Tout conseiller municipal qui, par une cause survenue postérieurement à sa nomination, se trouverait dans un des cas d'exclusion ou d'incompatibilité, serait déclaré démissionnaire par le préfet, sauf recours au conseil de préfecture.

Les conseils municipaux peuvent être suspendus par le préfet; la dissolution ne peut être prononcée que par décret. La suspension prononcée par le préfet sera de deux mois, et pourra être prolongée par le ministre de l'intérieur jusqu'à une année. A l'expiration de ce délai, si la dissolution n'a pas été prononcée par un décret, le conseil municipal reprend ses fonctions. En cas de *suspension*, le préfet nomme immédiatement une commission pour remplir les fonctions du conseil municipal dont la suspension a été prononcée. En cas de *dissolution*, la commission est nommée soit par décret, soit par le préfet, suivant qu'il s'agit de chefs-lieux de département, d'arrondissement et de canton, de communes de trois mille habitants et au-dessus, et d'autres communes. Le nombre des membres de cette commission ne peut être inférieur à la moitié de celui des conseillers municipaux. La commission peut être maintenue jusqu'au renouvellement quinquennal.

Les élections au conseil municipal se font à peu près comme celles pour les conseils généraux et d'arrondissement.

Il y a cependant quatre différences : dans les élections municipales, 1° tous les conseillers à élire sont nommés par chaque électeur au scrutin de liste ; 2° le jour de la convocation des collèges est toujours un jour férié ; 3° les quatre assesseurs sont toujours les deux plus jeunes et les deux plus âgés des électeurs inscrits ; 4° lorsqu'il y a lieu de procéder à un second tour de scrutin, parce qu'aucun candidat n'a obtenu soit la majorité absolue des votants, soit un nombre de voix égal au quart des électeurs inscrits, la réunion des collèges électoraux est renvoyée au dimanche suivant.

Pour les élections départementales et d'arrondissement, au contraire, 1° les électeurs ne nomment qu'un candidat ; 2° on n'est tenu de prendre un jour férié qu'autant que faire se peut ; 3° on appelle comme assesseurs les quatre premiers conseillers sachant lire et écrire, dans l'ordre du tableau ; 4° dans le cas de nouveau scrutin, la réunion des collèges est renvoyée au deuxième dimanche.

Mais, ainsi que cela a lieu pour les nominations aux conseils généraux et d'arrondissement, la nullité des élections municipales est prononcée par le conseil de préfecture, s'il s'agit de la régularité des opérations électorales, et par le tribunal, lorsque la nullité est fondée sur l'incapacité du candidat.

Assemblée des conseils municipaux. — Les conseils municipaux s'assemblent, en session ordinaire, quatre fois l'année : au commencement de février, mai, août et novembre. Chaque session peut durer dix jours. Le préfet ou le sous-préfet prescrit la convocation extraordinaire, ou l'autorise, sur la demande du maire, toutes les fois que les intérêts de la commune l'exigent. La convocation peut également avoir lieu pour un objet spécial et déterminé, sur la demande du tiers des membres du conseil, adressée directement au préfet, qui ne peut la refuser que par un arrêté motivé notifié aux réclamants. Pourvoi devant le ministre de l'intérieur.

La convocation se fait par écrit et à domicile ; trois jours au moins avant la réunion, pour la session ordinaire, et cinq jours au moins pour les convocations extraordinaires. Dans ce dernier cas, indication des objets spéciaux et déterminés pour lesquels le conseil doit s'assembler. Dans les sessions ordinaires, le conseil peut s'occuper de toutes les matières qui rentrent dans ses attributions ; mais, en cas de réunion extraordinaire, il ne peut s'occuper que des objets pour lesquels il a été spécialement convoqué. En cas d'urgence, le sous-préfet peut abréger les délais de convocation.

Le maire préside le conseil municipal, excepté quand il rend ses comptes ; il a voix prépondérante en cas de partage. Les mêmes droits appartiennent à l'adjoint qui le remplace. Dans tout autre cas, les adjoints pris en dehors du conseil ont seulement droit d'y siéger avec voix consultative. Les fonctions de secrétaire sont remplies par un des membres du conseil nommé au scrutin secret, et à la majorité des membres présents. Le secrétaire est nommé pour chaque session.

Tout membre du conseil municipal qui, sans motifs légitimes, a manqué à trois convocations consécutives, peut être déclaré démissionnaire par le préfet, sauf recours, dans les dix jours, devant le conseil de préfecture. Les membres du conseil municipal ne peuvent prendre part aux délibérations relatives aux affaires dans lesquelles ils ont un intérêt, soit en leur nom personnel, soit comme mandataires.

Les séances des conseils municipaux n'étaient pas publiques. Tout habitant ou contribuable de la commune avait le droit de demander communication, sans déplacement, et de prendre copie des délibérations du conseil municipal de sa commune. Ces délibérations étaient inscrites, par ordre de date, sur un registre coté et paraphé par le sous-préfet, et signé par tous les membres présents à la séance. Copie en était adressée au préfet ou au sous-préfet, dans la huitaine.

Loi du 24 juillet 1867. — Les conseils municipaux *règlent* par *délibérations :* 1° Les acquisitions d'immeubles lorsque la dépense, totalisée avec celle des autres acquisitions déjà votées, ne dépasse pas le dixième des revenus de la commune ;

2° Les conditions des baux à loyer des maisons et bâtiments appartenant à la commune, pourvu que la durée du bail ne dépasse pas dix-huit ans ;

3° Les projets, plans et devis de grosses réparations et d'entretien, lorsque la dépense totale afférente à ces projets et aux autres projets de la même nature, adoptés dans le même exercice, ne dépasse pas le cinquième des revenus ordinaires de la commune, ni, en aucun cas, une somme de cinquante mille francs ;

4° Le tarif des droits de place, de stationnement, des concessions dans les cimetières ;

5° Les assurances des bâtiments communaux, l'affectation d'une propriété communale à un service communal, lorsque cette propriété n'est encore affectée à aucun service public ; l'acceptation ou le refus de dons ou legs faits à la commune.

En cas de désaccord entre le maire et le conseil municipal, la délibération ne sera exécutoire qu'après l'approbation du préfet.

Les conseils municipaux *peuvent voter* des contributions extraordinaires n'excédant pas cinq centimes pendant cinq années, pour en affecter le produit à des dépenses extraordinaires d'utilité communale.

Les conseils municipaux *votent* et *règlent* les emprunts communaux remboursables sur les centimes extraordinaires votés, quand l'amortissement ne dépasse pas cinq années.

Les conseils municipaux votent, en outre, sauf approbation du préfet :

1° Les contributions extraordinaires qui dépasseraient cinq centimes sans excéder le maximum fixé par le conseil général, et dont la durée ne serait pas supérieure à douze années ;

2° Les emprunts remboursables sur ces mêmes contributions extraordinaires ou sur les revenus ordinaires, dans un délai excédant douze années.

Toute contribution ou tout emprunt en dehors de ces conditions sont autorisés par décret.

Il est statué par une loi si la somme à emprunter dépasse un million, ou si ladite somme réunie au chiffre d'autres emprunts non encore remboursés excède le million.

L'établissement des taxes d'octroi votées par les conseils municipaux, ainsi que les règlements relatifs à leur perception, sont autorisés par décrets rendus sur l'avis du Conseil d'État.

Il en sera de même, en ce qui concerne :

1° Les modifications aux règlements ou aux périmètres existants ;

2° L'assujettissement à la taxe d'objets non encore imposés dans le tarif local ;

3° L'établissement ou le renouvellement d'une taxe sur des objets non compris dans le tarif général ;

4° L'établissement ou le renouvellement d'une taxe excédant le maximum fixé par le même tarif général.

Sont exécutoires, dans les conditions déterminées par l'article 18 de la loi du 18 juillet 1837, les délibérations prises par les conseils municipaux, concernant :

1° La suppression ou la diminution des taxes d'octroi ;

2° La prorogation des taxes principales d'octroi pour cinq ans au plus ;

3° L'augmentation des taxes jusqu'à concurrence d'un décime, pour cinq ans au plus ;

Sous la condition toutefois qu'aucune des taxes ainsi maintenues ou modifiées n'excédera le maximum déterminé dans un tarif général qui sera établi, après avis des conseils généraux, par un règlement d'administration publique ; ou qu'aucune desdites taxes ne portera sur des objets non compris dans ce tarif.

En cas de désaccord entre le maire et le conseil municipal,

la délibération ne sera exécutoire qu'après approbation du préfet.

Sont exécutoires, sur l'approbation préfectorale, les délibérations ayant pour but :

La prorogation des taxes additionnelles actuellement existantes ;

L'augmentation des taxes principales au delà d'un décime, dans les limites du maximum des droits et de la nomenclature des objets fixés par le tarif général.

Les conseils municipaux délibèrent sur l'établissement des marchés d'approvisionnement dans leur commune.

Le paragraphe 3 de l'article 6 et le paragraphe 3 de l'article 41 de la loi du 10 mai 1838 sont abrogés, en ce qui concerne ces marchés.

Les délibérations des commissions administratives des hospices, hôpitaux et autres établissements charitables communaux, concernant un emprunt, sont exécutoires en vertu d'un arrêté du préfet, sur avis conforme du conseil municipal, lorsque la somme à emprunter ne dépasse pas le chiffre des revenus ordinaires de l'établissement et que le remboursement doit être effectué dans un délai de douze années.

Si la somme à emprunter dépasse ce chiffre, ou si le délai de remboursement est supérieur à douze années, l'emprunt ne peut être autorisé que par un décret.

Le décret d'autorisation est rendu dans la forme des règlements d'administration publique, si l'avis du conseil municipal est contraire ou s'il s'agit d'un établissement ayant plus de cent mille francs de revenus.

L'emprunt ne peut être autorisé que par une loi, lorsque la somme à emprunter dépasse cinq cent mille francs, ou lorsque cette somme, réunie au chiffre d'autres emprunts non encore remboursés, dépasse cinq cent mille francs.

Les changements dans la circonscription territoriale des communes faisant partie du même canton sont définitivement approuvés par les préfets, après accomplissement des formalités prévues au titre Iᵉʳ de la loi du 18 juillet 1837, en cas de consentement des conseils municipaux et sur avis conforme du conseil général.

Si l'avis du conseil général est contraire, ou si les changements proposés dans les circonscriptions communales modifient la composition d'un département, d'un arrondissement ou d'un canton, il est statué par une loi.

Tous autres changements dans la circonscription territoriale des communes sont autorisés par des décrets rendus dans la forme des règlements d'administration publique.

La création des bureaux de bienfaisance est autorisée par les préfets, sur l'avis des conseils municipaux.

A l'avenir, les conseils municipaux seront élus pour sept ans. (Trois ans actuellement.)

Dans le cas où une commune sera divisée en sections pour l'élection des conseillers municipaux, conformément à l'article 7 de la loi du 5 mai 1855, la réunion des électeurs ne pourra avoir lieu avant le dixième jour, à compter de l'arrêté du préfet.

Les gardes champêtres sont chargés de rechercher, chacun dans le territoire pour lequel il est assermenté, les contraventions aux règlements de police municipale. Ils dressent des procès-verbaux pour constater ces contraventions.

Nul ne peut être maire ou adjoint dans une commune et conseiller municipal dans une autre commune.

La commission nommée en cas de dissolution d'un conseil municipal, conformément à l'article 13 de la loi du 5 mai 1855, peut être maintenue en fonctions pendant trois ans.

L'article 50 de la loi du 5 mai 1855 est abrogé.

Toutefois, dans les villes chefs-lieux de département ayant plus de quarante mille âmes de population, l'organisation du personnel chargé des services de la police est réglée, sur l'avis du conseil municipal, par un décret, le Conseil d'État entendu.

Les inspecteurs de police, les brigadiers, sous-brigadiers et agents de police sont nommés par le préfet, sur la présentation du maire.

Si un conseil municipal n'allouait pas les fonds exigés pour la dépense, ou n'allouait qu'une somme insuffisante, l'allocation nécessaire serait inscrite au budget par décret, le Conseil d'État entendu.

Loi du 14 avril 1871. — Les élections municipales, d'après la loi du 14 avril 1871, ont lieu au scrutin de liste pour toute la commune. Néanmoins la commune peut être divisée en sections, dont chacune élira un nombre de conseillers proportionné au chiffre de la population. En aucun cas ce fractionnement ne pourra être fait de manière qu'une section ait à élire moins de deux conseillers. (*Art.* 3.)

Sont *électeurs* tous les citoyens français âgés de 21 ans accomplis, jouissant de leurs droits civils et politiques, n'étant dans aucun cas d'incapacité prévu par la loi et, de plus, ayant, depuis une année au moins, leur domicile réel dans la commune. (*Art.* 4.)

Sont *éligibles* au conseil municipal d'une commune, tous les électeurs âgés de 25 ans accomplis, et réunissant les conditions prévues pour être électeurs. Il pourra toutefois être nommé au conseil municipal d'une commune, sans la condition de domicile, un quart des membres qui le composeront, à la condition, pour les élus non domiciliés, de payer dans cette commune une des quatre contributions directes. (*Id.*)

Ne peuvent être élus membres des conseils municipaux : les juges de paix titulaires, dans les cantons où ils exercent leurs fonctions ; les membres amovibles des tribunaux de première instance, dans les communes de leur arrondissement. (*Art* 5.)

Dans toutes les communes, quelle que soit leur population, le scrutin ne durera qu'un jour. Il sera ouvert et clos le dimanche. Le dépouillement en sera fait immédiatement. (*Art.* 7.)

La loi du 14 avril 1871 est une loi transitoire, en attendant la promulgation de la loi organique sur les municipalités.

Les conseils municipaux sont élus pour trois ans.

Loi du 10 août 1871. — Le conseil général arrête, chaque année, à la session d'août, dans les listes fixées annuellement par la loi de finances, le *maximum* du nombre des centimes extraordinaires que les conseils municipaux sont autorisés à voter, pour en affecter le produit à des dépenses extraordinaires d'utilité communale. (*Art.* 42.)

Il *statue définitivement* sur le classement et la direction des chemins vicinaux de grande communication et d'intérêt commun ; sur la désignation des communes qui doivent concourir à la construction et à l'entretien de ces chemins ; sur la fixation du contingent annuel de chaque commune, le tout sur l'avis des conseils compétents (*art.* 46, n° 7) ; sur les offres faites par les communes pour concourir à des dépenses quelconques d'intérêt départemental (*id.* n° 10) ; sur les concessions à des communes de travaux d'intérêt départemental (*id.* n° 11) ; sur la part de la dépense des aliénés et des enfants assistés, qui sera mise à la charge des communes, et sur les bases de la répartition à faire entre elles (*id.* n° 19) ; sur les délibérations des conseils municipaux ayant pour but l'établissement, la suppression ou les changements de foires ou marchés (*id.* n°24) ; sur les délibérations des conseils municipaux ayant pour but la prorogation des taxes additionnelles d'octroi actuellement existantes, ou l'augmentation des taxes principales au delà d'un décime (*id.* n° 25) ; sur les changements à la circonscription des communes d'un même canton et à la désignation des chefs-lieux, lorsqu'il y a accord entre les conseils municipaux (*id.* n° 26).

Le conseil général *délibère* sur les demandes des conseils municipaux : 1° pour l'établissement ou le renouvellement d'une taxe d'octroi sur des matières non comprises dans le tarif général établi conformément à la loi du 26 juillet 1867 ; 2° pour l'établissement ou le renouvellement d'une taxe excédant le *maximum* fixé par ce tarif ; 3° pour l'assujettissement à la taxe d'objets non encore imposés dans le tarif local ; 4° pour les modifications aux règlements ou aux périmètres existants. (*Art.* 48, n° 4.) D'après la législation antérieure, ces demandes des conseils municipaux étaient soumises directement au Conseil d'État avec l'avis du préfet, et il était statué par décret.

Le conseil général *donne son avis* sur les délibérations des conseils municipaux relatives à l'aménagement, au mode d'exploitation, à l'aliénation et au défrichement des bois communaux. (*Art.* 50, n° 3.)

Chaque année, à la session d'août, la commission départementale présente au conseil général le relevé de tous les emprunts communaux et de toutes les contributions extraordinaires communales qui ont été votées depuis la précédente session d'août, avec indication du chiffre total des centimes extraordinaires et des dettes dont chaque commune est grevée. (*Art.* 80.)

§ 3. — Administration spéciale du département de la Seine et de la ville de Lyon [1].

Département de la Seine. — Préfecture de la Seine. — Préfecture de police. — Département du Rhône. — Ville de Lyon, et agglomération lyonnaise. — Législation de 1871.

Département de la Seine. — Législation antérieure à 1871. — Le département de la Seine, et même celui du Rhône, sont soumis pour leur administration à des règles spéciales.

Deux préfets, celui du département et le préfet de police, sont à la tête de l'administration du département de la Seine.

Préfecture de la Seine. — La commune de Paris est divisée en vingt arrondissements municipaux, formant autant

[1] Arrêté 12 messid. an VIII; loi 19 juin 1851; décr. législ. 24 mars 1852; décr. 24 mai 1852; règl. admin. 17 juin 1852; lois 9 juill. 1852, 10 juin 1853 et 5 mai 1855; loi 16 juin 1859; décr. 1er nov. 1859; décr. 30 nov. 1859; décret 10-24 oct. 1860; décr. 9 janv. 1861; lois 14 avril et 16 septembre 1871; arrêté 24 mars 1871.

de cantons de justice de paix. Le *préfet de la Seine* est auprès du gouvernement le représentant du département de la Seine et de la ville de Paris. Il est le chef de l'administration municipale ; les maires des vingt arrondissements ne sont que ses délégués. Leurs attributions ne s'étendent, d'ailleurs, pas au delà de l'état civil, des élections et du jury, de l'instruction primaire, des cultes, du commerce, de l'assistance publique, de l'importation d'armes et des contributions directes.

Une commission départementale, composée de soixante membres nommés par le chef de l'État, et présidée par un de ses membres également désigné par décret, faisait fonction de conseil général du département de la Seine. Elle était à la fois départementale et municipale ; mais pour former la commission départementale on y adjoignait huit autres membres : quatre pour l'arrondissement de Sceaux et quatre pour celui de Saint-Denis.

Une disposition expresse du décret du 25 mars 1852, sur la décentralisation administrative, déclarait les dispositions de ce décret non applicables au département de la Seine, en ce qui concernait l'administration départementale proprement dite et celle de la ville et des établissements de bienfaisance de Paris. Mais cette disposition a été rapportée par un décret du 9 janvier 1861, dont la constitutionnalité a été contestée. Les budgets de la ville de Paris étaient soumis à l'approbation du chef de l'État, sur la proposition du ministre de l'intérieur.

Préfecture de police. — Les attributions du préfet de police comprennent : 1° la POLICE GÉNÉRALE, subdivisée en *police politique* et *police de sûreté* ; et 2° la POLICE MUNICIPALE.

En ce qui concerne la POLICE GÉNÉRALE, le préfet de police doit être considéré comme agissant *sous l'autorité* du ministre de l'intérieur ; c'est un simple *directeur de la sûreté générale*. Quant à l'exercice de la POLICE MUNICIPALE, le préfet de police a une autorité propre, pour laquelle il n'est nullement soumis à la surveillance du préfet de la Seine.

Le décret de messidor an VIII confiait au préfet de police tout ce qui intéressait la liberté et la sûreté de la voie publique, la salubrité de la cité, les incendies, débordements et accidents sur la rivière, les taxes et mercuriales, la surveillance des lieux publics, la libre circulation des subsistances, la protection et préservation des monuments et édifices publics, la petite voirie.

Le décret des 10-24 octobre 1860 ayant réuni sous la main du préfet de la Seine la grande et la petite voirie, avec quelques autres parties de la police municipale, le préfet de police n'a conservé dans ses attributions que les matières de police municipale non comprises dans l'énumération du décret de 1860.

Les communes de Saint-Cloud, Meudon, Sèvres, où se trouvaient des résidences impériales, étaient placées sous sa juridiction, qui s'étendait, d'ailleurs, sur toutes les communes du département de la Seine, principalement en ce qui concernait la police de sûreté.

Département du Rhône. — Le département du Rhône reste sous l'empire du droit commun. Il n'est pas assimilé au département de la Seine, mais c'est *l'agglomération lyonnaise seule* qui était soumise à un régime particulier. En vertu d'une décision datée du 12 décembre 1871, le préfet du département du Rhône a cessé de porter le titre de commissaire extraordinaire de la République.

Ville de Lyon et agglomération lyonnaise. — Les communes suburbaines de la Guillotière, de la Croix-Rousse et Vaise sont réunies à la commune de Lyon. Le préfet du Rhône administre cette commune et assiste aux séances du conseil municipal, comme le préfet de la Seine aux séances du conseil municipal de Paris. Ce conseil, formé par décret pour cinq ans, était composé de trente-six membres nommés directement. Il était présidé par un de ses membres, désigné par le chef de l'État, ne s'assemblait que sur la convocation du préfet, et ne pouvait délibérer que sur les questions qui lui étaient soumises par ce magistrat. La commune de Lyon est divisée en cinq arrondissements municipaux, ayant chacun un maire et deux adjoints. Le préfet du Rhône est, de plus, investi, pour la commune de Lyon et l'agglomération lyonnaise, des attributions de préfet de police.

Loi de 1871. — Conseil municipal de Paris. — Aux termes de la loi du 14 avril 1871, les vingt arrondissements de la ville de Paris nomment chacun quatre membres du conseil municipal. Ces quatre membres sont élus, par scrutin individuel, à la majorité absolue, à raison d'un membre par quartier. (*Art.* 10.) Les incapacités et les incompatibilités établies par la loi sur les conseils généraux, sont applicables aux conseils municipaux de Paris, indépendamment de celles qui sont établies par les lois en vigueur sur l'organisation municipale. (*Art.* 15.)

Le conseil municipal de Paris tiendra, comme les conseils des autres communes, quatre sessions ordinaires, dont la durée ne pourra pas excéder dix jours, sauf la session ordinaire où le budget ordinaire sera discuté, et qui pourra durer six semaines. (*Art.* 11.) Au commencement de chaque session ordinaire, le conseil nommera au scrutin secret et à la majorité son président, ses vice-présidents et ses secrétaires. Pour les sessions extraordinaires qui seront tenues dans l'intervalle, on maintiendra le bureau de la dernière session ordinaire. (*Art.* 12.)

Le préfet de la Seine et le préfet de police ont entrée au conseil. Ils sont entendus toutes les fois qu'ils le demandent. (*Art.* 13.)

Le conseil municipal de Paris ne pourra s'occuper, à peine de nullité de ses délibérations, que des matières d'administration communale, telles qu'elles sont déterminées par les lois en vigueur sur les attributions municipales. En cas d'infraction, l'annulation sera prononcée pas décret du chef du pouvoir exécutif. (*Art.* 14.)

Il y a un maire et trois adjoints pour chacun des vingt

arrondissements de Paris. Ils sont choisis par le chef du pouvoir exécutif. Les maires d'arrondissement n'auront d'autres attributions que celles qui leur sont expressément conférées par des lois spéciales. (*Art.* 16.)

Il y a incompatibilité entre les fonctions de maire ou d'adjoint d'arrondissement et celles de conseiller municipal de la ville de Paris. (*Art.* 17.)

Conseil général de la Seine. — Statuant provisoirement, la loi du 16 septembre 1871 a disposé que « jusqu'au 31 décembre 1872 au plus tard, » le conseil général de la Seine sera composé des quatre-vingts membres du conseil municipal de Paris, plus de huit membres élus dans les arrondissements de Sceaux et de Saint-Denis, à raison d'un membre par canton, conformément à la loi du 20 avril 1834.

Les lois des 22 juin 1833, 10 mai 1838 et 18 juillet 1866 sont applicables au département de la Seine, en ce qu'elles n'ont rien de contraire à la loi du 16 septembre 1871.

La loi du 15 avril 1871 et le titre II de celle du 10 août de la même année sont applicables, quant aux conditions de l'électorat et de l'éligibilité.

Le titre II de la loi du 22 juin 1833 est applicable à la tenue des sessions du conseil général de la Seine.

Sont maintenues les dispositions des lois des 10 mai 1838 et 18 juillet 1866, en ce qui regarde les attributions de ce conseil général.

L'arrêté du 24 mars 1871 a chargé le préfet de police du département de la Seine d'exercer, dans toute l'étendue du département de Seine-et-Oise, les pouvoirs de police générale qui ont été conférés au préfet de police pour les communes de Saint-Cloud, Meudon et Sèvres, par l'arrêté du 3 brumaire an IX. (Disposition de circonstance.)

Une loi du 26 janvier 1872 a abrogé l'article 2 de la loi du 12 avril 1869, qui soumet le vote et le règlement définitif du budget extraordinaire de la ville de Paris à l'approbation d'une loi.

CHAPITRE IX.

ORGANES SPÉCIAUX DE L'ADMINISTRATION.

§ 1ᵉʳ. L'Université. — § 2. Les Conseils administratifs. — § 3. La police. —
§ 4. Organisation judiciaire, militaire et ecclésiastique.

§ 1. — L'Université [1].

Définition. — Historique. — Division de l'enseignement donné par l'État. — Organisation.
— Recteur. — Conseil académique. — Conseil départemental. — Administration académique. — Conseil supérieur de l'instruction publique.

Définition historique. — On peut définir l'Université, en
la considérant dans son organisation : *le gouvernement appliqué à la direction universelle de l'instruction publique.* L'Université n'est plus, comme sous le premier empire, un corps
chargé exclusivement de l'éducation et de l'enseignement
publics, ayant son grand maître, son gouvernement, sa juridiction, ses finances, et joignant, par conséquent, à son caractère corporatif un caractère exclusif. L'Université n'est
plus qu'un corps officiel enseignant en concurrence avec les

[1] Décret 16 nov. 1849; loi 11 janv. 1850; loi 15 janv., 26 févr., 15-27 mars
1850; loi 20 avril 1850; régl. 8 mai 1850; décr. 23 mai 1850; régl. 20 juill. 1850;
décr. 5 août 1850; décr. 9 mars 1852; décr. 10 avril et 8 déc. 1852; décr. 31
décembre 1853; loi 14 juin 1854; décr. 22 août 1854; décr. 28 oct. 1854; décret
17 et 20 juill. 1858; décr. 23 août 1858; décr. 18 mars 1859; loi 14 juin 1859;
loi 26 juill. 1860; décr. 29 déc. 1860.

établissements libres, et placé, comme toutes les branches de l'administration publique sous l'action immédiate du gouvernement.

C'est au commencement du xii* siècle que l'Université de Paris, née à l'ombre de l'église épiscopale, se présente comme définitivement constituée. Au xvi* siècle, la France possédait vingt-une universités, soumises à la juridiction des parlements.

La maxime que l'instruction publique dépend de l'État date du xiv* siècle. De 1312 à 1789, l'histoire de l'Université est celle des luttes qu'elle eut à soutenir contre la concurrence des écoles libres appartenant, en majeure partie, aux congrégations religieuses. L'état de l'instruction publique, sous l'ancien régime, n'est ignoré de personne. On n'y trouve, pas plus que dans la justice, dans l'administration, dans les finances, dans tous les services publics, cette unité à laquelle la vieille France n'a cessé d'aspirer, que la politique de ses rois a préparée, mais qui fut surtout l'œuvre de la Révolution et de Napoléon I*. Des universités laïques, ayant le privilége de l'enseignement sous toutes ses formes; à côté de ces universités, des corporations religieuses; et, au-dessus de tous ces corps, le pouvoir royal les dirigeant ou les contenant, confiant son autorité, la déléguant, mais ne l'aliénant jamais.

Lorsque la Révolution de 1789 éclata, l'Université fut respectée par l'Assemblée constituante; mais le gouvernement révolutionnaire supprima l'enseignement universitaire. La constitution de l'an III proclama la liberté de l'enseignement, restreinte plus tard par le Consulat, qui rétablit au profit du gouvernement le droit d'autorisation préalable.

L'Université de l'Empire, placée sous l'action directe du gouvernement, fut, entre les mains du pouvoir, un monopole que la Restauration de 1814 détruisit, en instituant dix-sept universités provinciales. La réaction qui suivit les Cent-jours ne fit qu'ébranler, sans l'anéantir, l'Université, que la puissance

royale cherchait à ramener à elle dans les dernières années
qui précédèrent 1830. La monarchie de Juillet promit la liberté de l'enseignement, et élargit la base du conseil royal
de l'instruction publique. La constitution de 1848 a concilié le
droit inaliénable et imprescriptible que toute nation a d'instruire ses membres, avec le droit non moins sacré de la surveillance des familles.

L'enseignement doit-il être libre, ou monopolisé dans les
mains de l'État?

Les partisans de la liberté de l'enseignement invoquent le
droit naturel et préexistant de la famille. Le père doit pouvoir élever son enfant selon le vœu de son cœur et de sa
conscience ; chaque citoyen doit être admis à mettre au service des familles ses lumières, son expérience et son dévouement. Fonder la libre concurrence, c'est donc consacrer un
droit impérissable ; c'est, de plus, assurer le progrès de l'enseignement. « Si les Universités enseignaient seules, disait Ri-
« chelieu, il serait à craindre qu'elles revinssent avec le temps
« à l'ancien orgueil qu'elles ont eu autrefois, qui pourrait
« être à l'avenir aussi préjudiciable qu'il a été par le passé. »
Une corporation exclusivement et officiellement chargée de
donner l'instruction se trouverait, par sa nature même, privée du sentiment d'émulation qui communique aux institutions comme aux individus le besoin de mieux faire, et de
se perfectionner continuellement soi - même. Enfin, au
moyen de la liberté, et sous la garantie d'une rivalité fé-
conde, l'enseignement, varié dans sa nature, deviendra véritablement national.

Les adversaires de cette liberté reconnaissent aux gouvernements, avec les anciens publicistes, et Montesquieu
lui - même, le droit d'user de leur puissance pour diriger
l'éducation des sujets dans un sens conforme à leurs vues.

Il ne faut cependant pas se hâter de proclamer une liberté
sans limites. La liberté d'enseigner est une des branches
innombrables de la liberté proprement dite ; elle doit être de

droit commun ; elle a pour complément nécessaire la liberté
de s'instruire auprès du maître de son choix. Mais si le vrai
but de la politique est d'assurer la prospérité des peuples et
des individus qui les composent, comme l'enseignement et
l'éducation contribuent surtout à fonder cette prospérité, le
devoir du gouvernement sera de ne pas rester neutre en
présence de ces grands intérêts. Il devra veiller à ce que l'enseignement ait pour objet de répandre la vérité, autant que
le permet le dernier état des connaissances humaines ; à ce
que l'éducation de la jeunesse tende à inculquer des notions
exactes, à former un jugement sain, à donner des habitudes
honnêtes et bienveillantes. Pour atteindre ce résultat, l'État
n'aura pas besoin de s'approprier le monopole de l'enseignement public, ou de faire violence aux affections de famille et
à l'inclination des parents. Il ouvrira ses écoles sous les garanties de la concurrence, exigera de ses rivaux des preuves
de capacité et de moralité, et exercera un droit de surveillance
sur l'enseignement.

Division de l'enseignement donné par l'État. — L'enseignement donné par l'État se divise en : 1° enseignement
primaire (écoles communales) ; 2° enseignement secondaire
(lycées et collèges communaux) ; 3° enseignement supérieur
(hautes écoles, facultés) [1].

L'enseignement primaire qui est, dans tous les pays, et
surtout dans les pays de suffrage universel, un des intérêts
les plus considérables auxquels le législateur ait à pourvoir,
doit-il être gratuit? Doit-il être obligatoire ? Rendre l'enseignement primaire entièrement gratuit, ce n'est pas, dit-on,
faire que personne ne le paye ; c'est faire, au contraire, qu'il
soit payé par tout le monde, c'est-à-dire, par l'impôt ; c'est,
de plus, affranchir les parents et les enfants d'un indispensable lien les uns vis-à-vis des autres. Ces arguments ne

[1] En 1865, une loi du 21 juin a organisé un enseignement secondaire spécial.
L'exécution de cette loi a été réglementée par le décret du 28 mars 1866. Un
décret du 31 juillet 1868 a créé à Paris une École pratique des hautes études.

nous paraissent pas décisifs. Il n'est pas prouvé, en effet, que la société qui, elle aussi, a des devoirs à remplir à l'égard de ses membres, soit à l'abri de l'obligation de leur donner l'éducation morale, qui est l'une des premières conditions du bonheur.

Quant à l'enseignement obligatoire, il est généralement considéré comme n'étant ni praticable ni salutaire. Quelle partie de l'enseignement, d'ailleurs, rendra-t-on obligatoire ? Demandez-vous beaucoup ? vous imposez une rigueur excessive. Demandez-vous peu ? vous abaissez le niveau de l'enseignement général. Si vous songez à recourir à la contrainte, vous alarmez la parcimonie trop naturelle du pauvre par vos amendes ; vous blessez l'esprit d'indépendance par vos pénalités. Le meilleur, l'unique moyen d'universaliser l'enseignement, c'est de le rendre universellement accessible, applicable. Fondez et dotez, encouragez les sacrifices, les émulations, renversez les entraves, récompensez les services, et vous aurez, en peu d'années, mieux que l'enseignement obligatoire : vous aurez l'enseignement universellement recherché et béni [1].

Aux termes de la loi du 10 avril 1867 sur l'enseignement primaire, toute commune de cinq cents habitants et au-dessus est tenue d'avoir au moins une école publique de filles, si elle n'en est pas dispensée par le conseil départemental. Dans toute école mixte tenue par un instituteur, une femme, nommée par le préfet, sur la proposition du maire, est chargée de diriger les travaux à l'aiguille des filles. (*Art.* 1er.) Le nombre des écoles publiques de garçons ou de filles à établir dans chaque commune est fixé par le conseil départemental, sur l'avis du conseil municipal. Le conseil départemental détermine aussi, sur l'avis du conseil municipal, les cas où, à raison des circonstances, il peut être établi une ou plusieurs écoles de ha-

---

[1] Exposé des motifs de la loi du 15 mars 1850. Sur la question de l'instruction obligatoire, voir le mémoire de M. Eugène Rendu, et la brochure publiée. en 1871, par M. Ch. Robert.

meau. (*Art.* 2.) Toute commune doit fournir à l'institutrice, ainsi qu'à l'instituteur adjoint et à l'institutrice adjointe dirigeant une école de hameau, un local convenable, tant pour leur habitation que pour la tenue de l'école, le mobilier de classe, et un traitement. (*Art.* 3.)

Une indemnité, fixée par le ministre de l'instruction publique, après avis du conseil municipal et sur la proposition du préfet, peut être accordée annuellement aux instituteurs et institutrices dirigeant une classe communale d'adultes, payante ou gratuite. (*Art* 7.)

Dans les communes où la gratuité est établie, le traitement des instituteurs et des institutrices publics se compose : 1° d'un traitement fixe de 200 francs ; 2° d'un traitement éventuel calculé à raison du nombre d'élèves présents, d'après un taux de rétribution déterminé, chaque année, par le préfet, sur l'avis du conseil municipal et du conseil départemental ; 3° d'un traitement accordé à tous les instituteurs et institutrices dont le traitement fixe, joint au produit de l'éventuel, n'atteint pas des *minima* déterminés par la loi. (*Art.* 9.) Dans les autres communes, le traitement des instituteurs et institutrices se compose des mêmes éléments, sauf que le traitement éventuel est calculé à raison du nombre d'élèves gratuits présents à l'école. (*Art.* 40.)

Une délibération du conseil municipal, approuvée par le préfet, peut créer, dans toute commune, une caisse des écoles destinée à encourager et à faciliter la fréquentation de l'école par des récompenses aux élèves assidus et par des secours aux élèves indigents. Le revenu de la caisse se compose de cotisations volontaires et de subventions de la commune, du département ou de l'État. (*Art.* 15.)

Les éléments de l'histoire et de la géographie de la France sont ajoutés aux matières obligatoires de l'enseignement primaire. (*Art.* 16.) Sont soumises à l'inspection, comme les écoles publiques, les écoles libres qui tiennent lieu d'écoles publiques, ou qui reçoivent une subvention de la commune, du

42

département ou de l'État. (*Art.* 17.) Aucune école primaire,
publique ou libre, ne peut, sans l'autorisation du conseil
départemental, recevoir d'enfants au-dessous de six ans, s'il
existe dans la commune une salle d'asile publique ou libre.
(*Art.* 21.)

Un décret du 26 juillet 1870 a fixé à nouveau le traitement
minimum des instituteurs et institutrices primaires. Des écoles
normales primaires ont été créées par le décret du 2 juillet 1866.

L'Université (ce nom a disparu du langage officiel, mais
a été conservé par l'usage) se compose d'académies. Le
corps universitaire, présidé par le ministre de l'instruction
publique, comprend des inspecteurs généraux, des inspecteurs
d'académie et des inspecteurs primaires, des recteurs, des professeurs chargés de l'enseignement, etc.

Organisation.—Le nombre des académies était de seize.
Chacune de ces académies est administrée par un recteur, assisté d'un conseil académique, et d'autant d'inspecteurs d'académie qu'il y a de départements dans le ressort. Le conseil
académique est composé du recteur, président, des inspecteurs
d'académie du ressort, des doyens des facultés, et enfin de sept
membres pris parmi les ministres des cultes, les magistrats et
les fonctionnaires administratifs nommés tous les trois ans
par le ministre, et révocables par lui.

Recteur. — Le recteur administre l'académie. Il gouverne directement et par lui-même tous les établissements
d'enseignement supérieur; et, par l'inspecteur d'académie, les établissements publics d'instruction secondaire de
chaque département. Il est aussi représenté par cet inspecteur quant à la surveillance de l'enseignement secondaire
libre, et à la direction pédagogique de l'enseignement primaire.

Conseil académique. — Le *conseil académique* veille au
maintien, dans les écoles publiques, des méthodes d'enseignement prescrites par le ministre en conseil supérieur de

l'instruction publique, et donne son avis sur les questions
d'administration, de finances ou de discipline qui intéressent
les collèges communaux, les lycées ou les établissements d'enseignement supérieur.

Conseil départemental. — Il y a au chef-lieu de chaque
département un *Conseil départemental* de l'instruction publique, composé du préfet, président, de l'inspecteur d'académie, d'un inspecteur de l'instruction primaire désigné par
le ministre, et de membres désignés en partie par leurs fonctions, en partie par le ministre, parmi les autorités locales.
Le conseil départemental retient toutes les attributions que
la loi de 1850 avait conférées au conseil académique, en ce
qui concerne les affaires de l'instruction primaire, les affaires
disciplinaires ou contentieuses de l'enseignement secondaire
libre, et généralement toutes les questions qui intéressent la
liberté d'enseignement. L'appel des décisions du conseil départemental continuera a être porté devant le conseil supérieur de l'instruction publique. Le conseil départemental agit
donc parallèlement au conseil académique, mais sans lui être
en rien subordonné. Il est le conseil de l'enseignement libre,
comme le conseil académique est le conseil en quelque sorte
domestique de l'enseignement donné par l'État.

La loi de 1854 a transporté au préfet la surveillance disciplinaire et la direction administrative, en matière d'instruction primaire ou libre. Sur le rapport de l'inspecteur d'académie, ce sera donc le préfet qui, sous l'autorité du ministre
de l'instruction publique, nommera et révoquera les instituteurs communaux ; ce sera à lui qu'appartiendra l'action
devant le conseil départemental, soit pour s'opposer à l'ouverture des écoles primaires libres, soit pour demander
l'application aux instituteurs des peines disciplinaires prononcées par la loi. Le législateur a pensé, sans doute, que
les rapports si nombreux et si intimes qui rattachent l'instruction primaire, soit à l'administration municipale, soit
aux finances de la commune et du département, devaient en

placer naturellement l'administration dans les mains du magistrat chargé de veiller au bon emploi des ressources communales et départementales. La moralité de l'éducation, la
bonne direction de l'instruction, l'activité de la surveillance,
la vigueur et la promptitude de la répression, lui ont paru
également intéressées à cette innovation qui a pour effet,
surtout, de rassurer les pouvoirs politiques.

Il y a une composition spéciale pour le conseil départemental de la Seine.

En matière d'instruction secondaire libre, l'initiative de
la surveillance et de la répression continue d'appartenir au
recteur.

Sous l'autorité du préfet, l'inspecteur d'académie instruit
donc les affaires relatives à l'enseignement primaire du département, et, sous l'autorité du recteur dont il est le délégué
permanent, il dirige l'administration des colléges et lycées, et
exerce, en ce qui concerne l'enseignement secondaire libre, les
attributions déférées au recteur par la loi de 1850.

Administration académique. — Les fonctionnaires de
l'administration académique sont: le recteur, les inspecteurs
d'académie, les inspecteurs de l'instruction primaire et le
secrétaire d'académie. Le recteur (pour être nommé recteur,
grade de docteur) dirige et surveille les établissements d'enseignement supérieur et secondaire, surveille les établissements d'enseignement secondaire libre, et maintient les méthodes de l'enseignement primaire. L'inspecteur d'académie
correspond avec le recteur pour tout ce qui concerne les affaires de l'enseignement supérieur, de l'enseignement secondaire public. De plus, il est tenu de soumettre au préfet un
rapport sur les nominations et sur les mutations des instituteurs communaux, ainsi que sur les peines disciplinaires qu'il
pourrait y avoir lieu de leur appliquer. Il y a un inspecteur
primaire par arrondissement. L'inspecteur primaire est sous
les ordres immédiats de l'inspecteur d'académie.

Le conseil académique se réunit deux fois par an, aux mois

de juin et de novembre, sur la convocation du recteur. Le ministre de l'instruction publique peut le convoquer en session extraordinaire. Le conseil departemental se réunit au moins deux fois par mois. Il peut être également convoqué extraordinairement.

Le ministre de l'instruction publique peut exercer les fonctions de recteur de l'académie de Paris. Il est assisté dans ses fonctions rectorales par un vice-recteur. Il y a huit inspecteurs au chef-lieu de l'académie de Paris, sous l'autorité du recteur.

Le chef de l'État, sur la proposition du ministre, nomme et révoque les membres du conseil supérieur, les inspecteurs généraux, les recteurs et les professeurs de l'enseignement supérieur. Le ministre, par délégation du chef de l'État, nomme les autres fonctionnaires et les professeurs de l'enseignement secondaire. Nous avons vu que c'est le préfet qui nomme et révoque les instituteurs communaux.

Le ministre prononce directement, et sans recours, contre les professeurs de l'enseignement supérieur et de l'enseignement secondaire, la réprimande devant le conseil académique, la censure devant le conseil supérieur, la mutation, la suspension des fonctions avec ou sans privation totale ou partielle du traitement.

Conseil supérieur de l'instruction publique. — Le conseil supérieur de l'instruction publique est appelé nécessairement à donner son avis sur les règlements relatifs aux examens, aux concours et aux programmes d'études dans les écoles publiques, à la surveillance des écoles libres et, en général, sur tous les arrêtés portant règlement pour les établissements d'instruction publique, sur la création des facultés, lycées et colléges, sur les secours et encouragements à accorder aux établissements libres d'instruction secondaire, sur les livres qui peuvent être introduits dans les écoles publiques, et sur ceux qui doivent être défendus dans les écoles libres, comme contraires à la morale, à la constitution et aux lois.

Il peut être appelé à se prononcer sur les projets de lois, règlements et décrets relatifs à l'enseignement, et, en général, sur toutes les questions qui lui sont soumises par le ministre. Il prononce en dernier ressort et présente, chaque année, au ministre un rapport sur l'état général de l'enseignement, sur les abus qui pourraient s'introduire dans les établissements d'instruction, et sur les moyens d'y remédier. — Le conseil supérieur de l'instruction publique se compose de trente-deux membres nommés pour un an par le chef de l'État, et révocables par lui [1].

§ 2. — Les Conseils.

Nous avons déjà signalé la présence des conseils administratifs à côté de chaque organe de l'administration active, et nous avons établi pour eux une division théorique : *l'administration consultative*. Parmi les conseils, il en est pourtant qui pourraient faire partie de l'administration active à titre d'organes spéciaux. Ces organes sont ou accidentels ou temporaires. Les organes accidentels sont, par exemple, les commissions de travaux publics, telles que les commissions pour le desséchement des marais ou autres ouvrages, établies par le titre X de la loi du 16 septembre 1807. On peut ranger parmi les organes temporaires les conseils de révision pour le recrutement de l'armée, les conseils de répartiteurs pour la répartition des contributions directes entre les contribuables, et les commissions spéciales établies pour un temps plus ou moins long, telles que les commissions départementales insti-

---

[1] Toute cette partie relative à l'enseignement officiel a été souvent maniée et remaniée. Il n'est pas bien certain que la législation actuelle soit absolument observée, en ce moment, d'après les règles écrites non formellement abrogées. Il est, du moins, annoncé que des lois nouvelles sont en préparation au ministère de l'instruction publique. Nous les analyserons dans les appendices qui suivront annuellement notre *Précis*, au fur et à mesure qu'elles se produiront.

tuées par l'ordonnance du 13 juin 1814 et la loi du 28 avril
1816, pour liquider les fournitures faites pendant les invasions
de 1814 et 1815 ; la commission d'indemnité que motiva la
loi du 27 avril 1825 en faveur des émigrés ; la commission de
révision des dettes de Saint-Domingue, instituée en l'an X,
etc., etc.

Ces commissions spéciales, accidentelles ou temporaires,
puisant leur force dans la seule loi qui les institue, ne sont
destinées à vivre que le temps nécessaire pour achever la
mission qu'elles doivent accomplir.

§ 3. — La Police.

Définition.—Division.—Commissaires de police. — Gendarmerie. — Organisation judiciaire,
militaire, ecclésiastique.

La police.—Définition. — Division.— La police est une
institution établie pour maintenir l'ordre public, la liberté, la
propriété et la sûreté des citoyens : elle est *politique, administrative* ou *judiciaire.*

La *police politique*, secrète de sa nature, essentiellement
préventive, est celle dont l'objet est de prévenir les complots
contre le gouvernement. Le préfet est chargé de la police politique. Ses auxiliaires sont ostensibles ou secrets. L'utilité
et la moralité de cette police ont été l'objet d'apologies et de
critiques variées. « Si la société, dit M. Vivien, a autant, et
plus sans doute que le dernier des citoyens, le droit de
veiller à sa défense, comment lui interdire de pénétrer
dans les ténèbres où se forgent les armes préparées contre
elle ? La police politique, recommandable par son but, peut
encore être estimable par ses moyens ; quand elle se renferme scrupuleusement dans une observation passive, loin
de déshonorer le magistrat qui la dirige, elle lui crée, après

d'utiles et laborieux services, des titres incontestables à la reconnaissance publique [1]. »

La *police administrative* est celle qui a pour but le maintien habituel de l'ordre public dans chaque lieu et dans
chaque partie de l'administration générale. La sûreté de
l'État, la sûreté des personnes, la salubrité, l'industrie, le
commerce, sont les grands intérêts sur lesquels veille la police administrative. Elle est exercée, dans toute l'étendue du
pays, par le ministre de l'intérieur, pour assurer l'exécution des lois, décrets et règlements ; dans les départements,
arrondissements et communes, par les préfets, sous-préfets
et maires. Ses pouvoirs ne se bornent pas aux mesures de
précaution qui, dans chaque localité, et pour chaque partie
de l'administration, peuvent être jugées propres à prévenir
ou empêcher des infractions imminentes aux lois existantes.
Ils impliquent encore un pouvoir réglementaire.

La *police administrative* est ou *municipale* ou *rurale*.

La *police municipale* est celle qui doit maintenir l'ordre
dans la cité. Elle appartient exclusivement, dans chaque
commune, aux attributions des maires et des adjoints ; mais
il faut remarquer qu'en matière de police administrative, les
fonctions des maires sont de deux espèces : les unes sont
propres à l'administration générale de l'État, et les autres au
pouvoir municipal.

La *police rurale* est celle qui a rapport aux fruits et aux
biens de la campagne. Elle est spécialement sous la juridiction
des juges de paix et des maires, et sous la surveillance des
gardes champêtres et de la gendarmerie. On distingue commu-
nément sous le nom de délits ruraux les infractions aux lois
sur la police rurale, quelle que soit la pénalité qui les réprime.

La *police judiciaire* est celle qui recherche les crimes et
délits que la police administrative n'a pu empêcher de commettre. Elle en rassemble les preuves, et en livre les auteurs

---

[1] Vivien, *Études administratives*, t. II, p. 193.

aux tribunaux chargés de les punir. La police judiciaire est réglée par le code d'instruction criminelle. Ses attributions sont exercées par les gardes champêtres, les gardes forestiers, les commissaires de police, les maires, les adjoints du maire, les officiers du ministère public, les juges de paix, les officiers de gendarmerie, les juges d'instruction, les préfets des départements.

Commissaires de police [1]. — Les commissaires de police sont les auxiliaires et les subordonnés des maires, dans l'exercice de la police municipale. Leur nombre varie suivant la population des villes. Ils reçoivent un traitement qui est à la charge de la commune où ils sont établis. Aucune condition de nomination. Les commissaires de police sont des fonctionnaires publics qui appartiennent à l'ordre judiciaire et à l'ordre administratif. Officiers de police administrative, ils sont, quant à la police générale, sous la dépendance des préfets et des sous-préfets, et, quant à la police municipale, aux ordres des maires. A Paris, ils sont sous les ordres directs du préfet de police. Lorsqu'il y a plusieurs commissaires de police dans la même commune, l'arrondissement affecté à chacun d'eux a pour objet de spécialiser sa surveillance et non de limiter sa juridiction. Cette juridiction s'applique à la totalité de la commune où ils sont établis. Des commissaires cantonaux pouvaient être établis au chef-lieu du canton, avec juridiction sur toutes les communes qui le composent.

Dans les villes importantes il y avait des *commissaires centraux* nommés par le chef de l'État, qui n'étaient, en général, que des *agents de transmission*, et dont l'autorité ne différait guère de celle des commissaires ordinaires. Ils dirigeaient la

---

[1] Loi 9 vendém. an IV, art. 10; loi 28 pluv. an VIII; ordonn. 15 nov. 1846; décr. 28 mars 1852; décr. 17 janv. 1853; décr. 23 nov. 1853; décr. 17 sept. 1854; décr. 22 févr. 1855; décr. 27 fév. 1855; instruction minist. 21 juill. 1858, sur les attributions des commissaires de police, et leurs rapports avec les autorités administratives et judiciaires.

police de sûreté, sous l'autorité du préfet. Un arrêté du ministre de l'intérieur du Gouvernement de la défense nationale, à Paris, en date du 10 septembre 1870, a supprimé les commissaires de police cantonaux, l'institution de ces commissaires « portant une atteinte grave aux droits de la commune.»

Des commissaires spéciaux sont attachés aux chemins de fer. Leur compétence s'étend à toute la ligne. A Paris, il y a un commissaire spécial de la Bourse. Le nombre des commissaires de police de Paris est fixé d'une manière absolue, au lieu d'être proportionnel à la population.

Gendarmerie [1]. — La gendarmerie est une force instituée pour veiller à la sûreté publique, et pour assurer le maintien de l'ordre et l'exécution des lois. Une surveillance continue et répressive constitue l'essence de son service. Son action s'exerce dans toute l'étendue du territoire continental et colonial de la France, ainsi que dans les camps et armées. Elle est particulièrement destinée à la sûreté des campagnes et des voies de communication. En raison de la nature mixte de son service, la gendarmerie se trouve placée dans les attributions des ministres de la guerre, de l'intérieur, de la justice, de la marine et des colonies. Elle est répartie par brigades sur tout le territoire de la France, de l'Algérie et des colonies. Le ministre de la guerre a dans ses attributions l'organisation, le commandement, l'exécution réglementaire de toute les parties du service. Les mesures prescrites pour assurer la tranquillité du pays, pour le maintien de l'ordre et l'exécution des lois et règlements émanent du ministre de l'intérieur; c'est à ce fonctionnaire qu'il appartient de donner des ordres pour la police générale, la sûreté de l'État, et le rassemblement des brigades en cas de service extraordinaire. Le service des officiers de gendarmerie considérés comme officiers de police judiciaire, et agissant soit en cas de flagrant délit, soit en vertu de commissions rogatoires, est

[1] Décret 1er mars 1854; loi 17 juill. 1856; décr. 24 avril 1858.

du ressort du ministre de la justice; enfin la surveillance exercée par la gendarmerie sur les militaires des troupes de la marine jusqu'à leur embarquement, la recherche des déserteurs de l'armée de mer et la poursuite des forçats évadés des bagnes, l'escorte des condamnés transférés dans les colonies pénitentiaires et la police à exercer dans ces établissements, tant à l'intérieur qu'à l'extérieur, sont du ressort du ministre de la marine et des colonies. L'action des autorités civiles, administratives et judiciaires sur la gendarmerie, en ce qui concerne son emploi, ne peut s'exercer que par des réquisitions.

La gendarmerie ne peut être employée à porter des citations aux témoins appelés devant les tribunaux civils, que dans le cas d'une nécessité urgente et absolue ; les gendarmes ne peuvent, dans aucun cas, être employés comme garnisaires. Les officiers rapporteurs près les conseils de guerre peuvent décerner des commissions rogatoires aux officiers, sous-officiers et commandants de brigade de gendarmerie, à l'effet d'entendre des témoins, de recueillir des renseignements et d'accomplir tous les actes inhérents à leur qualité d'officiers de police judiciaire, conformément aux dispositions de l'article 84 du code de justice militaire.

La gendarmerie est chargée de faire toutes assignations, citations et notifications, en vertu des articles 102 et 183 du même code [1].

§ 3. — Organisation judiciaire, militaire, ecclésiastique.

Organisation judiciaire. — Chaque canton a une justice de paix ; chaque arrondissement un tribunal civil de pre-

[1] Un décret des 20 décembre 1870-23 janvier 1871, rendu par le membre du Gouvernement de la défense nationale, ministre de l'intérieur et de la guerre, délégué à Bordeaux, a mobilisé la gendarmerie départementale, pour réprimer la désertion et l'abandon des corps.

mière instance, qui juge également les appels des justices de
paix. Des cours d'appel, distribuées sur le territoire de la
France, jugent les appels des tribunaux d'arrondissement,
de commerce et de police correctionnelle. Ces différents tribunaux sont dits *ordinaires*. D'autres tribunaux spéciaux
pour certains individus, ou pour un certain genre d'affaires,
les tribunaux de commerce, les conseils de guerre, sont dits
exceptionnels. Une Cour de cassation, cour suprême, est
placée à la tête du corps judiciaire. Gardienne et interpré-
tatrice des lois, elle casse les jugements et arrêts qui contiennent une violation ou une fausse interprétation de la loi.
Les intérêts de la société sont représentés auprès de la Cour
de cassation, des cours d'appel et des tribunaux, par le
ministère public, magistrature qui comprend les procureurs
généraux, avocats généraux, procureurs du roi, de l'empereur
ou de la république, et substituts.

Organisation militaire [1]. — La France est partagée en
divisions militaires commandées, chacune, par un général
de division.

Un décret du 27 janvier 1858 avait créé cinq grands commandements militaires confiés à des maréchaux. Cette mesure

---

[1] Les lois relatives à l'organisation militaire de la France et concernant les
armées de terre et de mer ont été très-nombreuses, dans les dix dernières années.
En ce moment même, l'Assemblée nationale se trouve saisie d'un projet de loi qui
modifiera le système suivi jusqu'à présent. Nous analyserons cette loi dans nos
appendices, si elle parvient à sortir des délibérations de l'Assemblée. La législation
actuelle se compose, pour le recrutement, de la loi du 21 mars 1832, modifiée
par la loi du 1er février 1868; pour l'institution de la garde mobile, de la loi du
1er février 1868; pour la taille des engagés volontaires et des remplaçants, de la
loi du 21 mars 1868; pour la réglementation des conditions des engagements volontaires et des rengagements dans les différents corps de l'armée, du décret du
10 août 1868; pour les pensions militaires, du décret du 9 janvier 1856; pour la
dotation de l'armée, de la loi du 26 avril 1855; pour l'avancement, des lois des
14 et 20 avril 1832; pour l'état des officiers, de la loi du 19 mai 1834; pour l'exo-
nération, de la loi du 26 avril 1855 et des décrets des 9 janvier 1856 et 18 février
1860; pour les engagements volontaires en temps de guerre, de la loi du 17 juillet
1870, etc., etc... Mais, nous le répétons, cette législation est à la veille d'être complètement remaniée, sans compter les remaniements de l'avenir.

était destinée à donner aux commandants des divisions, auparavant isolés les uns des autres, et la plupart éloignés du centre du gouvernement, une force de cohésion qui leur manquait. Les grands commandements militaires n'existent plus aujourd'hui.

La division est partagée en subdivisions commandées, chacune, par un général de brigade. Le territoire maritime est divisé en arrondissements, à la tête de chacun desquels se trouve un préfet maritime qui correspond directement avec le ministre de la marine. Les arrondissements maritimes se subdivisent en quartiers, syndicats et communes. L'administration générale de l'armée de terre a pour agents départementaux les intendants divisionnaires, les sous-intendants et les sous-intendants adjoints. Le corps de l'intendance fait partie de l'état-major général, se recrute parmi les officiers de l'armée, et a sous ses ordres les officiers des divers services administratifs tels que les vivres, les hôpitaux et autres semblables services.. Les intendants de tous grades sont nommés et révoqués soit par le chef de l'État, soit par le ministre de la guerre, soit par les intendants divisionnaires. Le commissariat de la marine est pour l'armée de la marine ce qu'est l'intendance pour l'armée de terre. Il se compose de commissaires généraux, de commissaires, de commissaires adjoints, de sous-commissaires et d'aides-commissaires, nommés par le chef de l'État. Examens préalables. Pour le travail des bureaux, commis de la marine et écrivains.

L'armée se formait, d'après le système actuel, qui va, dit-on, être aboli, par des engagements volontaires et par le recrutement.

Nul n'est admis à servir dans les troupes françaises, s'il n'est Français. Une partie des grades d'officiers se donne au choix, et l'autre à l'ancienneté.

L'ancienneté est déterminée par la date du brevet du grade, ou, à date semblable, par celle du brevet du grade inférieur. Les officiers autorisés à changer d'armes renoncent, par le seul fait de leur passage d'un corps à un autre, à leur ancienneté. Il prennent grade un jour plus tard que l'officier du même grade le moins ancien de l'arme dans laquelle ils entrent, à moins qu'il ne s'agisse d'admission dans les compagnies de création nouvelle. En cas de réclamations contre une promotion qui blesserait des droits acquis, il y aurait lieu de déférer la mesure au ministre. Recours au Conseil d'État par la voie contentieuse.

C'est le grade qui constitue l'état de l'officier; conféré par le chef de l'État, il est placé sous la sauvegarde de la loi. La nomination une fois faite et publiée au journal militaire officiel, l'officier ne peut être privé de son grade sous aucun prétexte, si ce n'est pour des causes et suivant des formes déterminées par la loi. Le grade est, d'ailleurs, distinct de l'emploi, qui reste à la disposition du chef du gouvernement. Les différentes positions de l'officier sont l'*activité*, la *disponibilité*, la *non-activité*, la *réforme*, la *retraite*.

L'*activité* est la position de l'officier appartenant à l'un des cadres constitutifs de l'armée, pourvu d'emploi, et de l'officier hors cadre employé temporairement à un service spécial ou à une mission. Spéciale pour les officiers généraux, la *disponibilité* consiste à appartenir au cadre constitutif, sans être pourvu d'emploi. Un décret du 1er décembre 1852 a rétabli au profit des officiers généraux une autre position privilégiée, la *réserve*, qui avait été créée par une loi du 4 août 1839. L'officier hors cadre et sans emploi est en *non-activité*. Si l'officier sans emploi n'est plus susceptible d'être rappelé à l'activité, et n'a pas de droits acquis à la pension de retraite, il est en état de *réforme*. La *retraite* est la position définitive de l'officier rendu à la vie civile, et admis à la jouissance d'une pension.

Organisation ecclésiastique [1]. — La France ecclésiastique

---

[1] Conv. 26 messidor an IX, articles organiques; loi 18 germinal an X; arrêté 18 niv. an XI; décr. 7 germ. an XIII; décr. 17 mars 1808; décr. 30 décembre 1809; loi 14 févr. 1810; décr. 6 nov. 1813; loi 2 janv. 1817; ordonn.

se divise, pour le culte catholique, en archevêchés et en évêchés. Nommés par le chef de l'État, institués par le pape, les archevêques veillent au maintien de la foi et de la discipline dans les diocèses dépendant de leur métropole. Ils connaissent des réclamations et des plaintes portées contre la conduite et les décisions des évêques suffragants. Soumis aux mêmes règles de nomination, les évêques nomment les curés et les instituent après l'agrément donné par le gouvernement. Il existe une paroisse au moins par canton, et autant de succursales qu'il est nécessaire. Les curés sont immédiatement soumis aux évêques dans l'exercice de leurs fonctions; mais ils sont inamovibles, et ne peuvent être privés de leur titre que par une sentence de déposition rendue selon les formes canoniques. L'ordonnance épiscopale qui révoque doit être approuvée par le gouvernement, quant à ses effets civils. Appel devant le métropolitain. Pas de recours par voie contentieuse. Il peut arriver aussi qu'une cure soit supprimée par son union à une autre cure, lorsque l'utilité des fidèles et les nécessités du service religieux le commandent. Les vicaires et desservants sont nommés et révoqués par l'évêque, sans qu'il soit besoin de l'agrément du gouvernement ; mais le curé n'a pas de juridiction sur eux ; il n'exerce à leur égard qu'un simple droit de surveillance. La suspension, la révocation, la destitution, le changement de résidence, l'envoi dans une maison religieuse, l'interdiction partielle ou totale des fonctions du sacerdoce, sont les peines que peuvent généralement infliger les évêques, et leur juridiction, reconnue par la puissance publique, trouve même une sanction dans l'autorité administrative. Il est, en effet, arrivé que les tribunaux eux-mêmes ont assuré, par l'application des lois répressives, l'exécution des décisions disciplinaires émanées de l'autorité ecclésiastique. L'obéissance des membres du clergé est si

12 janv. 1825; loi 8 févr. 1831; ordonn. 25 mai 1844; décr. 26 mars 1852; décret 10 nov. 1852-22 août 1853; décr. 19 mars 1859; décr 29 avril 1862; décret décembre 1871.

absolue, qu'il est interdit à tout prêtre de quitter son diocèse
pour aller desservir dans un autre, sans la permission de
son évêque. Les *lettres d'excorporation* consacrent une expa-
triation définitive et irrévocable du prêtre d'un diocèse dans
un autre diocèse ; c'est l'évêque qui cède la personne du
prêtre à un autre évêque. Par les *lettres démissoires*, l'évêque
autorise son diocésain à se présenter à un autre évêque pour
en recevoir les ordres. L'*exeat* est la permission de passer d'un
diocèse dans un autre, d'y demeurer et d'y exercer les fonctions du sacerdoce. Il est révocable. Ces différents actes ne
peuvent intervenir, d'ailleurs, que du consentement du prêtre
qu'ils concernent.

Sous le rapport des intérêts temporels, la paroisse, personne morale, a des biens, des revenus, et prend le nom de
fabrique. L'administration de ces biens, de ces revenus, est
confiée à un conseil de fabrique. Le conseil des marguilliers
est chargé des actes de simple gestion. Le curé, qui fait avec
le maire partie du conseil de fabrique, et qui, comme ce magistrat, est exclu de la présidence du conseil, fait toujours
partie du bureau des marguilliers.

Des consistoires et des synodes pour les calvinistes ; des
consistoires locaux, des inspections et un consistoire général
pour les luthériens de la confession d'Augsbourg ; des consistoires départementaux, et un consistoire général pour les
Israélites, complètent l'organisation ecclésiastique de la
France. M. Dufour fait remarquer que la surveillance du
gouvernement est plus étroite, et que son intervention est
plus marquée à l'égard de la religion protestante. Il en donne
pour raison que la discipline du protestantisme n'offre pas, à
beaucoup près, autant de garanties d'ordre qu'il s'en rencontre
dans le catholicisme. N'est-ce pas plutôt une réminiscence de
la vieille habitude en France d'une religion d'État [1] ?

---

[1] G. Dufour, *Traité général de droit administratif appliqué*, t. V, p. 37.

TROISIÈME PARTIE.

CHAPITRE PREMIER.

L'ADMINISTRATION GRACIEUSE. — L'ADMINISTRATION CONTENTIEUSE.
DIVISION DES TRIBUNAUX ADMINISTRATIFS.

L'instruction gracieuse. — Domaine de l'administration contentieuse. — Division et nomenclature des juges administratifs.

L'instruction gracieuse. — Trois phases se distinguent dans l'instruction gracieuse : 1° l'*information*, qui correspond à la *procédure* en matière contentieuse ; 2° l'*examen*, qui correspond à la *discussion* ; 3° l'*arrêté*, qui correspond à la *décision* ou *jugement*.

L'*information* comprend : les publications et affiches, les informations *de commodo et incommodo*, les enquêtes proprement dites, les expertises, les plans et devis estimatifs, les renseignements contenus dans les documents authentiques (tels que les mercuriales, les tableaux des arrivages, les relevés des opérations de la Bourse, les relevés des naissances, mariages et décès par les officiers de l'état civil, etc.), les rapports des commissions d'hommes spéciaux (médecins, chimistes, etc.), l'appel des intéressés aux visites des hommes de l'art, les instructions et rapports de l'autorité locale, l'avis des agents intermédiaires, tels que sous-préfets, chefs de bureaux, l'avis des conseils municipaux, généraux, d'arrondissement, des

43

commissions spéciales, les renseignements individuels donnés par des citoyens dignes de confiance.

L'*examen* comprend : le rapport, la discussion. Les rapports sont faits ordinairement par les chefs ou employés des bureaux. C'est avec ces collaborateurs que l'administrateur discute les parties les plus délicates de l'affaire sur laquelle il doit rendre son arrêté.

Pour la préparation d'un rapport, le rédacteur doit s'attacher à quatre éléments principaux : les *faits* (il les précise, il les discute, il en observe l'ordre et l'enchaînement) ; les *lois* et *règlements généraux* (il consulte ceux qui régissent la matière, il les coordonne et en présente le véritable esprit) ; les *intérêts privés* (il est utile de les connaître et de les apprécier, afin de les ménager autant que possible).

L'*arrêté* n'est autre chose que la décision rendue après l'information et l'examen. Il doit être rendu avec promptitude, et concilier, autant que possible, l'intérêt général et l'intérêt particulier [1].

Domaine de l'administration contentieuse [2]. — L'administration contentieuse est celle qui juge les questions d'intérêt privé qui se lient à l'action de l'administration active. Le contentieux administratif se compose de toutes les réclamations fondées sur la *violation des obligations* imposées à l'administration par les lois et règlements qui la régissent, ou par les contrats qu'elle souscrit. Il naît de l'exercice du pouvoir exécutif touchant à un *droit acquis*. Que si l'acte administratif ne blessait que des *intérêts*, les réclamations, purement

[1] Voir dans le T. IV, p. 57 de *la Thémis*, une remarquable leçon de M. de Gérando sur ce sujet.

[2] Sur le *Contentieux administratif*, voir : Dareste, *La justice administrative en France*, ou *Traité du contentieux de l'administration*; — Serrigny, *Traité de l'organisation, de la compétence et de la procédure en matière contentieuse administrative, dans leurs rapports avec le droit civil*; — Chauveau (Adolphe), *Principes de compétence et de juridiction administratives*; — du même, *Code d'instruction administrative*; — Carré et Chauveau, *La procédure administrative*; — Crozet, *Procédure administrative*.

administratives, ne relèveraient que de la juridiction *gracieuse*. L'administration, en effet, a deux pouvoirs dans ses mains : l'un, discrétionnaire, intelligent et libre ; l'autre réglé, passif et dominé par la loi, le règlement, le décret ou le contrat qui le régit. Ce sont les actes de ce dernier pouvoir qui donnent lieu au contentieux administratif.

La justice administrative doit faire prévaloir au besoin l'équité et l'intérêt de l'État, qui est l'intérêt de tous, sur les dispositions inflexibles et plus étroites de la législation positive. Il importe à l'intérêt public que l'action administrative ne soit point arrêtée dans sa marche, ce qui pourrait arriver si l'on accordait au corps judiciaire, dont le caractère est l'indépendance, le droit de tenir le glaive et la balance suspendus sur la tête du gouvernement, de le citer chaque jour à sa barre, et de lui rompre en visière. L'administration, dans son allure libre et souple, pourvoit, par des expédients qui lui sont propres, à l'extrême diversité des matières. Créer des tribunaux uniformes dans leur composition, les assujettir à des formes immuables, serait renoncer à cet avantage. Les lois administratives sont entièrement distinctes des lois civiles ; elles exigent des études particulières et sont fondées sur des principes généraux d'un autre ordre. Pour les appliquer avec discernement il faut être initié aux nécessités des affaires publiques et y avoir mis la main. Les procès administratifs exigent une solution prompte et peu coûteuse ; les procédures judiciaires entraînent des frais et des lenteurs contre lesquels se soulève la conscience publique. Le contentieux de l'administration a besoin d'être centralisé comme le gouvernement lui-même, et déféré au moins sur l'appel à un tribunal unique. Déférer le contentieux administratif à l'autorité judiciaire, serait donner naissance à des conflits sans cesse répétés, qui provoqueraient des plaintes nombreuses. Créer des tribunaux administratifs spéciaux serait, suivant qu'on les rendrait dépendants ou indépendants, dégrader la justice ou détruire le gouvernement.

L'ensemble des matières de la compétence des tribunaux d'administration constitue ce qu'on appelle le *contentieux administratif.*

Ces matières se divisent en deux classes : celles qu'un texte formel de loi a soumises à la juridiction contentieuse administrative ; celles qui relèvent de cette juridiction à raison de leur nature, qu'il existe ou non une disposition légale.

On reconnaît ces dernières à la réunion des deux conditions suivantes : 1° il faut que le litige soit suscité par un *acte administratif proprement dit;* 2° la réclamation dirigée contre cet acte administratif doit être fondée sur un *droit acquis* qui se dit violé, et non sur un *simple intérêt* qui se dirait lésé.

Il y a *droit acquis,* chaque fois que l'acte ou le fait contre lequel on réclame a été accompli au mépris d'une obligation légale de l'administration.

Le contentieux administratif n'ayant pour objet que les contestations soulevées à l'occasion d'un droit résultant soit des lois qui régissent l'administration, soit des contrats qu'elle a souscrits, la politique proprement dite, les mesures diplomatiques, les actes du gouvernement, les questions judiciaires ou purement administratives, les actes législatifs lui sont étrangers.

Cependant des lois exceptionnelles ont pu y comprendre des affaires qui, par leur nature, ressortissaient à l'autorité judiciaire; c'est ce qui a lieu pour les contestations sur les ventes de domaines nationaux. Des intérêts politiques ont dicté ce déclassement. Les contestations relatives aux domaines engagés, et celles qui surviennent après les desséchements entre les propriétaires intéressés, ont été également comprises, en fait, dans le contentieux administratif.

L'organisation de la juridiction administrative étant le résultat des besoins successifs qui se sont manifestés, il ne faut pas attendre de cette justice la régularité de la juridiction ordinaire. C'est ainsi, par exemple, que le Conseil d'État admet la publicité des débats, et suit une procédure particulière, tandis que, par une anomalie singulière, les conseils de préfecture n'ont longtemps admis ni publicité ni plaidoiries.

L'autorité de la chose jugée n'a pas, en matière administrative, le même absolu qu'en matière civile. De nouvelles circonstances, en effet, peuvent faire remettre en litige et juger différemment la même question. Mais la maxime *non bis in idem* s'applique aussi aux décisions de l'administration. Les jugements administratifs sont susceptibles d'opposition, requête civile, appel, cassation, en général. Les recours en matière administrative n'ont habituellement pas d'effet suspensif. Toutefois, lorsqu'il n'y a point urgence, il peut être opportun, dans certaines circonstances, de ne pas faire exécuter immédiatement les décisions frappées d'appel ou soumises à la censure de l'autorité supérieure. Enfin les principes généraux du droit administratif, comme tous les vrais principes du droit, sont fondés, indépendamment de l'utilité publique, sur la raison, la justice et l'équité. Mais dès qu'il existe une loi directe et positive, l'administration en fait, généralement, l'application avec une rigoureuse rationalité.

Division et nomenclature des juges administratifs.— Quant au nombre de leurs attributions, les tribunaux administratifs sont ou *généraux* ou *spéciaux*. Les tribunaux *généraux* ont une juridiction très-étendue : ce sont le Conseil d'État, les conseils de préfecture, les préfets et les ministres.

Les autres tribunaux administratifs sont spéciaux. Ils ne connaissent que d'un ordre déterminé de matières.

Relativement au nombre des degrés de juridiction, on divise les tribunaux administratifs en deux catégories : les tribunaux qui prononcent en *premier ressort*, et ceux qui statuent en *dernier ressort*.

Les juges administratifs du premier ressort sont : 1° les conseils de préfecture ; 2° les maires ; 3° les sous-préfets ; 4° les préfets ; 5° les ministres ; 6° les préfets maritimes ; 7° les conseils académiques et départementaux ; 8° les commissions administratives et contentieuses ; 9° les conseils privés des colonies.

Les tribunaux administratifs jugeant en dernier ressort sont : 1° les conseils sanitaires; 2° les conseils de révision pour le recrutement des armées de terre et de mer; 3° la commission des monnaies; 4° le conseil supérieur de l'instruction publique; 5° la Cour des comptes; 6° le Conseil d'État.

Les décisions des tribunaux administratifs produisent la chose jugée; et peuvent être exécutées par voie parée.

La juridiction administrative n'est point exceptionnelle; elle connaît, en effet, non-seulement des matières dont une loi lui a fait dévolution, mais des matières dont les principes qui servent à déterminer le contentieux administratif, et ceux qui règlent la séparation des pouvoirs, lui attribuent la connaissance. Elle connaît aussi, par exception, de toutes celles qui sont, par suite d'un déclassement, renvoyées du pouvoir judiciaire au pouvoir administratif.

CHAPITRE II.

LE CONSEIL DE PRÉFECTURE, TRIBUNAL ADMINISTRATIF DU
PREMIER RESSORT [1].

Historique. — Procédure. — Arrêtés. — Voies de recours. — Attributions
contentieuses. — Contributions directes. — Travaux publics. — Domaines
nationaux. — Roulage et voirie. — Administration communale. — Élections.

Historique. — La loi du 28 pluviôse an VIII est souvent
citée comme loi organique des conseils de préfecture ; mais la
première loi sur cette matière appartient à la Constituante, et
date du 16 août 1790. Elle s'exprimait ainsi : « Les fonctions
judiciaires sont distinctes et demeureront toujours séparées
des fonctions administratives. » Une autre loi du 7 septembre
de la même année, intitulée : *Décret relatif à la forme de procéder dans les affaires contentieuses*, donna au directoire du

---

[1] Loi 28 pluv. an VIII ; décr. 24 messid. an XII, art. 8 ; décr. législatif 28
mars 1852 ; décr. 31 mai 1862 ; décr. 30 déc. 1862 ; loi 21 juin 1865 ; loi 12
juillet 1865. — Sur les *Conseils de préfecture*, voir : Des Cilleuls, *Exposé pratique de la procédure en matière contentieuse devant les conseils de préfecture ;* — Maulde, *Des conseils de préfecture, de leur procédure et de leur compétence ;* — Brun, *Nouveau manuel des conseillers de préfecture*, etc. ; —
Cocaigne, *De la compétence des conseils de préfecture ;* — Dubois de Niermont,
*Organisation, compétence, jurisprudence et procédure des conseils de préfec-
ture ;* — Orillard, *Code annoté des conseils de préfecture, délibérant au contentieux.*

département le droit de prononcer sur les réclamations en matière d'impôts directs, et de statuer sur les difficultés relatives aux travaux publics, sur les demandes et contestations en indemnité pour expropriation, etc. On peut encore la considérer comme étant le vrai point de départ du contentieux administratif. Des lois ultérieures ont étendu le domaine du directoire départemental. La constitution du 5 fructidor an III créa des commissions départementales ayant les mêmes attributions que le directoire. Enfin la constitution de l'an VIII sépara l'action administrative de la délibération sur les actes administratifs; elle remplaça la commission départementale par un préfet et par un conseil de préfecture : le préfet ayant l'administration pure, et le conseil de préfecture prononçant sur les demandes contentieuses.

Les conseils de préfecture doivent-ils être considérés comme des tribunaux exceptionnels, en matière contentieuse administrative? Deux systèmes sont en présence. Suivant les uns, les conseils de préfecture sont des tribunaux de droit commun, institués pour juger les affaires contentieuses administratives, sauf celles dont l'examen leur a été formellement enlevé. Les partisans de ce système invoquent un décret rendu au contentieux, et inséré au *Bulletin des lois:* « *Considérant que, d'après la loi du 28 pluviôse an VIII, le préfet prononce sur les matières administratives, et le conseil de préfecture, sur les matières contentieuses administratives .... »* D'après le second système, les conseils de préfecture sont des tribunaux exceptionnels, qui ne doivent connaître que des matières dont l'examen leur a été soumis par des lois. Le Conseil d'État est d'avis que, pour saisir le conseil de préfecture, il faut ou un texte spécial, ou un argument d'analogie[1].

Dans la pratique, on a d'ailleurs tenu pour maxime cer-

---

[1] Gabriel Dufour, *Traité général de droit administratif appliqué*, t. II, p. 21; — Boulatignier, *Rapport sur les conseils de préfecture;* — Laferrière, *Cours de droit public et administratif,* t. II, p. 515; — Batbie, *Introduction générale au droit public et administratif,* p. 418.

taine que les conseils de préfecture n'ont que des attributions déterminées, et qu'en dehors des cas dont la connaissance leur est expressément réservée, il y a lieu, dans le silence de la loi et par application des principes généraux sur l'organisation administrative, de soumettre au préfet les litiges qui peuvent naître des réclamations contre des actes faits par les administrations municipales, et aux ministres les litiges qui résulteraient des réclamations contre les arrêtés des préfets. Du reste la juridiction des conseils de préfecture peut se trouver encore limitée dans chaque département par différentes juridictions administratives, telles que les commissions spéciales pour certains travaux d'utilité commune, les conseils de révision pour le recrutement de l'armée de terre, etc.

Pour refuser aux conseils de préfecture les attributions de juges ordinaires du contentieux administratif, on allègue la crainte de donner à ces conseils, en étendant leur juridiction, une supériorité sur l'autorité préfectorale, qui altérerait la nature des rapports respectifs de ces deux organes de l'administration. L'autorité centrale est à l'abri des influences locales; plus rapprochée du Conseil d'État, elle est à même de mieux se pénétrer de l'esprit de sa jurisprudence; d'ailleurs elle instruit avec moins de lenteur qu'on ne le suppose. Mais on répond avec avantage aux partisans de ce système, que les juges doivent être autant que possible rapprochés des justiciables; que la difficulté d'aller chercher à Paris un juge du premier degré, parmi des ministres différents, et de démêler leur compétence, constitue une entrave apportée au droit qu'a chacun de défendre ses intérêts; que le ministre statue sans instruction régulière, et n'entend que le préfet; que l'intérêt du gouvernement se trouve suffisamment sauvegardé par le recours de l'administration devant le Conseil d'État.

Les conseils de préfecture ont perdu le droit de fixer l'indemnité en matière d'expropriation, et celui de vider les difficultés relatives à la navigation.

Procédure.—Législation antérieure à celle de 1862.
— La pensée des rédacteurs de la loi de l'an VIII n'a pas été
d'exempter des formes ordinaires la procédure devant le
conseil de préfecture. La jurisprudence du Conseil d'État transporte, au contraire, dans les procès devant les conseils de
préfecture, toutes les règles indiquées comme essentielles par
le code de procédure civile.

Les demandes formées par des particuliers contre l'administration sont introduites par simple pétition sur papier
timbré. Si la demande est formée contre un autre particulier,
assignation doit être donnée directement au défendeur par
huissier. Si l'affaire est poursuivie à la requête de l'administration, le défendeur est valablement appelé par une notification administrative. C'est par l'intermédiaire des préfets
que les demandes arrivent devant les conseils de préfecture,
mais elles doivent être adressées *aux membres composant le
conseil de préfecture*, et non *au préfet*. Aucune nullité n'est
cependant attachée à cette prescription. L'instruction a lieu
par écrit, au moyen de mémoires signés par la partie ou par
son fondé de pouvoir. Communication des pièces par la voie
des bureaux. Pas d'avoués, ni d'avocats, ni de ministère
public. Le débat n'est ni public ni oral. Les conseils de préfecture peuvent ordonner toutes les voies d'instruction dont il
est parlé au code de procédure civile. Les demandes incidentes seront introduites devant eux dans la même forme que
la demande principale elle-même ; quant aux questions de
faux ou d'état, elles devront être renvoyées devant les tribunaux judiciaires [1].

Arrêtés. — Les décisions des conseils de préfecture
prennent le nom *d'arrêtés*. Ces arrêtés peuvent être provisoires, préparatoires ou définitifs, contradictoires ou par défaut. La jurisprudence du Conseil d'État considère comme

[1] Gabriel Dufour, *Traité général de droit administratif appliqué*, t. II,
p. 46 et suiv. ; — Chauveau, *Code d'instruction administrative*, t. Ier,
p. 68.

contradictoire toute décision du conseil de préfecture rendue
après que les parties ont respectivement produit leurs moyens,
quelle que soit, d'ailleurs, la forme de ces productions. Si le
défendeur n'a présenté aucune pièce, la décision est par défaut. Le principe de la récusation n'est pas admis. « Les
conseillers de préfecture ne peuvent, en matière contentieuse, s'abstenir pour cause de récusation : sans cela il
arriverait, dit M. de Cormenin, qu'au gré de l'intérêt, des
passions ou des menaces d'un citoyen, l'administration,
dont la marche doit être rapide, serait sans cesse paralysée. » Les arrêtés doivent être pris à la majorité. *La formule exécutoire n'est pas exigée pour donner force aux arrêtés
du conseil de préfecture.* Il n'y a même pas de formule obligatoire ; seulement il est essentiel qu'il résulte des énonciations de l'arrêté, que la décision émane du conseil de préfecture, et non du préfet en conseil de préfecture ; que le conseil
a entendu rendre une véritable décision, et non pas donner
un avis. L'arrêté doit, de plus, viser la demande, afin que
l'on puisse s'assurer que la décision a été provoquée, et
qu'elle n'a pas été rendue de propre mouvement ; il doit
viser également les pièces et observations produites par les
parties, afin de constater que la décision est contradictoire.
Il est nécessaire que la décision soit motivée, et, lorsqu'elle
inflige une peine, qu'elle énonce les termes de la loi appliquée.
Signification par huissier, entre parties privées ou d'une
partie privée à l'administration ; par l'intermédiaire d'un
agent administratif, ou même par simple lettre, de l'administration aux parties privées. Compétence du conseil de préfecture pour l'exécution de ses arrêtés, à moins que les difficultés
qui peuvent s'élever sur l'exécution ne soient de la compétence
de l'autorité judiciaire.

Décrets du 30 décembre 1862 et du 21 juin 1865. —
Les principes et les règles sont à peu près les mêmes, sauf les
remaniements suivants. Le décret du 30 décembre 1862 a
voulu qu'à l'avenir les audiences des conseils de préfecture

statuant sur les affaires contentieuses, soient publiques. (*Art.* 1er.) Après le rapport qui sera fait sur chaque affaire par un des conseillers, les parties pourront présenter leurs observations, soit en personne, soit par un mandataire. (*Art* 2.) La décision motivée sera prononcée en audience, après délibéré, hors la présence des parties. (*Id.*) Le secrétaire général de la préfecture remplira les fonctions de commissaire du gouvernement. Il donnera ses conclusions dans les affaires contentieuses. Les auditeurs au Conseil d'État attachés à une préfecture pourront y être chargés des fonctions du ministère public. (*Art.* 3.) Il y aura auprès de chaque conseil un secrétaire-greffier, nommé par le préfet et choisi parmi les employés de la préfecture. (*Art.* 5.) Les comptes des receveurs des communes et des établissements de bienfaisance ne seront pas jugés en séance publique. (*Art.* 6.) Reproduction de ces dispositions dans la loi des 21-26 juin 1865.

Cette dernière loi veut, qu'à l'avenir, soient portées devant les conseils de préfecture toutes les affaires contentieuses dont le jugement est attribué au préfet en conseil de préfecture, sauf recours au Conseil d'État. (*Art.* 11.)

Le recours en Conseil d'État contre les arrêtés des conseils de préfecture relatifs aux contraventions dont la répression leur est confiée par la loi, peut avoir lieu par *simple mémoire*, déposé au secrétariat général de la préfecture ou à la sous-préfecture, et sans l'intervention d'un avocat au Conseil d'État. (*Art.* 12.) Les dispositions de l'article 85 du code de procédure, qui permet aux parties de se défendre elles-mêmes, à moins que la passion ou l'inexpérience ne les empêche de discuter leur cause avec la décence convenable ou la clarté nécessaire pour l'instruction des juges ; des articles 88 et suivants du même code, relatifs à la police des audiences, et de l'article 1036 qui accorde aux tribunaux le droit, dans les causes dont ils seront saisis, de prononcer même d'office des injonctions, de supprimer des écrits, de les déclarer calomnieux, et d'ordonner l'impression et l'affiche de leurs jugements, sont applicables aux conseils de préfecture. (*Art.* 13.)

Décret du 12 juillet 1865, sur la procédure devant les conseils de préfecture. — Les requêtes et mémoires introductifs d'instance et, en général, toutes les pièces concernant les affaires sur lesquelles le conseil de préfecture est appelé à statuer par la voie contentieuse, doivent être déposés au greffe. Inscription de ces pièces, à leur arrivée, sur le registre d'ordre tenu par le greffier. (*Art.* 1er.) Désignation immédiate d'un rapporteur auquel le dossier de l'affaire est transmis dans les vingt-quatre heures. (*Art.* 2.) Ce rapporteur est chargé, sous l'autorité du conseil de préfecture, de diriger l'instruction de l'affaire; il propose les mesures et les actes d'instruction. (*Art.* 3.) Sur sa proposition, le conseil de préfecture règle les communications à faire aux parties intéressées, soit des requêtes et mémoires introductifs d'instance, soit des réponses à ces requêtes et mémoires. Il fixe, eu égard aux circonstances de l'affaire, le délai qui est accordé aux parties pour prendre communication des pièces et fournir leurs demandes ou réponses. (*Art.* 4.) Les décisions prises par le conseil pour l'instruction des affaires, sont notifiées aux parties dans la forme administrative. (*Art.* 5.)

Lorsque les parties sont appelées à fournir des défenses sur les requêtes ou mémoires introductifs d'instance, ou à fournir des observations, elles doivent être invitées en même temps à faire connaître si elles entendent user du droit de présenter des observations orales à la séance publique où l'affaire sera portée pour être jugée. (*Art.* 6.)

La communication aux parties se fait au greffe, sans déplacement des pièces. (*Art.* 7.)

S'agit-il de contraventions? Il est procédé de la manière suivante, à moins qu'il n'ait été établi d'autres règles par la loi. Dans les cinq jours qui suivent la rédaction d'un procès-verbal de contravention et son affirmation, quand elle est exigée, le sous-préfet fait faire au contrevenant notification de la copie du procès-verbal ainsi que de l'affirmation, avec citation devant le conseil de préfecture. La notification et la citation sont faites dans la forme administrative. La citation doit indiquer au contrevenant qu'il est tenu de fournir ses défenses écrites dans le délai de quinzaine, à partir de la notification qui lui est faite, et l'inviter à faire connaître s'il entend user du droit de présenter des observations orales. Il est dressé acte de la notification et de la citation. Cet acte doit être envoyé immédiatement au sous-préfet ; il est adressé par lui, sans délai, au préfet, pour être transmis en conseil de préfecture et y être enregistré. Lorsque le rapporteur a été désigné, s'il reconnaît que les formalités prescrites n'ont pas été remplies, il en réfère au conseil pour assurer l'accomplissement de ces formalités. (*Art.* 8.)

Lorsque l'affaire est en état de recevoir une décision, le rapporteur prépare le rapport et le projet de décision. (*Art.* 9.)

Le dossier, avec le rapport et le projet de décision, est remis au secrétaire-greffier, qui le transmet immédiatement au commissaire du gouvernement. (*Art.* 10.)

Le rôle de chaque séance publique est arrêté par le préfet ou par le conseiller qui le remplace, sur la proposition du commissaire du gouvernement. (*Art.* 11.)

Toute partie qui a fait connaître l'intention de présenter des observations orales doit être avertie, par lettre non affranchie, à son domicile ou à celui de son mandataire ou défenseur, lorsqu'elle en a désigné un, du jour où l'affaire sera appelée en séance publique. Cet avertissement sera donné quatre jours au moins avant la séance. (*Art.* 12.)

Les arrêtés pris par les conseils de préfecture dans les affaires contentieuses, mentionnent qu'il a été statué en séance publique. Ils contiennent les noms et les conclusions des parties, le vu des pièces principales et des dispositions législatives dont ils font l'application. Mention y est faite que le commissaire du gouvernement a été entendu. Ils sont motivés. Les noms des membres qui ont concouru à la décision y sont mentionnés. La minute y est signée par le président, le rapporteur et le secrétaire-greffier. (*Art.* 13.)

La minute des décisions des conseils de préfecture est conservée au greffe, pour chaque affaire, avec la correspondance et les pièces relatives à l'instruction. Les pièces qui appartiennent aux parties leur sont remises sur récépissé, à moins que le conseil de préfecture n'ait ordonné que quelques-unes de ces pièces resteraient annexées à sa décision. (*Art.* 14.)

L'expédition des décisions est délivrée aux parties intéressées par le secrétaire général. Le préfet fait transmettre aux administrations publiques expédition des décisions dont l'exécution rentre dans leurs attributions. (*Art.* 15.)

Les décisions des conseils de préfecture doivent être transcrites, par ordre de date, sur un registre dont la tenue et la garde sont confiées au secrétaire-greffier. Tous les trois mois le président du conseil s'assure que ce registre est à jour. (*Art.* 16.)

Lorsque la section du contentieux du Conseil d'État pense qu'il est nécessaire, pour l'instruction d'une affaire dont l'examen lui est soumis, de se faire représenter des pièces qui sont déposées au greffe d'un conseil de préfecture, le président de la section fait la demande de ces pièces au préfet. Le secrétaire de la section adresse au secrétaire-greffier un récépissé des pièces communiquées. Il est fait renvoi du récépissé lorsque les pièces ont été rétablies au greffe du conseil de préfecture. (*Art.* 17.)

Voies de recours. — Les voies de recours contre les décisions des conseils de préfecture sont : *l'opposition, l'appel* et *la tierce opposition*. Ni la *prise à partie*, ni la *requête civile* ne sont admises. On ne peut attaquer, en effet, par la requête civile, que les jugements rendus en dernier ressort ; or la juridiction des conseils de préfecture ne s'exerce jamais qu'au premier degré. L'opposition est portée devant le conseil de préfecture lui-même. Recevable jusqu'à l'exécution. Effet suspensif. Le demandeur ne peut faire opposition, puisque la réclamation par laquelle il a saisi le conseil suffit pour témoigner de sa présence aux débats. L'opposition s'introduit dans les mêmes formes que la demande.

La requête doit énoncer les moyens de défense. L'appel au Conseil d'État, ou pourvoi, doit être formé, sous peine de déchéance, dans un délai restreint, qui court à partir de la notification de l'arrêté. Pas d'effet suspensif : les affaires administratives ont le caractère de l'urgence. L'exécution volontaire de l'arrêté est un acquiescement qui lui confère l'autorité de la chose jugée irrévocablement, même avant l'expiration du délai. On ne peut renoncer d'avance à l'appel. La tierce opposition est portée devant le conseil de préfecture ; elle est recevable tant qu'il n'y aura pas eu exécution volontaire. Les demandes en interprétation des arrêtés son portées devant le conseil qui les a rendus.

Les conseils de préfecture ne forment donc jamais qu'un premier degré de juridiction. Quel que soit le peu d'importance du litige, leurs arrêtés sont toujours susceptibles d'appel devant le Conseil d'État. Leur compétence respective n'est, de plus, déterminée ni par le caractère de l'action, ni par le domicile des parties, mais par la situation des lieux. En règle générale, le conseil de préfecture compétent est celui du département où se sont passés les actes qui font l'objet du procès. Remarquons enfin que, bien que relevant du Conseil d'État à titre de juridiction du premier degré, les conseils de préfecture possèdent le pouvoir propre de juger qui manque encore à ce grand corps de l'État. Leurs arrêtés *ont force par eux-mêmes, sans être soumis à aucune approbation.*

Attributions contentieuses. — Le conseil de préfecture est compétent : 1° en matière de contributions directes ; 2° de travaux publics ; 3° de domaines nationaux ; 4° de roulage et de grande voirie ; 5° en matière d'administration communale ; 6° il l'était, avant la loi du 10 août 1871, en matière électorale.

Contributions directes. — Sont portées devant le conseil de préfecture : les demandes des particuliers en décharge ou en réduction de la cote ; les réclamations des percepteurs et des contribuables ; les contestations relatives aux prestations en argent ou en nature établies pour l'entretien des chemins vicinaux et pour les travaux de salubrité ; les réclamations des concessionnaires de mines à fin de dégrèvement des redevances ; les contestations entre l'administration et les fermiers de bacs et bateaux, etc., etc. En résumé, le conseil de préfecture est compétent non-seulement pour l'impôt foncier, l'impôt personnel et mobilier, celui des portes et fenêtres, et pour l'impôt des patentes, mais encore pour tous les autres impôts moins généraux qui se perçoivent comme les grandes contributions directes. C'est aussi le conseil de préfecture qui statue sur les réclamations auxquelles donnent lieu les opérations cadastrales.

Il faut remarquer que le conseil de préfecture n'est compétent qu'en matière de contributions directes, et non en matière de contributions indirectes. D'où vient cette distinction ? C'est parce que, pour la perception des contributions directes, il y a une série d'opérations administratives qui ne peuvent être examinées que par un tribunal spécial ; tandis que la perception des impôts indirects s'effectue d'après certaines règles précises, qu'un tribunal ordinaire peut appliquer. Il ne s'agit nullement, en effet, d'opérations administratives à ratifier, mais seulement d'interpréter ou d'appliquer des tarifs.

Travaux publics. — Nous savons qu'on entend par travaux publics ceux qui ont un but d'intérêt général, lors même qu'ils sont entrepris et exécutés par les départements, par les communes, par les établissements publics. Le conseil de préfecture est compétent en matière de travaux publics. C'est lui qui prononce sur les contestations relatives à la confection des travaux pour le curage des canaux et rivières non navigables, et pour l'entretien des digues et ouvrages d'art qui y correspondent ; sur les difficultés qui s'élèvent entre les entrepre-

44

neurs et l'administration concernant le sens ou l'exécution des clauses du marché ; sur les réclamations des particuliers qui se plaignent des torts et dommages provenant du fait personnel des entrepreneurs. Le conseil de préfecture serait également compétent pour fixer l'indemnité, si le tort avait été causé par l'administration elle-même faisant exécuter les travaux en régie. Peu importe que les torts et dommages soient *permanents* ou *temporaires*. C'est le conseil de préfecture qui règle les indemnités dues aux propriétaires riverains des grandes routes, pour les occupations de terrains, hors le cas d'expropriation, dans lequel les tribunaux seuls sont appelés à prononcer. Cette compétence est fondée sur la nécessité d'assurer la prompte exécution des travaux publics [1].

Domaines nationaux. — Le conseil de préfecture est compétent pour connaître des litiges élevés entre l'État et les acquéreurs relativement à l'INTERPRÉTATION ou à l'EXÉCUTION des *actes de* VENTES *domaniales*. Quant aux litiges sur les questions de possession, de propriété, de servitudes, ils appartiennent aux tribunaux civils, juges naturels de la propriété. La compétence du conseil pour *interpréter* est fondée sur la séparation constitutionnelle entre les autorités admi-

---

[1] D'anciens arrêts du Conseil et la loi du 16 septembre 1807 ont autorisé en principe l'occupation temporaire des terrains nécessaires à l'exécution des travaux publics ; mais aucun règlement n'avait déterminé, d'une manière précise, les formalités à suivre pour ces occupations temporaires, et des contestations s'étaient souvent élevées entre les propriétaires et les entrepreneurs. Les propriétaires se plaignaient de n'avoir pas été prévenus plusieurs jours à l'avance, de manière à pouvoir prendre, avant l'occupation, les dispositions qui pouvaient leur paraître utiles ; quelquefois aussi on n'avait pas procédé avec toutes les précautions nécessaires à la constatation préalable et contradictoire de l'état des lieux. Par suite, le conseil de préfecture ne pouvait réunir que difficilement les éléments d'appréciation dont il avait besoin, afin de fixer l'indemnité due pour ces occupations temporaires. D'où le décret des 8 février-6 mars 1868, portant règlement pour les occupations temporaires de terrains nécessaires à l'exécution des travaux publics. Ce règlement détermine, à défaut d'arrangement amiable avec le propriétaire, les formalités à remplir pour que l'occupation soit autorisée, le délai dans lequel elle peut être faite et la manière dont il sera procédé, contradictoirement avec le propriétaire, à l'expertise qui devra précéder l'occupation des terrains.

nistrative et judiciaire. Cette dernière autorité pourrait s'immiscer dans les actes administratifs, sous prétexte d'interprétation, si le droit d'interpréter lui était abandonné.

Quant à l'*interprétation des baux* des biens nationaux, elle appartient exclusivement à l'autorité judiciaire, de même que les questions de validité, d'exécution, de résiliation de ces contrats. La difficulté, dans ce cas, ne touche point aux droits *réels* de l'État; il n'y a pas d'intérêt général vraiment engagé.

Plusieurs lois spéciales ont encore, postérieurement à la loi de l'an VIII, expressément réservé la compétence du conseil de préfecture, en matière de biens domaniaux. C'est ainsi, par exemple, que, pour les coupes dans les bois de l'État, ce conseil connaît des difficultés qui s'élèvent sur le *réarpentage* et le *récolement*.

Roulage et voirie [1]. — Sont portées devant le conseil de préfecture toutes les contraventions commises au préjudice de la viabilité des grandes routes, canaux et rivières navigables. En matière de *grande voirie*, le conseil de préfecture est compétent, non-seulement pour prononcer sur les anticipations commises au préjudice de la voie publique en vue de les faire cesser, mais aussi pour connaître de toutes contraventions aux règlements de voirie, dans le but d'en punir les auteurs. Toutefois le conseil de préfecture renvoie toujours devant les tribunaux de police correctionnelle, pour l'application de la peine de l'emprisonnement; car son droit ne dépasse pas la prononciation des amendes et la réparation du dommage causé. En matière de *petite voirie*, compétence du conseil de préfecture pour statuer sur les anticipations commises à l'égard des chemins vicinaux par plantations ou autrement, mais uniquement pour ordonner la réintégration du sol.

[1] Ordonn. 4 août 1731; arrêt du Conseil 1765; loi 19-12 juill. 1791, tit. I⁰⁰, art. 29, § 2; loi 28 pluv. an VIII; loi 29 flor. an X; code pénal, art. 471, § 5; loi 30 mai 1851; règl. gén. 10 août 1852; décr. 24 fév. 1858.

Administration communale[1]. — En matière d'administration communale, le conseil de préfecture prononce sur les droits de propriété des communes sur les sources minérales réclamées par l'État ; sur les contestations relatives au partage des biens communaux ; sur les usurpations de ces biens, *lorsqu'il ne s'élève pas de question de propriété particulière;* sur les contestations qui naissent relativement au recouvrement des droits établis en faveur des pauvres et des hospices sur les divers genres de spectacles ; sur les contestations entre l'administration forestière et les communes ou établissements publics, lorsqu'il s'agit de convertir en bois et d'aménager des terrains en pâturages, etc., etc.

Relativement aux contestations sur le *partage des biens communaux*, la jurisprudence du Conseil d'État décide que les questions d'*aptitude personnelle* sont du ressort des tribunaux de l'ordre judiciaire; mais que le conseil de préfecture est compétent pour prononcer sur la *répartition*, le *mode de jouissance* et l'*existence des usages*.

Élections[2]. — **Législation antérieure à 1871**. — Les difficultés qui peuvent résulter des opérations électorales pour la nomination des conseillers généraux, d'arrondissement et municipaux, sont aussi résolues par le conseil de préfecture, qui exerce une double attribution : celle de prononcer, sur la dénonciation du préfet, la nullité des opérations entachées d'irrégularité, et celle de statuer sur les réclamations des membres de l'assemblée électorale qui arguent les opérations de nullité.

Lorsque les réclamations ont pour base l'incapacité du membre élu, il faut distinguer si la cause d'incapacité est *reconnue* ou *contestée.* Dans le premier cas, le conseil de pré-

---

[1] Loi 10 juin 1793, art. 2, sect. 5; loi 9 ventôse an XII, art. 6, 8; ordonnance 23 juin 1819, art. 26; code forestier, art. 64, 120; décis trib. des conflits, 10 avril 1850; arrêts Cons. d'État, 30 nov., 21 déc. 1850, 18 janv. 1851. Voir cependant Serrigny, *Questions et traités*, p. 37.

[2] Loi 22 juin 1833 ; décr. régl. 2 févr. 1852 ; loi 1er juin 1853 ; loi 5 mai 1855 ; loi 10 août 1871.

fecture prononce l'annulation de l'élection ; dans le second, il renvoie devant l'autorité judiciaire pour faire vider la question de capacité, et sursoit à statuer pendant le délai qu'il accorde aux parties pour faire les diligences nécessaires.

Loi du 10 août 1871. — Depuis le 10 août 1871, le conseil général statue sur toutes les contestations relatives à l'élection de ses membres, quelle qu'en soit la nature ; il juge *souverainement*, non-seulement les difficultés portant sur la moralité même de l'élection et la régularité des opérations électorales, mais il apprécie également toutes les questions relatives à la qualité des élus, à l'éligibilité ou à la capacité des personnes en cause ; tout aussi bien les questions d'âge, de domicile, que celles concernant l'exercice des droits civils et politiques. Le conseil général statue, non comme un tribunal, en suivant les règles d'une procédure déterminée, mais comme un jury, sans motiver la décision qu'il rend. Ce système, très-simple, met fin aux difficultés nombreuses que faisaient naître, sous la législation antérieure, les attributions respectives des conseils de préfecture et des tribunaux ordinaires, en pareille matière.

Les élections peuvent être arguées de nullité par tout électeur du canton. Si la réclamation n'a pas été consignée au procès-verbal, elle doit être déposée au secrétariat général de la préfecture. Il en est donné récépissé. (*Art.* 15, 16.)

Le conseil de préfecture est compétent pour juger la validité des élections des membres des conseils de prud'hommes.

Des lois particulières sont venues aussi étendre, dans des matières spéciales, la compétence des conseils de préfecture. C'est ainsi que ces conseils ont été successivement rendus compétents :

1° En matière d'*établissements dangereux, incommodes* et *insalubres*[1], pour connaître des oppositions formées par les pro-

---

[1] Décr. 15 oct. 1810; ordonn. réglem. 14 janv. 1815; décr. réglem. 30 janvier 1852.

priétaires voisins ou les maires des communes, *postérieurement*
à l'autorisation accordée aux établissements de première et
de deuxième classe; relativement à ceux de troisième classe,
pour statuer sur le recours des tiers contre l'octroi d'autorisation, et sur celui de l'entrepreneur contre le refus d'autorisation.

2° En matière de *comptabilité* [1], le conseil de préfecture a été
chargé de juger et d'apurer, lorsque le revenu n'excédait pas
30,000 francs, le compte des receveurs municipaux, des trésoriers des hôpitaux et autres établissements de bienfaisance,
des économes des écoles normales primaires. Appel devant la
Cour des comptes.

Aux termes du décret du 31 mai 1862, les conseils de préfecture, dans chaque département, sont chargés de l'apurement des comptes des revenus des communes, des hospices
et des autres établissements de bienfaisance, des associations
syndicales et des économes des écoles normales primaires, dont
le jugement n'est pas déféré à la Cour des comptes Ils jugent
aussi tous autres comptes qui leur sont régulièrement attribués. (*Art.* 427.) Les comptes doivent être pré entés avant le
1er juillet de l'année qui suit celle pour laquelle le compte est
rendu. En cas de défaut ou de retard des comptables, les conseils de préfecture peuvent les condamner aux amendes et
aux peines prononcées par les lois et règlements. Les comptes
doivent être jugés avant l'époque fixée pour la présentation des
comptes de l'année suivante. (*Art.* 430.) Les arrêtés des comptes
rendus par les conseils de préfecture sont provisoires ou définitifs. (*Art.* 431.)

Les communes et établissements dont les comptabilités sont
soumises au jugement des conseils de préfecture peuvent,
ainsi que les comptables, se pourvoir par appel devant la Cour
des comptes. Ils peuvent également former devant le même
conseil de préfecture des demandes en révision des arrêtés

[1] Ordonn. 15 juin 1824; loi 18 juill. 1837; ordonn. 7 juill. 1844.

définitifs, dans des cas déterminés par le décret. Le ministre des finances ou tout autre ministre, pour ce qui concerne son département, peut aussi, dans les mêmes formes, requérir devant les conseils de préfecture la révision des arrêtés définitifs. (*Art.* 432.)

Les règles de procédure déterminées pour la Cour des comptes sont suivies par les conseils de préfecture, en tant qu'elles n'ont rien d'inconciliable avec l'organisation spéciale de ces conseils. (*Art.* 433.)

Le secrétaire général de la préfecture signe et délivre les expéditions des arrêtés du conseil de préfecture. (*Art.* 434.)

3° En matière de *logements insalubres* [1], le conseil de préfecture a été rendu compétent pour juger le recours formé contre les décisions du conseil municipal déterminant : les travaux d'assainissement, les lieux où ils devront être entièrement ou particulièrement exécutés, les délais de leur achèvement, les habitations qui ne sont pas susceptibles d'assainissement.

4° En matière de *servitudes militaires* ou *défensives* [2], le conseil a été investi du droit de prononcer sur les réclamations formées par les propriétaires intéressés contre l'application des limites légales aux zones des servitudes défensives; et d'appliquer les peines encourues pour contraventions constatées par les gardes du génie, ainsi que pour ordonner la démolition de l'œuvre, aux frais du contrevenant.

5° En matière de *mines* [3], il a reçu la mission de statuer sur les réclamations contentieuses auxquelles peuvent donner lieu les obligations des concessionnaires envers l'État, etc., etc.

Ces attributions diverses font, on le voit, du conseil de préfecture un tribunal administratif régulier ; toutefois, et bien que l'exposé de la loi qui a organisé ces conseils ait constaté

[1] Loi 21 avril 1810; loi 27 avril 1838.
[2] Loi 13 avril 1850.
[3] Décr. 10 août 1853.

la nécessité de confier le contentieux de l'administration au conseil de préfecture, il n'a été remis à ce tribunal administratif qu'un contentieux limité. Loin de tenir dans l'ordre administratif la place qu'occupent les tribunaux de première instance dans l'ordre civil, les conseils de préfecture n'exercent point une juridiction universelle, et ne peuvent connaître que des affaires qui leur sont spécialement attribuées. On en trouve la preuve dans le nombre des lois postérieures qui ont successivement augmenté les attributions de ces conseils.

Les arrêtés des conseils de préfecture emportent hypothèque judiciaire, et produisent tous les autres effets des jugements. Il est défendu aux conseils de préfecture d'élever un conflit ou de décider par voie réglementaire.

CHAPITRE III.

LE MAIRE, LE SOUS-PRÉFET, LE PRÉFET, LE MINISTRE, JUGES DU PREMIER RESSORT, ET LES AUTRES TRIBUNAUX ADMINISTRATIFS DE PREMIÈRE INSTANCE.

Compétence du maire. — Compétence du sous-préfet. — Compétence du préfet. — Compétence du ministre. — Nomenclature des autres tribunaux administratifs de première instance. — Compétence des conseils de recensement en matière de garde nationale. — Compétence des préfets maritimes. — Compétence des commissions administratives contentieuses. — Conseils privés des colonies.

Compétence du Maire [1]. — Les cas dans lesquels le maire est appelé à statuer sur les matières contentieuses sont fort rares, et présentent tous le caractère de l'urgence. Nous n'en citerons que peu d'exemples. Toutes les fois que les contrevenants, en matière de police du roulage, ne seront pas domiciliés en France, la voiture sera provisoirement retenue, et le procès-verbal immédiatement porté à la connaissance du maire de la commune où il aura été dressé, ou de la commune la plus proche sur la route que suivra le prévenu. Le maire arbitrera provisoirement le montant de l'amende et, s'il y a lieu, des frais de réparation. Il en ordonnera la consignation immédiate, à moins qu'il ne lui soit présenté une caution solvable. Les maires prononcent encore sur les contestations

[1] Loi 22 mai 1792-18 janv. 1793; décret 4 juill. 1806; loi 28 avril 1816; loi 30 mai 1851.

entre les employés des contributions indirectes et les débitants de boissons spiritueuses, relativement à l'exactitude de la déclaration des prix de vente. Mais leur décision n'est que provisoire. La décision définitive appartenait au préfet, *en conseil de préfecture*. Sont aussi de la compétence des maires, les contestations auxquelles peuvent donner lieu les indemnités dues par les officiers et fonctionnaires militaires employés dans les cantonnements, aux habitants qui leur auront fourni, par billet de logement, l'habitation en nature : un officier ne devant être logé sans donner d'indemnité, que lorsqu'il marche avec les troupes.

La procédure et le délai du pourvoi, dans les rares matières contentieuses qui sont de la compétence des maires, ne sont soumis à aucune règle générale. Les lois spéciales qui attribuent juridiction provisoire aux maires, doivent seules être consultées. L'appel est porté au préfet (et non au sous-préfet), avec recours ultérieur du préfet au ministre compétent, et du ministre au Conseil d'État. Pour les deux premiers recours, aucune déchéance. Recours du ministre au Conseil d'État, dans le délai déterminé à dater de la notification, sous peine de déchéance.

Compétence du sous-préfet [1]. — Agent de transmission, le sous-préfet n'est appelé que dans très-peu de cas à prononcer comme juge administratif. Nous citerons comme devant lui être soumises : les contestations relatives au paiement de l'octroi de navigation intérieure (il ne connaît que des difficultés relatives à la *perception*, et non du fond du droit, qui appartient à la juridiction des tribunaux ordinaires); les demandes de permission pour la formation des établissements dangereux, insalubres ou incommodes de troisième classe, sauf recours contentieux au conseil de préfecture; les contestations élevées pendant les adjudications de coupes de bois de l'État, soit quant à la validité des opérations, soit quant à la solva-

[1] Loi 30 flor. an X ; arrêté 8 prair. an XI ; décr. 15 oct. 1810 ; ordonn. 14 janvier 1815 ; code forest., art. 20 ; loi 21 mars 1832.

bilité de ceux qui font des offres ; les observations faites par les jeunes gens, parents ou ayants cause, relatives au tableau de recensement. L'appel est porté au préfet avec recours ultérieur au ministre et au Conseil d'État, quand les lois n'ont pas prescrit qu'il soit porté au conseil de préfecture.

Compétence du préfet [1]. — *Le préfet statue tantôt en appel*, comme investi du droit de connaître des recours formés contre les décisions contentieuses des sous-préfets et des maires ; tantôt *directement*, soit comme juge des litiges qui peuvent naître des actes des administrations municipales, soit en matière d'administration générale, en vertu de textes formels. Dans cette dernière hypothèse, tantôt il juge *seul*, tantôt *en conseil de préfecture*. Mais il ne statue jamais en dernier ressort. Les parties ont toujours le droit de recourir devant le ministre, quand bien même une disposition de loi indiquerait le recours au Conseil d'État. Le recours préalable au ministre est toujours obligatoire et sous-entendu.

Le préfet statue *seul* sur la fermeture des moulins situés près des frontières et servant à la contrebande des graines et farines ; lorsqu'il interdit toute exploitation de sel marin non précédée des formalités exigées par la loi ; lorsqu'en cas de concurrence entre plusieurs maîtres de forges pour l'exploitation d'une minière, il détermine les proportions dans lesquelles chacun d'eux pourra exploiter ; lorsqu'il prohibe tout puits, toute galerie ou tout autre travail d'exploitation, ouvert en contravention aux lois sur les mines, etc.

Il jugeait *en conseil de préfecture* les contestations entre l'administration des contributions indirectes et les brasseurs ou les détaillants, pour le prix de leur abonnement, etc., etc.

Dans les cas où la décision du préfet devait être prise *en conseil de préfecture*, il fallait, à peine de nullité, que l'arrêté constatât l'accomplissement de cette formalité et la présence des conseillers en nombre suffisant, sans énoncer aucune mention

[1] Loi 30 avril 1806 ; décret 19 mai 1809 ; loi 21 avril 1810 ; loi 28 avril 1816 ; circ. min. int. 29 sept. 1835 ; loi 27 avril 1838 ; loi 17 juin 1840.

qui pût indiquer que les voix avaient été comptées; il fallait, de plus, que la loi ou le décret en vertu desquels le préfet avait dû statuer en conseil de préfecture fussent visés. Mais l'arrêté n'en était pas moins l'œuvre du préfet, il n'était signé que par lui seul, le conseil de préfecture n'était intervenu que pour donner son avis.

L'article 11 de la loi du 21 juin 1865 a disposé qu'à l'avenir toutes les affaires contentieuses dont le jugement était attribué au préfet en conseil de préfecture, sauf recours au Conseil d'État, seraient portées devant les conseils de préfecture.

La procédure devant les préfets n'est soumise à aucune forme rigoureusement arrêtée. Simple pétition. Préparation dans les bureaux. Mémoires produits par les parties. Les décisions sont généralement prises dans la forme des arrêtés, avec visa des pièces produites, considérants, et dispositif ainsi conçu : Le préfet... (ou, avant la loi de 1865, le préfet en conseil de préfecture), arrête.

Le préfet peut rapporter ses arrêtés, même rendus au contentieux, excepté lorsqu'ils constituent au profit des parties un droit acquis, lorsqu'ils sont confirmés par une décision ministérielle, et lorsqu'ils ont servi de base à des décisions judiciaires. Les arrêtés préfectoraux sont obligatoires du jour de la notification; mais il n'y a pas de délai fatal pour les déférer au ministre. Le préfet a seul le droit d'interpréter ses arrêtés.

Compétence du ministre [1]. — Chaque ministre remplit les fonctions de juge administratif ordinaire pour les matières qui forment les attributions de son ministère : ce qui procure aux citoyens l'avantage d'un premier examen simple,

---

[1] Loi 27 avril-25 mai 1791, art. 17; const. 25 fruct. an III, art. 193 et 196; arrêté du Direct. 2 germ. an V; loi 12 vendém. an VIII, art. 4; avis Cons. d'État 25 therm. an XII; décr. 11 juin 1806, art. 14; décret 13 sept. 1806, art. 1er; loi 28 avril 1816, art. 22; loi 11 avril 1831, art. 25; loi 18 avril 1831, art. 27; loi 27 avril 1838, art. 6; ordonn. sur la comptabilité, 31 mai 1838; décret 25 janvier 1852, art. 22; loi 9 juin 1853, art. 24; décr. 11 nov. 1864.

souvent rapide, exempt de frais et, le plus généralement, de partialité.

Des applications de la juridiction ministérielle sont, de plus, appuyées sur des textes légaux. C'est ainsi que le ministre peut retenir le tiers sur la pension des militaires qui n'ont pas soin de leur famille; que les ministres statuent sur les contestations qui naissent des marchés de fournitures passés avec eux, ou en leur nom, pour les services de leurs départements respectifs; que le ministre des finances statue sur la réclamation d'une commune qui se prétend indûment assujettie à un droit d'entrée, ou qui réclame contre son classement; que les ministres statuent sur les difficultés relatives aux pensions; que le ministre des travaux publics peut, dans certains cas, prononcer la révocation de la concession des mines; que le ministre des finances prononce sur les réclamations d'un payeur général ou receveur particulier, qui veut obtenir décharge de sa responsabilité en cas de débet mis à sa charge, sauf recours devant le Conseil d'État, etc., etc.

Enfin, chaque ministre juge, en appel, les recours formés devant lui contre les décisions contentieuses des préfets, dans les cas où ces recours doivent lui être soumis, avant d'être portés au Conseil d'État.

Il n'existe point de formes spéciales pour les demandes et l'instruction, en ce qui touche la juridiction des ministres. Les demandes se produisent par simple pétition. L'administration met en cause ses adversaires par lettre, ou par toute autre communication officieuse; mais entre particuliers ou personnes morales, le débat ne devient contradictoire qu'en vertu d'une assignation par huissier, dans la forme ordinaire. Les défenses ont lieu par mémoires signés des parties ou de leur fondé de pouvoir, et adressés au ministre. Ces mémoires doivent être signifiés par huissier entre particuliers ou personnes morales. Aussi simple qu'économique, cette procédure ne comporte qu'une instruction purement administrative. Les demandes et réclamations sont ordinairement envoyées, en passant par tous les degrés de la hiérarchie, à l'agent de l'administration placé sur les lieux, et reviennent ensuite avec les renseignements et avis fournis par lui et par les autres agents intermédiaires. Le ministre peut consulter la section du Conseil d'État attachée à son département ; il prononce donc sur une instruction dont les principaux éléments émanent de ses bureaux.

Le décret des 2-11 novembre 1864 a établi cependant quelques règles à suivre par les ministres, dans les affaires contentieuses. Aux termes de ce décret, les ministres feront délivrer aux parties intéressées, qui le demanderont, un récépissé constatant la date de la réception et de l'enregistrement, au ministère, de leur réclamation. (*Art.* 5.) Ils statueront par des décisions spéciales sur les affaires qui pourront être l'objet d'un recours par la voie contentieuse. Ces décisions seront notifiées administrativement aux parties intéressées. (*Art.* 6.)

Lorsque les ministres statueront sur des recours contre les décisions d'autorités qui leur seront subordonnées, leur décision devra intervenir dans le délai de quatre mois, à dater de la réception de la réclamation au ministère. Si des pièces étaient produites ultérieurement par le réclamant, le délai ne courrait qu'à dater de la réception de ces pièces. Après l'expiration de ce délai, s'il n'était intervenu aucune décision, les parties pourraient considérer leur réclamation comme rejetée et se pourvoir devant le Conseil d'État. (*Art.* 7.) Lorsque les ministres seront appelés à produire des défenses ou à présenter des observations sur des pourvois introduits devant le Conseil d'État, la section du contentieux fixera, eu égard aux circonstances de l'affaire, les délais dans lesquels les réponses et observations devront être produites. (*Art.* 8.)

Les décisions ministérielles en matière contentieuse sont exécutoires sans mandement des tribunaux ; elles ont les effets des jugements et emportent hypothèque comme les sentences de l'autorité judiciaire. Trois voies de recours : l'opposition, la tierce opposition, l'appel au Conseil d'État. L'opposition et la tierce opposition, recevables jusqu'à l'exécution, s'engagent et se traitent par pétition et mémoires. Elle sont invoquées, la première, par les parties qui sont demeurées étrangères à l'instruction ; la seconde, par les tiers qui souffrent de la décision rendue, sans qu'ils aient été entendus. Quant au recours au Conseil d'État, il est recevable, soit pour cause d'incompétence ou excès de pouvoir, soit pour mal statué au fond. Quel que soit le vice dont sont infectés les arrêtés ministériels en matière contentieuse, le Conseil d'État peut les annuler ou les réformer. Il n'y a point de limite dans laquelle les ministres soient autorisés à prendre des décisions en dernier ressort ; il en résulte que les décisions ministérielles ne peuvent être attaquées par la voie de la requête civile. Les juridictions étant d'ordre public, les justiciables ne peuvent renoncer par avance à la juridiction ministérielle.

Nomenclature des autres tribunaux administratifs de première instance. — Les autres tribunaux administratifs du premier ressort sont : les conseils de recensement en matière de garde nationale, lorsque la garde nationale existe, les préfets maritimes, les conseils départementaux pour l'instruction publique, les commissions administratives contentieuses, et les conseils privés des colonies.

Compétence des conseils de recensement en matière de garde nationale. — Les conseils de recensement, du temps où existaient les gardes nationales, prononçaient sur les admissions dans cette garde, et arrêtaient le contrôle définitif de chaque compagnie. Ils formaient une juridiction du premier degré, et étaient chargés du classement de tous les Français, de vingt-cinq à cinquante ans, qu'ils jugeaient aptes au service. Ils statuaient sur toutes les réclamations relatives au domicile réel, et appelaient au service ceux des étrangers jouissant des droits civils qu'ils jugeaient à propos d'admettre comme devant faire partie de la garde nationale. Ils connaissaient de toutes les incompatibilités et exclusions ; ils statuaient sur les dispenses de service invoquées par les citoyens. Les

pourvois contre les décisions des conseils de recensement
étaient portés devant les jurys de révision.

Compétence des préfets maritimes [1]. — Les préfets
maritimes connaissent de toutes les réclamations relatives à
l'inscription maritime, moins les questions d'état incidentes,
qui sont du domaine de la juridiction civile.

L'inscription maritime consiste dans l'inscription sur les
matricules de la marine de tous les individus qui se livrent à
la navigation ou à la pêche maritimes, pour les mettre à la
disposition du ministre de la marine, depuis dix-huit ans jusqu'à cinquante. Les marins soumis à l'inscription maritime
sont divisés en quatre classes, que l'on appelle successivement
au fur et à mesure des besoins, en commençant par ceux qui
ont le moins de service. Appel de la décision du préfet maritime devant le ministre de la marine. Dans le cas d'incompétence ou d'excès de pouvoir de ce magistrat, l'appel peut
être porté directement devant le Conseil d'État.

Nous avons déjà parlé des conseils départementaux [2].

**Compétence des commissions administratives con-
tentieuses** [3]. — Certaines commissions administratives
peuvent avoir des attributions contentieuses. C'est ainsi que
la loi de 1807 sur le desséchement des marais, avait créé une
commission spéciale composée de sept membres nommés par
le chef de l'État, et chargée de statuer sur les contestations
qui pourraient naître à l'occasion des desséchements. C'est
ainsi, également, que des lois, des décrets, et même des arrêtés ministériels peuvent charger des commissions dites de
liquidation, de liquider les droits privés à une indemnité
allouée par une loi, ou consentie par une convention diploma-
tique. Mais lorsque la commission ne doit son institution qu'à

---

[1] Arrêté 7 flor. an VIII; pour l'inscription maritime, loi 3 brum. an IV; décret
22 févr. 1852; décret 28 janv. 1857; décret 22 oct. 1863; loi 4 juin 1864. Aux
termes de cette dernière loi, les charpentiers de navire, les perceurs, les voiliers
et les calfats ne doivent plus être compris dans l'inscription maritime.

[2] Loi 14 juin 1854.

[3] Loi 16 sept. 1807; loi 27 avril 1825; loi 30 avril 1826; décr. 24 nov. 1849.

un arrêté ministériel, elle n'a qu'un droit d'avis. Des décrets peuvent aussi créer des commissions pour l'exécution des conventions diplomatiques passées entre la France et les gouvernements étrangers. L'appel des décisions de ces différentes commissions est porté devant le Conseil d'État, délibérant au contentieux,

Il faut se rappeler que les commissions diffèrent des conseils, en ce qu'elles n'ont qu'une mission temporaire qui cesse avec les affaires qui les ont fait établir.

Conseils privés des colonies [1]. — Quant aux conseils privés des colonies, ils exercent auprès du gouvernement les attributions du conseil de préfecture auprès du préfet dans les départements. Mais ils ont de plus que les conseils de préfecture, qu'ils sont investis de la généralité du contentieux administratif.

[1] Ordonn. 31 août 1828; sénatus-consulte 3 mai 1854; sénatus-consulte du 4 juillet 1866.

CHAPITRE IV.

LES TRIBUNAUX ADMINISTRATIFS DU DERNIER RESSORT.

§ 1ᵉʳ. Les conseils sanitaires; les conseils de révision pour le recrutement des armées de terre et de mer; les jurys et conseils de révision en matière de garde nationale; la commission des monnaies; le conseil supérieur de l'instruction publique. — § 2. La Cour des comptes.

§ 1. — Les conseils sanitaires, de révision, etc.

Les conseils sanitaires, les conseils de révision pour le recrutement de l'armée de terre et de mer, les jurys et conseils de révision en matière de garde nationale, la commission des monnaies, le conseil supérieur de l'instruction publique, et la Cour des comptes, ne sont que des *juridictions spéciales exceptionnelles*.

Conseils sanitaires[1]. — Prévenir les maladies pestilentielles, en arrêter le développement, prendre des mesures pour assurer la santé publique, et déférer aux tribunaux ordinaires ceux qui contreviennent aux mesures prises, tel est le devoir de tout gouvernement. En France, ce soin appartient, pour l'exécution, à des agents principaux ou ordinaires, et, pour la délibération, à des conseils qui portent le nom de

[1] Loi 3 mars 1822 ; ordonn. 7 août 1822 ; décr 24 déc. 1850 ; décr 4 juin 1853.

conseils sanitaires. Ces conseils délibèrent sur tout ce qui concerne la police sanitaire, et sont placés auprès de chaque agent principal pour éclairer la marche de l'administration active ; mais, en outre, véritables juges administratifs, ils prononcent en dernier ressort (sauf recours au Conseil d'État pour incompétence ou excès de pouvoir) sur l'application des règlements sanitaires aux diverses provenances. Leurs décisions doivent être motivées.

Conseils de révision pour le recrutement[1]. — Le conseil de révision est ce conseil qui est chargé, dans chaque département, de revoir les opérations du recrutement, d'entendre les réclamations auxquelles ces opérations pourraient donner lieu, et de juger les causes d'*exemption* et de *déduction* du contingent. Il y a cette différence entre l'*exemption* et la *déduction*, que les jeunes gens *exempts* ne sont pas comptés dans le contingent, et que leur immunité retombe sur les numéros postérieurs ; tandis que ceux qui invoquent la *déduction* sont considérés comme faisant partie du contingent, et les numéros postérieurs n'ont pas à en souffrir. Les infirmes, par exemple, ou les fils aînés de femmes veuves sont *exempts* ; la *déduction* est accordée aux ecclésiastiques, aux membres de l'enseignement officiel.

Le conseil de révision est composé : du préfet, président, ou, à son défaut, du secrétaire général, ou du conseiller de préfecture qui aura été délégué par le préfet; d'un conseiller de préfecture ; d'un membre du conseil général du département; d'un membre du conseil d'arrondissement, tous trois désignés par le préfet ; d'un officier général ou supérieur, désigné par le chef de l'État. Le conseil de révision se transporte dans les divers cantons ; toutefois, suivant les localités, le préfet peut réunir dans le même lieu plusieurs cantons pour les opérations du conseil. Le sous-préfet, ou le fonctionnaire par lequel il aurait été suppléé pour les opérations du

[1] Loi 21 mars 1832; loi 26 avril 1855 ; loi 1er février 1868. — Pradier-Fodéré, *Commentaire des lois du recrutement et de la dotation de l'armée*.

tirage, assistera aux séances que le conseil de révision tiendra dans l'étendue de son arrondissement. Il y aura voix *consultative*. Présence d'un membre de l'inteudance, qui sera entendu toutes les fois qu'il le demandera. Examen des jeunes gens qui, d'après leurs numéros, pourront être appelés à faire partie du contingent ; ils sont entendus par le conseil de révision ; les gens de l'art sont consultés en cas d'infirmité. Production de pièces. Après que le conseil de révision a prononcé, la liste du contingent de chaque canton est définitivement arrêtée et signée par le conseil ; les noms inscrits sont proclamés. Les décisions du conseil sont définitives. La seule voie de recours est celle de la cassation, pour violation des formes ou de la loi. C'est le Conseil d'État qui remplit les fonctions de Cour de cassation. Les jeunes gens compris dans le contingent par suite d'un simple mal-jugé, n'ont d'autre ressource qu'une réclamation par la voie gracieuse [1].

Jurys et conseils de révision en matière de garde nationale [2]. — Les jurys de révision étaient des conseils institués pour juger en appel toutes les réclamations présentées au conseil de recensement. Il y avait un jury de révision par chaque canton. Le recours contre les décisions des jurys de révision était ouvert pour incompétence, excès de pouvoir et violation de la loi. Il pouvait y avoir, en outre, institution de conseils de révision, en cas de mobilisation de la garde nationale pour un service de guerre. Chaque arrondissement de sous-préfecture avait, dans ce cas, son conseil.

Commission des monnaies [3]. — La commission des monnaies, composée d'un président et de deux commissaires généraux, nommés par le chef de l'État, prononce contentieusement sur le titre et le poids des espèces fabriquées, et sur les

---

[1] Chauveau-Adolphe, *Cours d'instruction administrative*, t. Iᵉʳ, p. 389.
[2] Décr. 5 sept. 1851 ; décr. 11 janv. 1852. Chauveau-Adolphe, *ibid.*, p. 394.
[3] Loi 21-27 mai 1791 ; loi 7 germ. an XI ; arrêté 10 prair. an XI ; ordonnance 16 nov. 1837. Pradier-Fodéré, *Précis de droit politique et d'économie sociale*, p. 307.

difficultés relatives au titre et à la marque des lingots et ouvrages d'or et d'argent. Elle décide en dernier ressort, mais toujours sauf recours au Conseil d'État, pour excès de pouvoir ou incompétence.

Conseil supérieur de l'instruction publique[1]. — Ce conseil, placé à la tête de l'enseignement donné par l'État, connaît des arrêtés contentieux des conseils départementaux.

§ 2. — La Cour des comptes[2].

Historique. — Organisation. — Attributions. — Procédure. — Conséquences des vérifications. — Voies d'exécution et de recours. — Révision. — Déclarations de conformité. — Rapport annuel.

Historique. — Chargée de juger la gestion des comptables dans le maniement des deniers du Trésor, des départements, des communes et de certains établissements publics, de contrôler l'exactitude des comptes des ministres et la régularité de leurs opérations, enfin de rendre publics par des déclarations annuelles les résultats de sa vérification, la Cour des comptes participe à la fois de l'ordre judiciaire et de l'ordre administratif. Ses membres sont inamovibles; elle prend rang immédiatement après la Cour de cassation et jouit des mêmes priviléges, mais elle relève du ministère des finances, et les recours en cassation contre ses arrêts sont portés devant le Conseil d'État.

La chambre des comptes est mentionnée dès le XIII° siècle. Au XIV°, elle est rendue sédentaire avec le parlement dont elle faisait partie. L'ordonnance du 26 février 1464 la définit:

---

[1] Loi 14 juin 1854.

[2] Loi 16 sept. 1807; décret 28 sept. 1807; ordonn. 31 mai 1838; loi 6 juin 1843; ordonn. 26 août 1844; ordonn. 1er janv. 1845; décr. 23 oct. 1856, 14 décembre 1859, 12 déc. 1860; loi 31 mai 1862; décr. 19 mars 1864; décr. 25 déc. 1869 19 févr. 1870.

« *Cour souveraine, principale, première, seule et singulière du* *dernier ressort en tout le fait des comptes et finances, arche* *et repositoire des titres et enseignements de la couronne et du* *secret de l'État, gardienne de la régale et conservatrice des* *droits et domaines du roi.* » L'importance de ses attributions l'exposait au grand nivellement de 1789. Elle fut supprimée par les décrets des 2 et 17 septembre 1790 et 1791, et remplacée successivement par un bureau de comptabilité nationale formé dans le sein de l'Assemblée législative, par une commission de comptabilité, des commissions de la trésorerie, enfin par une commission unique de comptabilité nationale. La loi du 16 septembre 1807 déclara que les fonctions de la comptabilité seront exercées par une Cour des comptes.

Organisation. — La Cour des comptes est formée de trois chambres composées chacune d'un président et de six conseillers maîtres inamovibles. Une quatrième chambre temporaire avait été formée par un décret des 15-22 janvier 1852 pour le jugement des comptes arriérés. Elle a été supprimée. La première chambre est chargée du jugement des comptes relatifs aux *recettes* publiques, la seconde des comptes relatifs aux *dépenses* publiques, et la troisième des comptes de recettes et de dépenses des communes et des établissements publics. Cependant, le premier président qui a la direction, la police et la surveillance générale, conserve le droit que lui reconnaissait le décret du 28 septembre 1807, de distribuer les rapports entre les différentes chambres, suivant que l'exige l'expédition des affaires. Mais dans le cas où le renvoi à une chambre désignée par le décret organique serait formellement requis, la chambre saisie par le premier président devrait renvoyer, à peine de pourvoi pour incompétence relative.

Le service est fait par dix-huit conseillers maîtres et par des conseillers référendaires de deux classes. Les maîtres des comptes sont chargés de juger, et les conseillers référendaires de faire les rapports, mais sans voix délibérative. Ces derniers ne sont spécialement attachés à aucune chambre. Les trois chambres réunies forment la chambre du conseil. Le premier président préside les chambres assemblées, et chaque chambre, lorsqu'il le juge convenable. Les présidents ont la direction du travail des chambres, l'instruction et la correspondance. Leur voix est prépondérante. Un procureur général nommé par le chef de l'État, amovible, et chargé d'adresser au ministre des finances les expéditions des arrêts de la Cour, de correspondre avec les autres ministres pour les renseignements qu'ils peuvent lui demander sur les comptes des comptables de leurs départements respectifs, de surveiller la présentation des comptes dans les délais fixés par les lois et règlements, de suivre l'instruction et le jugement des demandes à fin de révision, de prendre communication de tous les comptes dans l'examen desquels il croirait son ministère nécessaire, de poursuivre la nullité des décisions entachées d'erreurs, omissions, faux, doubles emplois à la charge du Trésor, des départements ou des communes, à qui doivent être toujours communiquées les demandes en mainlevée, réduction et translation des hypothèques légales sur les biens des comptables, et qui doit être appelé et entendu toutes les fois qu'un référendaire élève contre un comptable une prévention de faux, complète avec un greffier en chef, assisté de commis greffiers, le personnel de la Cour des comptes. Des décrets ont attaché à la Cour des auditeurs de deux classes également[1].

Attributions. — Cette Cour souveraine, dont la mission est de surveiller l'exécution des lois de finances et de prononcer sur les comptes de tous les comptables des deniers publics, statue soit *en premier et dernier ressort*, soit *en appel*.

Elle juge en *premier et dernier ressort* les comptes des recettes et des dépenses qui lui sont présentés chaque année

[1] Sur l'auditorat à la Cour des comptes, voir les décrets du 23 octobre 1856, du 14 décembre 1859, du 12 décembre 1860, du 11 octobre 1866, des 25 décembre 1869-19 février 1870.

par les payeurs généraux des finances, les payeurs du Trésor public, les receveurs de l'enregistrement, du timbre et des domaines, les receveurs des douanes et sels, et des contributions indirectes, les directeurs comptables des postes et des monnaies, le caissier central du Trésor public, les économes des lycées, les commissaires des poudres et salpêtres, l'agent comptable du transfert des rentes inscrites au grand-livre de la dette publique et de l'ordre de la Légion d'honneur, le caissier de la caisse d'amortissement, de la caisse des dépôts et consignations, de l'imprimerie nationale, les receveurs des communes, hospices et établissements de bienfaisance dont le revenu excède 30,000 francs, etc. La Cour des comptes est, d'ailleurs, à la disposition du gouvernement pour l'examen de tous les comptes dont la vérification lui paraît être d'intérêt général.

Elle juge *en appel* les recours formés devant elle contre les arrêtés des conseils de préfecture contenant règlement des comptes annuels des receveurs des communes, hospices et établissements de bienfaisance, dont les revenus n'excèdent pas 30,000 francs.

Il faut remarquer qu'il n'y a que les comptables qui soient justiciables de la Cour des comptes, et que la juridiction de cette Cour ne s'applique pas aux ordonnateurs. Parmi les comptables, il n'y a que ceux qui ont le *maniement des deniers publics* qui appartiennent à la juridiction de la Cour. Quant aux agents préposés à la manutention de matières et d'effets appartenant à l'État, aux départements, aux communes ou aux établissements publics (comptables en matières), la Cour des comptes n'exerce sur eux, ainsi que sur les ordonnateurs, qu'un droit de contrôle. Mais, pour que la surveillance de l'autorité supérieure ne soit pas illusoire, la Cour des comptes est compétente pour apurer les comptes des personnes qui, sans être comptables en titre, se sont immiscées dans le maniement des deniers publics. Le fait de cette immixtion se nomme comptabilité occulte; ces personnes sont dites comptables de fait. Soumis à toutes les obligations, à toutes les charges qui pèsent sur les comptables en titre, et justiciables de la Cour des comptes, quelle que soit leur bonne foi, les comptables de fait peuvent se prévaloir des avantages dont jouissent les comptables en titre, sans préjudice, suivant les cas, de l'application de l'article 258 du code pénal, qui punit l'immixtion sans titre dans les fonctions publiques.

Il y a une différence importante entre la manière dont la Cour statue sur les comptes-matières, et celle dont elle statue sur les comptes de deniers publics. Dans le premier cas, elle se borne à avertir le ministre par une simple *déclaration*, qui n'a point pour effet de constituer en débet le garde du magasin. En matière de comptes de deniers publics, au contraire, elle rend des arrêts qui déchargent le comptable ou le condamnent [1].

L'emploi de comptable est incompatible avec l'exercice d'une profession, d'un commerce ou d'une industrie quelconque. Les incompatibilités spéciales propres à chaque nature de fonctions sont déterminées par les règlements particuliers des différents services. Il est interdit aux comptables de prendre intérêt dans les adjudications, marchés, fournitures et travaux concernant les services de recette ou de dépense qu'ils effectuent. Aucun titulaire d'un emploi de comptable de deniers publics ne peut être installé, ni entrer en exercice, qu'après avoir justifié, dans les formes et devant les autorités déterminées par les lois et règlements, de l'acte de sa nomi-

[1] La séparation des fonctions d'*ordonnateurs* et de celles de *comptables* est un principe fondamental de la comptabilité publique, consacré par la loi de 1807. Les *comptables en deniers* sont ceux qui ont une caisse destinée à recevoir les deniers publics, ayant un maniement d'argent, préposés à la recette comme les receveurs des finances, ou à la dépense comme les payeurs. Les *deniers publics* sont les deniers de l'État, des départements, des communes et des établissements publics et de bienfaisance. Les *comptables en matières* sont les préposés à la garde des magasins, chantiers, arsenaux, usines, contenant des matériaux et objets appartenant à l'État, et de la conservation desquels ils sont responsables. Voir, à ce propos, le réglement sur la Comptabilité des matières appartenant au département de la guerre, du 19 novembre 1871.

nation et de la réalisation de son cautionnement. Chaque comptable ne doit avoir qu'une seule caisse, dans laquelle sont réunis tous les fonds appartenant à ses divers services. Il est responsable des deniers publics qui y sont déposés. En cas de vol ou de perte de fonds résultant de force majeure, il est statué sur sa demande en décharge par une décision ministérielle, sauf recours au Conseil d'État. Les écritures et les livres des comptables des deniers publics sont arrêtés le 31 décembre de chaque année, ou à l'époque de la cessation des fonctions, par les agents administratifs désignés à cet effet. La situation de leur caisse et de leur portefeuille est vérifiée aux mêmes époques, et constatée par un procès-verbal. Les comptes sont rendus et jugés par gestion, avec la distinction, pour les opérations budgétaires, des exercices auxquels ces opérations se rattachent. Ils présentent : 1° la situation des comptables au commencement de la gestion ; 2° les recettes et dépenses de toute nature effectuées dans le cours de cette gestion ; 3° la situation des comptables à la fin de la gestion, avec l'indication des valeurs en caisse et en portefeuille composant leur reliquat. Lorsque les comptes de gestion sont présentés en plusieurs parties, la dernière doit résumer l'ensemble de la gestion.

Procédure. — La Cour des comptes, dans le cas où elle doit statuer en premier et dernier ressort, est saisie par le dépôt que doivent faire les comptables de leurs comptes, avec pièces à l'appui, au greffier de la Cour, dans les délais fixés par les lois et règlements, à peine de séquestre de leurs biens, de confiscation des revenus, de contrainte, saisie, et d'amende de 50 à 500 francs par mois de retard. Lorsqu'elle juge, en appel, les recours contre les arrêtés des conseils de préfecture réglant les comptes annuels des receveurs des communes, hospices et établissements de bienfaisance, elle est saisie par la requête de ces communes et établissements publics intéressés, ou des comptables dont les comptes ont été arrêtés. Le délai du recours commence à courir du jour de la notification de l'arrêté du conseil de préfecture. La remise d'un double de la requête à la partie adverse est prescrite à peine de nullité; mais le dépôt de l'autre double, avec l'expédition de l'arrêté notifié, peut n'être effectué au greffe de la Cour que plus tard. Faute de production dans le délai prescrit, la requête est rayée du rôle et ne peut plus être présentée; mais la Cour peut accorder un second délai. La communication des pièces a lieu au greffe, et sans déplacement.

C'est le premier président qui distribue aux référendaires les comptes à examiner. Le référendaire désigné prépare un rapport qu'il remet, avec les pièces du compte, à un conseiller maître chargé de reviser son travail et de présenter à la chambre une opinion motivée sur ce qui est relatif à la ligne de compte. Il n'y a que les conseillers maîtres qui opinent; cependant le référendaire rapporteur est entendu, mais avec seule voix consultative.

L'arrêt qui intervient après cette première instruction n'est pas définitif. Communiqué au comptable, ce dernier peut le débattre dans un délai qui court à partir du jour de la communication. Si le comptable use de ce droit, il y a lieu, dans ce cas, à un nouveau rapport par le référendaire et par le conseiller maître, et l'arrêt à intervenir doit être alors définitif. Ce caractère lui serait acquis par l'expiration du délai de deux mois, sans contestation de la part du comptable.

Les référendaires et les conseillers maîtres ne peuvent être chargés deux années de suite des comptes d'un même comptable.

Quant au ministère des avocats, il n'est pas réglementaire devant la Cour des comptes; mais les parties, pouvant se faire représenter par un fondé de pouvoir, choisissent ordinairement, pour leur confier leurs intérêts, des avocats au Conseil d'État et à la Cour de cassation.

Voici, d'après le décret réglementaire du 31 mai 1862 sur la comptabilité publique, les formes de la vérification et du jugement des comptes.

Le premier président fait entre les référendaires la distribution des comptes, et indique la chambre à laquelle le rapport doit être fait. Un référendaire ne peut être chargé deux fois de suite de la vérification des comptes du même comptable. Les référendaires sont tenus de vérifier, par eux-mêmes, tous les comptes qui leur sont distribués. Ils rédigent sur chaque compte un rapport raisonné, contenant des observations de deux natures : les premières concernant la ligne de compte seulement, c'est-à-dire les charges et souffrances dont chaque article du compte leur a paru susceptible, relativement au comptable qui le présente; les deuxièmes résultant de la comparaison de la nature des recettes avec les lois, et de la nature des recettes avec les crédits. Les référendaires peuvent entendre les comptables ou leurs fondés de pouvoirs, pour l'instruction des comptes; la correspondance est préparée par eux et remise au président de la chambre qui doit entendre le rapport. Lorsque la vérification d'un compte exige le concours de plusieurs référendaires, le premier président désigne un référendaire de 1re classe qui est chargé de présider à ce travail, de recueillir les observations de chaque référendaire, et de faire le rapport à la chambre. Les référendaires qui ont pris part à la vérification assistent aux séances de la chambre pendant le rapport. Le compte, le rapport et les pièces sont mis sur le bureau, pour y avoir recours au besoin. Le président de la chambre fait la distribution du rapport du référendaire à un maître, qui est tenu : 1° de vérifier si le référendaire a fait lui-même le travail et si les difficultés élevées dans le rapport sont fondées; 2° d'examiner par lui-même les pièces au soutien de quelques chapitres du compte, pour s'assurer que le référendaire en a soigneusement vérifié toutes les parties. Un maître des comptes ne peut être nommé deux fois de suite rapporteur des comptes du même comptable. Le maître présente à la chambre son-opinion motivée sur tout ce qui est relatif à la ligne de compte et aux autres observations du référendaire. La chambre prononce ses décisions sur la première partie, et renvoie, s'il y a lieu, les propositions contenues dans la seconde à la chambre du conseil chargée de statuer sur ces propositions, dans les formes déterminées. Le référendaire rapporteur donne son avis, qui n'est que consultatif ; le maître rapporteur opine, et chaque maître successivement, dans l'ordre de sa nomination. Le président inscrit chaque décision en marge du rapport et prononce l'arrêt. La minute des arrêts est rédigée par le référendaire rapporteur, et signée de lui et du président de la chambre ; elle est remise, avec les pièces, au greffier en chef ; celui-ci la présente à la signature du premier président, et ensuite en fait et signe les expéditions. Après que les arrêts sur chaque compte sont rendus, et les minutes signées, le compte et les pièces sont remis par le référendaire rapporteur au greffier en chef, qui fait mention des arrêts sur la minute du compte, et dépose le tout aux archives.

Sur quels points la Cour des comptes est-elle appelée à se prononcer? Elle n'est nullement compétente pour apprécier le mérite des actes administratifs qui établissent les recettes et les dépenses. Sa mission consiste exclusivement à vérifier : 1° si les recettes sont conformes aux lois ; 2° si les comptes énoncent toutes les recettes effectuées ; 3° si les dépenses sont conformes aux crédits légaux ; 4° si elles sont appuyées des pièces justificatives prévues par les règlements. Mais, juridiction exceptionnelle, elle ne saurait connaître des questions de responsabilité (compétence du ministre des finances), ou des difficultés qui s'élèveraient sur le mérite des actes de poursuites (compétence des tribunaux ordinaires) ; elle n'aurait pas le droit d'exiger des justifications non prévues par les règlements, si ce n'est dans le cas de destruction des pièces comptables, ni de contester l'existence du droit d'après lequel a eu lieu l'ordonnancement. Ces dernières restrictions, fondées sur ce qu'il convient que la Cour des comptes n'entrave pas la marche de l'administration, peuvent être critiquées. La Cour des comptes, en effet, n'étant pas seulement chargée de vérifier les comptes, mais devant encore signaler au gouvernement les abus à réprimer, devrait pouvoir exiger tous les renseignements capables de l'éclairer.

Conséquences des vérifications. — Les arrêts définitifs de la Cour établissent si les comptables sont quittes, ou en avance, ou en débet. Les comptables sont-ils quittes ou en avance? la Cour approuve leur décharge définitive, et ordonne mainlevée et radiation des oppositions et inscriptions hypothécaires mises sur leurs biens à raison de la gestion dont le compte est signé. Mais elle ne peut mettre aucune dette à la charge de l'État, car aucune créance ne peut être liquidée à la charge du Trésor, que par les ministres ou leurs mandataires. S'il résultait donc, de l'apuration des comptes, que le Trésor soit débiteur vis-à-vis du comptable, le ministre des finances jugerait, avant de payer, si les crédits qui lui sont ouverts le lui permettent, et si les lois n'ont pas prononcé de déchéance. Mais dans le cas où le comptable serait trouvé en débet, la Cour le condamnerait à solder au Trésor dans le délai permis par la loi.

Voies d'exécution et de recours. — La Cour des comptes exerce sa juridiction dans toute la France. Ses arrêts sont exécutoires par eux-mêmes. Le ministre des finances les fait exécuter par l'agent judiciaire du Trésor. Les voies d'exécution qui ne peuvent être exercées, en cas de contestation, qu'en vertu de jugements des tribunaux ordinaires, sont la contrainte, le séquestre, les saisies mobilière et réelle, enfin la contrainte par corps, lorsque le comptable ne s'est pas libéré dans les deux mois qui ont suivi la notification de l'arrêt définitif. Quant aux voies de recours, les arrêts de la Cour des comptes ne peuvent être attaqués tant par les comptables que par les ministres, que pour violation des formes ou de la loi, pour incompétence, ou excès de pouvoir, et, dans ces cas, le Conseil d'État fait fonction de Cour de cassation. Le délai du pourvoi court de la notification de l'arrêt, qui doit avoir lieu par huissier lorsque le recours est formé par le comptable contre l'administration, mais qui peut consister dans une simple lettre administrative, lorsque c'est l'administration qui se pourvoit.

Le recours au Conseil d'État n'est pas suspensif. Le Conseil n'a pas le droit d'évoquer l'affaire au fond : il ne peut que casser, lorsque les arrêts sont contraires à la loi ; le jugement du fond est alors renvoyé à la Cour des comptes et appartient à l'une des chambres qui n'en auront pas connu.

Les débets avoués par les comptables lors de la présentation de leurs comptes, ou constatés, soit administrativement, soit judiciairement, produisent intérêt à 5 p. 0/0 l'an, au profit de l'État, à partir du jour où le versement aurait dû être effectué. Cette disposition s'exécute ainsi qu'il suit : Si les débets proviennent de soustractions de valeurs ou d'omission de recette, ou d'un déficit quelconque dans la caisse, les intérêts courent à dater du jour où les fonds ont été détournés de leur destination par le comptable. S'ils proviennent d'erreurs de calcul qui ne peuvent être considérées comme des infidélités, les intérêts ne courent qu'à dater du jour de la notification de l'acte qui en a constaté le montant. S'ils ont pour cause l'inadmission ou la non-production de pièces justificatives dont la régularité ou l'omission engage la responsabilité des comptables, les intérêts ne commencent à courir que du jour où ces comptables ont été mis en demeure d'y pourvoir. Pour les débets constatés à la suite de circonstances de force majeure, les intérêts ne courent que du moment où le montant en a été mis par l'administration à la charge des comptables. Les débets définitivement constatés au profit du Trésor par les divers ministères, sont notifiés au ministre des finances dans le délai de quinze jours qui suit la liquidation. Il ne peut être procédé à aucune révision de la liquidation lorsque les débets résultent des comptes acceptés par la partie, ou définitivement réglés par des décisions administratives ayant acquis l'autorité de la chose jugée.

Révision. — Indépendamment du pourvoi devant le Con-

seil d'État, et sans que ce soit un obstacle à cette voie de recours, la Cour des comptes, nonobstant l'arrêt qui aurait jugé
définitivement un compte, peut procéder à sa *révision,* **soit**
sur la demande des comptables, appuyée de pièces justificatives recouvrées depuis l'arrêt, soit d'office, soit à la réquisition du procureur général, pour erreurs, omissions, faux ou
doubles emplois reconnus par la vérification d'autres comptes.
La révision n'ayant lieu que pour erreur matérielle, il n'y a
pas de délai fixé pour l'introduction de la demande qui en est
faite. Simple pétition ; pièces à l'appui. Enfin la Cour des
comptes peut prononcer sur les demandes en réduction ou en
translation d'hypothèques formées par des comptables encore
en exercice, ou par ceux hors de l'exercice dont les comptes
ne sont pas définitivement apurés, en exigeant les sûretés
suffisantes pour la conservation des droits du Trésor. Que si,
dans l'examen des comptes, la Cour trouvait des faux ou des
concussions, il en serait référé au ministre des finances et au
ministre de la justice, qui ferait poursuivre les auteurs devant
les tribunaux ordinaires.

Déclarations de conformité. — Rapport annuel. — Il
ne faut pas perdre de vue que la Cour des comptes n'est pas
seulement chargée de juger les comptes, mais encore de
signaler au gouvernement et au pays les abus et les infractions aux lois qu'elle peut découvrir dans ses opérations. En
sa qualité de corps politique investi d'une mission de contrôle
destinée à éclairer les pouvoirs publics, elle rend des *déclarations* et non des *arrêts.* Elle examine les comptes d'administration présentés annuellement par chaque ministre pour
son département, et le compte général de l'administration
des finances présenté par le ministre des finances ; elle recherche s'il y a corrélation entre ces comptes et les comptes
individuels des comptables qu'elle a jugés. Dans le cas
d'exactitude de corrélation, *déclaration partielle de conformité*
rendue par chacune des trois chambres, selon sa compétence
respective. Ces trois *déclarations partielles de conformité* ser-

vent de base à la *déclaration générale de conformité*, prononcée en audience solennelle et publique par la Cour, toutes chambres réunies. Il y a deux *déclarations générales :* l'une se réfère à la situation financière de l'année précédente, sans distinction d'exercices ; l'autre à la situation définitive de l'exercice expiré. Impression des déclarations partielles et générales, et distribution à l'Assemblée nationale. Indépendamment de ces déclarations, la Cour des comptes adresse encore au chef de l'État un *rapport* annuel, dans lequel elle expose ce qui dans ses vérifications lui paraît digne de fixer l'attention du gouvernement, et exprime les vues d'améliorations que l'étude des faits et des lois lui suggère. Depuis 1832, ce rapport est publié [1].

[1] Consulter Chauveau (Adolphe), *Code d'instruction administrative*, t. Ier, p. 355.

CHAPITRE V.

LE CONSEIL D'ÉTAT, TRIBUNAL ADMINISTRATIF DU DERNIER RESSORT [1].

Caractère de la juridiction du Conseil d'État. — Juge en premier et dernier ressort. — Juge d'appel. — Juge de cassation. — Procédure. — Incidents. — Inscription de faux. — Révocation d'avocat. — Désaveu. — Voies de recours. — Section du contentieux. — Assemblée du Conseil d'État délibérant au contentieux. — Conflits.

Caractère de la juridiction du Conseil d'État. — Le Conseil d'État est le tribunal administratif supérieur du second degré. On peut le considérer sous trois points de vue : 1° comme *juge en premier et dernier ressort;* 2° comme *juge d'appel,* et c'est là sa fonction habituelle; 3° comme *juge de cassation.*

Juge en premier et dernier ressort. — Ce n'est qu'exceptionnellement que le Conseil d'État juge *en premier et dernier ressort* : dans les cas, par exemple, d'opposition à des décrets rendus en forme administrative, ou dans ceux de demandes en interprétation des actes du gouvernement. L'interprétation dont il s'agit, et qui a été attribuée au Conseil d'État pour prévenir l'abus que les juges du fond pourraient

---

[1] Loi 22 avril 1806; décret 11 juin et 22 juill. 1806; ordonn. 2 fév. et 12 mars 1831; décr. rgan. 25 janv. 1852; décr. 30 janv. 1852; loi 11 juin 1859; décret 7 sept. 1864; décr. 2 nov. 1864; décr. 3 oct. 1870.

faire du droit d'interpréter, au préjudice de l'autorité souveraine, est purement doctrinale. Comme juge de premier et dernier ressort, le Conseil d'État est aussi appelé à prononcer entre la Banque et les membres de son conseil général, ses agents ou employés, toute condamnation civile, y compris les dommages et intérêts, et même soit la destitution, soit la cessation de fonctions. Il connaît, sur les rapports du ministre des finances, des infractions aux lois et règlements qui régissent la Banque, et des contestations relatives à sa police et à son administration intérieure.

Juge d'appel. — Le Conseil d'État connaît comme *juge d'appel* : 1° des décisions des conseils de préfecture (cette voie de recours contre les arrêtés est de règle générale); 2° des décisions des ministres ; 3° dans certains cas exceptionnels, des décisions des préfets ; 4° des décisions de certaines commissions ; 5° des décisions des conseils privés des colonies. La mission du Conseil d'État, jugeant en appel ces différents recours, consiste à examiner le fait et le droit; c'est un second débat qui recommence, à la suite duquel le Conseil, en annulant la décision attaquée, fait ce que les premiers juges auraient dû faire, et prononce à son tour sur le fond. Mais sa censure ne doit porter que sur le dispositif des décisions qui lui sont déférées : cependant le gouvernement pourrait, dans l'intérêt de la loi, recourir contre des motifs qui seraient de nature à compromettre l'ordre public.

Juge de cassation. — L'on peut se pourvoir devant le Conseil d'État, comme *juge de cassation*, pour : 1° violation de la loi ; 2° excès de pouvoir ou incompétence ; 3° conflit de juridiction entre deux autorités administratives.

Le Conseil d'État doit admettre, comme Cour de cassation, tous les recours qui lui sont présentés pour violation de la loi. Une jurisprudence contraire aurait pour effet de permettre à des tribunaux de se jouer impunément de la loi, et de substituer arbitrairement leur volonté à celle du législateur. Ce recours ne présente, d'ailleurs, aucun inconvénient : il n'est point suspensif. Quant à ce qui concerne l'administration active, la nature des choses, l'essence même du pouvoir administratif, provoquaient le droit d'en appeler pour violation de la loi, comme garantie des intérêts individuels. Nous savons que le Conseil d'État remplit sous ce rapport, à l'égard de la Cour des comptes, l'office de Cour de cassation.

Le recours pour excès de pouvoir et incompétence est possible contre toutes les décisions administratives. La loi de 1790 avait proclamé ce principe, que toute plainte d'incompétence ou d'excès de pouvoir d'une juridiction administrative devait être portée devant le roi. De cette disposition générale on a tiré cette conséquence que, pour toutes les causes, qu'il y ait ou qu'il n'y ait pas de dispositions particulières, le pourvoi devrait être porté devant le Conseil d'État, conseil du gouvernement. Ce conseil sera-t-il saisi, *omisso medio*, c'est-à-dire sans qu'il soit besoin de s'adresser au ministre? L'affirmative est généralement admise. Pour donner lieu à un pourvoi pour excès de pouvoir, il n'est pas nécessaire que la matière soit contentieuse ; un acte rendu dans la sphère de l'administration active peut y donner lieu. Quant aux matières du contentieux administratif, cette cause de recours est possible même contre les actes qui, d'après le vœu de la loi, interviennent en dernier ressort.

Le *conflit de juridiction* sur lequel le Conseil d'État est appelé à statuer, est celui qui s'élève entre deux juridictions administratives voulant connaître d'une contestation dont elles se trouvent simultanément saisies. Que s'il s'agissait d'une autorité administrative et d'une autorité judiciaire concourant entre elles, il y aurait, non *conflit de juridiction*, mais le *conflit d'attribution* dont nous parlerons plus loin. Le droit ouvert à toute partie intéressée de s'adresser directement au chef de l'État, en son Conseil, pour faire déclarer laquelle des deux autorités administratives sera compétente, a pour objet d'épargner aux administrés les lenteurs et les entraves d'un appel auquel, souvent, on ne peut même pas recourir, lorsque les autorités qui retiennent la cause statuent en dernier ressort (ni délai fatal, ni déchéance).

Quelles sont donc les juridictions administratives dont les décisions peuvent être attaquées devant le Conseil d'État jugeant en cassation ? Ce sont toutes celles dont l'appel peut être porté devant lui, et, de plus, la Cour des comptes, le Conseil supérieur de l'instruction publique, les conseils de révision pour l'organisation de l'armée ; c'étaient les jurys de révision et conseils de recensement pour l'organisation de la garde nationale, etc. Le Conseil d'État exerce ces hautes fonctions de la même manière que la Cour de cassation, en ne jugeant pas le fond de la contestation, en se bornant à casser la décision ou l'arrêté qui lui sont déférés, et en renvoyant, s'il y a lieu, la cause et les parties devant un autre tribunal du même ordre, ou devant le fonctionnaire qui devait en connaître.

Lorsque le recours en cassation est formé au nom des parties, il est introduit, instruit et jugé dans les mêmes formes que l'appel. Ce recours n'est plus recevable après trois mois du jour où la décision attaquée a été notifiée. Les parties conservent néanmoins le droit de recourir au ministre par la voie hiérarchique, même après l'expiration des trois mois.

Les ministres seuls ont le droit de former le recours en cassation *dans l'intérêt de la loi*. Ce recours est étranger aux parties ; il ne peut ni leur profiter, ni leur nuire, quelle que soit, d'ailleurs, la décision du Conseil d'État ; il peut être formé dans tout délai, et quoique la décision ait acquis l'autorité de la chose jugée. C'est même seulement alors que le recours est ouvert, car il ne peut être formé qu'autant que les parties ne sont plus recevables à se pourvoir elles-mêmes, et qu'autant que les chefs sur lesquels porte le recours n'ont pas été attaqués par elles.

Le Conseil d'État ne peut casser d'office pour incompétence, excès de pouvoir, violation des formes ou de la loi, les décisions administratives contre lesquelles il n'a été dirigé de recours ni par la voie d'appel, ni par la voie de cassation.

Nous n'aborderons pas la procédure devant le Conseil d'É-
tat, sans faire remarquer que ce Conseil, qu'il soit considéré
comme juge en premier et dernier ressort, juge d'appel, ou juge
de cassation, n'a pas une juridiction propre, et que ses décisions, devant être confirmées par le chef de l'État, deviennent
dès lors des décrets; mais il tient expressément de la loi de
son institution le caractère de juridiction ordinaire du degré
supérieur.

Procédure. — La procédure en matière contentieuse devant le Conseil d'État repose sur les décrets du 12 juillet 1806,
du 30 janvier 1852 et du 2 novembre 1864. Il existe entre ces
décrets cette importante différence, qu'autrefois la procédure
qui les régissait était écrite et secrète, tandis que, dans le système de nos derniers temps, elle est publique, mi-partie orale,
et mi-partie écrite. Voici un aperçu des dispositions de ces
décrets, en ce qui concerne la procédure au contentieux.

Création des maîtres des requêtes, pour faire le rapport des
affaires contentieuses. Depuis 1852, les conseillers et les auditeurs peuvent être aussi rapporteurs. Création des avocats au
Conseil, ayant seuls le droit de signer les mémoires des parties
et de présenter leurs requêtes en matière contentieuse; dans
les matières purement administratives, il n'y a pas besoin de
constituer un avocat. Il est même des cas où l'on peut se pourvoir devant le Conseil d'État en matière contentieuse, sans
constitution d'avocat : quand, par exemple, une commune demande l'autorisation de plaider que lui a refusée le préfet;
dans le cas de pourvoi en matière de contributions directes,
d'élections départementales et d'élections municipales. Les
fonctions d'avocat au Conseil d'État et d'avocat à la Cour de
cassation se confondent. La responsabilité des avocats au Conseil a pour sanction certaines pénalités, telles que l'amende,
la mise des frais de l'instance à la charge personnelle de l'avocat, en cas de signature d'un recours inconsidérément formé,
la suppression des écrits injurieux, etc. Mais la plus grande
réserve est commandée au Conseil d'État, en faveur de ce col-

lége de jurisconsultes qui offrent aux parties de si précieuses garanties d'intégrité, de responsabilité pécuniaire et de savoir. Le secrétaire du Conseil est considéré comme greffier. Des huissiers au Conseil d'État ont le droit exclusif de faire les significations d'avocat à avocat, et celles aux parties domiciliées à Paris.

Les instances sont introduites devant le Conseil d'État, soit à la requête des *parties*, soit sur le rapport d'un *ministre*.

Le recours des *parties* doit être formé par requête signée d'un avocat au Conseil, et contenir l'exposé sommaire des faits et des moyens, les conclusions, les noms et demeures des parties, et l'énonciation des pièces dont on entend se servir et qui y seront jointes. Les requêtes et, en général, toutes les productions des parties, doivent être déposées au secrétariat du Conseil d'État, où elles sont inscrites suivant leur ordre de date. C'est le dépôt au secrétariat, et non l'enregistrement, qui saisit le Conseil, et donne date à l'introduction du pourvoi. Le pourvoi n'a pas d'effet suspensif, s'il n'en est autrement ordonné, car dans les affaires administratives, il y a présomption d'urgence ; mais dans le cas où l'exécution provisoire serait de nature à causer un préjudice irréparable, le Conseil pourrait accorder un décret de sursis. Le président ordonne la communication de la requête aux parties intéressées, pour répondre et fournir leurs défenses. Le demandeur peut, dans la quinzaine après les défenses fournies, donner une seconde requête, et le défendeur répondre dans la quinzaine suivante. Indépendamment des deux requêtes admises par le règlement, il est loisible aux parties de distribuer aux membres du Conseil des mémoires imprimés, qui n'entrent pas en taxe, et doivent, pour être joints aux pièces de l'instruction, être déposés au secrétariat de la section du contentieux et être signifiés à l'avocat adverse. Les avocats sont admis à prendre communication des pièces de l'instance, sans frais, au secrétariat, et bien que le règlement défende de les déplacer, à moins qu'il n'y en ait minute, ou que la partie y consente, la pratique introduit un tempérament à cette rigueur : le déplacement est de règle générale, et il est rare qu'on exige la stipulation du rétablissement dans un délai déterminé. Lorsque le jugement sera poursuivi contre plusieurs parties dont les unes auront fourni leurs défenses, et les autres seront en défaut de les fournir, il sera statué, à l'égard de toutes, par la même décision.

Le recours au Conseil d'État contre la décision d'une autorité qui y ressortit, n'est plus recevable après trois mois du jour où la partie condamnée a la connaissance certaine, pleine et entière de la décision rendue à son préjudice. Cette connaissance est acquise par la notification. L'on fait entrer dans la computation du délai le jour de l'échéance, mais non celui de la signification. Quant à la forme dans laquelle la décision doit être notifiée, le règlement ne l'a pas prévue, mais elle doit avoir lieu par huissier, entre particuliers, et, pour l'administration générale, ainsi que pour les départements, les communes et les établissements publics, par les agents et les intermédiaires qu'ils tiennent de la loi.

Le délai du recours est suspendu par le décès de la partie adverse, et ne reprend son cours qu'à partir d'une notification aux héritiers. Cette notification peut être faite aux héritiers collectivement, et sans désignation des noms et qualités. La déchéance dont la loi frappe l'appel tardivement formé, est établie dans un intérêt d'ordre public, qui permet de la proposer en tout état de cause, et qui impose même au juge le devoir de la prononcer d'office. Elle est remplacée par l'acquiescement, pourvu, lorsqu'il résulte de l'exécution, que cette exécution soit volontaire. Enfin, le recours incident est recevable en tout état de cause, mais il est nécessaire que l'appel principal ait été formé dans les délais.

Le président de la section du contentieux peut ordonner d'office, ou sur la demande des parties, toutes mesures d'instruction reconnues nécessaires, telles que requêtes, expertises, vérifications d'écritures ou de lieux, et commettre, à cet effet (ordonnances de *committimus*), dans les lieux éloignés, les juges de paix, préfets, sous-préfets, ingénieurs, etc.

Les ministres introduisent leur recours par lettres au président du Conseil d'État (par un rapport au chef de l'État, en matière de recours comme d'abus, de mise en jugement, de conflits). Le dépôt de la lettre et des pièces suffit pour saisir le Conseil. Le ministère des avocats est facultatif. Pas d'ordonnance de soit communiqué. Avis doit être donné à la partie intéressée du dépôt des mémoires et pièces. afin qu'elle puisse prendre communication dans la forme prescrite, et fournir des réponses dans les délais du règlement.

Ce mode spécial d'introduction des instances n'est point particulier aux affaires traitées directement par les ministres, mais il est encore applicable à celles qui concernent les administrations générales, telles que l'administration de l'enregistrement et des domaines, l'administration des contributions directes et indirectes, etc. L'avis est donné dans la forme administrative.

De simples lettres constituent-elles une notification suffisante? La négative n'est pas douteuse, la notification renfermant une idée complexe : l'envoi et la réception. Si l'on considère que le contentieux administratif touche à des droits et non à de simples intérêts, que la notification fait courir les délais, et qu'il ne suffit pas qu'elle ait eu lieu, mais qu'il faut encore que la preuve en soit rapportée, l'on doit reconnaître l'irrégularité et l'arbitraire d'un mode de notifier, qui permet à l'administration de cacher les décisions aux parties intéressées, et, à ces dernières, de nier la connaissance qu'elles ont pu en acquérir. Que l'administration soit dispensée de recourir au ministère des huissiers, rien n'est plus naturel, puisqu'elle a des agents chargés de faire exécuter les actes de son autorité : tout agent administratif, légalement institué, aurait donc la capacité suffisante pour faire les notifications ;

mais que l'on ne place pas l'arbitraire là où il y a des droits qui demandent à être garantis.

Les instances dirigées par des particuliers ou par des personnes morales contre les ministres ou contre les administrations générales, sont introduites par requêtes, en la forme ordinaire. Le demandeur n'est pas dispensé de recourir à un avocat ; mais pas d'ordonnance de soit communiqué. Le président de la section du contentieux transmet au ministre le pourvoi dirigé contre lui. Le délai de recours est, pour les affaires dans lesquelles l'État représenté par l'administration générale est partie, le même que pour les affaires entre particuliers, ou entre particuliers et communes ou établissements publics. Point de départ : la notification.

· Il est d'usage que tout pourvoi formé au Conseil d'État soit communiqué au ministre du département duquel ressortit la matière qui y a donné lieu, même quand ce ministre n'est pas partie dans l'affaire, et cela par le motif que les intérêts généraux peuvent s'y trouver liés ou mêlés. Le ministre est ainsi mis en mesure, soit de prendre les dispositions qu'il juge nécessaires, soit de donner un simple avis, qui devient un des éléments de l'instruction, et qui est communiqué aux parties pour qu'elles puissent y contredire.

Comment introduit-on les instances portées *de plano* devant le Conseil d'État jugeant en premier et dernier ressort? Dans la forme ordinaire, par requête déposée au secrétariat du Conseil, avec cette seule différence qu'il n'y a pas de décision à produire à l'appui de la demande. Il en est de même pour les oppositions qui peuvent être formées par des tiers intéressés, en matière de concessions d'usines sur les cours d'eau, de mines ou de desséchement de marais, de demandes en autorisation d'ateliers insalubres, de changements de noms, etc., et qui sont de la compétence du Conseil d'État, jugeant en premier et dernier ressort. Dépôt d'une requête au secrétariat, indiquant les adversaires, et concluant à ce que le Conseil fasse droit à la demande, rende une décision dans tel ou tel sens. La requête déposée, l'instruction suit son cours. Toutes les fois, dit M. Chauveau, qu'une matière contentieuse doit aboutir au Conseil d'État, sans passer devant un tribunal de premier degré, l'instruction devra être la même. Pour tous les droits que blesse l'action administrative, il faut une voie régulière qui permet d'obtenir les garanties de publicité et de débat oral.

Décret de 1864. — Le décret des 2-11 novembre 1864 porte que seront jugés, sans autres frais que les droits de timbre et d'enregistrement : les recours devant le Conseil d'État, en vertu de la loi des 7-14 octobre 1790, contre les actes des autorités administratives pour incompétence ou excès de pouvoir; les recours contre les décisions portant refus de liquidation ou contre les liquidations de pensions. Le pourvoi pourra être formé sans l'intervention d'un avocat au Conseil d'État, en se conformant, d'ailleurs, aux prescriptions de l'article 1er du décret du 22 juillet 1806. (*Art.* 1er.)

Les articles 130 et 131 du code de procédure civile seront applicables dans les contestations où l'administration agira comme représentant le domaine de l'État, et dans celles qui seront relatives soit aux marchés de fournitures, soit à l'exécution des travaux publics, aux cas prévus par l'article 4 de la loi du 28 pluviôse an VIII. (*Art.* 2.)

Les ordonnances de soit communiqué rendues sur des pourvois au Conseil d'État, devront être notifiées dans le délai de deux mois, à peine de déchéance. (*Art.* 3.) Devront être formés dans le même délai : l'opposition aux décisions rendues par défaut, autorisées par l'article 29 du décret du 22 juillet 1806; les recours autorisés par l'article 32 du même décret et par l'article 20 du décret du 30 janvier 1852. (*Art.* 4.)

Lorsque les ministres sont appelés à produire des défenses ou à présenter des observations sur des pourvois introduits devant le Conseil d'État, la section du contentieux fixe, eu égard aux circonstances de l'affaire, les délais dans lesquels les réponses et observations doivent être produites. (*Art.* 8.)

Incidents. — Le décret du 22 juillet 1806 a consacré plusieurs articles à la procédure incidente.

On entend par *demandes incidentes* les prétentions qui se produisent accessoirement dans le cours d'une instance principale. Elles se forment par une requête sommaire déposée au secrétariat du Conseil, et susceptible de soit communiqué à la partie intéressée, pour qu'elle y réponde dans les trois jours de la signification, ou autre bref délai qui sera déterminé. Pour qu'une demande incidente soit admise, il est nécessaire qu'elle soit connexe à l'action principale ; elle n'est point exemptée des délais ; la déchéance qui frapperait l'action principale, mettrait également obstacle au recours incident.

Les incidents dont il est parlé dans le décret de 1806 sont : l'inscription de faux, l'intervention, les reprises d'instance, la révocation d'avocat et le désaveu.

Inscription de faux. — La partie qui veut s'inscrire en faux contre une pièce produite, doit présenter requête à cet effet. Le président de la section du contentieux, de l'avis de la section, fixe le délai dans lequel la partie qui aura produit la pièce sera tenue de déclarer si elle entend s'en servir. Si la partie ne satisfait pas à cette ordonnance, ou si elle déclare qu'elle n'entend pas se servir de la pièce, cette pièce sera rejetée ; mais si elle fait la déclaration qu'elle entend s'en servir, le Conseil d'État statuera, soit en ordonnant qu'il sera sursis à la décision de l'instance principale, jusqu'après le jugement de faux par le tribunal compétent, soit en prononçant la décision définitive, si elle ne dépend pas de la pièce arguée de faux.

Intervention. — Intervenir, c'est se présenter dans une contestation pendante entre d'autres personnes, pour y soutenir des droits qu'on prétend y avoir. L'intervention est formée par requête qui peut être communiquée aux parties, pour y répondre dans un délai déterminé ; néanmoins la décision de l'affaire principale qui serait instruite, ne pourra être retardée par cet incident. Pour pouvoir intervenir, il est nécessaire d'avoir intérêt à la contestation ; mais à la différence de ce qui a lieu dans la procédure civile, le Conseil d'État reçoit l'intervention de toute personne qui lui paraît réellement intéressée, sans distinguer entre les causes qu'il juge en premier et dernier ressort, et celles qui lui sont soumises par la voie de l'appel. M. Serrigny doute que cette jurisprudence soit fondée. Les créanciers qui sont admis à intervenir dans les instances engagées contre leurs débiteurs, ne tirent pas ce droit de l'article 1166 du code civil (qui leur permet d'exercer les droits et actions de leur débiteur, à l'exception de ceux exclusivement attachés à la personne), car il serait nécessaire qu'ils soient subrogés par jugement à l'exercice de ces droits ; mais ils le puisent uniquement dans l'intérêt qu'ils ont d'intervenir, afin de suppléer les moyens et les pièces que leurs débiteurs auraient négligés. La demande en intervention doit être rejetée, lorsque celui qui la forme est étranger à l'instance et ne justifie pas de son intérêt ; lorsque l'intervenant forme des demandes qui ne font pas l'objet du débat entre les parties principales ; lorsque l'instance a cessé d'exister par la renonciation formelle du demandeur principal ; enfin, lorsque l'instance est relative à un conflit.

Reprise d'instance. — Dans les affaires qui ne seront point en état d'être jugées, la procédure sera suspendue par la notification du décès de l'une des parties, ou par le seul fait du décès, de la démission, de l'interdiction ou de la destitution de son avocat. Cette suspension durera jusqu'à la mise en demeure pour reprendre l'instance ou constituer avocat. La décision d'une affaire en état ne sera jamais différée. Quand une affaire est-elle en état devant le Conseil ? Lorsque l'instruction est complète, et que les délais pour les productions et réponses sont expirés. Bien que l'ordonnance du 2 février 1831 ait introduit la publicité des audiences et la défense orale, le caractère de l'instruction est resté le même : elle a lieu par écrit (les avocats sont seulement autorisés à présenter les observations orales après le rapport).

Révocation d'avocat. — Désaveu. — L'acte de révocation d'un avocat par sa partie est sans effet pour la partie adverse, s'il ne contient pas la constitution d'un autre avocat.

Si une partie veut former un désaveu relativement à des actes ou procédures faits en son nom devant le tribunal administratif de premier degré par un mandataire *ad litem*, et qui peuvent influer sur la décision de la cause qui est portée devant le Conseil d'État, sa demande en désaveu doit être formée contre ce mandataire ou ses héritiers, et communiquée aux autres parties. S'il est décidé que le désaveu mérite d'être instruit, l'instruction et le jugement seront renvoyés devant le juge compétent, pour y être statué dans un délai déterminé, lequel étant expiré, il sera passé outre au rapport de l'affaire principale sur le vu du jugement du désaveu, ou faute de le rapporter. Si le désaveu est relatif à des actes ou procédures faits au Conseil d'État, il sera procédé sommairement contre l'avocat. La remise des pièces à un avocat suffit pour lui conférer le mandat d'occuper.

Le décret du 22 juillet 1806 a passé sous silence la péremption, le désistement et la récusation. Ces trois incidents doivent-ils être transportés dans la procédure administrative?

La *péremption* étant une déchéance, et les déchéances ne pouvant se suppléer, les parties, de plus, n'étant pas toujours maîtresses de hâter la marche de l'instruction administrative, il est admis par la doctrine et par la jurisprudence que la péremption d'instance n'est point autorisée dans les affaires soumises aux tribunaux administratifs. Il en résulte qu'une instance administrative serait éteinte de plein droit par la discontinuation des poursuites pendant trente ans.

Le *désistement* est la renonciation du demandeur à l'instance engagée par lui. Il n'est admis qu'à la condition d'éteindre à jamais le procès, c'est pourquoi il doit être pur et simple, et serait rejeté s'il était conditionnel, ou s'il contenait des réserves même non préjudiciables au défendeur. Il peut être donné par une requête signifiée à l'avocat du défendeur par l'avocat du demandeur, muni d'un pouvoir spécial à cet effet; il peut aussi résulter de tout acte ou écrit émané de la partie elle-même. Un pouvoir donné à l'avocat, sous seing privé et même par simple lettre, est suffisant. Il faut remarquer que, pour être valable, le désistement doit être accepté par le défendeur : il forme alors un contrat qui lie les deux parties, et ne peut plus être rétracté. Mais le Conseil d'État peut apprécier les motifs du refus, et donner acte du désistement. Lorsque le Conseil donne acte du désistement, il condamne en même temps la partie qui se désiste aux dépens; mais il peut aussi arriver qu'au lieu de donner acte, il déclare que, le pourvoi étant devenu sans objet, il n'y a pas lieu de statuer.

La *récusation* existe-t-elle à l'égard des membres du Conseil d'État ? MM. de Cormenin et G. Dufour soutiennent la négative, par la raison que les conseillers d'État ne sont pas juges, et que leur mission ne va pas au-delà d'un avis à soumettre au chef de l'État. Mais, suivant MM. Foucart, Serrigny et Chauveau, il n'existe aucun motif sérieux pour interdire la récusation [1].

Les décisions du Conseil d'État contiendront les noms et qualités des parties, leurs conclusions et le vu des pièces principales, et devront être accompagnées de motifs exprimés sous forme de considérants. Rien n'est plus propre, dit M. Dufour, à seconder les progrès qui, depuis vingt années surtout, signalent la marche du droit administratif, que l'exactitude et la netteté dans la rédaction des motifs qui sont destinés à expliquer et justifier la sentence qu'ils accompagnent. Les décisions ne seront mises à exécution contre une partie, qu'après avoir été préalablement signifiées à l'avocat au Conseil qui aura occupé pour elle.

[1] Cormenin, t. I*, ch. v, sect. 3, p. 69; G. Dufour, t. II, p. 377; Foucart, t. III, p. 715; Chauveau, *Code d'instruction administrative*, t. I*, p. 299; Serrigny, t. I*, p. 339.

Voies de recours. — On peut attaquer la décision du Conseil d'État par l'*opposition*, lorsque cette décision a été rendue par défaut, c'est-à-dire, lorsque le défendeur, ayant été appelé, n'a pas été entendu, soit qu'il n'ait pas comparu, soit qu'il n'ait pas été représenté par qui de droit; l'opposition ne sera pas suspensive, à moins qu'il n'en soit autrement ordonné; elle devra être formée dans le délai de trois mois, à compter du jour de la notification de la décision, et ne sera plus recevable après ce délai. Dépôt au secrétariat du Conseil, d'une requête signée par un avocat au Conseil d'État; communication de cette requête en opposition, à la partie qui a obtenu la décision attaquée, pour qu'elle réponde tant sur les moyens d'opposition que sur le fond. L'opposition est-elle régulière en la forme, et les moyens de fond dénués de valeur? Elle est reçue en la forme, et rejetée au fond. Pas de *profit joint*: lorsque l'instance est dirigée contre deux ou plusieurs parties dont l'une fait défaut, et dont l'autre comparaît, la décision est rendue comme si l'une et l'autre avaient comparu.

Quant aux décisions contradictoires, elles sont inattaquables par la voie de l'appel; mais il peut y avoir un recours en *révision*, dans trois cas : 1° si elles ont été rendues sur pièces fausses (qui aient servi de fondement à la décision); 2° si la partie a été condamnée faute de représenter une pièce décisive retenue par l'adversaire; 3° si les formalités protectrices d'une bonne justice, dont le procès-verbal des séances doit mentionner l'accomplissement, n'ont pas été observées. Ce recours devra être formé dans le même délai, et soumis aux mêmes formes que l'opposition; mais le délai ne courra que du jour où les pièces fausses ou décisives auront été recouvrées, ou du jour où la signification des arrêtés administratifs qui les relatent ou les contiennent aura été faite à la partie qui les oppose.

La *tierce opposition* appartient aussi à ceux qui n'ont pas été appelés, lors des décisions du Conseil d'État en matière contentieuse et qui sont frappés par ces décisions. Les intéressés qui voudront user de cette voie de recours ne pourront former leur opposition que par requête, en la forme ordinaire, déposée au secrétariat du Conseil. Il n'y a pas de délai fatal pour la tierce-opposition. La partie qui succombera sera condamnée à 150 francs d'amende, sans préjudice des dommages-intérêts, s'il y a lieu. Ce sera le Conseil d'État qui statuera sur l'amende et sur les dommages-intérêts.

Dans les matières pour lesquelles la loi a stipulé l'affranchissement du ministère d'avocat, cette exception s'étend-elle à l'opposition, à la demande en révision et à la tierce-opposition? La jurisprudence accorde cette faveur à l'opposition et à la tierce-opposition, qui sont des voies ordinaires de recours; mais elle la refuse à la demande en révision, voie extraordinaire qui ne doit être employée que par des hommes prudents et expérimentés.

Il n'y a jamais lieu à condamnation aux dépens contre l'État [1].

Section du contentieux. — La section du contentieux est composée de six conseillers d'État, de maîtres des requêtes et d'auditeurs désignés par le chef de l'État. Les maîtres des requêtes sont chargés de remplir les fonctions de commissaires du gouvernement. Cette section a pour attribution de diriger l'instruction écrite, et de préparer le rapport de toutes les affaires contentieuses; son examen n'est que préalable, ses délibérations n'aboutissent qu'à un projet de décision; les rapports qui lui sont faits par des rapporteurs pris dans son sein parmi les conseillers, maîtres des requêtes ou auditeurs, se terminent par l'indication, sous forme de question, des points à examiner et à résoudre par le Conseil. Cependant, elle délibère définitivement sur les affaires pour lesquelles il

[1] Voir, sur ce point, une dissertation publiée dans le recueil de M. Lebon, volume de 1852, p. 13. — Chauveau, *Code d'instruction administrative*, t. II, p. 60. Voir aussi, plus haut, l'article 2 du décret réglementaire du 2 novembre 1864.

n'y a pas eu constitution d'avocat, ou qui n'ont pas été renvoyées à la séance générale du Conseil d'État délibérant au contentieux.

Assemblée du Conseil d'État délibérant au contentieux. — Dans les affaires d'une certaine importance, et dans toutes celles pour lesquelles il y a eu constitution d'avocat, le rapport est fait au nom de la section du contentieux, en séance publique de l'assemblée du Conseil d'État. Mais il ne faut pas confondre cette assemblée avec l'assemblée générale du Conseil. L'assemblée dont il s'agit, en matière contentieuse, se compose : 1° des membres de la section ; 2° de dix conseillers d'État désignés par décret et pris en nombre égal dans chacune des autres sections. Trois maîtres des requêtes sont désignés pour remplir les fonctions de commissaires du gouvernement. Lorsqu'il s'agit d'un recours dirigé contre une décision ministérielle préparée par une délibération de section, les membres de cette section ne peuvent siéger à l'assemblée du Conseil d'État délibérant au contentieux. Quant aux affaires où il n'y a pas eu constitution d'avocat, elles ne peuvent être portées en séance publique que sur la demande de l'un des conseillers d'État de la section, ou du commissaire du gouvernement, qui donne ses conclusions. Dans la séance publique, les avocats des parties sont admis à présenter des observations orales. La délibération, qui n'est pas publique, ne s'ouvre pas après chaque affaire, mais le comité délibère sur toutes les affaires débattues dans le cours de la séance, et prend pour base de sa délibération le projet proposé par la section.

Le décret du 3 octobre 1870, statuant sur une situation provisoire, a disposé que la commission chargée de remplacer le Conseil d'État, réunie en assemblée générale, ne pourra délibérer sur les affaires qui étaient portées devant l'assemblée du Conseil délibérant au contentieux en audience publique, que si cinq au moins de ses membres ayant voix délibérative sont présents. Deux maîtres des requêtes seront désignés par le

.ministre de la justice, pour remplir les fonctions de commissaires du gouvernement près la commission délibérant au contentieux.

Quelle est l'utilité de cette double instruction, qui commence devant la section du contentieux, et se dénoue devant l'assemblée? Pour les justiciables, la vraie garantie est, dit-on, dans la production des pièces et des explications en forme de requêtes et mémoires destinés à éclairer la religion du Conseil; il convient donc d'assurer l'étude approfondie de ces pièces et mémoires. Il est, de plus, indispensable d'avoir dans le sein du Conseil d'État un certain nombre de membres dont la fonction soit d'envisager le côté juridique dans toutes les affaires, et qui se fassent les gardiens des principes et les dépositaires des traditions. Quant aux membres adjoints à la section du contentieux, ils apportent et conservent l'esprit d'administration dans la sphère de la juridiction, et s'imprègnent eux-mêmes de notions juridiques qu'ils font pénétrer et propagent dans l'exercice de l'autorité administrative.

Le projet de décret est transcrit sur le procès-verbal des délibérations, qui fait mention des noms des membres présents ayant délibéré. L'expédition du projet est signée par le président de la section du contentieux, et remise par le président du Conseil au chef de l'État. Le décret qui intervient est contre-signé par le garde des sceaux. Les décrets proposés par le Conseil délibérant au contentieux portent : *le Conseil d'État au contentieux entendu*, ou *la section du contentieux entendue*. Le chef de l'État peut modifier le projet proposé; mais, dans ce cas, son décret doit être inséré au *Journal officiel* et au *Bulletin des lois*. Le nouveau projet de réorganisation du Conseil d'État proposé à l'Assemblée nationale par M. Dufaure, ministre de la justice, a modifié beaucoup cette partie de notre législation. Au sein de la commission parlementaire, d'autre part, la compétence du Conseil d'État en matière contentieuse a soulevé quelques difficultés.

La vieille querelle entre les tribunaux et l'administration a été réveillée. La commission a pensé que cette controverse, qui date de près d'un demi-siècle, ne pourrait être utilement tranchée que dans un travail d'ensemble sur les juridictions. Elle ne s'est point laissé convaincre par le reproche tant de fois adressé à l'administration d'être juge dans sa propre cause. Il faudrait, en effet, pour que l'objection fût fondée, que le jugement du contentieux appartînt aux agents administratifs; ce qui n'est pas, puisque les conseillers d'État, qui prononcent sur les pourvois, ne sont pas les auteurs des faits dont les administrations se plaignent.

Quant à l'argument tiré de l'amovibilité des juges du contentieux administratif, la commission l'a écarté par la considération des inconvénients graves de l'inamovibilité en matière administrative. Elle s'en est donc résolûment tenue à la séparation des juridictions administrative et judiciaire, telle qu'elle existe dans notre législation actuelle, en se fondant sur les deux raisons suivantes, qui n'ont point encore été réfutées : 1° que le jugement des procès administratifs exige des connaissances spéciales, rares chez des magistrats absorbés par l'examen de contestations privées; 2° que le pouvoir judiciaire pourrait servir à des magistrats inamovibles pour arrêter l'action administrative et mettre, sinon le gouvernement, au moins l'administration au greffe.

En ce qui touche la délégation du pouvoir de juger, la commission, d'accord avec le projet du gouvernement, a modifié la législation de l'an VIII, de 1839, de 1845 et, en dernier lieu, de 1852. Au lieu de n'attribuer au Conseil d'État que la préparation des projets de décret et d'exiger, pour les rendre exécutoires, la signature du chef du pouvoir exécutif, elle a investi l'assemblée générale du Conseil d'État délibérant au contentieux, et même la section du contentieux, du droit de décider par de véritables arrêts.

Pour empêcher que cette délégation, qui est presque un retour à la législation de 1848, n'entraîne une légère cause de lenteur, en matière de contraventions, par la séparation du droit de grâce et du droit de punir qui étaient confondus dans le système précédent, la commission inclinerait à l'introduction des circonstances atténuantes devant les juridictions administratives, et à la restitution aux tribunaux correctionnels des contraventions de grande voirie.

Conflits [1]. — En outre de ses attributions contentieuses comme tribunal administratif supérieur du second degré, le Conseil d'État est encore chargé de régler la compétence entre l'autorité administrative, et entre les divers organes de l'administration active et contentieuse ; c'est lui qui prépare les rapports des conflits d'attribution entre l'autorité administrative et l'autorité judiciaire.

On entend par *conflit*, la contestation qui s'élève entre plusieurs autorités qui se prétendent toutes deux compétentes ou incompétentes pour la même affaire. On appelle *conflit de juridiction*, la contestation qui s'élève entre plusieurs autorités du même ordre ; et *conflit d'attribution*, celle qui existe entre les tribunaux ordinaires et les tribunaux administratifs. On divise le conflit d'attribution en conflit *positif* et en conflit *négatif*. Le conflit d'attribution est *positif*, quand les deux autorités revendiquent la connaissance d'une même cause. Il est *négatif*, lorsqu'elles se déclarent toutes deux incompétentes.

Le conflit, dit M. de Cormenin, a été institué dans un but d'ordre public, *pour maintenir la distinction, la séparation et l'indépendance pleine et réciproque des matières et des fonctions administratives et judiciaires.* Si l'on remettait la décision des conflits à l'autorité judiciaire, le gouvernement passerait dans les tribunaux ; si à l'autorité administrative, les tribunaux perdraient leurs attributions, et les citoyens leurs garanties.

---

[1] Loi organ. 21 fruct. an III, art. 27; règlement 5 niv. an VIII; arrêté des consuls, 13 brum. an X; ordonn. 1er juin 1828; décrets 25 et 30 janvier 1852. Sur les *Conflits*, voir : Bavoux (F.-A), *Les conflits, ou empiétements de l'autorité administrative sur l'autorité judiciaire;* — Reverchon, *Des conflits ;* — Taillandier (Alph.), *Commentaire sur l'ordonnance des conflits.*

La décision des conflits doit appartenir au gouvernement.
quel qu'il soit, monarchique ou républicain. En résumé, le
principe est l'indépendance des pouvoirs ; le moyen est le conflit ; la conséquence est l'ordre [1].

La constitution du 4 novembre 1848 créa un tribunal spécial (le tribunal des conflits), composé de membres de la Cour
de cassation et du Conseil d'État ; les dispositions du décret
organique de 1852 ont replacé le jugement des conflits dans
les attributions du Conseil d'État.

Élever le conflit, c'est revendiquer pour l'autorité administrative la connaissance du litige porté devant un tribunal de
l'ordre judiciaire. Nous savons quand il y a conflit d'attribution, et ce qu'on entend par le conflit positif. L'ordonnance
de 1828 expose les cas dans lesquels le conflit ne peut être élevé.

1° EN MATIÈRE CRIMINELLE, le préfet *ne peut*, par la voie des
conflits, dessaisir les tribunaux criminels des affaires qui leur
sont soumises, quand bien même il s'élèverait des questions
préjudicielles du domaine de l'autorité administrative. Cette
disposition est fondée sur ce que le conflit étant la revendication d'une affaire administrative, ne peut être élevé qu'autant qu'il s'agit d'une affaire de la compétence de l'administration. Mais elle donne lieu à la critique. Il peut arriver, dit
M. Serrigny, que la décision d'une accusation criminelle
soit subordonnée à une question de la compétence de l'autorité
administrative..... Pourquoi ne pas permettre d'élever le conflit dans les matières criminelles, non pas pour revendiquer
le jugement du crime, mais la connaissance de la question
préjudicielle à résoudre avant de statuer sur l'accusation
publique? M. Chauveau fait toutefois remarquer que l'empié-
tement de pouvoir ne peut être dangereux, parce que les tribunaux criminels ne statuent directement que sur la culpabilité de l'accusé, et non point sur la question incidente, qui
peut seulement influer indirectement sur les motifs qui déter-

[1] De Cormenin, t. I", p. 440, note 1.

minent la conviction du juge. Rien n'empêche, d'ailleurs, le ministère public et l'accusé de demander le renvoi préalable à l'autorité administrative, lorsque dans une affaire criminelle il s'élève une question préjudicielle qui est de la compétence de l'administration ; et les tribunaux sont maîtres de surseoir à statuer au fond, jusqu'à ce que cette question ait été décidée par le pouvoir compétent [1].

2° EN MATIÈRE CORRECTIONNELLE, excepté dans *deux cas :* lorsque la répression du délit est attribuée par une disposition législative à l'autorité administrative (en matière de contraventions de grande voirie ou de police de roulage, par exemple) ; et lorsque le jugement à rendre par le tribunal dépendra d'une question préjudicielle, dont la connaissance appartiendra à l'autorité administrative, en vertu d'une disposition législative. Dans ce dernier cas, le conflit ne pourra être élevé que sur la question préjudicielle. Si, par exemple, un entrepreneur de travaux publics, poursuivi en police correctionnelle pour avoir extrait des matériaux sur la propriété d'autrui, se défendait en disant qu'il l'avait fait en vertu du cahier des charges, et s'il s'élevait des difficultés sur le sens et les clauses de ce cahier des charges, le tribunal correctionnel devrait alors surseoir et renvoyer à l'autorité administrative l'examen préalable de cette question d'interprétation.

M. Batbie fait remarquer que, comme il est difficile d'imaginer d'autres cas où le conflit puisse être élevé, l'ordonnance a donc posé un principe général, sous la forme d'une énumération limitative [2].

3° EN MATIÈRE DE SIMPLE POLICE. — L'ordonnance ne parle pas de ces sortes de matières; mais les affaires de cette nature sont de trop minime importance pour que l'administration ait à s'en occuper [3].

---

[1] Serrigny, *Questions,* t. I⁰⁰, p. 185. — Chauveau, *Code d'instruction administrative,* t. I⁰⁰, p. 240.

[2] Batbie, *Introduction générale au Droit public,* etc., p 398.

[3] Gabriel Dufour, *Traité général de Droit administratif appliqué,* t. III, p. 529; — Serrigny, t, I⁰⁰, p. 191.

4° NE DONNENT PAS LIEU AU CONFLIT : le défaut d'autorisation, soit de la part du gouvernement, lorsqu'il s'agit de poursuites dirigées contre ses agents, soit de la part du conseil de préfecture, lorsqu'il s'agira de contestations judiciaires dans lesquelles les communes ou les établissements publics seront parties ; le défaut d'accomplissement des formalités à remplir devant l'administration, préalablement aux poursuites judiciaires.

5° LE CONFLIT NE PEUT PAS ÊTRE ÉLEVÉ devant la Cour de cassation, les juges de paix prononçant en matière civile, et les tribunaux de commerce. Il ne peut donc l'être que devant les tribunaux de première instance ou devant les cours d'appel ; et l'on doit remarquer, à ce sujet, qu'il est, de plus, nécessaire que l'instance soit pendante devant ces tribunaux et cours. C'est ainsi que le conflit ne pourra pas être.élevé après des jugements rendus en dernier ressort, ou acquiescés, ou ayant acquis la force de chose jugée, parce que l'instance aura cessé d'exister.

C'est par la même raison que pendant les délais d'opposition et d'appel, l'instance n'existant plus, le conflit ne pourra être élevé ; mais une fois l'opposition formée, l'appel interjeté, l'instance revivant, la faculté d'user du conflit renaîtra avec elle. Enfin le conflit ne peut être élevé sur les contestations relatives à l'exécution des jugements et arrêts, car ces difficultés ne font pas revivre l'instance primitive.

A qui appartient le droit d'élever le conflit ? *Au préfet* seul. Le ministre ne pourrait l'élever, mais il pourrait en donner l'ordre au préfet. A Paris, le préfet de police a le droit d'élever le conflit dans la branche des attributions qui lui sont confiées ; il en est de même des préfets maritimes, pour les affaires qui intéressent spécialement le département de la marine. Quant aux parties, elles ne peuvent que solliciter le préfet de déclarer le conflit, ou demander au ministre qu'il donne l'ordre de l'élever.

Lorsqu'un préfet estimera que la connaissance d'une question portée devant un tribunal de première instance est attri-

buée par une disposition législative à l'autorité administrative, il pourra, alors même que l'administration ne serait pas
en cause, demander le renvoi de l'affaire devant l'autorité compétente. A cet effet, il adressera au procureur de la République
un mémoire dans lequel sera rapportée la disposition législative qui attribue à l'administration la connaissance du litige.
Le procureur de la République fera connaître, dans tous les
cas, au tribunal la demande formée par le préfet, et requerra le
renvoi, si la revendication lui paraît fondée. La proposition du
déclinatoire, avant d'élever le conflit, repose sur le respect
dû à la magistrature ; c'est une formalité d'ordre public dont
rien ne saurait dispenser le préfet, et qui ne pourrait être
remplacée par aucune autre démarche. L'organe du ministère
public, de son côté, est tenu de transmettre au tribunal la
demande en revendication. Le conflit ne peut être élevé
qu'après que l'autorité judiciaire a prononcé sur sa propre
compétence, soit explicitement en admettant ou en rejetant
le déclinatoire proposé, soit implicitement en jugeant le fond
de la contestation.

Après que le tribunal aura statué sur le déclinatoire, l'organe
du ministère public adressera au préfet, dans les cinq jours
qui suivront le jugement, copie de ses conclusions ou réquisitions, et du jugement rendu sur la compétence. La date de
l'envoi, date importante, puisque c'est cet envoi qui sert de
mise en demeure au préfet, et fait courir le délai dans lequel
il doit, sous peine de déchéance, prendre l'arrêté de conflit,
sera consignée sur un registre à ce destiné. Si le déclinatoire
est rejeté, c'est-à-dire si le tribunal s'est déclaré compétent,
le préfet pourra, dans la quinzaine, et s'il estime qu'il y ait
lieu, élever le conflit ; si le tribunal se déclare incompétent,
le préfet pourra également élever le conflit dans la quinzaine
qui suivra la signification de l'appel, si la partie interjette
appel du jugement. Il s'agit, bien entendu, d'une notification
spéciale adressée au préfet lui-même, et non de la signification à la partie adverse de l'appelant. Le délai de quinzaine

est fatal, en ce sens, non que le préfet qui l'aura laissé écouler sera déchu du droit d'élever le conflit, mais qu'il sera dans la nécessité de recommencer les formalités et de proposer un nouveau déclinatoire.

Dans tous les cas, l'arrêté par lequel le préfet élèvera le conflit et revendiquera la cause, devra viser le jugement in- tervenu et l'acte d'appel, s'il y a lieu ; la disposition législative qui attribue à l'administration la connaissance du point liti- gieux y sera textuellement insérée. Il sera motivé, énoncera exactement les noms des parties ; mais ne contiendra aucune injonction faite à l'autorité judiciaire, et se bornera exclu- sivement à la revendication de la contestation.

Lorsque le préfet aura élevé le conflit, il sera tenu de faire déposer son arrêté et les pièces visées au greffe du tribunal qui aura statué sur le déclinatoire, ou au greffe de la cour, si le déclinatoire a été proposé en cause d'appel. Si, dans le dé- lai de quinzaine, cet arrêté n'avait pas été déposé au greffe, le conflit ne pourrait plus être élevé devant le tribunal saisi de l'affaire. Ce délai, qui n'est de rigueur que pour le dépôt de l'arrêté de conflit, et non pour celui des pièces visées, court à partir de l'envoi fait par le ministère public du jugement ou de l'arrêt rendu sur le déclinatoire ; quant au dépôt au greffe, il serait inutilement remplacé par la remise directe de l'arrêté au parquet. Le ministère public communiquera l'arrêté au tribunal ou à la cour saisis, et requerra qu'il soit sursis à toute poursuite judiciaire. Tous actes, tous jugements rendus après la notification régulière du conflit, seraient annulés par le Con- seil d'État; quant aux juges qui passeraient outre au jugement de la cause, retiendraient l'affaire conditionnellement, décla- reraient qu'il n'y a lieu de s'arrêter au conflit notifié, ou ordonneraient l'exécution des jugements ou arrêts déjà inter- venus, ils se rendraient coupables de forfaiture. Du moment où le conflit est élevé, le tribunal ou la cour ne peuvent plus se déclarer incompétents, et le conflit suivrait son cours, nonobstant cette déclaration.

Après la communication dont il vient d'être parlé, l'arrêté du préfet et les pièces seront rétablis au greffe, où ils resteront déposés pendant quinze jours. L'organe du ministère public en préviendra de suite les parties ou leurs avoués, qui pourront en prendre communication sans déplacement, et remettre, dans le même délai de quinzaine, au parquet, leurs observations sur la question de compétence, avec tous les documents à l'appui. Le délai du dépôt des pièces court du jour de leur rétablissement au greffe ; quant au délai accordé aux parties pour fournir leurs observations, il n'a rien de rigoureux.

Le rapport sur les conflits ne peut être présenté qu'après la production des pièces suivantes : la citation, les conclusions des parties, le déclinatoire proposé par le préfet, le jugement de compétence, l'arrêté du conflit. Toutes ces pièces doivent être adressées par le ministère public au garde des sceaux, qui les transmet aussitôt au secrétariat général du Conseil d'État. Il est statué sur le conflit dans le délai de deux mois, à dater de la réception des pièces au ministère de la justice. C'est la section du contentieux qui est chargée de préparer le rapport.

Comme le conflit n'est élevé qu'en vue de l'intérêt général, et que les parties qui figurent dans l'instance n'y jouent qu'un rôle purement accessoire, il en résulte que les voies de l'opposition, de la tierce-opposition, et les demandes en révision, ne sont point admises contre les décrets qui statuent sur les conflits ; les parties ne peuvent pas intervenir directement dans l'instance en conflit ; lorsqu'elles présentent des observations écrites ou orales par des avocats au Conseil, il ne saurait y avoir lieu à aucune condamnation aux dépens ; enfin le Conseil d'État n'admet pas les demandes en interprétation des décrets rendus sur conflits, parce qu'ils sont d'ordre public.

Quelles sont les conséquences des différentes solutions que peut donner le Conseil d'État sur les conflits ? Le Conseil confirme-t-il le conflit ? Annulation de tout ce qui a été fait devant et par l'autorité judiciaire, qui est dessaisie de l'affaire, et ne peut la retenir sous aucun prétexte. Il appartient aux parties ou à l'administration de saisir l'autorité compétente. — Le Conseil d'État annule-t-il, au contraire, le conflit comme mal fondé ? La procédure reprend son cours devant l'autorité judiciaire. — Enfin le Conseil annule-t-il le conflit pour vices de forme ? Le préfet pourra de nouveau l'élever, si les délais ne sont pas expirés.

Le Conseil d'État, en statuant sur le conflit, s'abstient de désigner l'autorité compétente, soit dans l'ordre administratif, soit dans l'ordre judiciaire.

Quant aux conflits négatifs, ils ne sont l'objet d'aucune loi ; il n'existe point de dispositions spéciales à leur égard, et cela s'explique par la nature même de ces conflits, qui donnent plutôt lieu à une question de droit privé que de droit administratif.

Il y a lieu à *règlement de juges* par suite d'un conflit négatif d'attribution, lorsque, sur la même contestation, il intervient une déclaration d'incompétence de la part de l'autorité judiciaire et d'un conseil de préfecture, d'un préfet, d'un ministre, ou de tout autre tribunal administratif. Pour qu'il y ait matière au conflit négatif, il faut qu'il y ait identité dans l'objet en litige, que les deux autorités judiciaire et administrative se soient toutes deux déclarées incompétentes et dessaisies de la contestation, que l'une d'elles ait méconnu sa compétence, et que la double déclaration d'incompétence soit intervenue entre les mêmes parties. Les parties pourront, à leur choix, suivre la filière hiérarchique, ou se pourvoir immédiatement devant le Conseil d'État, par règlement de juges.

Le *conflit de juridiction* existe, en matière administrative, lorsque deux tribunaux administratifs se déclarent compétents pour statuer sur une même question, ou lorsqu'ils refusent tous les deux d'en connaître. Dans l'un et l'autre cas, les parties ont le droit de se pourvoir au Conseil d'État, soit par la voie d'appel, soit en règlement de-juges.

En cas de *conflit négatif d'attribution*, comme en cas de *conflit de juridiction entre deux autorités administratives*, le pourvoi se formera, comme tous les autres pourvois, par requête des parties présentée en la forme contentieuse. Constitution d'avocat.

Le Conseil d'État statuera sur le règlement de juges, en renvoyant les parties devant l'autorité compétente pour connaître de la contestation. Il annulera, en même temps, la décision de l'autorité, soit administrative, soit judiciaire, qui s'est mal à propos déclarée incompétente ; et, dans le cas où la décision sur la compétence dépendrait d'une question préjudicielle, il en renverrait l'examen à l'autorité compétente pour en connaître [1].

Les conflits d'attribution ont presque toujours été considérés comme une partie du contentieux administratif. En 1848, nous l'avons vu, la connaissance de ces litiges fut attribuée à un tribunal spécial d'une composition mixte, où le Conseil d'État et la Cour de cassation entraient pour des parts égales Le projet récent de M. Dufaure a proposé de revenir à cette composition et d'appeler au nouveau tribunal des conflits trois conseillers d'État et trois conseillers à la Cour de cassation, élus par leurs corps respectifs, avec le garde des sceaux pour président. La commission de l'Assemblée nationale a proposé d'ajouter à ces six personnes trois membres de l'Assemblée, choisis par elle au scrutin secret et à la majorité absolue. La présidence du garde des sceaux serait remplacée par celle d'un membre du tribunal des conflits, désigné par ses collègues.

[1] Chauveau, *Code d'instruction administrative*, t. Ier, p. 289 et suiv.

FIN.

TABLE DES MATIÈRES.

———

CHAPITRE III.

§ 1. LA CHASSE. — § 2. LE DESSÉCHEMENT DES MARAIS.

CHAPITRE IV.

§ 1. L'EXPROPRIATION POUR CAUSE D'UTILITÉ PUBLIQUE. — § 2. LES SERVITUDES MILITAIRES.

CHAPITRE V.

§ 1. LES MINES. — § 2. LES MINIÈRES. — § 3. LES CARRIÈRES.

CHAPITRE VI.

§ 1. LA PÊCHE. — § 2. LA POLICE RURALE.

48

CHAPITRE IV.

LE CONSEIL D'ÉTAT, ORGANE GÉNÉRAL DE L'ADMINISTRATION.

CHAPITRE V.

LES MINISTRES, ORGANES GÉNÉRAUX DE L'ADMINISTRATION.

CHAPITRE VI.

LE PRÉFET, LE CONSEIL DE PRÉFECTURE, LE CONSEIL GÉNÉRAL, ORGANES
GÉNÉRAUX DE L'ADMINISTRATION.

CHAPITRE VII.

LE SOUS-PRÉFET ET LE CONSEIL D'ARRONDISSEMENT, ORGANES GÉNÉRAUX DE L'ADMINISTRATION.

CHAPITRE VIII.

LE MAIRE ET LE CONSEIL MUNICIPAL, ORGANES GÉNÉRAUX DE L'ADMINISTRATION.

CHAPITRE IX.

ORGANES SPÉCIAUX DE L'ADMINISTRATION.

§ 1er L'université. — § 2. Les conseils administratifs. — § 3. La police. — § 4. Organisation judiciaire, militaire et ecclésiastique.

TROISIÈME PARTIE.

CHAPITRE PREMIER.

L'ADMINISTRATION GRACIEUSE. — L'ADMINISTRATION CONTENTIEUSE, DIVISION DES TRIBUNAUX ADMINISTRATIFS.

CHAPITRE II.

LE CONSEIL DE PRÉFECTURE, TRIBUNAL ADMINISTRATIF DU PREMIER RESSORT.

CHAPITRE III.

LE MAIRE, LE SOUS-PRÉFET, LE PRÉFET, LE MINISTRE, JUGES DU PREMIER RESSORT, ET LES AUTRES TRIBUNAUX ADMINISTRATIFS DE PREMIÈRE INSTANCE.

Compétence du maire. — Compétence du sous-préfet. — Compétence du préfet. — Compétence du ministre. — Nomenclature des autres tribunaux administratifs de première instance. — Compétence des conseils de recensement en

FIN DE LA TABLE DES MATIÈRES.

APPENDICE.

L'extrême mobilité, les variations continuelles de notre législation administrative, rendent nécessaire la ressource des *Appendices*, pour tenir un ouvrage sur ces matières fugitives au courant des changements fréquents auxquels elles sont sans cesse exposées.

C'est ainsi que nous avons résolu d'entretenir la « *jeunesse* » et l'actualité de ce *Précis de Droit administratif*, par des *Appendices* annuels, dans lesquels sera présenté le dernier état du droit sur les sujets qu'il embrasse.

Au fur et à mesure de l'épuisement des éditions successives, les matières contenues dans ces *Appendices* seront introduites dans le texte de l'ouvrage, de manière à ce que ce livre, dont la popularité est établie par le nombre de ses éditions, ne soit jamais en retard d'une année.

Personnel des finances.

DÉCRET DU 1er FÉVRIER 1872.

Ce décret supprime les perceptions des contributions directes dans les villes chefs-lieux de département et d'arrondissement.

Toutes les attributions et obligations imposées par les lois et règlements aux percepteurs des contributions directes, ont été transférées aux trésoriers-payeurs généraux et aux rece-veurs particuliers.

Les trésoriers-payeurs généraux et les receveurs particu-liers seront indemnisés des frais de gestion relatifs au service de la perception de leur résidence, soit au moyen des remises payées par les communes pour frais de perception des cen-times communaux, soit, en cas d'insuffisance, au moyen d'une allocation spéciale déterminée, dans chaque cas, par le mi-nistre des finances.

Le service des perceptions suburbaines ou rurales dépen-dant des perceptions supprimées sera rattaché, suivant les nécessités du recouvrement, aux perceptions les plus voisines.

Presse.

LOI DU 12 FÉVRIER 1872 [1].

Cette loi a abrogé le paragraphe 1er de l'article 17 du décret du 17 février 1852, qui interdisait de rendre compte des procès pour délits de presse.

Voici comment s'exprimait, à propos de l'opportunité de cette abrogation, le rapport de la commission de l'Assemblée nationale :

« Le décret du 17 février 1852, en enlevant au jury la con-naissance de tous les délits de presse, a, par son article 17, limité le compte rendu des procès à l'annonce de la poursuite et à la publication du jugement.

« Cette délimitation, qui aboutit à une interdiction absolue, subsiste encore aujourd'hui, malgré la loi du 15 avril 1871,

[1] La date des lois est celle de leur promulgation. Aux termes du décret du 5 novembre 1870, la promulgation des lois et des décrets résultera dorénavant de leur insertion au *Journal officiel* qui, à cet égard, remplacera le *Bulletin des lois*. Ce *Bulletin* continuera à être publié, et l'insertion qui sera faite des actes non insérés au *Journal officiel*, en opèrera la promulgation. — Voir aussi le décret du 2 juillet 1871, pour la forme de la promulgation des lois.

qui défère au jury la connaissance de presque tous les délits de presse.

« La contradiction qui existe entre cette dernière loi et le décret du 17 février 1852, a laissé penser qu'en restituant au jury la connaissance des délits de presse, on avait par cela seul autorisé les comptes rendus des procès, c'est-à-dire implicitement abrogé l'article 17, § 1, du décret de 1852. Il en est résulté, pour la presse comme pour les parquets, des hésitations, des doutes qui, en même temps qu'ils donnent prétexte à la violation de la loi, nuisent à la bonne administration de la justice. Il est urgent de faire cesser cette situation.

« La publicité des débats judiciaires, qui est un des principes de notre droit public, est d'une nécessité rigoureuse, alors surtout que le jury est appelé à statuer sur les poursuites. Devant le jury, il n'y a pas, comme devant les tribunaux, un jugement pouvant être apprécié et jugé ; il y a un verdict affirmatif ou négatif, dont il serait dérisoire de permettre la publication sans admettre, en même temps, la faculté de faire connaître sur quels éléments il repose.

« On objecte que le compte rendu des procès pour délits de presse n'est pas une garantie pour le prévenu et peut être un danger pour l'intérêt général ; que le délit commis par la voie de la presse s'aggrave par la publication des débats, et que cette publicité elle-même prend parfois une extension regrettable par la publication des journaux.

« Ces objections ne sont pas de nature à faire fléchir le principe de la liberté des comptes rendus des débats devant nos tribunaux, et à soustraire la presse au droit commun pour la soumettre de nouveau à des règles spéciales.

« Les inconvénients signalés sont, d'ailleurs, singulièrement atténués par la pénalité qui atteint les comptes rendus infidèles et de mauvaise foi, par la faculté laissée aux cours et tribunaux d'interdire le compte rendu des procès dans toutes les affaires civiles, correctionnelles ou criminelles, et par les restrictions apportées au principe de la liberté des comptes rendus, par la loi du 28 juillet 1828, articles 16 et 17, et par la loi du 27 juillet 1849, articles 11 et 12.

« D'un autre côté, l'article 7 de la loi du 25 mars 1822, qui punit d'une amende de 1,000 francs à 6,000 francs l'infidélité et la mauvaise foi dans le compte rendu que rendent les journaux ou écrits périodiques des audiences des cours et tribunaux, et d'un emprisonnement d'un mois à trois ans, en cas de récidive, ou lorsque le compte rendu est injurieux pour la cour, le tribunal ou l'un des magistrats, des jurés ou des témoins, suffit pleinement à arrêter les altérations coupables du principe de la publicité des audiences et à sauvegarder à la fois les intérêts publics et privés.

« En 1870, le Corps législatif vota une loi qui exigeait la reproduction des comptes rendus sténographiés des audiences, ou la reproduction des comptes analytiques publiés sous l'autorisation et la surveillance du président ; mais exiger une reproduction du compte rendu *in extenso*, ce serait à la fois l'affirmation du droit et la négation de son exercice. Contraindre le président à surveiller et à contrôler les comptes rendus analytiques, ce serait, en lui imposant une mission peu digne d'un magistrat d'un ordre aussi élevé, le mêler aux luttes ardentes de la presse, au grand préjudice de son caractère et de sa considération. »

Protection de la Souveraineté nationale.

LOI DU 15 FÉVRIER 1872.

Aux termes de cette loi, destinée à réprimer les attentats contre la souveraineté de la nation et le gouvernement légal, si l'Assemblée nationale, ou celles qui lui succéderont, venaient à être illégalement dissoutes ou empêchées de se réunir, les conseils généraux s'assembleraient immédiatement, de plein droit, et sans qu'il soit besoin de convocation spéciale, au chef-lieu de chaque département. Ils pourraient s'assembler partout ailleurs dans le département, si le lieu habituel de leurs séances ne leur paraissait pas offrir des garanties suffisantes pour la liberté de leurs délibérations. (*Art.* 1*er*.) Ils pourvoiraient d'urgence au maintien de la tranquillité publique et de l'ordre légal. (*Art.* 2.)

Une assemblée composée de deux délégués élus par chaque conseil général, en comité secret, se réunirait dans le lieu où se seraient rendus les membres du gouvernement légal et les députés qui auraient pu se soustraire à la violence.

L'assemblée des délégués ne serait valablement constituée qu'autant que la moitié des départements, au moins, s'y trouverait représentée.

Cette assemblée serait chargée de prendre, pour toute la France, les mesures urgentes que nécessiterait le maintien de l'ordre, et spécialement celles qui auraient pour objet de rendre à l'Assemblée nationale la plénitude de son indépendance et l'exercice de ses droits.

Elle pourvoirait provisoirement à l'administration générale du pays. (*Art.* 4.)

Elle se dissoudrait aussitôt que l'Assemblée nationale se serait reconstituée par la réunion de la majorité de ses membres sur un point quelconque du territoire.

Si cette reconstitution ne pouvait se réaliser dans le mois qui suivrait les événements, l'assemblée des délégués devrait décréter un appel à la nation pour des élections générales.

Ses pouvoirs cesseraient le jour où la nouvelle Assemblée nationale serait constituée. (*Art.* 5.)

Les décisions de l'assemblée des délégués devront être exécutées, à peine de forfaiture, par tous les fonctionnaires, agents de l'autorité et commandants de la force publique. (*Art.* 6.)

Cumul.

LOI DU 16 FÉVRIER 1872.

Les fonctionnaires de tout ordre élus députés à l'Assemblée nationale, et les membres de cette Assemblée auxquels des fonctions publiques rétribuées auraient été conférées depuis leur élection, toucheront désormais, comme les autres représentants, l'indemnité législative, établie avec interdiction de cumul, par le décret du 29 janvier 1871. (*Art.* 1er.)

Si le chiffre de l'indemnité est supérieur à celui du traitement du fonctionnaire, ce traitement sera ordonnancé en totalité au profit du Trésor, pendant la durée du mandat législatif. (*Art.* 2.)

Si le chiffre du traitement est supérieur à celui de l'indemnité, le fonctionnaire député ne touchera, pendant la même période, que la portion de son traitement net excédant la même indemnité. (*Art.* 3.)

Dans les cas prévus par les articles 2 et 3, les droits du fonctionnaire à une pension de retraite continueront à courir, comme s'il jouissait sans interruption de la totalité de son traitement. (*Art.* 4.)

Les traitements dont il est question aux articles 2 et 3 comprendront, pour tous les fonctionnaires civils et militaires, l'ensemble des traitements et suppléments de toute nature assujettis à la retenue au profit du Trésor, et alloués par les règlements à la position d'activité, sauf les indemnités de représentation et les frais de bureau. (*Art.* 5.)

Sont exceptés de ces dispositions les pensions de retraite civiles et militaires, le traitement des officiers généraux admis dans le cadre de réserve, la solde ou pension des officiers mis en réforme, les traitements afférents aux décorations de la Légion d'honneur, les rentes viagères attribuées aux médailles militaires et les pensions allouées à titre de récompense nationale.

Défense sociale.

LOI DU 23 MARS 1872, CONTRE L'ASSOCIATION INTERNATIONALE DES TRAVAILLEURS.

Bien que la loi qui établit des peines contre les affiliés à l'*Association internationale* appartienne plutôt au domaine du droit criminel qu'à celui du droit administratif, comme elle se rattache cependant à la législation des associations, il n'est pas inutile d'en donner le résumé.

A l'avenir, toute association internationale qui, sous quelque dénomination que ce soit, et notamment sous celle d'*Association internationale des travailleurs*, aura pour but de provoquer à la suspension du travail, à l'abolition du droit de propriété, de la famille, de la patrie ou des cultes reconnus par l'État, constituera, par le seul fait de son existence et de ses ramifications sur le territoire français, un attentat contre la paix publique. (*Art.* 1er.)

Tout Français qui, après la promulgation de la loi, s'affiliera ou aura fait acte d'affilié à l'Association internationale des travailleurs ou à toute autre association professant les mêmes doctrines et ayant le même but, sera puni d'un emprisonnement de trois mois à deux ans et d'une amende de 50 à 1,000 francs. Il pourra, en outre, être privé de tous ses droits civils et de famille énumérés en l'article 42 du code pénal, pendant cinq ans au moins et dix ans au plus.

L'étranger qui s'affiliera en France sera puni des peines édictées par la loi. (*Art.* 2.)

La peine de l'emprisonnement pourra être élevée à cinq ans, et celle de l'amende à 2,000 francs, à l'égard de tous Français ou étrangers qui auront accepté une fonction dans une de ces associations, ou qui auront sciemment concouru à son développement, soit en recevant ou en provoquant à son profit des souscriptions, soit en lui procurant des adhésions collectives ou individuelles, soit enfin en propageant ses doctrines, ses manifestes ou ses circulaires.

Ils pourront, en outre, être renvoyés, à l'expiration de la peine, sous la surveillance de la haute police pour cinq ans au moins et dix ans au plus. Tout individu condamné en exécution de cet article, restera, de plus, pendant dix ans, soumis à toutes les mesures de police applicables aux étrangers. (*Art.* 3.)

Seront punis de un à six mois de prison et d'une amende de 50 à 500 francs, ceux qui auront prêté ou loué sciemment un local pour une ou plusieurs réunions d'une partie ou section quelconque des associations dont il est question dans la loi nouvelle, le tout sans préjudice des peines plus graves applicables, en conformité du code pénal, aux crimes et délits de toute nature dont auront pu se rendre coupables, soit comme auteurs principaux, soit comme complices, les prévenus dont il est fait mention dans la loi. (*Art.* 4.)

Le bénéfice des circonstances atténuantes pourra être accordé.

SAINT-DENIS. — TYPOGRAPHIE DE V° A. MOULIN.

Conseil d'État.

Composition du Conseil d'État. — Le Conseil d'État se compose, d'après la loi nouvelle, de *vingt-deux* conseillers d'État en service ordinaire et de *quinze* conseillers d'État en service extraordinaire.

Il y a auprès du Conseil d'État : 1° *vingt-quatre* maîtres des requêtes, et 2° *trente* auditeurs.

Un secrétaire général est placé à la tête des bureaux du Conseil : il aura le rang et le titre de maître des requêtes.

Un secrétaire spécial est attaché au contentieux. (*Art.* 1er.)

Les ministres ont rang et séance à l'assemblée générale. Chacun d'eux a voix délibérative, en matière non contentieuse, pour les affaires qui dépendent de son ministère. Le garde des sceaux a voix délibérative toutes les fois qu'il préside, soit l'assemblée générale, soit les sections. (*Art.* 2.)

Nomination. — Les conseillers d'État en service ordinaire sont élus par l'Assemblée nationale en séance publique, au scrutin de liste et à la majorité absolue. Après deux épreuves, il est procédé à un scrutin de ballottage entre les candidats qui ont obtenu le plus de suffrages, en nombre double de ceux qu'il reste encore à élire. Avant de procéder à l'élection, l'Assemblée nationale charge une commission de quinze membres, à raison d'un membre par bureau, de lui proposer une liste de candidatures. Cette liste contient des noms en nombre égal à celui des conseillers à élire, plus une moitié en sus ; elle est dressée par ordre alphabétique. L'élection ne peut avoir lieu que trois jours au moins après la distribution et la publication de la liste. Le choix de l'Assemblée peut porter sur des candidats qui ne sont pas proposés par la commission.

Les membres du Conseil d'État ne pourront être choisis

49

parmi les membres de l'Assemblée nationale. Les députés démissionnaires ne pourront être élus que six mois après leur démission. En cas de vacance, par décès ou démission d'un conseiller d'État, l'Assemblée nationale procède, dans le mois, à l'élection d'un nouveau membre.

Les conseillers d'État en service ordinaire peuvent être suspendus pour un temps qui ne pourra pas excéder deux mois, par décret du président de la République, et, pendant la durée de la suspension, le conseiller suspendu sera remplacé par le plus ancien maître des requêtes de la section.

L'Assemblée nationale est de plein droit saisie de l'affaire par le décret qui a prononcé la suspension; à l'expiration du délai, elle maintient ou révoque le conseiller d'État.

En cas de révocation, on procède au remplacement dans le mois.

Les conseillers d'État sont renouvelés par tiers tous les trois ans; les membres sortants sont désignés par le sort et indéfiniment rééligibles. (*Art. 3.*)

La nomination des membres du Conseil d'État par l'Assemblée est la grande innovation de la loi actuelle. C'est un abandon des principes jusqu'à présent suivis. Dans la logique des purs principes politiques, en effet, c'est le chef du pouvoir exécutif qui choisit les membres du Conseil chargé de l'assister dans la préparation et l'application des lois; peu importe que le pouvoir exécutif soit ou ne soit pas subordonné au législatif. On conçoit un régime politique dans lequel la suprématie passe à l'autorité législative. On comprend que l'Assemblée ait le droit le plus absolu de contrôle et de surveillance, d'approbation et d'improbation sur les actes du gouvernement. Mais ce qui ne saurait être admis, c'est qu'elle intervienne directement dans l'administration par la nomination des membres du Conseil chargé d'imprimer à la marche des affaires administratives l'unité de la direction; c'est qu'elle rende le ministère responsable devant elle des actes de ses agents, alors que le corps dont la mission est de guider et, au besoin, de redresser

leur conduite est choisi en dehors de l'influence gouvernementale. La première condition pour que l'ordre règne dans
l'État, c'est qu'il se maintienne dans la gestion des affaires
publiques une harmonie complète.

Seul dans toute l'histoire des institutions françaises, le Conseil d'État de 1849 s'est présenté comme issu, lui aussi, de l'é-
lection d'une Assemblée politique ; mais placé comme pouvoir
pondérateur entre deux autorités issues l'une et l'autre directement du suffrage universel, — le président de la République
et l'Assemblée, — le Conseil d'État de 1849 jouait alors, au
point de vue législatif et au point de vue politique, un rôle tout
différent de celui qui appartiendra au nouveau Conseil.

Ce Conseil, ainsi que l'a fort bien fait remarquer un
publiciste distingué, sera essentiellement une consulte gouvernementale chargée de donner de l'unité, de la régularité à l'action administrative répartie entre les bureaux
des divers départements ministériels ; de seconder le chef de
l'État dans l'exercice du pouvoir réglementaire dont il est investi en vertu soit d'une délégation spéciale de la loi, soit de
la nature même de ses attributions ; de l'éclairer pour la préparation des lois émanant de son initiative ; enfin de maintenir les diverses autorités territoriales dans l'observation des
prescriptions réglementaires et dans les limites de leurs com-
pétences respectives. Que si, de temps à autre, l'Assemblée
croit devoir confier à ce Conseil des études préliminaires sur
quelque projet né dans son sein, elle ne lui déléguera, à cet
effet, aucune part du pouvoir législatif. Elle ne provoquera
son avis qu'à titre purement consultatif et comme on prend en
Angleterre, dans les affaires d'une haute gravité, l'opinion
des jurisconsultes de la couronne. ·

Le rapporteur de la commission de l'Assemblée a essayé,
en vain, de prouver que cette innovation serait logique et avantageuse. « Le Conseil d'État, a-t-il dit, a un caractère mixte,
puisqu'il est à la fois le conseil du gouvernement et le conseil de l'Assemblée nationale. Les ministres, en effet, peuvent

le charger de préparer un projet de loi, et ont aussi la faculté de lui renvoyer les propositions émanées de l'initiative parlementaire. Quand la loi est faite, si une disposition porte que, sur certains points, elle sera complétée par un règlement d'administration publique, ce renvoi équivaut, au moins en fait, à une véritable délégation au Conseil d'État. De son côté, le président de la République, dans les cas où il pourrait faire un règlement par un simple décret, à le droit de soumettre le projet à la délibération du Conseil d'État. Si, en matière administrative, il est surtout le conseil du gouvernement, cependant l'Assemblée est intéressée à ce que le Conseil d'État s'inspire toujours de l'esprit du législateur. Il importe, d'ailleurs, pour la garantie des particuliers, que la délibération soit confiée à un corps indépendant. Ses avis n'étant pas obligatoires pour le chef du pouvoir exécutif, les dissentiments ne peuvent pas faire naître de conflits, ou du moins les ministres auraient le moyen de résoudre la difficulté, en décidant et en agissant sous leur responsabilité.

» C'est en raison de ce caractère mixte que, lors de la seconde lecture, on a combiné la participation de l'Assemblée et du président de la République à la composition du Conseil d'État. La Chambre a retenu la nomination des conseillers en service ordinaire et délégué au pouvoir exécutif le choix tant des conseillers en service extraordinaire que des maîtres des requêtes, ainsi que l'institution des auditeurs nommés au concours.

» La commission, cependant, après avoir soumis le projet de loi à un nouvel examen, a pensé que la part du pouvoir exécutif pourrait être étendue; elle a craint, si l'on maintenait l'élection, par les conseillers, du président et des présidents de section, que le Conseil d'État ne tendît à s'isoler du gouvernement. En donnant au chef du pouvoir exécutif le choix des présidents, l'Assemblée prendra une mesure propre à entretenir les rapports de confiance entre l'administration active et l'administration consultative. »

Quelle que soit la gravité de ces raisons, il est à craindre que l'élection des conseillers d'État par la Chambre soit aussi préjudiciable aux intérêts de l'Assemblée qu'à ceux du gouvernement et au Conseil d'État lui-même. Elle tendra à diminuer la confiance que les justiciables mettent en son impartialité. En effet, le Conseil d'État ne peut réussir à inspirer aux plaideurs une sécurité complète, qu'en se maintenant toujours en dehors des luttes et des influences politiques. Or, un corps élu par l'Assemblée se ressentira toujours, quoi qu'on fasse, de ces influences.

Le Conseil d'État est présidé par le garde des sceaux, ministre de la justice, et, en son absence, par un vice-président. Le vice-président est nommé par décret du président de la République, et choisi parmi les conseillers en service ordinaire.

En l'absence du garde des sceaux et du vice-président, le Conseil d'État est présidé par le plus ancien des présidents de sections, en suivant l'ordre du tableau. (*Art.* 4.)

De tous temps la présidence du Conseil d'État a été confiée à un personnage politique. Sous la Restauration et le gouvernement de Juillet, le ministre de la justice était de droit président du Conseil d'État. D'après la constitution de 1848, cette importante fonction appartenait au vice-président de la République. Enfin, sous l'empire, le président du Conseil a toujours eu le rang et l'importance d'un ministre, car, dès le commencement, il était l'orateur unique du gouvernement devant les Chambres, et à la fin on lui avait donné le titre de ministre présidant le Conseil d'État. L'Assemblée est revenue à la tradition du régime parlementaire, en appelant le garde des sceaux à présider le Conseil, et ce retour a l'avantage, précieux dans la situation des finances du pays, de procurer une réduction du crédit affecté à ce service.

Les conseillers d'État en service extraordinaire sont nommés par le président de la République ; ils perdent leur titre de conseillers d'État, de plein droit, dès qu'ils cessent d'appartenir à l'administration active.

Les maîtres des requêtes, le secrétaire général et le secrétaire spécial du contentieux, sont nommés par décret du président de la République; ils ne peuvent être révoqués que par
un décret individuel.

Pour la nomination des maîtres des requêtes, du secrétaire
général ou du secrétaire du contentieux, le vice-président et
les présidents de sections seront appelés à faire des présentations.

Les décrets portant révocation ne seront rendus qu'après
avoir pris l'avis des présidents.

Les auditeurs sont divisés en deux classes, dont la première
se compose de dix et la deuxième de vingt auditeurs.

Les auditeurs de deuxième classe sont nommés au concours
dans les formes et aux conditions qui seront déterminées dans
un règlement que le Conseil d'État sera chargé de faire. Ils
ne restent en fonctions que pendant quatre ans et ne reçoivent aucune indemnité.

Les auditeurs de première classe sont nommés au concours,
dans les formes et aux conditions déterminées par le règlement du 9 mai 1849. Ne seront admis à concourir pour la
première classe que les auditeurs de la deuxième, après quatre
ans d'exercice, soit au Conseil d'État, soit dans l'administration départementale comme conseillers de préfecture, secrétaires généraux ou sous-préfets.

Seront seuls admis aux épreuves du premier concours qui
aura lieu, pour la première classe, aussitôt après la promulgation de la loi actuelle, tous les anciens auditeurs, âgés de moins
de trente ans, qui ont été attachés soit à l'ancien Conseil d'État,
soit à la Commission provisoire instituée par le décret du
15 septembre 1870.

Les auditeurs de première classe reçoivent un traitement
égal à la moitié de celui des maîtres des requêtes; la durée de
leurs fonctions n'est pas limitée.

Le tiers au moins des places des maîtres des requêtes sera
réservé aux auditeurs de première classe.

Les auditeurs tant de seconde que de première classe ne peuvent être révoqués que par des décrets individuels, et après avoir pris l'avis du président du Conseil d'État délibérant avec les présidents de sections.

Les employés des bureaux sont nommés par le président du Conseil d'État, sur la proposition du secrétaire général. (*Art.* 5.)

Nul ne peut être nommé conseiller d'État, s'il n'est âgé de trente ans accomplis; maître des requêtes, s'il n'est âgé de vingt-sept ans; auditeur de deuxième classe, s'il a moins de vingt et un ans et plus de vingt-cinq; auditeur de première classe, s'il a moins de vingt-cinq ans et plus de trente. (*Art.* 6.)

Incompatibilités. — Les fonctions de conseiller en service ordinaire et de maître des requêtes sont incompatibles avec toute fonction publique salariée.

Les fonctions de conseiller, de maître des requêtes, sont incompatibles avec celles d'administrateur de toute compagnie privilégiée ou subventionnée.

Néanmoins, les officiers généraux ou supérieurs de l'armée de terre et de mer, les inspecteurs et ingénieurs des ponts et chaussées, des mines et de la marine, les professeurs de l'enseignement supérieur peuvent être détachés au Conseil d'État.

Ils conservent, pendant la durée de leurs fonctions, les droits attachés à leurs positions, sans pouvoir toutefois cumuler leur traitement avec celui de conseiller d'État.

Les conseillers d'État et les maîtres des requêtes, lorsqu'ils quittent leurs fonctions, peuvent être nommés conseillers ou maîtres des requêtes honoraires.

Le titre d'auditeur et de maître des requêtes en service extraordinaire est supprimé. (*Art.* 7.)

Attributions du Conseil d'État. — Le Conseil donne son avis : 1° sur les projets d'initiative parlementaire que l'Assemblée nationale juge à propos de lui renvoyer; 2° sur les projets de loi préparés par le gouvernement, et qu'un décret spécial ordonne de soumettre au Conseil d'État ; 3° sur les projets de décrets et, en général, sur toutes les questions qui lui sont soumises par le président de la République, ou par les ministres.

Il est appelé nécessairement à donner son avis sur les règlements d'administration publique et sur les décrets en forme de règlements d'administration publique. Il exerce, en outre, jusqu'à ce qu'il en soit autrement ordonné, toutes les attributions qui étaient conférées à l'ancien Conseil d'État par les lois ou règlements qui n'ont pas été abrogés.

Des conseillers d'État peuvent être chargés par le gouvernement de soutenir devant l'Assemblée les projets de lois qui ont été renvoyés à l'examen du Conseil. (*Art. 8.*)

Le Conseil d'État statue, de plus, *souverainement*, su: les recours en matière contentieuse administrative, et sur les demandes d'annulation pour excès de pouvoirs formées contre les actes des diverses autorités administratives. (*Art. 9.*)

Organisation intérieure. — Le Conseil d'État est divisé en *quatre* sections, dont *trois* seront chargées d'examiner les affaires d'administration pure, et *une* de juger les recours contentieux.

La section du contentieux sera composée de six conseillers d'État, et du *vice-président* du Conseil d'État ; les autres sections se composeront de quatre conseillers et d'un président.

Les présidents de sections sont nommés par décrets du président de la République et choisis parmi les conseillers en service ordinaire. — Le ministre de la justice a le droit de présider toutes les sections, hormis la section du contentieux. — Les conseillers en service ordinaire sont répartis entre les sections par décret du président de la République. — Les conseillers en service extraordinaire, les maîtres des requêtes et les auditeurs sont distribués entre les sections par arrêtés du ministre de la justice. — Les conseillers en service extraordinaire ne peuvent pas être attachés à la section du contentieux.

Un règlement d'administration publique statuera sur l'ordré intérieur des travaux du Conseil, sur la répartition des affaires entre les sections, sur la nature des affaires qui devront être portées à l'assemblée générale, sur le mode de roulement des membres entre les sections, et sur les mesures d'exécution non prévues par la loi. (*Art.* 10.)

Les conseillers en service extraordinaire ont voix délibérative soit à l'assemblée générale, soit à la section, dans les affaires qui ressortissent au *département ministériel auquel ils appartiennent.* Ils n'ont que voix consultative dans les autres affaires.

Les maîtres des requêtes ont voix délibérative soit à l'assemblée générale, soit à la section, dans les affaires dont le rapport leur a été confié, et voix consultative dans les autres.

Les auditeurs ont voix délibérative à leur section, et voix consultative à l'assemblée générale, seulement dans les affaires dont ils sont les rapporteurs. (*Art.* 11.)

Le Conseil d'État, en assemblée générale, ne peut délibérer si treize au moins de ses membres, ayant voix délibérative, ne sont présents. En cas de partage, la voix du président est prépondérante. — Les sections administratives ne peuvent délibérer valablement que si trois conseillers en service ordinaire sont présents. En cas de partage, la voix du président est prépondérante. (*Art.* 12.)

Les décrets rendus après délibération de l'assemblée générale, mentionnent que le Conseil d'État a été entendu.

Les décrets rendus après délibération d'une ou de plusieurs sections, mentionnent que ces sections ont été entendues. (*Art.* 13.)

Le Gouvernement *peut* appeler à prendre part aux séances de l'assemblée générale ou des sections, avec voix consultative, les personnes que leurs connaissances spéciales mettraient en mesure d'éclairer la discussion. (*Art.* 14.) C'est une réminiscence de 1849.

La section du Contentieux.—Cette section est chargée de

diriger l'instruction écrite, de préparer le rapport des affaires contentieuses qui doivent être jugées par le Conseil d'État. — Elle ne peut délibérer que si trois au moins de ses membres, ayant voix délibérative, sont présents. En cas de partage, on appellera le plus ancien des maîtres des requêtes présents à la séance. — Tous les rapports au contentieux sont faits par écrit. (*Art.* 15.)

Trois maîtres des requêtes sont désignés par le président de la République pour remplir au contentieux les fonctions de commissaires du gouvernement. — Ils assisteront aux délibérations de la section du contentieux. (*Art* 16.)

Procédure. — Assemblée générale au contentieux. — Le rapport est fait, au nom de la section du contentieux, à l'assemblée publique du Conseil d'État statuant au contentieux. Cette assemblée se compose : 1° des membres de la section ; 2° de six conseillers en service ordinaire pris dans les autres sections et désignés par le président du Conseil délibérant avec les présidents de sections. — Les conseillers adjoints à la section du contentieux ne peuvent y être remplacés que par une décision prise dans la forme qui est suivie pour leur désignation. (*Art.* 17.)

Après le rapport, les avocats des parties présentent leurs observations orales — Les questions posées par les rapporteurs sont communiquées, sans déplacement, aux avocats quatre jours au moins avant la séance. — Le commissaire du gouvernement donne ses conclusions dans chaque affaire. (*Art.* 19.)

Les affaires pour lesquelles il n'y a pas de constitution d'avocat, ne sont portées à l'audience publique que si ce renvoi a été demandé par l'un des conseillers d'État de la section, ou par le commissaire du gouvernement à qui elles sont préalablement communiquées. Si le renvoi n'a pas été demandé, ces affaires sont jugées par la section du contentieux, sur le rapport de celui de ses membres que le président en a chargé, et après les conclusions du commissaire du gouvernement. (*Art.* 19.)

Les membres du Conseil d'État ne peuvent participer au jugement des recours dirigés contre les décisions qui ont été préparées par les sections auxquelles ils appartiennent, s'ils ont pris part à la délibération. (*Art.* 20.)

L'assemblée du Conseil d'État statuant au contentieux ne peut délibérer qu'en nombre impair; elle ne décide valablement que si neuf membres au moins ayant voix délibérative sont présents. Pour compléter l'assemblée, les conseillers d'État absents ou empêchés peuvent être remplacés par d'autres conseillers en service ordinaire, suivant l'ordre du tableau. Ces conseillers doivent être appelés de manière que l'assemblée soit en nombre impair. (*Art.* 21.)

Toutes les décisions prises par l'assemblée du Conseil d'État délibérant au contentieux et par la section du contentieux sont lues en séance publique, transcrites sur le procès-verbal des délibérations et signées par le vice-président, le rapporteur et le secrétaire du contentieux. Il y est fait mention des membres ayant délibéré. Les expéditions qui sont délivrées par le secrétaire portent la formule exécutoire. (*Art.* 22.)

Le procès-verbal des séances de la section et de l'assemblée du Conseil d'État statuant au contentieux, mentionne l'accomplissement des formalités prescrites.

Dans le cas où les dispositions légales n'auraient pas été observées, la décision pourrait être l'objet d'un recours en révision, qui serait introduit dans les formes établies par l'article 33 du décret du 22 juillet 1806, et dans les délais fixés par le décret du 2 juillet 1864. (*Art.* 23.)

Le décret du 22 juillet 1806, les lois et règlements relatifs à l'instruction et au jugement des affaires contentieuses, continueront à être observés devant la section et l'assemblée du Conseil d'État statuant au contentieux.

Les dispositions des articles 88 et suivants du code de procédure civile sur la police des audiences sont applicables à cette assemblée.

Les recours formés contre les décisions des autorités administratives continueront à n'être pas suspensifs.

Néanmoins les conseils de préfecture pourront subordonner l'exécution de leurs décisions, en cas de recours, à la charge de donner caution ou de justifier d'une solvabilité suffisante.

Les formalités édictées par les articles 440 et 441 du code de procédure civile seront observées pour la présentation de la caution. (*Art.* 24.)

Le Tribunal des conflits. — Les conflits d'attributions entre l'autorité administrative et l'autorité judiciaire seront réglés par un tribunal spécial composé : 1° du *garde des sceaux, président;* 2° de trois conseillers d'État en service ordinaire; 3° de trois conseillers à la Cour de cassation, nommés par leurs collègues; 4° de deux membres et deux suppléants *qui seront élus par la majorité des autres juges désignés au paragraphe précédent.*

Les membres du Tribunal des conflits sont soumis à réélection tous les trois ans, et indéfiniment rééligibles.

Ils choisissent un vice-président au scrutin secret et à la majorité absolue des voix. (*Art.* 25.)

Le rapporteur de la commission parlementaire a justifié ainsi cet article : « Nous vous proposons de rendre au garde des sceaux la présidence du Tribunal des conflits, tout en maintenant cependant l'élément intermédiaire que nous avions créé pour prévenir le partage. Mais, au lieu de faire nommer cet élément par l'Assemblée, nous pensons qu'il serait préférable de confier la désignation des membres départiteurs aux conseillers élus par la Cour de cassation et le Conseil d'État. De cette manière, les représentants des autorités en lutte, sous la présidence du garde des sceaux, choisiront en quelque sorte leurs tiers arbitres. La présidence du garde des sceaux donnera au Tribunal des conflits le relief qui est inhérent à cette grande fonction, et, d'un autre côté, l'élément intermédiaire ne permettra pas que la jurisprudence de cette haute juridiction soit exposée aux mêmes changements que la présidence d'un ministre.

» Les membres du Tribunal nommeront un vice-président au scrutin secret et à la majorité absolue des voix. Comme il faut que la justice soit aussi apparente que réelle, et qu'il serait à craindre que l'indication d'un président pour une séance déterminée et, par conséquent, pour des affaires déterminées, n'inspirât quelque réflexion malséante aux plaideurs mécontents, la permanence du vice-président aura, du moins, l'avantage de supprimer cette occasion de dénigrement. »

Les ministres ont le droit de revendiquer devant le Tribunal des conflits les affaires portées à la section du contentieux et qui n'appartiendraient pas au contentieux administratif.

Toutefois, ils ne peuvent se pourvoir devant cette juridiction qu'après que la section du contentieux a refusé de faire droit à la demande en revendication, qui doit lui être préalablement communiquée. (*Art.* 26.)

La loi du 4 février 1850 et le règlement du 28 octobre 1849 sur le mode de procéder devant le Tribunal des conflits, sont remis en vigueur. (*Art.* 27) [1].

[1] Voici les principales dispositions du règlement du 28 octobre 1849 :

Le Tribunal des conflits se réunit sur la convocation du ministre de la justice, son président. (*Art.* 1er.)

Les fonctions du ministère public devant le Tribunal des conflits sont remplies par deux commissaires du gouvernement, pris dans le ministère public du Conseil d'État et de la Cour de cassation. — Ils sont désignés, chaque année, par le président de la République. (*Art.* 3.)

Les avocats au Conseil d'État et à la Cour de cassation peuvent être chargés, par les parties intéressées, de présenter devant le Tribunal des conflits des mémoires et des observations. (*Art.* 4.)

Un secrétaire, nommé par le ministre de la justice, est attaché au Tribunal des conflits. (*Art.* 5.)

Les rapporteurs sont désignés par le ministre de la justice, immédiatement après l'enregistrement des pièces au secrétariat du Tribunal. (*Art.* 6.)

Les rapports sont faits par écrit; ils sont déposés par les rapporteurs au secrétariat pour être transmis à celui des commissaires du gouvernement que le ministre de la justice a désigné pour chaque affaire. (*Art.* 7.)

Le rapport est lu en séance publique; immédiatement après le rapport, les avocats des parties peuvent présenter des observations orales. — Le commissaire du gouvernement est ensuite entendu dans ses conclusions. (*Art.* 8.)

Les délais fixés pour le jugement des conflits seront suspendus pendant le temps qui s'écoulera entre la promulgation de la loi actuelle et l'installation du Tribunal des conflits. (*Art.* 20.)

Les décisions du Tribunal des conflits contiennent les noms et conclusions des parties, s'il y a lieu, le vu des pièces principales et des dispositions législatives dont elles font l'application. Elles sont motivées. Les noms des membres qui ont concouru à la décision y sont mentionnés. La minute est signée par le président, le rapporteur et le secrétaire. L'expédition des décisions est délivrée aux parties intéressées par le secrétaire du Tribunal. Le ministre de la justice fait transmettre administrativement aux ministres expédition des décisions dont l'exécution rentre dans leurs attributions. (*Art.* 9.)

Les décisions du Tribunal des conflits ne sont pas susceptibles d'opposition. (*Art.* 10.)

DISPOSITIONS RELATIVES AUX CONFLITS D'ATTRIBUTIONS POSITIFS. — Les arrêtés des conflits et les pièces continuent d'être transmis au ministre de la justice par les procureurs de la République et les procureurs généraux, conformément à l'article 14 de l'ordonnance du 1ᵉʳ juin 1828, et à l'article 6 de l'ordonnance du 12 mars 1831 : ils sont enregistrés immédiatement au secrétariat du Tribunal des conflits. Dans les cinq jours de l'arrivée, les arrêtés de conflit et les pièces sont communiqués au ministre dans les attributions duquel se trouve placé le service auquel se rapporte le conflit. La date de la communication est consignée sur un registre à ce destiné. Dans la quinzaine, le ministre doit fournir les observations et les documents qu'il juge convenable sur la question de compétence. Dans tous les cas, les pièces seront rétablies au secrétariat du Tribunal des conflits, dans le délai précité. (*Art.* 12.)

Les avocats des parties peuvent être autorisés à prendre communication des pièces au secrétariat, sans déplacement. (*Art.* 13)

Dans les vingt jours qui suivent la rentrée des pièces, le rapporteur fait au secrétariat le dépôt de son rapport et des pièces. (*Art.* 14)

Il est statué, par le Tribunal des conflits, dans les délais fixés par l'article 7 de l'ordonnance du 12 mars 1831, et l'article 15 de l'arrêté du 30 décembre 1848. — Ces délais sont suspendus pendant les mois de septembre et d'octobre. (*Art.* 15.)

Lorsque la décision a été rendue, le ministre de la justice pourvoit à la notification. (*Art.* 16.)

DISPOSITIONS RELATIVES AUX CONFLITS D'ATTRIBUTIONS NÉGATIFS. — Lorsque l'autorité administrative et l'autorité judiciaire se sont respectivement déclarées incompétentes sur la même question, le recours devant le Tribunal des conflits, pour faire régler la compétence, est exercé directement par les parties intéressées.

Il est formé par requête signée d'un avocat au Conseil d'État et à la Cour de cassation. (Art. 17.)

Lorsque l'affaire intéresse directement l'État, le recours peut être formé par le ministre dans les attributions duquel se trouve placé le service public que l'affaire concerne. (Art. 18)

Lorsque la déclaration d'incompétence émane, d'une part, de l'autorité administrative, de l'autre, d'un tribunal statuant en matière de simple police ou de police correctionnelle, le recours peut, en outre, être formé par le ministre de la justice. (Art. 19.)

Le recours doit être communiqué aux parties intéressées. (Art. 20.)

Lorsque le recours est formé par des particuliers, l'ordonnance de soit-communiqué, rendue par le ministre de la justice, président du Tribunal des conflits, doit être signifiée dans le délai d'un mois. (Art. 21.)

Lorsque le recours est formé par un ministre, il en est, dans le même délai, donné avis à la partie intéressée, par la voie administrative. Dans les affaires qui intéressent l'État directement, si le recours est formé par la partie adverse, le ministre de la justice est chargé d'assurer la communication du recours au ministre que l'affaire concerne. (Art. 22.)

La partie à laquelle la notification a été faite est tenue, si elle réside sur le territoire continental, de répondre et de fournir ses défenses dans le délai d'un mois à partir de la notification. (Art. 23.)

Les parties intéressées peuvent prendre, par elles-mêmes ou par leurs avocats, communication des productions au secrétariat, sans déplacement, et dans le délai déterminé par le rapporteur. (Art. 24.)

REVENDICATIONS FORMÉES PAR LE MINISTRE. — Lorsque le ministre de la justice estime qu'une affaire portée devant la section du contentieux du Conseil d'État n'appartient pas au contentieux administratif, il adresse au président de la section un mémoire pour revendiquer l'affaire. Dans les trois jours de l'enregistrement du mémoire au secrétariat de la section, le président désigne un rapporteur. Avis de la revendication est donné, dans la forme administrative, aux parties intéressées; il peut en être pris communication dans le délai fixé par le président. Dans le mois qui suit l'envoi des pièces au rapporteur, le rapport est déposé au secrétariat de la section, pour être transmis immédiatement au ministère public. Le rapport est fait à la section, en séance publique. (Art. 28.)

La section du contentieux prononce dans le mois qui suit le dépôt du rapport. A défaut de décision dans ce délai, le ministre de la justice peut se pourvoir. (Art. 29.)

La décision de la section du contentieux est transmise par le président au ministre de la justice. Dans la quinzaine de cet envoi, le ministre fait connaître, par une déclaration adressée au président, s'il entend porter la revendication devant le Tribunal des conflits. Lorsque la section a refusé de faire droit à la revendication qui lui a été soumise, il est sursis à statuer sur le fond, jusqu'à ce que le ministre ait fait connaître qu'il n'entend pas se pourvoir devant le Tribunal des conflits, ou jusqu'à l'expiration du délai de quinzaine établi ci-dessus. Lorsque le ministre a déclaré qu'il portait la revendication devant le Tribunal des conflits, la section doit surseoir à statuer, jusqu'à la décision de ce Tribunal. (*Art.* 31.)

Lorsque le ministre de la justice se pourvoit devant le Tribunal des conflits, il adresse à ce Tribunal un mémoire contenant l'exposé de l'affaire et ses conclusions. A ce mémoire est jointe la demande en revendication qui a été soumise à la section du contentieux, et la décision par laquelle cette section a refusé de faire droit à la demande du ministre. (*Art.* 32.)

La décision qui intervient est transmise au président de la section du contentieux du Conseil d'État. Il en est fait mention en marge de la décision qui a donné lieu au recours du ministre. (*Art.* 33.)

SAINT-DENIS. — TYPOGRAPHIE DE V° A. MOULIN.